JN203210

妙好人研究集成

菊藤明道 編

法藏館

序　妙好人伝研究の経緯と意義

浄土真宗本願寺派勧学・龍谷大学名誉教授　林　智康

本論集は、鈴木大拙博士没後五〇年を迎えるにあたり、長年妙好人研究に取り組んでこられた菊藤明道氏によって編集された。妙好人の宗教心を思想化・体系化して世に、世界に伝えられた大拙先生に捧げるに相応しい紙碑であると同時に、宗教的普遍的真理を広く世に伝えるものであろう。

四十年ほど前、龍谷大学大宮図書館の研究室で、故・朝枝善照教授（仏教史学）、故・土井順一教授（国文学）、龍口明生教授（仏教学）と私（真宗学）の四人で「妙好人伝研究会」を立ち上げ、日々研究に没頭したことが懐かしく想い出される。

研究会では、主として江戸時代中期の本願寺派の学僧・仰誓（享保六年〈一七二一〉―寛政六年〈一七九四〉）が編集した『親聞妙好人伝』、同『妙好人伝』と、江戸時代後期の僧純（寛政三年〈一七九一〉―明治五年〈一八七二〉）が編集した『妙好人伝』の比較研究を行い、それぞれの伝の特色を明らかにすることが出来た。

近世の「妙好人伝」研究の経緯については、『大系真宗史料』伝記編8・妙好人伝（法藏館、二〇〇九年）末尾の児玉識氏（元龍谷大学教授・国史学）の解説「妙好人および『妙好人伝』研究の経緯」に詳述されているので、それを参照しつつその概略を述べたい。

近世の「妙好人伝」の編集は、石見の仰誓編『親聞妙好人伝』（一巻）、同『妙好人伝』（二巻）に始まり、その後、伊予の克譲（天明七年〈一七八七〉―元治二年〈一八六五〉）編『新続妙好人伝』（一巻）、美濃の僧純編『妙好人伝』（五篇）、さらに、北海道松前の象王（生没年未詳）編『続妙好人伝』（一篇）へと続いた。このうち、僧純編『妙好人伝』（五篇）と象王編『続妙好人伝』（一篇）は、版行後間もなく版行業者によって合本され、全六篇ワンセットで刊行されている。両伝合せて一五七人の篤信者の話が収められているが、その多くは農民・商人・職人などの民衆である。女性も多く含まれている。以後、江戸時代はもとより、明治・大正・昭和にかけて幾度も版を重ね、多くの人々から愛読されてきた。これら近世の「妙好人伝」は、平成二十一年（二〇〇九）に児玉・菊藤両氏によって、すべて原本から翻刻され、『大系真宗史料』伝記編８・妙好人伝（法藏館）に収められた。同書末尾の「解題」を菊藤氏が、「解説」を児玉氏が執筆している。

近世の「妙好人伝」に対しては、宗教学者・野々村直太郎氏、日本思想史家・家永三郎氏、日本仏教史家・柏原祐泉氏らによる批判が見える。「江戸幕藩権力に従順であり、社会の変革に寄与していない」「多く善行や美談が紹介され、死後の極楽往生が強調されている」「宗教体験や回心に至る経緯が十分に記されていない」といった批判である。しかし、多くの妙好人たちは、阿弥陀仏の回向によって真実信心を獲得し、生死の迷いを超えた揺るぎなき安心に至った人たちである。彼らは、その法悦を人々に伝えるとともに、人々や生きものに温かく接し、さまざまな利他的行為を行っている。近世の『妙好人伝』は、それぞれ編者の思いや時代の影響を受けており、それらを一括して論じることは問題である。

そのことを最初に指摘したのが故・佐々木倫生氏（京都女子大学名誉教授・宗教学）であった。本論集に収録されている「『妙好人伝』とその作者たち」（『仏教文学研究』二、一九六四年）に詳しく述べられている。

土井順一氏は、仰誓と僧純の『妙好人伝』の比較研究に関する多くの論文を発表された。氏は、仰誓編『妙好人伝』の撰述の意図や経緯を知るには、版本ではなく写本によるべきであると主張された。氏の研究によると、僧純は、仰誓編『妙好人伝』（二巻）を、『妙好人伝』（初篇）として再編版行する際に、仰誓の文を意図的に改変し、削除や加筆を行ったという。僧純は『妙好人伝』（初篇）の編集にあたって、克譲編『新続妙好人伝』（写本）も参考にし、仰誓の『妙好人伝』に収録されている妙好人を、本山崇敬・国法遵守型に変質させたと述べている。その背景に、江戸時代後期における幕府による思想統制の強化や、「天保の改革」といわれる西本願寺教団の財政再建など、当時の社会や教団の状況があったことを指摘している。また、土井氏は、克譲が仰誓編『妙好人伝』を転写した『伊予史談会蔵本』および『同須山文庫蔵本』の翻刻も行っている。それらは、同氏著『妙好人伝の研究――新資料を中心として――』（百華苑、一九八一年）に収録されており、また、同『仏教と芸能――親鸞聖人伝・妙好人伝・文楽――』（永田文昌堂、二〇〇三年）にも収められている。

土井氏とともに近世の『妙好人伝』の基礎的研究に長年取り組んできた朝枝善照氏は、その成果を『妙好人伝基礎研究』（永田文昌堂、一九八二年）、『続妙好人伝基礎研究』（永田文昌堂、一九九八年）で報告された。なお、土井・朝枝両氏の研究については、児玉識氏が論文「『妙好人伝』小考――土井順一『妙好人伝の研究――新資料を中心として――』、朝枝善照『妙好人伝基礎研究』の書評をかねて――」（近世仏教研究会『近世仏教』〔史料と研究〕第六巻第二号、一九八四年）で詳しく紹介されている。

龍口明生氏も妙好人伝・妙好人に関する数多くの論文を発表されたが、とくに論文「『妙好人伝』とその周縁」

(『印度学仏教学研究』第五十六巻第一号、二〇〇七年)において、仰誓編『妙好人伝』に登場する三十六人の妙好人の言動を逐一検討し、仰誓は親鸞の教えを受け継いだ篤信者の言行を『妙好人伝』に反映させていることを明らかにし、本山崇敬・国法遵守型に改変した僧純の『妙好人伝』との性格の相違を確認された。

その後、朝枝・土井・龍口三氏の研究を受け継ぎ、フィールドワークに徹し、妙好人伝研究を進めて斬新な見解を発表したのが菊藤明道氏である。とくに、象王編『続妙好人伝』について、それまでまったく不明であった編者象王が、北海道松前郡松前町唐津の真宗大谷派専念寺(大谷派北海道進出第一号寺院)と関わりのある僧であったことを突き止めた。松前に赴いての現地調査による発見であった。さらに菊藤氏は、象王編『続妙好人伝』の「初版本」と八年後に再版された「補刻本」を比較検討し、後者では前者の文章がしばしば改変され、幾つかの話の差し替えがなされるなど大幅に加筆変更されていることを確認した。改変の原因について氏は、象王が育った松前の宗教環境と江戸時代後期の社会変動によると見ている。

これらの研究成果を、菊藤氏は論文「象王編『続妙好人伝』について――編者問題と『伝』の特色――」(『宗教研究』第七十二巻第四輯、一九九九年三月)で報告、同氏著『妙好人伝の研究』(法藏館、二〇〇三年。『増補版・妙好人伝の研究』法藏館、二〇一一年)に収めている。また、本研究について、土井順一氏が「『妙好人伝』の出版とその問題(一)」と題して『龍谷大学論集』第四五六号(二〇〇〇年七月)で紹介し、土井順一著『仏教と芸能――親鸞聖人伝・妙好人伝・文楽――』(永田文昌堂、二〇〇三年)に再録されている。

以上の『妙好人伝』研究の経緯をまとめられた児玉識氏も、真宗門徒における倫理(エートス)を解明するために各地に赴いて調査研究を行うとともに、有元正雄著『真宗の宗教社会史』(吉川弘文館、一九九五年)に言及し、真宗門徒固有の倫理が形成されたことを明らかにされている。

近代に入っても多くの『妙好人伝』が編集刊行された。明治期には、若原観幢編『真宗明治妙好人伝』、濱口恵璋編『新妙好人伝』、平田思永編『妙好人伝』、山田文昭編『新々妙好人伝』、西村九郎右衛門編『新々妙好人伝』などが刊行された。大正期には、森川憲澄編『現妙好人伝』、藤永清徹編『大正新撰新妙好人伝』、西村七兵衛編『妙好人物語』などが刊行されている。さらに昭和期には、富士川游編『新撰妙好人伝』、藤秀璻編『新撰妙好人列伝』、同『妙好人新集』、藤並天香編『信者群像』、同朋舎編『親鸞に出遇った人びと』などが刊行され、平成に入って高木実衛編『新妙好人伝』が刊行されている。論集としては志村有弘編『わが心の妙好人――市井に生きた善人たち――』（勉誠出版、二〇一一年）が出版された。一二五編の論考が収められている。

これら明治以降に編集された「妙好人伝」については、菊藤氏の『妙好人伝の研究』（法藏館）の第二章「明治以降の『妙好人伝』」に記載紹介されている。氏によれば、近代以降の「妙好人伝」も時代・社会の影響を受けており、とくに明治期の「妙好人伝」には、真宗教団が鼓吹した「真俗二諦論」（「真諦」＝信心、「俗諦」＝倫理的行為）が強調されるなど、社会的実践の面において当時の国家や教団の意向が反映されているという。

以上のような多数の妙好人の伝記を集録した叢伝形式の「妙好人伝」の外に、個人の妙好人の伝記や言行録も数多く生まれている。

江戸時代には、大和の清九郎・三河のお園・長門のお軽・石見の善太郎・播州の右衛門などの伝記や言行録が、明治から昭和にかけては、讃岐の庄松・和泉の物種吉兵衛・石見の小川仲造・因幡の足利源左・石見の浅原才市などの言行録や詩文が編集刊行された。これらの人々の宗教心・宗教意識が、鈴木大拙・柳宗悦・楠恭・佐藤平（顕明）氏らによって真実の宗教心を具現していると高く評価され、思想的・体系的に研究されて世に紹介された。

「妙好人伝」および「妙好人」に関する論文は、仏教学・真宗学・哲学・倫理学・心理学・教育学・歴史学・社会学・経済学などさまざまな学問分野からなされており、その数は五〇〇編を超える。論文目録が菊藤氏によって作成され、『妙好人伝の研究』に収録されている。そのうちの主要論文が本論集に収められた。今後の妙好人研究の進展に裨益することであろう。

序　妙好人研究の意義

ロンドン三輪精舎主管・ロンドン仏教徒協会理事・元ロンドン大学客員教授

佐藤　平（顕明）

「妙好人伝というものはあるが妙好人研究がないのだ」と、妙好人に関する学問的関心の欠如を慨嘆しておられた鈴木大拙先生のご往生から五〇年の歳月を経て、このたび菊藤明道先生編集の『妙好人研究集成』が上梓されることには、計り知れない感動を覚えるとともに尽きせぬ感謝の念を禁じえない。

鈴木大拙先生の提言に相当な刺激を受けてか、やがて浄土真宗の内側からも妙好人研究が出始めたが、佐々木倫生、土井順一、朝枝善照等先駆的学者の畢生の努力にもかかわらず、それは長い間真宗学の中では周辺的なものとしてしか扱われていなかった。しかしその後、児玉識、龍口明生、菊藤明道等々、後継研究者の至誠の努力も加わって、この度この妙好人研究の論文集が出版される運びとなり、これで妙好人研究というものが真宗学という学問領域の重要な一角を占める可能性が出てきたのではないかと仄かな希望さえ覚えながら、地球の裏側のロンドンから随喜の一文をしたためている次第である。

『妙好人研究集成』の大きな成果の一つとして、本派本願寺系の学究を中心とした妙好人伝の歴史的研究と、鈴木大拙先生やその弟子の柳宗悦や楠恭等による妙好人個々人の宗教体験の思想的考究、この二つの潮流が重なり合い統合されていく機縁を作ったといえるのではなかろうか。この二つに見えるものの源泉は元来一つであり、それは妙好人と呼ばれる人びとの純粋な信仰体験である。妙好人文献の歴史学的研究と個人的宗教体験の宗教学的考究の両方は、この論集で実現したように相互に補塡し支え合う関係を形成することによって、浄土真宗という宗教の根源的体験の解明とその相続に大きく資することになるであろう。そういう意味で、今回の出版は画期的なものであり、未来に向けて大きな意味を持つものだといわねばならない。

しかしながら、今私たち真宗人は、世界的な視野からすれば、浄土真宗という宗教はまだ些細な「点」に過ぎないということを充全に自覚すべきであろう。「日本人は世界の思想や文化に提起し得る独創的な理念を余りもたないかも知れませんが、しかし真宗の中には日本人が外に世界に対してなし得る偉大な貢献の可能性が見出せます」（佐藤平訳編『鈴木大拙　真宗入門』春秋社、二〇〇一年、第一章「限りなき慈悲」）と説かれた大拙先生の鼓舞激励が真実だとすれば、それからの半世紀間に限っても、私たちに何が出来ただろうと問わざるを得ない。

大拙先生のいう「世界に対してなし得る偉大な貢献の可能性」とは、量としてはじつに小さな「点」に過ぎないが、無上の質をもつ他力信心のことにほかならない。そのまま受け持つという呼びかけへの無条件の信順、そのすべてが如来大悲のご回向であって、こちらから付け加えるものは何もないという絶対他力の信心である。

この他力の真実信心を体現した人が妙好人である。妙好人というのは本来真実信心の人をいうのであって、文字も知らぬ田夫野叟というような説明は、そのような純信の人々が出てきた時代背景によって変動し得る可変性の形容に過ぎない。他力の信は、学問のない人にもある人にも、等しく顕現すべきものである。自利利他円満の大乗の至極としての無縁の大悲が、近代的教育が発達する以前に、文字も知らぬ人びとの間にも、彼らの一途な聴聞をとおして受領されていたということは、実に素晴らしい特筆すべきことであるが、だからといって、妙好人は無学のものでなければならぬと一般化するのは間違っている。近代的な科学教育を受けて、学問の世界に踏み込み、あるいは実業界に進んだ人びとの中にも、自分自身の業との対決を通して、「妙好人」と呼ばれるにふさわしい他力の大安心に達した人は少なくないと信ずる。これからの浄土真宗の発展のためには、そうした人びとの体験の記録を残すことも大切であろう。

鈴木大拙先生には宗教経験そのものという視点があった。さまざまな宗教的文献の紙背に潜む生きた宗教経験を読み取る洞察力が、禅では盤珪禅師の称揚に繋がったし、真宗では才市や庄松などの妙好人を、日本だけでなく、世界に紹介する偉業を成し遂げることになったのである。それは、大拙先生が単なる学者ではなかったからである。自らが、超越的世界へ入出自在な活きた宗教体験をつねに生きていたからこそ、文献の裏に輝いている生きた宗教体験に共感し、それを追体験し、咀嚼し、表現できたのである。

このような生きた宗教経験への参入という面からみれば、赤尾の道宗の「二十一箇条」や浅原才市の膨大な数の宗教詩など、妙好人自身による記録には計り知れない価値がある。そこには、妙好人の宗教経験が躍動している。こうした一次的記録ばかりでなく、妙好人の言行に共感した人びとが残した二次的記録も、社会学的・歴史的・宗教学的研究には欠かすことのできない重要な資料であることはいうまでもない。

生きてはたらく宗教経験の事実という観点から逸れることなく、そこを中心に焦点を絞った妙好人研究が望まれるが、そのような研究には、おそらく研究者自身の主体的関与を促す面が出てくるかも知れない。客観的な学問としての妙好人研究で満足できる人は、それはそれでよい。しかしながら、そこに止まれずに、妙好人の体得したところを自らも知りたいという願いが学究の中から出てくるとすれば、それこそ妙好人研究の真の意義だといえるであろう。そうした人びとの至誠を尽くした研究は、真宗妙好人の真実信の輝かしい体験とその源である「親さま」の無縁の大悲を世界の人びとに伝える大きなはたらきにもなるであろう。

恐懼合掌

二〇一五年三月三日、ロンドン三輪精舎にて

妙好人研究集成◎目次

第二部 妙好人の研究

妙好人研究集成

第一部　『妙好人伝』の研究

『妙好人伝』とその作者たち

佐々木　倫生

はじめに

『妙好人伝』は仰誓（一七二一〜九四）の二十五回忌の記念として上梓されるはずであった。仰誓の弟子、誓鎧（一七五三〜一八二九）は「人をして仏道に入しむるのたよりとなし先師の深きこゝろざしを達し、その報恩に」（初篇・序）供えるべく上梓を意図したのであった。しかし誓鎧の序文の書かれた文政元年（一八一八）には上梓されることがなく、仰誓の死後五十年に近い歳月が流れて天保十三年（一八四二）、僧純（一七九一〜一八七二）によってようやく上梓されたのである。初篇の跋によると僧純は天保十一年の春より三、四本の妙好人伝を集めて校正したという。誓鎧の序文によれば仰誓の法嗣、履善（一七五三〜一八一九）もこの書物を校正したという。したがって履善の校正したものが僧純の出現するまでに筆写などの形式で諸所に流布さていたと推察してよい。それらの流布本を僧純は蒐め、それを校正し上梓したと考えられる。このようにして上梓されて現在、我々の見ることのできる『妙好人伝』は周知のように僧純の上梓した仰誓のものを初篇として、僧純の書き継いだ二篇以下五篇までの四篇、さらに象王の続篇と呼ばれているもの、計六篇十二巻である。これら各篇の成立上梓を示せば次の通りである。

初篇……（仰誓）　文政元年（一八一八）誓鎧上梓を企図
　　　　　　　　天保十三年（一八四二）僧純上梓
二篇……（僧純）　天保十四年（一八四三）上梓
三篇……（僧純）　弘化四年（一八四七）上梓
続篇……（象王）　嘉永三年（一八五〇）上梓
四篇……（僧純）　安政三年（一八五六）上梓
五篇……（僧純）　安政五年（一八五八）上梓

以上のように初篇が成立してから十六年間にわたって仰誓のものに倣って妙好人の伝記が書き継がれ、この体裁のものを今日、一括して《幕末に編纂された妙好人伝》として考えている。この中の続篇と呼ばれているものは象王（伝未詳）により仰誓の妙好人伝に続くものとして編纂されたものであり、僧純のものを意識していないものである。そのことは長崎、石南学人瑛という人（伝未詳）の跋からもうかがえる。このことから現在の体裁として成立したのは僧純の五篇が上梓された直後であるとは考えられない。明治十九年、思永が活字として、また三十年には二つの序と跋を除き若干の修正を加えて出版し、三十五年頃までに四版を重ねている。僧純は明治五年に死んでいるから、おそらく彼の死後このような体裁として成立したのであろう。僧純のものを五編本とし象王のものを続篇としたのは（二篇を続篇として僧純は上梓した）思永が最初であるかどうか不明であるが、そのことが仮に内容的に見て妥当であるとしても、いくらかの誤解が生じることにもなる。したがって従来の研究者のように幕末において『妙好人伝』を編纂した意図を推測するとすれば、妙好人伝の性格を正しく把握できないという危惧が生じる。[1]

実は仰誓―僧純と、仰誓―象王と別個の妙好人伝が存在していたのであり、これら別々の妙好人伝の集成されたものが富士川游博士によって紹介され（『新選妙好人伝』序文）、現在、一括して『妙好人伝』と呼んでいるものである。したがって我々は仰誓のもの、僧純のもの、象王のものをそれぞれ検討することにおいて、編纂の意図を探ることができると考える。おそらくそれぞれの関心や意図は異っていたであろう。また編纂の積極的な意図について検討し、社会史的な意味を見出すことができないかもしれない。以下、三人の編者およびそれぞれの伝の内容について検討し、『妙好人伝』の意味と性格とを検討してみたい(2)。

一

周知のように仰誓は本願寺派、京都明覚寺寂便の子として生まれ、二十余歳にして伊賀上野、明覚寺に入り、宝暦末か明和の初めに石見、市木村の浄泉寺に請われて入寺した。彼は若年の頃、僧樸（一七一九～六二）の門に入り、僧鎔（一七二三～一七八三）、慧雲（一七三〇～一七八二）などの俊秀と同門であった。彼が学僧として認められていたことは安永三年（一七七四）の安居に浄土和讃を講じたことや、誓鎧、自謙（一七五一～一八四六）などの弟子を育成し、石州派と呼ばれる一派をなしたこと、また『教行信証解説』をはじめとして三十篇あまり著述のあることなどから想像できる。しかし彼の本領は学解に精進することにあるよりも信仰に徹して伝道教化に努めることにあったようである。彼は学僧として、あるいは教団人として生涯にいくつかの事件に直面した。その第一は宝暦十年（一七六〇）冬、道粋（一七〇六～六四）、僧樸、泰巌（一七一一～六三）などにより吟味された長州円空の一如秘事の問題である。すでに宝暦五年八月にはいわゆる土蔵秘事が発覚しており、また六年の夏には天満妙安寺慈吟の邪義があり、異義が続発し、信仰上の混乱が全国的に惹き起されていた。円空の異義も本質的には教学の体系と権威の確立に関わる問題として多くの異義と一連のものであった。仰誓は円空の異義の蔓延した長州、芸州、石州を講演して、その異議を破したといわれる[3]。この説は念仏即成仏、穢身即仏果を唱え、他力の真実信心の究極を無想離念に見たものである。したがって称名念仏はそのための方便にすぎず、正信に達すれば称名念仏を必要としないとする。それはいわゆる、通仏教的な考え方や、月感の批判した西吟の思想にも見られるものであり、従来の教学に携わる人々の中にも見ることのできる考えであった。第二の事件は明和四年（一七六七）に行われたいわゆる「明和の法論」である[4]。周知のように播州智暹と学林側との論争であるが、僧樸、道粋などの碩学はすでに死去し、学林側の代表者は功存（一七二〇～九六）、継成（?～一七七四）、天倪（?～一七八九）などであったが、対論の席に仰誓は書記として出席した。しかし彼は学林の朧満として法論の前後において事態の収拾のため活躍したようである。この法論が起こる根本の原因は学統の問題および本尊義の問題であるが、法論自体は法霖の一益達解の思想をめぐって論争された。智暹側の記録『鞘之間論義』によれば、学林側がむしろ受身に廻ったようである。智暹側の批判する法霖の思想は『阿弥陀経聖浄決』に見られるように聖道浄土の差別はなく融即不二であるという考えであり、正定聚と滅度とを合わせて一益とするというものであった（『折衝篇』上）。これは浄土門以外の者に対しての対外的弁論であるとされ、『文類聚鈔蹄涔記』に見られるように明確に信心所得の利益を二益に分け、正定聚と滅度とを区別しているとしても、智暹側から、長州の円空の思想と同一であるという批判を当然受けねばならないものがあった。この論争後、思想的な混乱が学林内に起こったようで、仰誓は明和八年に「法徳不二の側からいえば正定聚と滅度とはその体が別でないので同一であると言ってよい。機の所得の側からいえば現益としての正定聚、当益としての滅度は分けるべきだ」と学林の大衆を崇廓（一七三三?～一八〇一）と共に説得したという（鈴木法琛『真宗学史』八二頁）。第三の事件は功存の思想をめぐった思想的な混乱である。宝暦十二年（一七六二）越前方面に弘まっていた無帰命安心を調伏するために功存は派遣され、彼らを説得すべく願生帰命説を唱えた。功存の思想については学林の義教、僧樸、道粋、泰厳などが研究を重ねて一応異議でないとした（玄智『真宗安心異詳記事』）。しかし功存の投げかけた波紋は意外に拡がり『願生帰命弁』が上梓されるや（十四年）、多くの批判が公開され、まだその異説を讃岐二十七カ寺が団結して訴えるという事態まで生じた（明和八年）。功存の思想について波紋は西本願寺教団だけでなく大脈にも及んだが、それは簡単に収拾のつくものではなく、やがて知洞などの三業帰命説を経ていわゆる三業惑乱に展開するものであった。この功存の思想が教学上の指導的立場から示され、かつ学林の責任者が肯定した以上、混乱は大きくなることは当然である。また学林内の大衆にしてもすべて功存の立場を必ずしも肯定したのではなかった。たとえば玄智（一七三四～九四）は『本願寺通紀』において道粋が功存に疑問の点について質問し、その回答を得たが、審議しない中に没したことを歎じて「……功存乃作二答釈一　報レ之　未レ幾厭世　不レ及二再議一而罷　既而弾文競出　祖門紛擾　兄弟相軋　庸蒙泣レ岐　衆嘉二（道粋の）先見之明一……」（巻四、一九〇頁。傍点および括孤内筆者）と言っている。ここには明らかに玄智の功存に対する批判がある。

ところで仰誓の編纂したものに『真宗小部集』がある。真宗全書の解説者によると天台小部集を模したものといわれるが、内容から見ておそらく僧侶、あるいは教化者の座右に置かれるものとして編まれたものと考えられる。この小部集は安心部一巻、註疏部三巻、論弁部一巻、叙述部三巻、計八巻五十一篇から成り、仰誓および作者不明のものを加えて十五人の学僧その他の人たちの手になるものである。この小部集の編輯がいつ頃から始められたか不明であるが、完成したのは「広済小録」（芸州今田君作）に天明甲辰年（四年）とあるところから、仰誓の六十四歳以後であると考えられる。内容的に見て、あまり長年月をかけたものとも考えられないが、しだいに混乱と不安とが渦巻き始めた教学上の諸問題に対応すべく編輯したものと思われる。そのことが安心部に端的に示されている。安心部は八篇と改悔文の写しとから成っているが、功存に対する道粋の「帰命弁問尋」とそれに対しての功存の「答問」、誓鎧の質疑に対して答えた功存の「安心問答」、天明三年の報恩講に際しての功存の「奉命演説記」と功存の立場を是認する文如の直命の記録、さらに誓鎧の「棲浄安心註進書」とそれに対して答えた仰誓の「合明閣報書」とが含まれている。そして巻頭に月筌の「八条問答」と僧樸の「法語」が掲げられてある。このような安心部の内容は功存に対しての世間の疑惑に応えるもののようであり（「安心問答」は天明三年六月、奉命演説記は同年十一月の報恩講のものである）、あるいは二十数年前の経緯を紹介したとも考えられるものである。道粋の質疑は本質的な問題を衝いているのであるが、功存はそれに対して三信即一の信楽を帰命ということは自分もそのように考えている。それを三信即一の欲生というのは蓮如の勧章に従って欲生に即して信楽にかなう形を表現したまでである。「ソノ頼ミ奉ル一念ニ、御タスケ一定往生治定ト疑ナクヨロコフ。コレ即チ信楽ノスカタトコ、ロヘラレ候」。したがって信楽と欲生は不離であるが、その欲生をとり、かつ蓮如の勧章の「タノメ」を教えたのは憎む異端を破するためであるなどと答えている。また口業についても身口の行を嫌う人があるから例にして見せたまでだと言っている。当時まだ功存は存命していたが、この『答問』を入れたことは功存に対する弁護の意味があるように考えられる。かつて学林の一員であった仰誓にしてみれば一度是認された功存の思想について正面から批判することもできなかったであろう。しかし月筌、僧樸、または誓鎧のものを掲げた点には明らかに欲生帰命の立場に対する批判が読み取られるのである。それは欲生帰命の立場が帰結する三業帰命に対しての批判という形で提出される。三業帰命については功存は「答問」の中で「身口ハ信ノ表相」と言っているが、三業の表明は欲生を帰命の内容とする立場が機において帰結するところであろう。もちろんここでは三業自体は帰命の内容となってはいない。しかし欲生の立場を強調するならば表現としての三業を本質的なものに転嫁することは容易であろう。不鮮明であるとはいえ、仰誓の批判はこの点に向けられていたと考えられるのである。功存の『願生帰命弁』が世に出てから古義―新義という学解の領域における立場の相違という問題意識から、やがて安心の問題として一般の人々の問題となる。それが大麟の『真宗安心正偽篇』(天明四年)、大派宝厳の『興復記』(天明七年)の上梓として現され、ようやく学林の学的立場についての疑惑と非難が高まってくる。それはやがて表現としての三業帰命が本質的なものとして一般に了解され、また信心の在り方として考えられ、全国的な混乱が招来されるのである。そのような過渡期的な状況の中にあって『小部集』は編纂されたのであった。この小部集は講録の筆写と考えられるものが多く、安心問題に終始しているわけではないが、肥陽問答(巻五・法霖)、小児往生説(巻五・法霖)、真宗念仏現益弁(巻六・僧樸)、勤式問答(巻七・雪山)、行信弁偽(巻八・僧樸)、講余随筆(巻八・仰誓)、評授要篇(巻八・仰誓)、棲浄斎解魔弁などは安心部以外の箇所で安心について、あるいは信仰の実際生活の心得について語られたものである。それは正しい信心の在り方に集中され、安心部の補遺の体裁をなしていると考えられる。それは安心部を巻頭に置くという主旨が全巻に貫かれているものと考えてよい編纂の仕方である。たとえばそこでは偽書について語りながら信心を説くといったものも見られるのである。したがって我々はこの書の編纂態度に学解的態度を、あるいは論理的体系的な態度を認めることはできない。先に言ったように、僧侶や教化の便覧としての性格を担いながら安心の核心を表明しようという意図のものであると言ってよい。

仰誓には『三帖和讃略解』などの講録も多い。しかし明和の法論以後、石州の自坊にあって、あるいは諸国の教化に従ったようであるから、学林において講義をすることはおそらく稀であったと考えられる。一方、後に三業惑乱に対して法嗣の履善が知洞などの学林側を非難する先頭に立ったことから推察して、彼の石州派には古義派の思想が継承され、正統的信仰が堅持されていたと考えられる。また仰誓を中心として活潑な教化活動が行われていたであろうと推測されるのである。このような活動に関して『現生十益弁』二巻は仰誓自身を我々によく物語ってくれる著作である。これはおそらく石見の自坊に帰ってからのものであろう。いうまでもなくこれは『教行信証』信巻の現生十種益について書かれたものであるが、上巻は金剛真心の解明に費され、下巻は十益について説明にあてられている。しかしこれは講録ではなく教化本として書かれたものである。そこには経典類以外の書、たとえば『論語』『蒙求』『史記』などの古典が引用され、あるいは『本朝神社考』なども引用されてある。同時に金剛真心の本質について十四種の徳を整理し、譬喩や発句さえも用いて、できるだけ平易に説き、かつ経文や祖文を自由に駆使している。そのような説明の仕方は各所に見られるが、たとえば「小鳥ノタメニ、大樹ガ動ク。ソレハコノ小鳥海底ヨリ一ノ金剛ヲ食テ来ル。金剛ノ故ニ大ニ震動ス。悪業煩悩ノ大樹モ震動スル」と『譬喩経』の引用による説明もあり、「柿ガ日ニ照ラサレテ甘クナル如ク、光明ニ照ラサレテ煩悩ノ渋柿ガ信心ノ甘柿トナルハ利益転ナリ」という十益の転悪成善の益の説明も見られる。その意味で安心を知らす目的のために書かれたものと考えられるが、また法談のための材料という意味もあったであろう。そのような意味でこれはおそらく教化本の一種であると考えられ、教化者としての彼の本質がよく表現されているのである。

学解的な経文の単なる解釈は安心の本質を見失い、偏見を招来する。そのような態度を前提として勧章の解釈にのみ頼り、そこから出発するならば当然、祖師の教に違うことになるだろう。それが欲生帰命の思想となり、三業帰命となり、あるいは無帰命思想ともなるのである。「……一文ニ封執シテ余義ヲ非スルハ象・甕ノ如シ、木臼ノ如シナドト諍フ如シ」(合明閣報書)。そのような点から信心の姿を我々は祖師の教説に還り求めることが要請される。金剛真心の十四種の分類とその説明とはそのような仰誓の立場を端的に示したものであった。それは金剛真心の説明において『教行信証』の信巻における信の成立の論理を示すとともに獲信の相を解明したものである。しかしまた、それは信心の心相を示すに止まらず、信巻における真の仏弟子とは金剛心の行人であるという言葉を理解しようというものであった。「……心光摂護ノ照触ヲ蒙り、若不生者ノ御声ノ下ニ、具足煩悩ノ不浄モサツパリ落チ、清浄信心ノ覚悟涼シク正定不退ノ仏弟子」（『現生十益辯』上・清浄義）となった行人の姿を示そうとするものにほかならない。そのことが行人の具体的な実践的な相としての十種益の説明となるのである。もともと、仰誓は若年の頃より信心を重んじ、また篤信者に関心をもっていた。『妙好人伝』によれば、寛延元年（二十八歳）、京・菱屋了玄と摂州・治郎右衛門との交友について聞き（初篇上〈以下、上〉・4）[5]、翌二年二月には大和清九郎を二回訪問している（上・8）。また同年、河内の木綿屋利右衛門の娘おしもに阿弥陀堂で逢っている（初篇下〈以下、下〉・2）。また彼の居住した伊賀上野の長田屋六兵衛にあったのも寛延二年末であった（下・4）。仰誓は篤信者に関して覚書か記録を残していたのであるが、それは生涯を通じたものであり、『妙好人伝』には寛延三年（三十六歳）（上・8）（下・4）、宝暦三年（三十三歳）（下・6）、明和五年（四十八歳）（下・10）、明和七年（五十歳）（下・9）、安永九年（五十八歳）（下・8）、天明三年（六十三歳）（下・13）の年月が記録され、その年、ないしはそれ以前の彼の見聞として残されている。そのような生涯を通じての篤信者に対しての関心は『現生十益弁』の執筆と無関係ではない。学解の人ではなく信解の人、金剛心を持った正定聚の機、真仏弟子こそ彼の目指すところであり、またそのような人々を学林の内部でなく、一般の僧俗の中に見出し、また一般の人々とともに信心歓喜を共にすることに彼の本領はあったと考えられる。このような態度において彼は石州を中心にしながらも、広く教化伝道を行ったようである。『妙好人伝』初篇に見られる妙好人の出国は出羽、越後、加賀、越前、常陸、伊賀、京都、大和、摂津、近江、但馬、石見、安芸、肥前の十四カ国であるが、伝に見るかぎりではこのすべてを巡錫したかどうかは不明である。しかし、とくに明和年間以後は自坊にあったことからも、広範囲にわたる教化活動を行ったことが想像される。そのような活動と法友との交わりにおいて（彼の妙好人伝については聞書がかなりある。上・1、3、4、5、6、下・1、5、6）妙好人の記録が生まれたのであろう。

以上、仰誓の『小部集』と『現生十益弁』によって教化者としての仰誓を見てきた。仰誓は単に学解の人としてでなく信解の人して教化に従うことを使命としたのであり、そこから『妙好人伝』が生まれたのであった。蓮如の教学を尊重するというよりも祖典に還帰することにより、真の念仏者たらんとするものであり、そのような意識に貫かれているものとして、『妙好人伝』は成立したのであった。

二

妙好人の呼び名は周知のように善導の『観経疏散善義』に由来する。それは観経の「若念仏者当知人是人中分陀利華」文の解釈として念仏相続の人に対していわれた。「若能相続念仏者此人甚為二希有一……若念仏者即是人中好人、人中妙好人、人中上上人、人中希有人、人中最勝人也……」といわれる。この文を親鸞は『教行信証』信巻に引用している（『教行信証』1、一四九頁）[6]のであるが、それは真の仏弟子、金剛心の行人であるとされる（『教行信証』1、一四四頁）。ここで善導の言う「相続念仏者」と「金剛心行人」とは論理的に同一の者である。今、教義上の問題に触れる必要はないが、相続の念仏とは「乃至十念」の称名であり、親鸞では「念と声とはひとつこころなりとしるべし」（『唯信鈔文意』一八二頁）であるから、また「下至十声」の念仏であるが、「乃至」は「かみしもと、おほきすくなき、ちかきとおき、ひさしきおも、みなおさむることば……」（『唯信鈔文意』和文篇、一八〇頁）であり「称名の徧数のさだまりなきことをあらわす」(『一念多念文意』和文篇、一三七頁)のであるから「一念にかぎらずといふことを」乃至十念としたのであり(同、一三九頁)、それは一念に含めてよいものである。それゆえ、一念多念の論争は、異学、別解の人たちのすることであるという結論が生まれる。親鸞では「一念といふは信心をうるときのきわまりをあらわすことば」(同、一二七頁)であり、一念とは「顕二信楽開発時剋之極促一彰二広大難思慶心一」(信巻、一三七頁)であるが、一念というのは信心に二心のないことであり、専心であり深信であり決定心である。さらに相続心、淳心、憶念、真実一心、大慶善心、真実信心、金剛心、願作仏心、度衆生心であるとされる(信巻、一三九頁)。ここで口称の念仏としての相続の念仏は憶念、あるいは真実信心として捉えられ、また金剛心として考えられる。そのことは行の一念を信の一念とする信心正因の立場への展開であろうが、浄土真宗の妙好人と呼ばれる篤信者は根本的にこのような金剛心の行人でなければならなかった。金剛心は金剛真心ともいわれるが、それは真実の一心であり清浄報土の真因である。そのような金剛の真心を得た行人は現生には十種の利益を得ることができるとされるのである(7)。

仰誓が篤信者の言行録を「妙好人伝」と名づけた以前に妙好人伝と呼ばれたものがあったかどうか不明である。念仏者に対しての呼称である妙好人という呼び名が浄土真宗の篤信者に限られて用いられることの多いのは仰誓に由来するものと考えられるが、そこに往生人と明確に区別する意識があったと推定される。本来、往生人と呼ばれ、往生伝類に輯録された人々は浄土行を修して臨終に何らかの奇瑞を得た人をいう。もちろん、往生人の概念は後になるに従って拡大解釈されてきたようである(8)。しかし現実的な霊験、奇瑞といったものが往生人の本質をなしていることはゆるがせないと考えられる。後には往生伝類の中に専修念仏の人がしだいに増加しているとしても、往生のあり方が問題になっている。その点、金剛真心の行人とは根本的に異なるであろう。したがって、妙好人において現生の十種益を改めて考えねばならないだろう。十種益については、その解釈において十番目に述べられている入正定聚益が総益であると一般にいわれている。それは現世で得る無量の利益から一歩も出ないということのできるものである。金剛の真心の行人が入正定聚益を獲得するというのは往生を待つことなく、その場で迷妄の現世を超えることである。それは「信受本願前念命終、即得往生後念即生、他力金剛心也、応知便同弥勒菩薩」（『愚禿鈔』一三頁）といわれるものである。「諸仏等同、便同弥勒」といわれることは凡夫が菩薩と同じであるという現実的な立場における絶対的な自覚であるが、具体的にはさまざまな現生の利益として現れてくる。このような現実的な立場において我々は往生人と妙好人とを明確に区別しなければならない。我々は仰誓の『妙好人伝』にはこの意識が明らかに存在していたと考えることができるだろう。

仰誓の編んだ妙好人の言行録は二十二編、二十四人の記録であるが、内容的に見るならば、特異な説話は、京都七郎右衛門が大谷の茶所にて頓死した後に、醍醐の弟宅に来た話（上・5）と、伊賀上野の長田屋六兵衛が常蓮寺主の夢に現れた話（下・6）と二話にすぎない。他はすべて篤信者の日常言行である。往生についても奇瑞、霊験の説話はまったくない。ところで現生十種益を根拠づけるものとして「触光柔輭」（三十三願）、「聞名得忍」（三十四願）の二願がある（『教行信証』信巻、一四四頁）。触光柔輭というのは仏の光明に照らされ煩悩は消滅して身心ともに柔輭になることをいう。また聞名得忍とは仏の名を聞く者が無生法忍と諸の深総持を得ることをいう。後者は住不退転に住し入正定聚を意味するとともに信心の智慧により報恩の生活することを意味している。この二願によって真の仏弟子、金剛の行人の上に現生十種益が具現するのだと考えられる。したがって妙好人の記録にはこの二願と十種益が何らかの形で表明されていなければならないだろう。今、簡単にそのことを内容的に見るならば次のようである（現生の利益についてそれぞれの名称がすべて出ているわけではない）。すなわち触光柔輭―上・２。下・

14、聞名得忍―上3、8。下・8、7。冥衆護持―下・3、6、11。転悪成善―上・6、8。下・2、3、6、9。心多歓喜―上・4、8。下・1、4。知恩報徳―上・8。下・2、7、8。常行大悲―上・2、3、6、7、8。下・2、3、5、6、14などである。しかしこのように現生利益を項目別に分類しても、実はそのような利益が特色として出ているというにすぎない。それは信心の相が後にいろいろな角度から検討されることのできるような、本来は生まの記録である。それゆえ、金剛の信心の在り方を例示したのではなく、妙好人それぞれについての言行の個人的な記録であることを銘記する必要がある。それは仰誓の『妙好人伝』を上梓した僧純の跋にあるように「千里を輝かすは人の徳」であり、誓鎧の言う「勝れたる人の跡」にほかならない。それはどこまでも希有人についての記録であり、体系的に考えられ叙述されたものでは決してないのである。したがって『妙好人伝』の原型ともいうべき仰誓の記録にはおそらく粉飾された要素やフィクション的説話を考えることはできないだろう。

三

妙好人について個人的な記録に止めて、その編纂について特別の意図をもたなかったと考えられる仰誓の『妙好人伝』は、最初に述べたように書写され、流布されていたようである。しかし仰誓が直接に接触したり、あるいは伝聞した妙好人は二巻に輯録されたものよりさらに多かったようである。そのことは僧純の編纂した三篇に出ている芸州市郎兵衛の言行が仰誓の筆録であることから想像されるが、はたして仰誓は輯録したものを上梓しようと意図したかどうかは疑問である。法嗣であり、弟子である履善や誓鎧が仰誓の二十五回忌の記念として上梓すべくして果せなかったことには決定的な理由があったのであろう。そのことについてあえて臆測するならば安心の問題に関連していたのではないかと考えられる。仰誓の妙好人伝を上梓すべく誓鎧が序文を書いたのは文政元年（一八一八）であるが、その翌年、仰誓の法嗣、履善は没した。仰誓の高弟、自謙は誓鎧とともに高齢ではあったが健在のはずであった。仰誓の『真宗小部集』には誓鎧の書いたものが数篇あり、その内容から推測して、仰誓は自謙より信解の人として誓鎧を側近に置いていたのではないかと考えられ、そのことが誓鎧をして仰誓の遺稿ともいうべき妙好人伝の編纂に当らしめたのでないかと想像される。自謙は後（文政七年）に勧学職に就任するが、ほぼ同年輩の二人は履善を立て仰誓の一門の結束を固めたように考えられる。そのような門下の間で遺稿の記念出版はいったん、上梓すべく計画されたものの、履善の死によって一頓座したのであろう。しかしさらに臆測するならば、仰誓自身には書き残した妙好人の記録を上梓して世に弘める意志のなかったことに気づいたのではなかろうか。先に見た『真宗小部集』は教化本的性格をもっているものであるが、それは何らかの形でその中に妙好人伝は含まれて然るべきものであると考えられる。たとえば宝暦五年（一七五五）に泰巌によって上梓された月筌の『真宗関節』には『親聞往生験記』のように四人の篤信者の記録が載せられてあるし（僧純の三篇上に引用）、寛政三、四年（一七九一、九二）頃に成った玄智の『大谷本願寺通記』巻八には『奇跡伝』『祥異伝』が含まれており、三人の行者の記録が見える。教義、安心を示す場合に、行者の言行録を記載することはきわめて普通のことであったし、より具体的な説明ともなるはずである。まして教化という立場から考えるならば安心問題と関連させて篤信者の言行を述べることは重要な意味をもつものである。それゆえ、先に見たように『小部集』は、真宗全書の解題の言うように散逸を防ぐために収集したとは考えられない編輯の方針に貫かれている点から、妙好人の記録はその中に当然含まれてよいものと考える。しかし仰誓はそれを除外しているのは何故だろうか。それは先に述べた長州円空の一如秘事に関連があるように考えられる。円空の教説は一益達解の思想であったが、その説くところに同行善知識の思想があった。それは僧侶の勧化するものは一応教化門の言説にすぎないから、僧侶によって真実の信心を獲得してはならない。真の善知識は同行に限る。だから同行だけが会合して真信に到達するように努力しなければならないと説くのである（住田智見『異義史の研究』二五五頁以下参照）。一如義そのものとは別に、同行善智識の問題は異義というものではない複雑な問題を内包している。それはまた教団というものの本質に関連した問題でもある。仮に僧侶が学解だけに精進するならば信仰はおろそかになるだろう。だから僧侶の説くところはもちろん、蓮如の宝章にしても単なる方便としての教化門にすぎないと判断される。それゆえ、真の安心は僧侶の教化門を方便として在俗の者たち相互が精を出すことだけに懸かっていると言わねばならない。以上のような考え方は教団の秩序の否定でもあるし、安心に関しての学林の権威をも否定することになろう。教説の異議は別としても金剛真心の行人を在俗の人たちに求めることは当時としてはいたって自然のことかもしれない。たとえば仰誓は清九郎についての記録の中で「……かゝる目出度信者（清九郎のこと）ある故にや、総て吉野郡は信者数多あり、他の同行の物語にて清九郎の事を聞くに悉く御聖教の文を意に叶事のみなり、斯程目出度信者に今まで値遇せざりしは浅間しき事なり、然るに不思議の因縁にて今年の春……大和路に趣き清九郎に対面しその外、車木村想左衛門、今井村貞寿などといえる有難き信者に逢い数々有難物語承わり歓喜の涙に咽び余りの貴とさに我一人かゝる有難きことを見聞せんは本意なき事なりと思ひて国に帰り老母妙誓並に道俗廿四人打伴て……数多の信者に値遇して有難く覚えはんべり……」と言っている。ここには、僧侶が俗人にあって有難い物語を感動するということがあり、道俗が寺に参り、寺にて集会をして法談に花を咲かせるという光景が描かれている。それはまったく同行善知識の姿について語っているものである。僧侶を身分的に、職業的なものとして捉え、たんに教学の伝承者として方便的に考え、真の行者は在俗にあるとする立場にて結論づけられるような表現がここで見られる。このような在り方を強調するならば円空の立場と同一になる。このような点において仰誓自身は妙好人の言行録を上梓する意図をもたなかったのではないかと考えられるし、そのような仰誓自身の意図が履善たちの上梓を阻む積極的な理由であると推定される。このようにして長年月、放置されていた仰誓の記録を僧純は上梓した後にさらに「……誓師の書きもらし給える人、あるいは師の没後に往生せし名高き信者のことを見聞のまゝに」（初篇跋）「殊勝の信者と聞えたる」（二篇下・附言）人々の言行を輯録し、「広き国の中には美しき信者の多かるべき」（三篇上・序）ことを予想し言行を採集したのであった。それも「更に他の為にはあらず、いささか報仏恩の片端にもと」（五篇序）輯録を続け上梓した。では、このようにして上梓された僧純の妙好人伝、およびその背景をなすものはどのようなものであろうか。

美濃専精寺に住した僧純は学僧というより教化僧であったようである。彼は紊乱し本山の財政の建直しに努力したといわれているが（真宗大辞典）、また仰誓が編纂し、後に履善、備後の大慶が増補した『真宗法要典拠』の上梓（安政三年十月─『広如上人芳績考』）のため諸国をめぐり募財に従事し、かつ角坊別院の再建（同年十一月）、大谷本廟の円通橋の架設（同年十二月）に際して功績があったといわれる（真宗大辞典）。それは万延二年（一八六一）の親鸞六百回忌の記念事業の一つであったと考えられるが、「安政三年正月大遠忌ニ近キヲ以テ法語ヲ製シ使僧数十名ヲ派シテ普ク諸国ノ門末ヲ論セリ」（『広如上人芳績考』）といわれる使僧の一人であったのかもしれない。『真宗大辞典』によると彼は履善にあって『法要典拠』上梓のための募財を依頼されたという。確実なことは不明であるが、もしそれが事実であれば、履善の没年には僧純は二十八歳であるから、僧純は若年の頃より教化に従事していたものと考えられる。そのことが彼の四篇八巻、北陸から九州薩摩にわたる三十四カ国百二十九人の篤信者の言行を蒐録させたも

表1

	項目	妙好人	教説的項目
仰誓	22	24	0
僧純	120	129	16
象王	24	24	0
計	166	177	16

のであろう。

僧純の『妙好人伝』四篇八巻は量的に仰誓、象王のそれをはるかに凌いでいるが、内容の上からも複雑である。それは仰誓のものに見られるように妙好人の言行録に終始していない。しかし妙好人そのものの取り上げ方は仰誓を規範としていることは認めねばならない。それにもかかわらず、根本的には、かなり仰誓と異なった態度が見られるのである。その一に教説的な態度が見られる。それは妙好人の言行録としてでなく、教義の解説などを主にした項目の多いことで知られる。仰誓や象王にはそのような項目は見られない。それは**表1**の通りであるが、三篇の巻下の内容が(1)神明帰仏、(2)帝王帰仏、(3)公武帰仏、(4)神職帰仏、(5)神棚之事、(6)鬼門、(7)金神、(8)物忌之事、(9)捉心得歌から成り、四篇下には家内相続弁、五篇上は神明本意、同下には(1)仏恩、(2)師恩、(3)国恩、(4)親恩、(5)孝行粉引歌、以上の項目が見られる。

表2

篇	僧純 二	僧純 三	僧純 四	僧純 五	象王 続	計
A	3	1	0	0	0	4
B	7	7	4	5	3	26
C	1	6	2	5	0	14
計	11	14	6	10	3	44

表3

篇	僧純 二	僧純 三（上）	僧純 四	僧純 五	象王 続	計
詩歌	12	2	6	7	1	28
例証	3	4	4	4	0	15
補足	11	5	3	5	0	24
計	26	11	13	16	1	67

それはまったく妙好人の言行ではなく、真宗の安心、さらに倫理的なことについての説明にほかならない。では他の項目はどのようなものであろうか。僧純の百二十項目中、直接的見解と確認できるものは仰誓の場合と同様に少なく、二十項目にすぎない。しかし仰誓の場合に、まったく見られないものに借用、転載記事がある。それには、A　彼自身が伝聞したと考えられるが、他にも記載されていて「……にも見えたり」と附言されているもの、B　明らかな転載記

事であるが、原本通りと考えられないもので、「……に見ゆ」「……に見えたり」と付け加えられているもの、C本来のものをそのままに借用転載したものなどがある。その数は**表2**の通りである。またこれらの中には言行記録に関するものだけでなく、解説的意味をもっているものも多く、附説的に「……按ずるに……」「因にいふ……」あるいは「つくづくおもんみれば」などで始められる。この解説的記事は初篇上4、8、下11もあるが、僧純のものにはかなり多くの例証的なもの、詩歌、補足的解説記事がある。**表3**はその分布表であるが、分布の数は詩歌があり、かつ補足的記事があるというふうに重複したものを分けて数える。

また**表3**の詩歌の場合は詩歌それ自体の数ではなくて、詩歌を記載した項目の数である（なお巻二の下はすべてが教説であることから、この表の中から除いた）。なお、この**表3**に含まれているものの中には必ずしも転載記事だけでなく彼自身の附説もあり、詩歌の中には妙好人自身のものも多い。以上のように、教説的なものと解説的なものとが多い点、仰誓のものと根本的に異なるものをもっていると言うべきであろう。僧純はできるだけ広範囲に妙好人の言行を採集し、それを教化の材料として編輯するという意図をもっていたようである。仰誓の場合、筆写され、流布され、かつ教化の材料に使用されたと考えられるが、僧純はさらに積極的にその意図を明確にしたと見るべきであろう。そのことが転載記事を多くした理由であり、また多くの妙好人を発見し、その採集を心がける意欲が妙好人の概念をやがて拡大し曖昧にする原因ともなるのである。

前に仰誓の妙好人の根本的立場を見た場合、そこに金剛真心の具現として十種の利益が現実に躍動していること、逆にいえば金剛真心の根底に立つ現生利益が生活に見られることに妙好人の妙好人たる所以があることを指摘した。このような妙好人の現実的な生活における根本的態度について、僧純は仰誓の立場を踏襲している。明瞭に表現されているものを挙げれば、たとえば触光柔輭（二・下3、15、17）、冥衆護持（二・上2、二・下15）、転悪成善（三・

上16、四・下4)、常行大悲(二・下3、三・上13、四・上11)などである。もちろん、知恩報徳、心多歓喜などの利益は全篇を通じて見られることはいうまでもない。ただここで注意すべき一つに知恩報徳の利益が本山と手次寺に対して御恩報謝するという形が多くなっていることがある。これは前に見たように、僧純の背景をなしている教団意識と、彼の置かれた現実的な立場に由来するものと考えねばならない。ところで、このように妙好人の根本的立場が僧純の妙好人伝にも展開されているにもかかわらず、多くの研究者の指摘するように、僧純の場合、妙好人の概念が拡大されてくる。それは、《往生人》と呼ぶことのできるような妙好人の採択となって現れる。往生伝類についていわれるように、新たな往生伝が成立する場合、先に編まれたものの遺漏を編者自身の見聞と国史別伝類などの文献とにより補いながら編纂するが、その際、浄土行者でない者にまで及ぼされて、それらまで往生人とされる。それと同様なことが僧純の妙好人伝についてもいえる。たとえば別伝の採集がある。それは転載記事にも見られ、また「諸書の中より抜きいだし、或ひは誓師の書きもらし給へる人」(初篇跋)の言行を蒐集しようという意図からもうかがえるのである。そして妙好人もまた念仏行者―浄土行者であるから、往生人であるとする概念の拡大が行われる。それは「衆生智恵あさくし聖旨に達せざるゆえ現に往生する人を記さずは勧進することを得ん」という浄土論の言葉から仰誓師が妙好人伝を撰述したので私もその志を継ぐのだという僧純の言葉(四篇序)で知ることができる。ここには僧純の信心についての曖昧さがあるといえよう。このようにして転載し、あるいは引用したものには、『元亨釈書』『沙石集』『日本往生極楽記』『日本往生伝』『天竺往生伝』『勧化往生伝』『念仏往生伝』『和語灯録』『古徳伝』『照蒙記』『鳩翁道話』『続鳩翁道話』『近世叢話』『正明伝』『新聞往生記』『清九郎伝』『孝信庄之助伝』『七三郎生涯記』『百条法話』『博多記』『石城志』『西光寺譲状』『西応寺了幻記録』『高城家儀』『真行寺隆性記録』『僧樸法語』『僧樸書簡』『仰誓記録』『仰誓書簡』『誓鎧記録』などがある。その他、詩歌の転載もある。

我々はこれらの引用書を往生人伝類と妙好人伝類に分類することができるが、妙好人伝類には月筌、僧樸、仰誓、履善、誓鎧など宗学者に関係したものと、篤信者についての散在した記録がある。そして我々が妙好人伝類と考えるもののほかに、さらに僧純は往生人伝類を渉猟し、また散在した記録を蒐集し集大成しようとしたものと見ることができる。そのような彼の立場は彼の『日本往生伝和解』が嘉永四年（一八五一）に成立している点から知ることができよう。では妙好人の概念を拡大して浄土行を修する往生人とされた篤信者はどのような形で表現されているだろうか。それは往生の奇瑞特異な物語、夢物語として表現される。それは**表4**のように分類される。この表の中の往生記録とは往生の様相について記したものだけでなく、往生を遂げたという表現のあるにすぎないものを含めてある。また信心という項目は真宗的信仰生活を強調したものであり、往生に関連しない日常的な言行を記録したものをすべて含めたものであり、特異物語とは祖師の影向を見た（四上5）、明神の化身に逢った（二下15）などの話である。なお、このほかに孝行物語がある（初上8、二上9、二下19、三上9、14、五上1、五下9、続上4、5）。この孝行物語は孝行が主題であり、たまたま浄土真宗の流れを汲むというにすぎない者の物語であり、篤信者の言行記録に付言した孝行物語は入れない。このように浄土真宗信仰では奇形化された物語を僧純は妙好人の言行に組み入れたのであるが、それは三〇％を占めるにもかかわらず、必ずしも全篇を歪めるに至っていない。妙好人が死にどのように対決するか、往生の姿はどのようなものであり、死後どのような奇瑞が起こるかは一般の真宗信者を含めて一般の関心事であるだろう。そのような立場への対処として述べられたものと考えてよいであろう。したがって記録の量から推定して、そのようなものを方便として取り上げたということも考えられる。

以上のように妙好人の言行に関しての純粋な記録ではなく、教説的項目、解説的記事、さらに妙好人と呼ぶよりも往生伝類の系譜にある往生人の言行記録などの記載は何を意味するのだろうか。僧純には『妙好人伝』を含めて十四種の著述があるが、『観無量寿経』『阿弥陀経』などの経典の講録が四種あり、また『大宝積経』などの抜粋三点があるが、そのほかに、『日本往生伝和解』（嘉永四年〈一八五一〉）『孝子経和解』（嘉永二年）『高祖聖人皇都霊跡志』（安政五年〈一八五八〉）『本廟御真影略伝』（万延二年〈一八六一〉）『親鸞聖人霊瑞編』（文久元年〈一八六一〉）『高祖聖人十恩弁』（嘉永三年）などがある。最初の二書は『妙好人』の中の記事と重複するものもあり、その意味で興味のあるものである。『往生伝和解』は「……宿縁あらんひとひとを仏道に誘引せしむるのたよりとも」（序）なるべく、従来の往生伝類から四十一人を選び出して、「緇素老少の読みやすからんために和解」したものであった。『孝子経和解』では孝道は三国にわたって神儒仏を一貫するものであり、我門では獲信をもって根本とするのであるが、「この孝道はただ世間の浅近の教のやうに思ふは誤なり。釈迦一代の説経、ことに孝の一字を重く説き」給うたところから和解を試みるとする。ところでこれは『孝子経』についての和解ではあるが、その説明はかなり自由奔放である。この著の根本的な意図は神儒仏の三道の一致を招き、神儒にも三世の困果あることを説明し、真の

表4

作	仰誓	僧純				象王	合計
篇	初	二	三	四	五	続	
信心	19	33	14	21	15	8	110
往生記録	4	7	8	11	3	14	47
往生奇瑞	1	3	0	5	1	4	14
蘇生奇瑞	0	3	0	1	0	3	7
往生予告	0	1	2	2	1	4	10
来迎瑞相	0	0	1	0	0	5	6
厭離欣浄	0	0	0	0	0	3	3
夢	1	1	1	2	1	2	8
特異	1	1	1	4	4	4	15
合計	3	9	5	14	7	25	63

孝行（僧純は孝行の孝行という）は今生一世の衣食住を十分にして、同時に未来の一大事をすすめて永劫の楽果を得せしめることにあるとする。したがって妙好人伝において孝行物語を積極的に採り上げた意図もまたこの『孝子経』和解の意図に連るものであり、事実、この和解の中で大和の清九郎（初上8）、防州のおいし（二下19）、三州利右衛門（三上14）などの妙好人伝中の人物の言行が採り上げられている。この二巻に対して他のものはやや趣を異にしている。『聖人十恩弁』『霊跡志』は「六百回忌の近きにあたりて……古跡の縁由を尋ね」（『霊跡志』序）親鸞聖人の遺徳を顕彰しようという意図に貫かれ、また『本廟御真影略伝』は「御末寺ノ中ニモ上寺ナトト争ヲナシ転派ナンド企テヲシテ御真影へ背ヲ向ル人ハ一天無二ノ御真影ノ尊キイワレヲ知ラザルヨリ起ルコトナリ」という教団の当面した問題が根本にあるにもかかわらず、『十恩弁』『霊跡志』と内容的に一貫したものである。またそのことは『霊瑞篇』についてもいえるだろう。それは現在までに伝えられてきたさまざまの奇跡的霊瑞に関する伝説を蒐録したものである。そこには仏力の霊威、名号の不思議などが述べられているが、また、たとえば蕎麦喰木像、川越之名号、瀬蹈阿弥陀、御手皮之名号、倒竹之祥瑞、錦織寺縁由、蟻巻之名号、銀杏霊木、鹿島明神、オムクノ御影、切込之御影、専修寺縁起などの親鸞をめぐる伝説が集められている。ここには親鸞六百回忌に対する意識が働いているともいえるが、以上の一連の著述の底流をなすものは「……宗祖上人の御記念の祥瑞を集めたるを見て宿縁の人はいよ〳〵自信教人信の思ひを増すべし」という伝道者としての態度であろう。このような霊瑞などを取り上げる僧純の考え方は『霊瑞編』の臨終祥瑞論にも見えている。親鸞の絵伝に六通あるが、一通（三州如意寺）に臨終段に紫雲がたなびき、花の降る図があるが、他の絵伝にはない。この臨終祥瑞の有無について考えて見るならば、「祥瑞を著したまへるは末代衆生の疑ひを散ぜんが為なり。また奇瑞をかくし給へる平生業成の義をしらしめたまふなるべし。覚如上人、蓮如上人の御往生のみぎり種々の霊瑞をあらはしたまひ、又其後の御代々の善知識の奇瑞をかくしたまへるも是に例してしるべし」と考えられる。もちろん「祥瑞の有無にかゝわらず只本願の貴とさを仰ぎ奉るを此宗の習ひとはするもの」とは考えるのであるが、このように僧純は臨終の祥瑞について肯定的に考えている。それは祥瑞、奇瑞を積極的に否定し、そのような否定の面において平生業成の立場を展開するということではない。それは信心、安心の論理を説くというのではなく、それ以前の日常において非日常的なものの存在を説くことにより仏力の不思議さを知らしめるという態度にほかならない。非日常的なものの受容の態度を示すのではなくて、非日常的なものの存在に対して畏敬をすすめるということであろう。このような霊瑞肯定の態度が『妙好人伝』の往生奇瑞、蘇生奇瑞、来迎瑞相の説話に関連していると考えなければならない。一方、このような著述に見えるものは彼の唱導家としての態度である。それは真に安心の在り方を教示して、化導し信心を徹底させるというよりも、譬喩、因縁談を織りまぜて、しかも現実的な諸問題をも含めて、無縁のものを有縁のものたらしめるべく説法してゆくものである。それは妙好人伝に見られる孝行の物語であったり、また君恩を説くものとして表現される。しかしそのことは唱導というものに見られるきわめて現実的な態度であるにほかならない。その点、妙好人伝の中に見られる現実的、処世的な在り方を示す説話において、森氏のいわれるように、幕藩体制に順応してゆく教団の意図を必ずしも読みとることはできない。事実は、西本願寺教団内には反幕府的意志がしだいに醸成されていたのであった(『広如上人芳績考』参照)。

以上、僧純の著作を通じて彼の妙好人伝の編纂の態度に唱導家としての本質が現れていることを指摘してきた。それは教化者というよりと唱導家としての表現である。

我々は以上、仰誓と僧純の妙好人伝について見てきたが、象王[9]のものについてはそれが全く往生人伝類の系譜に連なるものであることを指摘すれば十分であろう。そのことは**表4**の通り、ほとんど全篇にわたって往生物語が述べられていること、また「……不思議の往生人なり」「末世に有難き往生人なり」という表現のあることと、などによって知ることができる。「妙好人なり」の表現があるとしても、内容的には全く往生人と妙好人は同一視されていると言ってよい。僧純の場合、妙好人が往生人へと概念の拡大があっても、妙好人は往生人と区別して捉えられていたが、象王の場合、全く概念的に混同されていると言ってよい。その点、僧純のものを無視している（跋）にもかかわらず、唱導のためというよりも個人的記録として僧純に見られる往生人の系譜に連なるものである。その意味では象王自身が仰誓のものの続篇としたにもかかわらず、後に僧純のものとまとめられ、僧純のものの続篇として考えられたのは当然であろう。

おわりに

仰誓が上梓しなかった理由に同行善知識の思想として誤解される懸念があったのではないかと先に想像したが、僧純の上梓はどのようにして可能となったのか。本願寺教団内では安心問題に関連した出版について、かなり厳格な統制を行ってきた。そのことはいわゆる承応の鬩牆後、本山法制三条、すなわち「一、禁妄論祖典」、「二、禁漫講諸書」、「三、禁浅学侍僧唱導」の三項について門末に布告した（延宝四年〈一六七六〉五月）ことにも現れている（『本願寺派学事史』）。その後、学林における学解上、かつ安心上の権威を保つために諸事の上梓停止を行うが、後には功存批判の大派宝厳の『興復記』さえ停止しようとする（『本願寺通紀』）。一方、根本的問題に触れないかぎり、禁令自体もしだいに緩和され、また仏書の出版も盛んになってくる。その間の事情を禿氏祐祥氏の復刻された『書目集覧』によって推定すると、寛文年間以後、延宝、天和、貞享の十二年間の仏書出版はかなり少なかったものと見られる。[10]しかし一般的な状況の影響もあろうが、元禄を頂点として、それ以後、仏書の出版は盛んになってきた。とくに一向宗関係の仏書は元禄年間より浄土宗の書物とは別に取り上げられ、しだいに増加し、明和年間には他宗のものを上回る状態になった。とくにその中で勧化、唱導、勧導、説法、俗談など冠せられたり、付された書物は五十種を超えることに我々は気づくのである。それは石田充之氏の指摘されるように（「真宗の布教の展開」『布教入門』所収）経文、祖文、譬喩、用語説明などにより平易に教義や安心を知らすものとして教化本の誕生であり、唱導法談のための材料書というべきものの誕生であった。おそらくそれらは伝統的には中世以来の談義本、唱導本の系譜に連なるものと考えられるが、法語集、譬喩を交えた講録、祖師などを含めた人物記、さらに因縁、故事来歴記などである。それは石田氏の言われるように唱導のための材料書であり、法談の技術指導のための専門書でもあるが、一面、大方の人たちに読まれ、語られるものとしての教化本としての性格をもつものであった。一方、三条の禁令以後、教学上にはさまざまな事件が前述のように起こったが、文化三年（一八〇六）、三業惑乱が鎮定して教学は固定化の方向に向かった。そのことは教義上の異安心の態度を打ち出すことを不可能にするものであったが、同時に、根本的な立場において動揺や異義のないかぎり、自由な唱導を可能にするものでもあった。そのため唱導による教団の結束を強化するという意図を積極的に表現してゆく方向が、三業惑乱の後において望まれる。そのような意味で談義本は増加してきたと考えられる。安政六年補刻出版された『続妙好人伝』（五篇）には文昌堂の目録があり、それには談義本と見られる書籍約四十点が挙げられており、その中には唱導の材料と見られるものがかなり多い。このようにして『妙好人伝』にその成立の地盤を獲得するのであるが、それは唱導本としての意味を担いながら、同時に宗教的人間像を描いたものとして完成されるのである。そこには本来の同行善知識の問題はほとんど問題とならない状況が形成されていたのであろう。誓鎧らの不安をすでに解消して終わった一般的な状況が生まれていたのであり、僧純の『妙好人伝』が上梓される客観的な地盤が成立していたのである。

ところで『妙好人伝』は宗教的人間像を描いたものであるが、そのような唱導本は『妙好人伝』だけに限らない。たとえば能州羽咋菅原の智洞の『浄土勧導簿照』三巻は勧化のための詞料（序文）として上梓されたもののようで、巻頭の第一話には説く人は無益な弁を飾らないように、聞くものは譬喩の面白さに心を奪われて肝心の法義を忘れないようにという心得が出ており、そのこと自体が説法の材料に取り上げられるものである。同時にここで興味深いのは、三篇巻十五の中で、集事部に震旦十一人、日本二十九人、中華五人、天竺五人の伝説的、あるいは実在的人物の説話が挙げられていることである。それは必ずしもすべてが篤信者を描くものではなく、説法の主題についての説明として付与されたものであるが、宗教的人間の言行も物語られている。具体的に人間の言行を語り、それにより信心の具体相を描写し、あるいは教義を語ることは、勧化に最適の方法であった。そのような意図が凝集し、実在の、しかも身近に存在する信者のみを描き出すことはさらに教化を容易にするものであろう。そのようなものとして、『妙好人伝』は唱導勧化本の結晶した形態であるといってよいだろう。(11)

註

（1）この『妙好人伝』の研究については柏原祐泉氏の「幕末における妙好人伝編纂の意味」（『印度学仏教学研究』六―一）、同「妙好人的信仰の思想史的系譜」（『大谷学報』三三―一）などがある。そこでは物語られた思想内容の分類、職業分類などがなされている。そして妙好人伝が、個別的な信者物語と異なった性格をもち奇型化された表現のあることを指摘される。柏原氏の考えを受けて森龍吉氏は「妙好人という典型的篤信者＝封建制順応者の範疇を打出すことによって教団の社会的基盤を維持安定させせんとする意味」と認められ、「妙好人の随順は教化的随順でなく、それをこえて、政治的被治者と宗教的被救済者の立場をかねあわせた焦点をさぐりあてた随順であると考え」られ、このような妙好人の社会性は「絶対主義への修正的地均らしの意義だけしかもつことはできない」(「幕藩体制と宗教」〈日本宗教史講座第一巻『国家と宗教』、三一書房、一九五九年〉、二〇七頁以下)とされる。妙好人に関するこのような評価については別に述べたいが、ここでは『妙好人伝』について正しく評価していないことだけを指摘するにとどめる。なお多屋頼俊氏の「妙好人伝に現われた親鸞聖人」があり、短い論文ではあるが、妙好人の本質についての示唆にとんでいる。

(2) この小論は『関西倫理学会報』二二号、『宗教研究』一七〇・一七四号で述べたものを基礎にして、訂正、補足し、やや詳述したものである。

(3) 仰誓には『長州円空法義邪僻批判記録』がある。

(4) 明和の法論に関しては仰誓自身の『明和法論次第』(真全)『対論筆記』がある。

(5) 『妙好人伝』各篇の記号は永田文昌堂の一九五八年版による。

(6) 親鸞の著書の引用は親鸞聖人全集刊行会の『親鸞聖人全集』による。

(7) 妙好人の根本的な立場については寺倉襄「妙好人形成の教学的立場とその実践」(『日本仏教学会年報』二六号)があり、この論文より多くの示唆を受けた。

(8) 西口順子「往生伝の成立」(『史窓』一七・八合併号、九六頁)。

(9) 象王が大谷派の人でないかと考えたことがあるが、寂如上人の出ていることや、わざわざ東派などと断り書のある点から、やはり西派の僧であったと推定する。

(10) 禿氏祐祥氏の『書目集覧』には延宝、天和、貞享年間は欠けている。

なお、出版された仏書全体と、一向宗関係の仏書との比較を示すと次のようになる。

	寛文	元禄	享保	宝暦	明和
仏書全数	一一八八	二七一一	一四二〇	四四五	四四六
一向宗	二四五(浄土宗を含む)	一四二	一一六	六五	一三九

(11) 『妙好人伝』に掲載された詩歌についての考察は重要なテーマとして残されているが、紙面の都合上別に譲りた

い。なお、近世の唱導本の構成についても触れることができなかった。また奇瑞の問題に関しては稿を改めて検討したい。

初篇『妙好人伝』の一考察

朝枝　善照

はじめに

妙好人に関する研究は、これまでに多くの成果が見られる。研究史的には妙好人に関しても、幕末の真宗信者から、さらに広く宗教的情操の中に存在する人をも含む範囲にまで妙好人の名のもとに糾合されている。妙好人の研究は、柏原祐泉によってその研究史が詳細に論じられた(1)。初篇『妙好人伝』の成立の問題に関しては、柏原以後、佐々木倫生(2)によって仰誓、僧純、象王などの編者の問題まで含めて論及された。さらに福間光超は、『妙好人伝』編纂についてその歴史的背景、あるいは、信仰者の歴史的意義に関して言及した(3)。その成果は、柏原校注『妙好人伝』として『近世仏教の思想(4)』に採録されている。

初篇『妙好人伝』の成立について考えるとき、柏原には次の記述がある。

それは、石見国浄泉寺仰誓が文政元年（一八一八）に編纂した『妙好人伝』以後の現象である(5)。

とくに真宗篤信者に対する特殊な概念規定として妙好人の語を用いたのは、文政元年（一八一八）に石見国浄泉寺仰誓の編纂した『妙好人伝』に始まる。[6]

右の指摘は、初篇『妙好人伝』の編纂年時を文政元年として論じている。従来の『妙好人伝』の成立年時に関する研究をうかがうに、初篇に関しては、筆写本と版本の関係について未整理のようである。

初篇の徳応寺誓鎧の序文によれば、文政元年戊寅の年が実成院仰誓の二十五回の年忌にあたるために出版の計画がなされたとしている。しかし、実際には、美濃専精寺正聚房僧純によって、天保十三年壬寅年（一八四二）に出版されるまでは筆写本でのみ存在したようである。文政元年から天保十三年まで、すでに二十有余年が経過している。初篇『妙好人伝』の跋文として僧純は次の語句を誌した。

天保十一庚子より、この妙好人伝を三四本あつめて校正し、こたび、すりまきとはなしぬ。[7]

右の僧純の言によれば、彼の手元には『妙好人伝』なるものが三四本存在したようで、文政元年に出版計画がなされて以後の異本を校正したことが述べられている。

土井順一の『妙好人伝』出版に関する研究によれば、初篇『妙好人伝』には一巻本と二巻本の系統が存在するようである。[8]土井報告の拙稿に関連すると思われる点を記して、出版までの経過を考えてみたい。

一　仰誓の編集した『妙好人伝』には伊賀撰述の一巻本と、石見国に移ってさらに拡充された二巻本が存在する。

二　伊賀明覚寺での撰述の一巻本は、『親聞妙好人伝』と外題（題簽）され、十話をその内容とする。石見国市木浄泉寺で再編集された二巻本は、『妙好人伝』と題されて、上巻十話、下巻二十六話、計三十六話をその内容とするものである。

三　現在この一巻本『親聞妙好人伝』は、京都大学蔵本、石見国西田瑞泉寺蔵本、龍谷大学蔵本などの存在が確認されている。二巻本『妙好人伝』は、克譲自筆写本と転写本が存在する。

表1

通算番号	『妙好人伝』第一目次	克譲自筆写本	克譲清書本	京大本 瑞泉寺本 龍大本	版本	備考
1	摂州治郎右衛門	1	1	1	4	
2	河州利右衛門女阿霜	2	2	2	2・下巻	
3	和州清九郎	3	3	3	8	
4	但州六左衛門児	4	5	5	3	
5	和州辰三郎	5	6	6		△
6	江州次郎右衛門	6	7	7	6	
7	勢州治左衛門父子	7	8	8		△
8	常州忠左衛門	8	9	9	6・下巻	
9	京都七郎右衛門	9	10	10	5	
10	当国六兵衛	10	4	4	4・下巻	(伊州)
11	石州儀兵衛	1	1			△
12	石州林助	2	2			△
13	越前荒木又六	3	3		7・下巻	
14	越前荒川総右衛門	4	4		8・下巻	
15	備後五郎作	5	5			△
16	播摩二女	6	6			△
17	安芸喜兵衛	7	7		1	
18	安芸市郎兵衛	8	8			△
19	安芸甚右衛門	9	9			△
20	石見九兵衛	10	10		2	

通算番号	『妙好人伝』第二目次	克譲自筆写本	克譲清書本	京大本 瑞泉寺本 龍大本	版本	備考
21	三河五郎右衛門	11	11			△
22	石見助六	12	12		(?・下10)	△
23	大坂市三郎	13	13			△
24	伊豆大瀬村民	14	14			△
25	近江五兵衛	15	15			△
26	出羽弥左衛門	16	16		1・下巻	
27	石見嘉兵衛	17	17			△
28	石見藤三郎妻女	18	18			△
29	出雲松江大夫神谷氏祖	19	19			△
30	石見安井善兵衛	20	20		11・下巻	
31	石見石橋寿閑ノ女	21	21		7	
32	加賀久兵衛ノ女	22	22		(?)下巻	
33	越後伝兵衛	23	23		12・下巻	
34	安芸儀七	24	24			△
35	安芸喜八	25	25			△
36	安芸松田逸全	26	26			△
	◎以下は版本にのみ見られるもの					
37	伊州三左衛門				3・下巻	
38	長崎遊女				5・下巻	
39	伊州九瀬孫之丞				9・下巻	
40	石州源三郎				10・下巻	
41	加州与市				13・下巻	

(37～41は版本にのみ見られるもの)

四　二巻本三十六話と版本二十二話を比較すれば、版本にのみ見られる五話があり、いわゆる原『妙好人伝』としては、仰誓の筆になるもの四十一話をあげることができる。

『妙好人伝』の版本成立の問題として、右のような問題が提起されたが、従来の僧純校正による『妙好人伝』が二十二話であったことを考えると、四十一話の存在は仰誓の評価等に若干の影響を及ぼすものとなるかもしれない。**表1**は、現在知ることのできる四十一話を、中山園述、文醒堂蔵『妙好人伝』[9]を版本の代表として比較したものである。通算番号、37から41に記入した下巻3、5、9、10、13、の五話の存在は興味深い問題である。備考に△印を記入した項目については、その不採用の原因を考える必要があろう。一巻本、二巻本の系統から見ると版本に採用される時点でかなり目次に変化が見られることは注目しなければならない。たとえば、通算17の安芸喜兵衛の物語が版本の第一話に再編成された点から、伊賀撰述の一巻本系統の特色がまったく消滅したことがこれまでの『妙好人伝』の成立を仰誓の晩年にのみ想定せしめたようである。そのような再編成は、また通算10の当国六兵衛の物語が版本においては伊州六兵衛と改められたような結果をもたらしているわけである。

一

初篇『妙好人伝』に関して考えられることは、仰誓の手になる二巻本『妙好人伝』の中からどのような過程を経て二十二話が版本に採択されたかということである。その作業は、僧純によってなされたと考えられるが、その採択の規準等について分析する必要がある。

表2は、版本に見られる物語について、その要点について分類を試みたものである。◎印の寸評は、僧純が採用

する要因となったと思われる点を記したものである。

表2 『妙好人伝』（版本に見られる物語について）

通算番号	版本目次	物語の題	物語中に見える年号	物語の要点と採用されたと考えられる原因	備考
17	1	芸州 喜兵衛	寛永の頃（一六二四年から）	伯楽を渡世とする。称名念仏の徒。剃髪法名教恩。御本山へ影が映りしとの俗説。◎平生の念仏者の生活に対する教訓。	版本御文章下附の事略す。
20	2	石州 九兵衛	享保の頃（一七一六年から）	農業。田の水争いに前世の業と念仏する。版本には、蓮如上人の語句と犬のケンカの話を付加。◎一般的な水争いの物語のためか。	
4	3	但州 六左衛門	享保の頃	小児の念仏に一家日蓮宗から改宗。◎余宗からの改宗の実話としてか。	
1	4	摂州 治郎右衛門	享保の頃	樵蘇と農業。主人公の御本山参拝。貧者の信者と富者の法友との問答。◎念仏者のモデルとして物語の構成もよし。	
9	5	江州 治郎右衛門	元文の頃（一七三六年から）	馬子。治郎右衛門の信心堅固。武士入信の物語に構成。版本には付加多く、原本と相違あり。◎武士の入信譚。	本文では次の目次が先になる。
6	6	京都 七郎右衛門	享保年中	大谷報恩講参拝。死の予告。◎短文なれども版本編者の好むところか。	
31	7	石州 石橋寿閑	寛延の頃（一七四八年から）	医師。小女児往生譚。無信仰の医師が子供の死による化導にて入信する。◎この種の類話の代表として採用か。	寿閑ノ女と題するものあり。安永の事とする本あり。
3	8	和州 清九郎	寛延二年（一七四九年）	真宗信者の代表として清九郎は語り継がれてきたものである。仰誓も直接対面。◎『妙好人伝』中の代表作として上巻末に採用か。	仰誓二十九歳。

26	下1	羽州 弥左衛門		信心の問題のための遠路上洛する。門主と能化の関係を明確にする。仏恩・師恩強調は版本編者の付加するところか。◎聞法の厳しさについて。	
2	下2	河州 利右衛門	寛延二年	小女児の篤信の物語。改心懺悔。大谷報恩講、本山参拝。僧宝恭敬。◎童子の信仰について。	
37	下3	伊州 三左衛門	（享和年中）	念仏と世俗の価値を比較。うすひき歌付加。今清九郎と称される。◎生活の中の念仏のためか。	
10	下4	伊州 六兵衛	寛延元年（一七四八年）	真言宗の受戒と念仏について比較。念仏をよろこぶ。臨終念仏。加古教信を偲ぶ。◎真言宗の現世利益と受戒。	寛延三年没。
38	下5	長崎 遊女		遊女が瑞応寺の教化にて念仏に帰す。その後、夫はじめ家中日蓮宗から改宗。師恩。◎日蓮宗からの改宗。	出典不明。長門の瑞応寺から仰誓に伝へられるか。
8	下6	常刕 忠左衛門	宝暦三年（一七五三年）	氏神から仏教各宗を経て、妻の念仏の教化にて浄土真宗に改宗。水戸青蓮寺の住僧が誓師の寺にて話す。全体の物語に潤色が見られる。◎真宗の各宗にすぐれたるを物語る。	仰誓三十三歳のとき。版本付加あり。
13	下7	越前 荒木又六	明和年中	武士。浄土宗から改宗。師（能化功存）の縁。◎次の物語と関連するために採用か。	同左か。
14	下8	越前 荒川想左衛門	安永七年（一七七八年）	武士。荒木又六の友人。浄土宗ながら真宗の教えにて安心決定す。本山参拝。報恩講を営む。版本加筆多し。◎武士の念仏者の例として採用か。	天明年間功存から誓鎧伝聞仰誓に伝へる。
39	下9	伊刕 九瀬孫之丞	明和七年（一七七〇年）	武士。禅宗からの改宗。寺と民衆との争いを歌にておさめる。◎寺院と信者の争いを裁く例としてか。	出典『唱導蒙求』との注あり。

40	下10	石州 源三郎	明和四年（一七六七年）	真宗の流れを汲みながら神棚、お札を受けるを正す。現世祈否定。本山参拝と伊勢参拝のこと。助六の物語を付加。版本編者の加筆あるか。◎門徒の信仰生活のあり方について。	西蓮寺の門徒
30	下11	石州 善兵衛		密家に出家。後に真宗の生家を相続。護符否定。現世祈の禁止 ◎真言宗の護符と念仏について。	天河内 満行寺の門徒
32	（ ）	加州 久兵衛娘		小女児の篤信者。仏恩報謝。版本加筆あり。◎類話、小女児信者の物語としては整理されているためか。	
33	下12	越後 伝衛兵	天明三年（一七八三年）	百三十七歳の長命念仏者の話。前話八歳の子供の歌とあわせてみるべきか。◎短文であるため子供の物語の次に採用か。	
41	下13	加州 与市		念仏者の聴聞、法談。日常生活。本山崇敬。版本付加多し。◎門徒の日常の聞法生活について模範とする。	履善の『教導記』にあり。

表3は、版本に採用されなかった物語の要点とその理由を考えてみたものである。この**表2**と**表3**から、さらに物語の主人公の職業と、物語の主題について通算番号で分類をしたものが**表4**・**表5**である。

表3　『妙好人伝』（版本に見られない物語について）

通算番号	物語の題	物語中に見られる年号	物語の要点と、版本に採用されなかったと思われる点	備考
5	和州 辰三郎	寛延二年（一七四九年）	主人公十四歳、入信剃刀、法名道誓。夢中法談あり。◎他に幼児の往生の類話があるためか。	
7	勢州 治左衛門父子	寛保二年（一七四二年）	市十郎七歳にして念仏者。父は神道を好む。高田派信光寺門徒。幼児往生奇瑞あり。父入信剃髪、法名教随。◎他に類話があるためか。	屋号万屋 姓 杉野
11（下巻）	石州 儀兵衛	安永八年（一七七九年）	儀兵衛二十歳。篤信者なれども鉄砲にて自殺。◎主人公の死因が自殺のためか。	仰誓五十九歳のとき見聞したもの。
12	石州 林　助	安永九年（一七八〇年）	林助二十五、六歳にて聴聞をはじめる。入信以前に、殺・盗を行い、酒・賭を好む。◎短文、また、類話清九郎等あるためか。	法隆寺覚満から仰誓に話されるとあり。
15	備後 五郎作		真言宗の信者が夢に善信なる僧ありて門徒の五郎作を告げる。改宗入信譚。◎類話多し。	
16	播摩 二　女		「原本出標目耳」とありて本文なし。目次には「闕丙戌九月再遊石州浄泉寺別鈔二唱導聚一」と記される。	
18	安芸 市郎兵衛		貧しき信者我家火災に際し如来の御恩、後生大事と念仏して落胆せず。宮迫の人。◎短文と火災を憚りしためか。	宮迫村は市木から近い。仰誓見聞可。
19	安芸 甚右衛門	（ある年）	盗人に入られながら驚かず、教化にあえば借を還すか貸すかにすぎずと称名念仏するのみ。岩戸明円寺門徒。◎20に主題が似ているためか。	明円寺は市木に近く仰誓見聞可。

21	三河 五郎右衛門	明和五年春（一七六八年）	壮年のとき酒のため本尊を入質。その後信者となりて前非を悔いて篤信者となる。伊賀村明願寺の門徒。明覚寺深誓五郎右衛門と会う。◎類話あり。懺悔譚。	深誓からの伝聞か。
22	石見 助　六	明和五年除日（一七六八年）	助六の信心について。歌あり。阿須那西蓮寺泰岳の教化。◎版本巻下石州源三郎の項後半に助六の物語を採用。	仰誓泰岳からの伝聞か。
23	大坂 市三郎		小童遠方から帰り、市三郎妻洗足するに童いねむる。妻叱ていれば市三郎妻の御堂の睡をさとす。◎短文のためか。	
24	伊豆 大瀬村民	宝暦年中（一七五一—六三年）	七十余戸の全村民が浄性寺を中心に真宗の聞法をする。祖師五百回御遠忌を迎えての様子を記す。仏具修繕。法会に奉仕。◎不明	
25	近江 五兵衛	明和八年五月廿日（一七七一年）	五兵衛若きとき、酒、博奕にふけり勘当。その後聞法し、禁酒、五帖一部と仏具を求める。仏号寺門徒。仰誓唱導に参り多くの信者と話す。◎類話多し。	仰誓五十一歳。
27	石見 嘉兵衛	安永六年三月（一七七七年）	仰誓大森西性寺に唱導のとき、信徒多数に会う。嘉兵衛は神職から念仏に、その妻日蓮宗から、その他浄土宗から等の改宗者の見聞を記す。◎改宗の類話多く、物語が未整理のためか。	仰誓五十七歳四月に『仰誓法語』を書く。
28	石見 藤三郎妻女	明和八年（一七七一年）	明和八年十月八日　八歳の女児オサヨ死にのぞみて念仏す。両親、父は信心なく、母は日蓮宗、しかしそれ以後念仏者と化す。◎信者としての特色なく、類話寿閑の女等あるためか。	仰誓常見寺にて後年、藤三郎に会いしか。
29	出雲大社大夫 神谷氏祖		神谷氏祖先の石山戦争参加の事。矢よけの名号。大国の正善坊善程から仰誓に伝えられる。◎石山戦争が徳川時代末期も憚られたか？	克譲本には履善の付話あり。

34	安芸 儀　七	天明四年（一七八四年）	五日市光禅寺門徒俳歌を好む信者、辞世の句載せられたり。五月三日往生。◎物語が短く、未整理のためか。	仰誓も俳歌道歌を好みし縁で知りしか。
35	安芸 喜　八	天明四年（一七八四年）	喜八も光禅寺門徒。不信の徒にして殺生を好む。夢に梟があらわれて仏縁につらなる。九月十四日、光禅寺了義が仰誓に語る。◎不明	34 35は同時に記されたようである。
36	安芸 松田逸全	天明四年（一七八四年）	逸全は医術・儒学の徒。仏法を誹りしが二男茂三郎十八歳にて没し辞世に念仏を勧めて命終りぬ。後に篤信者となる。◎類話があるためか。	仰誓が直接見聞したものと思える。

これらの分析に使用した物語は、**表2**の場合は版本により、**表3**については当然版本にないわけであるから、克譲自筆写本『妙好人伝』を使用した。しかし、これは現在我々が知り得た範囲での『妙好人伝』であるから、今後、さらに二巻本以外の『妙好人伝』が世に問われ、物語が追加される可能性もあり、このような方法で分析することは誠に恣意的な方法である。しかし、その中にも若干の傾向は読み取ることができるようである。

表4・5によるならば、物語の主人公としては、農業に従事する人が多く、不明者もおそらくは農業に従事していたものと考えられる点から、真宗の受容階層が農村にあることをうかがわせる。唱導師が法談をなす際の教化の実例として引用した様子がうかがえる。

僧純によって採用され、版本にて流布した物語も内容が重複しないように、全体的な構成の中から取捨撰択がなされているようである。**表4・5**によって注目させられるのは、仰誓によって編成された過程に、右表のごとき分類項目が恣意的ながらも成立することである。この点は、仰誓の評価をする際に、再度検討すべきである。仰誓の場合も、僧純の場合も全体の配列は、一応時代順に考えているようである。僧純は、さらに読者に対する配慮をし

表4 『妙好人伝』記載主人公の職業

職業	通算番号（○印は版本に採用）
農業（樵蘇）	①(上4) ③(上8) 15 18 20(上2)
馬子	⑥(上6) ⑰(上1)
奉公人	11 (22)(下10)
商人	23 ㊲(下3)
武士	⑬(下7) ⑭(下8) 29 ㊴(下9)
出家者	㉚(下11)
神職	27
医師	㉛(上7) 36
庄屋	㊵(下10)
遊女	㊳(下5)
小児	（女）②(下2) ㉜(下?)　（男）5 7
不明	⑤(上3) ⑧(下6) ⑨(上5) ⑩(下4) 12 16 19 21　24 25 ㉖(下1) 28 ㉝(下12) 34 35 ㊶(下13)

ているようである。それは、大和清九郎の物語を上巻末に配した点などに見られる。また、物語の重複を避けている点もあるが、仰誓の場合は教化者の参考書的な面が見られるのに対して、版本としては一般読者をも対象にしていることがその目次の構成にも原因していると考えられる[10]。

次に、内容に関して問題となる点は、版本においては加筆が全体的になされているのではないかと考えられることである。次に、二、三の例を検討してみたい。

●石見九兵衛（克譲自筆写本）

石州邑智郡出羽村ノ百姓高鳥ノ九兵衛ト云信者鱒淵高善寺門徒也アル夏山ヘ草ヲカリニユキ我田地ノアタリヲカヘリミルニ何者ノシワサニヤ溝ノ口ヲ塞キ水一滴モワカ田ヘハ来ラシメヌヲミテ草ヲカラスシテ吾家ヘ帰リヤカテ仏前ニ灯明ヲカカゲテ妻子ヲ呼御礼ヲ申セト云妻子イカナル子細ソト問ヘバ水ノユヘヲ語テ云ヤウコレハ我前世ニ人ノ田ヘカカル水ヲセキトメタル報ナルベシ昔ノ時ニシアモアラバ腹ノ立ニマカセテ又人ノ水口ヲフサクヘキニ前世ノ業報也ト気ヲ付サセ下サルルハ偏ニ御教化ノ恩徳ナリコノ御礼ヲ申サデハアルベカラズトオモヘバカクハスル也トイヒケル近隣ノ百姓

表5　物語の主題

物語の主題		通算番号（○印は版本に採用）
念仏者の生活		① ③ ⑰ 19 ⑳ 23 ㊲ ㊵
信心堅固		⑥
篤信者		11 18 （22） 24 ㉝ 34
聞法の厳しさ		㉖ ㊶
道楽者入信によって改める		12 21 25 35
童子の信仰		② 5 ㉜
子供の念仏にて親が改宗	日蓮宗から	④ 28
	神道から	7
	儒教から	36
	無信仰から	31
真宗と他宗の比較		⑩
他宗からの改宗	神道・仏教各宗	⑧ 27
	浄土宗	⑬ ⑭
	真言宗	15 ㉚
	日蓮宗	㊳
	禅宗	㊴
大谷本廟報恩講参拝		⑨
先祖の念仏奇談		29
不明		16

コレヲツタヘキイテサテモ我我ハハツカシキ心也トテソノ後ハ九兵衛カ田ヘハイツモ水アタリヨキヤウニシムケタリト

●石州九兵衛（版本）

㋑享保のころ㋺石見国邑智郡㋩亀谷村の百姓㋥高鳥の九兵衛といふ信者あり此人はじめハ其性猛く邪見にして人にまけ嫌ひな男なりしが御法義に入しよ里自然と物ごと優しく聞えしなり蓮如上人の御物がたりに信を獲ハ同行にあらく物をもいはじこころも和らぐべきなりと仰せられし御ことばをよく守りて喜びけるがある年㋭夏旱の節山へ草をかりにゆき我田地のあたりをかへりみるに何者のしわざにや溝の口を塞ぎ水一滴も我田へハ来らず㋬ことごとく他人の田へ水の流れ入やうになりたるを見て㋣草をかりに出たるに草をもからずして吾家にかへりやがて仏前に灯明をさゝげ妻子をよび御礼を申せといふ妻子も㋠不審に思ひ草をもからず急に帰って仏前に拝礼せらるゝハいかなる子細ぞと問へバ水のゆゑを語ていふやうこれハ我前世に人の田へかくる水をせきとめたる報ひなるべし昔のときにしもあらバ腹の立にまかせて又人の水口をふさぐべきに前世の業なりと気を付させ下さるゝはひとへに㋷大善知識の厚御教化の㋦顕れなりこの御礼を申さでハあ

るべからずとおもへバかくはするなりといひける近隣の百姓これを伝へきいてさても我々ハはづかしき心なりとてその後ハ九兵衛が田へハいつも水あたりよきやうにしむけしとなり

㋸あるとき途中にて同行にあふて咄をして居る中に犬二三疋はしりきて噛あふありさまを見て九兵衛いふやうハ扨々ありがたい事じやと云其時向の同行いふには犬のかみあふのがなんで難有御座るぞと云へば九兵衛いふにハ犬には御殿様がなきゆゑ強ひものは弱きをあの様になやます爾るに御互は強ひ物にも恐れなく無理は無理といはるゝハ偏に御公儀のあつき御守のゆゑぞといふて落涙して喜びしとなり

石見九兵衛の物語は、克譲自筆写本に見られる構成と版本も全体的にはあまり違っていないけれども、右に引用した文章の傍線部分が版本にのみ見られることは注目させられる。僧純の校正の段階で版本に見られるような物語に構成された或本が存在したとも考えるべきである。しかし、履善が文化五年（一八〇八）四月筆写したものを克譲が文政元年（一八一八）八月十八日に市木において拝写したことが奥書に付記されている点[11]から、天保十年（一八三九）代に版本に見られるごとく変化した或本の存在を考える一方で、僧純の加筆訂正の有無も検討する必要があろう。

版本の本文傍線㋑から㋸について検討する。㋑のような書き出しは版本の共通の特色で、一巻本あるいは二巻本の系統には見られない。僧純が書き出しの形式を統一して年代の判明するものは記入したものと考えられる。㋺は、一巻本系では州が使用されており、二巻本では、州あるいは国の使用は一定していない。僧純は版本において大略州に統一したが越前越後等はそのかぎりではない。㋩は、亀谷村と出羽《いずわ》村の違いである。江戸時代、古田氏浜田入府以来幕末まで出羽組の出羽村と市木組の亀谷村は区別されている。しかし、中世では出羽村に田所、亀谷が含まれる点で、仰誓の手元には市木村から見て出羽組の中心であった出羽村に近接する亀谷村を出羽村とする古い史料があったものと考えられる。なお、九兵衛の所属している高善寺は鱒淵村に存在する。地理的には、高善寺に参拝するには出羽村でも亀谷村でもよい。僧純がどのような手続によって亀谷村なる名に訂正したか不明である。[12]㊁蓮如上人云々の語句は、他の物語との比較を通して察するに僧純の加筆ではあるまいか。この点は、再度僧純の加筆の特色として検討すべきである。㋭㋬㋣㋠は、単なる付加で、版本全体に多く見られる。㋷は、御教化の潤色として「大善知識の厚」を付加したが、ほかにもたとえば下巻最初の羽州弥左衛門の項にも御門主を「大善知識」とした例があり、版本編者の手法の一つであるようである。㋦は、「恩徳」が「顕れ」に改められている。大善知識を付加した点で、いわゆる善知識だのみと誤解されぬための配慮による改変か。㋸は、版本にのみ記載される逸話である。御公儀の御守と落涙する九兵衛の態度は、いささか常軌を逸するが、僧純の手元にこの部分が付加される或本が存在したのであろうか。あるいは、『続妙好人伝』等を編集した筆達者なる僧純の加筆とみることもできる。㊁㋷㋸の部分に共通する特色が見られる点から同一の筆になると考えられる。仰誓の筆録の段階では見られなかった部分であろう。

次に、江州次郎右衛門の物語について考察してみたい。この物語は、伊賀明覚寺においてすでに筆録されているものである。馬子の次郎右衛門が武士を乗せて口附をしながら道中称名念仏するに、次の駅に至るまで七度も念仏を称えてはならぬと注意を受けながらも、そのつど忘れて称名したことを武士が怒り、本陣に着いてその咎めをするために白砂へ次郎右衛門を引き出してのやりとりである。

●オノレニクキヤツカナ武士ノ馬口ヲトリナカラ死人ヲノセタルコトクケガラハシクモⒶ念仏ヲイクⒷタビモ〳〵申ヒシ《ママ》コト不届ノ至也オモヒシレ一ウチト傍ヘヨルニ次郎右衛門スコシモサハク色ナク高声Ⓒ二念仏ス監Ⓓ物マス〳〵怒リスグニ刀ヲ抜テ後ニマハリ振上ルニナホⒺスコシモ驚カズ首ヲサシノベテ念仏シ居ケルヲ見テ刀ヲサラ

リト投テア、至心信楽志レ己トハ実ニ御身ノコト也我モマコトハ萩清光寺ノ門徒ニテ代々真宗ノ教ヲウケタリ今日御身我ニ従ナガラシバ〳〵念仏スルヲミテ心中ヲ試シト馬上ヨリタヒ〳〵呵責ストイヘトモ猶念仏スル故ニ堅固ノ信者トハ思ワレドナホ其実ヲシラン為ニ真剣ヲ以テコ、ロミルニイヨ〳〵他事ナク念仏シ玉フハマコトニ驚入リシ信者也トテツ井ニ大津ノ駅マテ同道シテ毎夜法ノ物語ヲシソノ後往来ノ度ゴトニ次郎右衛門カ家ニ立Ⓕヨリ生涯同行ノマジハリヲ深フセラシトナン監物ハ江戸ニテ往生セラレシニ子息ニ遺言シテ我死セバ火葬シテ骨ヲ大谷ノ御廟ニ納ムベシソノトキ次郎右衛門カ家ニ骨トモニ一宿シ次郎右衛《ママ》ト同道シテ納骨スベシトノコトニツキテ遺言ノ如クトリオコナハレシトナリ

●己にくきやつかな武士の馬のⒼ口をとりながら死人を乗たるごとくけがらわしきⒽ念仏まうしⒾ殊に念仏まうす事ならぬと毎度とゞめしに一向用ゐざること実に不届の至りなりⒿ汝おもひして一打とⓀいひながら傍へよるにⓁ治郎右衛門すこしもさわぐⓂ気色Ⓝもなく念仏すればⓄ侍ます〳〵怒すぐに刀を抜て後にまわり振上るに少もおどろかず首をさしのべてⓅ殊勝に念仏して居りけるを見てⓆ邪見の侍も誠に感じ入宿善開発の時いたりその刀をさらりとなげすてⓇゝ云ハるゝ様は我も本ハ浄土真宗にありながら念仏の声だにも嫌ふやうなる極悪人なれば阿弥陀如来もよも助たまわじと悲歎の涙にむせびながら尋給へバ治郎右衛門も随喜の涙にむせびながら超世の本願の謂をねもごろに物語しけれバ侍忽ち本願の不思議を信じたてまつり歓喜の涙にむせびつゝ夫より治郎右衛門を大津宿まで同道して毎夜みのりの物語をしその後往来のたびごとにⓁ治郎右衛門が家に立よられしとなり

右に引用した二種の、前者が克譲自筆写本、後者がいわゆる版本である。ⒶからⓇまでは、両者の相違する部分に傍線を施したが、前者の写本を基本に版本の文章を検討したわけである。次に、順次吟味してみたい。

ⒶⒷⒸⒺは版本に省略されている。Ⓓは、Ⓞにおいて侍とのみ記されているのに対して、前者Ⓓは（毛利）監物

とその氏名が明らかである。版本にするとき「其臣何某」と略されたために⓪のごとく侍としたのであろう。出版に際しての配慮であろうか。Ⓕは、監物と主人公との後日譚である。版本には、この部分は略された。各筆写本に存在する逸話であり、大谷本廟に対する参拝納骨は、版本において略す必要もないと一応考えられるが、封建体制内での侍と馬子の交友は、身分秩序の問題として配慮されたのではあるまいか。僧純の手による削除なるか否か検討を要する。Ⓖは単なる加筆、ⒽはⒶの「クモ」、との違いであるがⒾと関連して考えると、念仏に対する表現が「ケガラハシクモ念仏ヲ」と、「けがらわしき念仏」と違っている。ⒶとⒽの差は、物語の構成の変化から生じたものと考えられる。Ⓘは、物語をより読者に強く意識させるための加筆であろう。ⒿⓀⓂⓃⓅは、版本の編者の筆力がうかがえる加筆で、描写により現実感をもたせる効果がある。ⓆはⓇの伏線である。次の版本のⓇの部分は、大幅に改作されている。原文に近いと思われる前者の筆写本によれば、侍毛利監物はもともと浄土真宗萩清光寺の門徒であり、同信の同行として次郎右衛門と邂逅したわけである。しかし、版本Ⓡの部分は、邪見の侍が篤信なる次郎右衛門の姿と、超世の本願の謂を次郎右衛門から聞き、宿善開発の時至りて本願の不思議を信ずるという物語に改作されている。先の**表5**においては信心堅固に分類してみたが、信心堅固を物語の骨子としながら他宗（この場合は不信心）からの改宗懺悔譚的な要素も見られる物語に組み直されたわけで、両者を比較するときその換骨奪胎の手際のよさと版本編者の文筆力に注意させられる。Ⓛは主人公の名前が写本系統では次を使用するに、版本では治にされている。拙稿では、次郎右衛門を使用してきた。

次は、版本の最末に録された加州与市の物語について述べたい。**表1**に指摘したごとく、与市に関する物語は『妙好人伝』の筆写本の中に見られなかった。しかし、仰誓の子芳淑院履善の記述した『教導記』[13]の終わりの部分に与市に関する記述がある。履善は、加州与市の物語の由来を記述するので、その部分を次に引用して与市の物語を版本と比較してみたい。

某コノ教導記ヲ筆シテ稿ヲ脱セントスルオリフシ朋友ノ僧正道トイヘルモノ東ノカタ祖跡ヲ巡拝シテカヘリ予ニ対シテモノカタルコトカス〱アル中イト殊勝ナルコト一ツコヽニ録ス

右のごとく、朋友の正道から、祖跡巡拝の土産話として与市の物語を聞き『教導記』の結びの部分に付加された様子がうかがえる。与市の物語は次のごとくである。

加賀ノ国大聖寺城下ノ側ヲ右村ト云在所ニ与市トイヘル貧者アリ裏方松林寺ノ檀越ニテ無二ニ本願ヲ信楽セリ正道モトヨリ其名ヲキヽテミマホシクオモヘリシトコロ次第ニ巡拝シテ寛政十年八月六日大聖寺城下ニ至リ一宿スルオリフシ其城下ノ魚屋五兵衛ト云人ノモトニ与市来テ在トキイテ正道同伴ナル慈弁ト云ヘル僧ト共ニ魚屋ヘタツ子往ケルニ主シ五兵衛夫婦モ世ニ目出度信者ニテ大ニ喜ヒ二人ヲ延テ与市ニアハセケリ与市其年八十五歳ノ老翁ニテ今ハ祝髪シテ法名西入ト云トカヤコノ夜城中ノ信者外ヨリモ五六輩来テ夜モスカラ共ニ法話スルニ西入禅門ノ申サルヽコトタフトサイハンカタナシコノ人年二十ハカリノコロ或夜ユメニ地獄ニ入リモロ〱ノ泥黎ヲヘテ劇苦ノアリサマノサマ〱ナルヲミテ夢サメ周身冷汗ヲ流セシトテ其夢ノヤウヲツフサニ語ヲキケハ法事讃般舟讃往生要集等ノ地獄ノ章ヲヨムニ露タカハスオソロシサ身ノ毛モ竪ハカリナリ与市是ヨリ出離ノ大心ヲ奮発ス其コロ越前ノ三国ニ法会ノアリケルヲ大聖寺ヨリ五里ノ路ヲヘテ毎夜コレニ詣テ出離ノ要道ヲ聴聞ス昼ハヒ《（ママ）》メモス家業ヲイトナミテユフクレヨリ発足シテ赴クニ五里ノ道ナレハイソケトモ法談ノ間ニアフコトナシ毎々法談ノオハラントスルトコロ或ハステニオハリタルトコロヘ参詣スレトモソレモ厭ハシトモ思ハス毎日参詣ヲコタルコトナシ正道問テ曰ク法談ヲキカスハ詮ナカルヘキニヤハリ参リ玉フハイカニトイヘハ法談ノアトニテモ復法語アリコレヲキク事カタノモシクテ参リ候ト云サテ法語スキテ家ニカヘリヌレハ夜ハ

ハヤアケヌレトモ翌日亦ヒメモス（ママ）家業ヲイトナミテツカノ間モオコタル叓ナシト正道問曰往来十里ヲアユメハ疲レテ翌日ノ家業ハナルマシキニイカテカクハ候ヤトイヘハ他力信心ノ御コトハリヤ、耳ニイルヤウニオモハレ候ホトニウレシクテイ子サルコトモ苦ニナラスコヨヒモ亦微妙ノ法ヲキ、侍ンモノヲト思ヘハ心モイサミテ家業ヲイトナムコト日コロヨリモマサリ候ヒシトカタルカクテ都合五十日カ間昼夜カツテ腱ヲ接セスシテ出離ノ大事ニ心ヲヨセタルニ仏力ノ加スルトコロツ井ニ疑網ヲ破裂シテ一念帰命ノ信ヲ発得セルトナリ与市此事ヲ語テナミタヲナカスモトヨリ性質魯直ノ人ニテイサ、カモ後世者ノフリナクタ、至心信楽己ヲ忘レテ本願ノタフトサヲモノカタルアリサマナカ〳〵言モタヘテアツマレル同行骨身モクタクルハカリミナ〳〵涙ニムセヒテキ、ケルトナリコノ人マタ天性寛仁ニシテカツテ腹ヲ立ルコトナシ村ノワカモノトモコレヲコ、ロミントテ田業ヲ終テカヘルサニ与市ヲ泥田ノ中ヘツキオトシケレトモカツテ怒ラス我ニ後世ノ大事ヲ驚カセ玉フト云テ謝シケレバ若者トモ大ニ慚伏セリ或トキ外ヘユキタルアトヘ日コロカヨヒケル魚売来テ場《ニハ》ニ暴《ホ》シテオキケル粟ヲヌスミ去ントスルトコロヘ与市モトリカ、リソレト見タレトモワサト身ヲカクシテトラセタルトナリアトニテ人ニカタルヤウ是ヲトカムレハ再ヒコノ屋ヘ来ラス法義ヲ語ル縁ヲ失フコトカ不便サニユルスナリトイヒケルト又或トキ人ニミヤツカヘシテ居ケルトキ途中ニテ銀百目ヲ拾ヒシコトアリ其トキ主人ニ申シ二三日ノ暇ヲ玉ヘト乞フ主人其イハレヲ問ヘハ銀ヲオトシタル人ヲ尋テワタサン為ニ候ト答ケレハ主人大ニ感シテユルシケレハツ井ニ其人ニメクリアヒテ渡シヌトナリ

履善は、右の物語について『教導記』に次のように付記している。

今コレラノコトヲキクニマコトノ後世者ハカクコソアルヘキニ左ハナクテ我等カ身ノアサマシサヲ思ヘハマコトニ喩ンカタナシ

版本の与市の物語と『教導記』を比較するとき、『教導記』が正道と与市の問答を中心に記述しているのに対して、版本は、逸話を中心に物語が構成されているようである。両者に共通する部分は、与市の若年の夢に見た地獄の様から聴聞をはじめ、家業に勤しみながらも四五里の道も厭わずに聞法を続けた。ある時、腹を立てないという与市を村の若者が田の中に落として与市の信仰を確かめようとする様。また、庭の栗を盗み取らんとする出入の魚屋の話、などである。しかし、これらの共通の物語以外に版本には、さらに次の物語が載せられている。

扨折々ハ五里六里もある所へ行事もありされどきっと夜分は我家へかへる其ゆゑを問へは如来様が私を御待下さるといふて毎夜御礼を遂て御仏檀の前に寝て夜る目がさめる度御仏檀の台をなでゝハ私がやうなる者を可愛がって下さるゝ親様ハ彼方ばかりぞといひてハ仰ぎ尊みしとなり

又常にいひけるは私がやうなる愚者に極難信の御謂を聞ひらかせて下されしハ偏に善知識様の御影ぞと仰ぎてはハ朝夕御本山の方へ拝礼して一の竹の筒をかけ置て一銭二銭づゝ毎日御冥加を指上て貴ミ喜びたるとなり時に此同行牢屋の前を通る度ごとにこの御誡の御守も私一人へ御異見ぞといひては牢屋の前にひざまづき落涙して国恩の難有くよろこび申されしと承り侍りぬこの人老年に及んで剃髪して法名を入西とたまはりしとぞ

右のごとく版本においては、御仏檀の前に寝ての逸話と、竹の筒に御冥加を指上て喜ぶ話と、牢屋の前に国恩の有難さに落涙する三種の逸話が付加されている。履善の『教導記』と版本の与市の物語とに若干の字句の相違はある。たとえば、法名を西入とするに対して、版本では入西と記す。また、前者では与市を「裏方松林寺ノ檀越」と記載するが後者の版本ではその部分が見られない。これは、他の例においても清九郎等裏方と記載された場合は版本においては削除しているので、東本願寺系の物語と見られることを版本の編者は好まなかったようである。両者の共通部分に関しては、この他に字句の相違するところは見られるが物語の全体にはあまり変化は見られない。しかし、右に引用した版本の部分の三種の逸話は、履善も正道から聞きながらも『教導記』に記載しなかったのか、あるいは、版本の編者の手元に与市に関する他の史料があり、その物語には、三種の逸話が記載されていて、それを『教導記』の物語に編者が加筆したものかなどと、その由来について種々考えられる。今、その原因を急ぎ明らかにする必要もないが、これは僧純の加筆であろうか。

履善の筆になる『教導記』の与市の物語中に、寛政十年（一七九八）八月六日のことと履善は記している点から、仰誓は寛政六年四月二日に没しているので、仰誓の筆になることはなかったわけであるから、与市の物語が『教導記』から採用されていることが明らかである。さらにその物語が版本においては、逸話が三種付加されていることが明白になった。その付加された部分が、真宗信者の日常生活の中における救済の喜びと、御本山崇敬、国恩に対する感謝という特色をもつことである。履善がこの三つの逸話を知りながら記載しなかったか否かは別にして、版本に見られる右の例は、仰誓篇『妙好人伝』研究における今後の課題として重要な問題である。

石州九兵衛、江州次郎右衛門、加州与市の三例を、版本とそれ以前の史料と比較して版本に見られる物語の変化等について以上のごとく検討してみた。九兵衛の場合は、版本に付加された逸話が見られる例、次郎右衛門は、物語の構成が全体的に改作された例、与市については、その出典が仰誓のものではなく、嗣法履善の『教導記』に記載されているもので、仰誓の『妙好人伝』以外のものから採用された例として検討した。三者、それぞれに『妙好人伝』研究上重要な問題が見られる。

二

『妙好人伝』に関して問題とされるとき、仰誓あるいは僧純に関してはこれまでにも多く言及されてきた。しかし、初篇『妙好人伝』に関しては、伊予の克譲が深く関わり合っている人物であることがわかる。版本の初篇『妙好人伝』の跋にも僧純は「芳淑院履善師ならびに克譲法梁等[14]これをはかりて」と記したごとく、克譲と僧純の関係は親密である。

克譲に関しては、不明な点が多いが『高城学士籍[15]』に若干の記載がある。

予州松山城大《オホ》唐人町正覚寺二男恵忠
同国野間郡脇村明専寺智弁子紹介
一同年四月十一日
克譲　号二州
又号石室

右の同年とは、享和二年（一八〇二）のことである。この年石州市木高城山浄泉寺に来り受学したようである。『高城学士籍』に伊予風早郡中島熊田村正賢寺二男義教の入門に際しての紹介者として「同邦正覚寺克譲紹介」とある点からも、石州学派と克譲の関係がうかがえる。克譲は、僧純篇の第三篇の序文も記しているが、二篇巻下第五の「予州妙順尼」が克譲の母の物語である点からも、篤信なる土徳の中に成長したと考えられる。しかし、寛政六年（一七九四）四月二日に仰誓は浜田覚永寺において惜しくも巡錫中逝去しているから、享和二年（一八〇二）

四月には嗣法履善の門下に受学したことになる。興味深いことは旅を好んだと伝えられる克譲が義教の紹介者として名を連ねる時が「文政紀元戊寅五月四日」と記入されていることである。先述（註(11)）のごとく、克譲が再度石州市木高城山浄泉寺に至りて『妙好人伝』を拝写した年でもあり、仰誓の二十五回の年忌にあたる年でもあった。この年忌法要に際して門人が集まったものか、『真宗法要典拠』の序文に遺弟西田瑞泉寺自謙によって「今茲戊寅丁亡師二十五忌辰遺弟相議[16]」と開版の趣旨が記されている。[17]

『妙好人伝』の序文は、安来徳応寺の誓鎧によって記されている。『高城学士籍』によれば、誓鎧は明和三年（一七六六）三月十五日剃度入門して、はじめ法名尚絅とし後に誓鎧と改名し、文政十二年霜月二十三日に亡くなっている。克譲写本下巻越前荒川想左衛門の物語の末尾に「コノコト天明癸卯ノ夏吾徒誓鎧存師（功存付朝枝）ノ直説ヲキ、帰テ予ニ語ルコトシカリ」と仰誓によって記されている点からも、あるいはまた、『真宗小部集』に『棲浄斎安心注進書』『解魔弁』を執筆している点などから、仰誓の石州での最初の門人の一人として重視されたようである。

このように二十五回の年忌は、出版が種々計画されたようである。履善は『真宗法要義概』冒頭に「今茲戊寅。先師実成院二十五回ノ忌年ニ当リテ。門人相謀テ。ソノ遺典法要典拠ヲ。木ニ上サントシ。シタガヒテ。講会ヲ開テ。仏事ヲナサント欲ス。」と記している。しかし、文政二年この履善も没し、『妙好人伝』開板の事も一頓挫したようである。

さらに克譲、僧純の関係、そして妙好人の役割など言及すべき点は多いが、紙幅も尽きたので稿を改めたい。如上の指摘によって、仰誓篇『妙好人伝』に関して、版本の段階において種々改変が見られるということが了承されるならば望外の幸である。

（一九七七年九月）

註

（1）柏原祐泉『近世庶民仏教の研究』第一篇「妙好人の研究」（法藏館、一九七一年）参照。
（2）佐々木倫生「『妙好人伝』とその作者たち」（『仏教文学研究』二、一九六四年）。
（3）福間光超「初期『妙好人伝』編纂の歴史的背景について」（宮崎博士還暦記念会編『真宗史の研究』永田文昌堂、一九六六年）。「妙好人的信仰の構造」（『龍谷大学仏教文化研究所紀要』八、一九六九年）。
（4）日本思想大系第五七。
（5）柏原註（1）前掲書、九頁。
（6）柏原註（1）前掲書、一六頁。
（7）柏原祐泉校注『妙好人伝』（日本思想大系『近世仏教の思想』五七、所収）一九四頁。
（8）近世古文書研究会の例会において、土井順一は「妙好人伝成立に関する諸問題」として、写本と版本の『妙好人伝』を比較し、その説話・本文などの異同について報告した。
（9）版本としては、龍谷大学図書館蔵本を使用。跋に「天保十三壬寅歳春三月正聚房僧純誌」とある。
（10）近世の刊本としての法談用述作についての考察としては、山内啓介「法談物資料『勧化文選』」（『仏教文学』創刊号、一九七七年）がある。
（11）「文化五年戊辰四月　浄泉寺芳淑房履善謹書」「文政紀元戊寅秋八月十八日於石州市木浄泉寺環堵斎伊予克譲拝写仝日黄昏校合終」。
（12）『石見八重葎』によって、神社、寺院の存在を知ることができる（『瑞穂町誌』第三集、六〇三頁）。
（13）履善の著として、『仏書解説大辞典』によれば寛政十二年刊『教導議』（一巻）、嘉永元年刊の『教導記』（一巻）があるとされている。龍谷大学図書館には、『教導記』と『教導議』がある。また、両者の合本『教導議』（全）、嘉永紀元戊申、石州泉光寺蔵板なる一本が存在し、加州与市の物語は、一巻本の『教導記』と、合本の『教導議』に記載がある。拙稿では一巻本の『教導記』による。
（14）法梁の解釈であるが、『妙好人伝』三篇巻上第八芸州五助の項に「玉田法梁」五編巻上第五「芸州浄念」の項に「西応寺了幻法梁」なる使用例から見て、克譲法梁の場合も履善師に対して克譲師という意味での文飾で人名と解すべきではあるまい。

(15)　土井順一翻刻解題「島根県市木浄泉寺蔵書調査報告『高城学士籍』(一)」(『仏教史研究』一〇、一九七七年)がある。

(16)　『真宗法要典拠』序。

(17)　『本願寺史』第二巻第四章「教学の展開」四三三頁参照。

附記　本稿執筆に際して近世古文書研究会、龍口明生、土井順一、猿橋正克、また市木・尼川尚明、大谷大学・上原康夫、各位の御教示を得た。史料閲覧を許された、穂久邇文庫、竹本泰一、美濃専称寺中山諦音、鎌手西楽寺川本義範、西田瑞泉寺三明慶泉各位に記して謝す。

追記　本稿脱稿後、土井順一「仰誓撰『妙好人伝』攷」(龍谷大学『国文学論叢』二三、一九七八年)、「仰誓撰『妙好人伝』(抄)」(本願寺『宗学院論輯』四七、一九七七年)、「仰誓撰『妙好人伝』成立攷」(『研究論集——平安学園——』二二、一九七八年)が発表されている。

仰誓の立場と『親聞妙好人伝』

大桑　斉

一

妙好人とは、真宗信仰に生きた民衆的篤信者の謂であるが、それは幕末の『妙好人伝』によって定形化されたものであって、民衆的真宗篤信者そのものをさすものではない。現実に、近世社会をその信仰的実践によって生きた民衆的真宗篤信者が存在したことと、それをある特定の立場から認識し、定形化したものは異なって当然である。だから、「幕末になって、真宗の篤信者をとくに『妙好人』と云う範疇で伝記的集成が行なわれねばならなかった歴史的意味」が問われねばならない、という柏原祐泉氏[1]や、「編者たちがどのような立場で妙好人を採択したかということ、すなわち『妙好人伝』編纂の歴史的、教団的背景を見とおす」ことの必要を提示した福間光超氏[2]の立場は、そうした『伝』の成立について検討を抜きにした、それまでの妙好人研究を一歩おしすすめるものであった。両氏は妙好人そのものと、『妙好人伝』とを区別することにおいて、妙好人研究の前提としての『妙好人伝』研究という点において共通の出発点に立ったけれど、その研究の展開は異なる方向性をもっていた。福間氏は、『伝』

そのものの性格を追求し、念仏をすすめ、門徒の信仰を純正化する目的をもつものであり、そこに描き出された妙好人には、神祇不拝、迷信排除を強調して専修念仏を実践した反面、念仏の権威と封建教団の権威を混一化して、教団体制に門徒を結合せしめ、封建支配や世俗倫理を無批判に容認せしめる性格が見られるとし、『妙好人伝』のイデオロギー的性格を究明する方向をとった。柏原氏も、こうした『伝』の性格についてはほぼ同様な見解をとられるが、その結果、『伝』においては、「妙好人の概念はかなり畸型化されているから、これから直ちに真宗篤信者自体の諸問題を引き出すことは危険である」[3]として、妙好人研究は、妙好人自身の直接的言行の記録によらねばならない、という立場をとり、「純粋信仰人」[4]としての妙好人を明らかにすべきであると主張したのである。ここには、『妙好人伝』研究と妙好人研究という、あい異なる立場が典型的に知られよう。いうまでもなく、前者は教団イデオロギーを問題としようとするものであり、後者は、信仰のあり方そのものを追求しようとするものである。

こうした点は、先行する妙好人研究のうちでは、必ずしも明確にされていなかった。研究の先鞭をつけた鈴木大拙氏[5]が、日本的霊性の具現として、また、親鸞の世界の民衆的発現として妙好人を見たことによく示されるように、『伝』に現れた妙好人を、民衆的真宗篤信者そのものと見なしたのであり、以来、宗学ないし宗門史的立場からの研究者はほとんどこれを踏襲し、『伝』と篤信者の実態を区別することがなかった。思想史的立場で妙好人を把えようとした鈴木宗憲氏[6]や森龍吉氏[7]においても、妙好人と『伝』のギャップという問題はほとんど見ることができないのである。

こうした動向の内では、妙好人と『伝』のギャップを早い段階で問題とした佐々木倫生氏[8]の研究は、埋もれてしまった。佐々木氏は、幕末妙好人伝として一括取り扱われている状況において、「仰誓のもの、僧純のもの、象王のものを夫夫に検討することにおいて、編纂の意向を探る」ことが重要であるという立場から、個々の妙好人伝の編纂意図を追求した。このうち、妙好人という範疇を最初に定立した、仰誓編とされる『伝』初篇は、僧純によって板行されるにあたって、数種の本によって校合がなされていることから、それ以前に、「筆写などの形式で諸所に流布されていたと推察」されるとみ、板本『伝』と異なるものの存在を予想されたのである。はたして、近年に至ってこの予想が確かであったことが証明され、土井順一[9]、朝枝善照[10]両氏によって、仰誓編の原型をとどめる『親聞妙好人伝』が紹介された。板本所収の二十二話は、仰誓の編にかかる一巻本『親聞妙好人伝』およびその増補本である二巻本に所収された三十六話から十八話が選択され、その上に、僧純によって新たに四話が追加されて成立したものであることが明らかになった。かくして、板本『伝』に基づく『伝』研究、および妙好人研究は、大きく再検討をせまられたのである。

それとともに、あらためて仰誓の『親聞妙好人伝』編纂意図が、研究進展の上にまず問題とされねばならなくなった。柏原氏の言われるような、『伝』における妙好人の畸型化は、『伝』成立のどの段階で生まれたものであるかが明らかになるであろうし、「畸型化」される以前の記録が、相当の客観性をもつものとして、妙好人そのものの研究をすすめる史料たりうるかどうかという問題にも関わってこよう。そして「畸型化」とは、教団イデオロギーの性格を明らかにすることになる。いずれにせよ、それらの根底となる問題として、仰誓の立場を鮮明にすることが最重要であることは論をまたぬところであろう。

仰誓の立場について、佐々木倫生氏は、すでに大略次のごとき見通しを提示している。

㈠　仰誓は、宝暦十年長門円空の一如秘事、明和法論、三業惑乱という三つの異義事件に学林にあって関わっており、これが『伝』編纂と深い関係にあること。

㈡　仰誓の編纂した『真宗小部集』[11]は、㈠への対応として「安心の核心を表明」せんとしたものであること。

㈢　その教学的立場は、一益法門と批判されるものは、法の側から正定聚と滅度の同一をいうものであり、全面的に否定さるべきものではなく、また、帰命を欲生にとること、そこに成立する三業帰命は、それを本質的なものとみることには反対であるというものであること。
㈣　仰誓の著わした『現生十益弁』は、「真の仏弟子とは金剛心の行人」であり、そこには現生十種の益が伴うことを明らかにせんとしたもので、『小部集』との関係において考えられねばならないこと。
㈤　妙好人の記録は、真の仏弟子、金剛心の行人の事例と見られるべきで、『伝』の原型においては、「恐らく粉飾された要素やフィクション的説話を考えることはできない」こと。
㈥　仰誓には『伝』出版の意図はなかった。それは、妙好人讃仰が同行善知識的に受けとめられることを恐れたからであること。

以上のように佐々木氏は、仰誓の編著たる『真宗小部集』『現生十益弁』および『伝』が相互に連関するものであり、三業帰命説を批判しつつ、どちらかといえば一益法門的立場から、真の仏弟子とその現生における利益や具体相を示そうとしたという仰誓の立場を明らかにしたのである。

本稿では、このような佐々木氏の提言を受けとめ、『真宗小部集』を再検討することにおいてこれをさらに深化し、併せて『親聞妙好人伝』によって、仰誓の立場を確認することを目指している。

二

さて、以上のような研究史を踏まえるとき、『真宗小部集』においてまず注目しなければならないのは、仰誓とその門人誓鎧[12]の往復書簡である。誓鎧が友人の僧と交えた問答を記録して仰誓の教示をあおいだ『棲浄斎安心注進書』と、これに答えた仰誓の『合明閣報書』がそれである。

『注進書』は、安永五年（一七七六）の夏に記されたもので、その前年の冬「江州ヨリ法義出入ニツキ、学林ニ於テ諸徳御裁許」があったとき、「如来ヲタノム」の領解について二種の見解が分かれたことについて、友人の客僧と誓鎧が問答する形式をとっている。そのときの二種の見解の第一は、

何時コソ格別帰命ノ相ヲナシタル事ハナクトモ、如来本願ノワレラカ為メニ相応シタルホトヲ聞受シテ、往生ヲ仏願ニマカセ、報謝ノ大行相続スルモノモ亦過ナシ（一九頁）

というものである。「タノム」について、本願は我らに相応と聞信して往生を本願にまかせることであって、特別な形で帰命の相をあらわすことではないと領解するものである。欲生帰命、三業帰命説批判の立場であることは容易に知られよう。これに対して第二の見解は、

已ニ御文ニ、一念ニ頼ミ、一心ニ頼ミ、助玉ヘト申サン衆生ハ、助玉ヘト思フ心ノ一念等ト、処々御定判明白ナリ。サレハ、一念帰命ノ相ナクシテ、唯イツトナク聞信セシノミニテハ、正義ト申難シ。タトヒ三業ハソロハストモ、随一ニ帰命ノ一念ソノ相ナクンハアルヘカラス。然ラサレハ違教ノ失免レカタシ（一九頁）

というもので、三業帰命とは言わないまでも、一念帰命の相を明確にあらわすことが重要であると、欲生帰命を主張するものであった。「今タノムト云ハ唯欲生心ナリ」（二七頁）という表現も見えている。

この二種の領解においては、具体的には、「格別帰命ノ相ヲナ」すか否かが争点となる。右の二種の領解のあったことを客僧から聞いた誓鎧は、「誠ニ一念帰命ノ義ハ当流ノ肝要、往生ノ軌模ナリ」と、一念帰命の重要性を認めつつも、

容有ノ一類ニハ、昔ヨリ当門下ニ列テ、夜トナク昼トナク、本願他力ノイハレヲ聞薫シテ、ソノ心中ニ微塵ハカリモ往生ヲアヤフマス。日夜朝暮ニ子ノ母ヲ憶フ如クニテ、如来大悲ノ誓願力ニテ、カ、ル罪深ク障重キ徒ラ者ヲ、易ク往生セシメ玉フコトノタフトヤト、称名念仏スルタグヒハ、イツコソ格別ニ帰命ノ儀式ヲナシタルコトヲオボヘストモ、違教ノ失トハ名ツケカタカルベシ。……（中略）……サアレハ軌則ノ有無ニヨラス、タ、往生ヲ仏願ニマカセ奉リテ、往生一定ト領解スルモノナラハ、何ゾ正教ニ違スルト云ハンヤ。容有トイフ内、マツ拙僧モソノ機ニテ候（二〇頁）

と、第一の領解の立場を支持し、とくに帰命の相をあらわさずとも、往生を仏願にまかせる立場を表明したのである。

ここで注目しておくことは、誓鎧が自分の立場を「容有ノ一類」と表現していることである。右の引用文によれば、それは「昔ヨリ当門下ニ列テ」日夜法義を聴聞してきたものとされているが、『注進書』の他の部分では、

譬ハ幼少ノ時ハ父母ト知ラサレトモ、成長スルニ随ヒテ、朝夕父母ノ傍ニアル故、イツ父母ヲ知リタルト云ソノ始ハ覚エサレトモ、自然ト吾父母ヲワキマヘテ、取リチカヘルコトナキカ如シ（二三頁）

幼少ヨリ法義相続ノ家ニ在リテ、イツトナク信心ノ知慧ニ入リテ、称名念仏ノ孝行ヲ尽スモノ（二七頁）

などと表現されている。「容有」の語源などについては明らかではないが、右の表現によれば、真宗門徒の家や寺に生まれ、幼少より聴聞して育ち、いつとはなく法義相続のうちに生活するようになったものを「容有ノ一類・一機」（補註）ということである。とすれば、生まれたときから寺請制の内にあり、寺檀制によって「家」の信仰が固定されている幕藩制下の民衆は、一人残らず、「容有ノ一類」である、と言ってよいであろうから、誓鎧は、近世民衆の信仰は、明確な入信の意識をもったり、それに伴って意識的な帰依の相をあらわすというようなものではなく、

「イットナク信心ノ知慧ニ入リ」、「往生ヲ仏願ニマカセ」るというものこそふさわしいと主張しているのである。したがって、帰命の相を明確にあらわすことを主張する欲生帰命、三業帰命説や、秘事法門における一念覚知などの立場が、かかる寺檀制的信仰＝「容有ノ一類」に対しての一定の批判的主張であったとみることを可能にする。もとより、その批判の質が問われねばならないけれど、いまは主題ではない。

誓鎧は、かかる「容有ノ一類」の信仰相をさらに積極的に主張する。

疑ナク本願ノワガ機ニ契当スルコトヲ喜フモノナラハ、最初一念帰命ノ相ハ覚エストモ、弥陀ヲタノマヌ人トハイフヘカラス（二三頁）

既ニ本願ニ相応スレハ疑ナシ。疑ナケレハ最初ノ一念ヲ心ニ覚エ子バトテ、今更窮子ノ如クタノミノ軌則ヲナスヘクトモ不レ存候（二五頁）

一念ニ弥陀ヲタノメ〳〵トイフ御教化モ、詮スルトコロハ弥陀本願ノ味ヒヲシラシメントナリ。已ニ曽テ知リオハルモノニハ、改メテイフニ及ハス。タ、仏恩報謝ヲス、ムヘキナリ（二七頁）

このように、最初の一念帰命は覚知されないものであるが、それは弥陀をたのまないということではなく、したがってまたあらためてたのむ相をあらわす必要もないことを力説するのである。御文の「タノメ」という教化は、自己の信心をさらに深めるためのものであるともいうのである。

誓鎧のこのような主張に対して、客僧は、

弥陀ヲタノマスシテ往生一定ト思フハ、御文ノ定判ニ違スルコト顕然ナリ（二〇頁）

只イツトナク本願ノ我身ト相応シタルタフトサヲシリテ喜ブトハ、弥陀ヲ頼マズシテ往生ヲ許ス違教ノ失ニ非スヤ（二一頁）

然ラハ十劫秘事ニ同スルヤウニ相聞タリ（二二頁）

というように、無帰命安心であり、十劫秘事の同類であると批判を加えた。そこで誓鎧は、

十劫正覚ノ時凡夫ノ往生成就トシリテ擬議セサルマテニテ、ヒシト吾等カ往生成就セシスカタヲ、南無阿弥陀仏トハイヒケルトイフ信心オコリヌルトキ、タスケ玉ヘト帰命スル心ナキヲコソ、十劫秘事トハ名クベケレ。今ノ所談ハ十劫秘事トハ各別ニテ候（二三頁）

と、往生の原理を十劫正覚に求めることは同じでも、その原理を信じ帰命するという点において十劫秘事とは異なると反論しているのである。とはいえ、誓鎧の主張は、たとえば東派の異義者伊勢専福寺寛梯が「正覚成就の弥陀十劫已前に衆生心想の中に入満玉へり。……（中略）……別して頼まずとも機法一体の理自ら顕るゝなり。……（中略）……今更頼むによりて機法一体となるとは文盲なることなり[13]」と主張した十劫秘事と、紙一重のきわどさを持つものであった。

『注進書』における誓鎧の主張は大略以上のごときものである。これを仰誓に示すにあたって誓鎧は、もし違教の失ありと思われるなら示してほしいと言いつつ、「報仏化仏来現シテ説玉フトモ、卒爾ニ受用スヘシトハ存シ不レ申候」（二六頁）とその確信のほどをのぞかせている。この『注進書』を受けた仰誓は、『報書』においてきわめて直截にこれに答えている。

貴房ノ御領解モ、愚老カ覚悟モ、ツユタガハズ一味ノ安心ト、ヒトシホ悦入候。貴房モ容有ノ機ト御申候ガ、愚老モマタ所謂容有ノ一人ニヤ。生レテヨリコノカタ、イツ如来ヲ頼奉リシトイフ記《オボエ》モコレナク候ヘトモ、御文章ノ御定判ニソムカス、一念ニ弥陀ヲタノミ、必至トタノミテ疑ナク往生スル身ト、アリカタク存候（二八頁）

このように、自分もまた、「容有ノ機」であることを自認した仰誓は、いつ頼んだおぼえもなしと誓鎧を支持し、以下に、「弥陀ヲタノムト云ニ就テ」種々の説の行われていることを、群盲の象をなでるに喩え、「一辺ニカタヨリ候」の失とし、御文から、タノムについての文証を抽出したのち、

詮スル所、タ、南無阿弥陀仏ノ御イハレヲ聴聞申シ、疑ナク往生治定ト思ヒ定メタルヲ、信心決定ノ人トイヒ、コレヲ弥陀ヲタノミタル人ト云ヘキナリ。……（中略）……合掌恭敬ノ身業モト、ノハス、タスケタマヘト申スコトモ、南無阿弥陀仏ト称スルコトモアタハサル瘖瘂鳩舌ノタグヒニ至ルマデ、若不生者ノ御誓ニテ、ヤスクタスケマシマス不可思議ノ願力ト信スルハカリニテ、機ノ三業ノ上ニハ、往生ノ業因ヒトツモナシ（三〇頁）

と結論している。身口意三業を揃えての帰命は誤りであり、名号の謂を聞信し、往定決定を信ずるものこそ「タノム人」であるというのである。ここでは、誓鎧のように「往生ヲ仏願ニマカセ」るという代わりに、「不可思議ノ願力ト信スルハカリ」とあるように、ニュアンスを若干異にしても、基本的には共通していることを知りうるのである。

三

以上で見たような『注進書』『報書』を含む『真宗小部集』は、佐々木倫生氏によると、その安心部八篇を中核とするものとされ、そこでは第七代能化功存の立場を三信即一の欲生であるとして弁護しながら、同時に「欲生の立場を強調するならば、表現としての三業を本質的なものに転嫁すること」になるという点で批判する、という立場が見られるとされている。しかれば、功存をこのように弁護し、かつ批判した仰誓の信仰的、教学的立場がどの

ようなものであったかが、合せて明らかにされねばならない。そうでなければ、仰誓がこの書の編纂に続いて、『現生十益弁』を著わし、真の仏弟子、金剛心の行人としての篤信者の記録を集めた意図が明確にならないであろう。

『注進書』『報書』によるかぎり、仰誓の信仰的、教学的立場は、「容有ノ機」たる自覚の下で、本願を聞信することが帰命であり、ことさらに帰命の相をあらわしたり、まして三業揃えて帰命することを必要としないというものであった。こうした仰誓の立場が、『真宗小部集』に収められた諸書にどのように見えているのか。そして『小部集』安心部八篇を通じて仰誓は、功存を弁護し批判しつつ、いかなる自己の立場を表明しようとしたのか。こうした点について検討を加えていこう。

『小部集』安心部第一は、月筌の『八条問答』である。これは十劫秘事を非難することを目的とした書であるが、『注進書』の問答で誓鎧が十劫秘事に近いと批判を受けていることを知るとき、この書が冒頭に収められている意味も明らかになろう。誓鎧・仰誓の「容有ノ機」説が十劫秘事と異なることをまず明らかにせんとしたものである。『八条問答』によれば、十劫秘事は「所詮如来ヲ頼マスシテ、唯十劫正覚ノコトハリヲ知ルハカリニテ、往生決定」（二頁）と信じ、「十劫正覚ノ時ニハヤ仏ニ助ケラレマ井ラセタル事ヲ知ルヲ、招換ノ勅命」（四頁）と心得るものである。このような立場においては、「招換ノ勅命トハ至心信楽欲生セヨトコソヨバセタマフ」ものであるのにもかかわらず、「已ニ十劫ノ昔ニ、仏ト共ニサトリノ定マリタル身ニテ候ハヾ、何ゾ更ニ彼国ニ生レント思フ心ニテ、乃至十念セヨト勧メ玉フベキ道理アランヤ」（四頁）というように、三信の内の「彼国ニ生レント思フ心」＝欲生が、欠落してしまうことになる、と月筌は批判しているのである。仰誓が『八条問答』を冒頭に収めたのは、このように十劫秘事が欲生を欠落させる点で異義であることを示すとともに、彼の立場が三信即一の欲生を重視することにおいて、無帰命安心ではないことを明らかにせんとする意図を込めたものであった。

第二に収める僧樸の『陳善院法語』は、きわめて短いものであるが、仰誓が理想とした念仏者の姿――やがて『親聞妙好人伝』に帰結するそれ――の原点を示すものとして重要である。これは、九歳の幼童が死の床において、「ヒトタヒ御仏ニタスケラレマヒラセ候ヘハ、必スツレユカセタマフヘシト、タノミヲカケテ御念仏申候」と領解を述べ、「念仏ト、モニ子フルカ如ク息タエ」たという僧樸の見聞に基づくものである。僧樸はこれを「聴聞ノ功トヤセン、宿善ノモヨホシトヤイハン」と評しているところに、仰誓がこの『法語』を収めた意味がまず知られよう。いつ帰命の相をあらわしたということもない幼童が、かかるみごとな領解を示したのは、法義相続の家にあって、いつのまにか聴聞し、帰命していたのであるから、仰誓の言う「容有ノ機」そのものであった。

こういう立場においては、僧樸が「機ノ法ノ兎ノ角ノト、ワツラハシクアツカヒヤマヌ人々ハ、カヽル事トモヨク〳〵案シタマヒテ、タ、不思議ト信セサセ給ヘカシ」（八頁）といい、また「機ノ三業ノ上ニハ、往生ノ業因一ツモナシ。タ、若不生者ノ御誓ユヘニコソ、往生シ侍レト、ウチトカセテヨロコヒ居ン人コソ、マコトニウラヤマシキ信者ナレ」（九頁）と三業帰命を批判するとき、仰誓もまたこれに共感したといえよう。前に示した仰誓の『報書』の最後の文句「機ノ三業ノ上ニハ、往生ノ業因ヒトツモナシ」が、僧樸の右の言葉になっていることにも、このことが知られよう。九歳の幼童に示された「容有ノ機」の信相が、このように機の法のと、わずらわしい教学的詮索を抜きにし、ただ誓願にまかせるというのであったことは、仰誓の集めた妙好人の記録が僧樸のこの『法語』に見える小児の信仰を一つのモデルとしているように思われる。

『小部集』安心部第三・第四は、功存が『願生帰命弁』の稿本を道粋に示して教示を求めたのに対して書かれた『帰命弁問尋』と、それに対して功存が答えた『霊山師答問』で、両書は一括して検討さるべきものである。功存の『願生帰命弁』とは、周知のように三業惑乱の口火を切った書であるが、これについて道粋が批判を加えたのは「祖釈三即一ノ時ハ、信楽ヲ御トリト見ヘ候ヲ、欲生ト仰ラレ候事」（九頁）は疑問であるという点を中心とする。ただし、これを功存の誤りと決めつけたのではなく、「コノ一篇ニ別ニ御主意アリテ、如レ是御カキナサレ候カ」（一〇頁）と、三信をあえて欲生にとった功存の意図を確認しようとしている。功存は『答問』でこれに答えて、道粋のいうように「三信即一ノ信楽ヲ帰命」（一五頁）とすることは当然のことであり、「信楽ニ即スルノ欲生」（同）であるけれど、あえてこれを欲生にとったのは「ア、ト信スルハカリト不易ノ通規ヲ破リ、階位ヲコヘテ異執ヲヌス、ムルモノヲ破スルカタメニ候」（同）と、その意図が無帰命安心を批判するところにあると答えている。仰誓がこの二書を収めたこと、そして功存を弁護したといわれるのは、このように功存の欲生帰命が無帰命安心に対処するものとして説かれたものであることを明らかにすることにあった。ここでいわれている「ア、ト信スルハカリ」という信相が、第一に改められた『八条問答』で破せられているような十劫秘事であることはいうまでもなかろう。

道粋が、このように功存を批判したのは、彼の安心が次のようなところに立脚していたことによる。

> 拙子共他流ヨリ入タルニモ非ス、在家ヨリ発心シタルニモ非ス。仏祖ノ御用ニソタテアケラレテ、イツタノミタルトイフオホヘモ、シカト御座ナク候ヘトモ、往生ハ如来ノ方ヨリ定メクタサル、ヨトテ信シ候コト、幼年ノ昔モ今モカハリナク候。……（中略）……イツレカ至心トモ、聞信行ノスカタイカ、ナルモ分別セス、タ、御慈悲ニスカリ居ルハカリヲソ、他力ノ信相トコ、ロエオキ候（一三―一四頁）

これが仰誓らの「容有ノ機」の立場に基づく誓願を信ずるのみという、法の深信に傾いた信相と共通するものであることは、見やすいところである。ここではあらためて、ことさらに「タノム」という必要、欲生帰命を強調する

必要はないのである。功存はこれに対して、

トカク頼ム相承ヲキラヒ申スコト、近来北方ヨリ当国ナトヘモシハ〳〵伝テ、……（中略）……又タノミシト云オボヘモナクシテ、決定安心アル人モ、一念帰命ナシト云ニハ非ス、タ、初ヲ覚ヘスト云モノナリ。……（中略）……新ニ改テ是非トモ一念帰命ノ式ヲナセト勧ルニハ非ス。……シカルヲ容有ノ一類ヲ以テ人ヲシテ等カラシメント欲センハ、シカルヘカラサルコトナルヘキカ（一七―一八頁）

と述べている。「容有ノ一類」という語がここに見えているのであり、その立場自体を否定するものではないが、これをもってすべてを律するなら、「タノム」を嫌う無帰命安心の流行を許すことになるというのである。ここにも功存の欲生帰命が無帰命安心批判の方便として提示されたものであることを示そうとする仰誓の立場を知ることができよう。

『小部集』は、このあとに『注進書』と『報書』を収めているのであり、道粋と功存の問答に示された、欲生帰命の方便的性格の強調と、「容有ノ機」の立場の主張がこれによって補強されているのである。次に第七に所収されたのは、誓鎧の質問に答えた功存の『安心問答』であり、仰誓が転写したものである。そこでは、「イツレノ時弥陀ヲ頼ミ奉リシト云オボエハナケレトモ、聞薫ノ力ニ自ラ疑ヒハレテ、マメヤカニ御恩ヲ喜フ者」（三一頁）、つまり『注進書』で示された誓鎧の立場を、功存が「ソノ人ニ有テ過ナカルヘシ」、「願生心アラハ即チ弥陀ヲ頼ミシ人ト云ヘシ」（同）と、肯定しているのである。そして「タノム」を定式化した「改悔文」についての功存の『奉命演説記』が『小部集』の最後に置かれているのである。

以上のように、仰誓は『小部集』によって、欲生帰命説が方便であることを明確化し、併せて「容有ノ機」における所行説、法の深信への傾斜をもつ信相を正統安心として位置づけようとして構成していることが明らかになっ

た。また僧樸の示した九歳の幼童の信相が、妙好人の先軀形態として意識されたことからしても、『小部集』の信相と妙好人のそれとが深い関わりをもつものであることが予想されるのである。

四

仰誓の教学的立場が右のようなところにあったことを、重ねて確認するために、彼自身の著述について検討を加えておきたい。ここでは、『六箇条唱導緦』[14]を取り上げる。この書は蓮如の御文第三帖第十通「六箇条篇目」についての「唱導」のための覚書である。一句一言について、その典拠や関係故実を挙げるもので、全体として一つの論理展開を持つものではないが、典拠・故実の示し方や、それについての仰誓の見解によって、彼の教学的立場をうかがうことが可能である。

まず「内心ニフカク信シテ、外相ニソノ色ヲ見セヌヤウニフルマウヘシ」という御文の文句について、仰誓は『愚禿鈔』から、内・外相違の二十五対を引き、これについて解説を加えている。そこで目につくのは、

身ニ仏ヲ礼シ、口ニ称名ヲ称スル処ハ信者ニ似タレトモ、他力ノ信ヲ得サレハ似セモノナリ（四、内悪性外善性、五、内邪外正、六、内虚外実、七、内非外是、八、内偽外真）

身口意ノ三業ノ外ニ衆生懐念仏トノ玉フハ、煩重ニ似タレトモ、タトヒ身ニ礼シ口ニ称ヘ心ニ念ストモ、他力ノ信心ナクハ、何ソ摂取ニアツカランヤ、憶念トハ信心ノコト也（十三、内疎外親、十四、内遠外近）

口ニ称名ヲ称ヘ身ニ仏ヲ礼シナカラ、タ（悪カ）、人天ノ多果ヲ求ムル類ハ、内軽外重ト云（十八、内軽外重）

口ニハ経ヲ読、身ニハ仏ヲ礼拝スレトモ、心ニハ思イシコトノミ思ヒテ、一時モ止ル時ナシ（十九、内浅外深）

などに知られるように、三業帰命の相をあらわしても、内心に信心がなければ意味がないという主張である。当然のことであるように受けとれるが、この御文の文句が、いわゆる信心内心・王法為本（表）を説くものであってみれば、仰誓が、王法為本を説くことをせず、信仰者内部の問題として、内心の信と信相の表現の問題として解説を加えていることは、これによって三業帰命説を、憶念の信を欠くたんなる表面的信心として批判しようとしていることを示している。

そのため、仰誓は、口称帰命よりも重要であると考えた憶念の信を根拠づけるものとして、『安心決定鈔』を重要な典拠として挙げている。右に引用した「十九、内浅外深」の解説に続いて、「安心決定鈔本四左云」として、

> 機ヨリ成スル大小乗ノ行ナラハ、法ハタヘナレトモ機カ及ハ子ハ力ナシ、ト云コトモアリヌヘシ。今他力ノ本願行ハ、行ハ仏体ニハケミテ、功ヲ無善ノ我等ニユツリテ、謗法闡提ノ機、法滅百歳ノ機マテ、成セスト云コトナキ功能ナリ。

と、「行」をすべて仏体にまかせ、機よりの「行」を否定する論拠としている。ついで「二十四、内間断外无間」の説明においては、

> 決定鈔廿七云、此信心ヲコリヌル上ハ、口業ニハタトヒ時々念仏ストモ、常念仏ノ衆生ニテアルヘキナリ、

と、信心が基本にあっての口称念仏であるから、時々の念仏であっても常念仏であると言うのであり、口称の問題ではなく、信心の問題であるとして三業説を批判しようとしているのである。かくして最終的には、「二十五ニ内ノ自力外他力」を挙げ、二十四まで四の「別」に対して「此一対ハ総ナリ」と規定し、

> 上来ノ廿四五者、行者ノ自力ノ策励ニテ、懈怠セシ、間断スマシ、専ナラシメン、真ナラシメン、仏願ニ違逆セジ、ナト、ハケミタリトモ、争カ其実ヲ得ンヤ、コレ法徳ノシカラシムル所、願力回向ノ信心ニ具スル徳也。

最要鈔要六廿五云、コノ信心ハ誠ノ心トヨムウヘハ、凡夫ノ迷心ニ非ス、全ク仏心也。此仏心ヲ凡夫ニ授ケ玉フ時、信心ト云ハルルナリ。……

と、自力策励の念仏すら法徳によるものであり、それはまた願力回向の信心、凡夫に授けられた仏心による信心に具するものであると説く。仰誓の立場が、法霖学説のように所行説へと傾斜したものであり、ここから三業帰命が批判されているのであることは、以上によって確認しうるであろう。

次の、「態一流ノ姿ヲ他宗ニ対シテアラハス事、以ノ外ノアヤマリ也」という御文の句についての仰誓の解説にも、右とほぼ同様な姿勢が見られる。ここでは仰誓の歌と思われるものが掲せられているので紹介しておく。

百筋ニユカミ曲レル我ナレハ、身ノフルマイ兎テモ角テモ、
虚仮不実キヨカラサリシ心ニテ、殊勝メクコソウタテカリケリ
内心ニフカク貯ヘ外相ニハ、顕ハサヌコソ誠ナリケリ
喜ヒノオモイナケレト口ニイヒ、身ニアラハスソウタテカリケル
アラハスハ、中々アシキコトナレト、アラハレヌコソカナシケレ
極楽へ生ル、コトノウレシサハ、袖ニツ、メト身ニアマリヌル

はじめの二首には「外現賢善ノ相ヲイマシム」とあり、次の二首は「法義者メクヲ誡ル……（中略）……内心ニ信心充実ナラサルユヘニ」、最後の二首は「思内ニアレハ色外ニアラハル」と注記されている。御文の、他宗に対して信相を示さずの誡めとは異なり、信心がないのに形だけに表すことを批判し、逆に信心あれば形に表れざるを得ないことを、六首の歌に託しているのであり、やはり三業帰命への批判と、所行説的な信心為本の立場がよく示されていよう。

かくして、「六ケ条篇目御文」の眼目である神祇の問題についても、仏回向の信心において、その仏の方便としてあらわされた神祇は「アカメス信セネトモ、ソノ内ニ同ク信スル心ハコモレル」という意味における不拝が強調される。つまり、仰誓が神祇不拝を説く根拠は、自己の行為をすべて仏からの回向と観念し、それに立脚する弥佗一仏帰依に求められるのである。このことは、御文の「一心一向」を説くにあって、

皆是仏智他力ノ催シ玉ヘル也ト信シテ、機ノ功ヲ募ラス、称礼念スレトモ自ノ行ニアラス、只コレ阿弥陀仏ノ行スル也ト心ウルヲ、他力ノ念仏トイフ也

と、帰命・念仏はもとより、人間の一切の行為が仏の行であるとすることにおいて、神祇不拝もまた仏の行の内に含まれているということにも示されていよう。

しかし、神祇そのものは、「方便ニカリトアラハレテ衆生ニ縁ヲムスヒテ、其力ニテ以テ便トシテ、ツ井ニ仏法ニススメ入レンカ為」のものとして、その働き自体は肯定されている。「釈迦弥陀ハ慈悲ノ父母、種々ニ善巧方便シ」と和讃を引いて、仏の方便を説く。生まれたての赤子は親の顔も知らないが、それを親は疎略にせず、かえっていとおしみ、父や母や目や耳やの区別を教え、農工商売の道を教え、念仏を称えさせ、ついには「極楽ノ御家督ヲ譲リウケ」るまでに育てるのである。ここに「容有ノ機」と類似の思考が知られるが、それにもまして、仏はあらゆる方便をもって人々を仏道にいざなうということに力点が置かれていることは注目しておいてよい。仰誓が最初に集めた篤信者の記録は、一つにはここに着目しているように思われるからである。

五

さて、以上のような仰誓の立場が、『親聞妙好人伝』にどのように表れているのかを究明しなければならない。しかし目下のところ、『親聞妙好人伝』の一部分が復刻されただけという状況においては、全貌の究明は時期尚早であるけれど、あえて若干の見通しを提示してみたい。

『親聞妙好人伝』は、板本では上巻第四に置かれている播州治郎右衛門を冒頭においている。摩耶山麓の貧しい樵夫で信心堅固な治郎右衛門を、本山で信友となった京都西陣の菱屋了玄が訪ねて法義を喜び合い、貧之を見かねた了玄が金子を与えようとして断られる話を骨子としている。治郎右衛門が施を断った理由とは、「貧福苦楽ハ前世ノ業因ヨリアラハル、」ものであり、それにもかかわらず「アミタホトケハ信決定ノモノニ現世ノ利益ヲ与へ給フ」けれど、仏力によっても前世の業因はいかんともしがたいのに、了玄が施すのは、この因果の理を知らないからだというのである。仰誓はこれについてある人の評として、了玄の行為は「仏ヨリ与へ給フ現世ノ利益」で、これを断ったのは偏屈であると述べ、さらにこれに反対して、了玄の行為はたしかに「威徳広大ノ信ノ作用」であったが、これを断ることによって了玄の心底を確かめた行為であり、その治郎右衛門の立場も「世ニ不足ノ思ヒナキモノ、無上大利ノ功徳ヲコノ身ニ満足シタシルシ」であり「現世ノ利益」によるものであるとしている。板本においても、この話の大筋は変っていないのであるが、『親聞妙好人伝』でこれが冒頭に置かれていることは、信心者の現世利益をまずもって示そうとした意図によるものであった。妙好人とは、「世ニ不足ノ思ヒナキ」という現世利益を蒙ったものである、ということを明らかにせんとしたもので、『現世十益弁』の思惟に繋がるものであった。

第二話は、板本では下巻第二に置かれている河内利右衛門の娘阿霜である。寛延二年（一七四九）に八歳になる幼女であるが「仏智不思議ノ御ハカラヒニテ宿善ヤ催シケン」、二文の銭の盗みを懺悔して聴聞し、咎は消滅して往生治定と教えられて踊躍歓喜し、親にせがんで本山参りをした話である。これに仰誓は、

マコトニ小児ノ後世ノコトカク大事ニ思ヒ入タルコト、聴聞ノ功ニテモナシ、父母ノス丶メタルニ非ス、法蔵願力ノナセル処、弥陀神力ノ不思議ナルコトヲ感スルニ余リアルモノカ

と感想を述べている。板本でも大きな差はない。この話で仰誓は、「容有ノ機」が宿善開発するのは、特別な機縁によるよりも、仏の所行であることを強調しているようである。『真宗小部集』における所行説と「容有ノ機」の立場に基づいて、妙好人の入信のあり方が、三業帰命説、欲生帰命説とは異なるものであることを主張したとみることができる。

ついで有名な大和の清九郎が第三話に登場する。板本では上巻末尾に置かれているが、それとは相当の差異がある。板本では親の枕を天井からつるして親の恩を思った話、娘聟の改心と寺への田地寄進、領主の母との法義談合、同行たちの清九郎の小屋普請、雪中で親鸞の苦労をしのんだ話など、清九郎を有名にした奇行が追加されており、奇行をもって妙好人の特色とする「畸形化」が見られる。また、共通する話でも、たとえば善知識との対面のとき、板本ではその御言葉に感激したとするのに、ここでは善知識の御言葉は、

マコトニ腹ハ立候ハス難有候ナリト、サマデ驚立テヨロコブ程ノ気色モナシ、……（中略）……ナル程難有ウレシクハ候ヘトモ、コレヨリ外ニマタアリカタキコトノ候也、ソノユヘハ、カ丶ル悪人ヲ一念帰命ノ信心ヒトツニテ助ケ給フ如来ノ御恩ハタトヘンカタナク難有シ、

となっている。本願寺法主の権威よりも、仏の恩こそ尊ぶべきものであるという仰誓の立場が知られるのであり、

すべてを仏のはからいに求める所行説の表明である。

こうしたところから、清九郎の信相は、道中で馬に乗せられたとき、「本願ノ舟ニノリ又ソノウヘニ馬ニノリ、サテサテ難有ヤ南無阿弥陀仏」といったこと、越中下向の労をねぎらわれて、「越中ノ衆ヨリモ先ツ私カ難有候」と述べたので、仰誓は「タ、何ニ付テモ自身ノ往生ヲヨロコフコト、マコトニアリカタキコト也」と感じたというように示される。また、盗賊に入られて「御慈悲カラ盗ムコ、ロモヲコラス、而モ盗マル、身ニナサレ下サル、コト、マコトニ難有御コト也」といい、病臥して入道したとき、法名を呼ばれても「タ、ワレハ入道ナリ〳〵」といったので、仰誓は「吉水ノ聖人ノ尼入道ノ無智ノ輩トノ給ヒ、蓮如上人ノ一文不知ノ尼入道トノ給ヘル」にあいかなうと感激しているのである。このように清九郎における妙好人とは、自己の全存在が仏の所行のうちにあると受けとめて仏恩を喜び、ただ愚痴の相をあらわすものとして描かれている。仰誓はこれをまた「タ、愚痴ニナリテ一向平信ノ人ハ千ニ一二ニスギス」といい、「コノ人ノ単信ナル」と表現しているのである。

第一話から第三話における妙好人は、「容有ノ機」が仏の方便力、慈悲心によって、何ら特別の機縁もなく宿善開発されて帰命の相をあらわし、往生治定の身となって現世利益を蒙り、何の不足もない心境に到り、愚痴になってひたすら仏恩を喜ぶという姿で示されている。おそらく『親聞妙好人伝』全篇は、こうした姿において篤信者を記録したものであろう。このことは、板本に掲載されなかった十六話においても確かめることができる。その大部分は、「法要ヲ尋ネ問フコトモナカリケルカ、イツトナク教化ヲ耳底ニト、メ」（安芸儀七）、「イツトナク他力念仏ノ法門ヲ聴聞」（近江五兵衛）して帰入した人々の話であり、あるいはまた、「宿縁深厚ニシテ」幼少で念仏者となった子供を機縁として入信した話（和州辰三郎、勢州治左衛門、石見藤三郎妻女、安芸松田逸全）など、「容有ノ機」と仏の方便力を語るもので占められているのである。

仰誓の描いた妙好人が、以上のようなものであれば、三業惑乱前段階の教団状況のうちにあって、仰誓は自己の信奉する法霖・僧樸の所行説の正統性を、民衆的真宗信仰の実状を提示することにおいて立証し、三業帰命説に反対を表明したものであったといえよう。『真宗小部集』の『霊山師答問』において、功存をして「コレ蓮師ノ御相伝ヲ守テ、祖意ヲウカ、フオモハクニテ、当流ノ先徳達、別シテ日渓尊者（法霖）ノ教示ヲ承リ伝テ、全ク胸臆ノ今案ニテハ無御座候」（一六頁）といわしめているのも、それであろう。

かかる信仰的立場が十八世紀中期から後半期にかけての、いわゆる荒村状況における民衆的真宗信仰のうちから表明されたことは、どのように評価さるべきであろうか。封建制下民衆が、その拠って立つ基盤とした「家」や村落共同体の崩壊によって、その封建的自律性の危機を迎えたとき、「機ノ三業ノ上ニハ、往生ノ業因ヒトツモナシ」という絶望的な自己認識を基としながら、「容有ノ機」たる自己、そこに働いている仏の方便力、本願力にすがることによって、これを克服せんとしたのが所行説の立場であった。三業帰命説は、これとは逆に、自己の全存在を三業挙げての帰命として表明し強調することにおいて、危機克服を目指したものであった。しかし、この二つの方向性は、自己と仏との絶対的矛盾をいまだ認識し得ていないという点で、ともに過渡期の思惟であった。したがってそれは、僧純によって教団イデオロギーに再編される余地を十分にもったし、「近代」妙好人においても、絶望的自己の認識が深められつつも、その仏との絶対的矛盾よりは、仏による包摂の思惟のゆえに、天皇制イデオロギーにからめとられていくことになる。かかる「近代」的真宗信仰の萌芽形態としても、仰誓の立場は重要な意味をもっていたといわねばならない。

註

（1）柏原祐泉「幕末における『妙好人伝』編纂の意味」（『近世庶民仏教の研究』法藏館、一九七一年）
（2）福間光超「初期『妙好人伝』編纂の歴史的背景について」（宮崎博士還暦記念会編『真宗史の研究』永田文昌堂、一九六六年）
（3）柏原祐泉「近代における妙好人伝撰述の変遷」（註（1）著書所収）
（4）同右
（5）鈴木大拙『日本的霊性』・『宗教的経験の事実』・『妙好人』（『鈴木大拙撰集』第一・第五・第六巻）
（6）鈴木宗憲『日本の近代化と恩の思想』（法律文化社、一九六四年）
（7）森龍吉「幕藩体制と宗教」（『日本宗教史講座』第一巻『国家と宗教』三一書房、一九五九年）
（8）佐々木倫生「『妙好人伝』とその作者たち」（『仏教文学』一、一九六四年）
（9）土井順一①「仰誓撰『妙好人伝』（抄）」（『宗学院論集』四七号、一九七七年）は、板本不掲載十六話を復刻、②「『親聞妙好人伝』」（『仏教史研究』一一〈一九七九年〉および『佐賀龍谷短期大学国文科論集』三〈一九八〇年〉）は、島根県温泉津町瑞泉寺蔵本の翻刻で、未完。このほか研究論文に③「仰誓撰『妙好人伝』攷」（『国文学論叢』二三、一九七八年）、④「『妙好人伝』の変質――幕末における『妙好人伝』出版の意味――」（『佐賀龍谷短期大学紀要』二六号、一九八〇年）がある。
（10）朝枝善照「初篇『妙好人伝』の一考察」（『仏教史学研究』二〇―二、一九七八年）
（11）『真宗全書』第六二巻所収。以下『真宗小部集』の所収の引用はこれによって本文に頁数を示す。また、それらの諸書に関する書誌的事項は、右の解題による。
（12）誓鎧および以下の記述に見える学僧を合わせて、その学系を次に図示しておく。普賢大円「真宗本願寺派学系略譜」（『真宗教学の発達』附録）により、一部これを補充した。肩に付した数字は能化代数、□は『真宗小部集』関係者。
（補註）『織田仏教大辞典』の「ヨウウシヤク容有釈」の項に「経論を釈するに正義の外に容認すべき他の傍義」とある。

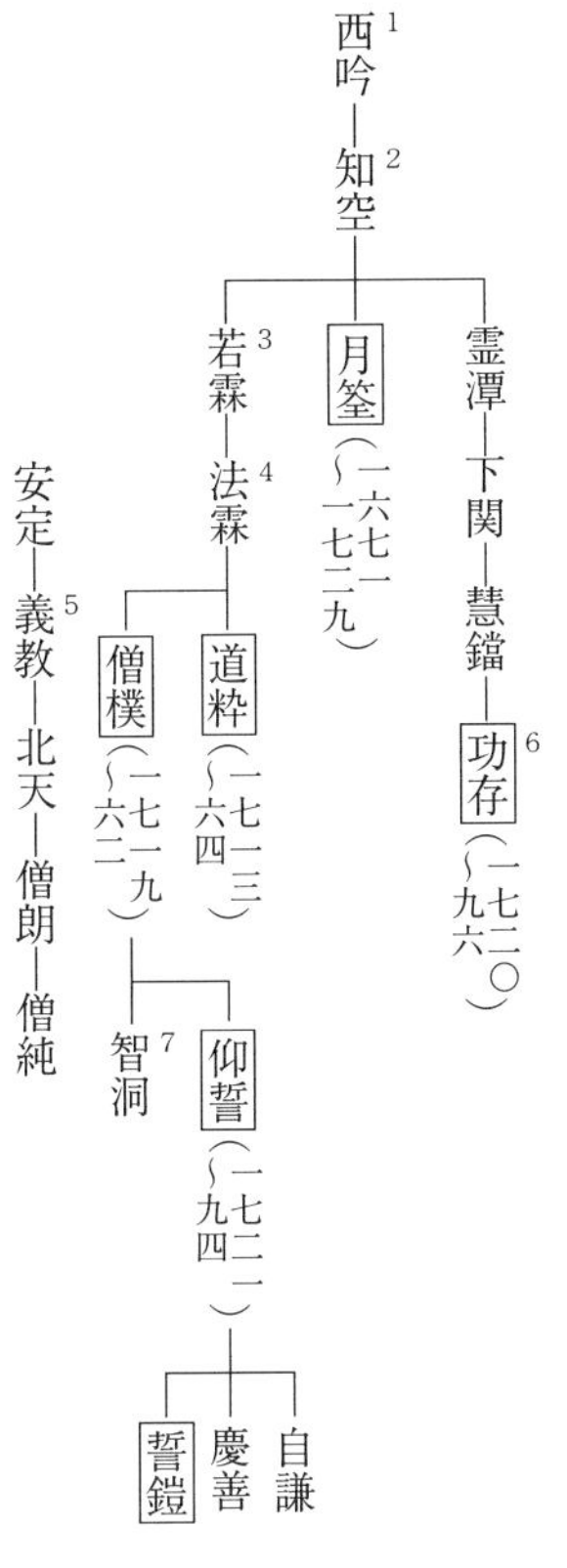

（13）拙稿「近世真宗異義の歴史的性格」（橋本博士退官記念会編『仏教研究論集』清文堂出版、一九七五年）

（14）島根県温泉津町瑞泉寺蔵。表題の下に「蓮泉寺仰誓述」とある。本願寺史料研究所撮影本を借覧した。

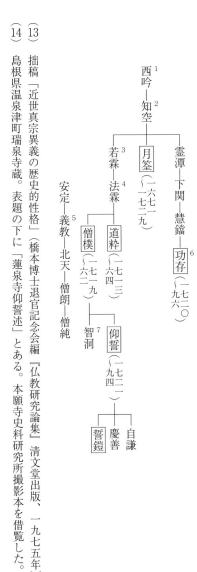

初期『妙好人伝』成立の背景

島田　一道

はじめに

十八世紀、本願寺派の僧・仰誓（享保六年〈一七二一〉―寛政六年〈一七九四〉）が『妙好人伝』を編集したことから、そこに掲載された篤信者を「妙好人」と呼ぶようになった。それ以後、「妙好人」という語が特定の真宗信者を対象に用いられるようになり、その後いくつもの『妙好人伝』が編纂されていくことになる。

ここで「初期」としたのは、今回取り扱う『妙好人伝』が仰誓・僧純・象王の三師によって編纂されたものを指しており、[1]初期段階の『妙好人伝』という意味で「初期」の語を用いた。その後、明治以降も『妙好人伝』は編纂されていく。そうした中で、妙好人を選ぶ視点や『妙好人伝』出版の意図は変化していくが、それらを明らかにすることを今後の課題とする前段階として、この初期『妙好人伝』の教化的背景を探るべく、仰誓・僧純両師の『妙好人伝』に限定してその成立背景を探り、『妙好人伝』の教化的特徴を解明する。

仰誓の教化における態度を彼の編集になる『妙好人伝』からうかがうと、「四恩」（四種の恩恵）と思われる記述を見ることができる。

一　仰誓・僧純両師の思想

「四恩」とは仏教の用語であるが、その内容はかならずしも一致しない。中国・宋の道誠編『釈氏要覧』には、「父母の恩・師長の恩・国王の恩・施主の恩」を挙げるが、『心地観経』には、「父母の恩・衆生の恩・国王の恩・三宝の恩」が、また『正法念経』には、「母の恩・父の恩・如来大師の恩・説法法師の恩」が、『大蔵法数』には、「天下・国王・師尊・父母」が記されている（龍谷大学編『仏教大辞彙』「四恩」の項、参照）。中国においては、儒教の影響から「親の恩」に報いる「孝行」が重視され、「仏恩・師恩・国恩・親の恩」が教示された。この「四恩」が江戸時代の『妙好人伝』にも記されている。仰誓は著述で「国恩」「親の恩」「仏恩」の三つを大切にするよう説いているが、仰誓がとくに重んじたのは「国恩」に報いる行為と「親の恩」に報いる「孝行」であったと思われる。しかも、これらの報恩行はそれぞれ別の仕方があるのではなく、すべて称名念仏するところに具わるというのである。[2]また、蓮如の書に見えないことを説く者の教えを信じるなと戒めている。[3]他力の信心の獲得こそが仰誓にとって最重要のことであった。

十九世紀に活躍した本願寺派の僧純（寛政三年〈一七九一〉—明治五年〈一八七二〉）の思想を僧純編『妙好人伝』（全五編）からうかがうと、仰誓にもあった「四恩」が浮かび上がってくる。仰誓・僧純両師に「四恩」の説示が見られるが、とくに僧純は『妙好人伝』「五編」巻下で「仏恩・師恩・国恩・親の恩」を教示し、続いて「孝行粉抒歌」を記して「孝行」を強く教示している。なお、僧純において、「四恩」のうちの「師恩」とは本願寺の門主（善知識）を意味した。門主への崇敬の教示が仰誓のそれより一層強調されていることがわかる。そのことは、「大和の清九郎」の記述が、仰誓の『妙好人伝』では「門主の恩」よりも「阿弥陀如来の御恩」（仏恩）を強調しているのに対し、僧純の『妙好人伝』では、「門主の恩」を強調する文に改変されていることからもうかがえる。僧純が「門主崇拝」「本山崇敬」を強く打ち出した背後に、江戸時代後期の社会状況、幕府による思想統制の強化・民衆善導政策、儒学者・国学者たちの動きと、本願寺の財政再建や諸事業のための募財に尽力した行政僧としての僧純の立場が影響していることが考えられよう。

二　僧純編『妙好人伝』初編について

僧純編『妙好人伝』「初編」は、仰誓が天明四年（一七八四）秋に編集したと推定（土井順一著『妙好人伝の研究――新資料を中心として――』百華苑、四七頁）されている『妙好人伝』二巻本（以下「写本」）[4]を、五十八年ほど経た天保十三年（一八四二）に僧純が再編して出版したものである（以下「版本」）が、僧純が再編して版行する際に、かなり加筆改変していることが先行研究によって明らかにされている。[5]写本には登場しない話が僧純によって新たに加えられているのである。たとえば、版本には国に忠誠を行う話が三話登場するが、その三話は写本には見えず、僧純があらたに挿入したものである。このことから、僧純が意図的にそれらの話を加えて「初編」を版行したことがわかる。また、「石州九兵衛」の話は写本に登場するが、僧純は版本でその文末に新たな話を付け加えている。[6]これだけを見ると、僧純が「初編」を版行する時期に新たに知り得た情報であったとも考えられる。しかし、先行研究[7]にある通り、両師に「国恩」への感謝をうかがうことができるが、仰誓にくらべて僧純の方がより強いと思われる。つまり、僧純は「国恩」を明確に打ち出すために意図して話を加えたということは十分あり得ることである。[8]その原因として、両人が生きた時代・社会の相違が考えられる。江戸中期を生きた仰誓と、後期に活躍した僧純とでは時代背景にかなりの相違がみられる。僧純が生きた江戸後末期においては、幕藩封建体制の弛緩による引き締めが行われ、出版物への検閲強化など思想統制が厳しくなっている。さらに、儒学者・国学者たちの排仏論も激しくなっている。そうした状況にあって、本願寺にも真宗の社会的有用性の主張と政治権力に迎合する動きがあった。そうした時代背景の相違や、両人の教団での立場の違いが「国恩」強調の度合いの差を生み出したものと推測される。また、「親の恩」に関しては、僧純の「初編」における文章をみると、「大和の清九郎」の話において新たに孝行譚を挿入していることを確認できる。清九郎が親の枕を天井に吊るし夜中に誤まって踏むことのないようにしたという話である。[9]「孝」の強調も、江戸時代後期に行われた幕府の孝子顕彰政策や儒学者・石門心学者たちの孝子顕彰運動など社会の動向に呼応したものと推測される。

三　封建制度の受容について

これまで、諸氏により『妙好人伝』における封建制度の受容に関する議論がなされてきた。そうした中で、小栗純子氏は「妙好人」の条件について次のような提示を行っている。[10]

妙好人の条件といえるものは、江戸時代の支配体制を支える精神を真正面から肯定し、実践することであった。

つまり、政治権力にたいする「忠節」、親にたいする「孝行」、それに加えて底ぬけに純粋な念仏の「信仰」に生きる人間であったといえる。すなわち、「忠」と「孝」、それに念仏の信仰という「信」、この三つを条件とした。

近世の妙好人の条件として「忠」「孝」、それに加えて「信心」の三つを挙げているのである。

たしかに、このような面がうかがえる妙好人も登場する。政治権力にたいする「忠節」を実践した妙好人としては、「播州卯右衛門」(二編巻下)、「越後甚右衛門」(二編巻下)らがいる。「国恩」に感謝する話も随所に見られる。とくに、僧純編『妙好人伝』「二編」巻上の末尾には「五国恩」(治世安穏恩・善悪賞罰恩・生涯撫育恩・邪法退治恩・仏法外護恩)を教示している。また、「孝行」を実践した妙好人としては、「和州清九郎」(初編上巻)、「越前治左衛門」(三編巻上)、「三州利右衛門」(三編巻上)、「筑前正助」(五編巻上)などがいる。しかし、そうした条件が当てはまらない妙好人も登場する。政治権力にたいする「忠節」に関して言えば、尾州の家老「渡辺半蔵」(五編巻下)は、主君の命に背いて自分の宗教的信念を貫いている。主君が彼を饗応した際、魚を食べるよう命じたが、彼は主君の命に従わず、親鸞聖人の祥月命日に切腹覚悟で魚を食べることを拒否している(『大系真宗史料』伝記編8妙好人伝、法藏館、三〇六頁以降)。また、「九州千代」(「四編巻上」)は、国の法度に背いて浄土真宗に帰依し、国禁を破って京都の本願寺へ参り処刑されている(同書、二四四頁以下)。

「孝」に関しては、仰誓も『親聞妙好人伝』に大和の清九郎の孝行を記している。奉公の間にも時間を作って老母の生活を手助けし、本山参りの際には母を背負って往復したことを記して「マコトニタグヒナキ孝心なり」(同書、十六頁)と述べている。ところが、僧純が再編した『妙好人伝』「初編」の清九郎の話では、新たに親の枕を天井に吊るして踏みつけないよう心掛けた逸話を加えるなど、より強く「孝」の実践を教示している。その背景には、江戸時代後期に強化された幕府による「孝」の勧め（孝子顕彰政策）や、儒学者・石門心学者たちの孝子顕彰運動など社会の変化が影響したことが考えられよう。

「長州お軽」の歌（同書、二一三頁）もこれに当たると考えられる。長門六連島のお軽が安政元年（一八五四）三十日に「老母の髪を見て」詠んだ歌、「せんざい（千載）もよはいをたもつ鶴さえも　松のあいより月をながむる」（西村真詮編『妙好人おかるさん』西教寺六光会、三十頁）について児玉識氏は、

お軽も老母へのあたたかい気持ちをもっており、おそらく親孝行者であったろうが、しかし、少なくとも歌の中には「親孝行せねばならぬ」といった義務感は見られない。それどころか、逆に親なればこそ「なにの遠慮があるかいな」という生き方を肯定しているのである。これが清九郎とお軽の違いであるが、お軽の方により闊達さを感じるのは私だけではあるまい[11]。

と述べている。

なお、右の歌の後には、「みな人よ　あだに月日を送るなよ　一度は老のくれがあるぞや」の歌が記されている。この歌も老母の髪を見て人生に無常迅速の理を感じ、速やかに仏法を聴聞して他力の「信心」をいただくよう勧めたものであり、とくに倫理的徳目としての「孝行」の実践を強調したものではない。

お軽の歌について児玉氏は、「御政道が絶対的なものとして民衆に強いる忠・孝を、信仰によって相対化・簡易化し、だれもが気楽に実践できるものに置きかえる、その楽天性——堕地獄の恐怖もない——が、お軽の歌を明る

いものにしたのであろう」と述べて、彼女の姿勢が封建支配体制を真正面から肯定し従属するものでないことを指摘している。お軽において「孝」は、「孝行せねばならぬ」といった義務意識で行うのではなく、「まこと真実おやさまなれば、なにの遠慮があるかいな」（『大系真宗史料』伝記編8妙好人伝、二一三頁）と歌っているように、阿弥陀如来（親様）にすべてをまかせる安らぎの心であり、親の恩を「無心に甘受する」ような、気楽で明るいものであった。

このように見るとき、小栗氏が提示した妙好人の三つの条件（「忠」「孝」「信心」）に適合する妙好人は『妙好人伝』にしばしば登場するが、それが全てを網羅しているとは言いがたいのである。僧純の『妙好人伝』に、幕府が奨励した「忠」「孝」の話が多く見られることは事実だが、『妙好人伝』はあくまで他力回向の信心を獲得した篤信者の話が中心であった。妙好人の基本条件が如来から賜る「信心」にあったことは間違いないであろう。

四　教化本としての『妙好人伝』

『妙好人伝』は教化本として用いられたようであるが、そこには教化すべき内容を有していたはずである。本節ではそれを明らかにし、そこから『妙好人伝』編集の意図を見出したい。

私見としては、その一つが「家内相続」にあったと考える。『妙好人伝』全体を通して浮き彫りになってくるのは前述の「四恩」（仏恩・師恩・国恩・親の恩）の思想であり、僧純も「五編」巻下にそれを明確に打ち出している（『大系真宗史料』伝記編8妙好人伝、三二一頁以降）。それは当時の社会状況に鑑みて、それを提示するのが自然であったと思われる。柏原祐泉氏は、「（近世）中期以後には、幕藩権力との関係から、王法護念のため（中略）妥協することを余儀なくされた」[12]（括弧内、筆者記）と述べている。このことを考慮して、『妙好人伝』から「四恩」を除いたところに『妙好人伝』の教化的側面、教化的特色を見ることができるのではなかろうか。そうすると、浮かび上がってくるのが先述の「家内相続」ということになる。

「家内相続」については、仰誓の『妙好人伝』には見出だすことはできないが、僧純の『妙好人伝』「四編」巻下にそれを具体的に教示している。

家内（一家）において、

・亭主は家の司なれば、まづ第一に妻子眷属を引きたてんと心がけ、

・女房は先自身の御法義を心がけ、（中略）不法義なる夫をも心をつくして、此たびばかりは極楽浄土へいざなひ度と日夜こゝろを運び、

・親は子に恩愛を御法義に振り向けて勧め、迷いの恩愛がかへって自信教人信の媒妁（なかだち）となりて共に御慈悲を喜ぶ同行となり、

・子は親に孝行を尽すにつきても、もし親達が不法義ならば、いかやうにしてなりともすゝめねばならぬ。

と教示しているのである（『大系真宗史料』伝記編8妙好人伝、二八一頁以降）。

家内においては全員が御法義を相続し、もし相続しない者がいれば誘えと言い、そうすることが「祖師・善知識への御化導の御手伝いである」（同書、二八二頁）と述べている。これこそ『妙好人伝』において僧純が最も伝えたかったことではなかろうか。ちなみに、僧純は明治五年（一八七二）に亡くなったが、明治二十三年（一八九〇）

にこの「家内相続」が抜粋され、小冊子として出版されている[13]。

僧純の『妙好人伝』の中に、「家内相続」に該当する話が四十話ほどみえる。「国恩」や「親の恩」に関する話より、はるかに多いのである。それから考えても、やはり僧純は門徒教化において、家内における「信心」の相続を勧めていたと推測できよう。つまり、法を伝えるための手段として『妙好人伝』を編集した際に、この「家内相続」を最適なものとして位置づけたと思われる。

写本において「家内相続」に関する話を調べたところ九話あった。そうなると、これまで、僧純は仰誓が編集した『妙好人伝』を改変し利用したと見られてきたが、仰誓の意志を継いだのがこの「家内相続」ではなかろうか。僧純は「家内相続」の末尾に、「一家の御法義相続が、つひに一郡一国の御法弘通の基となるべき事なれば、能々《よくよく》心得べき事なり」と記しているのである。「家内相続」こそ、仏法弘通の基であることを力説しているのである。

おわりに

仰誓が大和の篤信者清九郎に出会って感動し、十人の篤信者の話を集めて『親聞妙好人伝』を編集し、後に石見に移って『妙好人伝』（二巻）を編集したが、共に発行されることはなかった。仰誓の子履善が文政元年（一八一八）父・仰誓の二十五回忌に『妙好人伝』を発行しようと計画したが、翌文政二年に没したため計画は頓挫した。その『妙好人伝』が僧純によって再編され、仰誓没後四十八年目にあたる天保十三年（一八四二）に「初編」として版行されたのである（土井順一著、前掲書三頁）。さらに僧純は自ら二―五編を編集版行し、以後幾度も版を重ねて多くの人々に読み継がれて行くことになる。

本稿では妙好人を選ぶ視点や妙好人に対する編者の思想をうかがってきた。
僧純は当初から『妙好人伝』を世に広めることを目的に編集発行したのであった。そこに僧純の意図が孕んでいたことになる。「初篇」においては、写本をそのまま発行するのではなく、意図的に改変して僧純版「初篇」を作り上げたのであった。当時の社会状況を考慮し、十分配慮した上で新たに話を挿入したのである。そこには『妙好人伝』を発行する上で盛り込まねばならない内容があり、それを十分に含んだ『妙好人伝』を編集したのである。このように考えると、僧純が勝手に仰誓の『妙好人伝』を改変して利用したと映るかも知れないが、そうではなく、そうせざるを得ない状況があったものと考えられる。このように、僧純は当時の社会状況・政治状況を考慮し、当時の体制道徳を履行する妙好人を記したが、真の目的は「家内相続」にみられるような法義の相続、真宗の教えを伝え広めることにあり、それに「四恩」を加えたのが彼の『妙好人伝』であったといえよう。

註

（1）僧純は仰誓が編集した『妙好人伝』（二巻）を再編し『妙好人伝』「初篇」として天保十三年（一八四二）三月に出版した。その後、「二篇」を同年四月に、「三編」を弘化四年（一八四七）五月に、「四篇」を安政三年（一八五六）十一月に、「五篇」を安政五年（一八五八）十月に編集発行している。また、東派の象王も独自に妙好人の言行を集めて『続妙好人伝』（一篇）を嘉永四年（一八五一）正月に発行、同補刻版を安政六年（一八五九）五月に発行している。これらはすべて『大系真宗史料』伝記編８妙好人伝（法藏館、二〇〇九年）に翻刻収録されている。

（2）『僻難対辨』（明和二年〈一七六五〉述、龍谷大学図書館蔵。『真宗全書』第五十九巻、所収）。
・国王仁覆ノ恩ヲ報スルイハレモソナハリヌ。
・国家安穏ノ祈禱トモナルナリ。
・国家安全萬民豊楽ノ御祈願ナリ。

・近クハ父母慈育ノ恩ヲ報シ、
・タダ弥陀一佛ヲ供養シテ報恩ノタメニ念仏誦経スレハ、スナハチ父母師長妻子眷属ノタメニ孝養眷属奉事信受ナル。

（3）『僻法門破釋』（安永八年〈一七七九〉述、龍谷大学図書館所蔵、写本）。
当流ノ安心ノ一途ハ、只『御文章』ノ御教化ヲヨクヨク守ルベシ。イカナル智者学者ノススメナリトモ、御文ニタガハバ僻法門私事トココロヘテユメユメ信用スベカラズ。

『講餘随筆』（天明元年〈一七八一〉述、『真宗全書』六十二巻。『真宗小部集』第八・三七、三六九頁）。

スヘテ在家ノ輩ニ在テ、イロ〳〵聖教ヲトリアツカヒ、機ノ法ノ兎ノ角ノトサマ〳〵穿鑿スルコト大ナルアヤマリナリ。道俗男女智愚老少ヲエラハス、往生浄土ノ安心ハ五帖ノ御文ヲ規短トスヘシ。ソノ外ヲハ望ムベカラス。

（4）写本とは、仰誓編『妙好人伝』（二巻本）の自筆本は現存しておらず、浄泉寺の学寮（無成館）で仰誓の子・履善に学んだ伊予の克譲が書写したものを指す。愛媛県立図書館伊予史談会文庫に収蔵されているのを土井順一氏が発見して『妙好人伝の研究——新資料を中心として——』（百華苑、一九八一年）に翻刻収録された。

（5）朝枝善照・土井順一両氏によって克譲書写の仰誓編『妙好人伝』（二巻本）と僧純編『妙好人伝』「初編」（版本）の二本について書誌学的考察がなされ、僧純による改変が浮き彫りになっている（土井順一著前掲註（4）書。朝枝善照著『妙好人伝基礎研究』永田文昌堂、一九八二年）。

（6）加筆された「国恩」に感謝する話は次のとおりである。
「あるとき、途中にて同行にあふて咄をして居る中に、犬二三匹はしりきて噛あふありさまを見て、九兵衛いふやうは、扨〳〵ありがたい事じやと云。其時、向の同行いふには、犬のかみあふのがなんで難有御座るぞと云へば、九兵衛いふには、犬には御殿様がなきゆゑ、強ひものは弱きをあの様になやます。尓るに、御互は、強ひ物にも恐れなく、无理は无理といはるゝは、偏に御公儀のあつき御守のゆゑぞといふて、落涙して喜びしとなり」（僧純編『妙好人伝』「初編」巻上「石州九兵衛」。『大系真宗史料』伝記編8妙好人伝、一一〇頁）

（7）菊藤明道氏は、「仰誓においては、のちの僧純のように、僧俗に門主崇拝・本山崇拝や幕藩体制への恭順を教示しようとする意図は、それほど強くなかったと思われる」と述べている（菊藤明道著『妙好人伝の研究』法藏館、二〇〇三年、四五頁）。
（8）　土井順一氏は、「仰誓が採録した妙好人説話に「師恩」「国恩」を付加し（中略）造型したのが初篇『妙好人伝』（版本）であったようである」（括弧内筆者）と述べている（土井順一著前掲註（4）書、八六頁）。
（9）　「親の恩」を述べた一文を紹介する。
「ある時、此人、親の枕を天井につり置ければ、見るひと怪しく思ひ、其心持をたづぬれば、清九郎いふやうは、親の枕を用ゐて、もし闇がりにて足にかけなば空恐敷ぞんずるゆゑ、天井につりて見るたびごとに親の恩を思ひ出せしといへり」（僧純編『妙好人伝』「初編」巻上。『大系真宗史料』伝記編8妙好人伝、法藏館、一一八―一一九頁）。
（10）　小栗純子著『妙好人とかくれ念仏――民衆信仰の正統と異端――』（講談社現代新書419、一九七五年、三八頁）。
（11）　児玉識「近世妙好人の再検討――六連島西教寺蔵「お軽法悦歌」の分析を通して――」（近世仏教研究会編『近世仏教〔史料と研究〕』第七巻合併号、一九八八年一月後に『近世仏教と地域社会』法藏館、一九九九年、一六四頁）。
（12）　柏原祐泉著『真宗史仏教史の研究』Ⅱ近世篇（平楽寺書店、一九九六年、九九頁）。
（13）　僧純著『家内相続』（顕道書院、一八九〇年）。

幕末における『妙好人伝』編纂の意味

柏原　祐泉

善導の観経疏散善義の「言分陀利華者……即是人中好人、人中妙好人、……」に語源を持つ「妙好人」の語は、今日とくに真宗篤信者に対する特別な熟語として用いられている。それは石見浄泉寺仰誓が文政元年に編纂した『妙好人伝』以後の現象である。以来、妙好人の語は真宗教団の中で大きくヒットし、仰誓の編纂に続いて美濃専精寺僧純が弘化四年（一八四七）から安政五年（一八五八）の間に二篇から五篇までを編み、さらに松前象王は嘉永三年（一八五〇）に六篇を編纂した。これが今日流布している江戸時代の『妙好人伝』[1]で、さらに明治以後今日に至るまで各種の同様な、妙好人と呼ばれる人々の伝記的編纂が行われつつある。そこで問題とすべきことは、このように幕末になって、真宗の篤信者をとくに「妙好人」という範疇で伝記的集成が行われねばならなかった歴史的意味についてである。とくに「妙好人」伝記撰述の普遍化を考えるとき、この問題を究明することは重要な意味をもつ。また、妙好人に対する問題は宗学的、宗教学的課題から、近時二三の先学によってようやく歴史学的課題として関心が寄せられつつあるが、直接妙好人を問題とする前に、まず伝記編纂の史的意味を把握しておくことが「妙好人」の性格を知る上に必要であろう。したがって、この問題の究明にあたっては、妙好人＝篤信者自体の宗教生活や信仰内容等の問題は切離して考えねばならない。また、伝記編纂の歴史的意味を究明するのであるから、当然歴史事情を異にする幕末と明治以後とを分けて考えるべきで、ここではとくに幕末における問題に限定する。

六篇合纂の『妙好人伝』所載人数総計一五七名の伝記中から〔Ⅰ〕職業別表、〔Ⅱ〕在世年代表、〔Ⅲ〕記載中のとくに注目すべき特徴的な物語の人数を示すと次のごとくである。

〔Ⅰ〕農民六四、商人二八、武士一〇、幼児一〇、医師四、坊守および尼六、僧侶四、非人乞食三、遊女二、其他一〇、計一五七、

〔Ⅱ〕天正・一、寛永―元禄・二、寛永―享和・四二、文化―安政・八〇、不明三一、計一五七、

〔Ⅲ〕

(A) 封建的治世・倫理への順応性を示す物語五一（治世に対する積極的感謝一二、現実生活に対する感謝一一、正直・仁慈の行為六、孝行物語九、領主から褒賞を受けた者一三）。

(B) 往生物語三二（来迎物語七、往生奇瑞物語八、没後奇瑞物語九、蘇生物語七、捨身往生一）。

(C) 特異物語一六（信仰・念仏・読経による奇瑞霊験物語一三、仏の身代り物語一、悪因悪果物語二）。

(D) 対異安心態度三（三業惑乱反対ないし教化三）。

〔Ⅰ〕で農民が過半数を占めることは、真宗が教団の基礎を農村に置く以上当然といえるが、しかもなお、そのゆえにこそ農民中に「妙好人」を撰び出したことの歴史的意味を考えさせられる。それについては〔Ⅲ〕と併せ考えたい。

まず第一に〔Ⅲ〕(A)のごとく「妙好人」が封建的治政・封建的倫理に強く順応していることを説く物語の非常に多いことが注意される。妙好人自体が封建社会にいかに対処したかという問題は、彼らの社会性いかんの問題として注意されねばならないし、彼らに封建的限界性を分析できるとしても、それは具体的な生活の発露として当然であり、むしろ回心の世界を通じて顕現される生活の中に自律性、社会性を認めてゆくべきであるが[2]、ここではその問題とは別個に、伝の編者の編纂意図の問題として考えるべきものがある。すなわちこのことは、編者が随所で説く治政感謝論（五つの国恩、二篇上、五篇下）、孝行奨励論（五つの親恩、二篇下。親恩論、五篇下）、師恩感謝論（五つの師恩、二篇下、五篇下）など、あるいは編者僧純の『掟こゝろえ歌』中、「おゝたにの清きながれをくむ人は……地頭領主の恩をしり家業大事とはたらきて無益のおごりたしなみて年貢所当をつぶさにし……大取するより小取せよかせぐに追つく貧乏なしたゞ師と親をうやまひて……吝嗇ならぬ倹約し堪忍すればことたりぬ足《タル》にまかせてことたらずたらでことたる身はやすし……かへすがへすも親に孝主に忠義をつくすべし……」（三篇下、傍点筆者）などの語と併せみるとき、編者が封建制への随順を「妙好人」に要求していることがわかる。幕末における農村の動揺の激化、とくに農民一揆の頻度と規模の拡大化[3]を考慮に入れると、「妙好人」という典型的篤信者＝封建制順応者の範疇を打ち出すことによって、教団の社会的基盤を維持安定せんとする意味がある。[4]〔Ⅱ〕においてとくに幕末に在世する妙好人が多いことも、単に編者の身辺に見聞した人々を集めたというだけではなくて、「妙好人」の現実的な社会性の濃度を厚くせんとする意味を求めてよいであろう。

次に〔Ⅲ〕(B)および(C)のごとく、本来の真宗の正統な信仰にはあり得ないような来迎思想などの往生物語や特異な霊験物語等を多く見出し得ることが注意されねばならない。紙幅の都合上、その個々の説話についてここで説明できないが、これには江戸時代初期以来の浄土系のものを中心とした諸種の往生伝[5]の編纂の影響を受けていることが想像される。これらの往生伝にはおおむね、編者見聞の往生者について輯録し、また来迎思想や往生奇瑞譚に終始するものが大部分であって、この種の往生伝の盛行を見ても、なおかかる往生観が江戸時代民衆の一般的傾向であったと思われ、それが真宗に対して影響したことも当然であったであろう。たとえば宝暦五年（一七五五）刊行の摂津定専坊月筌の『真宗関節』巻五では「來迎不来迎問答」について詳論し、月筌自ら「親シク見聞セル」（『真宗全書』五二、二八九頁）来迎往生者四名の伝記を載せているごときがその一例である。『妙好人伝』においてもこのような実体論的往生観の影響を受けたことは当然であるが、しかしなお一歩を進めて、幕末においてそのような内容を盛りあげた意味を読み取らなければならない。それは、幕末における主として農村を背景とした黒住教・禊教・天理教・金光教等の新興宗教の勃興、おかげ踊り等の風靡の問題と関連させて考えるべき点があるように思う。これらの新興宗教が等しく現世利益的傾向を取ることはいうまでもないが、その教団形成はおおむね明治以後ではあっても、それを生み出す幕末農村の宗教的思想的傾向について注意せねばならない。おかげ踊り的な虚無的混乱や新興宗教的現世利益観の農村における盛行は、もちろん先に触れた幕末農村の社会的動揺と関連して考えるべきであるが、それはまた、真宗の教団的基盤としての農村民衆の宗教的思想的変化、混迷を意味している。もちろんこれら新興宗教の形成地域と真宗教団の発展地域とは必ずしも一致しないであろうが、幕末における農村の一般的傾向としてはこの推論は許されてよいと思う。そこで、『妙好人伝』はかかる傾向に対応して、実体的な往生思想を説くことによって、真宗信仰の利益を強調し、それをよりいっそう具象的に実証せんとする意味が考えられてよいであろう。これは先述のごとく〔Ⅱ〕で幕末在世の「妙好人」の多い事実に併せみても、その実証性はよく示されているといえよう。

また、〔Ⅲ〕(D)でわずかに三件ではあるが、異安心、ことに三業惑乱事件に対して「妙好人」が正理を持したことを述べている点に注意したい。江戸時代の異安心の問題は、それ以前の異義異解の問題とはかなり事情を異にしているごとく思われる。すなわち江戸時代以前の場合は、宗「教」に対するものであり、江戸期のものは宗「学」に対する異端であるといえよう。江戸時代においては、学寮・学林の整備に伴い宗「学」の確立をみたが、それは同時に、一方における教団自体の組織化、固定化とあいまって、教学を定型化させることとなった。このような宗「学」の成立は、したがって「教」と「学」との分裂を意味し、「教」において支えられるものすなわち農村教団を中心とした信仰者の系列と、「学」において支えられるもの、すなわち学寮・学林を中心とした宗学者の系列とに分離したといえよう。江戸時代の異安心は、このような宗学の定型化すなわち「安心」の規格化を破壊するものであり、したがってつねに学寮・学林の権威者によって調理・教誨されねばならなかった。中島覚亮の『異安心史』によれば、江戸時代の重要な異安心事件として十六件を挙げており、このうち十五件までは享保以後すなわち教学定型化を示すと思われる中期以後に属し、さらに化政期以後が過半数を占めている。これらの事件のうち、本願寺派の智洞の三業帰命説（文化初頃）および大谷派の頓成の機深心自力説（天保十二〜明治二十）は最も大きな事件で、前者は三業惑乱と呼ばれ、後者は頓成事件と呼ばれて、共に幕府権力の介入によって落着をみたが、その影響の大きさにおいてそれぞれ幕末における両派の宗学を根底から揺り動かすものであった。『妙好人伝』がとくに三業惑乱のみに関心を示したのは、編者が本願寺派に属するからであるが、このような宗「学」の大動揺を背景として『妙好人伝』が編纂されたことに今一つの意味を求めてよいと思う。すなわち江戸時代においては当然優位に立つべき宗「学」の系列の動揺に対応して、低位ではあるが最も生命的な農民を中心とした宗「教」の系列、すなわち「妙好人」に教団のリアリティーを求めたといい得るであろう。

以上のごとく『妙好人伝』は幕末における真宗教団の基盤たる農村の社会的動揺および思想的動揺と、教団内部の教学的動揺という内外の混乱を時代的背景として編述された点に歴史的意味を求め得よう。ゆえにそこに示される「妙好人」は、このような歴史的要求に即応する意味で、かなり畸型化した表現が取られていることを注意せねばならぬ。したがって同じく篤信者の伝記ではあっても、江戸時代に幾編か存する常陸平太郎や大和清九郎などに関する個別的な信者物語とはかなり性格を異にしているのである。なおまた、このような「妙好人」に対する伝記編述事情の明治以降の場合における変容についても続いて問題としなければならないが、それについては他の機会にゆずりたい。

註

（1）明治になって数版が重ねられたが、明治十九年の思永識語を持つものは、伝記中多少の削除、追加があって異本である。

（2）藤島達朗氏「妙好人の社会性」（『日本仏教学会年報』一九、一九五四年）参照。

（3）江戸時代百姓一揆の年平均頻度は、慶長八―元禄十五（一六〇三―一七〇二）＝一・八七、元禄十六―享和二（一七〇三―一八〇二）＝五・二一、享和三―慶応三（一八〇三―一八六七）＝七・六八（『新日本史大系』四による）。

（4）中村元氏が「『妙好人伝』には封建的勢力に対するプロテストの態度が示されていない」（「経済倫理における価値の転換」『日本仏教史』一、一九五七年）といわれるごとくである。

（5）日本古今往生略伝（山本治斎、天和三）、緇白往生伝（了智、元緑元）、扶桑寄帰往生伝（独湛、寛永三）、新聞顕験往生伝（珂然、正徳元）、近代奥羽念仏験記（無能、正徳五）、遂懐往生伝（殊意痴、享保十七）、現証往生伝（桂鳳、元文四）、勢州緇素往生験記（大順、明和六）、随聞往生記（関通、天明五）、新撰往生伝（鳳航、寛政五）、近世見聞南紀往生伝（隆円、享和二）、近世往生伝（隆円、文化二）、専念往生伝（空音、文久三）、尾陽往生伝（行阿、慶応四）、浄土三国勧化往生伝（江戸時代）、女人往生伝（督西、江戸中期）等。

「近世門徒伝」と『妙好人伝』

平田　徳

一　近世真宗における『妙好人伝』の位置、ならびに「妙好人」観の再考察

いわゆる「妙好人」という真宗篤信者の信仰・行状譚を収録した、近世真宗における有名な伝記・説話テクストである『妙好人伝』[1]は、近世真宗門徒のありようと信仰を論ずるうえでの数少ない史料として、重要視、また絶対視されてきたことは周知のことであろう。

そもそも「妙好人」の語は、善導の『観経疏』「散善義」を典拠とするわけであるが、実際のところは『妙好人伝』によってその性格が意義付けられ、我々が知ることとなった観念である。そして『妙好人伝』初篇に「和州清九郎」として収録される大和の清九郎は、近世における代表的「妙好人」であって、その清九郎の貧困かつ一文不知ながらも深い他力信仰に根ざした、奇異にさえ感じるほどの「王法遵守」「本山崇敬」「親孝行」という行状は、いわゆる近世「妙好人」の必要条件として現在に至るまで広く認識され、またステレオタイプとして我々のなかにイメージされてきたといえよう。

このような近世「妙好人」について、哲学的宗教理解に基づく近代宗教学の見地からは、その深い他力信仰に徹する宗教精神に高い評価が与えられた一方で、おもに戦後の歴史学・思想史学の立場からは、その極端なほどに世俗倫理を遵守する『妙好人伝』に描かれた「妙好人」とは、浄土真宗の立場から近世社会の枠組みに無条件に従順な人間性を提示する、教団・僧侶の立場からの理想の門徒像が提示されているにすぎないものと、冷ややかに捉えられた。(2) この『妙好人伝』、また「妙好人」における評価の二面性はよく知られるところであろう。

さて、現在、一般的に知られる『妙好人伝』とは、「真宗律」「神棚おろし」とも称された、西派の学僧で、石州学派の祖として知られる仰誓によって著されたものを端緒とする。若き日の仰誓が伊賀の明覚寺に在寺していた宝暦三年（一七五三）ごろ、まず『親聞妙好人伝』が記された。そして伝は本山の命によって入寺した石見の浄泉寺にて、天明四年（一七八四）ごろ増補され、上下二巻構成の『妙好人伝』になったと推定されている。

しかしながらその後およそ百年の間、写本の現存状況からもわかるように、『妙好人伝』は仰誓の子息、門弟、知人などの近域を出ることのない性格の書であった。ちなみに仰誓の法嗣である履善の門弟・克譲によって『新続妙好人伝』が文政十一（一八二八）年に編まれているが、これもまた私的な場所に止まるものであったように、当時『妙好人伝』とは一般に広まりをみせる類いの書ではなかったのである。

その後、仰誓による『妙好人伝』は、天保十三年（一八四二）、西派の学僧で、幕末の西本願寺の財政改革にも携わった美濃専精寺の僧純によって、改編出版されることとなった。そもそも『妙好人伝』は仰誓の二十五回忌に際して、履善や克譲による出版計画があったようだが、履善の死去によって頓挫したという。なお、僧純が『妙好人伝』の上梓に至ったのは、僧純が、克譲や浄泉寺の後継住職・善成などの石州学派と親交関係があったことによるものと推定されている。(3)

そして初篇出版の後、僧純は仰誓のオリジナル『妙好人伝』のスタイルに倣い、二―五篇までの『妙好人伝』を続々と刊行した（二篇・天保十三年、三篇・弘化四年〈一八四七〉、四篇・安政三年〈一八五六〉、五篇・安政五年〈一八五八〉にそれぞれ刊）。加えて、また同様のスタイルを踏襲した松前の東派の僧・象王による『続妙好人伝』が嘉永四年（一八五二）に刊行され、僧純編の初―五篇と象王の続篇の計六篇を、版行業者が六巻一括としたものが、現在知られている『妙好人伝』となった、というわけである。

ところで、このことは従来の『妙好人伝』の研究史上ではあまり注視、強調されてこなかったのだが、『妙好人伝』とは、僧純の改編出版を経て、初めて一般的に広く知られるようになったテクストなのであって、つまり伝によって意義付けられた、今日にまで至る「妙好人」というタームと観念、「真宗篤信者」＝「妙好人」という図式は、じつは近世においてはわずかの期間にしか一般的には認識され得なかったということである。たとえば、天明二年（一七八二）に三巻本として著され、そして寛延二年（一七九〇）に一巻本として改訂された、西派の玄智による『浄土真宗教典誌』[4]は当時の西派の公認図書目録というべきものであるが、ここに『妙好人伝』の書名があげられていないことも、このことを端的に示しているといえよう。仰誓は、今でこそ『妙好人伝』の作者として名高いものの、前述のごとく仰誓の著した『妙好人伝』とは自らの近域を出る性格の書ではなく、存命時における代表作は『真宗法要典拠』と認識されるようなキャリアの学僧なのであった。

明治以降になると「妙好人伝」を冠する類似書が続々と発刊されるように、僧純による『妙好人伝』の刊行は宗派内外に多大な影響を与えることとなった。要は、現在にまで至る『妙好人伝』の意義、また「妙好人」観とは、じつはおもに近代になって、近代的な視座のもとに醸成されたものであったということを、我々はたしかに踏まえるべきなのである。ところが従来、『妙好人伝』に記された「妙好人」の信仰や行状をもって、あたかも近世真宗の信仰世界の総体を論じるような風潮があった。つまり、現代の我々が見てきた『妙好人伝』を通じた近世における「妙好人」の信仰世界とは、近代以降のまなざしで見た、近世の信仰世界の一部にすぎなかったのであり、『妙好人伝』は、その「総体」を論じ得るような史料ではなかったということなのである。

僧純は後続の『妙好人伝』を刊行するにあたり、様々な真宗門徒の伝記を収集し、そして本文中にその典拠を明記する場合があった。つまり、江戸末期の『妙好人伝』刊行以前に、真宗門徒に関する伝記が版本・写本織り交ぜ多数存在していたことは、研究者のなかではよく知られたことだったのである。ところが『妙好人伝』のみが絶対視されるなかで、それらはあたかも俗書的なイメージのもとに研究対象となることはなく、体系的な把握がなされることもなかった。前述のごとく、現在に至る『妙好人伝』の意義と「妙好人」観が、じつはおもに近代において醸成された観念であったことを踏まえたとき、説話的テクストに基づき描かれるべき近世の信仰世界の大部分は、これら版本『妙好人伝』以前の伝記によるものでなければならないことは、容易に理解されることであろう。

筆者はこれらの伝記群を「近世門徒伝」と総称し、体系化、そして翻刻・解説・解題を付し、『大系真宗史料伝記編9　近世門徒伝』（法藏館　二〇一二年）の一冊にまとめた。ここには計十七点の門徒伝を収録したが、既刊書にて活字化されていたために収録しなかったものも含めると、近世には四十点を超える門徒伝が存在していた。要は仰誓の記した『妙好人伝』も、この多くの門徒伝のうちのたったひとつにすぎなかったのである。

近年、菊藤明道氏の多大な業績により『妙好人伝』にまつわるディテールが飛躍的に明らかとなったが、本質的な議論としての『妙好人伝』そのものの位置や意義に関しては、前述した二面的な評価が通説化して以降、もはや問われることはなくなっていた。いったい『妙好人伝』とは何だったのか。なぜ、そのたったひとつの門徒伝にすぎなかった『妙好人伝』だけが現代に至っても特別な存在であり続けたのだろうか。本稿ではこれらの命題に果敢に挑み、『妙好人伝』の絶対的なイメージのもとに近世の信仰世界を語ってきた我々の感覚を相対化させ、そして新たな近世真宗像を描く端緒となればと思っている。

二　現代の真宗研究における奇瑞の捨象と『妙好人伝』の絶対化

まず触れておかねばならないことは、近世真宗の伝記・説話テクストの研究史上においては、「真宗の東西本願寺派には往生伝が存在しない」という通説が存在していたということである。この説は笠原一男氏によるもので、氏が著書『近世往生伝の世界』のなかで「浄土真宗の東西本願寺系や時宗では念仏したその時が往生であるという、平生業成を説いており、また親鸞は臨終正念を自力の念仏であると否定しているため、浄土真宗の東西本願寺系や時宗には往生伝は存在していない。往生伝があるのは臨終来迎を認めている浄土宗と西山浄土宗、それに浄土真宗の仏光寺派・高田派にかぎられている[5]」と論じたためであった。ところが笠原氏のこの論旨は、親鸞が臨終正念を否定し、往生の際の来迎の有無を問わなかったことが、近世の東西本願寺派に「往生伝」が存在しなかったことの論拠となっているわけであり、つまり、氏の論考は親鸞思想が普遍的に各時代に作用したことを絶対的な前提とするものであった。

近年、このような真宗研究のありかたについて異論が唱えられている。たとえば引野亨輔氏は「親鸞思想を万能のものさしとして用い、それ以降の乖離や貫徹を論じる手法では、近世真宗が一時代の中で試みた様々な営為を評価し得ないのではないだろうか[6]」と指摘した。近代以降、いわゆる近代知に基づいた実証的な親鸞の研究、また真宗教学の哲学的理解も進んだことから、いわば合理的な真宗理解が進み、それを根源的な視角に据え、各時代における真宗のありようが考察されてきた。先の笠原氏の論考も、このような真宗理解のもとに成り立っていることは明白であろう。

また、真宗の学術研究に携わる研究者に、真宗教団の関係者が多いことは周知の事実であろうが、近代以降の真宗理解に基づく宗風上、いわゆる「来迎」・「奇瑞」また「霊験」を研究上に語ることは、宗意に反した「異安心」のごとくみなされる傾向がある。つまりマジカルに真宗を語ることがタブー化されていることは、真宗関係者のほぼ暗黙の了解であったと言ってもよい。前述のごとく、このような近代知に基づく「絶対的」な真宗理解は、たとえば歴史学においては、歴史のなかの真宗門徒が、雑多で民俗的な宗教土壌のなかにおいても弥陀一仏の信仰を保ち、そして土着的な習俗を克服していたという、同時代の他宗教に見られるようなマジカルな信仰を超えた、近代的な宗教的に自立したイメージを描き出すことに努めてきたといえよう。もちろん、このような研究は多大な成果を挙げてきたわけであるが、このような大前提のもとでは、近世真宗の説話テクストにおける、いわゆる「前近代」的な非合理な要素、つまり奇瑞譚や霊験譚は研究上から排除されることにつながり、それを正面から考察することは避けられることとなってしまったのである。

しかしながら、「真宗篤信者の信仰・行状譚」と認識されてきた『妙好人伝』には少なからず奇瑞譚が織り込まれ、とりわけ臨終の瑞相を語る、笠原氏が東西本願寺系の真宗には存在しないと論じたような、まさに「往生伝」というべき話がじつは散見されるのである。このような矛盾は、従来どのように解決されてきたのだろうか。これについて笠原氏は、前掲書にて「本願寺教団をはじめ、さきの佛光寺教団、専修寺教団などの真宗教団が、奇瑞や臨終来迎を求める江戸時代の庶民の願望や切望を無視しきれなかったことを物語っているといえよう[7]」と結論付けている。ここには、いわゆる「合理的」で「知的」な近世の僧侶・学匠からなる教団側、つまり「中心」、そして

「通俗的」で「非論理的」な民衆・門徒、つまり「周縁」という、対比されたイメージのもとに立論がなされたうえで、「民衆教化の方便として消極的に妥協したのだろう」という「推定」によって矛盾が処理されている。このような論調は従来の真宗研究においては定石であったといえようが、実はこの論拠は、実証的な事例に基づいたことではなく、あくまでも研究者のそのような「イメージ」に依拠したことに留まるものでしかなかったと断言できよう。

さて、仰誓オリジナルの『妙好人伝』は、土井順一氏によってその存在が明らかにされて以来[8]、「真宗律」「神棚おろし」と称され、さらに門徒教化にも尽力した仰誓が記したというイメージのもと、崇高な価値観を保ちつつその内容が捉えられてきた。たしかに仰誓の『妙好人伝』は、僧純によって改編・増補されたものと比べ、奇瑞譚、さらに世俗従属譚が少ないといえ、また仰誓の人となりと相まって、現代の研究者の価値観に非常に適うものだったのである。よって、僧純による版本『妙好人伝』は、仰誓のオリジナル『妙好人伝』に奇瑞譚と世俗従属譚の要素を付加した、仰誓の『妙好人伝』を後退させたものと意義付けられ、その眼差しには大きな差が生じてしまった。そして、その付加された世俗従属譚については、通説の通り、ネガティブな意味での分析対象とはなったが、奇瑞譚に関しては、先のような理由からも当然分析対象になることはなかった。

本稿冒頭で、大和の清九郎が近世の代表的な「妙好人」であることに触れたが、現在にいたるまで代表的「妙好人」でありつづけているひとつの理由として、僧純改編後の『妙好人伝』に至っても「和州清九郎」の話に関しては、奇瑞的な要素が織り込まれていないということも一つの要因であると考えられる。『妙好人伝』研究から奇瑞譚が捨象され、清九郎的な信仰行状譚・世俗従属譚が注目され、研究俎上に挙がっていくなかで、実際には来迎譚・奇瑞譚も含む『妙好人伝』は、真宗篤信者の行状と信仰形態に特化された伝記として、研究者・読み手によって再構成、またイメージ化され、付加価値が加わることとなったのである。

そして伝より抽出された、清九郎的な「妙好人」の、素朴ながらも強靱な信仰、つまり「無知」という「知」は、近代的な「知」の価値観に逆説的にそぐうもので、ある意味、真宗の他力信仰の究極のスタイルを表現するものであった。つまり『妙好人伝』は、「親鸞思想の普遍性」をツールに、近世においても親鸞より伝統的に続く、真宗信仰の独自性と普遍性を表すテクストと読まれ、シンボリックな存在として捉えられたのであり、現代においてもその価値を保有しているのである。

三　近世西派学匠における来迎・奇瑞観と門徒伝の成立の関係

さて、編年順に「近世門徒伝」を追ってみると、近世における伝記・説話テクスト群のうち「近世門徒伝」の幅を、①真宗門徒が登場する伝記、②真宗僧侶が記した伝記、と定義した場合、それに該当する十七世紀までの門徒伝の中には、真宗独自の論理と需要によって作成された門徒伝は存在していなかった。浄土宗や真言宗の僧侶が記した往生伝や伝記のうちに、話の主人公が真宗門徒である事例や、また、仮名草子の作家でもある浅井了意の『浄土勧化往生伝』（元禄二年〈一六八九〉）、そして如幻明春による『近世往生伝』（元禄八年〈一六九五〉）などの、真宗僧が説話テクストを記した場合はあったが、いずれも当時の通仏教的なフィールドを念頭に書かれたものばかりで、まだ真宗独自の門徒伝が成立していたとは言い難い状況であった。(9)

ところが十八世紀になると、当時の西派の教団教学の中枢にいた学匠によって、真宗の体系的な教義に基づいた門徒伝が記され始めた。とりわけ注目すべきは大坂天満定専坊・月筌による『親聞往生験記』（享保四年〈一七一九〉成立・宝暦五年〈一七五五〉刊）[10]である。月筌は、西派学林二代能化の知空門下の俊英で、近世の大坂・摂津の真宗僧の宗学研鑽の場となった「華蔵会」を自坊に開学した学僧である。

さて、親鸞の『末燈鈔』に「来迎は諸行往生にあり。自力の行者なるがゆえに。臨終ということは、諸行往生のひとにいうべし」とあるように、とくに東西本願寺系の真宗において「来迎」とは、端的にいえば「自力」の行の証果として認識されるものであろう。よって現代に至っても教義のうちに積極的に「来迎」を説くことはないとい え、本稿の主旨に沿うならば、実体としての「来迎」も現代的、哲学的な宗教理解からはマジカルなものとして捉えられるだろう。ところが、月筌は真宗の教義に基づく「来迎」、つまり「他力」における「来迎」の理論化に努め、月筌宗学の集大成ともいうべき『真宗関節』[11]に、その来迎理論を問答形式で詳述した「来迎不来迎問答」を著した。そしてその付録として、その来迎理論の現実性を「実例」で示したものが『親聞往生験記』であった。四話のみではあるが、他力信仰に基づく来迎・奇瑞譚はまさに「真宗往生伝」というべきものであった。

この『親聞往生験記』は、『妙好人伝』研究者にとっては『妙好人伝』第三篇上に、四話すべてが典拠を明記したうえで収録されているため、その存在自体はよく知られたものであった。ところが、本稿でも繰り返し述べているように、現代の真宗では受け入れられない「来迎」を説いたものであったために、「来迎不来迎問答」も含め、これらは完全に研究俎上から捨象されていたのである。しかし、編年的にみても、この『親聞往生験記』は真宗の論理と需要にもとづいた「近世門徒伝」の嚆矢となったと位置づけられ、笠原氏の通説とは異なり、「近世〈真宗〉門徒伝」は来迎・奇瑞譚からその系譜が始まっているといえよう。

さて、月筌の『親聞往生験記』執筆の動機は、その末尾に端的に記されている。

右ノ験記、余ガ親シク見聞セル事ナルニ由テ、コ、ニコレヲ書ス。コレ今家ノ門人ノ中ニ不来迎ノ言バヲ執シテ、一偏ニ臨終ノ祥瑞ナドアリト云コトヲ忌嫌テ、反テソレヲ謗難毀罵シテ邪見ニ堕スルモノ、アルベキヲ歎ガ故也。

この箇所からは当時の真宗における「不来迎」の教義について、その「不来迎」という言葉尻を捉えた結果、宗内に来迎を批判・否定するものが存在してしまったことを嘆き、それに対抗するために『親聞往生験記』を執筆したことが述べられている。また「来迎不来迎問答」中には「然ルニ、頃日聖道ノ僧徒ノ浄土ノ経文ヲ講スルニ、盛リニ来迎ノ義ヲ立テ、、今家不来ノ旨ヲ毀誉スル族アルヨシ」と宗外からも批判の動きがあったことがうかがえ、月筌にとってはまさに内憂外患の思いだったと思われる。

それでは、月筌の来迎観、そして来迎理論とはどういうものであったのか。まずは月筌の来迎観についてみてみよう。

何ニ況ヤ仏ノ来迎シタマフト云フハ仏ノ御方ノ所作ナレバ、迎ヘテヨロシクハ来迎モシタマフベシ。マタ来迎ニモ及バズシテ往生スベクハ、来迎モシタマフマジ。ソレハ兎モ角モ如来ノ御方ノ御計ヒナレバ、コノ方ヨリ是非ニ来迎ヲ期スベシ。カナラズ来迎シタマフベシト、如来ノ御上ヲ計ルベキコトアランヤ

月筌は、そもそも「来迎」は仏のはからいによるものであり、来迎の有無は衆生から願うものではないという。また絶対他力に立脚した真宗においては、信心さえも自らのはからいではなく、仏の所作であると説かれたうえで、

この箇所が述べられているため、つまり、月筌においては「来迎」も「他力」の範疇のうちに捉えられているといえる。

そして、宗内の一部で来迎の否定・批判という意味に捉えられたとされる「不来迎」という語については、次のように解説している。

真信ノ行人ハ平生ヨリ光摂ノ益ヲ蒙レバ、臨終ニ始テ来迎ニ預ルト云義ニ非ル処ヲ、臨終ノ時ニ始テウル来迎ナラズト云コ、ロニテ不来迎ト談ゼラル、者也。

「真信ノ行人」、つまり「現生正定聚」に至った者は、平時より仏の「光摂ノ益」を蒙るので、臨終の際に始めて来迎の益を蒙るというわけではない。それが「不来迎」ということであるのだという。

これだけではまだ意味がつかみにくいので、さらに「不来迎」について追ってみよう。

コレ真信ノ行者ハ、一念業成ノ時ニ平生ヨリ仏ヲ離レ奉ラズ。コレ則チ三縁ノ利益ナルガ故ニ、故ニソノ終ルトキニ見仏スルハ即平生常来ノ仏ヲ拝ミ奉ルナレバ、更ニ始テ臨終ノ来迎ヲ期スベキコトニ非ズ。又必ズ臨終ニ始テ来リ玉フト云モノニ非ズト信ズルトキハ、別テ真実信心ノ殊勝ノ徳益ナル処ヲ知ルベキガ故ニ、コノ義ヲ以テ不来迎ノ談平生業成ノ義ナリトノ玉フハ是也

この箇所を「不来迎問答」の他所の記述で補いながら解説すると、真宗における「真信の行者」、つまり「現生正

定聚」に至った者には、仏の「三縁」の益が得られる。この三縁のうちの「近縁」の益とは、「平生ヨリ仏ヲ離レ奉ラズ」という益であり、同じく三縁のうちの「増上縁」とはいわゆる「臨終来迎」のことである。「真信の行者」は来迎を待つことなく、常来している仏を拝することができるので、その行者にとっての臨終来迎の瑞相とは、じつは平時に常来する仏が臨終時にも来るにすぎないということになる。つまり、来迎とは、臨終時にはじめて仏が来臨するものと理解する者が多いが、そうではなく、真宗においては「真信の行者」には、平生において仏が来臨するものである。よって「臨終時に始めて仏が来臨するのではない」ということを「不来迎」と称するのである。

そして、「来迎」とは、狭義でいえば「臨終来迎」のことを示すが、前述の「平生業成」の益である平時における仏の来臨・見仏も、広義では「来迎」といえる。しかし、平生の「来迎」と臨終の「来迎」は区別されるべきなので、「平生業成」の益の方を重んじるべき立場、つまり真宗においては、あえて積極的な意味で「臨終来迎」の名目は立てない。このことを象徴的に「不来迎」というのである。

さらにこの「不来迎」について、「不来迎問答」の引用を続けてみよう。

> 平生ノ仏ノ臨終ニ顕レ玉フハ来迎ト云モノニ非ズト定ルユヘニ、コレヲ以テ不来迎ト云也。コレコトサラニ臨終ノ時ニ来迎スルニ非ズトアルコ、ロヲ不来迎トノ玉フ也。然ラバ平生ノ仏ノ臨終ニ現シ玉フ仏徳ナレバ、コレヲ遮スルニ非ルヲ以テ無来迎トハノ玉ハザル也。無来迎ト云トキハ一向ニ平生ノ仏モ現シ玉ハヌニナルナリ。平生ノ仏ノ顕レ玉フベキハ仏徳ナレバ、夫ヲモマタ来迎ト名付クベキハ、真信ノ人ノ前ニモ来迎ナシト云ニ非ル故ニ、無来迎トハノ玉ハザルナリ。タヾソノ臨終始来ノ来迎ヲ作シ玉フト云ニ非ル故ニ、不来迎ト立タマフト知ベシ。此レニ由レバ、具ニハ臨終ニ始テ来迎セズト云ヲ不来迎ト談ゼラル、也ト思フベキ也。然レバ、平

生ノ来仏ノ臨終ニ拝マレ玉ヒ、臨終モメデタキト云コトハ、カナラズ今家ニ斥セ玉フニ非ズ

「平生業成」の益によって平生に仏が来臨するという真宗の立場、それは狭義でいうところの「来迎」、つまり「臨終の来迎」ではないために、それらを区別する意味であえて「不来迎」と呼称したことは先述した通りだが、それは「来迎が起こり得ない」という意味の「無来迎」という語と同義ではないことをここでは強調している。

近代の合理的で哲学的な宗教理解を経た我々にとっては「来迎」を、方便であるか、実体であるかという対立軸で考えてしまうが、そもそも月筌のこの一連の来迎理論の命題は「他力」と「来迎」の関係構築にあったわけで、つまり当時の真宗における来迎をめぐる問題は、「来迎」の存在の有無ではなく、「他力」の「来迎」は理論的に成立するのかという、端的には「自力」と「他力」の問題であったといえよう。

このように、月筌においては「法体ノ徳ヨリハイカナル祥瑞モアルベシ」と、「他力」の信の証果、「現生正定聚」の利益の延長線上にあるものとして、「来迎」は真宗の他力の教義のもとに理論付けられ、「臨終来迎」も否定してはならないと結論付けられているのである。要は「不来迎」という語は、パラドキシカルに「真宗独自の来迎理論」を象徴的に言う謂であったと捉えられているのである。

さらに注目すべきは、月筌が「宗旨ノ正脈ヲ継ント欲スル者ハヨク〳〵コノコトハリヲ思ヒ弁フベキ也」、また、「然ニ今家ノ門人ノ中ニモ、一偏ニ臨終ノ祥瑞ヲ撥無スルヤウニコ、ロウル者アリ。コレハマタ吾祖ノ骨髄ヲ知ラヌト云モノ也」というように、この来迎理論を真宗の正統なる教義であると捉えていることである。

そして、このような来迎理論は月筌特有の思想にすぎなかったのかといえば、そうではなく、当時の学界では一種の共通認識であったことがうかがわれる。近世宗学の大家として知られる、四代目能化の法霖においても「肥陽

問答」（享保十七年〈一七三二〉）にて、問答形式で来迎問題にふれており、「他力ノ行者トイヘドモ期スベキ辺モアリ」と結論付けている。その法霖が来迎を否定しないという典拠として「一念多念ノ文意ヲミルベシ」と親鸞の言説を論拠に述べていることからも、真宗における来迎が否定されるべきものでないことは、法霖においても親鸞より続く真宗の伝統教学として捉えられていたようである。[12]

月筌の『親聞往生験記』の四話は「妙涼尼往生ノ瑞夢ヲ感ズル事」、「妙了尼臨終ニ見仏ノ祥瑞アル事」、「妙智童女往生ノ現瑞アル事」、「宗信禅門遺言ノ事」という来迎・奇瑞譚で、それぞれに信を得て、現生正定聚というべき立場になったうえで奇瑞が生じるという、まさに自身の理論に適ったものであった。なお、妙涼尼は「家ノ婢」、妙了尼は「ソノ質至リテ愚カニシテ一字ノ縦横ヲモシラズ」という立場であり、加えてこれらは女性やこどもが題材となっていることから、つまり、これらの話は女人・小児往生という往生論の観点からの、また「家ノ婢」という人間の立場を超え救済される、真宗ならではの絶対「他力」に基づいた来迎・奇瑞の実例譚であった。ここには後述する、いわゆる『妙好人伝』的なモチーフの原型をみることもできるといえよう。

四　華蔵会における来迎・奇瑞譚の系譜

さて、月筌の開いた華蔵会は月筌なき後も存続し、小曾根常光寺の桂巌・泰巌など、多くの学僧を輩出したことで知られている。特に泰巌は、宝暦期を代表する学匠で、教団の命によって、全国各地に頻発した異安心事件の調理を担当、また侍講に任ぜられるなど、西派教団教学の要として活躍した。さらに華蔵会は、宝暦十一年（一七六一）の親鸞の五〇〇回忌に際し、月筌の悲願でもあった仮名聖教である『真宗法要』の編纂を本山に申し出、許可された、それは大遠忌の記念事業として行われることとなった。校正については泰巌・僧樸・道粋の三人が門主より任命され、編集作業には華蔵会会員が尽力し、後に会員は門主からの褒賞を受けている。

そして月筌の来迎観は、月筌なき後も華蔵会の面々に引き継がれた。月筌の法嗣である月渓の『御文私鈔』（享保十八年〈一七三三〉起筆、宝暦三年〈一七五三〉成立）[13]には「不来迎問答」中の月筌の来迎理論の総括的な箇所がそのまま引用され、また泰巌においても月筌の『真宗関節』（宝暦五年〈一七五五〉刊）刊行の際に付した跋文のなかに、臨終来迎をないがしろにすることを戒める文言を綴っている。

また泰巌の門弟で側近であった、江坂法泉寺・慈等は『浄土異聞録』（寛政一年〈一七八九〉）[14]という上中下三巻から成る大著を残した。別題『奇瑞物語』と称されたこの書は版行には至っていないが、法泉寺の前住職・教念（闇諦）の記した『加物語』（安永六年〈一七七七〉）を法嗣慈等が増補・編集したもので、真宗における来迎・夢告・蘇生・見仏など諸々の奇瑞譚が数多く収録されている。奇瑞譚のみならず、仏罰譚も収録されているのも興味深い。

そして注目すべきは慈等による序文である。

サレバ昔年、洛陽長泉寺明春、近世往生伝一巻ヲ著シテ寛永ヨリ元禄ニ至ル間ノ往生人ノ略伝ヲ集録シテ世ニ梓行セリ。近来、浪華定専坊月筌所作ノ不来迎問答ノ巻尾ニマタ若干人ノ往生伝ヲ附録シテ印布ス。頃年、摂州法泉寺闇諦、当今瑞異ノ事迹ヲ採集シテ三巻トシ加物語ト題ス。於レ中往生ノ祥異最モ多シ。又、直入院泰巌草記ノ一冊アリ。今此両記ニ本《モトツ》キ、且別ニ所レ得ノ奇聞異迹如干条ヲ加ヘテ浄土異聞録ト題ス。大率真宗ノ祥瑞ヲ紀ストイヘドモ、末篇ニハ兼テ他門ニ及ビ悪徴ヲモ録セリ。編集ノ素懐タヾ勧善懲悪シテ自行化他ノ一助トモナリ侍ランコトヲ冀フノミ。

この序文から『浄土異聞録』は、真宗における往生伝・奇瑞譚の系譜上にあることを慈等が強く意識していることがうかがえる。この部分からだけでも、先述した「東西本願寺系には往生伝が存在しない」という通説には見直しがはかられよう。

また『浄土異聞録』の序文には総じて、この華蔵会伝統の問題意識が継承されたうえで『浄土異聞録』をまとめたことが明記されている。さらに『浄土異聞録』の跋文には、底本となった『加物語』の序文がそのまま掲載されているが、そこにも、「他宗ノ人ノ臨終ノ奇特ヲシルセシ伝記ノ多キニツケテモ、真宗ニハカ丶ル不思議ノ往生セルコト、キカザレバ、祖教ノ手ツヾカナランカトモ他人モ思ヒ、自宗ノ人モ思ヤハセンカ」と同様の論旨をうかがうことができる。このように、華蔵会の人物がこの問題を語る際、祖師以来の伝統教義であると触れることが常套句となっていたようである。

宗祖七五〇回忌の記念事業として『真宗法要』を編纂した華蔵会は、このように来迎理論も含め、自らが正統であるというプライドを強く有していたものと思われるが、『真宗法要』の編纂というテクストクリティーク、つまり知的な営為のうちに現代では受け入れがたい、このような来迎・奇瑞譚の系譜が存在していたということは、現代の研究者にとってはアンバランスで奇妙な印象を抱くことであろう。

さて、この『浄土異聞録』は従来の感覚でいえば、まさに俗書扱いされるような類いの書であるが、版行には至ってはいないものの『浄土真宗教典誌』にも書名が見える書籍であり、教団からも公認されていたといえる。

さらに『浄土異聞録』の第三巻には、当時の西派に関する出来事の諸記録が収録されているが、これらは玄智の『大谷本願寺通紀』（天明五年〈一七八五〉刊）、『考信録』[15]の記事と重なるものである。このことから、慈等と玄智との交友関係がうかがわれ、慈等は教団中枢に位置しないと知り得ない情報を得られる立場にあった人物であったことがわかる。

そして、何よりもこの『浄土異聞録』には、当時の西派学林関係の多くの学匠が話中に登場するということである。著名な人物をあげてみると、実質的な初代能化の准玄、知空、僩雄、性均、月筌、桂巌、泰巌、僧樸、玉譚、僧鎔などが登場している。本文中には、知空が朋友の僩雄の臨終瑞相について語る場面、泰巌が自身の瑞夢を語る場面などもある。

つまり、このような書が当時の教団教学の中枢より出自しているということの意味は非常に大きいものであろう。従来のような、奇瑞を排除する合理的な僧侶、奇瑞を求める俗的な門徒という構図は、まさに研究者の思いこみであったのである。

五　仰誓編『妙好人伝』成立の教学的背景

月筌が西派学林二代能化の知空門下であったことはすでに触れたが、知空門下の学匠の系譜を見ると、この月筌を祖とする華蔵会と、三代能化をつとめた若霖の流れを汲む、大きく二つの系譜がある。後者、若霖の門下には、四代能化の法霖、法霖の門下には僧樸と道粋、さらに僧樸門下には仰誓、僧鎔、玄智と錚々たる学匠が連なっていくのである。

さて、真宗の論理と需要に基づいた近世門徒伝の成立においては、月筌がその嚆矢となったわけであるが、その事の発端としては月筌による、真宗における来迎に関する問題意識が基となっていたことはすでに述べたところである。そして、この問題意識は後代の華蔵会に受け継がれ、慈等に至っては『浄土異聞録』という大著が記されたのであるが、これをひとつの近世門徒伝の水脈とすると、おおよそ同時進行で、一方の若霖以下の系譜にも門徒伝が存在していた。この系譜のなかに仰誓の『妙好人伝』が存在したのである。

仰誓が『妙好人伝』の嚆矢となる『親聞妙好人伝』を執筆したのは宝暦三年（一七五三）ごろのことであったが、これより先、仰誓の師である僧樸は「陳善院法語」[16]と題して、小児往生に関する門徒伝を延享四年（一七四七）に記している。この僧樸の「陳善院法語」は華蔵会の門徒伝とは異なり、伝記対象者の信心のありようそのものをテーマとするものであった。そして、「陳善院法語」と仰誓の『親聞妙好人伝』については、龍口明生氏によってその関係が指摘され、『親聞妙好人伝』への影響が論じられている。[17]

また大桑斉氏は、仰誓の『親聞妙好人伝』執筆の動機には、後に「三業惑乱」という大事件を引き起こす原因となった、衆生が能動的に身口意の三業をもって仏に向き合う、「機の深信」に大きく傾いた安心のありかたである「三業帰命説」に反対を表明する意図があったことを論じた。[18]「陳善院法語」にはすでに、「機ノ三業ノ上ニハ往生ノ業因一ツモナシ」と、いわゆる三業帰命説的な信に反対する言説がみられるため、つまり、「陳善院法語」には小児往生を題材に、「法の深信」に傾倒した信心のありかたである「所行説」の優位性を提示する目的があったといえる。つまり、このように僧樸における門徒伝執筆のモチーフは安心問題であったといえ、そして、前掲の諸研究に述べられたとおり、仰誓にもその問題意識が受け継がれていたものといえよう。

さて、仰誓の『親聞妙好人伝』のハイライトは、いわゆる大和清九郎伝の「和州清九郎」である。後述するが、近世には、その他四本の大和清九郎伝が編まれており、これら四本の清九郎伝は清九郎の一代記として仕立てられているのに対し、仰誓の清九郎伝である「和州清九郎」はこれらとは趣を異にし、仰誓による一人称的なリポート風で、仰誓の周辺にいた西派学匠の話題、また学匠の教化活動への讃辞などを紙面を費やして記されるのが特徴である。そしてこの学匠というのが、泰巌、また泰巌の門弟の玉譚という華蔵会の一派であった。なお、清九郎のことを話題とする、仰誓と玉譚間の書簡が朝枝善照氏によって紹介されており[19]、門徒教化にも尽力していた仰誓と華蔵会とはその教化活動を通じ、交流、そして接点が見いだされてくる。つまり、この仰誓による『親聞妙好人伝』「和州清九郎」は当時の学林の学匠界隈における門徒教化のリポートという側面があったものといえよう。このように「近世門徒伝」の主要な部分が、この西派学林界隈から出自したものであったということは、今一度、心に留めておく必要があろう。

なお清九郎は東派の門徒であり、東派の門主と面会したこともあったが、西派学林五代能化の義教と面会したことが各清九郎伝には記されている。また「一文不知の清九郎なれども、其徳普く伝はりて時の学匠達、幽棲にたづねきたり玉はぬはなし。いづれも信心堅固にして間然なき事、虚名にあらずと、舌を巻て感心し給ひぬと也」と、多くの学匠が清九郎と関わっていたことも伝わっており[20]、清九郎の存在は東西の派を超えて有名であり、学匠たちにとっての門徒教化、また教学研究の好サンプルであったものと推測される。宝暦年間には多くの異安心事件が起こり、泰巌、仰誓、僧樸などはその調理に当たることも多かった。その中で彼らが門徒教化の重要性を感じ、それにおける教学研究の延長線上に、教化のいわば臨床例としての、その具体的なケースとしての門徒伝が求められていたことは容易に推測されよう。

このような状況のなかで、また僧樸の記した『真宗念仏現益弁』という書がある[21]。この書は宝暦六年（一七五六）に、紀州の西福寺・浄玄という僧が「祈禱求福」をしたことが問題となり、この件に関して寺社奉行より、真宗の「現世ノ祈禱ヲナシタマハザル子細」について、輪番の随専寺教童に質問があったという。そこで、教童が門主の法如に伺いを立てたところ、法如より僧樸へ解答を作成するように命ぜられ、執筆に至ったものであるという。

つまり、当時の教団側の真宗における「現世利益」についての公式見解という性格のものであるといえよう。なお浄玄の一件については、玄智の『考信録』巻五にもその顛末が記されている。

それでは『真宗念仏現益弁』の本文を追ってみよう。

然ルニ今吾ガ往生浄土ノ真宗ニ於テハ、アナガチニ祈禱ヲモチヒズ、コト〳〵シク現益ヲ談ゼザルニツイテ、世人ノコヽロエマチ〳〵ニシテ、アルヒハ此念仏ニハ現益ナキカトウタガヒ、アルヒハタヾ当益ノミヲツノルヤウニマドヘル。マコトニモテナゲカシキ次第ナリ。

ここでは、真宗が祈禱もせず現世利益を説かないことに、人々が困惑しているようすが述べられるが、要は真宗における現世利益とはいったい何であるのかを命題化している部分でもある。そしてこの『真宗念仏現益弁』では、総じて念仏者の現世利益は国家安泰であると主張される。

まず僧樸は、大無量寿経の「仏所二遊履一。国邑丘聚。靡レ不レ蒙レ化天下和順。日月清明。風雨以レ時。災厲不レ起。国豊民安。兵戈無レ用。崇徳興レ仁。務修二礼譲一」の部分を引用し、念仏の現世利益と国益の関係を示唆させる。そして安心の面においては「所行説」としての立場から、念仏は弥陀への報謝・報恩と意義付けられたうえで、その「報謝・報恩」がそのまま世俗倫理にも反映されることを次の箇所に述べる。

コノ真宗ニハ報恩ノツトメヲモハラトス。ソノ報恩ノ念仏ハタヾ仏恩ヲ報ズルノミニアラズ。上ハ国王仁覆ノ御恩ヲ報ジタテマツリ、又チカクハ父母慈育ノ恩ヲ報ジ、遠クハ一切衆生ノ恩ヲ報ズ。コレモマタ自力ノ、迷情ヨリシカスルニアラズ。

また、僧樸の民衆教化観がうかがえるのが次の部分である

但シワガ真宗ハ、下機ヲ本トス、メマシマスガユヘニ、カノ愚夫愚婦ノタグヒニムカヒ、天下国家ノ祈願ニ念仏セヨトヲシヘナバ、カナラズ惑ノ端トナリ。

あくまでも直接的な「天下国家ノ祈願」のための念仏を誡める部分ではあるが、文中にみられる「下機」「愚夫愚婦」とは、いわゆる「凡夫」というような宗教的な比喩ではなく、現実的な意味も込められていると考えられるため、この文言の端々には、非常に端的に僧樸の、また当時の民衆教化観が表現されているといえよう。そして、注目されるべきは次の箇所である。

上来三国念仏者現益ヲ得ル事蹟。略出如レ斯。カノ薩達磨芬陀利伽修多羅ハ法ヲ蓮華ニ喩へ、コノ弥陀念仏三昧ハ人ヲ人中ノ芬陀利華トナヅク。イカナル低極厮賎ノモノモ、モシコノ法ヲ信行スレバ、万徳芬陀ノ妙香、天地神祇ヲ感格セシム。黍稷非レ馨。コレ人中妙好・上々・希有・最勝ノ人ナルガ故ニ、難思ノ現益信ズベキモノナリ。

これはいわゆる「妙好人」の典拠であることが明白であろう。仰誓が『親聞妙好人伝』を記したと推定されるのが

宝暦三年頃であるが、当書が記された宝暦六年の段階において、師の僧樸も「妙好人」観を有していたことがわかる。もちろん、仰誓と僧樸のどちらが先に「妙好人」観を有し、そして他方に影響を与えたのか確定はできないが、ともあれ、念仏の現世利益と世俗倫理との関係が論じられる文脈のなかに「妙好人」の語が提示されるということは、当然、これらは一括されるべき概念であったと認識してよいだろう。とりわけ「イカナル低極厮賤ノモノモ、モシコノ法ヲ信行スレバ」、「妙好」人となり、それは「難思ノ現益」であると定義されたこの文脈は非常に重要である。つまり「妙好人」とはそもそもこのような感覚を前提とした観念であったといえるのである。

そして、この『真宗念仏現益弁』において定義された「妙好人」とは、じつは清九郎のイメージそのものであるといえよう。貧しく一文不知ながらも弥陀の絶対他力の世界に生き、そしてその報謝として、王法遵守、そして孝行に励む姿は、安心問題においては特別な学も要らず、ただ弥陀へ信順することを重要視する「所行説」に基づく信仰のありようの提示ができ、そして、現世利益の面においては「報謝」の範疇のなかで王法を遵守し、結果領主より褒賞を受けるにいたるという証果が提示できるように、そのすべての要件が満たされていたといえよう。仰誓にとって清九郎とは、師の僧樸がイメージした「妙好人」そのものであったのだろう。

さて、僧純の改編を経た現在一般的に知られるところの六篇の『妙好人伝』には、世俗倫理観が強く打ち出されているわけであるが、じつは、僧純によって改編される前の仰誓編『妙好人伝』には、世俗倫理を遵守する話はほとんどなく、その世俗倫理を遵守する要素は、仰誓においては「大和清九郎」ただ一話に濃密に集約されている。そして、その他の話はそれぞれの伝記対象者の安心、それに基づく行状を示すことに終始していると言える。僧僕によって仏法と王法の関係を前提に意義付けられた「妙好人」ではあったが、仰誓の『妙好人伝』においては、やはり安心問題が一義的なテーマではなかったかと思われるのである。

六　西派学匠における門徒伝の意義——真宗における現世利益——

僧樸の『真宗念仏現益弁』で展開された論理は、弥陀の他力の信仰に至れば、その報謝心は「世俗的な善行」につながり、「近世社会の枠組みのなかでの模範的な人間」になり、それが結集され「国家安泰」に至るという「現世利益」なのであり、それが僧樸の主張する「平生業成」、「現生正定聚」の利益であったといえよう。

また、仰誓の『親聞妙好人伝』「治郎右ヱ門」の話には「貧ヲ苦ニスル心ナキモノ、即チ現世ノ利益ナルベシ」という文言があり、僧樸の論理を継承していることが明らかである。現代的な意識のもとに否定的にこの箇所を捉えるならば、社会構造による貧困問題の解決を放棄し、解決方法を個人の意識と心に求めるにすぎないことといえようが、実際に近世社会においては限界的に前向きな姿勢で、たしかに当時の社会を生きるための「現世利益」として作用していたと考えられる。この論理こそが「妙好人」の本質なのであった。

そして、先ほど紹介した仰誓にあてた玉譚の書簡には次のようにみえる。

> 檀越之衆中宗門之掟ニ違背なき様ニ吟味遊し光明之中之地代たる御報謝のツとめ無間断様ニ急度御勧誡可被下旨御伝頼上候、近縁何方も百姓ぶん無情ニ候や、とかく光明之中之作物悪敷候て、御報謝之年貢不納ニ而、御上ミも御むねがいたミなげかしく存候

ここでいう「光明」とは、信を得た念仏者の世界観のことであろう。念仏者においては、この娑婆世界は「光明」

のうちにつつまれた世界であり、そういう感覚が得られることもまた真宗の「平生業成」にもとづく「現世利益」であったといえよう。そしてそのような感覚に生きる念仏者・門徒の「報謝」のつとめは「年貢を納める」ということであることが明示されている。この箇所はあくまでも近年の不作を歎くという主旨の話ではあるが、当時の学匠が説いていたこのような立場からの「現世利益」とは、あくまでも念仏者・門徒と王法の関係のなかに説かれるものであったことを、端的に示した部分として注目されよう。

一方、先に詳述してきた華蔵会の門徒伝において注目すべきは、現世における真仏の拝見ということである。これは「近縁」の益による実体的な「現世利益」を表したもので、いわゆる華蔵会の門徒伝には、この現世における「真仏の来臨」という奇瑞譚が少なからず収録される。月筌の「来迎理論」は、「平生業成」、「現生正定聚」の教義を基に構築されているため、この理論においては、「臨終来迎」はあくまでも「近縁」の仏があらわれるというあえて二義的なものとして捉えられていたわけであった。つまり、月筌の「来迎理論」とはむしろ積極的に「現世における利益」が一義的に説かれることによって成り立つ論理であったがゆえに、現世での真仏の拝見譚が重視されていたといえよう。

華蔵会一派においては、現世利益としての現世での「見仏・奇瑞」、そしてこの「近縁」の益を受けたからこそおこり得ると捉えられた「臨終来迎・臨終祥瑞」が、決して概念的で理論的にとどまる、形而上学的なものとしての「方便」であってはならなかった。ゆえにそれを現実のものとして捉えさせる「門徒伝」が必要だったのである。

一方、僧樸―仰誓の門徒伝においては、当初は「信のありよう」つまり安心問題という関心から門徒伝は記された。そして、信心さえも弥陀から与えられたとする「法の深信」に傾倒した「所行説」からは、その念仏ならびに念仏者の態度においては「報謝・報恩」という観念が引き出され、それは近世的な世俗倫理に従順になるという処世術と関連付けられた。つまり「近世社会における理想の念仏者」、「妙好人」になれるという「現世利益」が説かれたのである。ゆえに、当時の西派学匠における「門徒伝」とは、それぞれの立場からの「現世利益」の表象ではなかったかと筆者は考えるのである。

西派学林においては宝暦期以降、三業帰命説が広まり、最終的には三業惑乱という事件に至り、学林側の権威が失墜する事態となる。じつはこのことは、大きく言えば近世における教学問題の対立軸は、「他力」「自力」ということにほぼ収斂されていたことを表していよう。つまり、「他力」の理論下の範疇のもとに来迎や奇瑞が説かれることは、近世社会においてはまったく問題のないことだったのである。

そしてこの「他力」「自力」という問題は、じつは西派においては三業惑乱によって解決してしまったといえ、その後の安心は教団によって統制されることになった。現代の真宗において「来迎」や「奇瑞」を説くことが「異安心」であるような感覚があることは、現代の真宗関係者ならば誰もが感じていることであろう。要は「異安心」という軸が、「他力」「自力」の問題が解決したことによって、近現代における科学的・哲学的・経験的な宗教観・人間観のもとに、また学問の蓄積によって変わってしまったということであろう。

従来は『妙好人伝』に散見されるような奇瑞譚について、現代的な真宗理解との乖離にもとづく困惑から、それに説明を加えることは難しいことであった。そして、仰誓編『妙好人伝』にも少なからず散見される奇瑞的な要素は、「真宗律」「神棚おろし」と呼ばれた仰誓からはほど遠いイメージとして現代人は感じていたわけであったが、じつは当時の学匠こそが体系的な真宗の教義のなかに矛盾することなく「奇瑞」「来迎」を捉えていたという背景からは、仰誓のうちに奇瑞的な要素があったことも当然納得できよう。

従来なんとなく俗書的で周縁的なイメージをもたれていた近世に散見される門徒伝は、このように十八世紀の学問興隆期の西派学林における学匠のサイドワークとしての一面を確かにもっていたのである。つまり、これらが近世の宗学を考えるうえでの史料たりうることは間違いないことであろう。

七　門徒伝の『妙好人伝』・「妙好人」化——清九郎伝の分析を中心として——

「近世門徒伝」について、やや極端に図式化するならば、多く存在した門徒伝のうちの一つにすぎなかった仰誓の『妙好人伝』だけが、幕末期に僧純によって版行されたことによって実質的にも、また意味的にも後世にまで残ることになったのである。それではこの経緯について、大和清九郎伝の分析を通じて論じてみたい。

二—続篇の『妙好人伝』中には、単独作として存在していた門徒伝が、簡略化される場合はあるものの、およそ文意はそのまま収録されるものが多くある。たとえば『遺身往生伝』（元文五年〈一七四〇〉刊）[22]が続篇下「信濃大法」として、『親聞往生験記』の四話すべてが三篇上「播州妙涼」・「摂州妙了」・「京都又兵衛女」・「泉州宗信」として、『尾州渡邊御氏御領解幷御覚語之写』（文政三年〈一八二〇〉）・『渡邊半蔵殿御領解記』[23]が五篇下「尾州渡邊氏」として、『薩州お千代物語』（嘉永七年〈一八五四〉成立）[24]が四篇上「九州千代」として、『三河国七三郎生涯記』[25]が二篇上「三州七三郎」としてそれぞれ収録される。

また、その一部などが収録されたものとしては、僧樸の「陳善院法語」が二篇上「越中九歳児」として、『和州清九郎伝』巻三「第廿五章　秋吉村半平之事」が二篇上「和州半平」として、『浄土異聞録』三巻「雲州松江三嶋氏妻サイ邪見ノ角生セシ事」が四篇下「備後常七」の末尾に挿入され、『新選発心伝』[26]（元文二年〈一七三七〉刊）「厭捨身世発菩提心」中の「僧廓三」の話が続篇下「三州僧廓三」として収録される。また、次章にて詳述する

『おなつ蘇甦物語』（安永二年〈一七七三〉刊）については、文中の極楽描写の部分がそのまま続篇上「城州おきく」として転載されている。

僧純、象王ともに、『妙好人伝』編集にあたって話材を収集する際、非常に多くの門徒伝を、文字テクストならびに口承において参照したものと考えられている。現存は確認できないものの、『妙好人伝』の本文中にその典拠・存在が示される事例もあり、二篇上「江戸庄之助」では「此事『孝信庄之助伝』に委く見えたり」とあり、二篇下の「摂州為右衛門」の末尾には「此事仏照寺に於て桜木に彫りて諸人に施し其由来をしらしむ」とあり、三篇上「芸州市郎兵衛」の末尾には「此事実成院師の筆録に見えたり」とあり、五篇上「堺祐貞女」の末尾には「いと貴し此事同国隆性法梁の記し置れたるを今爰に出す」と記されている。つまり、書誌学的な意味においては、現在に伝わるいわゆる六篇一括の『妙好人伝』とは、諸々の「門徒伝」が幕末期に僧純の手によって、僧純なりの価値観を付加してとりまとめられ、それに象王のものが加わったという、「近世門徒伝」の集大成的なテクストであると位置づけることができよう。

さて、近世を代表する「妙好人」である大和の清九郎について、近世においては、『大和国吉野郡清九郎行状記』（宝暦二年〈一七五二〉成立、写本）、『浄土真宗孝信清九郎物語』（宝暦六年〈一七五六〉成立、明和四年〈一七六七〉刊）、『崑崙実録』（宝暦十三年〈一七六三〉成立、明和元年〈一七六四〉刊）、『和州清九郎伝』（享和一年〈一八〇一〉刊）という四本の単独作の「清九郎伝」が存在している。そして、これら四本に加え、仰誓による『親聞妙好人伝』ならびに『妙好人伝』の「和州清九郎」、そして僧純によって改編された『妙好人伝』「和州清九郎」の二本が加わるので、近世においては計六本の清九郎伝が存在したことになる。

本稿で繰り返し述べてきたように、仰誓の『妙好人伝』は、幕末期の僧純の刊行によって世に広く知られることになった。つまり、『妙好人伝』「大和清九郎」が一般的に知られることになるのは、前掲四本の清九郎伝の後になるわけで、近世においては一番最後に知られる清九郎伝となるわけである。つまり近世においては前掲四本の清九郎伝の方が一般的であったということには異論がないであろう。

要は、清九郎は一般的には近世末期になってようやく「妙好人」として認識されるようになった、端的に言えば、「清九郎は近世末期になってはじめて妙好人になった」ということなのである。『妙好人伝』の「和州清九郎」については非常によく語られ、研究俎上に多く載せられてきたわけだが、このような事実にもかかわらず、この四本の清九郎伝に関しては、従来ほとんど研究に着手されることもなく、総体的な把握もなされてこなかったのである。

このことについて鋭く指摘した論考に、内村和至氏「メディアの中の人間像――大和清九郎伝の成立――」[27]がある。内村氏は、「『妙好人伝』以前の清九郎は、幾多の『孝子伝』中の一人物だったのであり、そうした背景を捨象したところに、『信』に極限化された妙好人達の近代的理解が開始されたのである」とし、つまり、「『妙好人伝』以前の清九郎伝は、孝子伝・教訓物・読本的に受容されていた」と論じている。そして、「著者達が無意識の内に妙好人概念を超歴史的なものとして拡張しているせいのように思われる」と、本稿でも指摘してきた、『妙好人伝』研究における研究者側の固定概念を批判している。非常に重要な指摘で、氏の論攷からは大変示唆を受けたところである。

それでは『妙好人伝』刊行以前の「清九郎」像とはどのようなものであったのか。先行する四本の清九郎伝の書誌学的な展開を追うと、まず初期において物語は「写本」として流布し、そしてその後『崑崙実録』、『浄土真宗孝信清九郎物語』、『和州清九郎伝』の三種が出版された。これら清九郎伝は時代が下るにつれエピソードが増え、潤色も深まっていく。

先にも触れたように仰誓、僧純の両『妙好人伝』における「和州清九郎」には奇瑞がまったく説かれていないのだが、じつはこの四本の清九郎伝には、すべて清九郎が奇瑞を起こす人物であることが述べられている。

諸本に共通する奇瑞譚としてあげられるのは、「枯竹から芽が生えた」というエピソードである。写本『大和国吉野郡清九郎行状記』、並びにこの系統の写本を版本化したものと思われる『浄土真宗孝信清九郎物語』においては、清九郎のこの奇瑞は親鸞に関連付けられている。前者においては「人々ふしぎのおもひをなし、偏に聖人の無知の悪人と顕れたまひ、我等が為の御へんさにやと弥々貴みあえり」とあり、後者も同様に「ひとへに大聖人様《せうにん》、無智《むち》の愚《ぐ》人と顕《あらは》れ給ひ、我等《われら》がための再来《さいらい》かと愈《いよく》尊みあへり」と結論付けられている。つまり、清九郎はこの両本においては「親鸞の化身」として捉えられているのである。このエピソードに関しては、「親鸞の史跡・伝説には、植物や自然現象と結び付けられたものが多い」と指摘されるところでもあり、実際に当時の人々のうちに、清九郎がそのように捉えられていたことは想像に難くないであろう(28)。

また清九郎が過去に飼育した馬が夢に顕れ、清九郎の徳により畜生道を逃れ、善果を受けたことに礼を述べるという奇瑞譚も諸本に共通したエピソードである。そして『大和国吉野郡清九郎行状記』、『浄土真宗孝信清九郎物語』においては、井戸に身を投げ自ら命を絶とうとした貞寿という女性を清九郎の化身が飛来し、救うという話も収録され、その超人性が提示されている。

さて、これら清九郎伝のうち『崑崙実録』は和泉の西派の僧・覚順によって著されたものであるが、この『崑崙実録』において、清九郎は「崑崙山人」と意義付けられ、称されることとなる。中国にある崑崙山は、その山に石を投げ入れれば、その石も玉となる山である。つまり、清九郎に出会えば、どんな人間でも「清九郎の化益」によって「善心を生ずる」ということから称されたとされる。

なお、『崑崙実録』では、泰巌によって清九郎は「崑崙山人」と称されたことが大きく扱われているが、このことは他本には見られない。また、教学的にも清九郎が来迎を否定しない部分があるなど、著者の地理的要因も含め、華蔵会との関係性をうかがわせる内容となっている。

『崑崙実録』は時系列としては「清九郎伝」における最初の版本であり、後続の版本である『浄土真宗孝信清九郎物語』も『和州清九郎伝』も清九郎が「崑崙山人」であるということに触れていることから、その影響がうかがえる。また、『和州清九郎伝』に至っては、序文に「響所梓行有崑崙実録者。玉壁粲々。今茲某氏著崑崙山人之伝。蓋自謂実是碌々」と、『崑崙実録』によって清九郎は「崑崙山人」と意義付けられたこと、そして、それを受けるかたちで、また新たな『和州清九郎伝』という「崑崙山人」の伝を出版することが明記されている。つまり、版本『妙好人伝』出版以前の清九郎は以上のように、奇跡の念仏者「崑崙山人」と認識されていたのである。

『妙好人伝』刊行以前の清九郎の人物像について、奇跡の念仏者「崑崙山人」であったことを第一義とするならば、清九郎の重要な要素である「国法遵守」・「孝行」はあくまでも二義的な観念でしかなかったのかというと、決してそうではない。編年順では『崑崙実録』の次にあたる『孝信清九郎伝』中のタイトルの「孝信」という言葉にも注目せねばならない。この「孝信」という言葉は世俗倫理としての「孝」、そして真宗の安心としての「信」が合わさった言葉であり、「孝」と「信」、つまり世俗倫理と真宗の他力信仰が一体となっていることが「孝信」という語に込められているといえよう。

そして、『崑崙実録』中の「第五　貴女《きによ》より召《め》されし段」という一話は、清九郎の行状が高取城主の耳に入り、城主の母のもとに清九郎が召されたという内容である。ここには「実《まこと》に其徳《そのとく》にあらずんば、御領分《れうぶん》の下郎《げろう》、いかで以たる事を得んや。又、其徳なき人は召さるゝ事もあらんや。現生《げんしよう》の利益《りやく》とも言《い》ひつべきをや」と、この栄誉が

「現生の利益」であると明確に意義付けられている。これは、僧樸の『真宗念仏現益弁』に見えていたような現世利益の論理そのものであることが理解されよう。つまり、これら清九郎伝のうちには、本稿において述べてきた、「平生業成」という真宗教義における「現世利益」のうち、華蔵会一派における「奇瑞」、また僧樸や仰誓における「国家安泰」という双方の観念が補完されていたものといえよう。

さて、僧純による『妙好人伝』「初篇」の改編の際、「和州清九郎」の話については、既刊の清九郎伝を参照したと思われるエピソードが加えられ、「一銭も残らず御本山へ献上せしとなり」、「正身の如来様」などの本山崇敬の念を強める文言も加わえられた。また、『妙好人伝』中のその他の話においても、清九郎同様の「王法遵守」「本山崇敬」などの要素が強く加えられ改編されることとなった。

しかし、仰誓撰の『妙好人伝』においては「和州清九郎」の話以外に、じつは「王法遵守」の要素はなく、安心問題を一義に門徒伝を作成していたことが特徴であったことは先に述べたところである。つまり、僧純の『妙好人伝』の改編によって、仰誓の段階においては、まだ素朴な段階であったといえる、師である僧樸の『真宗念仏現益弁』に見られたような「妙好人」観、つまり清九郎に集約されていた「妙好人」観が、一気に僧純によって押し広げられてしまった。そこには明確に「国法遵守」「孝行」「本山志向」という要素が付加され「教団側の理想の門徒像」として、現在認識されるような「妙好人」の提示がなされたのである。つまり、現在に至る「妙好人」観とは、僧樸・仰誓によってその萌芽的な意義が見つけられ、その後、僧純によって補完され、一般的に定着したのである。

そして版行された『妙好人伝』「初篇」において、「和州清九郎」に多くの紙面が割かれていたことから、清九郎はおよそ百年の時を経て『妙好人伝』の顔としてふたたび登場することとなった。結果的に、元来、各種清九郎伝では「崑崙山人」として、また「孝信」として知られていた篤信門徒の清九郎は、ここに「妙好人」として、その意義とパーソナリティーが収斂されることになったのであった。

これらを大局的かつ象徴的にいうならば、各種清九郎伝は幕末期になって版本『妙好人伝』に取り込まれることになり、その固有の存在意義を失ってしまった。そして、同様にその他の門徒伝も、近世門徒伝の集大成的な意味を持つテクストである版本『妙好人伝』に収録されることで、それらもまた「妙好人」化されてしまったのである。そして、清九郎型の話は、僧純以降の「妙好人」の一種の雛形となった。それは「教団側の理想の門徒像」が端的に示され、また勧化の場においては現世での真宗の利益が端的に説かれ、その利益はまた「王法遵守」に向くという、まさに最適なスタイルであった。ゆえに二篇以降の『妙好人伝』には清九郎型の類話が繰り返されることになった。

さて、版本『妙好人伝』とは、華蔵会一派による往生伝、来迎・奇瑞譚的なものと、僧樸・仰誓のような信仰・行状譚という二つの流れのあった「近世門徒伝」の寄せ集め的なテクストであり、当然ながらこの双方の内容が混在していた。結果的に版本『妙好人伝』は非常に雑多なものになってしまったということなのである。従来、版本『妙好人伝』における奇瑞譚についての評価には消極的なものが多く、その意義付けも難しかったわけだが、このように考えると、各門徒伝の残像は現代の我々の感覚からすると矛盾的に残るはずで、ゆえに版本『妙好人伝』は我々にとっては一元的な評価がそもそも不可能なテクストだったということであろう。

繰り返すが、仰誓の『妙好人伝』「和州清九郎」には奇瑞が説かれていなかった。僧純もここに奇瑞譚は加えなかったことから、版本『妙好人伝』「和州清九郎」は奇瑞のない行状譚として、その意義が存続した。研究者の近代的思考の立場のもと、つまり代表的「妙好人」となった「和州清九郎」伝に奇瑞がないというイメージからは、版本『妙好人伝』における奇瑞観が骨抜きにされてしまい、その「妙好人」の「信仰」のありようと、おもに僧純以降に付加された「世俗倫理」遵守の提示という要素のみが、版本『妙好人伝』の後世の評価として残ってしまったのである。つまり、「門徒伝」のほとんどが版本『妙好人伝』に取り込まれ、「妙好人」と一括されるなかで、従来の門徒伝が本来持っていた、真宗における奇瑞を帯びた感覚は、このイメージのもとに真宗の諸研究からは消滅してしまったと捉えることができよう。

八 「妙好人」になり得なかった門徒伝——『おなつ蘇甦物語』の意義——

しかしながら、近世門徒伝のなかには、その固有の意義がいわゆる『妙好人伝』に取り込まれず、近代においてもしばらくその価値を保ったものがあった。つまり、門徒のうちに保有され続けた独自の世界観があったのである。門徒伝は、いわゆる布教・民衆教化における僧侶側の説教のタネ本、つまり僧侶が保有していた場合が多いことは容易に察するわけだが、一方では「門徒の信仰の書」としてその意義を持ったものもあった。「清九郎伝」にもその事例を見つけることはできるが[29]、特筆すべきは『おなつ蘇甦物語』[30]の事例である。

簡単に物語のあらすじを説明しておくと、但馬の福田村（現・豊岡市福田）のおなつという女性は当初は不信心者であった。ところが檀那寺である西派真光寺の住職の勧化により廻心し篤信者となった。その後難産で絶命するも蘇生し、その蘇生までの間、実際に見聞してきた極楽浄土の様子を語るとともに、過去世の因縁により遺恨の怨念をもった女性が、今生でもおなつの胎内の子として宿り、今回も難産で死に至らせたこと、またおなつの本当の死期などを、浄土で親鸞より伝えられる。また、勧化を行った真光寺の住持もおなつと同日に死亡、極楽で対面を果たし、今回の件を娑婆に戻って伝えることを要請される。そしておなつは、実際に極楽に往生できる人間が数少ないことも知る、という内容である。

この物語は現在ではまったく忘れ去られてしまったと言っても過言ではないが、じつは安永二年（一七七三）の刊行以降、その内容も文言も変わることなく、続々と書肆の変更や改版を重ね、昭和初期まで出版され続けたのである。現在においてもその残存数は圧倒的で、筆者の管見からも間違いなく近世門徒伝におけるベストセラーである。なお版本において著者は義貫と奥書に記載されるが、この人物についてはまったく不明である。

そして注目すべきは、版本『おなつ蘇甦物語』とは系統の異なる、写本として非常に広く伝わった、別系統の物語が存在することである。物語のストーリーは『おなつ蘇甦物語』と同様であるが、物語のプロットには大きな差があるといえる[31]。筆者はこの写本の収集に尽力しているところであるが、なんと現在入手、判明している数十点の写本のタイトルがすべて異なっているという状況が見られるのである[32]。そして、ひとつとして同じ内容の写本はなく、構成もさまざまなものがあり、同系統と思われるものでもどこかの箇所で必ず文言なりが相違している。つまりこの事実は、非常に広範囲に様々なルートで書写が行われていたことを示すものである。そして写本の現存数は非常に多く、絶え間なく現在の古書市場に出現してくるほどである。おそらく現存するものは氷山の一角にすぎないのだろう。

なお、写本の中には書写者、所蔵者の名が記されるものも多く、その場合、僧侶以外の人物が所持していた場合が多いことから、先に触れておいたように、おもに門徒・民間で書写され続けた実態もわかるのである。

さて、写本のうち現在判明しているもっとも古い写本は『但馬国於夏蘓生記』（安永四年〈一七七五〉刊）である。所蔵先は滋賀県長浜市の旧家で、以前はここで真宗の講が結ばれており、その場でこれが読まれ、家宝として扱われていたようである。当史料は多くの写本のなかでももっとも文体が整っており、書写年代からも写本の祖本に近いものと考えられる。書写者も「保貞」という僧であり、やはり僧侶を出自として民間に広まった書であることが推測される。

またこの話は、『浄土異聞録』にも「但馬福田村吉助妻往生ノ事」として収録されている。こちらも話のストーリーは同じだが、文体はまったく違うもので、また別系統のものと思われる。これら三点は成立時期もほぼ同時期であるので、成立、影響の前後関係については明言できない。

そして、この写本系統の物語が版本化されることもあった。『女人成仏無為都土産』(嘉永四年〈一八五一〉刊)として、越後における親鸞の奇瑞伝説「越後国三度栗由来」とあわせて出版される事例もあるが、なんと『おつゆ蘇甦物語』として、写本系の物語が、ストーリーはそのままに、登場人物のプロフィール、ならびにタイトルを微妙に変更させて、『おなつ蘇甦物語』と同じ書肆から出版されている事実もある。また豪華な絵入りの私家版も存在しており、ともあれ、この物語が想像以上に当時広まっていたことは知っておく必要があるだろう。

さて、この『おなつ蘇甦物語』について、じつはこの物語は蘇甦譚のパターンとしては他の往生伝にも類型のある非常に典型的なもので、さほど珍しいものではないといえるのだが、とにかくこの物語にはリアリティがあったのである。そして、写本系のものには、巻末などに書写者、所蔵者によるものであろうか、物語の感想が記される場合がある。その多くは極楽浄土が本当にあったことについての驚きなのである。少し例をあげてみよう。

但馬の国豊岡福田村吉介と申者の妻なつと申者、宝暦十年辰十月廿七日の事なりしが、難産にて相果、地獄極楽眼前に拝見いたし、再蘇生いたし、夫より四年存命にて、誠の往生ハ宝暦十四年致。おなつ直に物語り、目前之事、委細左之通。可恐べし〳〵。

(『おなつ物がたり』天保二　加州金沢藤本内)

> この因縁《いんえん》誠なる儀《ぎ》なり。尤《もつとも》文言《もんごん》甚《はなはだ》おろかなりといへ共《ども》、極楽浄土《ごくらくじやうど》のていそう釈尊《しやくそん》の御経《きやう》に説《とき》おき給ふに少《すこ》しもたがふ事《こと》なく、仰《あおい》で信敬《しんげう》有べし。七十才拝書
>
> （『但馬お夏蘓生記』天保三）

先に少し触れたが、『おなつ蘇甦物語』の極楽描写の部分は『妙好人伝』続篇下に「常州おきく」として版本の文言が違うことなく、そのまま転載されている。この極楽描写は『仏説阿弥陀経』の極楽描写をベースに書かれているのだが、それがそのまま転載されているという事実は、その描写が秀逸で、読み手にインパクトをあたえていたということであろう。そして、先に引用した二点の感想のうち、前者においてはこの物語に対して「可恐べし〳〵」という感嘆の念を持ったようであり、また後者においてはその極楽の姿が経典とまったく違わないことに、感想を記した人物が信仰が深まった様子がわかり得る。それほどに人々に驚きと影響を与えるリアリティのある物語であった。

ちなみに版本『おなつ蘇甦物語』と写本系統の物語においては極楽描写のニュアンスが決定的に違っている。版本は、前述のごとく、『仏説阿弥陀経』の極楽描写をもとに格調高く記されるのだが、写本系の極楽描写には、現世の実生活と対比されたうえでの極楽が描かれているのである。『但馬国於夏蘓生記』より少し抜き出してみよう。

> 極楽の結構な事、千分一でもなきなり、そのゆへは雨ふらず風ふかず、夏《ナツ》冬なければあつからずさむからず、夜る昼《ヒル》なければくらき事なく、食《クイ》物は望《ノゾミ》次第顕《アラワ》るゝゆへに鍋釜《ナベカマ》も入らず、衣装《イシヤウ》は身に添し事なれば破《ヤレ》れもせず、よごれもせず結構成る事なり、はづかしき事は極楽から娑婆《シヤバ》を見れば、此日本六十余州云《イウ》に不及《オヨバズ》、唐《カラ》、天竺《テンヂク》も、地ごくも、がきも、たつた一目に手のうちを見るごとく、人の家内も心に思ふ事なす事も、皆こまかに鏡にむ

かふごとく見へすきまする

先ほど、『おなつ蘇甦物語』板本と写本系のものではプロットに差異があると述べたが、ストーリーは同様ながら、版本と写本のうち最も祖本に近いと思われる『但馬国於夏蘇生記』ではそれぞれに通底する教学的基盤が異なっているのである。特にそれが顕著なのは、不信心であったおなつを回心させる住持の勧化の内容で、版本はいわゆる「所行説」を基とし、後世に関心のないおなつに対し、いつか人間は往生するという現世の無常、そして「信」を得れば必ず往生できるという弥陀の慈悲を提示する。版本ではおなつの回心さえも「弥陀のはからい」という絶対他力が説かれるため、前章「仰誓『妙好人伝』成立の教学的」で述べたように、この場合の念仏は「報謝の念仏」であることを強く説いている。

一方後者では、日常的に人間が作りうる悪事が仏教の五悪に相当し、このままでは堕獄を免れないこと、そして罪を無くし往生を遂げるためには、「一念弥陀仏即滅無量罪」という一念の念仏で罪を滅せねばならない「滅罪念仏」観が強調されている。それぞれの念仏観はそれぞれのプロットに通底するものであり、両者にはあきらかに念仏観を通じた対抗関係が見られるのである。しかしながら興味深いのは、後続の多くの写本では「滅罪念仏」観は薄れ、後者で見られるような「滅罪念仏」という「行」ではなく、弥陀の「他力」にすがって悪を滅するというプロットに変更されているという事実がある。これは別稿を期すべき、注目すべき事象であるため、ここでは写本が広く展開する際にこのように変更されたということのみ記しておきたい。

この写本系の物語における、あまりにも日常的な営みのうちに仏教的な悪をつくってしまうということ、それが自身の往生に関係するという論旨が、市井の人々の心を捉えたことは想像に難くないであろう。

また、この物語には、往生を遂げることができる人物は数少ないという、衝撃的な事実も語られる。当時の真宗にはこのような理解があったことを我々は認識するとともに、またその事実は読み手に大きく響いていたものと思われる。

そしてこの『おなつ蘇甦物語』に説かれた実体的な極楽への驚きについて、本稿では、真宗の「平生業成」の教義にもとづいた「現世利益」についての考察を行ってきたわけであるが、やはり真宗における究極の証果である「極楽往生」の実感ということが、当時の人々にとっては最大の関心であっただろう。それを実体的に示したこの書の存在意義は非常に大きかったものと思われる。やはり当時の人々が求めていたものは、最終的には極楽の確証であったといえよう。そして、華蔵会の門徒伝においてもそうだったように、現世で実感しづらい真宗の利益を「実体的」に捉えさせるという命題が、説話において実在の極楽の姿の提示によって実を結んだ事例であったともいえよう。

そして、この『おなつ蘇甦物語』には、おなつが過去世において、富貴者の妻だったとき、その妾に嫉妬し妾を殺害、その妾の怨念がおなつが十六回輪廻を繰り返す間付きまとい、今生では胎内の子となっておなつを死に至らしめたが、このたびおなつが信心を得た功徳によって、その怨念も晴れたという、いわば怪奇談のような怨念譚が伏線としてある。じつはこの怨念も真宗の「他力」によって解決できるということも同時に意味している。つまり、当時のそのような通念、世界観に生きていた人々にとっての「他力信仰」の意味、そういう中で真宗の存在意義を捉えなおすということが、それが近世において「生きた真宗」を見出す一つの方法であると言えるだろう。

そして、『おなつ蘇甦物語』の非常に広範囲な受容という事実は、近世後期における部分的、また局地的な真宗信仰史のみにとどまりえない、大きな意義を持った、真宗信仰史の重要な出来事であったと位置づけられよう。また、いわゆる幕末民衆創唱宗教のムーブメントと時代も重なることから、それらと同様の、真宗における門徒・民衆の救済宗教を希求する強い心情の発露の一端と、日本宗教史の研究史上に位置づけることもできよう。

さて、この『おなつ蘇甦物語』は昭和まで版が重ねられたわけだが、このおなつのストーリー、またおなつの人物像には、いわゆる清九郎のような、近代的な価値観に適う高い宗教性、そして国益性がなかったのである。いわゆる近代的な価値観のもとに醸成された「妙好人」という概念から外れていたために、『おなつ蘇甦物語』は、その近代的なまなざしのもとで見た場合、何も残るものはなかったのである。ゆえに徐々に忘れられてしまった物語であったといえよう。

そしてまた、本稿で述べてきた華蔵会一派の門徒伝にも、世俗倫理を説くという側面はなかったのである。あれほどの論理的な教学的背景を持ちつつも、現代にこれらがまったく残り得なかったのは、『おなつ蘇甦物語』と同様の理由によるものであろう。

九　むすびにかえて

端的に言えば、「近世門徒伝」とは、主に近代以降の「妙好人」の発見により淘汰されてしまった「じつは本当の」近世真宗門徒の伝記群ということなのである。

現在に至るまで「近世真宗門徒」と言えば、おおよそ『妙好人伝』の世界観がまずイメージされていたと言っても過言ではなかろう。しかし、まさに忘れられた、いや、むしろ近代的な真宗理解から意図的に忘却させられていた存在と言っても過言ではない「近世門徒伝」を丹念に読み解くことによって、まずは『妙好人伝』を相対化することができたといえよう。そして、従来の『妙好人伝』を通じた近世真宗の信仰史・思想史的考察は、じつは非常に特殊で限定的なものであって、近世の信仰世界をあまりにも矮小化していたことが理解されるのである。

註

（1）『妙好人伝』については、『大系真宗史料　伝記編8　妙好人伝』（法藏館、二〇〇九年）に、近世に編まれた各『妙好人伝』の最新の翻刻と研究成果が、菊藤明道氏によってまとめられている。
（2）『妙好人伝』の研究史については、前掲『大系真宗史料　伝記編8　妙好人伝』の児玉識氏の解説「「妙好人」および『妙好人伝』研究の経緯」に詳しい。
（3）朝枝善照『妙好人伝基礎研究』（永田文昌堂、一九八二年）第二章―一―三―二「履善と克譲の関係」、第四章―一「善成・克譲・僧純の関係」を参照。
（4）『浄土真宗教典誌』（『真宗全書』第七四巻所収）
（5）笠原一男『近世往生伝の世界』（教育社、一九七八年）六六頁を参照。
（6）『近世宗教世界における普遍と特殊』（法藏館、二〇〇七年）五〇頁を参照。
（7）笠原一男『近世往生伝の世界』（教育社、一九七八年）六六頁を参照。
（8）土井順一『妙好人伝の研究――新資料を中心として――』（百華苑、一九八一年）
（9）『大系真宗史料　伝記編9　近世門徒伝』（法藏館、二〇一二年）解説に、門徒伝一覧表を作成しているので参照されたい。
（10）『大系真宗史料　伝記編9　近世門徒伝』（法藏館、二〇一二年）所収
（11）『真宗全書』第五三巻所収
（12）『真宗小部集』巻五（『真宗全書』第六二巻）所収
（13）龍谷大学図書館蔵
（14）『大系真宗史料　伝記編9　近世門徒伝』（法藏館、二〇一二年）所収。『浄土異聞録』の研究については、吹田

市法泉寺の三谷孝文氏・三谷美恵子氏に多大な協力をいただいた。感謝の意を表します。
(15)『大谷本願寺通紀』(『真宗全書』第六八巻)所収。『考信録』(『真宗全書』第六四巻)所収
(16)『真宗小部集』巻一(『真宗全書』第六二巻)所収
(17)龍口明生「『陳善院法語』と『親聞妙好人伝』」(『真実の宗教』永田文昌堂、一九八六年)
(18)大桑斉「仰誓の立場と『親聞妙好人伝』」(仏教史学会三十周年記念『仏教の歴史と文化』、一九八〇年)
(19)朝枝善照「花岡大学『妙好人清九郎』の周辺——「玉譚氏消息」」(伊藤唯真編『日本仏教の形成と展開』、法藏館、二〇〇二年)
(20)『崑崙実録』『大系真宗史料　伝記編9　近世門徒伝』(法藏館、二〇一二年)所収
(21)『真宗小部集』巻六(『真宗全書』第六二巻)所収
(22)『大系真宗史料　伝記編9　近世門徒伝』(法藏館、二〇一二年)所収
(23)『大系真宗史料　伝記編9　近世門徒伝』(法藏館、二〇一二年)所収
(24)『大系真宗史料　伝記編9　近世門徒伝』(法藏館、二〇一二年)所収
(25)『大系真宗史料　伝記編9　近世門徒伝』(法藏館、二〇一二年)所収
(26)『仏教説話集成(二)』(国書刊行会、一九九八年)所収
(27)明治大学文学部文芸科　文芸学専攻/文芸メディア専攻編『文芸と言語メディア——その過去と未来——』(蒼丘書林、二〇〇五年)所収
(28)拙稿「近世門徒伝における親鸞観の思想史的考察」「四　親鸞の化身としての大和清九郎」(『親鸞と人間——光華会宗教研究論集』第四巻、光華会編、永田文昌堂、二〇一三年)を参照。
(29)拙稿『大系真宗史料　伝記編9　近世門徒伝』(法藏館、二〇一二年)の解説四四二——四四三頁を参照。
(30)『大系真宗史料　伝記編9　近世門徒伝』(法藏館、二〇一二年)所収
(31)拙稿「『おなつ蘇甦物語』研究——版本と「写本」のプロットの差異——」(真宗連合学会編『真宗研究』四五、二〇〇一年)
(32)『大系真宗史料　伝記編9　近世門徒伝』(法藏館、二〇一二年)解説に、諸本一覧表を作成しているので参照さ

れたい。

附記　今回の論文は拙著『大系真宗史料　伝記編9　近世門徒伝』（法藏館、二〇一二年）の解説「近世真宗像の再構築——「近世門徒伝」の考察を通じて——」を、本書の主旨に応じて再構成したものである。

妙好人伝編纂史再考

――大正期真宗信者言行録を手がかりにして――

黒崎　浩行

はじめに――妙好人伝研究の課題設定をめぐる問題――

一般に「妙好人伝」とは、近世末期から現在にかけて編纂・出版されてきた真宗在俗篤信者についての伝記的著作物および言行録を指し、石見国浄泉寺の仰誓（享保六年〈一七二一〉―寛政六年〈一七九四〉）が編纂し美濃国専精寺僧純によって天保十三年（一八四二）に出版された『妙好人伝』初篇にその端を発するものである。

そもそも「妙好人」の語は、中国浄土教の大成者善導（六一三―六八一）が『観経疏』散善義において、『観無量寿経』の「若念仏者。当知此人即是人中芬陀利花[1]」と念仏者を「芬陀利花」すなわち白蓮華に喩えた一節を注釈して「言分陀利者。名人中好華。……亦名人妙好華。……是若念仏者。即是人中好人。人中妙好人[2]」と記したことに由来する。だが、仰誓が『妙好人伝』初篇を著し、続いて僧純がこれに自ら撰述した二～五篇を加えて刊行し、それに象王（未詳）の続篇が加わって以降、この語は真宗篤信者の類型を示す概念として用いられるようになった。このことは、明治以降、若原観幢『真宗明治妙好人伝』（明治十七年〈一八八四〉）や浜口恵璋『新妙好人伝』（初篇は明治三十一年〈一八九八〉など、「妙好人伝」と銘打って篤信者の伝記編纂が次々に行われたことが端的に示している。

また、このとき「妙好人」という類型概念はある種の規範的な性格を帯びてもいる。一例として、象王が撰述した『妙好人伝』続篇（嘉永三年〈一八五〇〉序）巻下の結びの箇所を挙げよう。

末世とは云ひ乍ら信心堅固の人は斯く有まほし然ればとて此に例《ならい》とにはあらねど身を仏陀に委ね志を浄刹に掛んもの斯る験を聞かば平常の懈怠を顧て報謝相続に力を励まし称名念仏の助縁とせば此また一個の妙好人なるべし(3)

撰者象王は、篤信者二十三名の略伝を載せたあと、読者に対して、これらの人々を手本とせよというのではないが、平常の懈怠を振り返り報謝相続・称名念仏の助縁とするように勧めている。そしてそのようにすれば読者もまた一人の「妙好人」となるであろうと述べている。言い換えれば、ここで「妙好人」の語は、妙好人伝に収載された篤信者たちの総称であるだけでなく、妙好人伝を読み聞いた人々がそれを助縁として目指すべき理想的な念仏者のあり方を指してもいるのである。このように、近世末期以降の妙好人伝編纂とその受容は、「妙好人」という理想的篤信者の類型を形づくり共有してゆく過程でもあったといえよう。

一方、第二次世界大戦後、アカデミズムの領域で「妙好人」に対して大きな関心が寄せられるようになったが、そこではアカデミズム固有の学的・思想的な要請のもとで、いわば「妙好人」という類型概念の再創造が行われた。その端緒は鈴木大拙の『宗教経験の事実』（昭和十八年〈一九四三〉）、『日本的霊性』（昭和十九年〈一九四四〉）、『妙好人』（昭和二十三年〈一九四八〉）の三著作である。後述するように彼は「宗教経験」「霊性的自覚」を真宗在俗篤信者の信仰に見出したのであった。

それでは、鈴木大拙以降のアカデミズムの要請による「妙好人」類型の再創造とはどのようなものであったのか。それを探ることは妙好人伝研究の方法論を学説史的にたどることと重なり合う。

柏原祐泉[4]・朝枝善照[5]らは、妙好人研究の諸傾向を宗教学・真宗学的研究と、歴史学・社会学的研究とに分類している。

宗教学・真宗学的研究とは、妙好人を純粋な他力信仰者の存在様態・宗教体験の観点から理解しようとするものとされる。ただし「宗教学・真宗学」という並記が示すように、厳密には、鈴木大拙『妙好人』に見られるような、他力信仰の論理構造による解釈を行った研究と、真宗聖典の念仏者像との照合という、真宗学者による研究との二つの異なったアプローチが含まれている。前者に該当するものとしては、雲藤義道による一九七〇年前後の一連の研究[6]があり、後者は神子上恵龍の一九六〇年代前半の研究[7]がある。

他方、歴史学・社会学的研究とは、妙好人伝、あるいは妙好人という信者像が一定の時代的・社会的な制約を受けている点をクローズアップし、それが近世末期および近代の真宗教団の社会的ないしは教学的要請の反映としてあることを分析する研究傾向である。鈴木宗憲[8]、福間光超[9]らの研究がこれにあたる。

これらの二つの研究関心は実際には複雑に絡み合っており、その中で自己規定および相互規定がなされてきた。とりわけ、妙好人の「信仰の近代性如何[10]」をめぐる議論からは、真の念仏行者の姿をそこに認めつつもあくまで過去のものとするアンビバレントな妙好人像が提示されるに至っている。だが、こうしたアカデミズムの視線を、先に述べたように妙好人という類型の再創造行為として見た場合、それは近世末期以降の、現在に至るまで続いている妙好人伝編纂・受容における「妙好人」類型化過程とどのように連関しているのだろうか。

この疑問を深化すべく、「伝記」そのもののあり方に立ち返ってみよう。「伝記」は一般に、歴史的かつ神話的という両義的性格をもつものであるといえる。Ｆ・Ｅ・レイノルズとＤ・キャップスもこの点から宗教史および宗教心理学における宗教的伝記についての諸研究を導入しているが[11]、その際、宗教史・宗教心理学といったアカデミックなアプローチもまたこの両義的性格をもつ伝記の受容や形成に参画してきたという指摘をしているのである。

柏原祐泉は早くから「妙好人」という範疇の登場および「伝」編纂の歴史的意味に注意を促してきた[12]。しかし、妙好人伝の編纂過程への関心は、一九七〇年代後半から八〇年代前半にかけての『妙好人伝』初篇の成立とその性格をめぐる議論においてようやく中軸となったのであり、そのなかでもいくつかの課題を残している。筆者はいま、冒頭で「妙好人伝」という概念に篤信者をめぐる言行録を含めたが、それは編纂史的な水準ではどのように位置づけられてきただろうか。

柏原は大正・昭和（第二次世界大戦前）の総伝編纂物として富士川游の『新選妙好人伝』（一九三七―四〇）を挙げ、そこに「篤信者の内面信仰への直接的な追求」を見出す。このような編纂意図の傾向は「外面的属性の舒述を重要な部分としている」（藤永清徹『大正新撰新妙好人伝』一九二二年）が、「篤信者自体の生まな言行録、法語類を多く収載してその信仰内容を直接的に語らせようとする意図」において「すでに充分に見出し得る」とし、さらに、大正末期から以後の「篤信者の言行録類を原形のままで編纂出版することが続出する傾向」において「より一層明らかである」とする。そして次のようにまとめている。「すなわち大正・昭和（戦前）期の妙好人伝編纂は、おおむね明治時代の編纂意図を踏襲するものであるが、しかし後半期からは信仰の純粋性への追求の性格が現われるのであって、そこに次の昭和（戦後）時代における信仰の近代的立場の確立にいたる、前駆的な現象を見出してよいであろう」[13]。つまり、近世末期から明治期までの妙好人伝編纂は儒教的倫理・国家主義的イデオロギーの教化的意図に基づいていたが、これが昭和前期以降は信者個人の純粋な信仰内容を主題化する方向に変化する、という一連の編纂史的なメインストリームを描きながら篤信者の言行録類をその「前駆的な現象」と位置づけているのである。

富士川游『新選妙好人伝』のような昭和期の妙好人伝編纂のように、さまざまな出来事を信仰の内面の動きの中に編み込み、その統合物を読者に提示してみせるという、後述する鈴木大拙の一連の妙好人研究に通ずるような叙述と、「生ま」のまま読者に投げ出された言行録のような叙述との間には、その編纂史的意味において本質的な違いはないということになる。はたしてそうだろうか。この「生ま」のまま、という形容も適切なのかどうか疑う必要があろうが、まず何よりも、この時期の言行録がいかなる特質をもっているかを見なければならないだろう。

一　『信者めぐり』の検討

では、大正末期から昭和前期までの時期に編纂・出版された妙好人言行録は、どのような特徴をもっているのだろうか。その固有性が見出せないことには、それが柏原の描く「伝」のメインストリームに回収できない拠点であるとは主張できないだろう。そこで、この時期の言行録の中から『信者めぐり』という書物を中心に取り上げ、その特異な性格を浮き彫りにしたい。

『信者めぐり』は、竹田順道と宇野最勝によって編集され、興教書院から大正十一年（一九二二）に刊行された。この書は三田源七という丹波国出身の真宗信者が各地の名師や篤信者を訪れた際の見聞を収めており、「凡例」によれば、二人の編者の役割は、竹田順道が三田源七から聞き書きを行い、それを宇野最勝が整理・編集したとのことである。なお、「今年は七十七歳と云ふ高齢である」[14]とあるので、本書が刊行された時期に三田源七は存命中であることがわかる。宇野最勝についての詳細は不明であるが、竹田順道は他に『真宗安心語録』（百華苑、一九五六年再刊）、『真宗先徳法語』（百華苑、一九六四）の編箸がある。『真宗先徳法語』の「編者のことば」によれば、竹田は明治二十一年（一八八八）、富山県生まれの真宗門徒で、幼少時から説教聴聞・先徳和上の法語妙好人伝などに親しみ、壮年期に三田源七との出会いがあったとのことである。また、序を寄せている浜口恵璋は、『新妙好人伝』全二編（一八九八・九九）や『仏教演説集』（一八九九）、『七里和上言行録』（一九一二）など、明治後期から昭和前期にかけて真宗布教書の著作・編纂を行った学僧である。

三田源七は、弘化三年（一八四六）丹波国何鹿郡多田村に次男として生まれ、十三歳のとき安政五年（一八五八）に父三田源助を亡くし、後生が心配になり、元治元年（一八六四）十一月（十九歳）に家を出、各地の信者・明師めぐりに出かけたという。その最初の道程は、京都の本山から美濃を経て、三河へ行くというものであった。

本書の構成は「同行法義物語」「東国明師物語」「光触寺物語」「浄教寺物語」「西南明師物語」の五編から成る。「同行法義物語」が、最初の道中で見聞した各地の篤信者の言行を主に記しているのに対し、あとの四編では、三田源七が出会った名僧をめぐる話が収録されている。また、「同行法義物語」は八章に分かれているが、一〜六章と七・八章とは連続した叙述をなしていない。「一　美濃おゆき同行を訪ふ」から「六　三河おみせ同行を訪ふ」までは、三田源七の最初の道程の中での見聞をたどっている。他方、「七　三河おその同行の物語」は、僧純編『妙好人伝』四篇（一八五六、序）巻下に登場し[15]、戦後にも藤秀璻『新撰妙好人列伝』[16]などに再録されている三河のおそのについての言い伝えを記している。一章冒頭によれば三田源七は出身地から五里ほど離れたところにある亀岡町誓顕寺の住職からおそのについて聞き、彼女を目指して三河へ旅立ったのであったが、『妙好人伝』に「此人七十余歳にて嘉永年中に目出度往生を遂られしと也[17]」とあるように、おそのは源七が三河を訪れた文久年中にはすでに亡くなっている。また、「八　讃岐庄松同行の物語」は、『庄松ありのままの記[18]』などで知られる讃岐の庄松について、播州赤穂で三田源七が出会ったときの見聞とそのほかの言い伝えを記している。

この書の構成上の特徴は、各編とも、数行ないし数頁から成る短い節の断片で綴られていることである。そして、そのような断片的叙述の形態は、おおまかに言って次の二つが区別できる。すなわち、〔A〕源七やその他の見聞者が明示的に介在する叙述と、〔B〕対象である篤信者の発話の直説的な叙述とである。〔A〕に属する叙述の内容としては、〔A1〕具体的な対面状況の中で信仰上の問答が展開するものと、〔A2〕登場人物の発言や行動から信仰上の問題が示されるものとが分けられる。

〔A1〕の例を挙げよう。源七は文久二年（一八六二）に三河に入り、おそのの所在を探すがわからず、ある人から野田村の和兵衛が篤信家であることを教えられて訪ねたが、老いて病床に臥していた。そこで、源七は和兵衛に次のように尋ねる。

> 一寸御尋ね申上げます、私は後生が苦になつて貴方の御育を蒙らうと、此度わざ〳〵尋て参りたものでありますが、お見受申しますれば実に御大病の御様子サゾお苦しう御座いましやう。いよ〳〵其身におなりなされては再び御全快は出来ますまいが、今いよ〳〵出て行かにやならぬがと思ひなされたら、先は明るいもので御座いますか、暗いもので御座りますか[19]

このように後生の覚悟を尋ねた源七に対し、和兵衛は、

> 九死一生の大病人が、何処の御方か知らねども、マア御免なされ、いよ〳〵此場になつて後生が明かるいか、暗いかとは、よう云うてくれた〳〵、病気の様子や気分の善悪は尋ねてくれる御方はあるが、此私の後生を案じて、行末一つをきいてくれる人はない、南無阿弥仏陀（ママ）〳〵[20]

と、病気の様子などではなく後生を案じて訊いてくれたことを喜び、

後生は明かるいかと云へば明かうもなし、暗いかと云へば暗らうもなし、唯病気が苦しい一つよりないわいの、若しも明るい暗いを、此方で見にやならぬやうなことなら、無になる御方があるでのう、南無阿弥陀仏〳〵[21]

と答える。この答えに源七は感動し、たとえこの迷いの身で後生が明るいか暗いかを見定めることができようとも「悟の境界」——涅槃——で通用する道理はなく、明るかろうと暗かろうと我が身で後生の宿を取ることまでもいらないのが弥陀の本願だと知らされて、「聞けばきくほど疑ふ処があらばこそぢや[22]」と述懐する。

ここに紹介した問答には、状況や源七の心理の動きが逐一述べられているが、このほかに、たんに会話の内容を記しただけの節もある。「六　三河おみせ同行を訪ふ」には、次のような一節がある。

「何とおきかせ蒙りても、心地悪い気味が抜けませぬが、いかゞ致しましやう」と尋ねたれば。
答へ曰く「それはまあどう云ふものかのう、正覚を取りたあと、あるからはのー[23]。」

質問者は源七、回答者はおみせであることはその前のいくつかの節から判断できる。そして、十方の衆生を救うという阿弥陀仏の本願を聞かされても自分がそのような救われる身であるとは思えず「心地悪い」、という「機の上[24]」の不安は、源七が一〜六章において一貫して各地の同行に尋ねた問いであり、ここでもそれが会話体の中に集約されている。

他方、〔B〕は、「五　三河吉蔵同行を訪ふ」の中の次の一節のような叙述である。

大名が持つても乞食が持つても十両はやはり十両、持人によつて変りはせぬ。今南無阿弥陀仏の十両も、聞人に徳があるのぢやない、体に徳のあることをきくのぢや。機の上に価値を見たら地獄因、此機の上に往生の相談のないが、お当流の約束ぢやげな[25]。

「南無阿弥陀仏」の「体」すなわち阿弥陀仏の本願を貨幣に喩え、その価値が持つ人――「機」――によって決まるのではないことを説いている。これは、この書の中に置かれているかぎり、〔A1〕の叙述形態において明示的に記されている源七の問いに呼応したものとして読むことができるだろう。

第一編において圧倒的に多いのは〔A1〕の叙述である。第一編の全六十八節中、〔A1〕に該当するのが三十六あるのに対し、〔B〕に該当するのは十一である。残りの二十一節は、〔A1〕のような信仰上の問答の形式をとらず、内容的には登場人物の発言や行動から信仰上の問題に気づかされるという〔A2〕のものである。〔A2〕の例は後述するのでここでは省く。

以上に見たように、〔A1〕の問答形式がこの『信者めぐり』の叙述の核心である。こうした形式をとったものが近世末期以降の妙好人伝・妙好人言行録編纂の歴史的展開の中でこの大正末期という時期に登場したものとして確定することはできるだろうか。この点をそれ以前の「伝」編纂との比較において例証してみたい。そのうえで、同時期に刊行された「言行録」類との比較の中で、このような叙述を同時期のものが一様に採っていたわけではないことを明らかにしようと思う。

先に述べたように、『信者めぐり』に載った三河のおそのという人物は、安政三年（一八五六）序の僧純編『妙好人伝』四篇巻下にも見出される。そこでの叙述は、「三河国奥郡多原にそのと云る仰信の人あり[26]」で始まり、その篤信ぶりを二、三のエピソードを交えて説き、往生を遂げたことを記して結ぶというものである。この叙述形態は、刊本「妙好人伝」において広く見られるものである。そしてそこに描かれているのは、何につけても法を喜ぶばかりの姿であり、エピソードとして紹介されているのも、橋の上で「摂取の橋に不捨の欄干如何成《いかなる》そのでも落よう無[27]」と言って喜んだ話と、風呂の落とし瓶にはまって人が引き揚げると、「私が今まで地獄へ落ることを知らずして浮々《うかうか》と暮して居ますゆへ御慈悲から御知らせに預りました[28]」と言って涙を流して喜んだ話である。これらはいずれも先の叙述形態の分類では〔A2〕に属するものである。一方、『信者めぐり』の「七　三河おその同行の物語」では、全十七節のうち〔A1〕に属するものが九節、〔A2〕に属するものが八節である。『信者めぐり』において〔A2〕に属する話はやはり『妙好人伝』四篇と同様に、何につけても法を喜ぶ姿を描いた話であり、とくに沼田にはまったときに「落る〳〵と長々きいてゐたが、今こそ落してまで見せておくれたか南無阿弥陀仏〳〵[29]」と言ったという、『妙好人伝』四篇のエピソードの類話も登場する。つまり、〔A2〕の叙述形態に関しては安政年間と大正年間の編纂において大きな違いを見出すことはできないが、〔A1〕の問答形式に関してはそれがあるかないかという点ですでに異なっているのである。

他方、同時期の言行録類と比較した場合に、叙述形態上どのような違いが見出されるだろうか。『信者めぐり』とほぼ同時期に刊行されたものには、清水順保編『庄松ありのままの記』（一九二三）と片山専寛『信者吉兵衛言行録』（一九二八）がある。

『庄松ありのままの記』は、華岡大仙による庄松の友同行からの聞書から成る正篇（一八八九に刊行）と清水順保による続篇から成る。その中には、『信者めぐり』「八　讃岐庄松同行の物語」の全十七節（うち〔A1〕六節、〔A2〕十一節）と重複する話が正篇に一、続篇に十二収められている。この十三節のうちの四話が〔A1〕だが、それ以外は〔A2〕に属し、また全体にわたって、庄松の大胆な行動を記した〔A2〕に属する叙述が多い。

『信者吉兵衛言行録』は、享和三年（一八〇三）泉州船尾に生まれ、明治十三年（一八八〇）に没した物種吉兵衛の言行を、吉兵衛の死後に、吉兵衛から生前教化を受けた中尾清次郎の口授をもとに記録し編纂したものである。大正十五年（一九二六）に刊行され、さらに昭和三年（一九二八）、翌年の吉兵衛の五十回忌法要をひかえて改版された。この書も断片的な叙述の集積で構成されているが、〔B〕に属する吉兵衛の法語が多くを占める。このほかには内容的には〔A1〕に近いが、『信者めぐり』におけるほど直截な問答の形を採らない対話の叙述も見られる。たとえば、次のようなものである。

伊左衛門様の御家へ、行きおさめに参られて、伊左衛門様に、「其顔をもつて歩いておくれ。法の引き立つ顔ヤ」と言われた。伊左衛門様はそれを聞いて、「隠居様、こんな顔をもつて歩いて法が引立ちますか」と申された。「イヤサア斯う云ふとお前さん其顔を以て歩いて法を引立てやうと思ふかヤ。その仕様の無い顔を以て行くと、それを捨ておいて下さらぬ御不憫の顕はれる事を戴いてお呉れと云ふノヤ」と言はれた[30]。

「伊左衛門様」は大和国の同行で、第十三節に初めて登場し、和泉国船尾に住む吉兵衛としばしば往き来した様子が見られるが、ここでは吉兵衛が伊左衛門を訪れて帰る際の対話が記されている。そのやりとりは、「御一言御示し下さひませ[31]」、「一言お知らせ下さいませ[32]」といった直截かつ定型的な問いかけが頻繁に出てくる『信者めぐり』と対照的である。

このように『信者めぐり』『庄松ありのままの記』『信者吉兵衛言行録』という、ほぼ同時期に成立し従来ひとくくりに扱われてきた三つの言行録を、叙述形態の類型からみると、いくつかの共通ないし類似の類型の組み合わせから成り、その偏差においてそれぞれの特徴が表れていることがわかる。

以上の点から、『信者めぐり』における〔A1〕の問答という叙述形態は、通時的にも共時的にも特異であることがわかる。『信者めぐり』において信者間あるいは僧侶・信者間の問答が豊富に載せられ、またそれが記すべきこととして価値をもつことの背景には、本山参りや二十四輩巡拝といった真宗信者の移動に伴って起こる遠隔の信者・僧侶との接触や、「御示談」という僧侶・信者間の信仰座談の伝統があることが推察される。とくに前者に関しては、まず三田源七の「信者めぐり」という行動そのものが本山参りから始まっていること、そして本文中に二十四輩巡拝に触れた箇所があることからも[33]、この書の大きなモチーフであることが読み取れる。

この問答は、おおまかに言って、真宗における二種深信の教義をいかに受容するかという源七の問いをめぐって行われており、その点でも十分に積極的な意義を担っているといえるかもしれない。とすると、この書物に何らかの編纂意図を見出そうとする場合には、それを「篤信者の内面信仰への直接的な追求」の前駆をなす「生ま」のものとして規定することははたして妥当なのだろうかという疑問が生まれる。仮にその意図が最終的には「内面信仰」を提示することにあるとしても、それが問答という場面においてよりよく表出されるという可能性、また同時にその問答の文書化においてよりよく伝えられるという可能性への確信なしでは、このような編纂はあり得ないのではないだろうか。ただ、さしあたり、問答の叙述を編纂意図と関連させて意義づけるにはあまりにも手がかりが不足している。ここでは上に述べたようなその叙述の特異性を指摘するにとどめたい。

二　鈴木大拙における妙好人へのアプローチの変化

前章では、大正末期に刊行された言行録『信者めぐり』において、問答という叙述形態そのものが特異なモチーフとなっていることを述べ、それが従来の近世・近代妙好人伝研究において念頭にあった伝記編纂の史的変遷に包摂され得ない可能性を指摘したが、では従来、戦後のアカデミズムにおける妙好人伝・妙好人言行録へのアプローチは、ほんとうにそうした点にまったく関心を払ってこなかったのだろうか。

ここでは、戦後のアカデミズムにおける妙好人への関心の端緒である鈴木大拙の著作群のうち、『宗教経験の事実』（一九四三）と『妙好人』（一九四八）を取り上げ、この二著作において前述の〔A1〕〔A2〕〔B〕といった叙述形態の諸類型がどのように扱われたか、比較検討してみたい。

まず、二著作の主題設定を見ておく。

『宗教経験の事実』においては、まず宗教について次のような視角が示される。すなわち、宗教には人間の霊的生活から出るものと集団生活のために外面から加えられる力としてのものとの二義があるとする。そして本書では、前者を主題とする。この霊の宗教には無限（第一系列）と有限（第二系列）との対立が含まれており、両者を合致せんとしてやまぬところに反省する人間の悩みがある。これが「宗教意識の覚醒[34]」である。

この観点に基づいて、真宗信者の言行録（庄松言行録、信者めぐり、信者吉兵衛言行録）を通じて、彼らの入信経路・宗教意識を探っている。

他方、『妙好人』は、冒頭に「「妙好人伝」というものはあるが、妙好人研究はない。「伝」は主としてその人の行動を伝えているが、彼らの信仰の言語文字に現われたものについて、その宗教的体験を問題にしたものは、今まで見当らぬ[35]」（傍点筆者）と述べているように、妙好人へのアプローチとして「伝」と「研究」とを対置し、浅原才市の書き残した詩を「霊性的自覚」「霊性的直覚」の発現として解釈する。

両者とも、議論の核心は「宗教意識の覚醒」および「霊性的自覚」という高度の宗教的経験を、妙好人と呼ばれる無学な真宗の篤信者の中に見出すことにある。しかし、まずその接近に先立って手がかりとしている資料の選択において微妙に相違が見られる。つまり『宗教経験の事実』では言行録であり、『妙好人』では信者自らが書き著した歌である。

『宗教経験の事実』では、言行録における信者の発話が頻繁に引用されている。たとえば、次のような一節がある。

「仕様のないもの」、「どうにもかうにもならぬもの」、「箸にも棒にもかからぬもの」、「犯罪で牢死したもの」でも往生できる、「己らさへ参れる」（庄松言行録、第二十九則）と云うもの、――何れも第二系列のどん底に居る人々でありながら、それに拘わらず、「親の内ぢや遠慮には及ばぬ」と云って仏様の前で昼休みする庄松（同上、第十二則）、「角があるままで」極楽往生に露ほどの疑心を抱かぬ庄松（同上、第二十八則）、彼に在りては、第一と第二の系列が、論理としては到底融和できぬのであるが、生活の上では、そのままに相即相入して、何等の支障を生ぜぬところに、仏智の不思議があるのである。(36)

ここでは第二系列――有限なる存在――としての自己を表白する庄松の発話の引用と、そのような自己の生活において第二系列――無限なる信――があることを示す発言の引用が積み重ねられ、そのなかで宗教経験のあり方が浮かび上がっている。こうした操作は、〔A1〕や〔A2〕のような具体的状況を伴う叙述の中から庄松の発言を抽出し、〔B〕に属するような直説話法へと還元するものといえる。

しかし同時に、『宗教経験の事実』では、『信者めぐり』における〔A1〕の問答の叙述をも包含した形で理解がなされている。たとえば、宗教的自覚があくまで第一系列――信――の自覚であることを示す際に宗学者である香月院と一信者との問答のエピソードを引いている。(37)また、信者同士がお互いに信の点検をする示談において問題とされるのは文字の上のことではなくもっぱら各自の経験の上のことであることを示すのに、三河のおそのと伊勢の一婦人との対話を載せている。そして、このように見られる問答・対話を真宗の「示談」「相談」と見なし、看話禅との類比を行っている。(38)

他方、『妙好人』では、〔A1〕において描かれているような問答への言及もたしかに見出されるが、(39)むしろ才市の独白的な言語表出の解釈に集中している。その中で鈴木大拙は、才市が七十二、三歳の頃に著した歌の冒頭の、「はづかしや、わしのこころのはづかしや。／ほをにみとれて、はづかしや」[40]という一節を取り上げている。これは「自分の心が法に照らし見られると、自分は愧ずかしい」[41]と言い直される。これに対する鈴木大拙の解釈は以下のようなものである。無限なる「法」と有限なる「自分」との対立と解消が人間の宗教性を構成するが、単なる同一水準の対立だけでは「はづかし」という感情は生まれない。だが、有限はそれ自身の存在をもたないのに、意識・自覚において無限と対させる。そこに「慚愧」の念が現れる。

この解釈において重要な枠組みとなっているのは、いうまでもなく有限と無限との対立、そして無限に触れたときの有限なる自己の自覚という「霊性的自覚」の構図である。この構図はもちろん、『宗教経験の事実』においても見出すことができ、それは庄松の言行をめぐる解釈について先に指摘した通りである。しかしここでは、この構図が浅原才市という主題となる人物の自ら書き著したものから立ち上げられていることに注目したい。『宗教経験の事実』は、言行録からの信者自身の発言の抽出という操作を伴うものであったが、ここでは才市の歌がその形式そのままにおいて読解されているのであり、それによってこの構図もまたこの歌の本来的な解釈という位置を占めるのである。本稿冒頭で触れたような、『信者めぐり』のようなさまざまな叙述形態を含んだ大正末期の言行録類を、昭和前期以降に現れる信者自身の手になる著作物や、信者の純粋な宗教体験を主題化した編纂物の「前駆的な現象[42]」と見なす視点は、ここにおいて確立したといえるだろう。

おわりに

　以上、大正から昭和前期に編纂・刊行された妙好人言行録のうち『信者めぐり』を取り上げ、そこにおいて「問答」が重要なモチーフをなしていることを指摘し、他方でこの時期の言行録類が従来のアプローチのなかで蒙ってきた、信者の純粋な宗教体験の主題化への前駆的な現象と見なす視点の起源について考察した。たしかに、柏原祐泉をはじめとするここ十数年の妙好人伝研究は、妙好人の「信仰の近代性如何」という問いから、教団ないし信仰共同体が伝記その他の編纂物を通じて信者像を提示するそのあり方において「近世」・「近代」の宗教を捉える方向へと向かっている。しかしなお、必要だと思われるのは、この伝記編纂・受容という過程の多様な現れを考慮に入れることであり、またそれを手がかりとして、そうした過程が呼応していたと思われる社会的状況を明らかにすることであろう。したがって、ここでは『信者めぐり』の「問答」というモチーフについてより実態的に掘り下げることが、今後に残された課題である。

註

（1）『大正新脩大蔵経』第十二巻宝積部下・涅槃部全、三四六頁。
（2）『大正新脩大蔵経』第三十七巻経疏部五、二七八頁。
（3）『妙好人伝』（永田文昌堂、一九五八年）、三六〇～三六一頁。本書および『信者めぐり』『庄松ありのままの記』『信者吉兵衛言行録』はいずれも総ルビだが、引用では基本的に読みがなは省略する。
（4）柏原祐泉『近世庶民仏教の研究』（法藏館、一九七一年）、一一九頁。

（5）朝枝善照『妙好人伝基礎研究』（永田文昌堂、一九八二年）、一四頁。
（6）雲藤義道「「妙好人」の自然法爾的態度について」（『武蔵野女子大学紀要』三、一九六八年）、三～九頁。雲藤義道「妙好人の内省的自律性について」（『真宗研究』一五、一九七〇年）、三五～四二頁。
（7）神子上恵龍「真宗の人間像――妙好人伝を中心として――」（『真宗学』二九、一九六三年）、八一～九六頁。
（8）鈴木宗憲『日本の近代化と「恩」の思想』（法律文化社、一九六四年）。
（9）福間光超「初期『妙好人伝』編纂の歴史的背景について」（宮崎博士還暦記念会編『真宗史の研究』永田文昌堂、一九六六年。朝枝論考　註（3））。「妙好人的信仰の構造」（『龍谷大学仏教文化研究所紀要』八、一九六九年）、四二～五三頁。
（10）柏原註（4）前掲書、一三五頁。
（11）Reynolds, Frank E. and Capps, Donald, "Introduction", in F. E. Reynolds and D. Capps (ed.), *The Biographical Process: Studies in the History and Psychology of Religion*, The Hague: Mouton, 1976, pp. 1-33.
（12）柏原祐泉「幕末における『妙好人伝』編纂の意味」（『印度学仏教学研究』六―一、一九五八年）。「近代における妙好人伝撰述の変遷」（『大谷史学』七、一九五九年）。いずれも註（4）前掲書に所収。
（13）柏原祐泉「近代における妙好人伝撰述の変遷」、註（4）前掲書、二八～二九頁。
（14）宇野最勝・竹田順道編『信者めぐり』一五版（大八木興文堂、一九八七年）、序三頁。
（15）「三州その」（『妙好人伝』永田文昌堂、一九五八年）、二四四頁。
（16）「三河お園」（藤秀璻『新撰妙好人列伝』法藏館、一九八四年）、一八七～一九四頁。
（17）『妙好人伝』二四四頁。
（18）清水順保編『庄松ありのままの記』（永田文昌堂、一九二三年）。
（19）『信者めぐり』三〇～三一頁。
（20）同書、三一頁。
（21）同書、三二頁。
（22）同書、三三頁。

(23) 同書、五八頁。
(24) 同書、八頁。
(25) 同書、四九～五〇頁。
(26) 『妙好人伝』、二四四頁。
(27) 同書、二四四頁。
(28) 同書、二四四頁。
(29) 『信者めぐり』、八二頁。
(30) 片山専寛『信者吉兵衛言行録』(岡本増進堂、一九二八年)、五四頁。
(31) 『信者めぐり』、一〇頁。
(32) 同書、四八頁。
(33) 「金沢市の山本良助、不図した縁に依つて二十四輩の真似をして私(源七)方を尋ねて来た」(同書、九三頁)。『信者吉兵衛言行録』にも、「二十四輩に廻る人が尋ねて来た」(三二頁)という記述がある。
(34) 鈴木大拙『宗教経験の事実』新版(大東出版社、一九九〇年、初版は一九四三年)、一〇頁。
(35) 鈴木大拙『妙好人』第二版(法藏館、一九七六年、初版は大谷出版社、一九四八年)、一頁。
(36) 『宗教経験の事実』、三一～三二頁。
(37) 同書、四八頁。
(38) 同書、六三頁。
(39) 『妙好人』、一七頁以下。
(40) 同書、七二頁。
(41) 同書、五九頁。
(42) 柏原註(4)前掲書、二九頁。

『妙好人伝』の出版とその問題

土井　順一

はじめに

浄土真宗の信者、とりわけ篤信者の言行を収録した本が江戸時代の幕末に出版された。それは、初篇・二篇・三篇・四編・五編・続篇の六種類の『妙好人伝』である。それぞれ上下二巻二冊で構成されている。初篇は、石見国市木浄泉寺（浄土真宗本願寺派）の仰誓が撰述し、美濃国垂井専精寺（浄土真宗本願寺派）の僧純が編集出版した。二篇以下五編までは僧純が編纂出版し、続篇は、松前の象王が撰述出版したのである。

これらの『妙好人伝』から江戸時代の浄土真宗信者の信仰形態をうかがうことができる一方、出版者が浄土真宗の信者としてどのような理想像を描いているのか、さらには、それらの『妙好人伝』が幕末における浄土真宗の教義の伝道上にどのような位置を占めているのか、などについても知ることができるのである。

六種類の『妙好人伝』の刊行年月は、次の通りである。

初篇『妙好人伝』

天保十三年（一八四二）三月刊

二篇『妙好人伝』

天保十四年（一八四三）夏刊

三篇『妙好人伝』

弘化四年（一八四七）五月刊

『続妙好人伝』

嘉永五年（一八五二）十月刊

四編『妙好人伝』

安政三年（一八五六）十一月刊

五編『妙好人伝』

安政五年（一八五八）十月刊

ところで、五編『妙好人伝』刊行後、これら六種類の『妙好人伝』が十二冊のワンセットとして出版されたのである。その点を柏原祐泉氏が「妙好人言行録について」（『講座親鸞の思想』九、教育新潮社、一九七九年）の中で詳しく述べられているので、いささか長文にわたるが紹介しておこう。

以上が『妙好人伝』各篇の板行の経緯である。こうしてまず天保十三年に仰誓の初篇が板行されると、おそらくそれは教団内で非常な関心をもって受けいれられ、それにつづいて僧純が二篇以下五篇までを続刊し、象王もまた別途に続篇を出したわけで、それらはいずれも教導のテキストとして、あるいは信仰的読物として大いに普及したと考えられる。しかるに、ここで注目されることは、こうして仰誓（初篇）・僧純（二〜五篇）・

象王（続篇）の各篇が出揃うと、それがさらに一括して同一体裁をもって刊行されるようになったことである。たとえば、筆者架蔵本は全巻十二冊が焦茶色に唐草模様と両本願寺依用の八藤紋を配した紙表紙で装丁され、各篇上巻の表紙裏に「妙好人伝初篇上下」「妙好人伝三篇上下」「続妙好人伝上下」などと同一体裁の意匠の題号を添付している。さらに象王編の続篇には、表紙裏の題号右肩と巻末の刊記とに「安政六已未年五月補刻」とあるが、これは僧純の最後の第五篇が安政五年に刊行され終ったのを機に、その翌年、象王の続編を補刻して、三者編纂のものを一括化し、まとまった形で板行するに至ったことを示しているとおもわれる。その板行者は、各巻末添付の広告刷から推測すると、京都丁字屋と推定される。（『講座親鸞の思想』九、二一五頁）

象王の『続妙好人伝』が安政六年に補刻されたことは、柏原氏によって紹介されたのではあったが、その後、その補刻本についてとくに研究はなされなかったようである。また、柏原氏は、六種類の『妙好人伝』を十二冊のワンセットとして出版した人物として京都の書肆丁字屋を想定されているのである。

さて、柏原氏が指摘されるように、象王の『続妙好人伝』は、嘉永五年十月に出版されてから七年後の安政六年五月に補刻版が出されたのである。この『続妙好人伝』の初版本と補刻本とを比較すると、両者の本文の異同から、幕末における浄土真宗の理想的信者像がうかがわれるように思われるので、以下その点について論じてみよう。

一　『続妙好人伝』の初版本と補刻本

『続妙好人伝』の初版本の補刻本とを比較して、その相違点について重要な指摘が最近なされた。菊藤明道氏は、「『続妙好人伝』と編者象王について——象王は北海道松前郡松前町真宗大谷派専念寺の僧——㊦」（『中外日報』一九九八年十二月二十二日）において、上巻第二話「松前文右衛門」の墓碑などについて記述された後に、次のように述べられている。

ところが、その後大谷大学名誉教授柏原祐泉氏から送られた安政六年（一八五九）五月に補刻された文醒堂版本（滋賀県東浅井郡湖北町今西真宗大谷派智源寺蔵）を読むと、このユウフツ（勇払）の鹿の法要の話の部分がすべて削除され、代わって、きわめて唐突な感じのする君恩・国恩への感謝と国王大臣・領主地頭の恩義を強調する文が挿入されていたのである。いま一つの改変箇所は「上巻」第十三話「三河国梅吉」の末尾の臨終における浄土宗的な「十念」の教示と「高声念仏」の文章が真宗的に改変されている処である。その他にも若干の文章の改変が見られる。すなわち、巻下「松前嘉助」の末尾の一行、「遠江国松井氏」の末尾の一行、「肥前国富木氏老母」の末尾の三行が改変されている。また、「妙好人」の話も、いくつか削除と挿入がなされている。上巻第五話の「奥州南部徳左衛門」が「越前玉松女」に変えられ、第十二話の「常州池上氏」が「城州おきく」に変えられているのである。以後、明治から昭和期にいたる諸種の刊行本は、すべて改変された文醒堂蔵版本が採用されているのである。

こうした改変（筆跡から見て五梅園蔵版木の一部を削り、そこへ新しく版木を埋めて彫り直している）が編者自身の手によってなされたのか、後の刊行者が行なったのかは確定できないが、象主自身が改変したのではないか。

嘉永五年（一八五二）の版本（五梅園蔵版本）が出された後に、恐らくは読者からの教学上の批判を受けて七年後の安政六年（一八五九）の文醒堂補刻版で改変を行なったのではないか。たとえば、鹿の供養に際し真言宗の阿吽寺（北海道松前郡松前町字松城）から「秘府」をもらって仏壇に安置し、「たのみ寺」の僧衆を招いて『浄土三部経』を読誦してもらった話や、浄土宗的な「十念」を授ける話、「高声念仏」など、非真宗的な話への反省から改変を行なったのではないか。それと同時に、幕末における為政者への配慮が、国恩・君主や領主・地頭の恩義を感謝する文の挿入を行なわせたと思われる。僧純の『妙好人伝』以上に神秘的な話や浄土宗的な話が目立つのは、松前で育った象王が近隣の浄土宗光善寺や真言宗阿吽寺とも交流があり思想的な影響を受けていたからではないか。松前城を取り囲むように寺町があり専念寺や光善寺、阿吽寺以外にも禅宗、法華宗など多くの寺院が集められており、当時の松前の人々の信仰にも分様なものが混在していたと思われる。ちなみに、大谷派専念寺はかつて、松前藩と姻戚関係にあり松前には現在も西本願寺派の寺院は皆無である。

菊藤氏の指摘によって、象王撰述の『続妙好人伝』が、初版刊行七年後の補刻本では浄土真宗的な内容に改変されていることが明らかとなった。これは重要な指摘である。ところで、菊藤氏は、その改変者について、「編者自身の手によってなされたのか、後の刊行者が行なったのかは確定できないが、象王自身が改変したのではないか」と述べられ、最終的には推定ではあるが、象王自身が改変を行ったものではないかとの判断をしておられる。

この改変者はいったい誰なのかについて究明することは重要な問題である。それには当時の出版事情を考慮して考察しなければならないのである。その前に、改変部を明確にしておこう。

二　『続妙好人伝』の変質

菊藤氏によって『続妙好人伝』の改変部が明らかにされたのであるが、改変者の意図を明らかにするため、煩雑ではあるが以下に本文を引用する。

まず、初版本と補刻本との話の異同を見るために両者の対照表を次頁に掲げておこう。

『続妙好人伝』初版本・補刻本対照表

巻	章	初版本章題	補刻本章題
上	1	越後僧智現	越後僧智現
	2	松前文右衛門	松前文右衛門
	3	越後久松	越後久松
	4	奥州佐助	奥州佐助
	5	奥州徳左衛門	越前玉松女
	6	薩州おきぬ	薩州おきぬ
	7	羽州太兵衛	羽州太兵衛
	8	越後お霜	越後お霜
	9	勢州助左衛門	勢州助左衛門
	10	備州おつね	備州おつね
	11	三州梅吉	三州梅吉
	12	常州池上氏	城州おきく
下	1	信州大法	信州大法
	2	松前嘉助	松前嘉助
	3	遠州松井氏	遠州松井氏
	4	能州惣助	能州惣助
	5	肥前富木氏老母	肥前富木氏老母
	6	江戸三右衛門	江戸三右衛門
	7	羽州佐吉	羽州佐吉
	8	江戸与兵衛	江戸与兵衛
	9	京都おさと	京都おさと
	10	讃州小左衛門	讃州小左衛門
	11	三州僧廓三	三州僧廓三
	付録	京都西六条非人	京都西六条非人

初版本と補刻本とを比較すると、上巻に顕著な異同のあることに気づかされる。第五話の「奥州南部徳左衛門」が、「越前玉松女」に、また、「常州池上氏」が「城州おきく」に、それぞれ差し替えられているのである。この点は重大な改変になるので、以下その部分を掲出する。

（資料1）

○奥州南部徳左衛門

奥州南部森岡領のうち尻屋村といふあり。元より辺鄙にしてさらに仏法の道理をしらず、不法不頼の者のみ多かり。この所は東浜にて松前より江戸通船の海路なり。秋より冬に至りてをり〳〵難破の舟ある時は、村中寄集へ人を助けんとはせず、かへつて難船してながれ寄る品、衣服、調度にいたるまで拾ひ上げ、わけとりにして是を家業の助けとせり。中にも名主徳左衛門といふは、慳貪邪見のもの也。

或年、冬連日海荒して南部松前より登し船数艘覆り、その中千石計りの船破れ船中二十人計り皆溺死しぬ。いかゞしたりけん、船頭一人我所持のかけ硯といふものにとり付、二夜三日波にゆられ、その夕暮にこの尻屋の浜へ打あげられ絶入しが、漸々に人心付、我幸ひに命につゞがなしといへども船中皆死のうえは故郷へもかへるべからず、さりとては貯へたる金銀とてもなし、いかゞせんと詠め居たり。かたへを見れば、こはいかに、をのが所持のかけ硯ありければ、天の与へと大に喜び、このかけ硯を持、村の名主徳左衛門を尋ね対面して、扨いふやう、我一昨日この沖にて破船したれとも、幸ひにして我一人命助かりぬ。されども大勢の人を溺死させ我ばかり故郷へかへり、あからさまにいふとも人必ず信へからず。またいかなる憂目や見ん。しかれば、此所に止りて生涯を送んとおもふなり。幸ひこのかけ硯に主人の金子五百両あり。是をわぬしにあづけ我一生の資糧とすへし。何卒憐み給はんやと、涙を流してたのみければ、元より邪見の者なれ共、五百両ときゝ大に喜び、早速領承し粥なとすゝめ薬を与へて養生させければ、日あらすして元のからだとなりぬ。

三十日がほどはへだてなくもてなせしが、つら〳〵おもふやふ、この者五百両を我に預け、その身を寄といへども壮健になるに従ひ心変りせは、金はもと預りものなり。その時かれこれいふとも詮なかるへし。かれ知者もなけれは殺したりとて外へ洩るへき道理なし。よし〳〵と独りうなづき、或日船頭に向ていふやう、今日は快晴なり。海上の様も見るへし。いざ、とて引連れ、この尻屋の出崎にいたり、この山は松前、そこは何国と快くかたらひ日暮に及べとも帰る景色見得ざれば、船頭怪く思ひ、もはや日暮に及たり。帰りなんやと、すゝむれば、今宵は月の初夜には出へし。月に乗じて帰るも一興ならんと、兼て用意のにぎりめしを出し、我もたうべ船頭にも与へけるゆゑに、なに心なくこのにきりめしを喰居たる後より、ものをもいわず一刀左の肩先よりきり込たり。

船頭驚きふりかへりみれども、初太刀の深手ものいふ事能わず。世にうらめしけなる顔色にて徳左衛門を白眼ければ、身の毛よたち、ぞつとしけれども、飽まで邪見のもの故、心強く二の太刀にてとゝめさし、死骸は海へ突落し、そしらぬ顔にて帰りけり。

扨、我屋へいたり戸のすきまより見れば、今手にかけし船頭、ありし姿にて炉辺に居れり。そらめかと篤と見れば、いよ〳〵まがふかたなき船頭なり。狐狸の仕業かと飛込刀を以てきりつくれば、容ちは見へすなりぬ。

家内は亭主の狂気し給ふかとて大騒ぎなり。徳左衛門心を静め、必ず騒ぐことなかれ。また狂気にあらず。子細は後より話すべし、とて食事もせす寝所へ入れば、船頭また添来たれり。厠へ行てもどこにても形に影のそふごとくなれはもてあまし、邪見熾盛の徳左衛門も大にこまり、是より病付、医痛手を尽せどもさらにしるしなし。日々におとろへ後には、船頭か頸をしめるはゆるせはなせと、独手にてもがき苦み、目もあてられぬ有様なり。しかるに、羽黒山の修行鉄門海上人、回国の序この村を通りかゝりければ、幸ひにおもひ、何卒加持し給はれとたのむゆゑ、上人も哀れにおもひ、小紙千枚に六字名号を書写し与へ、猶病者に向ひ種々加持して後、十念を授け給へ、日に千遍の日課をつとむへしとをしへのまゝになせしに、未だ七日をへざるに船頭の霊立去りけり。

弥々有難くおもひ、千遍の日課を一万遍としてとなへけるに、二十日余りにして元のごとく本服せり。

これより善心に立帰り、これまでの非道を発露懺悔し無縁の為め仏教をゑせしめ、小堂を建立し無二の念仏者となれり。天保五六年のことなり。

上記の話が補刻本では「越前玉松女」として差し替えられたのである。以下、本文を掲出する。

〇越前玉松女

越前の国、田那辺浦法光寺の娘、生質柔和なる上、幼年の比より後生の一大事に心をかけ、ふかく御慈悲を貴みけり。住持ならびに坊守、娘も仰信の者にて、親子三人とも堅固に御法義相続せしが、されど小寺にていまだ御開山様の御影を申さぬゆへ、夫婦年来の願心にて、貧き中に住持は分衛をし、坊守と娘は糸仕業をなして働き、数年を経て五十両金をこしらへ、高祖聖人の御影を申奉らんと、娘をつれて三人共に上京して明日は京へ着といふ夜、大津の旅籠屋にて右の金子を盗賊にとられ、誠に盲の杖を失ひたるがごとく途方にくれて、たゞ泣より外なし。宿屋の亭主も心をつくし吟味すれども頓と分らず。住持、噫われ〳〵はよく〳〵御開山様に御縁のなきものか。三十年来こゝろを尽せし夫婦の願も水の泡となりたるかと、大声をあげて泣れたが、坊守は泪をぬぐひ住持にむかひ、今御なげきの中で申しかねたる事なれども、私に暇を遣されよと云ゆへ、住持は驚き、夫は何ゆへぞと申されければ、坊守答へて、御不審は御尤なれども、私が存じまするは、みめかたちよく生まれしあの娘、いたはしながら遊里へ売、其金をもて御開山様の御成を願ひましたいと存ますと申て、いかに御迎申たいとて娘を売ては小寺ながらも寺の恥辱なれば、女房の去状に女の子が付があたりまへなれば、あの子をもらひ売ます覚悟といへば、住持、なるほど尤なるいひ分、それはよい心付き。併ながら、娘だに得心すれば何の其義に及ばぬこと御影をいたゞく事なれば、何ぞ寺の称号にかゝはる事にもあらずと、娘にむかひて、今きく通りなれば承知して勤奉公してくれよ。親が一世の頼ぞといへば、娘はなく〳〵勿体ない、御頼の何のと仰せは何事ぞ。母様の御腹の中から仏祖様の御用物にて育上られました私、殊更永劫の苦みをのがれて御浄土へつれかへり下さる丶御開山の御影の御成りとあれば、いかなる勤めも御礼の万部一聊いとひは致しませぬ。早く私を御売下されよといへば、宿屋の亭主物かけにて是をき丶、三人が三人ながらよくもそろひし強信の人達かなと誠に感伏して、幸ひ嶋原の松屋はよき親方、ことに御門徒のよろこび人なれば、これへ御世話申上といへば、大いによろこび、亭主の世話にて十年の年季五十両にうり、年季証文して娘を渡し、金子を受けとり御開山様を御請申し、夫婦は夫より国へ帰りぬ。

扨、この娘は二月ばかり見習ひさせけるに、さすがは寺の娘にて物事おたやかにありければ、亭主も格別不便をくわへ、名を玉松と改め、今宵はもう勤めに出すといふ日暮れかたに、七十余の老僧きたり給ひ、彼玉女にあはせて下されとの給ふゆへ、只今身じまひ最中にて甚いそがしく中々御遭申事は出来ませぬゆへ御ことはり申せといへど、是非〳〵逢たいとの給ふゆへ、止事をえずして、彼玉松御目にか丶れば、其方はしるまいが、おれはそちとは切てもきれぬ因縁あるゆへ、其方達がとられたる金を吟味して来たとなれば、亭主を呼びて五十両金を渡せば、法義喜ぶものなれば大に喜び、早速年季証文を戻し金をうけとり娘を渡しければ、彼老僧娘をつれて遥々越前へきたり、老僧は御堂へ上り、娘は台所へ入ければ、両親大きに驚きければ、娘、右の始末をかたれば、先御老僧に御目にか丶りて御礼を申上んと、親子三人御堂へゆきて尋ぬれども老僧見えざるゆへ、何へ御出なされたぞと待ども見えず。彼是するうち日暮になり御灯明を上げ御香をあげんとするに、御開山様の御机の上に何やら書た物があるゆへ不審におもひ開きみれば、娘の年季証文じやゆへ、さては盗まれし金の吟味も、娘の身請してつれてかへらせ給ふも御開山様でましますかと、三人共に難有、泪だに咽び入りしとなん。

此事つひに信解院寂如上人の御聞に達し給ひて御褒美を下されしとなり。又、御領主よりも御感心のあまり御仏供料を其寺へ給りしとなん。此事、同国の法中に承り記し侍りぬ。

〈資料2〉

次に、初版本の上巻第十二話「常陸国池上氏」である。この話が補刻本では二丁分増加した「城州おきく」となっているのである。

○常陸国池上氏

常州池上意三は、「その生国をしらず」名誉世にかくれなき大儒先生なり。十六歳にして水戸侯にめし出され、禄そこばくを賜ふ。もとより和漢の諸書に通暁しけれども、いかなれば深く仏法を忌みきらひ、堂舎の前は面を覆ふて過ぐ。

しかるに、いかなる仏縁やありけん。或時、延命地蔵経を開き見てたちまち世の無常をさとり、ふかく菩提心をおこし、大守え御暇をねがひ、長く名利のきつなをきり、もと〻りをはらひ、曽節と名を改め、諸国を行脚しけり。

あるとし都かたにのぼり、大路に童の風車をもてあそぶを見て、

舞へばまふ舞ねばまはぬ風車これや我身の行衛なるらん

これより風車軒と改め称しけり。

その後、勝尾山二階堂にこもり、九日を経て思ひよることありて火定三昧に入るべしとて、薪多く積せ、われ中より香炉を出さば、それを相図に火をかけよと約束し、辞世の歌とて、

世の塵をはらひてのくる勝尾山法のためにはまたかへりこん

と、よみて入定す。暫く念仏誦経の声きこへしが、香炉の出るを見、火をかけしに、山々谷々に充々、参詣のともがら異口同音に念仏す。

漸々事しずまりて焼残りたる小柴などかきよせ、よりてみるに左の手に香炉をさゝげ、右の手に念珠をもち行儀少しもみだれずおわせしとなん。末世には有難き道心者なり。

かくおもひさだめて火定に入るは、いとも〳〵かたき事になん。

易行易修の法味を味はゞかゝるためしをきくにつけても、いよ〳〵宿縁をよろこび報謝相続の称名をおこたる事なかれ。

上記の話が次のように差し替えられているのである。

○城州おきく

南山城上狛村七兵衛妻きくといへるは、殊の外仰信にして、常に称名念仏怠りなく、御法座とあれば慰みすゝみて参詣をいたし、又、世間の交わりも柔和にて、人にも愛せらる。よりて其夫の七兵衛も随喜して弥陀の本願を信じたてまつり、国法の掟をも如実に守りしゆへ、御領法より褒美を頂戴せしとなり。尤妻のきくは、一方ならぬ信者にて厚く御恩を喜びしが、安政五年十二月の初めより病気となりて十六日に六十三歳にて往生せしが、爾るに二日目に蘇生して家内の者を始、集まりたる人々に向ひていへるやうは、私は仕合者にて命終なり。極楽へ往生を遂たてまつりしが、扨て、其御浄土は黄金の大地にして種々妙花ふり下りて、其美敷きことといふばかりなし。虚空には常ならぬ美々敷鳥、微妙の声をして、囀る音もきけば何となふ心開けて難有ことかぎりなし。

向の方をながむれば、黄金の山を飾立たる如くに見へ給ふは、即ち浄土の御主じ阿弥陀如来、光明を放ちて十方世界を照し給ふ。右と左に並び給ふは、観音勢至なり。此三尊を拝み奉る難有さ、なにと譬んかたもなし。

扨また宝つくしの宮殿楼閣、数もかぎりもなふ立ならびて、しかも七宝の欄干のかざりあり。宝の樹、花咲満てその香ばしき事いふばかりなし。風鈴ありて風そよげば微妙百千種の音楽きこえて、その面白さ貴さたとへん方もなし。八功徳のの《（ママ）》池には、五色の蓮華鮮に開きて花ごとに五色の光あり。池の底は、七宝荘厳なり。菩薩聖衆光明赫奕として蓮に乗り給へば、蓮華自然と池中をめぐり手に掬ばんとしたまへば、水おのづから思ふ所へ上りて宝池の波を吹きあぐれば、水より自然の音楽あらはれて面白き難有さ申もなか〳〵おろかなり。

扨て、宮殿楼閣の中よりは、先に往生し給ふ菩薩達、美しき衣をめし花をかざりたる装ひにて、さも嬉しげに大勢打連て如来を囲繞なされ、御説法を聴聞して喜び給ふもあり、あるひは菩薩たち手に楽器をとり音楽を奏して楽み給へば、百味の飯食は自然にそなはりて、快楽し給ふもあり、或は美敷天人、宮殿に乗、虚空をめぐるもあり、又は、菩薩聖衆たち色々供養して廻り給ふもあり、その結構さ申し尽しがたし。

殊に難有は、我身をながむれば、今まで病の牀にありて垢によごれ汚穢不浄の姿、歩行も叶はぬ不自由な身ながら息引取なり。蟬のものけを見るごとく彼の浄土に往生せば、十方世界を見る事、鏡にうつすがごとく明らかなり。

然るに、此婆娑を見渡しければ、毎日〳〵死ぬる人は幾千万人と多けれども、浄土へ参る人は至つて希なれば、いづれも今日より後生の一大事に心をかけて本願の御謂れを明に聴聞して、追付参せて下さるゝ物をと喜び暮し給へと、懇に告ければ、皆々随喜の信を生じ涙にむせびて喜びしとなり。

夫よりきく女、苦痛もなく、三日目に眠がごとくにて目出度往生を遂げしとぞ。
此事、手次の円成寺の物語りにて承り認め侍りき。

次に、本文の一部が改変されている話である上巻第二話「松前文右衛門」と上巻第十一話「三河国梅吉」の例を挙げておこう。改変部がわかりやすいように注記をし、段落を設けておく。

（資料3）

○松前文右衛門

奥州松前の城下に山田文右衛門といふ仰信の人あり。能登の国の産にて若き時松前へ渡海し、去る豪家へ奉公しけり。この人、性篤実にして慈悲深く、酒をたしなまず、悪所へ立よることなし。深く仏法を尊信し、信心無二の人なり。かゝりければ主人もまたなきものに大切に召使ける。四十余歳の時、主人より多くの金子をもらひ、別宅して商売しけり。日々に家栄、十年のうちにそこばくの金をもうけ、官「松前侯御支配」に願ひて蝦夷地のうちアツケシといふ場所請負し、蝦夷人多く召使て家業を出精しけり。

常におもふやう、蝦夷人の仏法をしらず、因果の理を不弁を深くなげき、何卒仏法へ結縁し順次の往生不叶とも遠生の結縁ともなるへしと、ものによそひ種々にして仏法の理りをしへける。蝦夷人はもとより天性の愚にして始のほとは馬耳風のごとくなれども、文右衛門深切徹到したりけん、後々は念仏申すものもまゝ出来たり。

或年蝦夷地に疱瘡流行しけり。「蝦夷地の習ひ疱瘡を病むもの一人も助かることなし。よりてこの病にかゝるものあれば、その者を残しおき、五里七里し深山にかくれ、このもの死したる頃をはかりて帰り来たりて衣服調度まで焼捨。これ蝦夷一円の風儀なり。」是を病むものを丁寧に看病し薬をあたへ伝染百人に余るも一人も死たるものなし。「予案ずるに蝦夷人のこの病をうくるもの助からざるは肉食のみにて殊に熱気発するときは海川へ飛込み、さらに薬を服せざるゆゑならん。」

都ての風儀、公聴に達し、辱も白銀十枚御褒美に預る。其時も親属を集め此事を披露し、今度のおほうひ是全く仏祖のなさしめ給ふ所なりとて、御賞金に余金を添て本山「東派」へ上納しけり。

また或年アツケシの浜へ大なる亀上りけり。竪横十丈計り、人みな殺さんといふ。文右衛門制して、殺すべからず、亀は是霊虫なりとて、則ち銘酒「越後大山弐斗入」八樽鏡を解き是に呑しめ、汝何とてかゝる危き所に来るそ、かまひて再び来る事なかれと、人に諭すごとくにいひければ、その翌日早朝いづくともなくおよぎ行けり。

その年の秋、蝦夷地より帰る渡海の船中殊の外海荒して船数艘覆しぬ。文右衛門の乗たる船もすでに危く見へたるに恙なく難波を凌ぎ同国箱立の湊へ着船す。その時不測なるは、海中大浪の中をり〳〵亀の背に似たるもの見へたるよし、かの亀の守護にて危きを助かりし（以下異同部）と後に思ひ合せぬ。また近年このユウフツの山にいつちより来りけむ、鹿多く住あらす。是を打とる事数をしらず。角皮をひさきて不慮の利潤、年年たゆる事なし。文右衛門ふかくこれを哀み商売とはいひながら、あまたの魚鱗の命を断すら本意ならざるに、またよしなき鹿の数多我手に命をおとすことこそかなしけれとて、同所阿吽寺「真言宗」といふにたのみて秘府をもらひ、白木の箱に納め、我仏壇に居置き、たのみ寺の僧衆をまねきて浄土の三部経を読誦なさしめ斎をすゝめ、その後この箱を蝦夷地へ持下り、かの山に埋みて結縁すること例となりて今にたえず。予もその請に応じたる事あり。かゝりければ、国中この人の行状をしらざる（ここまで異同部）はなし。かくて天保元年九月二十日、少しの病なくして眠るがごとく大往生を遂たり。葬式の日も快晴のうへ白雲靉靆としてさながら聖衆の来現かとあやしまれ、見る人奇瑞のおもひをなしけり。この一条、予が親しく見聞する所、子孫ます〳〵繁昌、今猶現存せり。

次に、補刻本で改変された本文を掲出する。

と後に思ひ合せて喜び侍りしとなん。時に此人いへるやうは、仏法を信ずる者は国恩も大切に存ずべき事なり。其ゆへは四民をの〳〵職分ありといへども、国恩にあらずば何ぞ安慰に寝食せん。農民は耕に農には霧を払ひていづ、昏には星をいたゞきて帰り、産業怠る事なしといへども、家居所を失ひ公田を貸ずして何をもてか衣食を得んや。若しこれを失ふ時は、父母餓死す。兄弟妻子離散すべきも、君恩普くおほふて国に害なし。聖徳里に溢れて家に災ひなし。安穏に衣食する事は、実に国王大臣領主地頭の恩恵なりと感戴すべきものなりといひて、常に仰を如実に守りしとなん。依て近村この人の行ひをかんじて国中この人の行状をしらざる

（資料４）

○三河国梅吉

（前略）時に嘉永三年「生年十一歳」正月の末より痼労といふ病にかゝり、日を追ておもりければ、父母大にこれをかなしみ医薬さま〳〵に品をかゆるといへどもしるしなし。病者もつひにたゝざることを察し、称名念

仏怠ることなし。親属のもの病床に見舞に（以下異同部）
来るものあれば起上り苦しみを忍び、いまために十念を授くべしとて、高声に念仏すること人毎にかくのごとくなれば、後々はそのくるしみを見るにしのびず、たとへ見舞に来るとも病床に通すことなかりき。
同年二月十一日の朝、父母を枕近くまねき双眼になみだをうかべ、我臨終近きにあり。さりとて父母にわかれまゐらせず候事、中々名残をしくこそ候へ。さりながらこれはこれ婆娑のならひなれば、いかんとも力なし。たゝわがなき跡も怠りなく仏道を修行し、西方往生を願はしめ給へ。われ先だちて極楽にいたり百宝の蓮台の半をわけて待ちまゐらすべし。かへす〳〵称名念仏怠り給ふべからずと、くれ〳〵遺言しければ、父母はたえいるかなしさをしのび、かゝる苦痛の中よりも父母の後生を心にかけ、一蓮託生を願ふこそけなげなれとて、とも〳〵に念仏し守り居けるに、卯の下刻にいたり眠るがごとく念仏の息たえたりとぞ。

上記の話の一部が補刻本によって次の通り改変されているのである。

来るものあれば起上り苦しみを忍びて御法義の物語をして喜びける姿を見聞するひと〳〵皆随喜せしとなん。
同年二月十一日の朝、父母を枕近くまねき、双眼になみだをうかべ、我臨終近きにあり。父母にわかれまゐらせ候事、中々名残をしくこそ候へ。さりながら、これはこれ婆娑のならひなれば、いかんとも力なし。たゞ我なき跡もいよ〳〵弥陀の願力を信じ給ひて称名念仏怠りなく喜び給ふべし。われ先だちて極楽にいたり、百宝の蓮台の半をわけて待まゐらすべしと、かず〳〵父母もいざなひて、眠るがごとく念仏の息たえしとなり。

最後に、下巻の「松前嘉助」「遠江国松井氏」「肥前国富木氏老母」の改変部を掲げておこう。それぞれ本文の末尾の一行から三行が改変されているのである。

（資料5）

「松前嘉助」初刊本

（前略）即座に剃髪して願念と改め、村々を参行し愚俗を教化し、猶此頃七十余歳にて存在せり。

「松前嘉助」補刻本

（前略）即座に剃髪して願念と改め、村々を参行し志し厚人に交りて常に称名念仏せしとぞ。

（資料6）

「遠江国松井氏」初刊本

天保十四年の冬十一月一日、大往生を遂たり。発心のとしは三十一歳なり。法名を道念烈誉といひしとかや。

「遠江国松井氏」補刻本

天保十四年の冬十一月一日、大往生を遂たり。発心のとしは三十一歳なり。法名を道念といひしなん。

（資料7）

「肥前国富木氏老母」初刊本

また、この梶助に壱人の姉あり。これよりしてふかくおもひ入り、他へ嫁せず、一向に念仏しけり。今なを家栄え、兄弟存在せり。「この事、同郷石南師親見のよしかたりぬ。年時は、闕とはいともむげに近きことなり。

「肥前国富木氏老母」補刻本

また、この梶助に壱人の姉あり。これよりしてふかく後生の一大事に心をかけて、弥陀の本願貴きことを明に聴聞して、行住坐臥に称名念仏怠りなく喜びて、遂に往生をせしことぞ。

『妙好人伝』と『続妙好人伝』の出版と流通

万波　寿子

はじめに

僧純編『妙好人伝』と象王編『続妙好人伝』は、それぞれ天保十三年（一八四二）と嘉永四年（一八五一）の初版出版以降、幕末から現在に至るまで多くの続篇や関連書が出版され続けている。出版という形での書籍の流布は江戸時代に本格化した。江戸期には出版業を営む者、すなわち本屋（または書肆、書林）が職業として出現し、繁栄した。書籍は出版という過程を経ることで、より広範な人々に提供されたのである。本稿では、『妙好人伝』および『続妙好人伝』の受容を考えるうえで、この点に注目する。

『妙好人伝』全五篇および『続妙好人伝』全一篇の開版年は左のとおりである。

仰誓集・僧純編『妙好人伝』（初篇）　天保十三年（一八四二）三月　美濃国垂井　中山園蔵版
僧純編『妙好人伝』（二篇）　天保十三年（一八四二）四月　西濃居醒里　専精寺蔵版

僧純編『妙好人伝』（三篇） 弘化 四年（一八四七）五月 美濃国垂井 専精寺蔵版
象王編『続妙好人伝』（一篇） 嘉永 四年（一八五一）正月 五梅園蔵版
僧純編『妙好人伝』（四篇） 安政 三年（一八五六）十一月 西濃垂井駅 専精寺蔵版
僧純編『妙好人伝』（五篇） 安政 五年（一八五八）十月 濃州中山園 専精寺蔵版
象王編『続妙好人伝』（一篇）補刻版 安政 六年（一八五九）五月 文醒堂蔵版

『妙好人伝』全五篇のうち初篇は、江戸時代中期の西本願寺派の学僧仰誓（享保六年〈一七二一〉―寛政六年〈一七九四〉）が編纂した写本がもとになっており、僧純の改変を経て刊行された。後の二―五篇はその続篇として上梓されたものである。

また、『続妙好人伝』一篇は真宗大谷派の僧象王の編集になる[1]。本来は、僧純の著作とは別に、仰誓の写本にもとづく『妙好人伝』初篇への続篇という意味で表題を付したものであったが、後に版行業者の手で僧純の『妙好人伝』五篇の後に続篇として付され、全六篇・各篇上下・計一二冊ワンセットで出版されたのである。

本稿では内容には言及せず、本の形態や出版・流通について考察する。なお、掲載する資料のうち、未翻刻のものは筆者が翻刻し、読点を私に付した。また、漢字は通行のものに改めている。

一 江戸後期の勧化本

さて、『妙好人伝』五篇および『続妙好人伝』一篇は、いずれも勧化本（説教の台本または資料になる本。仏教学でいう談義本）に分類される版本である。江戸時代を通じて、本を開版するには二種類の方法があった。ひとつは本屋による刊行で、もうひとつは素人蔵版と称する、幕府公認の同業者組合である本屋仲間に属していない者（素人）による出版である。

『妙好人伝』五篇および『続妙好人伝』一篇は、本屋を版元としない素人蔵版で開版された。それは、『妙好人伝』五篇とも、刊記（おもに巻末に付される出版事項の記載）に「中山園蔵版」や「専精寺蔵版」と記されていることから知られる。『続妙好人伝』の刊記にも「五梅園蔵版」とあり、これは本屋とは考えられないので、「中山園蔵版」や「五梅園蔵版」は、蔵版者（出版権を持つ者の意）の素人蔵版であることがわかる(2)。

本屋による開版と素人によるそれとでは、挿絵の有無やその質において違いが見られる。江戸後期においては、おおまかに言って、前者には高度な挿絵をふんだんに用いており（**図1**）、題名にも、多くの場合「図会」や「絵抄」といった、絵入りであることがわかるような言葉が付される。一方、後者には挿絵がないか、あっても量的にも質的にも前者に劣っている。ただし表記は、両者とも江戸中期までは片仮名文が多く、次第に、より読者に親しみやすい平仮名も用いられるようになっていく。

『妙好人伝』五篇および『続妙好人伝』一篇は、いずれも挿絵が無く（**図2**）、本屋が商品として企画したものでないことをうかがわせる。

図1　江戸後期刊『正信偈訓読図会』三巻五冊　英文蔵求版（架蔵本）

文章は漢字のほぼすべてにルビが振られている。平仮名文になっているところは江戸後期の勧化本一般に共通する。しかし、本屋が開版したものと比べて、文字が大ぶりで読みやすいかわりに、洒脱さがない。僧侶の説教資料としても使えるが、一般の門徒向けの読み物と言える。加えて、書型はいずれも現代のB５判ほどの大きさの半紙本である。勧化本は、仏典や儒書のような、いわゆる「物の本」の多くがそうであるように、半紙本よりかなり大きな大本という書型を採ることが多い。これにたいして、半紙本は一般大衆を対象とする本に多く用いられる。

以上のことは、『妙好人伝』が商品として企画されたものではなく、また、僧侶の説教資料というよりは、門徒を対象とした読み物であったことを間接的にうかがわせる。『続妙好人伝』を開版した「五梅園」も、営業販売を生業とする本屋ではなかろう。あるいは編者象王の房舎号かもしれない。なお、『続妙好人伝』初版本には、裏表紙の広告用の紙に、「弘所　京都五条通堺町東へ入　菱屋友七」と記されている。このことより、京都五条の菱屋が開版と同時に一般への販売を担っていた可能性はある。ただし、この菱屋の広告は、裏見返に後から貼られたものであるため[3]、必ずしも菱屋が開版時に支配人をつとめたとは断定できない。さらなる調査が必要である。なお、菱屋の初代は西本願寺御用書林永田調兵衛に奉公したのち独立した本屋で、独立の時期は文政六年（一八二三）以前のことと思われる。文久三年（一八六三）ごろに菱屋友五郎が店を継いでいる[4]。

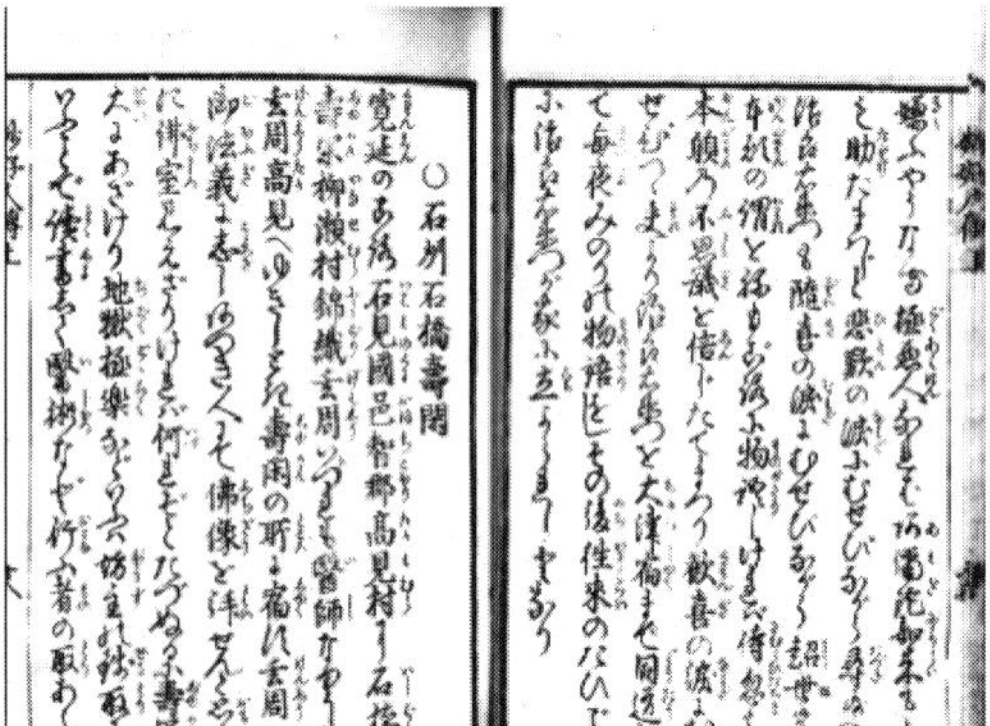

図２　『妙好人伝』初篇　二巻二冊　中山園蔵版（架蔵本）

二　僧純の著作

『妙好人伝』全五篇の編者僧純は、越後の出身で、美濃国（岐阜県不破郡垂井町）の浄土真宗本願寺派専精寺の住職となった学僧であった。寛政三年（一七九一）に生まれ、明治五年（一八七二）に八十二歳で没している。石田敬起こと大根屋小右衛門とともに西本願寺の財政改革、すなわち大根屋改革に尽力したほか、大谷本廟（西大谷）の石橋の架設、角坊別院の創立にも貢献した。嘉永三年（一八五〇）頃、九条家が兼実の六百五十回忌を修するのに際して、全国の真宗末寺に「三部妙典」を寄付した時にもその斡旋にあたっている。また、数々の著書を刊行しており、近世後期の中でも屈指の勧化僧であり、西本願寺が御蔵板本『真宗法要典拠』（安政三年〈一八五六〉刊）の出版を企画した時には募縁に努めている。加えて、同じく御蔵板本である小型の『六要鈔』開版も行っている。たんなる学僧ではなく、本願寺の行政僧でもあり、また説教者としてもすぐれていたと推測される。

僧純の著作は、『妙好人伝』全五篇のほか多くが刊行されている。『仏説孝子経和解』（嘉永二年〈一八四九〉、中山専精寺蔵版）、『日本往生伝和解』（嘉永四年〈一八五一〉、普門山蔵版）、『高祖聖人皇都霊跡志』（安政五年〈一八五八〉刊蔵版者不明）、『本廟御真影略伝』（万延二年〈一八六一〉、蔵版者不明）、『親鸞聖人霊瑞編』（文久元年〈一八六一〉、正聚房蔵版）、『高祖聖人十恩弁』（明治十年〈一八七七〉刊。沢田友五郎〈文栄堂〉）などであるが、すべて勧化本に分類されるものである。

刊記の多くに「正聚房」「普門山」「専精寺」など、僧純や専精寺を示す名が蔵版者として記載されている。「正聚房」は僧純の房号であり、「普門山」は僧純が住持した専精寺の山号である。僧純が編集した『妙好人伝』全五篇は、すべて本屋によらず、僧純個人の蔵版として開版されており、出版に際し彼が相当の財を投じたことが察せられる。

三　流通

素人蔵版の場合、本屋を支配人として立て、開版までの諸手続を委託する必要があった。また、本屋の持つ流通網に乗せて大々的に売り出す場合には、販売（売弘）を委託しなければならなかった。したがって、『妙好人伝』についても、その流布にあたっては本屋が実務にあたったと考えるべきである。

素人蔵版として開版された『妙好人伝』および『続妙好人伝』の後印本（後刷本）には様々な刊記があり、非常に多くの本屋が名を連ねている。それらの本屋たちが、販売のみで版権を持たないたんなる販売窓口であったのか、あるいは、僧純や五梅園から版権を譲渡されていたのか判然としない場合が多い。しかし、総じて多くの本屋が流通に関わったことは明らかである。ここでは、刊記のなかの特徴ある本屋に注目した。

a　越後屋治兵衛

『妙好人伝』の初篇から三篇、および『続妙好人伝』一篇が刊行された天保十三年（一八四二）から嘉永四年（一八五一）にかけて、本屋仲間は解散させられていた。すなわち、天保の改革により、諸仲間は天保十二年（一八四一）十二月に解散を命ぜられ、京都の本屋仲間も天保十三年五月に解散となったのであった。嘉永四年に諸仲間の再結成が許されたが、本屋仲間が復旧できたのは嘉永六年（一八五三）十二月頃のことになる[5]。仲間が解散していた期間は、公儀の開版許可さえ得られれば、支配人を立てずとも誰でも書籍を出版できた。『妙好人伝』の初篇から三篇も、開版にあたっては本屋の手を借りる必要はなかったであろうし、また僧純が身近な人たちに頒布することを目的として出版したのであれば、その流通にも本屋を介することはなかっただろう。しかし実際には、『妙好人伝』は本屋によって広範囲に流通していったのである。

次に挙げるのは、龍谷大学大宮図書館所蔵『興復記一件[6]』の記事である。これは、嘉永五年（一八五二）閏二月に、西本願寺が世上の出版動向に関して受けた報告の一部である。

覚

一帝皇略譜　作者谷森種松　全部一冊

一京名所寺社細見記　作者池田東園　全部一冊

一山水名跡図会　作者　全部一冊

右之書、此度彫刻流布仕度旨、当二月十日願出候

一開巻驚奇刺客伝　作者荻屋蒜園　画師柳川重信全部五冊

一①続妙好人伝　作者釈象玉（マヽ）　全部二冊
一万世小謡大全　編者池田東籬　全部三冊
一双葉百人一首栄草　編者同人　全部壱冊
一万職図考四篇・五篇　絵師葛飾載斗　全部二冊
一消息往来　筆者山田賞月　全部壱冊
一庭訓往来　筆者同人　全部壱冊
一日用／重宝女教伝心珠文庫　編者国本侍女　全部三冊
②右之書、此度彫刻流布仕度旨、当二月六日願出候
一③好人伝初編　作者釈仰誓　全部二冊
一同　二編　作者釈僧純　全部二冊
一同　三編　作者同人　全部二冊
右之書、美濃国ノ垂井専精寺方ニて新板行出来、蔵板ニ仕居候処、此度世上江流布仕度旨申之ニ付、堀川二条下ル町越後屋治兵衛方ニて売弘申度、別書面夫々右治兵衛より閏二月六日願出候ニ付、此段申上候、以上

閏二月六日　藤井権八

（マ、記号、傍線筆者）

この文書の作成者である藤井権八は奉行所の役人と思われるが、詳細は不明である。傍線部①・②には、『続妙好人伝』が開版されたことが記されている。また、傍線部③には、『妙好人伝』初篇から三篇までは僧純の蔵版と

して開版され刊行されてきたが、嘉永五年（一八五二）閏二月からは一般に流通させる目的でその売弘を越後屋治兵衛が担当するとある。つまり、この頃から『妙好人伝』初篇から三篇および『続妙好人伝』が一般に流通し始めたといえよう。

越後屋治兵衛は東塘亭とも呼ばれ、彫工を兼業した本屋であった。越後屋は、「天保、弘化、嘉永期の願出数は当時京都第一で、総願出数の約三割を占めている(7)」ほど、その出版活動は旺盛で、「当時の京都の出版界をリードしていた総合出版書肆で(8)」あった。

b　近江屋卯兵衛

さらに、京都本屋仲間が解散していた一二年間、本屋たちが奉行所に願い出て出版許可が下された書目を本屋ごとにまとめた『御趣意中板行御赦免書目(9)』にも、越後屋治兵衛の項の嘉永五年（一八五二）閏二月六日部分に、右の『興復記一件』の記事と関連すると思われる記事が見られる。

嘉永五年閏二月　子閏二月六日

同　同　一、開巻驚奇俠客伝五集　五冊

同　同　一、続妙好人伝　弐冊先役中へさし出候事

同　同　一、万世小謡大全　壱冊未刻

同　同　一、双葉百人一首栄艸　壱冊同

同　同　一、万職図考四篇・五篇　弐冊

同　同　一、消息往来　壱冊

同　同　一、庭訓往来　壱冊

同　同　一、日用重宝女教伝心珠文庫三冊未刻

嘉永五年閏二月　子閏二月六日　一、妙好人伝初篇　弐冊先役中へさし出候㕝

同　同　一、同　弐篇　弐冊同

同　同　一、同　三篇　弐冊同断

改済〈安政四巳年五月十六日、添章出ス、願主近江屋宇兵衛〉

（傍線筆者。〈　〉内は後の書き込みを示す）

一見して先に掲げた藤井権八の覚書と類似していることがわかる。先の覚書は、嘉永五年時点に、この書類をもとに必要事項を書き加えたものであろう。

ここにも『続妙好人伝』が見える。『続妙好人伝』の売弘を越後屋が行うと同時に、同じ越後屋が『妙好人伝』初篇から三篇も流通させたことがわかる。一定の需要の見込まれる人気本だったのだろう。

さらに傍線部に拠ると、安政四年（一八五七）五月十六日に、近江屋に「添章」を出したとある。「添章」は、本屋仲間の長である行事が出す出版許可証である。つまり、安政四年五月に、『妙好人伝』初篇から三篇の売弘は越後屋に代わって近江屋宇兵衛という本屋が担うことになったのである。

龍谷大学大宮図書館に所蔵される『妙好人伝』初篇の見返し（和本の表紙の裏に貼る布または紙）には「文醒堂蔵」とあり、文醒堂近江屋卯兵衛が蔵版していたことを示している。すなわち、『妙好人伝』初篇から三篇の販売元は、安政四年五月に越後屋から近江屋に移り、正確な時期は不明ながら、近江屋が僧純から『妙好人伝』版権の、少なくとも一部を譲渡されたと思われる[10]。

加えて、象王編『続妙好人伝』（五梅園蔵版、嘉永四年〈一八五一〉正月）は、八年後の安政六年（一八五九）に、内容をかなり改変した「補刻本」が刊行されている。「補刻本」の刊記には「文醒堂蔵」とあり、これは近江屋の堂号であるから、安政六年までに近江屋は『続妙好人伝』の株を手に入れ、『妙好人伝』初篇から三篇とともに販売を担っていたのである。『妙好人伝』四篇と五篇の刊記には、「発行書林」として、大坂一名・京都四名、計五名の名が記され、その中の末尾に「近江屋夘兵衛」と記されていることから、近江屋は『妙好人伝』全五篇と『続妙好人伝』一篇の販売を請け負っていた業者とみなされる。

c　永田調兵衛

明治に入ると、『妙好人伝』五篇と『続妙好人伝』一篇は、西本願寺の寺内町に店を構える同寺の御用書林永田調兵衛に版権が移ったようである。以下のような刊記が見える。

【永田長左衛門単独の刊記(11)】

各宗書籍製本發賣所
京都書林　　永田長左衛門
下京區第廿三組花屋町通油小路東入山川町

【永田長左衛門ほか、四人が記載される刊記(12)】

各宗書籍製本發賣所
京都市下京區花屋町通油小路東入山川町五番戸
發　行　者　　永田長左衛門
京都市下京區上珠数屋町東洞院角
大賣捌所　　永田榮次郎

同　東京市淺草區北東中町五番戸
　　吉田久兵衛
同　肥後國熊本市新二丁目
　　長崎治郎

住所の記載が「下京區」となっており、明治以降の刊記であることがわかる。永田長左衛門は、住所から、永田調兵衛と同一であると推定される。明治五年（一八七二）に僧純が没し、近江屋卯兵衛も明治初期までの営業であるから、それと前後して永田に版権が移り、彼によって熊本にまで流通したのであろう。

四　西本願寺の体制

天保元年（一八三〇）から西本願寺は教団の改革に乗り出す。改革ではとくに門主の権威が謳われ、門主尊崇や本山愛護を全面に打ち出した政策を採っている。たとえば、天保十一年（一八四〇）に本山が門末に発布した「御本尊御名号類幷御蔵板物之儀被仰出達書[13]」をみると、下付される免物（聖教類）に門主の染筆や判形があることが御蔵版の証であるとされている。天保八年（一八三七）の『雲上明覧大全』開版によって、西本願寺は本山の社会的な位置づけも明確に主張していた。一方で、時の門主広如（寛政十年〈一七九八〉—明治四年〈一八七一〉）は、天保二年（一八三一）に「僧俗改正例」を発し、全国に門末の心得を示した。「門末は為政者の法に従うべし」と、社会における門末の位置づけを徹底させている。

加えて、本山はこの頃、本願寺派教団全体の監視を行っており、目付・隠密といった役職が設けられていた。「目付とは、本願寺内におかれた目付役及び諸国に配置された法中目付である。隠密役は目付役の監視を任務とするものであり、隠密役はその言上を目付役の言上によって審査されることになっていたと思われる。[14]」また、監視の一環として出版統制も行われた。「この時代に始まるものではないが、宗内学者に対する統制はその著述に及ぶものであって、天保二年（一八三一）には、三業惑乱事件で異義者として処刑された正運の著述九十余巻を焼き捨て、派内一般に正運及び義霜の著述を本山へ差し出すよう命じている。著述は、その草稿の提出を命じ、検閲を実施している。出版にも統制を加え、本山蔵版に対する監督を励行した。この時期、西本願寺の宗義・研究・著述・出版に対する統制は、かなり行き届いたものであったようである。[15]」

先に挙げた『興復記一件』の記事に、僧純の『妙好人伝』への言及があったのは、本派の僧の著作であるがゆえに、その流通が監視対象となっていたためであろう。

五　僧純と近江屋

『妙好人伝』と『続妙好人伝』の販売に関わった本屋の中で、近江屋卯兵衛の存在は独特である。近江屋卯兵衛は文化年間創業で、屋号は文醒堂、醒ヶ井通五条上ルに店を構えた本屋であり、「出版点数の少ない、販売が主の[16]」本屋であったようである。越後屋のように大手でもなければ、永田のような寺内町の老舗でもない小規模の本屋であった。

近江屋卯兵衛の名を載せる刊記で、他の本屋と連名になっているものを左に掲げる。

①【三都版】[17]

大坂心斎橋筋北久太郎町
河内屋喜兵衛
発行　京都醒井通魚店上ル
丁子屋庄兵衛
同　東六条下珠数屋町
丁子屋九郎右衛門
書林　同　五条橋通高倉東へ入
菱屋友七郎
同　醒井通五条上ル町
近江屋卯兵衛

②【三都版】[18]

江戸　芝神明前　岡田屋嘉七
大坂　心斎橋馬喰町角　河内屋茂兵衛
同　安堂寺町　秋田屋太右衛門
皇　西六条花屋町西洞院西入　永田調兵衛
同　醒ヶ井通魚店上ル　丁子屋庄兵衛

同　魚店油小路東入　丁子屋藤吉
都　五条通高倉東入　丁子屋嘉助
東六条下珠数屋町　丁子屋九郎右衛門
書　同　上珠数屋町　丁子屋七兵衛
同　魚店間之町東入　丁子屋平兵衛
林　西六条油小路魚店上ル　三文字屋和助
同　油小路魚店下ル　菱屋宇助
五条橋通柳馬場西入　菱屋友七
醒ヶ井五条上ル　近江屋宇兵衛

①は大坂・京都の二都版であり、大坂の本屋としては河内屋喜兵衛の名が見える。大坂で繁栄を極めた河内屋一統の長であり、大店といえる。出版に関わったのではなく、販売の窓口として名を入れていると推測される。京都の丁子屋庄兵衛は西本願寺の寺内町の本屋である。僧純の『妙好人伝』は、西本願寺の寺内町でもっともよく売れたであろうから、販売窓口のひとつとして加わったのであろう。丁子屋九郎右衛門は東本願寺の御用書林であり、東本願寺の寺内町でも売られたことがわかる。同書の販売において東西のこだわりはなかったようだ。菱屋友七は五条の仏書屋であり、勧化本を多く扱ったことで知られる。『妙好人伝』を自店の商品として加えたかったのであろうか。近江屋卯兵衛は最後に記されていることから、主たる版元、あるいは中心的な売弘の本屋であったと推測される。御用書林永田調兵衛の名はここには見えない。

②は江戸・大坂・京都の三都版であり、多くの本屋が並んでいる。江戸と大坂の本屋はいずれも大店であるが、江戸は一軒のみ、大坂は二軒であり、京都の本屋が圧倒的に多いことから、やはり京都で盛んに売られた本であったと思われる。仏書屋の多い下京のメインストリートである五条の本屋のほか、「東六条」や「西六条」の住所の本屋、すなわち東西の本願寺の寺内町の本屋が多く参入しており、やはり二都版と同様、東西にこだわらず、寺内町でよく売られたようだ。西本願寺御用書林永田調兵衛の名も見える。ここでも一番後に近江屋宇（卯）兵衛の名が見え、これらの本屋の中で近江屋が主たる権限を持っていた本屋であったと察せられる。

以上、僧純の『妙好人伝』五篇および象王の『続妙好人伝』一篇は、いずれも京都を中心に、他の都市でも売られ、かつ東西本願寺の寺内町での流通に重点が置かれていたようだ。その中心となったのが近江屋卯兵衛であった。『妙好人伝』および『続妙好人伝』の流通において、近江屋が大きな役割を果したことが推測される。

『妙好人伝』は寺内町でよく売られ、平仮名・漢字交じり文でルビの多い『妙好人伝』は、門徒の読み物として人気があったはずである。本山の意向を受けて『妙好人伝』が出版されたならば、やはり寺内町の有力な本屋、とりわけ本山の御用書林であった永田調兵衛が、その支配人または版元にもっともふさわしいと思われる。しかし、①の刊記を見ると、東本願寺の御用書林の丁子屋九郎右衛門の名は見えるのに、永田調兵衛の名はない。②の刊記でも、永田は多くの本屋の中のひとつに過ぎず、寺内町の本屋でもない小規模な本屋近江屋に、その役割において及ばなかったようだ。

僧純と近江屋、そして永田の関係については、『小本六要鈔御上木一件』[19]中に示唆的な言及がある。『小本六要鈔』の開版についてはすでに拙稿で触れたが[20]、僧純が中心となって行われた『小本六要鈔』開版事業は、『妙好人伝』四篇が刊行された安政三年（一八五六）十一月の翌年の安政四年（一八五七）十二月より始まり[21]、資金面などで困難があったものの万延元年（一八六〇）頃に刊行されている。万延元年の記録には以下のようにある。

一　小本六要鈔御上木ニ付ては、近江屋宇兵衛義、兼て骨折、正聚房ニ随従、判木屋幷ニ筆工へ日々相通、心配ニ付、仕立方之義は同人江被仰付度承り候は、永田調兵衛・丁子屋庄兵衛仕立之義、頻ニ申立候由ニ候へとも、更ニ心配も無之、唯自作之勝手ニ任申立候義、甚心得違ニ御座候、元来右両人之内ニても別て調兵衛義、商売向ニ相成候ては強ニ成り、不当之儀申出候、右は御取用無御座候様仕度、猶又仕立直段之処も宇兵衛義は仕立幷ニ本屋両こう故、下直ニ相成候儀は勿論、仮令同様之儀直段調兵衛より申出とも、紙之善悪ニて如何様とも相成候故、調兵衛申出は難取用奉存候事、猶又、正聚房よりも左之通り申出候事

御蔵板掛江示談可有之候事（この行朱書）

別紙

小本六要鈔仕立之儀ニ付、御蔵板懸り大㐂多左司馬江も示談仕候処、右ハ近江屋宇兵衛兼て骨折候義承知仕候故、同人江被仰付ニ方御尤ニ候哉、御出入書林永田調兵衛等申出候義は不当ニ付、先達てより申聞、会得仕候段、左司馬より申出ニ御座候事、是ニて宜候

口上

先達て　六要鈔小本上木被仰付候古前鎌田板下認候砌、拙僧代ニ近江屋宇兵衛数千返為通申候、其上ニ

板下書賃も心配為致候、彼是以六要鈔仕立之儀、右近宇江被仰付候様御取成候程、偏ニ奉願上候、以上

三月朔日

正聚房

御懸り

教宗寺様

（括弧内筆者）

『小本六要鈔』に関わった本願寺の御用僧が、当該書の「仕立」つまり製本の仕事を近江屋卯兵衛に任せたい旨の申請書と、それにたいする本山の対応である。末尾には、正聚房（僧純）の口上書も添えられている。傍線部①で、『小本六要鈔』に関わった僧らが、「近江屋卯兵衛は僧純に随従し、板木屋と筆工のもとへ日々通って様々な心配りをしてくれたので、同書の開版の折には近江屋にその製本を任せたい」と述べている。近江屋は僧純に日々付き添って彼を助け、より廉価に、かつ質の良い本ができあがるよう交渉を行っていたのであろう。近江屋は僧純と『小本六要鈔』開版の苦労を分かち合う間柄であったことが知られるのである。

傍線部②では、永田調兵衛の評価が述べられている。永田は、製本を任せてほしいと再三願い出ていたようだが、商売のこととなると強引で悪質な申し立てをする、と断じられている。御蔵版本であるならば、その開版は御用書林が手がけるのが通例であった。しかし、当時、僧純ら学僧のための実用的な書を開版しようとする僧たちの間では、永田の評判には芳しからぬものがあったようである。なお、同資料の別紙を見るに、本山も「近江屋宇兵衛兼て骨折候義承知仕候故」と、近江屋に任せることを承諾している。

傍線部③によると、近江屋は製本業も本屋業も兼ねているので、仕立ての値段を安くできる。永田が同様のこと

を申し出ても、それは「紙之善悪ニて如何様とも相成候故」、やはり永田は採用しがたいとのことである。これは、永田は使用する料紙の質を操作することで値段を安く抑えるだけで、結果、質の悪い本を納めようとするとの告発とも取れる。

傍線部④は、僧純自ら近江屋には非常に恩があることを述べ、また『六要鈔』の版下の手数料までも安くしてもらったと付け加えている。僧純にとって近江屋はもっとも信頼する本屋であった。

いずれにせよ、僧純と近江屋の間には少なくとも万延元年（一八六〇）までには強い信頼関係ができあがっていた。このことが、越後屋による売弘の後に近江屋が関わるに至った理由であろう。すでに初篇から三篇が本屋によって一般に流通していたのであるから、四篇以降も本屋による売弘を考えるのが当然であろうし、それに際して僧純が近江屋を指名したのであろう。

おわりに

僧純編『妙好人伝』全五篇と象王編『続妙好人伝』一篇は、本屋の扱う商品としてではなく、本屋ではない者が行う素人蔵版の特徴を持っており、周囲の門徒に頒布されることを目的に開版されたように思われる。『妙好人伝』初篇から三篇および『続妙好人伝』一篇は、本屋仲間の記録を見るに、嘉永三年（一八五〇）十二月までは一般に流通しておらず、僧純やその周辺の人々によっての頒布に留まっていたと推測できる。しかし、嘉永四年（一八五一）正月の『続妙好人伝』（五梅園蔵版）の刊行とともに、京都出版界最大手の越後屋治兵衛によって広く世上に流通した。西本願寺はこのことについてある程度は注意を払っていたようである。

安政四年（一八五七）からは、越後屋に代わって小規模な近江屋卯兵衛（文醒堂）が売弘を行い、二年後の安政六年（一八五九）までには象王編『続妙好人伝』（五梅園蔵版）の版株を入手して、同年五月に補刻本（文醒堂蔵版）を刊行したのである。そして明治に入ると、これらの版権は西本願寺寺内町の御用書林永田調兵衛に渡った。

近江屋は、西本願寺寺内町に店を持たない小規模な本屋ではあったが、安政四年（一八五七）からの『小本六要鈔』計画において僧純のために尽力しており、両者の間に交流があったことが知られる。このため、僧純は『妙好人伝』の版権あるいは販売を近江屋に移したのであろう。近江屋が『妙好人伝』全篇の販売を行ったのは、僧純と個人的に結びついていたためである。このことは、あるいは安政六年（一八五九）に近江屋蔵版（文醒堂蔵版）で刊行された補刻本『続妙好人伝』の改訂問題に関わってくるかも知れない[22]。

僧純がすぐれた説教者であることは先に述べた[23]。おそらく『妙好人伝』全五篇は、僧純の周囲の門徒の人気に後押しされる形で開版され、越後屋によって一般図書のように売られ、その後間もなく、近江屋が中心となって東京・大坂の少数の本屋と京都の多くの本屋によって販売され、全国に広がったのであろう。

なお、僧純・象王の『妙好人伝』は、明治に入ると印刷機の導入により活字本として、仰誓・僧純・象王合著『妙好人伝』全（積善館、明治二十五年）、『妙好人伝』上下（西村九郎右衛門、明治三十年）として再版され、昭和に入ると『妙好人伝』一冊（永田文昌堂、昭和三十三年）として出版されるとともに、新たに近代の妙好人の伝記が数多く編集刊行された。そして、平成二十一年（二〇〇九年）には、『大系真宗史料』伝記編8妙好人伝（親鸞聖人七百五十回御遠忌記念出版、法藏館）が刊行されたが、その中には、仰誓編『親聞妙好人伝』（写本）、同『妙好人伝』二巻（写本）、克譲編『新続妙好人伝』（写本）とともに、僧純編『妙好人伝』全五篇と象王編『続妙好人伝』一篇（初版本・増補本）が、それぞれ独立に原本から翻刻収録されている。

註

（1）象王については、菊藤明道著『妙好人伝の研究』（法藏館、二〇〇三年）第一章「江戸時代の『妙好人伝』と妙好人」に詳しい。

（2）同書、一六頁。僧純は天保三年（一八三二）に西本願寺第二〇代宗主・広如から「中山園」の染筆を与えられている。現在も本堂内正面の欄間に広如上人の筆になる「中山園」の木額が掲げられている。専精寺は寺の記録によると、かつて天台宗の寺院で「普門山善相寺」と称したが、嘉暦三年（一三二八）覚如上人の時に本願寺に帰属している。現在も「普門山専精寺」と称しているが、同寺に収蔵されている江戸時代の文書の中には「中山園専精寺」と記されているものもある。

（3）菊藤明道氏蔵『続妙好人伝』に拠る。

（4）磯辺敦「説教学全書の制作費用――明治二〇年代後半、京都の本屋〈文栄堂〉の史料から――」（『日本出版史料』一〇号、日本出版学会・出版教育研究所、二〇〇五年十月）

（5）蒔田稲城著『京阪書籍商史』一五頁（高尾彦四郎書店、一九六八年）

（6）龍谷大学大宮図書館所蔵（翻刻筆者）。なお、『興復記一件』は江戸後期に刊行された論難書『興復記』刊行に関しての記録のほか、西本願寺が本屋等と交わした多くの文書を収載する。

（7）宗政五十緒著『近世京都出版文化の研究』八八頁（同朋社、一九八二年）

（8）京都書肆変遷史編纂委員会編『京都書肆変遷史』（京都府書店商業組合、一九九四年）

（9）宗政五十緒・若林正治編『近世京都出版資料』収載（日本古書通信社、一九六五年）

（10）同本の刊記には「美濃国垂井　中山園　蔵版／御本山御用書物調進所／平安書賈／醒井五条上ル／藤井卯兵衛」とあって、中山園僧純が蔵版し、藤井卯兵衛こと近江屋は製本所であったとあるが、刊記は古いものをそのまま使用することが多いため、見返しにある「文醒堂蔵版」の記述に拠って近江屋が蔵版者であると判断した。

（11）龍谷大学大宮図書館所蔵一二冊のうち、『妙好人伝』二篇の刊記に拠る。

（12）専精寺所蔵『続妙好人伝』刊記より。

（13）本願寺史料研究所『本願寺史』第二巻収載、四六四頁（浄土真宗本願寺派宗務所、一九六八年）

（14）同書、六八四―六九二頁

（15）同書、七一一頁

（16）前掲書（8）

（17）『妙好人伝』二篇の後印本の刊記（架蔵本）

（18）『妙好人伝』四篇の後印本の刊記（架蔵本）

（19）龍谷大学大宮図書館所蔵（翻刻筆者）

（20）拙稿「西本願寺御蔵版の小本化」（書物・出版と社会変容研究会編『書物・出版と社会変容』七号、二〇〇九年）

（21）『小本六要鈔上木一件』の冒頭部分、安政四年十二月の記事には、開版事業には「御用僧之内壱人向正聚房、幷二年預勧学南渓殿、又は豊後真正寺月将殿、両人之内一人被仰付度」とあり、南渓は『妙好人伝』二篇に序を贈った人物で、二篇刊行の後も交流があり、『小本六要鈔』開版という困難な事業をともにしていた、僧純の行動の賛同者だったことが知られる。

（22）前掲書（1）に、「初版本・五梅園蔵版本から幾ヶ所か改変されていることが判明した」（二二頁）とあり、改変については、「初版本の非真宗的な話が、補刻本において真宗の話に差し替えられている」（三一頁）とある。

（23）拙稿「僧純編『妙好人伝』と大根屋改革」（『仏教文学』第三四号、仏教文学会、二〇一〇年三月）

『往生伝』と『妙好人伝』

――両伝の特色と関連を中心に――

菊藤　明道

本論文は『往生伝』と『妙好人伝』の比較研究をとおして『妙好人伝』の特色をより鮮明にしようとするものである。(1)

一　『往生伝』の成立

『往生伝』とは、諸行や念仏行を修して瑞相を示し、浄土往生をとげた人びとの伝記を集めた書物である。『往生伝』の成立はすでにインドで見られ、伝世親記・羅什訳とされる『天竺往生験記』がある。中国では、戒珠の『浄土往生伝』、王古の『新修浄土往生伝』『新編古今往生浄土宝珠集』、文諗・少康の『往生西方浄土瑞応删伝』(『瑞応伝』)、袾宏の『往生集』などが作られている(『続浄土宗全書』第一六巻、所収)。

わが国最初の『往生伝』は、薬師寺の僧・景戒が仏教説話集『日本霊異記』を著してから約一五〇年後に編集された『日本往生極楽記』である。平安中期の永観二年（九八四）から寛和元年（九八五）頃に、文人貴族の慶滋保胤が出家や在俗の男女四五人の往生の話を四二話に収めた書物である。その後、院政期を中心に多くの『往生伝』が編集された。鎮源『大日本国法華経験記』（別名『本朝法華験記』、長久年間、一〇四〇―四四）、大江匡房『続本朝往生伝』（康和三年、一一〇一―天永二年、一一一一）、三善為康『拾遺往生伝』（天永二年、一一一一―保延五年、一一三九）、三善為康『後拾遺往生伝』（保延三年、一一三七―保延五年、一一三九頃）、蓮禅『三外往生記』（保延五年、一一三九以後）、藤原宗友『本朝新修往生伝』（仁平元年、一一五一）、などである（『続浄土宗全書』第六巻。『往生伝・法華験記』日本思想大系新装版、岩波書店、収録）。

鎌倉時代に入ると、如寂の『高野山往生伝』、昇蓮の『三井往生伝』、行仙の『念仏往生伝』など数点が見える程度で、『往生伝』が作られることは少なくなった。その理由を笠原一男氏は『近世往生伝の世界』（教育社、一九七八年）のなかで、「平安時代の伝による布教から、鎌倉期にはすぐれた祖師たちが輩出したため、論による布教へと変化した」と述べている[(2)]。

2　近世『往生伝』と『妙好人伝』の成立

江戸時代には多くの『往生伝』が編集版行された。『妙好人伝』を含めて列記すると次のとおりである。

（浄）＝浄土宗　（真）＝真宗。　太字＝『妙好人伝』

1 （浄）独湛性瑩『扶桑寄帰往生伝』（延宝元年、一六七三）
2 （浄）勇大『扶桑往生伝』（天和三年、一六八三）
3 （浄）山本治斎『日本古今往生略伝』（天和三年、一六八三）
4 （浄）向西湛澄『女人往生伝』（貞享二年、一六八五）
5 （浄）了智『緇白往生伝』（元禄元年、一六八八）
6 （真）了意『三国浄土勧化往生伝』（元禄二年、一六八九）
7 （真）如幻『近世往生伝』（元禄八年、一六九五）
8 （浄）珂然『新聞顕験往生伝』（正徳元年、一七一一）
9 （浄）龍淵殊意『遂懐往生伝』（享保十七年、一七三二）
10 （浄）宝州『東域念仏利益伝』（元文二年、一七三七）
11 （浄）桂鳳『現証往生伝』（元文四年、一七三九）
12 （真）諦聴『遺身往生伝』（元文五年、一七四〇）
13 **（真）仰誓『親聞妙好人伝』（宝暦三年、一七五三）（写本）**
14 （真）月筌『親聞往生験記』（宝暦五年、一七五五。奥書、享保四年、一七一九）
15 （浄）大順『勢州緇素往生験記』（明和六年、一七六九）
16 **（真）仰誓『妙好人伝』（天明四年、一七八四）（写本）**
17 （浄）関通『随聞往生記』（天明五年、一七八五）
18 （浄）了吟『新撰往生伝』（寛政五年、一七九三序）

19（浄）隆円『近世南紀念仏往生伝』（享和二年、一八〇二）
20（浄）隆円『近世念仏往生伝』（文化三年、一八〇六―文政十三年、一八三〇）
21（浄）隆円『近世淡海念仏往生伝』（文政八年、一八二五）
22 **（真）克譲『新続妙好人伝』（文政十一年、一八二八）（自筆本）**
23（真）真鏡『新選念仏往生験記』（天保八年、一八三七）
24 **（真）僧純『妙好人伝』初篇（天保十三年、一八四二、三月）**
25 **（真）僧純『妙好人伝』二篇（天保十三年、一八四二、四月）**
26 **（真）僧純『妙好人伝』三篇（弘化四年、一八四七）**
27（真）僧純『日本往生伝和解』（嘉永四年、一八五一）
28 **（真）象王『続妙好人伝』初版（嘉永四年、一八五一）**
29 **（真）僧純『妙好人伝』四篇（安政三年、一八五六）**
30 **（真）僧純『妙好人伝』五篇（安政五年、一八五八）**
31 **（真）象王『続妙好人伝』改訂補刻版（安政六年、一八五九）**
32（浄）音空『専念往生伝』（文久三年、一八六三序）
33（浄）音空『入水往生伝』（慶応元年、一八六五序）
34（浄）行阿『尾陽往生伝』（慶応四年、一八六八）

浄土宗の『往生伝』が圧倒的に多く（9龍淵殊意と32・33音空は西山浄土宗）、真宗の『往生伝』は6・7・12・

14・23・27の六点に過ぎない。

3　真宗の『往生伝』の内容と性格

近世の『往生伝』の多くは浄土宗の僧によって編集されたものであるが、少数ではあるが真宗の僧によって編集された『往生伝』が存在することが判明した。次の六点である。

①　浅井了意『三国浄土勧化往生伝』
②　如幻明春『近世往生伝』
③　真鏡『新選念仏往生験記』
④　月筌『親聞往生験記』
⑤　諦聴『遺身往生伝』
⑥　僧純『日本往生伝和解』

これまで東・西本願寺派には『往生伝』は存在しないといわれてきた。その理由は、「浄土真宗や時宗では、念仏したそのときが往生であるという平生業成を説いており、また親鸞は臨終正念を自力の念仏であるとして否定しているため」であり、「往生伝があるのは臨終来迎を認めている浄土宗と西山浄土宗、それに浄土真宗の仏光寺派・高田派にかぎられている」（笠原一男編著『近世往生伝の世界』教育社、第一章、大橋俊雄「浄土宗念仏者の理想的人間像――前期――」）とされてきたのである。仏光寺派と高田派の『往生伝』とは、右の②如幻明春『近世往生伝』（仏光寺派）と③真鏡『新選念仏往生験記』（高田派）を指すものと思われる。

調査した結果、東・西本願寺派の僧が編集した『往生伝』が四点存在することが判明した。『親聞往生験記』の編者・月筌と『日本往生伝和解』の編者・僧純は西本願寺教団の僧であり、『三国浄土勧化往生伝』の編者・浅井了意と『遺身往生伝』の編者・諦聴は東本願寺教団の僧である。僧純編『妙好人伝』には、慶滋保胤編『日本往生極楽記』、浅井了意編『三国浄土勧化往生伝』、月筌編『親聞往生験記』から採った話が収められており、象王編『続妙好人伝』には、諦聴編『遺身往生伝』から採った話が収められている。『往生伝』と『妙好人伝』の関連が問題となろう。

＊

以下、真宗の『往生伝』の内容と特色について述べる。

① 浅井了意編『三国浄土勧化往生伝』（六巻）

本書の版本（二冊、六巻）が龍谷大学図書館に収蔵されている。編者の名は記されていない。本書はこれまでしばしば編者不詳とされてきた。本書の末尾に「元禄二禩己巳三月吉旦。中野九右衛門・小佐治半右衛門・杉生五郎左衛門」と記されている。元禄五年（一六九二）刊の『広益書籍目録』（慶応義塾大学付属研究所・斯道文庫編『江戸時代書林出版書籍目録集成』井上書房、所収）には「勧化三国往生伝・了意」とあり、『元禄九年・宝永六年書籍目録大全』『正徳五年書籍目録大全』（同書、所収）にも同様の記載が見える。龍谷大学編纂『仏教大辞彙』第六巻の「了意」の項には、「真宗。京都本性寺の僧。俗姓は浅井」と記され、著述目録の中に『勧化三国往生伝』の名が見える。『真宗新辞典』（法蔵館）の「了意」の項には、「慶長十七年、一六一二—元禄四年、一六九一。大谷派。京都二条本性寺の住職。姓・浅井」と記されている。本書の編者を大谷派の浅井了意として間違いないであろう。

浅井了意は江戸時代前期の代表的な仮名草子の作者であり、啓蒙的・教訓的な談義本や教化本を数多く著して民衆教化に努めた。真宗関係の著書もあり、『勧信義談鈔』が『真宗史料集成』第一〇巻「法論と庶民教化」（同朋舎出版）に収められている。

本書は、漢字と片カナ文で書かれ、漢字にはルビが付されている。一冊目に巻第一、巻第二、巻第三が収録され、二冊目に巻第四、巻第五、巻第六が収録されている。倭国（日本）、唐土（中国）、天竺（印度）の順に「往生人」の話が収録されている。

各巻の概要は次のとおりである。

（巻第一）「倭国沙門之部」として一八人が記され、その中に、行基・智光・礼光・慈覚・千観・空也・永観・法然・一遍などの名がみえる。

（巻第二）「倭国沙門之部」として五一人が記され、その中に、弁阿（弁長）・証空・勢観・蓮生・俊乗・明遍・隆寛・聖覚・良忠など法然門下の名がみえる。次に「婦女之部」として三二人、「悪人之部」として四人が記されている。この両部は中国の人である。

（巻第三）「倭国比丘尼之部」として一一人が、「優婆塞之部」として三五人が、「優婆夷之部」として一三人が、「悪人之部」として五人が、「畜類鳥之部」として四話（猿・馬・音呼・鶯）が収められている。「優婆塞之部」には、聖徳太子・亭子親王・義教・源憩・保胤・時範・兼任・頼義・義光・親元・為康らの名が見える。

（巻第四）「唐土沙門之部」として五八人が記されている。その中に、曇鸞・智顗・善導・法照・少康・懐感など中国浄土教の僧の名がみえる。

（巻第五）「唐土沙門之部」として三三人が、「王臣之部」として三一人が記されている。すべて中国の人である。
（巻第六）「唐土處士之部」として二八人が、「比丘尼之部」として五人が、「婦女之部」として三一人が、「悪人之部」として八人が記されている。すべて中国の人である。さらに「畜類之部」として四話（龍子・鸚鵡・鴝鵒・同）が収められ、「天竺往生之部」として九人の話が『天竺往生験記』から採られている。

以上のように『三国浄土勧化往生伝』には、日本・中国・印度の往生人の話が数多く収録され、悪人や動物の往生の話も収められている。本書は直接真宗の教えを伝えるものではなく、唱導・布教のための材料を提供する目的で作られたと思われる。唱導を志し、広く和漢書・仏典に通じ、仮名草子、怪異小説、名所記、談義本、経典註釈書、教化本など、教訓的・啓蒙的な書物を数多く著した浅井了意の最晩年の作と見てよいであろう。なお、僧純編『妙好人伝』四篇・巻上の「豊後西旋」と「伯州九右衛門」の末尾の註記に、本書から採ったことが記されている（『大系真宗史料』伝記編8　妙好人伝、法藏館、二五六—二五七頁）。

② 如幻明春編『近世往生伝』（一巻）

本書は、真宗の僧・如幻明春（寛永十一年、一六三四—元禄七年、一六九四）が編集したもので、漢文で記されている。如幻は元禄七年（一六九四）正月以降に本書の編集を終えたが、同十一月二十六日に六十一歳で没したため、版行は如幻と親交のあった「近州妙蘭若真宗後学好堅」（伝未詳）が元禄八年（一六九五）に行った。如幻については、本書「付録」の好堅の「長泉寺明春法師行業記」に記され、「追加」として「長泉寺明春法師妻」が記されている。

如幻は、字を明春と称し、摂州茨木の出身で宇都宮頼綱の後裔といわれている。津陽天満本泉寺で「浄土専念之宗」を受け、万治三年（一六六〇）に津市一身田の真宗高田派本山専修寺《せんじゅじ》の第一四代門跡尭秀（天正十年、一五八二—寛文六年、一六六六）の好意で専修寺に入り、経蔵に収蔵されている親鸞の真蹟を数多く書写した。一身田に二六年間留まったが、貞享二年（一六八五）五十二歳で京都の真宗仏光寺派本山仏光寺に移り、以後亡くなるまでの約九年間、内典外典を講じた。讃州・泉州・和州・摂州・江州・越州に赴いて真宗の教えを説いた。かつて、「我願くは安養界に往生せば証妙覚に登らず。位無生忍に居して穢国に還来し、一切衆生を利益すること地蔵・観音の如くならんと」（原漢文）と語ったことが記されている。好堅は、本書末尾に如幻を讃えて、「所謂如来の使いにして、世間に和光する者なり」と記している。なお、『真宗人名辞典』（法藏館）の「如幻」の項には「江戸前・中期真宗高田派の僧」「京都長泉寺の僧」と記されているが、如幻の名は高田派の史料には見えない。如幻が住した京都（右京区御室岡ノ裾町）の長泉寺は、現在浄土宗鎮西派の寺である。

本書の冒頭に載る版行者好堅の「近世往生伝題辞」（笠原一男編『近世往生伝集成二』山川出版社、六頁）には、「西方《ニ》有《リ》レ仏、号《ス》二無量寿《ト》一、本誓力強《ク》、善悪斉《ク》摂《ス》、於《ア》戯《ア》勝縁《ノ》所レ牽《ク》、宿福《ノ》所レ熟《スル》、無量劫中《ニシテ》而一《タビ》遇《ヘリ》也、非《ンバ》レ憑《ムニ》二斯《ノ》門《ヲ》一、出《キ》離依《ラン》二何《レノ》教《ニカ》一」と記されている。西方極楽浄土の阿弥陀仏の本願力は強く、善人・悪人を斉しく救うことを説いて浄土の教えに帰依するよう勧めている。さらに、如幻と好堅の親交の様子や本書の概要が記され、末尾に「与レ公並《デ》成《スト》レ報《コトヲ》二仏恩《ヲ》一」と記されている。好堅は、本書が「公」と「仏」の恩を報ずるものであると記しているのである。

本書に収められている往生人の数は、「沙門往生篇」一一人、「尼僧往生篇」三人、「士夫往生篇」一二人、「婦女往生篇」一八人の計四四人であるが、好堅による「追加」二人と「付録」二人を加えると四八人となる。そのうち二二人は伊勢の人である。如幻が高田専修寺にいた頃に見聞した人たちであろう。また、京都の人は九人であり、仏光寺に移ってから見聞した人たちと思われる。往生人の性状としては、正直・柔和・慈悲・孝行が記されている。

高声念仏・六時礼讃・臨終正念や紫雲・天華・光明・異香・舎利などの霊瑞のほか、仏・菩薩の来迎も記されている。なお、本書の元禄八年（一六九五）の初版本が筑波大学図書館に、寛延四年（一七五一）の版本が龍谷大学図書館に収蔵され、笠原一男編『近世往生伝集成』二（山川出版社）に収録されている。

③ 真鏡編『新選念仏往生験記』（三巻）

本書は、真宗高田派専修寺教団の学僧・真鏡（寛政三年、一七九一―慶応三年、一八六七）が、天保八年（一八三七）父・鳳林の十三回忌に版行したものである。僧俗五二名の往生の話を集めている。奇瑞・霊験が多く記されている。笠原一男編『近世往生伝集成』二に収録。

真鏡は、伊勢光福寺の鳳林の三男として生まれ、高田派の学僧・法霖（安永元年、一七七二―文政十二年、一八二九）に学び、戸木西向寺や伊勢飯南郡花園（三重県松阪市駅部田町）の光明寺の住職を務めた。「僧伝」の研究で知られる（『高田の古徳』高田本山専修寺。『真宗人名辞典』法藏館、参照）。

「巻之一」には、「侯家御往生之部」に三人、付録の「僧衆往生之部」に二人、計五人が記されている。「巻之二」には、「僧衆往生之部」に一二人、「信士往生之部」に九人、計二一人、それに「付伝」の七人を加え、計二八人の話が記されている。「巻之三」には三人の在俗の男性（信士・居士）の話の後に、「女人往生之部」として八人（信女・童女・法尼）、「発心往生之部」として五人、「付伝」に三人の計一九人が記されている。三巻の総計は五二人である。伊勢の人が多い。

往生人は、阿弥陀仏の本願を信じて念仏することのほか、正直・慈悲・孝行・忠義・柔和・従順・精勤などの世俗倫理が記されている。また、奇瑞・霊瑞・聖衆来迎が記されているが、浄土宗の『往生伝』に比べると少ない。

真鏡は本書冒頭の「新選往生験記述意」のなかで、「ひたすら臨終の善悪のみを論じて、往生の得否を定むべからず。異香よりも紫雲よりも但信称名の声をもて、往生極楽のしるしとまつべきなり」と記している。「但信称名」こそ「極楽往生のしるし」であると説いて真宗の教えを明示している。真鏡の本書作成の意図については、「唯我とひとしき愚かなる人をして疑惑の雲を晴し、速に大信開悟し、無手と仏願に帰入せしめんが為の方便なるのみ」と記している。真鏡は、本書とは別に『新選往生験記追加別伝』（一巻）を著しているが、本書は寛政六年（一七九四）に往生をとげた閑院一品宮典仁の往生の話であり、彼の念仏生活と往生時の奇瑞、聖衆来迎が記されている。末尾の記述から、真鏡が当時の儒者や国学者たちの排仏論を悲しんで往生人の伝記を集め、人びとを浄土の教えに誘おうと願ったことが知られる。

④ 月筌編『親聞往生験記』（一巻）

本書は、江戸中期の本願寺派の学僧・月筌（寛文十一年、一六七一―享保十四年、一七二九）が書いた『真宗関節』（五巻『真宗全書』第五三巻所収）の巻五「不来迎問答」の後に付されている。『不来迎問答』四巻（二冊）が龍谷大学図書館に収蔵されており、その付録に「親聞往生験記」が記されている。享保四年（一七一九）の奥書がある。次の四話が記されている。

「妙凉尼往生ノ瑞夢ヲ感スル事」「妙了尼臨終に見仏ノ祥瑞アル事」

「妙智童女往生ノ現瑞アル事」「宗信禅門遺言ノ事」

堅固の信心と仏恩報謝の念仏、さらに往生の祥瑞が記されている。平生における信心獲得を強調し、奇瑞・祥瑞や臨終来迎を期待しない真宗において、往生の奇瑞や来迎が記されているのである。月筌の来迎思想は「不来迎問答」に記されており、祥瑞や臨終来迎を必ずしも否定せず、肯定的にとらえている。信心堅固の話が多く、世俗倫理は記されていない。

なお、僧純編『妙好人伝』第三篇巻上に収められている四話「播州妙涼」「摂州妙了」「京都又兵衛女」「泉州宗信」は右の四話を採ったものである。

⑤　諦聴編『遺身往生伝』（一巻）

本書は、信州水内郡神代（現、長野市豊野町豊野）の東本願寺派（現、単立寺院）円徳寺の諦聴が、元文四年（一七三九）十月に撰述し、元文五年（一七四〇）四月に京都堀川錦上ル町、京都載文堂・西村市郎右衛門と東都本町三丁目、東都文刻堂・西村源六が版行したものである。『仏書解説大辞典』第一巻（大東出版社）、『国書総目録』第一巻（岩波書店）、禿氏祐祥編『書目集覧』（宝暦書籍目録）（東林書房）に書名が見えるが、いずれも編者が「性均」「大法」と誤記されている。

本書はこれまで所在不明であったが、調査の結果、平成十八年（二〇〇六）十一月二日、元文五年（一七四〇）の版本が長野県上水内郡飯綱町古町の真宗大谷派願法寺に収蔵されていることが判明、同寺住職よりコピーを送っていただいた。内題に「大法沙弥遺身往生伝」と記されている（その後、長野県立図書館と九州大学付属図書館にも収蔵されていることが判明）。

序は諦聴が記し、「遺身往生伝跋」は西本願寺派の学僧であった江戸築地（現在、東京都調布市若葉町）安養寺の性均（延宝七年、一六七九—宝暦七年、一七五七。知空門下。『真宗新辞典』法藏館、参照）が記している。龍谷大学編纂『仏教大辞彙』第四巻の「性均」に項には、著作の中に『遺身往生伝』（一巻）と記されているが誤記であり、正しくは「遺身往生伝跋」である。

本書は「大法沙弥」一人の往生伝である。「沙弥」とは未だ僧になっていない男子を意味する。大法は願法寺の住職の弟であった。諦聴に師事して宗義を学んでいたが、厭穢欣浄の思いが強く、すみやかな還相利他の活動を願って、元文二年（一七三七）霜月十七日、十八歳で入水往生をとげた。師の諦聴が、大法の捨身往生に悲愁感動し、大法の遺書（四通）を載せ、『発心集』や『本朝僧伝』の往生人の話、中国の『瑞応伝』に載る善導大師の捨身往生の話などを引きながら、大法の捨身往生を非難することなく、生死無常の理《ことわり》にめざめて真摯に仏道を歩むよう説諭している。象王編『続妙好人伝』巻下の「信濃国僧大法」の話は本書から採ったものである。なお、本書は『大系真宗史料』伝記編9・近世門徒伝（法藏館、二〇一三年）に翻刻収録されている。

⑥ 僧純編『日本往生伝和解』（二巻）

本書は、江戸時代後期に『妙好人伝』（五篇）を編集版行した本願寺派の僧純（寛政三年、一七九一―明治五年、一八七二）が、嘉永四年（一八五一）十一月に編集版行したものである。上下二冊に四一人の往生人の話が集録されている（普門山専精寺藏板、京都、永田調兵衛・丁字屋庄兵衛・丁字屋定七刊。龍谷大学図書館蔵）。

僧純は天保十三年（一八四二）に『妙好人伝』「初篇」と「第二篇」を、弘化四年（一八四七）に「第三篇」を版行しており、それから四年後の嘉永四年（一八五一）に本書を版行したのである。さらに五年後の安政三年（一八五六）に『妙好人伝』「第四篇」を、安政五年（一八五八）に「第五篇」を刊行している。『妙好人伝』の編集中に本書を版行したことになる。

本書「上巻」にみえる聖徳太子・行基菩薩・慈覚大師・勝如比丘・空也上人・千観律師・薬蓮沙門・藤原氏女・

勢州老女は慶滋保胤編『日本往生極楽記』に収められている人たちであり、編者・慶滋保胤の名も見える。「下巻」には貴族や文人、また、『往生拾因』の著者・永観律師、『唯信鈔』の著者・聖覚法印、『一念多念分別事』の著者・隆寛律師、さらに、蓮生房・住蓮房・安楽房など法然門下の僧たちの話も収められている。また、源太夫・甘糠太郎・津戸三郎・相模四郎・耳四郎など俗人や悪人の念仏往生の話も載せられている。近世の『往生伝』や『妙好人伝』に見られる孝行、正直、従順、精励、質素、倹約などの世俗倫理は見られない。本書は浄土宗の『往生伝』に見られるような自力策励的な念仏行を勧めるものではなく、『妙好人伝』のように、真宗の篤信者の信心や言行を伝えることで世の人びとを直接真宗の教えに導くものでもない。序に、「宿縁あらんひとびとを仏道に誘引せしむるのたよりともなりなん」と記しているように、僧純は人びとを仏道に誘うために本書を編集版行したのである。

なお、明治に入って版行された真宗の『往生伝』としては、本願寺派の赤松皆恩訂正『日本往生全伝』五巻（永田文昌堂、明治十四年、一八八一―明治十五年、一八八二。龍谷大学図書館蔵）がある。それ以後に真宗の僧によって編集版行された『往生伝』は、現在のところ見当らない。

浄土宗の『往生伝』には、念仏行を励んで瑞相を得、弥陀・聖衆の来迎を受けて往生をとげた人たちの伝記が多く収められている。日課念仏一万遍・三万遍・六万遍など数多くの念仏行のほかに、経典読誦、持戒、臨終正念、見仏、五重相伝など浄土宗の教えが記されている。収録されている往生人には僧尼が多く、俗人としては武士・商人・農民などが見える。

真宗の『往生伝』には、自力諸行や念仏行の話は少ない。他力の信心の獲得と仏恩報謝の生活の話が多い。なかには高声念仏や臨終来迎の話も見えるが、浄土宗の『往生伝』に比べると少ない。奇瑞・瑞相の話がしばしば見られるが、それは浄土宗の『往生伝』の影響というよりも、真宗の学僧・月筌の思想によるものと思われる。

4　近世の『妙好人伝』の内容と性格

江戸時代に編集された最初の『妙好人伝』は、西本願寺派（浄土真宗本願寺派）の学僧・仰誓（享保六年、一七二一―寛政六年、一七九四）が編集した『親聞妙好人伝』（一巻）である。

仰誓は、享保六年（一七二一）に京都西六条の明覚寺に生まれた。寛保三年（一七四三）二十三歳の時、伊賀上野（三重県伊賀市上野中町）の明覚寺に入寺している。寛延二年（一七四九）二十八歳の時に大和の清九郎と出会って感動し、彼の言行を記録、宝暦三年（一七五三）頃に篤信者一〇人の話を集めて『親聞妙好人伝』を編集した。その後、明和元年（一七六四）四十三歳の時に、西本願寺第一七代門主・法如の命で石見の市木（現、島根県邑智郡邑南町市木）の浄泉寺に移住後、さらに篤信者の話を集め、天明四年（一七八四）頃に三六話（第一六話は本文欠）を収めた『妙好人伝』（二巻）（第一は『親聞妙好人伝』と同じ一〇話）を編集した。

また、浄泉寺の学寮で仰誓の子・履善に学んだ伊予の克譲（天明七年、一七八七―元治二年、一八六五）が、文政十一年（一八二八）に二四人の話を収めた『新続妙好人伝』を編集している。しかし、これらの『妙好人伝』は版行されることはなかった。現在、『親聞妙好人伝』の写本が五本存在することが朝枝善照著『続妙好人伝研究』（永田文昌堂）に記されているが、そのうちの二本が龍谷大学図書館と京都大学付属図書館に収蔵されている。また、仰誓編『妙好人伝』（二巻）の克譲書写本と、克譲編『新続妙好人伝』の克譲自筆本が愛媛県立図書館伊予史談会文庫に収蔵されている。土井順一氏によって発見され、土井順一著『妙好人伝の研究――新資料を中心として

――』（百華苑）に収録されている。

『妙好人伝』が最初に版行されたのは、江戸時代後期の天保十三年（一八四二）であった。美濃垂井（岐阜県不破郡垂井町）の浄土真宗本願寺派専精寺の僧純（寛政三年、一七九一―明治五年、一八七二）が、仰誓の『妙好人伝』を再編して天保十三年（一八四二）に「初篇」と「第二篇」を版行し、弘化四年（一八四七）に「第三篇」を、安政三年（一八五六）に「第四篇」を、安政五年（一八五八）に「第五篇」を版行した（専精寺蔵版本）。

さらに、真宗大谷派の僧と推定される北海道松前の象王が、仰誓の志を継ごうと思い、嘉永四年（一八五一）に『続妙好人伝』（一巻）を編集版行（五梅園蔵版本）したが、八年後の安政六年（一八五九）に数話入れ替え、また一部文章の改変を行った改訂補刻本（文醒堂蔵版本）を版行している。

以下、仰誓・僧純・象王編の『妙好人伝』の内容と性格を記す。

①　仰誓編『妙好人伝』（二巻）の特色

仰誓編『妙好人伝』（二巻）には、浄土宗の『往生伝』に見られるような念仏行を励んで臨終に来迎往生をとげた話はなく、奇瑞・霊験の話も少ない。少し奇夢や五色舎利の話が見える程度である。「大和の清九郎」の話に代表されるような、篤信者の厚信と孝行、勤倹、慈愛などの倫理的行為、さらに仏恩報謝の生活の話が多い。他力の信心をいただいて、この世で「正定聚の位」に就き、「現生十種の益」をめぐまれた「信心の行者」「金剛心の行人」の伝記である。また、現世祈禱否定・神祇不拝などの真宗の教えや宗風が随所に記されている。他宗（日蓮宗・浄土宗・禅宗など）から真宗に転じた人の話もいくつか見える。また、悪行を行っていた人が、真宗の教えに帰して悪行を改めた話も見える。幕府を意識した記述はほとんど見られない。仰誓は本書によって、親鸞・蓮如が説いた如来回向の真実信心と、真宗の宗風を人びとに伝えようとしたことがうかがえる。仰誓は、後半生を石見の浄泉寺の住職として、学寮を造り、多くの僧侶を教導した。「石州学派の祖」といわれ、門弟たちの生活態度をきびしく律したので「真宗律」ともいわれる。

本伝に収録されている人は「第一巻」に一〇人、「第二巻」に二六人の計三六人であるが、本願寺派の門徒だけでなく、大谷派や高田派の門徒の話も数話収められている。『教行信証』から一文引かれているが、多くは『御文章』から引かれている。

② 僧純編『妙好人伝』(五篇)の特色

僧純編『妙好人伝』五篇(専精寺蔵版本)に収められている妙好人は、西本願寺派の門徒が多いが、東本願寺派の門徒も数名収められている。目録に記されている話の数は、「初篇」二二話、「二篇」三七話、「三篇」一九話、「四篇」二七話、「五篇」二一話、計一二六話である。そのうち女性の話は三五話である。収録されている人の職業は農民がもっとも多く、次に商人が多い。そのほか武士、医者、坊守などが数名見える。僧(住職)は一名(四篇巻上、豊後西旋)のみである。

僧純は『妙好人伝』の中でしばしば真宗の教えや宗風を教示している。とくに蓮如の「信心為本・王法為本」の教説と、本山崇敬・門主崇拝・王法世法遵守・神祇不拝不軽のほか、孝行・忠節・正直・倹約・勤勉・年貢完納などの世俗倫理を記している。第三篇・巻下には、妙好人の話は載せておらず、すべて僧純の教説が記されている。一「神明帰仏」、二「帝王帰仏」、三「公武帰仏」、四「神職帰仏」、五「神棚之事」、六「鬼門」、七「金神」、八「物忌之事」、九「掟こころえ歌」の項目で、真宗の教えや宗風・掟を教示している。

第四篇・巻上の「濃州樹誓（千代）」の話には、美濃縁覚寺の坊守・千代に宛てた僧樸の手紙を、また、同篇・巻下の「摂州さよ女」の話の末尾には、摂州光専寺の坊守・さよ宛ての仰誓の手紙を載せて信心獲得の大切さを説いている。同「越中のよ女」や「奥州とく女」の話には、西本願寺教団における異義「三業帰命」への批判を記している。文化元年（一八〇四）から文化三年（一八〇六）を頂点とする前後一〇年に及んだ三業惑乱事件が、僧純の『妙好人伝』にも影を落としているのである。第五篇の末尾には、「仏恩」「師恩」「国恩」「親恩」の四恩の後に「孝行粉引歌」を記すなど、真宗門徒の生活倫理を説いている。

本書に記されている書物は左記のとおりである。

『正信偈』『御和讃』『御文章』『改悔文』『御一代聞書』『御伝鈔』『元亨釈書』『本朝通記』『沙石集』『袋草紙』『空也伝』『撰集鈔』『日本書紀』『続日本紀』『日本後紀』『神国決疑編』『天下太平国土安穏記』『三代実録』『日本往生極楽記』『日本往生伝』『天竺往生伝』『勧化往生伝』『念仏往生伝』『続念仏往生伝』『和語灯録』『古徳伝』『照蒙記』『論語』『鳩翁道話』『続鳩翁道話』『近世叢語』『良民伝』『聖学問答』『谷響集』『国史略』『説苑』『正明伝』『春日記』『諸神本懐集』『真宗関節付録親聞往生験記』『清九郎伝』『孝信庄之助伝』『七三郎生涯記』『百条法話』『博多記』『石城記』『西光寺譲状』『西応寺了幻記録』『僧分教誡』『坊守教誡』『高城家儀』『真行寺隆性記録』『僧樸書簡』『仰誓筆録』『仰誓書簡』『誓鎧記録』『本迹一致問答』『諭客護法篇』『僻難対弁』『南嶺子孝信録』『神道俗談弁』『雪窓夜話』『三ヶ条筆録』『神棚訣』『神仏水波弁』『随聞試答篇』『本懐集』『来意鈔』『顕正鈔』『心地観経』。

僧純はこうした多く書物を援用して真宗の信心や宗風を示したのである。

僧純の『妙好人伝』撰述の背景には、西本願寺の広如門主の命を受け、本願寺の財政再建や大谷本廟の石橋の架設、角坊別院の再建、『法要典拠』出版の簿財など、諸事業を行った本山の行政僧としての僧純の立場や、教団内の異義・異安心、幕府の寺院統制の強化、儒学者・国学者・経世論者たちの廃仏論、新宗教の勃興などさまざまな状況があったのである。また、仰誓や克譲の『妙好人伝』と違って、往生の奇瑞・祥瑞の話を多く載せている。ただし、臨終来迎の話は少ない。奇瑞・祥瑞について、僧純は次のように記している。

是等《これら》の奇瑞《きずい》（念仏者の死骸の口から蓮華が生じた話）ハ、疑ひふかき我等をして、信を得せしめんための善巧《ぜんげう》なるのみ（『妙好人伝』二篇・巻上、「筑前明月女」、末尾註記。『大系真宗史料』伝記編8　妙好人伝、法藏館、一四六頁）。

僧純は、奇瑞・霊瑞が真宗の教説でないことを熟知しながらも、民衆の感情や願望など、凡情に訴えることで人びとを真宗の教えに導こうとしたのである。

また、第四篇・巻上「豊後西旋」の話の末尾に、元禄二年（一六八九）に版行された『勧化往生伝』巻六の「悪人之部」に載る唐の悪人「雄俊」の往生の話を記し、次の「伯州九右衛門」の話の末尾に『勧化往生伝』巻三の「畜類鳥之部」に載る「猿」と「鷲」の往生の話を引いている。悪人往生とともに、鳥獣も勧化を受けて往生をとげた話を引いて、「万物の長たる人間と生まれて仏法を信ぜざるは実に恥入るべき事の限りならんかし」と記している。

さらに、僧純は、第三篇・巻上に、西本願寺派の学僧・月筌の『親聞往生験記』（宝暦五年、一七五五）から四話を引いている。「播州妙涼」「摂州妙了」「京都又兵衛女」「泉州宗信」の話である。往生の奇瑞・浄土の夢・臨終見仏・来迎など、奇瑞・祥瑞の話が見える。臨終の祥瑞について、「泉州宗信」の話の末尾に次のように記している。

右四人の伝《でん》ハ、全《まつた》く親《した》しく見聞《けんもん》せる事ゆゑ是を記《しる》す。尓《しか》るに、今家《こんけ》の門人の中に、不来迎《ふらいかう》の言《こと》バを執《しふ》じて、臨《りむ》終《じゆ》の祥瑞《しやうずい》などありと云事を忌嫌《いみきら》ひて、反《かへつ》てそれを謗難毀罵《ぼうなんきし》して邪見《じやけん》に堕《だ》するもの、あるを歎《なげく》がゆゑなり。往生ハ、なにごとも凡夫《ぼんぶ》のはからひに非《あら》ず。信《しん》ぜバ冥顕《ミやうけん》の機感《きかむ》、何輙《なんぞたやす》くその是非《ぜひ》を測《はか》りさだむべきことならんや。総《すべ》て、今家に談《だん》ぜらる、不回向不来迎《ふえかうふらいかう》の名目《ミやうもく》をこ、ろえ誤《あやまり》て、仏祖《ぶちそ》の正意《しやうゐ》を壅塞《ようそく》するやうに沙汰《さた》する者《もの》もあるハ、返々《かへすぐ》も浅間布悲《あさましくかなし》きことなり。宗脈《しゆミやく》を継《つが》んと欲《ほつ》する者《もの》は、よく〳〵このことハりを弁《わきま》ふべき事になん此事、月筌師の親聞往生験記に出たり。（『大系真宗史料』伝記編8　妙好人伝、法藏館、一九七―一九八頁）

真宗信徒の中に、不来迎の教えに固執して、臨終の祥瑞を否定する者がいるが、それは大きな誤りであると述べているのである。

なお、『親聞往生験記』は、先に述べたように、月筌（寛文十一年、一六七一―享保十四年、一七二九）が宝暦四年（一七五四）に著し、宝暦五年（一七五五）五月に版行した『真宗関節』五巻（『真宗全書』第五三巻、所収）の巻五「不来迎問答」の「付録」に記されている。次の四話が収録されている。

「妙凉尼往生ノ瑞夢ヲ感スル事」「妙了尼臨終に見仏ノ祥瑞アル事」
「妙智童女往生ノ現瑞アル事」「宗信禅門遺言ノ事」

この四話には臨終時における祥瑞が記されている。僧純が右の四話を『妙好人伝』三篇・巻上に引いているところから、僧純が『真宗関節』を読んで月筌の来迎思想の影響を受けていたことが分かる。

月筌は、右の四話の末尾に臨終来迎や祥瑞について、ここに記した験記は自分が直接見聞したものであること、真宗では不回向・不来迎を説くが、その言葉に固執して臨終の祥瑞を忌み嫌って非難するのは凡夫のはからいであり邪見であると批判している。さらに、『真宗関節』巻五の「不来迎問答」巻之四で、臨終来迎について、「元祖ノ本意モ平生ニ信心堅固ナル者ノ前ニハ、臨終ヲ期シ来迎ヲ待ヘシトハ勧メ玉ハス。来迎ヲ期スルマテモナシトアルハ、ヒトヘニ平生ノ深信ヲ退転ナキヤウニ守護シ玉ハン為ナリト思フヘキ也」「今家ノ門人ノ中ニモ、一偏ニ臨終ノ祥瑞ヲ撥無スルヤウニコ、ウル者アリ。コレハマタ吾祖ノ骨髄ヲ知ラヌト云モノ也」と述べている。僧純の『妙好人伝』に奇瑞・霊瑞が多く見られるのは、『真宗関節』に見られる月筌の思想の影響によると思われる。なお、僧純は、『妙好人伝』第五篇版行（安政五年、一八五八）から三年後の文久元年（一八六一）に『親鸞聖人霊瑞編』一冊（正聚房蔵版、龍谷大学図書館蔵）を版行している。「川越之名号」「焼残名号」「倒竹之奇瑞」「二度掛名号」「身代之本尊」など、親鸞にまつわる多くの霊瑞譚が収録されている（拙著『親鸞聖人伝説集』法藏館、二〇一一年参照）。末尾の「臨終奇瑞論」では、平生の獲信による不来迎・平生業成の義を強調しつつ、臨終の奇瑞・霊瑞を肯定している。

③ 象王編『続妙好人伝』（一篇）の特色

象王編『続妙好人伝』に収録されている妙好人は、本書に記されている寺院の調査の結果、そのほとんどが東本願寺派であることが判明した。収録されている人も同派の門徒が多い。

象王については、これまで佐々木倫生や柏原祐泉によって「西本願寺派の僧であろう」といわれてきたが、本書巻上の「山田文右衛門」の話の分析と現地調査の結果、象王が北海道松前郡松前町唐津真宗大谷派専念寺に関わりのある僧であったことが判明した。なお、本書の序を真宗仏光寺派学頭の信暁が書いていることから、象王が信暁と親交があったことがうかがえる。高倉学寮での修学時代の縁かもしれないし、あるいは象王がのちに仏光派に転じたのかもしれない。象王については、本書末尾の跋文に長崎・石南学人瑛（未詳）が嘉永三年（一八五〇）九月に記しており、その末尾に、「嚮《さき》に石州の仰誓師、妙好人伝を梓《あづさ》して、先往《せんわう》の奇瑞《きずい》を挙《あげ》て而《しか》も後来の行者を招く。今、又、松前の象王師、其志《そのこころざし》を続《つ》ぎ、其遺《そののこれる》を拾《ひろふ》て第二編を顕《あらハ》して、いよ〳〵往相の大慈を賑《しめ》して、還相の大悲を告《つ》ぐ。（中略）象王師ハ、同学在京已十霜《すでにじつそう》に及《および》、交誼他に殊《こと》なり、其識徳《そのしきとく》も能知《よくし》れり。亦《また》、是《これ》も妙好人と云《いひ》つべし」（『大系真宗史料』伝記編8　妙好人伝、法藏館、三六二頁）と記されている以外史料がなく、その行跡は現在のところ不明である。

『続妙好人伝』が版行されたのは、僧純の『妙好人伝』第三篇が版行された弘化四年（一八四七）から四年後の嘉永四年（一八五一）（五梅園蔵版本）であるが、それから八年後の安政六年（一八五九）に改訂補刻版（文醒堂蔵版本）が版行されている。改訂復刻版では話が数話差し替えられ、記述が真宗的に改められ、また幕府への恭順の記述が挿入されるなど、かなり改変されている。象王の教学の深化と社会情勢の変動、幕府の宗教統制の強化や儒者・国学者たちの排仏論などの影響が考えられよう。

『続妙好人伝』には次の書物の名が見える。

『海岸語類』『遺身往生伝』『新選発心伝』『勧化本朝新因縁集』

『海岸語類』は義導（姓、福田）の撰であり、『遺身往生伝』は東本願寺派の僧・諦聴の撰である。『新選発心伝』は西本願寺派の学僧・性均の撰である。『勧化本朝新因縁集』は蓮盛が安永六年（一七七七）に撰述したものである。『新選発心伝』と『勧化本朝新因縁集』は龍谷大学図書館に収蔵されている。

本書に記されている話の数は二四話（付録一話を含む）であるが、そのうち女性の話は七話である。農民、商人、武士などのほか、僧の話が三話収められているのも特色の一つであろう。僧純の『妙好人伝』（五篇）では、総計一二六話中、僧（住職）の話は一話（四篇・巻上、「豊後西旋」）であるのに比べ、多い。

僧の話は次の三話である。

一、巻上「越後僧智現」 二、巻下「信濃国僧大法」 三、巻下「参河国僧廓三」

一、「越後僧智現」は、越後（新潟県三島郡出雲崎町羽黒町）真宗大谷派・浄玄寺の住職であった。東本願寺の高倉学寮で深励に学び、文政二年（一八一九）に擬講、天保二年（一八三一）に嗣講（明治二十七年、一八九四、贈講師）に任ぜられた学徳ともにすぐれた人であった。象王は東本願寺派の学僧を「妙好人」として本書の冒頭に収めたのである。このような例は仰誓や僧純の『妙好人伝』には見られない。

二、「信濃国僧大法」の話は、諦聴撰『遺身往生伝』（一巻）から採ったものである。話の末尾に大法を「末世に有難き往生人なり」と記している。

三、「参河国僧廓三」の話は、諦聴編『遺身往生伝』の跋文を書いた西本願寺派の学僧・性均（宝延七年、一六七九―宝暦七年、一七五七）が編集した『新選発心伝』一冊上下（元文二年、一七三七、龍谷大学図書館蔵。西田耕三校訂『仏教説話集』二、国書刊行会、一九九八、収録）から採ったものと思われる。

『新選発心伝』によると、僧・廓三は愛知県刈谷市元町の東本願寺派（現、真宗大谷派）専光寺の生れで、道心堅固な僧であった。鳳来寺の薬師仏の前で一七日道心堅固を祈って称号断食した。また、自分の血で「浄土三部経」を書写するなど苦行的な仏恩報謝行を行い、宝永三年（一七〇六）六月五日に坐亡往生をとげている。性均は、廓三の話の末尾に「坐亡の相貌は予が檀越権兵衛といへる者、其時所以ありて三州苅屋の専光寺にありて、親《まのあたり》これを見て語れり。親見真事なり。予、法師と旧友にして断金の交をなせり。故に先年、其行状を記録して、摂州坂陽の宝泉珂然師へ送り、新聞往生伝にこれを載《のせ》らるるといへども、今復其闕漏の一二を誌《しる》せるものなり」と記している。性均が、僧廓三の行状を記録して浄土宗鎮西派の学僧・大坂生玉宝泉寺の珂然（寛文九年、一六六九―延享二年、一七四五）に送り、『新聞往生伝』に収められたのである。『新聞往生伝』とは、『新聞顕験往生伝』（三巻）のことである。龍谷大学図書館所蔵の版本（正徳元年、一七一一）の表紙には、『扶桑往生全伝　新聞顕験往生部』と記されている。『新聞顕験往生伝』が別名『扶桑往生全伝』とも称されるゆえんである。珂然編『新聞顕験往生伝』は、笠原一男編『近世往生伝集成』二（山川出版社）に収録されている。念仏行による瑞夢や臨終来迎の話が多い。

象王は道心堅固な僧の話を伝に載せることで、当時の僧侶たちの安逸な生活態度を諌めようとしたのではないか。その背後には、儒学者や国学者・経世論者からの仏教批判・排仏論があったことが考えられる。

また、象王の『続妙好人伝』には、仰誓や僧純の『妙好人伝』以上に神秘的な話が多く載せられている。因果応報譚・怪奇譚・霊験霊夢・高声念仏・多念仏・追善法事・蘇生譚・臨終来迎などの話が多く見られるのである。その理由として、象王が育った蝦夷地松前の風土や宗教環境が影響したことが推測される。若い時、松前の東本願寺派（現、真宗大谷派）専念寺に関わった象王が、松前城の近辺に点在する真言宗阿吽寺、浄土宗光善寺・正行寺、禅宗法幢寺・龍雲寺・法源寺、日蓮宗法華寺など、多くの宗派の寺院が混在する環境の中で育ったため（平成十年九月一日・現地調査）、その思想に雑多なものがあったのではなかろうか。八年後に版行された改訂補刻版では、かなり真宗的表現に改められている。

むすび

浄土教が民衆に受容されるうえで、『往生伝』や『妙好人伝』の果たした役割は小さくはなかったと思われる。

理知に訴える論書・教学書とは異なり、人間の心情・感情に訴える『往生伝』や『妙好人伝』は、多くの人びとに浄土往生への志願を起こさせたことであろう。

『往生伝』は、諸行や念仏行を修して瑞相を現わし、臨終に如来・菩薩の来迎を受け、心安らかに極楽浄土へ往生をとげた人たち（「往生人」）の伝記であり、人々はそれを読むことで浄土信仰に導かれ、現世の苦しみと死への不安を克服したことであろう。伝の多くは、浄土宗の僧によって編集されたが、少数ではあるが真宗の僧によって編集されたものがあることが判明した。両者の間には教学の相違からそれぞれ特色が見られるが、当時の人々の思いや願いを反映している点で共通するものがみられる。

一方、『妙好人伝』は、如来回向の真実信心を獲得して、この世で如来の大悲に抱かれ、「正定聚の位」に就き、仏恩報謝の生活を送り、浄土往生を遂げた真宗の篤信者たち（妙好人）の伝記である。本書も時代の影響を受けていることは否定できないが、真宗の教えがどのように人々に受容され、実践されたかをうかがううえで、さらに、わが国の宗教史、思想史を究明するうえで貴重な史料である。とくに僧純が編集したものには、真宗の経論だけでなく、儒教・道教・神道・国学・文学・歴史書・歌集その他さまざまな典籍が援用されており、それらを精査することで真宗の教義や宗風のみならず、当時の社会状況や思想状況をうかがえる点でも貴重な史料といえよう。

＊

江戸時代に編集版行された『妙好人伝』に対しては、これまできびしい批判がなされてきた。「封建社会の重圧を甘受して、歴史の進展に力をつくそうとする積極的意欲に欠けた人間ばかりである」（家永三郎著『中世仏教思想史研究』法藏館、一九四七年）とか、「多くは順次の極楽往生を好餌として、現世的には全く去勢せられたる安全人物の羅列である」（野々村直太郎著『浄土教批判』中外日報社、一九二三年）など、近代の歴史観にもとづく近世『妙好人伝』への否定的評価である。

たしかに、江戸時代の『妙好人伝』に収録されている妙好人の多くは、江戸幕藩体制への順応型の人たちであり、権力支配に反抗した人や社会変革をめざして行動をした人物、たとえば農民一揆に加わった人などは収められていない。しかし、なかには命を賭して君命や藩令に背いて自己の信心を貫いた人もいる。僧純編『妙好人伝』第四篇上巻の「九州千代」や、第五篇下巻の「尾州渡辺半蔵」などである。また、日々の活動をとおして社会貢献を行った人もいる。象王編『続妙好人伝』の「松前山田文右衛門」（蝦夷地場所請負人）がそうである。

『妙好人伝』が版行された江戸時代後期は、幕藩権力によるきびしい思想統制・宗教統制が行われ、出版物に対しても検閲強化がなされた時代であった。『妙好人伝』の出版に際しても、そうした時代の影響があったことは否定できない。それは、江戸時代中期に仰誓が編集した「大和の清九郎」の話を、五〇年ほど下った江戸時代後期になって、僧純が『妙好人伝』初篇として再編版行した際、内容をもとの信心強調の話から、幕藩権力や本願寺の門主の権威に従う文章に改めたことからも知られる。それはまた、象王が、『続妙好人伝』の初版本に収めた「松前文右衛門」の話を、八年後に版行した改訂補刻本で、内容を幕藩権力に迎合する文章に書き改めていることからも知られよう。さらに、江戸時代後期には、儒学者、国学者、経世論者たちの排仏論や、新興宗教の勃興などがあり、そうした事態に対処しようとした意図もうかがえる。そうした点で、江戸時代の『妙好人伝』が、当時の社会や教団の理想的人間像として社会を安定させる役割を担ってきたとする見方があることは否定できない。しかし、近代の価値観に照らして問題があるとの理由で、妙好人の存在を軽視してきたこともまた問題であろう。このような意味で、今後妙好人の本質を明らかにし、信仰の社会的側面を視野に入れつつ現代における妙好人の意義を究明していくことが大切である(3)。

註

（1）『往生伝』と『妙好人伝』について述べたものに次の論文がある。
佐々木倫生「『妙好人伝』とその作者たち」（『仏教文学研究』第二号、昭和三十九年二月、所収）。鈴木宗憲『日本の近代化と「恩」の思想』（法律文化社、昭和三十九年）第三章「日本の近代化と宗教的人間像」二「妙好人の系譜と歴史的意義」。大橋俊雄「『近世往生伝』とその性格」（千葉乗隆博士還暦記念会編『日本の社会と宗教』同朋舎出版、昭和五十六年、所収）。

（2）『往生伝』について論じたものに次の論文がある。
魚澄惣五郎「日本往生伝類について」（史学会編『本邦史学史論叢』上）、田村圓澄「往生伝について」（『日本思想史の諸問題』）、西光義遵「往生伝年表」（『龍谷史談』三ノ二）、大橋俊雄「近世浄土宗における往生伝の編集に就いて」（浄土宗教学会『仏教論叢』第二一号）、大橋俊雄「『近世往生伝』とその性格」（『日本の社会と宗教』同朋舎出版）、西口順子「往生伝の成立——三善為康の往生伝を中心に——」（京都女子大学史学会『史窓』第一七・一八合併号）、重松明久「往生伝の研究——平安時代の七往生伝について——」（『名古屋大学文学部研究論集』二三号）、小栗純子「近世往生者の諸相——『緇白往生伝』を中心として——」（『日本仏教』三九号）、小栗純子「『近世往生伝』について」（笠原一男編『近世往生伝集成二』解説）。

（3）妙好人の信心・宗教心を最初に思想的に研究したのは鈴木大拙であった。敗戦の年、昭和二十年（一九四五）を挟んで前後五・六年の間に、妙好人の信心・宗教心について論じた著書を数多く上梓している。昭和十八年（一九四三）に刊行した『宗教経験の事実』（大東出版社）、昭和十九年（一九四四）に刊行した『日本的霊性』（同）、昭和二十二年（一九四七）に刊行した『仏教の大意』（法藏館）、昭和二十三年（一九四八）に刊行した『妙好人』（大谷出版社、後に法藏館）である。これらの著書には、「霊性的自覚」の体現者として讃岐の妙好人・庄松や石見の妙好人・浅原才一の宗教心が紹介されており、戦争の悲惨を体験した大拙が、日本の再建と世界平和を願って世に出したものであった。晩年における十年に及ぶアメリカ滞在中の講演・講義においても、妙好人の宗教心、とくに石見の浅原才市の念仏詩に見られる霊性的自覚を紹介し、抗争・闘争・戦争を乗り越えて世界平和をもたらすには霊性の覚醒以外にないと説いている。

参考文献

望月信亨編『続浄土宗全書』第六巻。第一六巻（宗書保存会事務所、一九四一年）
田村圓澄著『日本思想史の諸問題』（永田文昌堂、一九四八年）
重松明久著『日本浄土教成立過程の研究』（平楽寺書店、一九六四年）
鈴木宗憲著『日本の近代化と「恩」の思想』（法律文化社、一九六四年）
石田瑞麿著『往生の思想』（平楽寺書店、一九六八年）
古典遺産の会編『往生伝の研究』（新読書社、一九六八年）
柏原祐泉著『近世庶民仏教の研究』（法藏館、一九七一年）
浄土宗開宗八百年記念慶讃準備局編『続浄土宗全書』第一六巻、往生伝輯録（一九七四年）
井上光貞・大曾根章介校注『往生伝・法華験記』（日本思想大系新装版）（岩波書店、一九七四年）
小栗純子著『妙好人とかくれ念仏――民衆信仰の正統と異端――』（講談社、一九七五年）
笠原一男著『女人往生思想の系譜』（吉川弘文館、一九七五年）
志村有弘著『往生伝研究序説――説話文学の一側面――』（桜楓社、一九七六年）
笠原一男編著『近世往生伝の世界――政治権力と宗教と民衆――』（教育社、一九七八年）
笠原一男編『近世往生伝集成』全三巻（山川出版社、一九七八―八〇年）
土井順一著『妙好人伝の研究――新資料を中心として――』（百華苑、一九八一年）
朝枝善照著『妙好人伝基礎研究』（永田文昌堂、一九八二年）
朝枝善照著『続妙好人伝基礎研究』（永田文昌堂、一九九八年）
朝枝善照編『妙好人伝研究』（永田文昌堂、一九八七年）
高田衛・原道生編、西田耕三校訂『仏教説話集成』〔二〕（国書刊行会、一九九八年）
青山忠一著『近世仏教文学の研究』（おうふう、一九九九年）
菊藤明道著『妙好人伝の研究』（法藏館、二〇〇三年）
菊藤明道著『増補版・妙好人伝の研究』（法藏館、二〇一一年）

浅井成海著『法然とその門弟の教義研究』（永田文昌堂、二〇〇四年）
国文学研究資料館編『往生伝集』影印篇〔真福寺善本叢刊・第七巻〕（臨川書店、二〇〇四年）
国文学研究資料館編『往生伝集』訓読・解題・索引篇〔真福寺善本叢刊・第七巻〕（臨川書店、二〇〇四年）
寺林峻著『往生の書――来世に魅せられた人たち――』（日本放送出版協会、二〇〇五年）

近世『妙好人伝』研究の経緯

児玉　識

はじめに――なぜ、「妙好人」および『妙好人伝』研究は停滞していたのか――

「妙好人」の語源は、善導の『観経疏』の「散善義」に、「もし念仏する者は、即ちこれ人中の好人なり、人中の妙好人なり、人中の上上人なり、人中の希有人なり、人中の最勝人なり」（原漢文）と記されているところにあるといわれている。したがって、本来は広く念仏者全般を意味する語であるが、現在では、念仏者の中でも、真宗の在家篤信者に対する呼称として用いられている。それは、宝暦三年（一七五三）ころに、伊賀上野の西本願寺派明覚寺住職仰誓（のちに石見浄泉寺に入寺）が真宗の在家篤信者の言行を集めて『親聞妙好人伝』（一巻）を撰述して以降のことである。

近世の『妙好人伝』の撰述は、仰誓にはじまり、その後、幕末までに伊予の克譲、美濃の僧純、北海道松前の象王らによっても行われた。さらに、明治以降も『真宗明治妙好人伝』全三編（若原観幢、一八八三、八四年）、『妙好人伝』全六巻（平田思永、一八八六年）、『新妙好人伝』全二編（濱口恵璋、一八九八、九九年）、『新選妙好人伝』全一四編（富士川游、一九三六―四一年）など多くのものが編纂されており、『妙好人伝』を歓迎する空気が真宗教団内に長く存続していたと思われる。同じ浄土系の宗派でも、真宗に限りこういう風潮が見られた理由として、民芸運動の創始者・柳宗悦は「真宗と民衆との交わり」が格別に強く、その伝統が近代に至るまで長く存続してきたことを指摘している（『鈴木大拙選集』〈春秋社、一九五二年〉第六巻解説）。その当否はともかくとして、明治以降も『妙好人伝』編纂・刊行がしきりに行われていたことは、宗教史研究上、注目すべき事柄と思うが、本書で採録したのは近世のものだけなので、ここでは近世の妙好人および『妙好人伝』に限定して、その研究状況について略述する。

近世の『妙好人伝』に採録された人物一五七名の中には坊守および尼六名、僧侶四名がいるが、他はすべて在家者である。また、その在家者は、農民六四名、商人二七名、漁師一名、武士一〇名、幼児一〇名、医師四名、乞食・賤民三名、遊女二名、その他一〇名、不詳一六名で（柏原祐泉「妙好人――その歴史像――」〈『浄土仏教の思想』一三、講談社、一九九二年〉）、圧倒的に民衆が多い。しかも、その民衆も、ほとんどが貧困層で、生活苦に喘ぎながらも念仏に生きた人物である。したがって、『妙好人伝』が近世の中・下層民の信仰形態や思想を探るうえで貴重な史料であることは言うまでもないところである。

しかし、戦前・戦中の研究者は、ごく一部を除いて、『妙好人伝』の存在は知りつつも、長い間、これに注目することはなかった。それは、『真宗全書』、『真宗叢書』、『真宗史料集成』などにこれが収録されることがなかったことからだけでも分かろう。かれらは、近世の真宗については、もっぱら教学史や学僧伝の研究に没頭するのみであったが、それは、民衆史を極端に見下していた皇国史観の強い影響下に育った研究者であってみれば、当然のことだったのかもしれない。

また、例外的に皇国史観には批判的な立場にいて、これに言及した人物もいたが、かれらの妙好人観はきわめて偏見に満ちたものであった。それは、たとえば野々村直太郎が「多くは順次の極楽往生を好餌として、現世的には全く去勢せられたる安全人物の羅列である」(「封建的社会組織の安全弁」〈『浄土教批判』、中外出版社、一九二三年〉)と述べていることからも分かるように、かれらは、『妙好人伝』に登場する門徒(妙好人)は、いずれも現世に背を向けた、無気力人間ばかりという認識しかもっていなかったのであった。

たしかに、『妙好人伝』には体制順応型の人間が多く描かれている。しかし、そこに、抑圧された社会で懸命に生きようとした近世民衆のしたたかさが見られるのも事実で、それを無視して、「全く去勢せられたる安全人物の羅列」とのみ断じたところに問題があった。また、一歩譲って、無気力な人物が多く描かれているにしても、ならば、そのような無気力なものたちの信仰に当時の教団教学はどう関わっていたのかを、『妙好人伝』の分析を通して具体的に検討する必要があるのに、それがなされることはなかった。

ところで、見落としてならないのは、このように「妙好人」および『妙好人伝』を軽視する風潮は、近代に入って始まったことではなく、『妙好人伝』が誕生した時代からあったことで、近世の教学者たちがこれに注目することはほとんどなかったと考えられる。以下、それについて若干の説明をしておこう。

周知のように、教義的に在家主義を基本とする中世の真宗では、俗人のままで死者の弔いや教化活動をするもの=毛坊主が広範に存在していた。しかし、近世社会にあっては、それらの存在は行政上認められず、近世初期の段階で多くは消滅してしまった(児玉識『近世真宗の展開過程』吉川弘文館、一九七六年)。これは、寺請・寺檀制度によって寺院の経済的安定を保証する代償に、寺院に民衆統治の一端を担わせた幕藩宗教行政からみて当然のことで、公認の寺院住職以外の教化活動は厳しく制限した(聖俗分離)。民衆に対する宗教的教化は、王法仏法の立場を明確にしている教団の本末体制内にあって、寺檀権を得ている正規の寺院住職に一任され、それ以外の、在家信者による教化活動は、幕府の宗教政策の基本を揺るがしかねない行動として警戒されたのであった。そして、それはまた教団としても、教団体制護持の上から軽視できない行動で、異端行為として厳重に取り締まる必要があった。したがって、寺院住職が、在家者をより熱心な信仰者になるように教導することは好ましいことではなかった。あくまで在家者の信仰活動は、受動的で、あまり活発化しない状態に留めておくことが望ましかったのであろう。あえてこのような推測をするのは、十八世紀後期に飛騨地方で、篤信の同行（信者）を讃えたことが、教団から「不正義」の烙印を捺される一要因となったという事件が発生しているからである。

これは、飛騨安永法論と呼ばれる、飛騨の西本願寺末寺間で起こった法義論争である。これについて論じた三嶋信の論文「近世中期における在地仏教――飛騨安永法論と円光寺浄明――」（『日本宗教文化史研究』第一二巻第一号、二〇〇八年）によると、明和九年（一七七二）に西本願寺から来た判者僧鎔によって飛騨古川円光寺浄明の教説が「不正義」と判断されるのであるが、その理由の一つに、「同行ヲ鏡トス」るということを挙げている。これは、浄明が著書の中で「同行ヲ鏡トスベキ心得ノ事」として説いていることを指したもので、「同行重視の姿勢は浄明著作のいたるところに確認できる」という。これに対して僧鎔は、「鏡トスベキ同行当国ニアリヤ否ヤ、コレメヅラシキコト也」と批判しているが、ここには、寺院僧侶が熱心な同行を育成すること自体を教団側が警戒していたことが読みとれる。

興味深いことに、「鏡トス」べき同行として浄明が挙げている人物に、年貢上納に積極的だった飛騨牧ヶ原村源治がいるが、三嶋が指摘しているように、これはのちに僧純が『妙好人伝』第二篇に採録した「飛州源治」のことである。このことは、たとえいかに体制に協力的な人物であろうとも、妙好人を顕彰するような行為を判者僧鎔が危険視していたことを示唆しているように思われる。かれには、在家者の信仰生活は、その内容がどのようなものであれ、あくまで受動的であるべきで、寺院住職が熱心な在家者＝妙好人を称賛するような態度は許されないという信念があったのであろう。そして、その信念は、これより少し前に、同じく西本願寺教団で発生した「円空の異義」と呼ばれる異安心事件と無関係ではなかったと思われるので、これについても簡単に述べておこう。

これは、安芸・石見地方で在家者と結んで活発な布教活動をしていた長門の円空という旅僧が、宝暦十年（一七六〇）にその教説が西本願寺で邪説と判定された事件である。邪説とされた主な理由は、小林准士の論文「旅僧と異端信仰――長門円空の異義摘発事件――」（『社会文化論集』第三号、島根大学法文学部社会文化学科、二〇〇六年）によると、①往生治定の領解《りょうげ》を否定して、往生可否の判断も阿弥陀如来に任すべきであること、②他力の安心を得たその時に、悟りの境地に達するのであり、その人間においては現世が浄土となりえること、③僧侶による教化を否定し、真実の教えは在家同行の会合を通じてしか接し得ない、善知識は在家に限ることなどを説いたことにあったという。円空は、これにより「在家同行による共同社会の形成を志向」していたようであるが、今、妙好人との関係で注目したいのは、善知識（教化者）は在家の人に限ることを説いた③である。在家者だけが善知識となって教化活動をするとは、寺院僧侶の活動を全面的に否定することであり、このようなことを主張すれば、教団も行政も弾圧に乗り出すのは明らかである。にもかかわらず、それを唱えたのは、幕藩権力と結びついた教団のあり方に対する民衆の不満が鬱積しており、在家者を善知識とする、新たな宗教社会を形成しようとする風潮があったからであろう。

ここから、当時の教団には、信仰心の強い、活発な在家者（＝妙好人）による教化活動に制限を加えようとする動きがあったとしても不思議ではない。そして、こう考えてくると、当時の教団状況の中で、「同行ヲ鏡トス」べきことを説いた浄明の教説を判者僧鎔が「不正義」と断じたのも、それなりの確信に基づいて行ったことと理解できよう。それが親鸞の思想と大きくかけ離れたものであったのは言うまでもないことであるが、当時はそれが正統教学の立場だったのである。しかもこのスタンスを支持する傾向は、その後長く教団で持続したと考えられる。というのも、僧鎔を祖とする空華学派はその後の教団でもっとも隆盛を極めた学派で、その影響力は絶大だったからである。

さて、以上から明らかなように、「同行ヲ鏡トスベキ」ことが「不正義」とされる教団状況は、『妙好人伝』を撰述・刊行するうえで恵まれた環境ではなかった。したがって、こうした状況の中で最初に『妙好人伝』初篇を撰述した仰誓にはさまざまな葛藤があったであろうと推測される。(1)また、先に述べたように、近世の教学者が『妙好人伝』にほとんど関心を示さなかったのも、そのへんの事情を考えれば理解できるところである。明治以降も空華学派圧倒的優勢の中で、この状況は続き、それが妙好人および『妙好人伝』研究の立ち遅れを招く一因となったと考えられる。

それでも、太平洋戦争の末期に妙好人研究の意義を強く主張する一人の人物が現れた。それは、真宗関係の学者ではなく、禅文化を深く究め、それを世界に紹介した鈴木大拙であった。日本の敗戦の必至を早くから信じていた鈴木は、「そうなったときに日本が世界の精神文化に貢献すべき大なる使命は、日本的霊性自覚の世界的意義を宣揚するよりほかにないとして」〈鈴木大拙『日本的霊性』〈岩波文庫、一九七二年〉篠田英雄解説〉、敗戦直前の昭和十九年に『日本的霊性』と題する一書を大東出版社から刊行した。そして、弥陀の絶対的本願力に一切をまかせ、「自然法爾にして大悲の光被を受ける」教えを説いた親鸞こそ「日本的霊性的直覚」の体現者であるという見解を提示すると同時に、無学の身でありながらもその親鸞の教えを奉じて生きた「赤尾の道宗」や「浅原才市」を、親鸞の教えを実践した妙好人の典型として紹介したのであった。

鈴木は、当時の軍国主義、帝国主義に「思想的背景を供給」していた「固陋・偏執・浅慮を極めた」神道界と、「しきりに時の有力者の機嫌」とりにのみあくせくし、「自分等に課せられた民衆性・世界性を持たせることを忘れた」仏教界の双方に対して強い憤りを感じ、日本文化の真価を具体的に提示すべく、「日本的霊性」の掘り起こしに執念を燃やして本書を執筆したようであるが（第二刷序、一九四五年）、厳しい状況下で、こうした強い使命感のもとに書かれただけに、本書の戦後の学界での反響は大きかった。そして、その反響に後押しされたかのように、鈴木は戦後の混沌とした時代にいっそうその研究に力を入れ、いくつもの論文を発表した。

鈴木は、妙好人に社会に対して消極的・受動的人物が多いことも認めており、これを一方的に礼賛したわけではないが、ともかくもこれらの論考によって、妙好人への関心がとみに高まり、近世真宗史研究においても、妙好人の考察を通して、教団の実態を探ろうとする動きがしだいに活発化していったのであった。さらに、そうした研究に連動して『妙好人伝』そのものの研究も盛んになり、現在では妙好人および『妙好人伝』に関する研究論文は枚挙にいとまないほどになっている。したがって、研究史を整理するのも困難な状態であるが、以下では、研究の経緯を概観する試みとして、これらのうちからいくつかを取り上げ、三期に分けて簡単な説明を加えておこう。

第一期

鈴木が妙好人を取り上げたことを早い時期に絶賛した一人に柳宗悦がいる。柳は一九五二年に前掲『鈴木大拙選集』第六巻の解説で、「妙好人とは詮ずるに、誰よりも罪に泣く者を指すのである。だから彼等には『唯我独悪』の厳しい体験が伴はぬ時はない。この体験が彼等を阿弥陀仏に真向かしめる。阿弥陀仏は救世の仏である。わけても下品下生の者を救はんが為に、大願を立てた仏である。僅か六字の名号を口ずさむことで、浄土への往生がかなふと契つたその仏である。この六字に一切を任せきつたのが妙好人の安心である。偉くならない又なれないまゝで、安心を得させてもらつた是等の人々を妙好人とは云ふのである」と、かれ独自の表現で妙好人の性格付けをしたうえで、それを世に紹介した鈴木の功績を称えた。

しかし、このように妙好人を宗教的に高く評価した人がいた反面、逆にこれを厳しく批判する人も少なくなかった。その口火を切ったのは思想史家の家永三郎であった。早くから親鸞思想の革新性を明らかにすると同時に、その限界についても論じていた家永は、一九五三年に「親鸞の念仏――親鸞思想の歴史的限界に就いて――」と題する一文（『大法輪』第二〇巻第一号）の中で、近世の妙好人について次のように記した。

江戸時代に著された妙好人伝の類を繙いてみると、真宗の安心に徹し切つたいわゆる妙好人なるひと〴〵が、そろいもそろつて封建社会の重圧を甘受して歴史の進展に力をつくそうとする積極的意欲の欠けた人間ばかりであるのは、何を意味するのであろうか。

柳が、妙好人を信仰面のみから論じたのに対し、家永は、妙好人の社会人としての生き方に注目し、「そろいもそろつて封建社会の重圧を甘受」する人物だったと、厳しい評価を下したのであった。そして、これ以後、これに近い見解が多く出された。たとえば、森竜吉は、妙好人は「無我の信仰にひたって、宗教的真理に直感的にふれているが、それだけにどんな不都合なことでも信仰の逆縁としてよろこび」、「絶対的随順を仏法に対しても王法に対してももっていい」た、と述べている（『本願寺』、三一書房、一九五九年）。

一方、妙好人をマイナス評価する見解に対し、これを否定する論文も多く出された。たとえば、神子上恵龍は、「妙好人なるものは、いつの時代に於ても、権力者に随順するものであるという見方をするもの」があるが、「しかし、かかる見方は誤りである」と、家永らの意見に反論した。その理由として「妙好人の妙好人たるところは、世俗的な点にあるのではなく、出世間的な信仰にある。信仰は世俗生活の規範の規範となるべきものであって、世俗の規範や思想と必然的の関係を持つものとは考えられない」といった説明をしている（「真宗の人間像――妙好人伝を中心として――」（『真宗学』二九・三〇号、一九六三年）。

年代的にはこれよりかなり下るが、右と同様に、妙好人の信仰を軽視する風潮に対して反論した論文のひとつとして林智康の「妙好人の研究」（『印度学仏教学研究』第二九巻第二号、一九八一年）を紹介しておこう。林は、それを『妙好人伝』に登場する人物の「真宗教学における位置づけ」を明らかにすることから論じた。すなわち、林は「触光柔軟」の願やそれに関連する教学の中心的命題を選び出し、妙好人の信仰はその「内容と合致する」ものがあるとした。とはいえ、かれらに体制順応の姿勢が強かったことも否定できないとし、「これを認めた上に、我々は現在生きている真仏弟子としての妙好人を発掘して世に紹介し、さらに教団の枠を超えて、新しい時代に生きる念仏者を育てていくことが重要な課題である」と主張した。

また、プラスかマイナスか二者択一ではなく、妙好人にはプラス、マイナス両面のあることを指摘する研究者もあった。中村元もその立場で、諸外国との比較を試み、次のように論じた。

妙好人の宗教生活は、プロテスタンティズムのうちのクェーカー、あるいはインドのシク教徒のそれを思わせるものがある。しかしクェーカーやシク教徒は既成大教団からはっきりした自覚をもって意識的に断絶した。

しかし妙好人はそれを行わなかった。ここに、他の国では民衆の動きにもとづく宗教改革が行われたのに、日本ではそれが明確なかたちをとらず、あいまいなままで今日に至った一つの理由を見出し得るのではなかろうか。

さて、以上のような、『妙好人伝』から妙好人の性格を考察する研究とは別に、『妙好人伝』そのものの編纂意図を探る研究も推進されるようになったので、それに目を転じてみよう。これを最初に行ったのは柏原祐泉であった。柏原は、「幕末になって、真宗の篤信者をとくに〈妙好人〉と云う範疇で伝記的集成が行われねばならなかった歴史的意味」を探ろうとして、まず六篇合纂の『妙好人伝』所載人数総計一五七名の伝記から、①職業別表、②在世年代表、③記載中のとくに注目すべき特徴的な物語の表を作成し、その分析を試みた。その結果、「封建的治世・封建的倫理に強く順応していることを説く物語の非常に多いこと」から、幕末における農村の動揺、とくに農民一揆の頻度と規模の拡大化という社会状況の中で、「〈妙好人〉という典型的篤信者＝封建制順応者の範疇を打出すことによって、教団の社会的基盤を維持安定しようとする」意図があったと解し、『妙好人伝』には当時の教団の意志が反映していたと主張した（柏原前掲論文）。

また、同じく福間光超も、『妙好人伝』は「社会的存在として真宗門徒のとるべき姿勢を要請する意味を有している」と考え、「宗教的立場は高く評価してよい事実であると思うが」、しかし、「実際には教団第一主義の立場に立ち、封建教団を堅持することがすなわち護法であるとする教団行政的立場から解放されていない」と論じた（福間光超「初期『妙好人伝』編纂の歴史的背景について」、宮崎円遵博士還暦記念会編『真宗史の研究』、一九六六年）。

ところで、柏原・福間両論文のように『妙好人伝』編纂者の編纂意図が重視されるようになると、ここからまた新たな問題が生じてくる。というのは、先にも記したように、近世の『妙好人伝』は複数の人物がそれぞれ違った時期に編纂しており、編纂者の意図がそれに反映しているとすると、それぞれの編纂者の意図によって妙好人の取り上げ方も異なるはずであるが、両人ともそのことを考慮せずに一括して論じたにすぎなかったからである。それに、『妙好人伝』に編纂者の意図が出ているとすると、『妙好人伝』に描かれた妙好人はその実像とはかけ離れている場合が多く、その性格を『妙好人伝』から探ること自体に積極的意味が薄れてくる可能性があるからである。

このことを指摘したのは佐々木倫生であった。佐々木は、それぞれの編纂者の思想、教団内の立場を検討して編纂姿勢を探り、その差異を明らかにすべきことを主張した。そして、それを実践し、『妙好人伝』編者の仰誓と僧純を比較し、仰誓は、「信解の人」として「希有人についての記録」を収録したまでで、体系的・意図的に編纂したのではないと考えられる、これに対して僧純は、教団意識が強く、「化導《けどう》し信心を徹底させるというよりも、譬喩、因縁談を織り交ぜて、而も現実的な諸問題をも含めて、無縁のものを有縁のものたらしめるべく説法する」姿勢（＝唱導家的態度）で編纂に当たったと思われるが、しかし、僧純の場合も、そこに「幕藩体制に順応してゆく教団の意図を必ずしも読みとることはできない」と主張した。また象王の姿勢の特色についても指摘した（佐々木倫生「『妙好人伝』とその作者たち」〔『仏教文化研究』一一、一九六四年〕）。

さらに、先に「はじめに」の註でも紹介したように、佐々木は『妙好人伝』初篇の成立と「円空の異義」事件との関係についても鋭い洞察をしており、佐々木論文には、これまでの妙好人および『妙好人伝』研究に反省を迫る、学問的に優れた内容のものが多かった。しかし、当時の学界の反応は意外に鈍く、その後も長いあいだ、これを無視して『妙好人伝』が一括して扱われるケースが多かった。しかし、次の第二期の段階に至って、この論文の真価が広く認められるようになった。

第二期

佐々木論文が発表されてから十五、六年が経過したころから、妙好人および『妙好人伝』研究は新たな展開を見せ、多くの参加者を得て活況を呈することとなった。その先鞭をつけたのは、土井順一で、一九七三年に発表された労作「仰誓撰『妙好人伝』攷」（『国文学論叢』二三、一九七八年）とそれに続いて出された一連の論文であった。これらの内容はのちに刊行された『妙好人伝の研究──新資料を中心として──』（土井順一、百華苑、一九八一年）に関連資料とともに収められているので、以下、これに基づいて、土井の論点の主要部分を紹介しておこう。

よく知られているように、江戸時代の版本『妙好人伝』には三つのものがあった。すなわち、①石見浄泉寺仰誓が生前に撰述し、没後の文政元年（一八一八）にその子履善と門弟克譲によって出版が企画されながらも実現を見ず、天保十三年（一八四二）に美濃専精寺僧純がそれを再編・上梓したもの（「『妙好人伝』初篇、上下巻）、②天保十三年（一八四二）─安政五年（一八五八）に同じく僧純が自ら編纂したもの（『妙好人伝』二─五篇、各上下巻）③嘉永三年（一八五〇）に松前の象王が編纂したもの（『続妙好人伝』上下巻）の三書があった。そして、のちにそれらを一冊にまとめたもの（六篇一二巻）が刊行され、それが広く普及していった。

このように編纂時期の異なったものを後でまとめて一冊にした場合、原典のテクストクリティークが必要であるのは当然である。とくに仰誓の初篇の場合、それが大切な意味をもってくる。というのは、初篇は仰誓の撰述であるが、しかし、それが二─五篇の編者たる僧純によって上梓されたのは仰誓没後四八年も経過した天保十三年（一八四二）のことで、しかも解題からも分かるように、その間に複雑な経緯があったからである。にもかかわらず、土井が行うまで、だれもこれのテクストクリティークを手がけたものはいなかった。それだけに、これを最初に行ったという点だけでも土井の功績は大なるものがあるが、土井はさらにこの作業を通して、いくつもの新見解を打ち出した。

まず土井は、仰誓撰述の現存写本のすべてに目を通し、それには、『親聞妙好人伝』と題する、一〇話収録の一巻本と、その一〇話を上巻、それとは別の二六話収録のものを下巻とする二巻本の二系統があることをつきとめた。そして、その二巻本と、僧純が上梓した版本初篇（上、下巻）とを比較した結果、前者には後者よりも一四話も多く収録されていたことを明らかにし、ここから、僧純は初篇上梓の際に、仰誓撰述の二巻本の一部を省略したと判じた。また、版本には写本に収められていない話も収録されていることや、「版本の本文は写本のそれとかなりの異同があり、それらの中には僧純が手を加えたと思われる部分のある」ことなども指摘し、それを論拠に、版本『妙好人伝』初篇の本文は、「僧純が三、四本の写本を対校して増補、改竄したものである」と考えた。

土井は、以上のことから、仰誓の『妙好人伝』の撰述意図やその過程は、版本によるのではなく、写本に基づいて検討する必要があることを主張し、実践した。その結果として、仰誓が『妙好人伝』を撰述したのは、真宗の行信を増進するための手引としてであった、また、仰誓が収録した説話には、彼が直接聞いた話と、他人から伝聞した話があるが、後者の方が圧倒的に多かったということなどを明らかにした。

次いで土井は、僧純が版本初篇を上梓するに当たって、仰誓の原撰本以外になにを参考にしたかを探り、伊予の克譲が文政十一年（一八二八）に撰述した『新続妙好人伝』という未刊の一書に写本との共通説話があり、しかも両者には密接な関係があることを突きとめ、僧純はこれを参考文献として使用したに違いないと説いた。そして、僧純は上梓の際にこれを参照したが、ただ、これを「そのまま用いるのではなく、彼なりに妙好人について取材していた」と思われる部分のあることも明らかにし、僧純によって説話の取捨選択、本文の増補、改竄などが行われていたという解釈をした。

以上の立論を踏まえて、土井は僧純がなんのためにこのように妙好人像を変質させたかについて、写本と版本との本文対校から検討し、後者には前者にない、公儀尊重の文を追加した部分のあることから、僧純は公刊、販売に当たり「発禁防止の為に為政者に対して諂《へつら》いの言辞を弄したとも考えられなくはない」とした。また同様の方法で、版本では、本山崇敬の念をよりいっそう喚起させるために僧純が写本を改変したと思われる部分のあることをいくつもの例を挙げて示し、僧純は「愛山護法、本山崇敬型妙好人に、また、領主の恩徳を報謝する国法遵守型妙好人」に変質形象化させたのであり、それは、幕末の西本願寺教団にこのようなタイプの妙好人を要請する機運が萌していたことを意味すると解した。そして、「僧純が、仰誓が採録した妙好人説話を改変したのは、天保の改革以後の西本願寺の姿勢を反映してのことであった。更に想像を逞しくすると、（僧純の上梓した―筆者注）『妙好人伝』は、西本願寺教団の体制建て直しの為の、プロパガンダの書として出版されたのではなかったか。このように考えてみると、変質の意味が了解されるのではなかろうか」という言葉で一連の研究を結んでいる。「プロパガンダの書として出版された」とまで言えるかどうか、賛否議論の分かれるところであろうが、いずれにしろ、これほどに大胆な推論を述べることができたのも、従来のどの研究者も行うことのなかった、テクストクリティークに基づく地道な調査を積み重ねた自負があったからであろう。

以上の要約から分かるように、土井の研究によって、『妙好人伝』研究が飛躍的な前進を遂げたのは確かで、先に紹介した佐々木倫生が主張した仰誓と僧純の違いについても、より鮮明になったし、また、柏原祐泉や福間光超が強調した、教団姿勢の反映ということも、僧純の場合には妥当するが、仰誓の場合は妥当しないことが明らかになったのであった。

なお、土井は以上の研究と同時に、伊予史談会蔵の二つの『妙好人伝』の翻刻も行っている（前掲『妙好人伝の研究』所収）。これまた益するところ大なるものがあり、こうした土井の成果を踏まえて、以後、妙好人および『妙好人伝』に対する研究者の関心が急速に高まり、多くの論文が出されるに至った。なかでも、もっとも早い時期から土井論文に密着したかたちで研究を進め、それを補足する役割を果たしたのは朝枝善照で、その成果を一九八二年に『妙好人伝基礎研究』と題して刊行した（永田文昌堂）。

本書所収の論文は、いずれも仰誓が住職をしていた石見浄泉寺およびその周辺にスポットを当てることによって、『妙好人伝』を成立させた基盤を歴史学的に追究し、土井の研究をさらに深めるための「前提作業としての基礎的な検討を試み」ようとして書かれたものである。その一つの方法として、たとえば、版本『妙好人伝』初篇の特色を探るために、「加州与一」の話を記した履善の『教導記』と版本を比較し、版本では東本願寺系の話ということをことさらに記さないように配慮していること、あるいは版本に付加された部分が「真宗信者の日常生活の中に於ける救済の喜びと、御本山崇敬、国恩に対する感謝という特色をもつ」といった指摘をしている。

また、各説話がどのようにして版本『妙好人伝』に登場するに至ったかについての検討もしている。たとえば、版本『妙好人伝』と克譲の『新続妙好人伝』の双方に収められている石州の「妙好人妙性」の場合、まず浄泉寺文庫蔵の「過去帳」や「覚書」等に妙性の小伝が記されていることに注目し、それらに基づいて浄泉寺一三世善成が「妙性小伝」をつくり、それをもとに、青年期に浄泉寺の学寮に学び、妙性と直接面識もあった伊予正覚寺の克譲が妙性の話を『新続妙好人伝』に載せ、さらに克譲と交友のあった僧純が、この書物を克譲から借り受け、「高城家儀」、「履善碑銘」等に記されたものを一部付加して版本『妙好人伝』に収録したのであろうという解釈をしている。一説話の成立過程を豊富な資料から追究した価値ある研究といえよう。

さらに、『妙好人伝』編纂に直接・間接に携わった人々の人脈をたどり、石見の仰誓の子・履善と美濃の僧純とに直接の交流があったことや、伊予の克譲が履善、善成ら石州学派の中心人物と親しく交わり、初篇『妙好人伝』の出版計画に最初から参画していたことなどを史料に基づいて明らかにしている。この他にも、本書によって明らかになったことはいくつもあるが、本書の真価は、どのような環境の中から『妙好人伝』が成立していったかという問題を、学界未紹介の浄泉寺文庫蔵の史料をフルに活用することによって追究した点であろう。

次いで、朝枝は一九九八年に『続妙好人伝基礎研究』（永田文昌堂）を著し、それまでの研究をさらに深化させた。本書所載の論文は、いずれも前著と同じく、『妙好人伝』に関係する新史料を紹介しながら、『妙好人伝』そのものの文献学的考察や、それを成立させた宗教的土壌、人間関係などについての考察を行ったものである。これまで、どの研究者も見たこともない史料がふんだんに提示されていて、示唆に富む内容が多いが、なかでも注目されるのは、「新出・浄謙寺所蔵『親聞妙好人伝』の特色」、「新出・浄泉寺所蔵『親聞妙好人伝』の特色」の二編である。『親聞妙好人伝』の写本については、三本の存在が土井によって報告されていたが、朝枝は、それ以外に浄謙寺本と浄泉寺本の二本を新たに発見し、それを紹介するとともに、それと右の三本との比較検討をここで試みており、土井以来の『妙好人伝』の写本研究をさらに前進させた意義は大きいと考えられる。

以上から明らかなように、土井、朝枝両人ともに、写本と版本との対比から、『妙好人伝』を再検討するという方法を導入した。それによって、いろいろなことが新たに判明してきたが、両人がもっとも強調したかったことは、仰誓と僧純とでは『妙好人伝』編纂の意図に違いがあり、後者は前者の撰述した話の本文を、愛山護法、国法遵守等を強調するために増補、改竄したことを明らかにし、それによって、かつて佐々木倫生が主張したと同じように、

『妙好人伝』を六篇一括して論じる、従来からの方法は改められなくてはならない、ということだったと思われる。

ところが、これに対し、さっそくに柏原祐泉が反論した〈柏原祐泉「『妙好人伝』〈初篇〉の信仰内容と性格」〈『印度学仏教学研究』第三〇巻第二号、一九八二年〉〉。柏原は、両人の業績を高く評価しつつも、やはり仰誓にも本山志向性や封建倫理への順応性のあることを指摘した。そして、版本初篇と写本とで妙好人に求める理想像は「必ずしも全く異質的とはいえない」とし、「版本採用の物語に、かなりの加減潤色があることは事実であり、それによって版本がより強い順応型の妙好人を描き出したことを認めなければならないが、しかしそれは写本を根本的に改変してしまったのではなく、写本のもつ教訓性、教化性をより強く強調したものと見るべきで、両本の果たす歴史的役割は大差ないものとみたいのである」と、両人の見解に批判的な論を述べた。

一方、児玉識はこれとは逆に、「仰誓と僧純の異質性を十分に認識し、『妙好人伝』を全篇一括して論ずる従来の方法は根本的に反省されなくてならない」と主張した〈児玉識「『妙好人伝』小考——土井順一『『妙好人伝』の研究』、朝枝善照『『妙好人伝』基礎研究』の書評をかねて——」〈『近世仏教』一九、一九八八年〉〉。児玉は、本山意識や封建倫理の面のみに限っていえば、柏原のような見方もできようが、しかし、神祇については、「両者に明確な差異が認められる」ことを説いた。その論拠として、児玉は、写本と版本の双方に採録されていて、しかも神祇に関する記述の見られる説話を取り上げ、土井、朝枝と同じ方法で写本と版本を対比してみると、版本では写本にはなかった、神祇を軽視してはならないことを記した一文が最後に追加されていたり、また、逆に写本に収められている神祇否定的な話が版本では省略されているケースがあったりすることが判明することを指摘した。また、写本には神祇について、否定的な話は収められていてもその逆はないが、それに反し、僧純がみずから編纂した版本二—五篇には、真宗と神祇とは対立するものではないとする記述が目立つことにも着目し、ここから「僧純には、神祇に対する妥協的傾向が顕著で、そこに仰誓との違いがある」と述べ、土井、朝枝に近い見解を出した。

このように、仰誓と僧純の編纂意図に違いを認める立場は、じつは、先にも述べたように、すでに佐々木倫生が主張したところであった（佐々木前掲『仏教文化研究』二）。その後、佐々木の提言に耳を傾ける人は少なかったが、土井、朝枝の研究によって、佐々木論文が説得力を強めてきたことはたしかであった。近世教学史研究に一石を投じた大桑斉の「仰誓の立場と『親聞妙好人伝』」（仏教史学会三〇周年記念『仏教の歴史と文化』、一九八〇年）は、いち早くにこのことに気付き、佐々木論文を評価し、その仰誓論を踏まえながら、三業惑乱直前の西本願寺教学の一特質を論じたものであった。そこには、『親聞妙好人伝』が仰誓研究上の貴重な文献として引用されているが、仏教思想史研究の史料としてこれが用いられたのは、この論文が最初であった。

『妙好人伝』についてさまざまな意見が出されるようになったこの時期に、いまひとつユニークな論文が発表された。それは、龍口明生の「『陳善院法語』と『親聞妙好人伝』」（福原亮厳編『真実の宗教』〈永田文昌堂、一九八六年〉）で、龍口は、『妙好人伝』所収説話の完成度という、これまでだれも問題にしなかったことの考察を試みた。方法としては、まず、きわめて関係が深いと考えられる僧樸の『陳善院法語』所収の一説話と『親聞妙好人伝』所収の一説話を構成面から対比検討し、両説話とも、「A説話―B法談―C讃」（あるいは「A説話―B解説―C讃」）という要素を共有していて、一説話として内容的にも完結していることを明らかにした。そして、これを基準に、『親聞妙好人伝』の一〇話それぞれの完成度（どの程度の割合でA、B、Cが記述されているか）を探り、その結果として、「十話全体に亘っては、仰誓が企図していたであろう如くには完成しておらず、一般の人々の読み物としては未完のままに終わってしまっていると考えられる」という結論を導き出した。『親聞妙好人伝』はまだ読み物として完結していないものが多かったということであろう。そういえば、たしかに説話としてのまとまりのないものがあるが、それらは仰誓が覚え書き程度に書き留めていたのかもしれない。『親聞妙好人伝』に限らず、他の『妙好人伝』の場合も、そのことを考慮に入れて読む必要があるのではなかろうかということが、右の論文から感じられてくるが、『妙好人伝』に関する発想の転換を促したという点で、意義のある論文といえよう。

この二年後、児玉識は、妙好人を研究する際に、『妙好人伝』の記述だけに依拠するのではなく、それを編纂するときにカットされた部分の史料からの考察もすべきことを述べ、僧純が版本三篇上巻で紹介した「長州於軽」の場合についてそれを実践した。そして、その結果として、必ずしも体制順応型とばかりは言い切れない面の見られることを主張した（「近世妙好人の再検討――六連島西教寺蔵「お軽法悦歌」の分析を通して――」〈『近世仏教』一九、一九八八年〉）。

ところで、これまで『妙好人伝』研究の経緯をたどりながらも、『続妙好人伝』およびそれを編纂した松前の象王に関してはまったく記さなかったが、それはじつは、このころまでこれについては研究されていなかったからである。土井、朝枝の著書を書評した児玉も、その最末尾で、両著においてこれが研究対象とされていないことに言及し、「松前の象王とはいかなる人物なのか、どのような過程を経て続篇が収録されたのかも、現在の私には皆目分からないのだが、今後両氏によって、象王についてもぜひ究明してもらいたいものである」と記している（児玉前掲『近世仏教』一九所載論文）。

しかし、長いあいだ着目されることもなかったこの分野にも、ようやく一九九〇年代末期になって学問的メスを入れる研究者が現れ、研究がまた新たな段階に入ったように思われるので、以下、このころから以降を第三期として見ていこう。

第三期

既述のように、土井、朝枝の両人によって妙好人および『妙好人伝』研究は大きく前進したのであったが、土井が二〇〇一年に、また朝枝が二〇〇七年に没し、研究の頓挫が懸念された。しかし、生前に両人の学問に強い影響を受けていた人々を中心に研究は継承され、発展しつつ現在に至っている。なかでも、フィールドワークに徹し、いくつもの斬新な見解を打ち出して注目されているのは菊藤明道である。それらは『妙好人伝の研究』（法藏館、二〇〇三年）に収められているので、ここでは、そのうちの近世に関する部分に限定し、とくに重要と思われる事柄のいくつかを簡単ながら紹介しておこう。

菊藤の研究でもっとも特筆すべきは、象王と象王編の『続妙好人伝』についての研究であろう。すでに述べたように、これまで学界でだれもこれを正面から取り上げたことはなかったのであるが、菊藤はこれに挑戦し、多くの成果をあげた。その端緒は、『続妙好人伝』初版本上巻所収の一説話に編者の象王も参加したことが記述されていることに着目し、現地調査をした結果、象王が北海道松前町の真宗大谷派専念寺の僧であったことを突きとめたことであった。それまで、象王は西本願寺の僧、あるいは仏光寺派の学頭を勤めた信暁ではないかと推定する人が一部にあったが、明確に所属寺院まで解明した意義は大きい。

これに次いで、菊藤は『続妙好人伝』の初版本（五梅園蔵版本、嘉永五年〈一八五二〉刊）と補刻本（文醒堂蔵版本、安政六年〈一八五九〉刊）を対比し、後者には前者の内容を改変（非真宗的なものから真宗的なものへ）したり、新たに追加（君恩・国恩感謝の強調）している部分があることを発見した。そして、なぜ改変されたのか、その理由を探ろうとして、象王の育った松前の宗教環境の調査も行った。その内容については解題に譲るが、以上から分かるように、菊藤は土井が行ったと同じように、テクストクリティークを厳密にすると同時に現地調査にも力を入れ、多くの新事実を明らかにしている（第一章）。

また、各『妙好人伝』の編纂者だけでなく、編纂に直接・間接関わった人物、たとえば、僧純の『妙好人伝』に関係した観月（美濃垂井善行寺）や南渓（豊後戸畑満福寺）、僧朗（越後姫川原正念寺）、泰厳（播州菅野本誓寺）や、象王の『続妙好人伝』に関係した信暁（仏光寺派学頭）らの経歴、業績などについても調査し、これまで不明とされていたことのいくつかを明らかにしている（同第一章）。

菊藤はこうしたかたちで『妙好人伝』研究を進めると同時に、古くからの妙好人および『妙好人伝』に関する非常に詳細な研究論文目録を作成している。これにはたんに歴史学、宗教学からの研究だけでなく、国文学、哲学、心理学、倫理学、社会学等の分野からの論文も収録されており、これまでに類を見ない貴重な論文目録となっている（第二章）。

ところで、『妙好人伝』に描かれた妙好人をどう評価するかを巡って、研究者の間で大きく意見が分かれていることは先に述べたが、菊藤もこの問題を取り上げている。すなわち、野々村直太郎以来の、妙好人を体制順応者と見る意見と、これに批判的な意見の双方を詳しく紹介している。そして、それらをふまえたうえで、「たしかに〈妙好人〉の多くは体制に従順であったが、一方的に従属した人ばかりではな」く、「命をかけて宗教的信念を貫いた人たち」や、「きわめて積極的な社会生活を行った人」も『妙好人伝』に載せられていることを指摘し、そこには「自己のみの法悦に浸ることなく、他の人びとに如来の救いを伝えようとする〈教人信〉の生き方、〈度衆生〉的な心情と行為が発動していることを見落としてはならないであろう」という、菊藤自身の見解を出している。

このように、菊藤は『妙好人伝』に描かれた妙好人を体制順応者と一方的に決めつけることに反対の立場に立っている。しかし、『妙好人伝』には、親鸞思想と矛盾する内容の記述がいくつもあり、それを見落としてはならないことも力説している。なかでもとくに多くの紙数を費やして述べているのは身分差別の問題で、『妙好人伝』の編纂者は差別性に無感覚であったとして、これを厳しく非難した人の論文を種々紹介している。そして、その背景として、親鸞の意に反して差別を温存助長する体質が江戸時代の教団に根強く存在していたことを強調すると同時に、さらに、「幕藩支配権力が消滅した現在においても、呪術的観念である「ケガレ」観念や差別意識がなぜ存続しているのか」と問い、「自己一人の救いを中心と」し、「人倫、衆生への洞察を欠いた教学が、差別問題に無関心・無感覚な僧侶を養成してきたのではなかったか」と、教団教学のあり方についても論じている。こうした姿勢で、『妙好人伝』を現代教団が当面している教学的課題との関連で取り上げているところにも、菊藤の研究姿勢のひとつの特色があるといえよう。以上、菊藤の著書の内容について略述したが、これらの部分からだけでも、本書によって妙好人および『妙好人伝』研究に新たな視界が開けたことはだれしも認めることができよう。

最後に、菊藤以外の第三期の研究について二、三述べておこう。

龍口明生の論文「『妙好人伝』とその周縁」（『印度学仏教学研究』第五六巻第一号、二〇〇七年）では、仰誓撰述の『妙好人伝』に登場する三六人の妙好人がどのような人物であったかを逐一検討している。これは、親鸞は「他力真実の信心を得るに貴・賤・緇・素を簡ばず、男・女・老・少を謂わず、造罪の多・少を問わず、修行の久・近を論ぜず、さらに貧窮・富貴を簡ばず、下智・高才を選ばず云々と述べている」が、仰誓の妙好人観はこの点で親鸞とズレがあったかどうかを検証するために行ったものである。その結果、「仰誓は親鸞の説く念仏の教えをそのままに受け継ぎ『妙好人伝』に反映させていることが明白」であるとの結論に達している。龍口は、これを前提にして、次に仰誓と僧純、象王との比較をし、その違いを明らかにすることを目指しているようであるが、ここには、今もって編纂者の考え方の違いを無視して『妙好人伝』を一括して論じている一部の研究者への批判の気持が込められているのであろう。

ところで、近年、近世宗教史研究者の間でしきりに論議されているテーマのひとつに、真宗門徒におけるエートスの問題がある。近世の真宗門徒に独自のエートスがあることを主張する研究者は早くから一部にいたが、有元正雄が真宗優勢地帯にそれが顕著に見られたことを、数多くの史料から明らかにして以来（『真宗の宗教社会史』吉川弘文館、一九九五年）、急速にこれへの関心が高まった。そして、それを探るうえで『妙好人伝』の記述に着目するものが多くなった。というのは、『妙好人伝』には、勤勉、節倹、正直、忍耐、殺生忌諱といった通俗道徳を遵守する人物が多く描かれており、真宗門徒の社会に固有の倫理（エートス）が形成されていたことを考察する史料としてこれを重視する傾向が研究者のあいだで強くなってきたからである。

そこで、問題はなぜ真宗社会にエートスが強かったかである。その理由につき、有元は、近世真宗は変質して、「自力と他力の相互補完の上に、近世真宗教義は再構築された」という独自の観点に立ち、そこでは、通俗道徳の実践が善、その反対が悪で、善の報償としての極楽、悪の代償としての地獄が説かれたことによると解した。そして、それを証する史料をいろいろと掲げたが、その中には『妙好人伝』から引用したものもある。

一方、これに対し児玉識は、『妙好人伝』に、瘡（吹出物）が出て悩む娘に伯母が、唾で瘡を濡らして念仏を申せばその功徳で治癒すると、まじない療法をすすめたところ、「病は薬にて治すべし、念仏を現世の為に用るは恐れ多かるべし」と、娘がこれを断った話（初篇「加州久兵衛娘」）があるのを取り上げ、この娘のように、祈禱を雑信仰として排除する世界で馴致されていた真宗門徒には、病には薬で対処する以外に方法がなかったのではないか、同様に五穀の生産には勤労、忍耐で対処するしか方法がなかったのではないか、それが真宗独自のエートスを育んだのではないかという考えを提示した（『近世真宗と地域社会』吉川弘文館、二〇〇五年）。このように、エートス成立について意見が分かれているが、いずれにしろ、こういう問題を検討するうえでも『妙好人伝』には示唆に富む内容が多く、その面でも利用度が近年高まっていることは確かである。

なお、有元の著書には、ほんの数行にすぎないが、『妙好人伝』に関連する、今ひとつ重要な記述が見られる（一四九頁）。それは、先にも紹介した柏原祐泉の『妙好人伝』論と関わる問題である。

柏原は、先にも述べたように、妙好人は、幕末動乱期の教団を維持安定させるために『妙好人伝』編纂者が「典型的篤信者＝封建制順応者の範疇を打出し」たものであって、そこには編纂者の意図が反映していると主張した。たしかに『妙好人伝』には、封建倫理に順応している人物が多く描かれており、柏原のような見解が出されるのも頷けるところではある。しかし、柏原の解釈には若干無理な部分もあるように思われる。というのは、教団の有用性を為政者側にアピールさせるために、封建倫理に順応する人物を多く載せたというだけならば、その説明（＝編纂者の意図反映）に無理は感じられないが、しかし、往生物語や霊験物語が多いことについて、次のような説明をしているからである。すなわち、柏原は「真宗の正統な信仰には本来あり得ないような来迎思想を伴なう往生物語や特異な霊験物語などの実話的記載が四十八例」もあることをあげ、その理由として、「黒住教・天理教・金光教・禊教などの新興宗教の農村における発展、或いは〝おかげまいり〟の虚無的混乱の農村侵入などによる農村民衆の宗教的思想的変化と混乱に対応してゆく意味を汲み取ってよい」と言い、「このような農村民衆の宗教的変化に対し、より具象的、実証的なかたちで真宗の立場をうち出してゆく意味を見出しうるのである」（赤松俊秀・笠原一男『真宗史概説』〈平楽寺書店、一九六六年〉四一五頁）と説明するのであるが、はたして新興宗教の台頭に当時の教団がそれほどの対抗意識を持っていたであろうか。当時の教団指導層の著した書物から見ても、そのようなことは考えられない。また、もし対抗意識があったとしても、そのためになぜ「真宗の正統な信仰には本来あり得ないような」往生物語や霊験物語を『妙好人伝』に多く収録する必要があったのだろうか。

有元は、そうした対抗意識とは無関係に、近世の真宗門徒には「信仰確立の困難さ、確信に対する不安さ、信仰に対する有効性への疑問を払拭するために、教団の行なう各種の教化活動の中に非真宗的な要素が大きく入り込んでくるのは当然」と解する。そして、「原理的理念的には極めて非真宗的なことが、歴史的現実的には優れて近世真宗的なものとして存在するのである」と説明する。これは、先に述べたように「自力と他力の相互補完の上に、近世真宗教義は再構築された」という観点に立つ有元としては、当然の帰結であろう。ここで有元は柏原説を批判しているわけではないが、しかし、おそらく有元は、「本来あり得ないような」非真宗的なことが記載されていても、それをすべて柏原のように編纂者の意図によると解するのではなく、近世の真宗門徒には本来の真宗とは違った信仰形態をとるものがかなり多く存在しており、それを率直に記載していると考える方が『妙好人伝』の正しい読み方と考えているのであろう。

たしかに、近世の真宗門徒に本来の真宗とは矛盾する言動がしばしば見られたことは、早くから仏教民俗学専攻者を中心に多くの人が言っているところであって、有元の説明の方が説得力があるように思われる。柏原が言うように、『妙好人伝』に編纂者の意図が感じられる部分が一部にあるのはたしかであるが、しかし、全体をそのような目で見るのではなく、門徒の生の姿を正直に叙述している部分が多々あると考えるべきなのではなかろうか。だからこそ、真宗的伝統を厳しく守っている人物の話も、逆にそれを守っていない非真宗的な人物の話もともに収録されているのではなかろうか。そしてこのことは、当時の真宗門徒には大別してその二つのタイプがあったことを物語っているように思われる。否、二つのタイプではなく、その中間、さらにその中間の中間……と、さまざまなタイプがあったというべきだろう。

そこで、それらさまざまなタイプの温度差が問題になってくるが、それには著しい地域差があって、一律には論じられない。そして、この地域差が『妙好人伝』にもある程度反映しているように思われる。たとえば、仰誓のように、神祇拒否の傾向の強い安芸・石見の学僧や門徒と深い交わりをもった人物の手になる『妙好人伝』には、神祇について、否定的な話は載せられていても、その逆の話は見られない。これに対し、僧純の編纂した『妙好人伝』には神祇に対して妥協的な傾向が強いが（児玉前掲『近世仏教』一九所載論文）、これは同じ真宗優勢地域の住職でも、僧純の場合は宗教的環境が仰誓とは大きく異なっていたことと関係があるのではなかろうか。というのは、僧純は越後に生まれ、のちに美濃垂井専精寺に入寺したのであったが、垂井は美濃一宮として古代、中世に栄え、関ヶ原の戦いで焼亡後、徳川家光によって大規模に再建された南宮大社の門前町として発達したところで、しかも寺は南宮大社のすぐ近くにあり、門徒の生活は、この神仏混淆形式をとっていた神社とも不可分に結びついていたと考えられるからである。このような地で生活した僧純の、門徒への眼差し、教義に対する考え方が、仰誓と異なることがあったとしても不思議ではない。その違いが『妙好人伝』にも反映しているのではなかろうか。

さらに、松前の象王の『妙好人伝』では、正統な真宗には「本来あり得ないような」話がもっと多く収められているが、これも象王の居住地と無関係ではあるまい。すなわち、菊藤の前掲書によると、象王の生活した松前専念寺地方は真宗寺院が少なく、他宗寺院が圧倒的に多いところで、象王は「多くの他宗の寺々からの思想的影響をうけ……（中略）……神秘的な思想に強く惹かれて」（三三頁）いたようである。したがって、同じ真宗僧とはいえ、仰誓とも僧純とも宗教環境が大きく異なっており、それが仰誓とも僧純とも違った『妙好人伝』を編纂せしめた大きな要因であったことは間違いあるまい。象王の周辺には、仰誓や僧純が紹介したような念仏者とは異なった念仏者がたくさんおり、象王はそれらをこそ立派な妙好人と考え、それを紹介すべく、かれらの行動を記述したのであろう。

さて、以上のことからだけでも、妙好人にさまざまなタイプがあっただけでなく、『妙好人伝』編纂者の教学に対する考え方もまたさまざまであったことが感じ取れよう。そのことは、当時の教学者が、激しい社会変動の中で不安におののいている地方門徒の悩みに教学的にどう対応すべきかで、与えられた環境の中でそれぞれに苦闘していた現れであろう。三業惑乱以後、西本願寺教団は教学統制に力を注ぎ、一枚岩の強固な教学（信心正因・称名報恩）を樹立したように言われている。しかし、民衆レベルでは必ずしもそうではなかったことが『妙好人伝』を通しても透けて見えてくるように思われる。今後の妙好人および『妙好人伝』研究は、その方向からの検討も進めていくことが大切であろう。

註

（1）仰誓は、「円空の異義」が問題になった際に、その信奉者たちを回心させるために本山から派遣されて、石見に住み着いた人物であって、旅僧の円空と結びついた在家同行の行動の危険性を現地で十分に知っていたはずである。したがって、僧侶が同行重視の姿勢をとることを邪義と断じた僧鎔の立場もよく理解していたであろう。研究者にはよく知られているように、『妙好人伝』初篇は、仰誓没後四八年目に僧純によって上梓されている。これにつき、佐々木倫生は、「仰誓自身は妙好人の言行録を上梓する意図を持たなかったのではないか」という。その理由として、円空には、教団秩序の否定に通ずる「同行善知識」の思想があったが、仰誓にも「真の行者は在俗にある」とする立場に近い表現があり、円空の立場と混同されることを心配したからではなかろうかと推察している（「『妙好人伝』とその作者たち」『仏教史学研究』第二〇巻二号、一九八〇年）。正鵠を射た論と思われるが、これは、僧鎔の主張を含味して考えれば、いっそう納得のいくところである。仰誓の没後、その子履善によって上梓が企画されながらも、実現を見なかったのも、僧鎔を派祖とする空華派に遠慮があったからであろう。『妙好人伝』を編纂することは、当時の教学界ではそれほど厳しいことだったのである。

第二部　妙好人の研究

妙好人の研究

――浄土真宗と妙好人――

林　智康

はじめに

現代社会において、死生観・死生学（thanatology　サナトロジー、タナトロジー）が注目されている。この死生観・死生学とは、死が根本にあって生を考える、死を見つめて生きる、死を覚悟して生きる、すなわち、いかに生きるかを死のところまで深め、掘り下げて考える見方である。

真宗大谷派の清沢満之は、雑誌『精神界』に「絶対他力の大道」と題して「生のみでなく死もまた私の人生である」と述べる。

我等は死せざる可からず。我等は死するも尚ほ我等は滅せず。生のみが我等にあらず。死も亦我等なり。我等は生死を並有するものなり。我等は生死に左右せらるべきものにあらざるなり。我等は生死以外に霊存するものなり。

（『清沢満之全集』第六巻・精神主義一一一頁、岩波書店）

最近、死生観に関する著述が刊行されている。

「特集宗教が〈死〉を見つめ直す」（『中央公論』二〇一三年一月号・中央公論社刊）、「特集〈死〉から学ぶ、生きる力」（『大法輪』二〇一三年一月号、大法輪閣刊）、島薗進著『日本人の死生観を読む――明治武士道から〈おくりびと〉へ――』（朝日選書八八五、二〇一二年二月、朝日新聞出版刊）

今まで暗い面の死についてはできるだけ避け、明るい面の生のみを表に出して生きてきた私たちの人生観を問い直す諸問題が多く生じてきている。現代は少子高齢化社会、無縁社会といわれ、生命（いのち）の尊厳、生命倫理の重視がとなえられている。

まず生の問題として、人工授精、代理懐胎、出生前の診断、生殖補助医療など、これらは遺伝子の問題と関わっており、さらにｉＰＳ細胞（人工多能性幹細胞）やＥＳ細胞（胚性幹細胞）がクローズアップされている。

次に死の問題としても数多くあり、末期医学の緩和ケア、ホスピスとビハーラ、従来の死の定義である心臓停止、呼吸停止、瞳孔開きの三兆候に対して、今日は脳死と臓器移植が問題となる。また植物状態（の患者）や認知症、安楽死と尊厳死、自死（自殺）と殺人（他殺）、いじめと虐待、体罰と指導、死刑制度、死の（準備）教育〔デス・エデュケーション、デス・カウンセリング〕、葬儀とグリーフ（悲歎）・ケア、被災と支援・ボランティア活動などが考えられる。

私たちの人生には楽しみや喜びも多いが、苦しみや悲しみの方がもっと多いと思われる。仏教では四苦八苦としてまとめられている。生老病死の四苦に愛別離苦、怨憎会苦、求不得苦、五蘊盛苦の四苦を入れて計八苦となる。

『大無量寿経』（以下『大経』と略す）下巻に、

人、世間愛欲のなかにありて、独り生れ独り死し、独り去り独り来る。行に当りて苦楽の地に至り趣く。身みづからこれを当くるに、代るものあることなし。

（『浄土真宗聖典（註釈版）』五六頁、以下、『註釈版』と略す）

と、人間は世間の欲望の中にあって独生・独死・独去・独来の存在で、自らの行いによって苦楽を生じ、他の人に代わってもらうことができない。また『往生要集』上巻にある「厭離穢土」に『涅槃経』を引いて、

一切のもろもろの世間に、生ぜるものはみな死に帰す。寿命、無量なりといへども、かならず終尽することあり。それ盛りなるはかならず衰することあり、合会するは別離あり。壮年は久しく停まらず、盛りなる色は病に侵さる。命は死のために呑まれ、法として常なるものあることなし。

（『浄土真宗聖典七祖篇（註釈版）』八三五頁、以下、『七祖註釈版』と略す）

と、生命あるものは限りがあり、会うものは別れがあると述べている。

一　浄土真宗

仏教では、この生と死を一緒にして生死（saṃsāra）といい、迷いの世界を生まれ変わり死に変わりする輪廻の

語も同じ意味である。浄土真宗を開いた親鸞は『高僧和讃』龍樹讃に、

生死の苦海ほとりなし　ひさしくしづめるわれらをば
弥陀弘誓のふねのみぞ　のせてかならずわたしける
（『註釈版』五七九頁）

と讃詠される。すなわち迷いの苦海に永い間、沈んでいる私たちを、阿弥陀仏の本願の船のみが乗せて必ず浄土へ導く、と述べられる。また『高僧和讃』曇鸞讃にも、

安楽仏国に生ずるは　畢竟成仏の道路にて
無上の方便なりければ　諸仏浄土をすすめけり
（『同』五八五頁）

と述べる。阿弥陀仏の浄土へ往生するのは、究極無上の成仏道であり、最高の手だてであるので、諸仏が皆、阿弥陀仏の浄土を勧められたのであると讃えられる。

『教行信証』教巻に、

つつしんで浄土真宗を案ずるに、二種の回向あり。一つには往相、二つには還相なり。往相の回向について真実の教行信証あり。それ真実の教を顕さば、すなはち『大無量寿経』これなり。（中略）ここをもって如来の本願を説きて経の宗致とす、すなはち仏の名号をもつて経の体とするなり。
（『同』一三五頁）

と、浄土真宗には往相・還相の二種の回向があり、往相すなわち往生浄土の相状の回向には、真実の教行信証の四法がある。真実の教とは『大経』であり、阿弥陀仏の本願が経の中心であり、阿弥陀仏の名号が経の本質と述べられる。また、『教行信証』行巻の「正信偈」に「如来、世に興出したまふゆゑは、ただ弥陀の本願海を説かんとなり」(『同』二〇三頁)と、釈尊の出世本懐は阿弥陀仏の本願を説くためであると述べる。さらに『教行信証』証巻に「二つに還相の回向といふは、すなはちこれ利他教化地の益なり。(中略)また還相回向の願と名づくべきなり」(『同』三一三頁)と、還相回向は他の衆生を救済するはたらきであると述べる。

阿弥陀仏の願いは四十八願である。『大経』上巻に列記されている。その前にある「讃仏偈」には、阿弥陀仏が法蔵菩薩の因位のときに、世自在王仏のみもとにおいて、自らもまた師仏である世自在王仏のような仏となって、あらゆるものを救いたいと誓い願われている。四十八願の中の第十八願を「念仏往生の願」「至心信楽の願」といわれる。

たとひわれ仏を得たらんに、十方の衆生、至心信楽してわが国に生ぜんと欲ひて、乃至十念せん。もし生ぜずは、正覚を取らじ。ただ五逆と誹謗正法とをば除く。(『同』一八頁)

私たち衆生は、阿弥陀仏の願いを信じる信心と阿弥陀仏の名である「南無阿弥陀仏」を称える念仏によって、必ず浄土に生まれることが誓われている。「南無阿弥陀仏」の六字名号は、仏の側では、この阿弥陀仏の願いをすなおに信じ、まかせよという喚び声(本願招喚の勅命)であり、私たちの側では、すなおに阿弥陀仏の願いを信じ、その名を称える念仏の意を示されるのである。

阿弥陀仏の本願について、『歎異抄』の二文について考察してみたい。まず第二章の後半に、

弥陀の本願まことにおはしまさば、釈尊の説教虚言なるべからず。仏説まことにおはしまさば、善導の御釈虚言したまふべからず。善導の御釈まことならば、法然の仰せそらごとならんや。法然の仰せまことならば、親鸞が申すむね、またもつてむなしかるべからず候ふか。詮ずるところ、愚身の信心におきてはかくのごとし。このうへは、念仏をとりて信じたてまつらんとも、またすてんとも、面々の御はからひなりと〔云々〕

（『同』八三三頁）

と述べられる。次に『歎異抄』後序（後述）に、

聖人（親鸞）のつねの仰せには、「弥陀の五劫思惟の願をよくよく案ずれば、ひとへに親鸞一人がためなりけり。さればそれほどの業をもちける身にてありけるを、たすけんとおぼしめしたちける本願のかたじけなさよ」と御述懐候ひしことを、いままた案ずるに、善導の「自身はこれ現に罪悪生死の凡夫、曠劫よりこのかたつねにしづみつねに流転して、出離の縁あることなき身としれ」（散善義）といふ金言に、すこしもたがはせおはしまさず。

（『同』八五三頁）

と述べられている。前の第二章の文では、「弥陀の本願」↓「釈尊の説教」↓「善導の御釈」↓「法然の仰せ」↓「親鸞が申すむね」と、阿弥陀仏の願いの真実が、インドの釈尊、中国の善導、日本の法然と、三国の時代・場所

を通して、鎌倉時代の親鸞に伝えられている。ところが後の後序の文は、阿弥陀仏の願いは時代・場所を超えて、直接親鸞に届いているのである。同様に、阿弥陀仏の願いは親鸞を通して現在の私自身に伝わっているとともに、親鸞をとび超えて、直接私自身に届いていると考えられる。すなわち、阿弥陀仏の願いは、時間・空間（時空）を経て現在の私に伝わるとともに、時間・空間を超えて（超時空）、私に届いているという二重の関係が見られる。

さらに『歎異抄』後序の文は、阿弥陀仏が願いを建てるために五劫という永い時間を要したのは、それほど親鸞自身の罪業が深重であるからであると述べられる。そして、これは善導が『観経』九品段の「上品上生」にある「至誠心・深心・回向発願心」の三心の中、深心釈に説かれた「機の深信」にあたると述べる。すなわち、善導が「自身は現在、罪悪深重の凡夫であり、過去・現在・未来の三世にわたって迷いの世界を脱出できないと深く信じる」といわれる。

それに対し、ここでは文が省略されているが、「機の深信」には必ず「法の深信」が具わっている。すなわち「法の深信」とは「二つには、決定して深く、かの阿弥陀仏の四十八願は衆生を摂受して、疑なく慮りなく、かの願力に乗じて、さだめて往生を得と信ず」（『註釈版』二一八頁）という文であり、それは、阿弥陀仏の四十八願はあらゆるものを救いの対象とし、疑いやはからいがなく、阿弥陀仏の本願力にまかせるものは、必ず浄土に生まれることができると述べられる。この「機の深信」と「法の深信」は二種一具といわれ、本願を信じる真実信心の内容を表しているのである。

阿弥陀仏の第十二願は「光明無量の願」、第十三願は「寿命無量の願」といわれる。「阿弥陀」は「アミターバ」（Amitābha）、「アミターユス」（Amitāyus）というインドの古語である梵語を音写したものである。これを意訳すると、「無量光・光明無量」と「無量寿・寿命無量」、はかりしれない「ひかり」と「いのち」という意味で、阿弥陀仏の二つの功徳を示されている。

親鸞の『教行信証』「行巻」の終わりに「正信偈」が述べられている。その最初に「無量寿如来に帰命し、不可思議光に南無したてまつる」（『同』二〇三頁）と、親鸞自身が自ら阿弥陀仏を信じ、よりどころとすると述べられている。

『教行信証』真仏土巻に、

つつしんで真仏土を案ずれば、仏はすなはちこれ不可思議光如来なり、土はまたこれ無量光明土なり。しかればすなはち、大悲の誓願に酬報するがゆゑに、真の報仏土といふなり。すでにして願います、すなはち光明・寿命の願（第十二・十三願）これなり。（『同』三三七頁）

と、真実の仏を不可思議光如来、真実の土を無量光明土として、阿弥陀仏と浄土について、それぞれ光明の表現を示される。『高僧和讃』曇鸞讃に、

安楽仏国にいたるには　無上宝珠の名号と
真実信心ひとつにて　無別道故とときたまふ（『同』五八六頁）

と、浄土に往生することは、最上の如意宝珠である名号と真実信心によるのみで、他に別の道はないからであると述べられる。また同じく曇鸞讃に、

無礙光如来の名号と　かの光明智相とは
無明長夜の闇を破し　衆生の志願をみてたまふ
（『同』五八六頁）

と、「帰命尽十方無礙光如来」の名号と智慧の光明は、衆生の無明の闇を破り、往生浄土の願いを満たしてくれるのである。親鸞の著された名号本尊の中、「帰命尽十方無礙光如来」（十字名号）と「南無不可思議光仏」（八字名号）には、名号の中に「無礙光」や「不可思議光」という光明の表現が入っており、名号と光明は一体となって衆生にはたらきかけていると考えられる。

二　念仏者と信心

『観経』流通分に、

もし念仏するものは、まさに知るべし、この人はこれ人中の分陀利華なり。観世音菩薩・大勢至菩薩、その勝友となる。まさに道場に坐し諸仏の家に生ずべし。
（『同』一一七頁）

と、念仏者を人中の分（芬）陀利華と述べられる。分陀利華は「puṇḍarīka」（プンダリーカ）の音写で、白蓮華のことである。『往生論註』巻下の菩薩荘厳には、

「淤泥華」といふは、『経』(維摩経)に、「高原の陸地には蓮華を生ぜず。卑湿の淤泥にすなはち蓮華を生ず」とのたまへり。これは凡夫、煩悩の泥のなかにありて、菩薩のために開導せられて、よく仏の正覚の華を生ずるに喩ふ。まことにそれ三宝を紹隆してつねに絶えざらしむ。

(『七祖註釈版』一一三七頁)

と、『維摩経』を引いて、蓮華は高原の陸地には咲かず、湿った泥の中に生ずと述べ、さらに凡夫が煩悩の泥の中で菩薩の導きにより、仏の正覚の華を生じると喩える。そして誠に仏・法・僧の三宝を盛んにさせると述べる。すなわち『観経』の文は、泥中にあって清浄な華を咲かせる意である。「泥沼の泥に染まらぬ蓮の華」という句のごとく、念仏者は世俗の中にあって世俗に染まらず、念仏生活によって人生を生き抜く人と讃えている。さらに念仏者は観音菩薩と勢至菩薩が勝友となり、浄土に生まれることができると述べられる。

善導は『観経疏散善義』に『観経』の分陀利華について、

「分陀利」といふは、人中の好華と名づけ、また希有華と名づけ、また人中の上上華と名づけ、また人中の妙好華と名づく。この華相伝して蔡華と名づくるこれなり。もし念仏するもはすなはちこれ人中の好人なり、人中の妙好人なり、人中の上上人なり、人中の希有人なり、人中の最勝人なり。

(『同』四九九頁)

と述べられる。蔡華は千葉の白蓮華のことである。蔡は白亀の意で、聖人が世に出現するときには、白亀が千葉の白蓮華に乗って現れるといわれる。法然は『選択集』第十一讃歎念仏章に、前述の『観経』流通分と『散善義』の文を引き、続いて私釈において、雑善に対して念仏を讃嘆し、さらに念仏者を表す好人・妙好人・上上人・希有人・最勝人を五つの嘉誉として述べている。

しかし法然や浄土諸宗と異なり、親鸞においては必ず信（信心）の語が示されている。『教行信証』行巻「正信偈」に「一切善悪の凡夫人、如来の弘誓願を聞信すれば、仏、広大勝解のひととのたまへり。この人を分陀利華と名づく」（『註釈版』二〇四頁）と述べる。また『入出二門偈』には、

煩悩を具足せる凡夫人、仏願力によりて信を獲得す。この人はすなはち凡数の摂にあらず、これは人中の分陀利華なり。この信は最勝希有人なり、この信は妙好上上人なり。安楽土に到れば、かならず自然に、すなはち法性の常楽を証せしむとのたまへり。（『同』五五〇頁）

と述べられている。さらに『末灯鈔』第二通には、

「釈迦・弥陀・十方の諸仏、みなおなじ御こころにて、本願念仏の衆生には、影の形に添へるがごとくしてはなれたまはず」（散善義・意）とあかせり。しかれば、この信心の人を釈迦如来は、「わが親しき友なり」（大経・下意）とよろこびまします。この信心の人を真の仏弟子といへり。この人を正念に住する人とす。この人は、〔阿弥陀仏〕摂取して捨てたまはざれば、金剛心をえたる人と申すなり。この人を上上人とも、好人とも、妙好人とも、最勝人とも、希有人とも申すなり。この人は正定聚の位に定まれるなりとしるべし。しかれば、弥勒仏とひとしき人とのたまへり。これは真実信心をえたるゆゑに、かならず真実の報土に往生するなりとしるべし。（『同』七四八頁）

と、釈迦・弥陀・十方の諸仏が同じ心で、本願念仏者に影が形に添えるように離れず、と述べる。この信心の人は釈尊の親友であり、真の仏弟子、正念に住する人、金剛心を得た人、そして五つの嘉誉の人であると示され、さらに正定聚の位に定まり、弥勒仏と等しい人とまで讃えているのである。すなわち真実信心を得たので、必ず真実の報土へ往生すると述べられている。

三　妙好人と『妙好人伝』

妙好人の名を広く世に伝えたものは、種々の『妙好人伝』や「妙好人言行録」である。その中において、まず石見の実成院仰誓（一七二一―一七九四）が『親聞妙好人伝』（一巻本）に十名の妙好人の徳行を述べる。続いて『妙好人伝』（二巻本）上下二巻を編纂し、二十六名の妙好人を挙げている。この初篇『妙好人伝』は仰誓の二十五回忌に子の履善が刊行しようとしたが、死去したため成しえず、後に美濃の僧純（一七九一―一八七二）がこれを刊行し、続けて自らも、第二篇から第五篇までの『妙好人伝』上下二巻ずつを次々に刊行した。また松前の象王も『続妙好人伝』を僧純の第三篇と第四篇の『妙好人伝』の間に刊行している。そしてこの象王の『続妙好人伝』を仰誓の初篇、僧純の第二～五篇に続いて第六篇とし、明治三十年に合篇刊行され、以後版を重ねながら今日に至っている。

仰誓の弟子である出雲の誓鎧が、履善によって初篇『妙好人伝』の序を頼まれ、その中で仰誓の『妙好人伝』編纂の意図は[1]、（一）世にすぐれた傑出性、（二）に人の鏡ともなる模範性にあると述べている。しかしこれは後に、妙好人は例外的存在、かつ特異な人たちであるという別な意味をつけ加える契機となった。

版本と写本（履善の弟子の克譲による自筆本）を比較してみると、[2] お互いに掲載されていないものがあり、また僧純が明らかに意図的に書きかえたり、削除したり、追加しているところが見られる。版本において、大派の妙好人であることを故意に隠し、また在家信者の懇志上納を強調しているところが見られる。僧純による『妙好人伝』刊行後、妙好人は特に真宗教団内における篤信者を意味するばかりでなく、その中の特定の人々に対する褒称の意味を込めて、特別な概念で用いられるようになった。

ここで『妙好人伝』刊行の背景となった歴史的意義を考えてみよう。[3] まず第一に、幕末の幕藩体制の動揺及び解体があげられる。そして、そのまま幕藩体制に支えられた本末制、檀家制に基づく教団体制は不安、動揺を生じた。第二に、新宗教の勃興がある。天理教・金光教・黒住教がいずれも真宗と同じ農村地帯に興り、山岳宗教の実行教・丸山講・御岳講、神道系の禊教等が関東を中心に発展、天保元年（一八三〇）の爆発的な「おかげまいり」や慶応三年（一八六七）の狂乱的な「ええじゃないか」等によって示される。第三に、異安心事件後の教学的動揺がある。大派の能登の頓成事件、そして本派の三業惑乱事件である。『妙好人伝』にも、妙好人が三業惑乱に対して示した挿話が三点見られる。

『妙好人伝』に登場する妙好人は、このような教団の危機意識と無関係ではなかった。その領主への忠実、両親への至孝、本山・法主への憑依は、体制順応の最も典型的な理想像として機能し、教団にとって最も範とされるべきものであった。僧純は妙好人選出基準として四恩を標榜し、特に師恩・国恩を強調して、仏恩・親恩とともに報恩感謝の生活をすることが、真宗信者のあるべき人間像とした。

以上のごとく、『妙好人伝』に記されている妙好人の生き方は、確かに歴史的及び社会的な制約があり、また編者の意図が入っていることは拒めないが、しかし妙好人の信仰そのものには、本来、真実の深い信体験が見られるのである。

真宗の伝統教学は、妙好人を真宗安心の典型とすることに抵抗を示し、正面から彼らと取り組み、その宗教的本質を追究することをほとんどしなかった。学派を中心とする教団の宗学の尺度から見れば、妙好人の信仰と行状はあまりにも自由闊達すぎたにちがいない。

また妙好人及びその信仰は、今までの真宗教学からは軽視され、関心を持たれてはいなかった。しかし、今日、妙好人及び『妙好人伝』の研究が、真宗史や仏教史などの史学、さらに宗教哲学・民俗学・社会学・心理学・医学などから相次いで行われている。ここに真宗学において、この妙好人の研究を進め、真宗教学における妙好人の位置づけ及び妙好人の信体験との関わりを考察していくことが必要である。

妙好人は内面的・保守的であり、教団維持に利用されているという一部批判があるが、妙好人の残された言葉と行動に接すると、妙好人は念仏生活の中で、阿弥陀仏の本願によって生死を超える法悦を積極的に地域の人々に伝えるとともに、本山やゆかりの寺院への寄進、災害地への義捐金活動等が見られる。

また妙好人は順縁・逆縁の中で、ご法義を聴聞することによって育てられている。すなわち善知識として、ゆかりの寺院住職・寺族さらに布教使や教学者との関わりが大きいと思われる。ゆかりの寺院として、奈良の因光寺・光蓮寺（清九郎）、島根の浄光寺・光現寺（善太郎）、香川の勝覚寺・小砂《こざれ》説教所（庄松）、下関の西教寺（お軽）、島根の円覚寺・西楽寺（仲造）、鳥取の願正寺（源左）、島根の涅槃寺・安楽寺（才市）が数えられる。

そして妙好人を育て世に広めた人物は数多くあるが、一例として妙好人「浅原才市」をみてみると、萬行寺住職七里恒順（一八三五―一九〇〇）、安楽寺住職梅田謙敬（一八六九―一九三八）、長円寺住職寺本慧達（一八九六―一九五五）、徳応寺住職藤秀璻（一八八五―一九九三）等がいる。

また妙好人は教団外の人々によっても再発見されるのである。(4) まず富士川游（一八六五―一九四〇）があげられる。富士川は、宗教の心の状態を詳細に追究した。これは妙好人の宗教心理学的考察の最初のものであった。明治・大正・昭和初期の『妙好人伝』が、外に表れる外面的行為に重点を置いてその傑出性と模範性を述べていたのに比べ、その外面的属性をとり、『妙好人伝』研究の新視点を開いたものである。しかし妙好人として蓮如や大和清九郎をあげているのはよいが、真宗の念仏者以外の者、特に明恵・松尾芭蕉・中江藤樹等の他宗の高僧・俳人・学者を含んでいることに問題がある。

次に鈴木大拙（一八七〇―一九六六）は、宗教哲学及び宗教心理学的立場から妙好人と本格的に取り組み、愚昧の念仏者である妙好人を「日本的霊性」の具現者へと高め、世界へ紹介した。特に赤尾の道宗、讃岐の庄松、石見の才市を取り上げている。『宗教経験の事実』（一九四三年刊、『鈴木大拙全集』第十巻、岩波書店、一九六九年収録）、『日本的霊性』（一九四四年刊、『同』第八巻、一九六八年収録）、『妙好人』（一九四八年刊、『同』第十巻収録）等に詳しい。

また柳宗悦（一八八九―一九六一）は鈴木大拙の影響を受け、美学者や芸術家から見捨てられていた民芸品に美の最も端的で自由な表現を発見し、同時に浄土思想の生きた具現者である妙好人に注目して「魂の民芸品」と捉えた。特に因幡の源左に心酔した。柳は妙好人と民芸品の間に共通点を見出し、すぐれた民芸品を妙好品ともよんでいる。彼は晩年「無対辞文化」という文章を発表する。「対辞」とは「相対する言辞」であり、「無対辞」は対立を持たない言葉で、分別・二元的相対的対立を超えた言葉と述べる。さらに親鸞が「正信偈」で述べた「不断煩悩得涅槃」に真の無対辞、すなわち「不二」の思想が見られるとし、無対辞の活きた姿を、宗教的生活を送った妙好人源左の中に見出している。そして『妙好人因幡の源左』（一九五〇年刊、大谷出版社）を著述している。

それでは、妙好人の真宗教学における位置づけを考えてみよう。『教行信証』信巻（末）の真仏弟子釈や現生十益において、真宗の理想的人間像が見られる。真仏弟子釈には二十三の引文があるが、最初の『大経』の二文、即ち第三十三願の触光柔軟の願と第三十四願の聞名得忍の願に帰する。第三十三願は光明を述べ、第三十四願は名号について述べる。蓮如の『御一代聞書』（末）の九十一条及び二九一条にも触光柔軟の願の利益を述べている。[5] 特に後者の文は、仰誓の初篇『妙好人伝』上巻の石州九兵衛、及び下巻の加州与市の項にそれぞれ引かれている。

第三十三願の成就文に「この光に遇ふものは、三垢消滅し、身意柔軟なり。歓喜踊躍して善心生ず」（『註釈版』二九頁）とある故に、願文の光明は三垢を消滅する清浄、歓喜、智慧の三光である。また親鸞は『高僧和讃』曇鸞讃に「諸仏三業荘厳して　畢竟平等なることは　衆生虚誑の身口意を　治せんがためとのべたまふ」（『註釈版』五八六頁）と、仏の三業荘厳は我々の煩悩生活を浄化するための願心成就と述べる。また『末灯鈔』第二十通に「まづおのおのの、むかしは弥陀のちかひをもしらず、阿弥陀仏をも申さずおはしまし候ひしが、釈迦・弥陀の御方便にもよほされて、いま弥陀のちかひをもききはじめておはします身にて候ふなり。もとは無明の酒に酔ひて、貪欲・瞋恚・愚痴の三毒をのみ好みめしあうて候ひつるに、仏のちかひをききはじめしより、無明の酔ひもやうやうすこしづつさめ、三毒をもすこしづつ好まずして、阿弥陀仏の薬をつねに好みめす身となりておはしましあうて候ふぞかし」（『註釈版』七三九頁）とある文は、煩悩具足の凡夫が阿弥陀仏の徳に融合せしめられ、慈育されていることを示す。

まだ第三十四願の「もろもろの深総持」（『註釈版』二一頁）を『尊号真像銘文』に、「「総持」といふは智慧なり、無礙光の智慧を総持と申すなり」（『註釈版』六五二頁）と釈してあるが、これは念仏の智恵、信心の智恵という言葉と関連する。さらに御草稿『浄土和讃』の勢至和讃第七首に、「われもと因地にありしとき　念仏の心をもちて

こそ　無生忍にはいりしかば　いまこの娑婆界にして」（『註釈版』五七七頁）とある「無生忍」の左訓に、「フタイノクラヰトモフスナリ、カナラズホトケニナルベキミトナルナリ」と住不退転、正定聚の益を表している。また真仏弟子釈の結びに便同弥勒を述べ、韋提得忍を正定聚の機の得無生法忍としている。

以上のごとく、光明と名号の願益によって、自ら真仏弟子に現生十益が与えられるのである。

妙好人の信仰は、前述した真仏弟子釈に述べられている内容と合致する。そして現実生活において現生十益を身につけ、正定聚の位に住しているのである。しかし一連の『妙好人伝』に記されている「妙好人」は、歴史的・社会的制約を受け、また編者の意図が加えられたため、真仏弟子である「妙好人」と比べ、社会的外面的な要素を持つ世間的実践において限界が見られることは否定できない。これを認めたうえに、我々は現在生きている真仏弟子としての妙好人を発掘して世に紹介し、さらに教団の枠を超えて、新しい時代に生きる念仏者を育てていくことが重要な課題である。その意味で、妙好人の研究は、今後真宗教学の面からも大いに押し進めて行かねばならないと思われる。

四　妙好人に関する展観と言葉

平成二十四年（二〇一二）六月十一日から七月三十一日まで、龍谷大学深草学舎至心館2Fにおいて、人間・科学・宗教オープン・リサーチ・センター主催「妙好人における死生観と超越」と題して展観をしたところ、全国から多数観賞に来られ、大変好評であった。妙好人の中から、日本人七人、外国人三人、計十人の妙好人に関する資料が展示された。さらに期間中、学内外から講師を招いて講演会二回、ワークショップ二回、開かれた。多くの妙

好人に関する資料が一同に集められ、また講演会や研究会が開催されたことは初めてであったと思われる。(6)

以下、蓮如の直弟子である赤尾の道宗と、妙好人展で紹介された妙好人十人の言葉を挙げる。

○赤尾の道宗（五十五歳または六十五歳？）享徳元年（一四五二）または寛正四年（一四六三）―永正十三年（一五一六）
・ごしやうの一大事　いのちのあらんかぎりゆだんあるまじき事
○讃岐の庄松（七十三歳）寛政十一年（一七九九）―明治四年（一八七一）
・独身の庄松が臨終の床についた時、同行達が庄松の墓を建てようとした。枕元で同行が「あとのことは心配するなよ」と言ったところ、庄松は「おらあ、石の下にはおらぬぞ」と答えた。
○石見の才市（八十三歳）寛永三年（一八五〇）―昭和七年（一九三二）
・かぜをひくとせきがでる　さいちがご法義のかぜひいた　念仏のせきがでるでる
・往相回向の利益には　還相回向に回入せり　往くも戻るもなむあみだぶつ　死ぬることなしなむあみだぶつ
○因幡の源左（八十九歳）天保十三年（一八四二）―昭和五年（一九三〇）
・おらが死んだら悲しんでくだしゃんすなよ　おらあお浄土に婿入りさせてもらうだけのう
・人さんに堪忍してもらってばかりおりますだいな
○大和の清九郎（七十三歳）延宝六年（一六七八）―寛延三年（一七五〇）
・とやかくやと疑いしに、いつしか疑いもはれ、今は近づく往生を楽しみに、御報謝の念仏をよろこぶこと、これ全く他力の御催しとありがたく存じ候

○有福の善太郎（七十五歳）天明二年（一七八二）―安政三年（一八五六）
・おがんで助けてもらうじゃない　おがまれてくださる如来さまに助けられてまいること
こちらから思うて助けてもらうじゃない　むこうから思われて思いとられることこの善太郎
○六連島のお軽（五十六歳）享和元年（一八〇一）―安政三年（一八五六）
・何事も昔になりて今ははや　南無阿弥陀仏を唱ふばかりに
・鮎は瀬に住む小鳥は森に　わたしゃ六字の内にすむ
○嘉久志の仲造（七十一歳）天保十三年（一八四二）―明治四十五年（一九一二）
・ぢごくにがきにちくせうに　修羅に天上五道では　弥陀の本願きかれぬに　まれな人間ありがたい　迷いをはなれておさとりに　いたる本願あさばんに　たたみの上でいただくとは　天にも地にもないことよ　御恩うれしいなむあみだぶつ
○ハリー・ピーパ（七十一歳）一九〇七―一九七八　ベルリン
・毎日『歎異抄』を読んでいますが、これは人生の終わりまで続くでしょう…
そして読むたびに、新しいものに気づかされるのです…
○ジャン・エラクル（七十五歳）一九三〇―二〇〇五　ジュネーブ　信行寺を開く
・「正信偈」をお勤めする時、「大悲無倦常照我…」（大悲ものうきことなくして常に我を照らしたもう）のところに来ると、感激のあまり涙が出るのです…
○アドリアン・ペル（八十二歳）一九二七―二〇〇九　ベルギー
・世界平和は、すべての人が、〝煩悩具足の凡夫〟と自覚できれば、実現するのです…

註

（1）杉平顗智氏「『妙好人』覚書」（『仏教と文化』）参照。
（2）土井順一氏「『妙好人伝』の変質」（『佐賀龍谷短期大学紀要』第二六号）参照。
（3）柏原祐泉氏「妙好人言行録」（講座『親鸞の思想』第九巻）参照。
（4）小西輝夫氏『妙好人』第二章「妙好人について」参照。
（5）寺倉　襄氏「妙好人形成の教学的立場とその実践」（『日本仏教学会年報』第二六号）参照。
（6）『妙好人における死生観と超越』（龍谷大学人間・科学・宗教オープン・リサーチ・センター刊、二〇一二年六月十一日）、『東アジア思想における死生観と超越』（龍谷大学人間・科学・宗教オープン・リサーチ・センター研究叢書、二〇一三年三月三十日刊）参照。

妙好人の言動と真宗聖教

龍口　明生

はじめに

妙好人伝に掲載されている妙好人およびその周辺の人々についての描写は、地の文と妙好人たち自身の発した会話の文とに分けることができるであろう。ただし、妙好人等の言動の記述も編纂者の手になるものであり、両者を厳密に区別することは不可能といえよう。

本稿では、彼ら妙好人の信仰的言葉、領解に注目してみたい。彼らの言動は彼らの聞法あるいは聖教の拝読等の結果よりもたらされるものである。仰誓撰『妙好人伝』（二巻本）[1]所載の各説話の検討により、妙好人が手にした聖教、法座において語られた法語、使用されたであろう聖教は具体的にいかなるものであったかを推測してみたい。

一　各説話中に言及されている聖教

妙好人が聖教を読む場面の描写は稀ではあるが、皆無ではない。

『妙好人伝』第一には十話が掲載され、そのうちの二話に聖教について言及されている。すなわち、

第四話　当国六兵衛(2)　六兵衛は親鸞撰述の三帖和讃（『浄土和讃』『高僧和讃』『正像末和讃』）および蓮如の『御文章』を平仮名に書き改めて日常読んでいたことが知られる。

（六兵衛は）モトヨリ无智不才ニシテ、片仮名ヲオホユルホトノコトモナラス、三帖ノ和讃モ、平仮名ニカキタルヲ求テ朝夕ノツトメヲシ、御文章モ平カナニ写シタルヲ拝読ス。（四四頁下～四五頁上）

第九話　常州忠左衛門　妻の信仰が浄土真宗であることを知った夫、忠左衛門は妻に向かって、

我モ浄土真宗ノ安心ヲキ、タク思也。汝カコ、ロエタルトホリヲキカセヨトイヘハ、妻云ヤウ。我ハ一文字モシラヌ身ナレハ、何ヲカ語リ申スヘキ。イヨ〳〵真宗ニ帰セントオホシメサハ、イソキ弥陀ニ帰命シ玉ヘトテ、本尊ヲトリ出シ、御机三具足ヲカサリ、正信偈・和賛・五帖ノ御文章ヲソナヘ、女ノ身ニテトリアケ拝読スルハオソレアレト、真宗ノ教ヲキ、度オホシメスユヘニ、ヨミテキカセ申サン。コレハ蓮如上人ノ直説ナレハ、謹テキ、玉ヘトテ一通ヲヨム。ソノ文ニ云。末代无智の在家止住ノ男女タラントモカラハ、……（中略）……第十八の念仏往生ノ誓願ノコ、ロナリト。（五三頁下）

ここには『正信偈』『和讃』、それに五帖八十通の『御文章』を所有しており、さらに「末代無智の章」を拝読していることが知られる。

『妙好人伝』第二は二十六話でもって構成されている。ただし「第六話　播磨二女」は標目のみであり、実際には二十五話が掲載されている。このうち、聖教に言及している説話は以下のごとくである。

第一話　石州儀兵衛　本人が鉄砲自殺する直前に『御文章』を拝読している。

儀兵衛、墨ヲスリ、ナニヤランシタ、メ、サテ小児ヲスカシネサセテ仏前ニ灯明ヲアケ、花ヲ立カヘテ勤行シテ、御文マテヲ拝読ス。（五六頁下）

第四話　越前荒川総右衛門　諸種の仏教書を読み、とくに『御文章』第五帖の一節に疑問を懐く。

凡ソ念仏ノ縁タルヘキ書ノ、自身ノ智力ニタエタル程ノモノハ、見聞ニツケテ求乞テコレヲヨム中、蓮如上人ノ御文ヲヨミテ、大ニ感嘆シテ真宗ニ傾注セリ。サレト、第五帖、コノ心ノツユチリ程モウタカヒナケレハ、トアル御言ニ不審オコリ、（五八頁下～五九頁上）

第七話　安芸喜兵衛　五帖の御文の下賜の願いに関連して、

其コロハ、本尊・御文等、今時ノ如ク、何時ヲイハス御免アルコトナク、預メ願ヒ入オカスシテハ、急ニ頂戴申コトカタカリケルニ、（六二頁上）

第九話　安芸甚右衛門　留守中に賊に入られたけれども、帰宅後まず『御文章』を拝読する。

家人ハ気ヲイラチ、何故ノ遅滞ソトイヘハ、イヤ、盗人ノ入タルコト某已ニ知レリトテ、サラニサハカス。仏壇ニ灯明ヲカ、ケテ、例ノ如ク勤行、御文マテヲ拝読シテ、（六三頁下）

第十五話　近江五兵衛　酒肉博奕に耽っていた五兵衛は、他力念仏の教えを聴聞し、それまでの生活を悔い改め、『御文章』を買い求める。

五兵衛、ソレヨリ好物ノ酒ヲ禁シ、酒料ヲ積テ、ツイニ五帖一部、及ヒ仏具ヲ求ケレハ、（六六頁下）

第二十二話　加賀久兵衛ノ女　久兵衛の七歳の娘阿南《おなむ》は正月に『御文章』の御紐解を聞き、次の発句を詠んだ。

ニキリ葉ノ　蓮ノイハレヤ　御紐解（七二頁上）

以上のごとく『妙好人伝』第二には、聖教に言及する説話は六話あり、いずれも『御文章』である。『妙好人伝』第一、第二の計三十五話のうちで妙好人たちが手にする聖教は『御文章』、「和讃」および「正信偈」である。これらの聖教が門信徒の家庭で日常的に広く用いられていたであろうことが知られる。

二　妙好人の信仰表現の言葉と聖教

各説話の中での妙好人の発言している宗教的言葉に注目し、聖教との関連を考察する。

○『妙好人伝』第一

第一話　播州治郎右衛門　治郎右衛門と菱屋了玄との会話の中での、「我モシハヤク往生セハ、各留半坐ノ約ハタカヘシナト、イトコマヤカニ語合テ去ントスルトキ」（三二頁下）という表現は『般舟讃』[3]（七五三頁一三行目）の、

おのおの半座を留めて来る人に与ふ　無量楽

を踏まえたものであることが知られる。同じ会話の中の「一味ノ信ヲ玉ハル身ハ、四海皆兄弟也」（三三頁上）という表現は『安心決定鈔』末（一三九七頁一〇行目）の、

曇鸞この文を、「同一に念仏して別の道なきがゆゑに」（論註・下一二〇）と釈したまへり。「とほく通ずるに、四海みな兄弟なり」（同・下）善悪機ことに、九品位かはれども、ともに他力の願行をたのみ、おなじく正覚の体に帰することはかはらざるゆゑに、「同一念仏して別の道なきかゆゑに」といへり。またさきに往生する

ひとも他力の願行に帰して往生し、のちに往生するひとも正覚の一念に帰して往生す。心蓮華のうちにいたるゆゑに、「四海みな兄弟なり」といふなり。

に関連している。

第二話　河州利右衛門女阿霜　阿霜が善立寺住僧正空師に語った一節、「一念ノ信ヲ決定スレハ、速ニ往生ヲユルシ玉フコト、マコトニアリカタク、タウトクハ存シ候ヘトモ」（三五頁上）という言葉は、『歎異抄』（八四六頁六行目）の、

摂取不捨の願をたのみたてまつらば、いかなる不思議ありて、罪業ををかし、念仏申さずしてをはるとも、すみやかに往生をとぐべし。また念仏の申されんも、ただいまさとりをひらかんずる期のちかづくにしたがひても、いよいよ弥陀をたのみ、御恩を報じたてまつるにてこそ候はめ。

また『往生要集』（一〇〇三頁一二行目）の、

『華厳』の偈にのたまはく、
「如来の自在力は、無量劫にも遇ふこと難し。
もし一念の信をなすは、すみやかに無上道を証す」と。
余は、下の利益門のごとし。

等の聖教と関連を有している。そしてまた阿霜は盗みをした自身の行為について、「盗ヲスルハ大ナルトカニテ、地獄ノ業也トノ御教化ヲウケ玉ハリシユへ」（三五頁下）云々と語っているが、これは「般舟讃」（七六三頁一二行目）に、

三宝・衆生の物を劫盗すれば　願往生

一たび泥犂に堕して出づる期なし　無量楽

とあり、『往生要集』（八〇二頁三行目）にも、

人間の一百歳をもつて忉利天の一日一夜となして、その寿一千歳なり。忉利天の寿をもって一日夜となして、この地獄の寿一千歳なり。殺生・偸盗せるもの、このなかに堕つ。

などの文が見られる。

第四話　当国六兵衛　六兵衛は真言律の寺院の比丘某より五戒をたもつよう進められるが、それを断り、「我ハ愚痴ノ身ナレトモ、弥陀ノ本願ニヨリ、念仏シテ浄土ニ往生スル也。コノ念仏ヲ申モノ、必ス極楽ニ生ル、ト云コトハ、十方恒沙ノ諸仏ノ証誠シ玉フ所ナレハ、コレハタシカニ存シ候也」（四五頁下）と応えている。これは『観経疏』（四三七頁一〇行目）に、

また十方恒沙の諸仏の証誠虚しからずと。またこの『経』（観経）の定散の文のなかに、ただもつぱら名号を念じて生ずることを得と標せり。

とある文を踏まえての発言といえよう。

第六話　和州辰三郎　辰三郎は夢中に老僧と会う。老僧との会話の中で、老僧が、

今クルモワカレハ同シ道シバノ

ト告玉フ。辰三郎ナニコ、ロナク、

誓ノ舟ニノルソウレシキ

ト下ノ句ヲソヘケレハ、老僧、又、

ヨム人モヨマスル人モ大悲ヨリトリモナホサス機法一体

ト告玉フ。（四八頁下～四九頁上）

と、夢中のことを語っているが、この中の「誓ノ舟」に関しては『高僧和讃』の龍樹讃の第四（五七九頁上一行目）に、

龍樹大士世にいでて
難行・易行のみちをしへ
流転輪廻のわれらをば
弘誓のふねにのせたまふ

また同じく龍樹讃の第七（五七九頁下一行目）の

生死の苦海ほとりなし
ひさしくしづめるわれらをば
弥陀弘誓のふねのみぞ
のせてかならずわたしける

が関係を有しているであろう。そして「機法一体」に関しては『御文章』（一一四七頁六行目）に、

しかれば「南無」の二字は、衆生の阿弥陀仏を信ずる機なり。つぎに「阿弥陀仏」といふ四つの字のいはれは、弥陀如来の衆生をたすけたまへる法なり。このゆゑに、機法一体の南無阿弥陀仏といへるはこのこころなり。

また同じく『御文章』（一一八三頁一行目）に、

されば弥陀をたのむ機を阿弥陀仏のたすけたまふ法なるがゆゑに、これを機法一体の南無阿弥陀仏といへるはこのこころなり。これすなはちわれらが往生の定まりたる他力の信心なりとは心得べきものなり。

とある。なお『御文章』には「機法一体」の使用例は上記のほかにも二カ所あり、計四通に教示されている。なおまた『蓮如上人御一代記聞書』に一カ所、『安心決定鈔』には十七回使用されている。

第七話　江州次郎右衛門　次郎右衛門の生業は馬方であり、馬を引きながらも念仏を称える日常であった。ある時長州萩の侍毛利監物が次郎右衛門の引く馬に乗った。監物より再三「イマ〳〵シキ念仏ヲ申スヘカラス」（四九頁下）と禁ぜられたが、いったんは中止しても、しばらくするとまた念仏を称えるという有様であった。監物は怒り斬首せんとする、「スクニ刀ヲ抜テ後ニマハリ振上ルニ、ナホスコシモ驚カス、首ヲサシノヘテ念仏シ居ケルヲ見テ、刀ヲサラリト投ケ、ア、至心信楽忘〆己トハ、実ニ御身ノコト也。我モマコトハ萩清光寺ノ門徒ニテ、代々真宗ノ教ヲウケタリ」（五〇頁上、後略）と、その後生涯同行の交わりをした。ここで「至心信楽忘〆己」と言っているのは、次郎右衛門ではなくて、監物であるが、この言葉は『報恩講私記』（一〇六九頁七行目）に、

しかるに祖師聖人（親鸞）、至心信楽おのれを忘れてすみやかに無行不成の願海に帰し、憶念称名精みありてとこしなへに不断無辺の光益に関る。身にその証理を彰し、人かの奇特を看ること勝計すべからず。

と出る。監物の語る言葉の一節は『報恩講私記』からのものであることが知られる。

第八話　常州忠左衛門　宗教的に熱心ではあるが、信心の定まらない夫忠左衛門に向かって、真宗信者である妻は真宗の教えを語る、「弥陀ノ本願ハ、我等コトキノ愚癡無智ノモノヲタスケ玉ヘルユヘニ、アリカタク存スル也」（五三頁上）と。妻のこの言葉は『御文章』（一一六七頁一〇行目）の、

われらごときの衆生をたやすくたすけたまふ阿弥陀如来の本願のましますときけば、まことにたのもしく、ありがたくもおもひはんべるなり。

に拠っているといえよう。

以上、『妙好人伝』第一所載十話のうち、六話を取り上げ、妙好人あるいは彼らに接する人々の語っている言葉に注目した。彼らが自己の信仰を語るその表現は聖教に基づくものである。法座で聴聞し、また自身が拝読した結果によるものである。彼らが耳にし、読んだであろう可能性の高い聖教としては、『般舟讃』『安心決定鈔』『御文章』『歎異抄』『往生要集』『観経疏』『高僧和讃』『報恩講私記』、あるいは『蓮如上人御一代記聞書』等であったと考えられる。

三　妙好人に対する教化者の言葉

妙好人たちが接する教化者の言葉に注目し、その言葉と聖教との関連を検討する。

○『妙好人伝』第一

第二話　河州利右衛門女阿霜　善立寺の僧、正空師は八歳の少女阿霜がよく参詣し、信仰が篤いので浄土真宗の教えを説いて聴かせる。「本願不思議ノ威力、ヨク五障三従ノモノヲシテ安養往生ノ業ヲ成セシメ玉フ道理ヲ、コマヤカニ教化シ玉フニ、宿善ヤ催シケン」（三五頁上）。師正空の教化のこの言葉は、次の『正信偈大意』（一〇二三頁一〇行目）の、

阿弥陀仏の、むかし法蔵比丘と申せしとき、思惟してやすきみのりをあらはして、十悪・五逆の罪人も五障・三従の女人をも、もらさずみちびきて浄土に往生せしめんと誓ひましましけり。

あるいは『御文章』（一〇九八頁一〇行目）の、

おほよそ当流の信心をとるべきおもむきは、まづわが身は女人なれば、罪ふかき五障・三従とてあさましき身

にて、すでに十方の如来も三世の諸仏にもすてられたる女人なりけるを、かたじけなくも弥陀如来ひとりかかる機をすくはんと誓ひたまひて、すでに四十八願をおこしたまへり。

等々に拠るものであろう。なお『御文章』中には類似の表現が他にも見られる。またこの少女阿霜はかつて仏前の賽銭を盗みしことを後悔し、その罪をいかにして懺悔すべきかを正空師に質問した折の師の返答は、「汝必ス往生ヲ疑コト勿レ。五逆誹謗トテ、至テ重キ罪障スラ、改悔スレハ往生ヲ得。況ヤ、汝ノ二銭ハサマテノ悪業ニ非ス。往生ノサハリトナラス。サレハトテ、罪ヲオソレサレト云ニハ非レトモ、カク懺悔スレハ、ソノ咎ハトク消滅シテ、如来ヲタノミシトキ、ハヤ往生ハ定リタル也」（三五頁下〜三六頁上）というものであるが、これは『口伝鈔』（九〇九頁一四行目）の、

謗法罪はまた仏法を信ずるこころのなきよりおこるものなれば、もとよりそのうつはものにあらず。もし改悔せば、生るべきものなり。しかれば「謗法闡提回心皆往」（法事讃・上　五一八）と釈せらるる、このゆゑなり。

という文に基づいての教化と思われる。

○『妙好人伝』第二

第四話　越前荒川総右衛門　荒川総右衛門は蓮如上人の『御文章』を読み感嘆して真宗の教えに傾注するようになったけれども、『御文章』第五帖の「コノ心ノツユチリ程モウタカヒナケレハ、トアル御言ニ不審オコリ、凡情ノアサマシ、露塵ホトモ疑ハヌ心ニハナリ難シ。イカ、ハセン」（五九頁）との不審について功存師を招いて質問するのであるが、師の教えは、「仏ニマカセ奉リシ上ハ、イカニ往生スマシト思フトモ、仏ノ大願業力ニテ必スツレユカセ玉ヘハ、力ナクシテ報土ニハ生ル、也ト」（五九頁下）というものであるが、これは『口伝鈔』（八七八頁一三行目）の、

「一切善悪凡夫の生るることを得るは、みな阿弥陀仏の大願業力に乗りて増上縁とせざるはなし」となり。されば宿善のあつきひとは、今生に善をこのみ悪をおそる、宿悪おもきものは、今生に悪をこのみ善にうとし。

の文と関係を有し、また『安心決定鈔』末（一四〇一頁一一行目）の、

おほよそ念仏といふは仏を念ずとなり。仏を念ずといふは、仏の大願業力をもつて衆生の生死のきづなをきりて、不退の報土に生ずべきいはれを成就したまへる功徳を念仏して、帰命の本願に乗じぬれば、衆生の三業、仏体にもたれて仏果の正覚にのぼる。

との文とも繋がりを有している。また功存師の「力ナクシテ報土ニハ生ル、也」という言葉も、『歎異抄』（八三七頁六行目）の、

なごりをしくおもへども、娑婆の縁尽きて、ちからなくしてをはるときに、かの土へはまゐるべきなり。いそぎまゐりたきこころなきものを、ことにあはれみたまふなり。

に基づくものであることが知られる。

以上、二話のみの検討ではあるが、教化者が説く教えの根柢には『正信偈大意』『御文章』『口伝鈔』『安心決定鈔』『歎異抄』等の存在が想定されるのである。

おわりに

妙好人の宗教的言動の基盤は、家庭において日常的に接する聖教であり、また法座の場で聴聞するその教えであ

る。教化者の使用する聖教も聴聞者が慣れ親しんでいるものと同様のものである。聴聞者は同一内容の説法を繰り返し聴き、同一の聖教を繰り返し拝読する。このことは修習にほかならないが、そのことにより日常生活を送る根柢が、聴聞する教えと一体となり、拝読する聖教の教えと一体となる。限られた分量の聖教（仏教文献という面からいえば、限られた点数の聖教）を繰り返し聴聞し、また拝読することにより、その教えを体得する。得られた教えは限られた分量の聖教からのものではあるが、当人の日常生活のあらゆる場面に、教えの言語的表現に限定されることなく、自在にその言動として顕れているのである。換言するならば、聴聞し、拝読した教えに基づき生きていくのではなく、教えに生かされて日々の生活を送っているのである。『妙好人伝』（二巻）よりうかがえる教化方法は、現在も真宗の伝道教化に示唆を与えるものである。

註

（1）本稿での仰誓編『妙好人伝』（二巻）からの引用については、児玉識・菊藤明道編「妙好人伝」（真宗史料刊行会編『大系真宗史料　伝記編８』（法藏館、二〇〇九年）三〇〜七五頁を使用。なお『妙好人伝』（二巻）の著者・成立および刊行年等については、本書のほかに土井順一『妙好人伝の研究』（百華苑、一九八一年）、朝枝善照『妙好人伝研究』（永田文昌堂、一九八七年）を参照。

（2）目次では第十番目の説話となっているが、実際には第四話である。

（3）聖教の引用は『浄土真宗聖典』七祖篇（註釈版）および『浄土真宗聖典』（註釈版、第二版）による。

妙好人の心理学的研究

はじめに――資料――

岡　道固

前巻（「妙好人の心理学的研究（上）」『人文研究』七―三、大阪市立大学文学会、一九五六）にては、現存妙好人の調査を資料として論述したが、紙数制限のため、最後の項において一部述べ残した。しかるに、やはり、本巻の紙数制限のため、それらについて述べる余裕はない。ついては、前巻執筆後に書いた「篤宿者の研究」（『心理学研究』二七、日本心理学会、一九五六）、ならびに「入信の要因」（『龍谷大学論集』三三五、森川学長喜寿記念論文集、一九五六）を参照されたい。ここには文献的な「妙好人伝」を資料にして、妙好人の信仰生活について考察しようと思う。

本論文の主なる資料となった妙好人伝は次のごときである。

仰誓撰『妙好人伝』初篇二巻、美濃国垂井・中山園、専精寺版、天保十三年（一八四二）三月

僧純撰『妙好人伝』二篇二巻、同右、天保十三年四月

僧純撰『妙好人伝』三篇二巻、同右、弘化四年（一八四七）五月
僧純撰『妙好人伝』四篇二巻、同右、安政三年（一八五六）十一月
僧純撰『妙好人伝』五篇二巻、同右、僧純六十八歳、安政五年（一八五八）十月
象王撰『続妙好人伝』二巻、皇都書林、文醒堂、嘉永五年（一八五二）十月、同六年五月補刻
島地黙雷『妙好人揖取希子の伝』明治四十三年（一八八〇）十二月
富士川游撰「大和清九郎」『新撰妙好人伝』第五篇、厚徳書院、昭和十二年（一九三七）四月
富士川游撰「江戸庄之助」同右、第十篇、同右、昭和十三年四月
富士川游撰「田原のお園」同右、第十四篇、同右、昭和十六年一月

富士川氏の『新撰妙好人伝』は宗派を問わず真実に宗教心を現したと認むべき人々の伝を略述したもので、その中から真宗系の妙好人伝を求むれば右の三編が得られた。

鈴木大拙著『妙好人』大谷出版社、昭和二十三年十二月
柳宗悦編『妙好人因幡の源左』同右、昭和二十五年九月

柳氏が、源左の伝を編するにあたってさえ、没後二十年にして早くも、源左の名が拡がり、その言行が口から口へ伝えられるにつれて、早くも伝説化しているものがあったと述べているが、まして古い妙好人伝を見ると、その言行が、あるいは御法義を説くため、あるいは自己の主観的主張を示すため、誇張されたり、曲げられたり、神秘化されたりしていて、その真相の隠されているものも少なくはない。「妙好人伝」においても、仰誓の初篇では事実のままの記述と思われるものが多いけれど、篇を重ね、「妙好人伝」の拡がるにつれて、諸方から撰述者に資料が寄せられるに従い、『続妙好人伝』あたりになると、伝説化されたものがかなり多くなっている。

我らは、そこから撰述者の解釈や讃嘆を捨象して、ひたすら客観的に、その言行のみを抽出すべく努めねばならぬ。元来、情操というものは、それを真に理解せんためには、自らそれを体験せねばならぬものである。W. James（*The Varieties of Religious Experience*, Longmans, 1902, p.325）のいえるごとく、米国人は英国人の国王に対する忠誠の情を理解することができず、英国人は国王を持たぬ米国人の心の平和を理解することができない。かく簡単な情操すらも as gifts of birth としてのみ受け得る神秘であるとすれば、きわめて微妙な宗教情操にてはなおさらである。情操の外からは、その情を真に会得することはできぬ。すべての情は、それ自身の logic に従い、他の logic では導き得ない deduction をするものだ。したがってその情の外にいる者のとるべき方法は、その情を感得した人々をできるだけよく観察し、忠実に記録することにある。

かくて我らのとるべき方法は、妙好人伝に述べられている篤信者たちの宗教経験を、できるだけ忠実に、客観的に理解し得るかぎりにおいて取り上げていくにある。それは、たとえ、宗教信者自体の主観には、靴をへだてて掻くごとき、表面的記述に過ぎぬように見えようとも、科学的客観的立場に立つかぎり、それは致し方のないことである。

前巻で、現存妙好人および各宗派の篤信者の調査的研究において、当該宗教の特徴を示す年齢層においては、つねに女子信仰者の方が多いという事実が認められたが、『妙好人伝』四篇巻上の豊後関兵衛（豊後国、岡の領直入郡有氏村）の項の中に「……いづれの寺の御法座に参りても女同行の多きは云々」という記述があって、寺参りの信者に女同行の多い事実は今も昔も変わらないことを暗示している。

一　頓機と漸機

先に、入信過程を成長的入信と発心的入信とに分かち、発心的入信はさらに漸機的入信と頓機的入信とに分かち得ることを述べたが、いわゆる「回心」といわれる現象は、この頓機的入信であり、それはきわめて著しき現象であるから、とくに人の目を引き、宗教心理学者からも、非常に多く取り扱われてきた宗教経験であるが、妙好人における、このような事例を求めると、

因幡の源左

鳥取県気高郡日置村字山根、足利源左衛門、明治に入って喜三郎と改めたが、自他ともに「源左」と呼んだ。天保十三年四月十八日生、昭和五年二月二十日、八十九歳にて死、家業は紙漉と百姓。三十歳過ぎのある夏、城谷《ジョウダン》に牛《デン》（山陰地方で牛のことをデンという）を追って、朝草刈に行って、いつものように六把刈って、牛の背の右と左とに一把づつ附けて三把目を負わせようとしたら、フイッと分らしてもらった。「牛《デン》や、われが負うてごぜっだけ、これが他力だわいやあ。ああ、お親さんの御縁はここかいなあ、おらその時にや、うれしいてやあ」……牛に草を負わした頃、やっと夜が明けて来た。そこにひと休みしていると、また悩みが起こってきた。その時「われは何をくよくよするだいやあ、仏にしてやっとるじやないかいや」と如来さんのお声がして、ハット思った。……「牛《デン》はおらあが善知識だがやあ」……と。

草を刈ったのは自分である。その草を全部無条件に負うてくれるのは牛である。自分の作った負いきれぬ業を、親さま（如来）がみな背負うて下さる。源左はハタト思い当たった。彼の信仰の大生涯はこの瞬間より始

まる（前掲書、一七二頁）。

江戸庄之助

約二百年前、江戸四谷に居った人、下賤の生まれ、教育も学問もなかった。元来強気の男で、近所に朝夕、仏前におつとめするを聞けば「またこごとが始った」と嘲り、仏の慈悲を歓ぶ人を、うつけ者と笑うのが常であった。二十歳過ぎのある日、近所の老人、白骨の御文章を読むを立ち聞きして、何となくありがたく感じて内へ入り、「今読まれしは何でござる」「これは蓮如上人の御文といふものなり」「何にもせよ、今一遍読んでお聞かせたまへ」。老人笑いつつ「今日は何のむしのさしたるにや、嫌いの御法を聞きたしとはありがたきことなり。望みとあらば何遍にても」とてくりかえし拝読した。庄之助余念なく聴聞したが、双眼より涙を流し「さてさてありがたき御教化かな。これを今まで嘲り笑ひしは、我身ながらもそらおそろしき次第なり」とざんげした。富士川氏曰く「白骨御文章に世の無常を説かれたるを聞きて、頓に、仏の慈悲を喜ぶ様になったので頓機としてまことに勝れた一人であった」と（同書、八頁）。

尾州久平

尾張国三宅村、大角久平、天保八年死。仏法に志しもなく、只財宝をためんとのみ日夜心を労せしが、ある時、名府の某のために金子八百両あづけおきしが故ありて終に五十年賦となり、実に一子に別れし如く力をおとし、昼夜その事のみ悲歎せし折から、御使僧浄満寺の教示を蒙り、直ちに弥陀本願の義《イワレ》を信じたてまつり、……大金の損失かへって現世の利益なりと……（『妙好人伝』二篇巻下）。

これらのごとく、何らかの事変を機会に、信仰へ頓入するものを普通に「回心」Conversion といい、キリスト教篤信者の入信経験にはこの種のものが多く重視せられており、J. H. Leuba（*A Study in the Psychology of Religious*

Phenomena, Amer. J. Psychol. 7. 1896）ならびにE. D. Starbuck（*A Study of Conversion*, *Amer*. J. Psychol. 8. 1897）以来、宗教心理学者のとくに注意を払うてきた宗教経験である。妙好人の入信経験ではこの種のものは、あまり多く見当たらないのであるが、右の事例に見られるごとく、回心的なものが存しないのでもない。この種の入信は突発的で、神秘的に見えるから、普通の漸機的入信過程とはまったく異なった特別な宗教経験として取り扱う人が多いのであるが、私は、次に挙げる漸機的入信事例と、質的に、根本的に異なった入信過程であるとは考えない。他の機会にこの問題について詳述しようと思うが、いまは、以下に漸機的事例を挙げて後、これと対照して、簡単にこの問題に触れるにとどめたい。

浅原才市

島根県温泉津《ユノツ》町小浜、昭和七年八十三歳死。五尺足らずの小男、こぢんまりして、サッパリした感じで、丸顔の優しく平凡な人であった。鋭いと云う感じでなく、透明な感じで、奇行もなく極めて平凡な田舎人であったが、その平凡の中に言うに言われぬものが感ぜられた（才市を発見せる寺本慧達氏による）。才市は若い時分、江津と云う所で舟大工の弟子に入って居り、博奕や遊びに行った。二十歳頃博奕で巡査につかまって説諭された。才市は「これではいかぬ、人間にならねばならぬと痛切に思った」と自ら言うていた。それでお寺で説教を聞くのが一番よかろうと思ってお寺に出入するようになった。一番よく行ったのは近くの安楽寺であった。二十三、四歳頃から寺の世話方となり、説教を熱心に聞いた。しかし「なんぼ聞いてもわかりませなんだ」、とても自分の様な鈍根には仏法はわからぬと思うて捨てたこともあった。しかし捨てきることも出来ず未来が不安でならなかった。それで又説教を聞き始めた。こういう状態が三十四、五年もつづいた。かくして少しづつ進歩して行った。五十過ぎになって、何時とはなしに、仏智と大悲の不思議が知られて来たらしい。六十歳頃から自づと物事を宗教的に眺め味う様になって来た。五十歳頃、舟大工から下駄の製作と販売に転じて居るが、その家業の下駄作りの間に法悦が湧くと、木の削屑に、その「口あひ」(歌)を書き始めた。夕食後、その一日の木屑に書いた歌を仏壇の前で雑記帳に墨筆で清書するのが楽しみとなった。以前は仕事にも十分精が出なかったが、この頃から仕事に精が出て来た(前掲書、二八五頁)。

彼は博奕で巡査につかまったことを機縁として、爾後《じご》約三十年の紆余曲折の求道生活を経て漸次に真宗信仰に決定していっているが、彼をして真宗信仰に向かわしめたものは、巡査につかまったことによるのではなく、彼の受けてきた伝統と環境との影響による。その地方は真宗法義の隆盛な地方であり、とくに彼の父は八十歳以上まで存命したなかなかの「法義者」であったというから、幼時からの家庭における薫習によるところが多いと考えられる。

石州石橋寿閑

寛延の頃、石見国邑智《おおち》郡高見村の石橋寿閑、柳瀬村の錦織玄周何《いず》れも医師なり。玄周は法義に厚き人、ある時寿閑の家に宿り、仏室をたづねたるに、寿閑大いにあざけり、地獄極楽などいうは坊主の銭取に言うこと、読書して医術など行う者の取あふものかはと。その後三年目に玄周、寿閑宅を訪れしに、寿閑招じ入れて仏壇の戸を開く。玄周驚きて何としてかようにはなられしぞと言へば、寿閑涙を流して語るよう。寵愛の女児、去年六歳にて死す。臨終に「ととさま、わしは死ぬればどこへ行くことぞ」と問はれて胸ふさがり、其心をやすんぜんがために「極楽と云う結構な所へ行く」と言ひければ「どうすれば、そこへ行かれますぞ」と問はれ答ふることを知らず。「手を合して南無阿弥陀仏と言へば参る」と申し聞かせたれば一心に念仏して命終りぬ。これが事の縁となり……寺参り始めたるに、一座一座と座を重ねて聴聞する内に……今は足下と一味になりたる故に御本尊をも申しうけたり、前年の不礼ゆるさせたまへ……(『妙好人伝』初篇巻上)。

羽州彌左衛門

出羽国最上、法を求めて上京、恵然師の教を聞く、一旦領解したれども、帰国の後疑惑を生じてはまた上京する。かくて凡《おほよ》そ二百里の道を、三ケ年間に八度上京して教を乞うた（『妙好人伝』初篇巻下）。

これらの漸機的入信事例においても、何らかの事変を機縁として、信仰に志してはいるが、その篤信への過程には、転機というほどの急激な転化が認められない。この点、前述の回心的頓機入信の過程と著しく異なるように見える。けれども、頓機的入信の事例について、その急変の華やかさにのみ眼をうばわれないで、さらに、その事例の転機に至るまでの過程についてよく調査すれば、転機に至るまで、すでによく機縁の熟しつつあったことが認められる。その点、源左の事例についてさらによく見ると、

十八歳の秋、旧八月二十五日に父と一緒に昼まで稲刈りをしていた時、フイに父が気分が悪いと言うて家に戻り寝たが、その日の晩に死んだ。死ぬ時に「おらが死んだら親様をたのめ」と言うた。その時から「死ぬるちゆうなあ、どがんこつたらあか。親様ちゆうなあ、どがなむんだらあか」不思議で、この二つが非常に気になって仕事も手につかず、夜も昼も思案してその年も暮れた。翌年の春になって、やっと目がさめて、一生懸命になって願正寺その他の所々に聞きに参ったが、仲々にわからず「しまいにや、しぶとい我が身がなさけなあになり、投げちやあしまへず、じつとしちやをられんで、どがぞして聞かして貰らはあと思つて」非常に困っていた。

してみると、源左の回心的転機に至るまで、すでに、父の急死後十余年間の求道的苦悩生活があったわけである。「死」と「親さま」との解決に苦闘していたわけである。しかもその手次寺《てつぎでら》の願正寺は西本願寺派で、その宗風はその地方に栄えていた。さらに父が臨終に「親さまたのめ」と遺言したところをみると、この父も真宗信仰に篤い

人であったと推察され、したがって彼も、幼時からの家庭的薫習と伝統的環境文化の影響を受けていたといわねばならぬ。その点前述の才市におけると軌を一にしている。さらに富士川氏が頓機としてまことに勝れた一人であったと述べた庄之助の事例について見よう。

初め四谷の町抱の火消頭役とし、その余暇に雇はれ仕事をしていた。粗暴教養なく行動も野卑であったが、ある時、赤坂の成満寺に雇はれ仕事に行きし時、夏で客僧が椽に出て涼を納れていた。庄之助仕事休みで煙草をすひながら客僧に「なんと和尚様、私如き強慾の者も助かる道もござりますか」と問うた。客僧は「無戒愚痴の者の助かる教は浄土門に如《し》くものはない。観無量寿経に父母に孝養し師長に奉事せよとあるから、まず親の仰せに背かないように……孝行から始めなさい」と親切に教えた。それ以来、母の云う事を違えぬように心がけ、母は喜んだが、ある時「孝心をつくしてくれて、うれしいが、尚一つだけ不足がある、それは火消役にて燃えたつ火中に働くことで、見るたびに肝にこたへるから今日限り火消役をやめてほしい」と云う。庄之助、役をやめては生活に困ると思うたが、決心してやめた。後、新宿に火災あり、庄之助に代わって火消人足になった者が疵《きず》を受けて死んだのを見て痛く心を動かされた。

すると、この事例においても、その転機への十分な下準備が積まれておったことになる。「白骨の御文」が転機となっているが、御文に感激するまでの無意識的準備が出来上がっている。さらに彼は朝夕仏前に御つとめし、『御文章』を読む法義に篤い人々の環境におったわけで、それらの人々を「うつけ者」と嘲っていたという事実は「関心」をもっていたという事実を裏書きする。すなわち逆縁とはいえ縁を結びつつあったので、縁なき衆生ではなかったのである。

かくて頓機的入信の転機自体を見れば突発的、急変的に見えるけれど、その転化に至るまでには、下意識的に十分に蓄積されているものが存する。その信仰への開花はいずれも下意識に蓄積され温存されていたものの孵化にほかならぬ。頓機的と漸機的との差は、この下意識的孵化作用のはげしさの程度の差に過ぎぬ。この両者の到達する宗教的態度は同一である。いずれが宗教的に勝れているのでもなく、その宗教的価値に大小があるわけでもない。ただその入信過程の速度に遅速の差があるに過ぎぬので、入信過程の様態に差が存するのではない。回心の転機は当人の意識にも突発するものだから神秘化されやすいが、回心を神の恩寵と考える宗教信仰者の主観から離れて、科学的客観的立場に立てば、回心を漸機的入信経験から質的に異なるものとして峻別せねばならぬ理由はない。もちろん、科学的心理学者は、回心を神の賜とする信仰者の主観的意識を否定する者ではないが、それと同様に、漸機的入信をも仏の廻施と考える信仰者の主観的意識をも否定する者ではない。妙好人の入信過程を見れば、キリスト教などの諸宗教におけると同様に、頓機的なものも認められるが、しかしその漸機的なものとの差は、入信過程の経過時間的な問題に過ぎぬので、その入信過程自体にも、その到達する信仰態度にも質的差異が存するとは考えられない。

二　信仰の機制

1　機と法

宗教信仰には二つの要因がある。一は信ずる者——信仰の主体（人、衆生）であり、今一は信ぜられる者——信仰の対象（神、仏、教法）である。仏教では前者を機といい、後者を法という。機とは可発の意で、縁に会えば発動すべき可能性をもつもののことである、仏の教化を受ける衆生の根欲をいうのであるが、それより、教法に対する衆生をすべて機という。ところでとくに浄土門仏教において、二種深信ということが説かれる。機の深信と法の深信とである。信後信法の二種深信とも、機法二種深信ともいわれる。これは善導（隋の大業九年〈六一三〉に生まれ永隆二年〈六八一〉六十九歳死）の『観無量寿経疏』に「深心とは即ち是れ深く信ずるの心なり、亦二種あり、一に決定して深く自身は現に是れ罪悪生死の凡夫、曠劫よりこのかた、常に没し常に流転して出離の縁あることなしと信ず。二に決定して深く彼の阿弥陀仏の四十八願は衆生を摂取し、疑ひなく慮りなく、彼の願力に乗じて定んで往生を得と信ず」とあるに由来する。蓮如（真宗中興の祖、本願寺第八世、応永二十二年〈一四一五〉―明応八年〈一四九九〉八十五歳死）の『御文章』にも「まづわが身は十悪五逆五障三従のいたづらものなりと深く思ひつめて、その上に思うべきやうは、かかるあさましき機を本とたすけたまへる弥陀如来の不思議の本願力なりと深く信じ奉って云々」とある。すなわち一は自己を深く反省して罪悪深重にして極劣機の凡夫であると自己を深く掘り下げることであり、他は弥陀の本願はかかる罪悪の凡夫をことごとく摂《おさ》め取って捨てないことにあると深信する、すなわち罪悪の凡夫を救済したまう教法を仰信することである。

この二要因、すなわち自己反省、自己の罪悪の conviction と、これを摂取する教法への aspiration という二要因は、浄土門といわず聖道門といわず、すべての宗教信仰に不可欠のものである。浄土門は救済、贖罪の宗教というとすれば、聖道門は解脱、開悟の宗教といい得るが、救済といい、解脱というも、いずれも真の生活に生まれ得る前に、まず虚偽の生活に死なければならぬこと、真の自己に到達せんためには偽の自己を放棄せねばならぬこと、宗教的再生を示すものにほかならぬ。浄土門に厭離穢土（機）、欣求浄土（法）といい、聖道門に転迷（機）、開悟

（法）というも、いずれも宗教信仰におけるこの二要因を指示しているといえる。かくて信仰にはこの二要因のいずれを欠くこともできない、実に信仰は機と法との函数である。機と法との合力であるというてもよい。具体的信仰における信仰の色合の差は、この二要因結合の度合いに由来する。一つには信仰者当人の性格の差により、一つにはその育まれた宗教的伝統の差により、この二要因のいずれかに重点が傾く。personality は当人の original nature とその育ちし culture との函数であると考えれば、機と法との成全たる具体的信仰において、機と法とのいずれにより多く傾くかを規制するものは当人の personality である。

元来、感情は主観的のものであり、同一事実でも異なりし主観には異なりし感情を生ぜしめる。事実はまったく相反する二つの情操のいずれとも結びつき得るもので、外的事実と、その事実の呼び起こす感情との間に論理的関連があるわけのものではない。情の本源は主観内にある。同一経験がいかなる宗教情操に結実するかは、当人の性格に由来することが大きい。

宗教的性格の類型としては、早くより F. W. Newman の once-born type と twice-born type（*The Soul : its Sorrows and its Aspirations.* 3d ed., 1852, pp. 89-91.）や、W. James の Healthy-mindedness と Sick suol（*The Varieties of Religious Experience.* op. cit. pp. 78-165）などの別が述べられている。世の中には、人生の明るい面をより多く見、自然界を神の顔と見て少しも矛盾を感じない比較的に無反省な楽天的な人々もいれば、人生の暗い面を本質的なものと見て、不幸や災害や罪悪に悩む厭世的な人々もいる。かなりの大事変にもほとんど何の自覚もなく平然たる人もいれば、小さな事柄にも深く苦悩、罪悪を痛感する人もいる。かかる気質の差は、異なった色合いの信仰に帰向しがちである。

前者は法への渇仰を主とする信仰に傾き、意志を張り、努力をゆるめないで、参禅、持戒をもって法を体得せんとする自力的傾向に向かいやすいが、後者は、かかる意志努力は結局失敗に終わり、自己を苦しめるに過ぎぬと感じ、反自力的、反苦行的方向、すなわち法への帰依、帰命によって、法に帰一する信仰に向かいやすい。すなわち能動ではなく所動、緊張ではなく弛緩、計らいを捨てて法に委ねることから完全なる「安心《あんじん》」に転入する信仰である。妙好人の信仰はこの後者である。

自力聖道門の教派は、法の要因を主目標に、法への有意的努力を強調する。もちろん、聖道門といえども、迷える機の反省がなければ、法への修道の志が発しないのであるから、機の要因を欠くわけではないが、機の反省に束縛せられず、戒定慧の修練によって自ら法を味得せんとする宗教的文化である。他力浄土門の教派は、機の要因に徹し、自己は罪悪生死、地獄一定の凡夫と深信し、かかる機を救済の正客とする法の力に帰依する宗教文化である。かく異なりし宗教文化に育まれる信仰は、当然、その香りを異にする。妙好人の信仰を育んだ宗教文化はこの後者である。

かくて妙好人信仰の機制は、深き機の反省に発し、かかる泥凡夫《どろぼんぶ》をこそ救済の正機とする法への帰依、感謝、歓喜となって現れる。

浅原才市

こころもじやけん、みもじやけん、つのをはやすが、これがわたくし、あさまし、あさましや、なむあみだぶつ、（前掲書、一二八頁）

小川仲造

ひろいせかいに、おそろしものは、わがみ心が、おそろしや、（前掲書、三五九頁）

栃平ふじ

仏だね（種）とは、どこにあるのですと、さがしてみたら、よそになかった、この私のあくだねでありました、（前掲書、三五五頁）

但州仁右衛門

但馬国出石、我身を遜《ヘリクダ》りては鬼なり〱と云ひて慚愧せしとなり、（『妙好人伝』二篇巻下）

因幡の源左

他人《ヒト》より悪いこの源左をなあ、一番先きに助くるの御本願だけゑ、助からぬ人なしだがあ、（前掲書、一一二頁）

経典を読み、教義をよく理解したとて、ただちに宗教感情がわき出ずるものではない。それは内省を深め自己の心底を深く探り、その真相を実感するとき、自らわき出ずる情である。自己反省から、「あさましや、おはずかしや」の実感が生まれるとき、宗教感情の発露となる。したがって、そのあさましやは、必ずしも、客観的罪悪ではなく、自己の心の内面を省みたときに生まれる宗教感情で、この情の強く生まれることが宗教信仰への前提となる。機の深信は法への渇仰へ通ずる。他人より悪いこの身なればこそ、一番先に助けられる法が仰がれる。「あさまし、じやけん、はずかしや」の自覚に徹すれば、慚愧と謙虚に遜り、おや（法）の前にまったく自己を放棄し、その救済にすべてを委ねる。そこで天地がひっくりかえる。凡夫が凡夫と自覚しないところに暗があった。凡夫が凡夫と自己放棄すれば、暗がそのまま光となる天地が開かれる。暗（機）が光（法）につつまれる。すると、「凡夫の自覚」も、「凡夫とわからせてもらつたのだと云う自覚」へとさらに深まる。「あさましや」（機）が、「ありがたや」（法）になる。

石州磯七

（石見国邑智《オオチ》郡浜田領出羽《イツバ》村）「うれしふてならぬ。貴ふとてならぬ、この身が仏になるは、弥陀の丸だすけ」（『妙好人伝』四篇巻下）。ある時、同行の善太郎（石見国那賀郡下有福村、安政三年死）から磯七へ手紙が来た。その手紙は半紙四枚、始めから終わりまで、「ありがたや〳〵」とのみあって、他の文言は少しもなかった。直ちに磯七から返事を出した。これまた、半紙四枚、始めから終わりまで、「おはずかしや〳〵」とのみ書いてあった。

小川仲造

はずかし、〳〵、私が心、をにや、だいじやが、あらはれる、どくや、かゑんのひまがない。どくやかゑんをふく私を、そのままこいとの御よびごゑ、たまげかやつた、をじひさま、御恩とをとや、なむあみだぶつ、〳〵。

「あさましや、はずかしや、じやけん」の反省が、「をじひ、ごおん、ありがたや」へ、暗が光へ転ずる。そは転ずるのであって、機と法との二要因が信仰上に、時間的に前後して存するのではない。其角の句と伝えられる「松かげのうつるも月の光かな」で表現せられるように、松かげの暗さ（機）も、月の光（法）に照らされて実現するので、信機信法の二要因は信仰上に成全せられている。円月師の言えるごとく「本分の機を信知したる所に即ち機の計ひをすつるなり、如実の信機は信法と具にあり、是を以て一心帰命の信相に自ら信機信法の二種具《そなわ》る」とて、機法一体、二種一具と称ぜられるように、両者は一体不二、不離不二の当体に信仰が成立している。「はずかしや」が起こって、「をじひさま」が継起するのではなくて、「はずかしや」が、「をじひさま」に包まれてしまうところに信仰が成立している。

浅原才市

やみ《暗》がつき《月》になるこたできぬ、つきに、てらされ、つきになる。さいちが、ほとけになるこたできぬ、明を《名》ご《号》、ふしぎに、てらしとられて、なむあみだぶつ、（前掲書、一六三頁）

妙好人は、機法一体、煩悩即菩提の論理を教義的に知るのではない。無学の彼らは、それを、その宗教経験上に体得するのである。

鈴木大拙氏は才市の「あさまし、あさまし、よるひるなしの、あさまし、あさまし。ありがたい、ありがたい、よるひるなしの、ありがたい、ありがたい、なむあみだぶつ」を挙げて、「否定と肯定と、そのままならべて、それを括るに、なむあみだぶつを以ってして居る……機と法とは時間的に継起するのではなくて、同時頓起である。二つの相容れないものが、そのまま存立する、これがなむあみだぶつである。信心決定の体である。姿である。名である」と述べ、才市は説教で覚えたと思われる術語を使用することは稀で、機と法とは一即多、多即一であることを、才市は理窟で言うのではなくて、体験の上で言うのであることを示している。

妙好人の信仰にては、衆生心（機）が仏心（法）と一味になることが信心を獲得したことになる。それは自分の中に、信ずる心を探すのではなく、仏心が我が心の上に照現するのを感得するのである。

2　他　力

親鸞は「義なきを義とす」と言い「他力と申候は、とかくのはからひなきを申候なり」と言う。妙好人の信仰もまた、たのむはからいを捨て、自力の手を離すことで成立する。たのむ一念を自己の心中に探し求めているかぎり、まだ迷うている。たのむ心のおこるもまた仏心の廻施であると、仏の救済にまかせきる他力絶対帰依の心理が、妙好人の宗教意識である。

伊州九瀬孫之丞

伊賀国藤堂和泉守家臣、宝暦の頃の人。「何ごともみなみ仏にまかす身は心にかかるうきふしもなし」「あなたより助けたまへば我はただかたじけなしと思ふばかりぞ」「みの罪の重きを知ればいとどなほ弥陀の御船に乗りし嬉しさ」「たまの戸や柴のあみ戸もかはらじな普くてらす月の光は」（『妙好人伝』初篇巻下）

但州徳兵衛

但馬国豊岡竹屋町塩屋徳兵衛、天保十二年八月七十歳死。ある時いへるは、已前は御仏前に出ると難有ならふと思ひしが、只今はその心をやめて、かかる浅間敷身を引出したまへるは幾許の御方便にやと思へば、御慈悲のほどが身にしられて、難有く覚へ侍るなりと、（『妙好人伝』二篇巻下）

因幡の源左

ただのただでも、ただならず、きかねばただはもらわれぬ。きけば、きくほど、ただのただ、はいの返事もあなたから、（前掲書、一三〇頁）

田原のお園

ある人、お園に「信心肝要と仰せられるが、その信心が何時得られたやら、わかりませぬものを」と不安がると、「信を得るといふは、はいと云ふまでのことでありますげな」と（前掲書、二五頁）。

信心とは、たのむ心を仏に差し上げることではなくて、仏の仰せに、はいと従うまでのことだという心境は、さらに、はいの返事もあなた（仏）からいただいたのだという絶対他力の徹底した表現となる。

浅原才市

「きいたと思ふじやない、きいたじやのをて、こころにあたる、なむあみだぶつ」「さいちや、このたび、しやわせよ、あくも取られ、自力も取られ、疑もとられ、みなとられ、さいちが、しん正（身上）みなとられ、なむあみだぶつを、ただもろうて、これで、さいちが、苦がないよ、これが浄土にいぬるばかりよ」（前掲書、一五三頁）

聞くのも、返事するのも、称えるのも、みな他力、なむあみだぶつも称えるのではなくて、むこうから自分の心に当たって来るという心境。

善太郎

をがんで、たすけて、もらうにやない、をがまれて、くださるによらいさまに、たすけられて、まいること。こちらから、思うて、たすけてもらうにやない。むこうから、をもわれて、をもいとられること、この善太郎（菅真義編『芬陀利華』）。

小川仲造

わたしやよろこびのお称名がでんがナ、ないにでようとは、それやむりだナ。ないがしれたら、おもらひなされ、もらや出なさる、ありがたい（前掲書、三九一頁）。

知らん仲造が、心配しよよりや、知つた親様に丸まかせ。知つた親様につられますりや、わたしや用なし、有がたや、（前掲書、三六三頁）

人間自力の極致が神の機会である。それはキリスト教にも見られる、他力教を通じての心境である。自己の自力にたよっているかぎり、凡夫だという自覚はない。自己の力の極限に達したとき、地獄一定の機の深信、地獄に連らなる凡夫の自覚が生ずる。否、自覚するのではなくて、自覚させてもらうという意識、仏の廻施、神の恩寵によるという意識が生まれる。絶対他力の意識である。凡夫だと自覚させてもらった瞬間に、地獄へのきずなを断ち切る大いなる力に支えられている自己を発見する。地獄一定と知らされたときが、そのまま浄土一定、住不退転のときである。信機即信法である。自己を掘り下げることが深ければ深いほど、法の力の偉大さに打たれる。そこに生まれる信仰生活は、御恩、うれしや、ありがたやの歓喜と報謝、我執のなき生活となる。それが妙好人の心境である。

心理学者が客観的に見れば、妙好人のこの心境も、下意識的に蓄積せられし宗教経験の孵化であるということになる。けれども前に述べたごとく、妙好人当人が、これを他力の施与と主観的に意識することを否定するものではない。他力帰依の心理は信仰の対象たる法と一つになり、対象の属性たる無限の生命を受けとる宗教経験たる点に、心理的妙味がある。その身は有限煩悩の身ながらも、無限絶対の神仏に自己のすべてを委ねきることによって、無限者と一つになり、その無限の生命を廻施せられ、涅槃の天地が開かれる。自己を捨てさり、すべてを法に委ねるところに、仏を中心とする天地が出現する。自我中心から神中心への転化である。帰依の心理の妙趣である。妙好人の信仰は機法一体を貫く他力帰依の宗教意識である。

三　獲信後の実践

信仰者とは無信仰者の知らない新しい真理を知っている人のことではなくて、無信仰者より以上をなし得る人のことであるといわれるように、信仰生活の中心は教理の認識を豊かにすることではなくて、無信仰者のなし得ない生活を営みうるという点にある。信仰は認識ではなくて、実践である。

W. James（op. cit. p.260）が獲信者の態度 the state of grace について Sainte-Beuve（*Port-Royal*, vol. 1. pp.95 and 106. abridged）の言葉を引用して述べているごとく、人間の行い得たる慈悲、献身、信頼、忍耐、勇敢などにおける最高の飛躍は、宗教的理想を目指してのものであり、つねに尊敬さるる真に奮闘的生活というものありとすれば、それは宗教の世界に存するものである。獲信によって「魂は固定せる至上の態度に到達し得る。この態度は真に雄々しく、魂がかつてなし得た最も偉大な行為は、皆ここから出たものである。たとえいかなる種類の教会でこの態度を獲得したにせよ、いかなる手段でこれに到達したにせよ、……それらすべての異なりし事情の、少しく下を透視さえすれば、すべての入信者の蒙っている変革はつねに同じであることが明らかとなる。神の救いを蒙った人すべてに、敬虔と愛という一様な根本精神が認められる。そは愛と謙遜、神への無限の信頼、他人に寛仁なれど自己に峻厳な態度である。魂のこの態度に特有な成果は、時の距りや境遇のいかんにかかわらずつねに同一の香りを持つ」。Sainte-Beuve が、かく考えたは、偉《すぐ》れたキリスト教獲信者の事例に通じて見られる事象を指したのであろうが、それは仏教信仰者――聖道門、浄土門を通じての――偉れた聖者たちにも同様に見られる態度でもある。ところで、それら偉大な聖者たちにして初めて認め得るこの心の態度に、妙好人たちもまた到達していることに注目したい。

彼らは聖者、高僧の列に入るものではなく、その多くは文盲無智、物質的にも窮乏生活を営む市井、田園の徒である。その彼らにしてよく、貧にして貪らず、貧を憂えざるのみか「温袍《おんぽう》を着て狐貉《こかく》を衣たる人と立って」平然とし、盗賊や敵にも寛容、動物にまで愛がおよび、ひとえに自己に与えられし恩恵に感謝し、その心の動きは、自由、安楽、平和、自然であり、豊かな歓喜生活を営んでいることに注目したい。

(1) 性格転換

石州九兵衛

享保の頃、石見国亀谷村百姓高島の九兵衛、はじめ其性猛く、邪見にして、人にまけ嫌ひな男なりしが、御法義にいりしより、自然と、物ごと優しく聞えしなり(『妙好人伝』初篇巻上)

越後忠治郎

越後国上直海村、其性いたって極悪無道にして……博奕を所作とし、男立を本とし、喧嘩口論を好み、ここかしこ彼所と流浪せしが……この人始は悪につよく、後は善につよき故、人々あだなして、今熊谷と称せしが、天保十年九月二十三日に往生せしとなり(『妙好人伝』三篇巻上)

伯州九右衛門

伯耆国川村郡泊村、文政の頃八十歳死。はじめ人々厄病神のやうに思ひて、おそれしとなり、しかるに四十歳の頃より宿善の時いたり(『妙好人伝』四篇巻上)

(2) 歓　喜

長州於軽

長門国六連島、天保の頃、おかる三十五歳の時の歓び歌。「只でゆかるる身を持ちながら、おのが分別いろいろに。己が分別さつぱりやめて、弥陀の思案にまかさんせ。わしが心は荒木の松よ、つやのないのを御目当よ。きのふきくのも今日またきくも、是非にこいとのおよびごゑ。おも荷背負ふて山坂すれど、御恩おもへば苦にならず……おもふてみなんせ喜ぶまいか、丸のはだかを仕立どり。どんざきるとも、おいはれきけば、き

ぬや小袖をきたこころ。狂人ばばといわれしわしも、やがて浄土の花よめに」（『妙好人伝』三篇巻上）

小川仲造

うまいあぢあい、このおじひ。よろこび〳〵、日をおくる。こんなゆかいなことはない。（前掲書、三六九頁）

(3)　無慾清貧

大和清九郎

孝心のこと高取の領主に聞え、褒美として米五俵賜ったが「子たるものの親に仕ふるは常の道にして、珍しきことにあらず。私は日々薪を売て世を渡り候へば、衣食の料も不足なければ御褒美を頂くに及ばぬ」と辞退した。

また「我、貧しけれども日々の食物あり、四季に応じて著物もあり、雨露をしのぐ家もあれば、此上の望なし」とて静かにその日を楽しんだ（前掲書、一二三、一二八頁）

豊前新蔵

豊前国中津郡矢富村。極貧にして、……ある人彼の信徳をしたひ来りて……衣類などをあたへけれども、労せずして頂戴すること冥加おそろしと云ひて其儘かへせしとぞ云々。天保十一年七十歳死。辞世に、「微塵ほど、よきことあらば迷ふのに、丸で悪ふて、わしが仕合」（『妙好人伝』二篇巻下）

（4）寛　容

石州善太郎

或夜若い者ども善太郎の家の外にかけおきし干柿をぬすみに来れば、善太郎ききつけて家の内より云やうは、若衆、けがせぬ様に取て帰り召れと（『妙好人伝』四篇巻下）

因幡の源左

ある男、源左の山に作ってあるかご（楮の木）をしこたま盗んで束にして背負うとしたが重くて立ち上がることができぬ。たまたま通り合わせた源左は、後に廻り力を貸して無雑作にかつがせてやった。立った拍子に振り向いてみると、畑の主の源左であった。盗人は荷を打ちすてて逃げて行った（前掲書、八頁）。

（5）平然、自然法爾

江州治郎右衛門

元文の頃、近江国番場の駅の馬子、性質《ウマレツキ》すなほにていかなる荒馬もよくしたがひ馴れぬ。……ある時、長州萩城主、江戸参勤のかへりに、某臣何某の馬にはかに病みて用にたたざりければ……治郎右衛門が馬に侍のられければ治郎右衛門口附して行けるに、南無阿弥陀仏〳〵と称名しければ、右の侍いまいましき念仏を申すなと大に叱たまへば驚きて念仏を止めけれども、二、三町もゆく内に又おのれわすれて念仏す……次の駅にいたるまでに凡そ七度まで念仏してはしからるる。右の侍……本陣につき馬より下りて治郎右衛門をきっと白眼《ニラミ》て……白砂へまはるべしと言ひすてて座敷に入ける。人々驚きて……もし手討と見るならば速ににぐべしと云ひふくめて白砂へ出しけるに、侍刀を手にひつさげ出で、己にくきやつかな、武士の馬の口をとりながら、死人を乗せたる如くけがらはしき念仏まうし、殊に……毎度とどめしに一向に用ゐざること実に不届の至りなり。汝おもひしれ一打と云ひながら傍へよるに、治郎右衛門すこしもさわぐ気色もなく念仏すれば……邪見の侍も誠に感じ入……その後往来のたびごとに治郎右街門が家に立よられしとなり（『妙好人伝』初篇巻上）

濃州くめ

美濃国葉栗《ハグリ》郡坂丸村何某の妻くめ……七十にあまり……衣食の乏しきを他の同行気の毒に思ひ、衣類夜具等までもそれぞれに贈りけるが、くめ一人の倅《せがれ》殊の外の放蕩者にて……母の衣類夜具等も残らずはぎ取り持出行く……かかること幾度となし、その後は近辺の同行の方に預りおき、夜分になると着せに行きて、昼の内は預りて内におかぬやう外《ほか》同行より心をつけしとぞ、されどくめは貰ふことも取らるることも一切心にかけざりしとなり（『妙好人伝』四篇巻下）

浅原才市

「さいちがごくらく、どこにある、こころにみちて、みにみちて、なむあみだぶが、わしがごくらく」「しゃばも浄土も、みなひとつ、十万微塵世界も、わしがもの、なむあみだぶつ」「なんともない、なんともない、なんともない。によらいさんが、このわしを、つろをていぬる（つれて行く）、いいなさるで、ありがたい」「をのずから《自》、をのずにとられる、わしのこころを、なむあみだぶの、慈悲のをのずに」「なんとなく、なんとなくが、身をたすけ、なんとなくこそ、なむあみだぶつ」「才市よい、うれしいか、ありがたいか。ありがたいときや、ありがたい、なつともないときや、なつともない。才市、なつともないときや、どぎあすりや。どがあも、しよをがないよ。なむあみだぶと、どんぐり、へんぐりしているよ、今日も来る日も、やーい、やーい」

因幡の源左

「只の只になるまで聞けよ」「苦があって苦がないのう」「この源左は一番悪いで仕合だがやあ」「一口称へて足らんでなし、千口称へて足ったでなし」

鈴木大拙氏は妙好人を評して、「受動的にのみかしこまって居ないものさえある。禅者も及ばぬと思われるほどの洒々落々さも見る、又哲学者をも凌ぐ宇宙観を持し」(前掲書、二一頁)、「絶対矛盾の自己同一、哲学者が一生の智慧を搾って始ての道得底を、何の苦もなく云いのけてしまう」と述べ、それが智慧ある者もまたよくこれに赴くのであるが、「一文不知の尼入道」といわれる人々にとくに深く進入しているところに驚嘆している。

妙好人のかかる実践はこうして生まれたか、意志を張り、叡智を磨き、持戒参禅することから生まれたのではない。単なる弛緩、心の重荷を捨てさることから生まれたのである。我執を捨てさり法に委ねるという点に、道徳的心理界とは明らかに異なる宗教的心理界が存する。C. H. Hilty (*Glück*, vol. i. 1900, p. 85. quoted by W. James. op. cit. p. 275) の言う如く、自己の独立感というものは捨てがたいものではあるが、これを捨てることの代償は、その生活から恐怖がなくなること、言い表し得ない内的安全感の生まれることにある。

妙好人の実践は、機の深信、自我価値の否定からの自己放棄、我執を捨てた当体に、法に抱かれた自己を発見することから生まれる。絶対に信頼する力に包まれるから、どのような事変に当面しようとも、心を乱したり、怒ったり、悲しんだりすることはない。恐怖や懸念は消え去り、安心と歓びが生まれ、いまや地獄が来ようが極楽が来ようが「地獄一定と思うてみれば、地獄、極楽、用事なし」(森ひな、加賀小松の人) という天地が開かれる。

W. James によると、宗教の本質は、宗教によらなければ得られない幸福《よろこび》の得られる点にある。幸福感というものは、世俗的成功を慾望でもって除した商である。世俗の幸福追求はこの方程式の分子拡張の努力から商の拡大を図るにある。しかしいかに分子が拡大しても、その大きくなるとともに、分母もまた膨張するをいかんともしがたい。したがって商はいつまでたっても満足点には達しない。しかるに宗教的幸福の追求は分母の解決を図るにある。分母が零となれば、分子はいかに小さくとも、その商は無限大となる。我執を捨てて開かれる新たな天地はこのような天地である。したがってその歓喜《よろこび》は世俗的な歓喜ではない。その甘露は単なる甘さではない。一種の苦味を含んだ甘さである。その歓喜にも一種の苦味がある。荘厳さを含んだ歓喜である。私の知っている妙好人の事例を挙げよう。

原田氏

和歌山鷺森別院世話方。戦災後に新築した家が、台風で倒壊した。倒れた家の周りを見まわっていた氏は「慾じゃ〳〵」と手を振って躍り出した。人々驚いて何事ぞとただしてみると「倒れた家を調べてみるに、ずいぶん大工が手を抜いて居る。大工奴の慾から家が倒れたと一旦は思うたが、さて考えてみると、建てる時、最も安い見積りの大工に建てさせたのは自分の慾心でもあった。大工の慾と自分の慾と、慾と慾とで家が倒れたのだ。慾ぢゃ〳〵と気づかせて貰うたことがありがたくて……」と。

高岩楠

和歌山市妙慶寺墓守、八十二歳、茅屋に平然、節分に「福は外より、鬼は内」と。暑中に「あんたの御内一方口で暑いでしよが、なかなか冷零装置敷で天地は夏の暑さでも、本尊様水呑の老人は何んで暑かろう、照ってこい〳〵」と。八十歳を過ぎて病床についた私の母へ「八十を下から読めば十八よ、法を喜ぶ弥陀の花嫁」と。

いずれも動物的に大口あけて単なる甘さに歓んでいるのではない。己を空しゅうすることから生まれた価値転換、分子から分母へ目を転じたところから生まれた天地の顚倒、我執を離れ法につつまれし自然法爾の心理界、そは苦味を含んだ甘露の歓びである。

宗教経験というものは、世間愛慾の中にあって、生死の苦悩から解脱せんためのものであるから、元来、自分一個のためのものである。人間の世界は必ずしも科学や合理性や合目的性では解決し尽くされない。そこに科学の世界と異なった宗教の世界がある。科学の世界は合理性に徹するが、宗教の世界は矛盾のままで解決する。科学は心外の事物、客観界を探索することに努めるが、宗教の要は自己の心の内を探るにある。宗教心とは、内省を深め、自己の真相を観ずるとき、自ら現れる意識なのだからである。古今東西、宗教的達人の到達した境地はそのような自己内の解決である。キリスト教の聖者や禅の師家、高僧聖者の悠々自適、随処に主となる境地は分母の解決による無我の天地であるが、妙好人もまたそこに到達している。

源左曰く「御法義を聞かして貰らやあ、たつた一つ変ることがあるがやあ。世界中のことが、みな本当になるだいなあ」（前掲書、七六頁）と。

それは世界を取り替えたのではない。世界はそのままで真理を現してくる、そのままで肯定されてくる。何事につけても「悦び手」となる。

ここで注目したいのは、社会的地位の低い、文盲無智の庶民の中から、良寛ほどの高僧にして初めて味到せし「波間道なくして道縦横」ていの宗教経験の秘境に悟入している妙好人が驚くほど数多く生まれたという事実、否今日もなお、名も知れない片田舎や市井に、名も知れない妙好人があちこちに生まれつつあるという事実である。彼らは正確な真宗教学を学んだのではない。いわんや『教行信証』を繙いたのでもない。しかも親鸞の宗教経験が、そのまま生きた姿のままで彼らの生活に実践されている。病気治療や、栄誉財宝、吉凶禍福の現世利益的祈願を排斥して、一途に自然法爾の純宗教経験に生きた親鸞の伝統は、大衆の中にかかる妙好人を生みつつあるがゆえに今もなお生きているといえる。もし妙好人が生まれなくなったら、たとえ本願寺の大伽藍はそびえていても、その法灯は消えたというべきだ。妙好人は一人現れるのではない。篤信の同行たちの多い、法義隆盛な地方の雰囲気の中から育てられるのだからである。

四　往相と還相

妙好人は他力教に育てられるゆえに、受動的、消極的な面が強いという欠点を指摘する人も少なくはない。柔和、忍苦、怒らず、恨まず、呪わず、自己の幸福感に安んずる生活態度、法悦の日南ぼこに耽溺して、ひとり、歓びの殻の中に閉じ籠もって、積極性、実行性がないというのである。盗人にも憎悪を感ぜず、それを機縁として自己の内面を見るを得たことを喜んでいる事例も多い。しかし鈴木大拙氏も指摘するごとく、盗人の許さるべきでないことはもちろんである。それは集団生活の全面から考察すべきことで、個人的なこととして見るべきではない。個人の泥棒に対する態度は消極的でのみあってはならぬ。積極的、能動的でもなければならぬが、その点、妙好人には足らぬものが見られるのではないか。

親鸞は「二種の廻向あり、一には往相、二には還相」と説く。前者は往生浄土を慕い求めることであり、後者は浄土を出てこの世を済度することである。いそぎ仏になりて（往相）、大慈悲心をもちて思うがごとく衆生を利益する（還相）のである。この二者は車の両輪のごとく、その一を欠いても親鸞教は成立しない。しかし真宗教役者は他力性を強調するあまり、妙好人たちは他力の温泉にひたり過ぎ、法悦耽溺性を多分にもつ、往相廻向の面が強く、還相廻向の面に乏しいと評せられる。

才市を見てみよう。彼の信心は、内面法悦には深かったが、その発露は自己に語った「口あひ」のみであった。その宗教詩は人に見せるためのものでなかった。温泉津の人ですら、彼が何をしているか、気づくものは稀であった。その生活はほとんど世間と没交渉であった。「往相に多忙」であり、往相への傾きが強い。妙好人のこのような面が強調せられて、一般に妙好人は消極的であるといわれる。

しかし妙好人にも積極的な面が欠けているのではない。往相即還相と称せられ、還相のなき往相は考えられない。けれども概していうて、妙好人は、その他力的信仰の性質上、往相の方により多く傾く傾向は認められよう。前述のごとく、信仰に不可欠の二要因、機と法とのうち、法へのあこがれが強く理想境への意志努力による解脱の過程を強調する自力門に対し、他力門は、機の内省を重んじ、意志努力を放棄して仏力の廻施による救済の過程を強調する。機が法に摂取されることによって生まれる涅槃の境地を悦ぶのだからである。けれども、そのいずれにより多く傾くかは、一つには当人の性格によることもまた大きいことをも前に指摘した。同じ他力信仰という宗教文化に養われた妙好人の間にも、還相的積極性に抜ん出ている事例もまた少なくはない。柳宗悦氏が示すごとく、才市に対蹠的事例を源左に見る。

源左は仮名すら書けなかった。文字を通じて思索する機縁を持たずに終わったが、彼は動的であった。聞法を怠らなかったが、同時に得たものを運んで人々に届けた。才市はつねに自らに会話し自問自答していたに対し、源左は好んで他の人々と語らい合うた。彼を知らぬ者はその村に一人もいなかった（二〇五頁）。才市はきわめて静的であったのに対し源左はつねに動的であった。

お説教師などであまりひどいことを言われると「人を咎めず我身を咎めて説教しなはれや、あんたが人を咎めなさると人も亦あんたを咎めますだいなあ」、説教師「誰かさう云う人があるかやあ」、源左「誰もありませんだいなあ、このおらあが、さう云ひますだがやあ」（七九頁）。源左は仲裁の名人で、村のいさかい、夫婦げんか、姑と嫁とのごたごた、地所の争い、水争い、みな彼の手にかかると不思議に丸く収められた。県庁から表彰されたとき、村長は演説して「自分の村は喜三郎さんのおかげで非常に仕合せをしています……滞納者はなくなりました。村中の苦情や争ひが全く跡を払ってなくなり、皆競って働き、一致協力する様になりました。これ皆喜三郎さんの尊徳の賜物であります」（一三七頁）と。光輪寺の奥さんを人が「可愛げない」と言うを聞いて、源左「可愛げがない〳〵って、ある方が出しやええがなあ」（二四頁）。麦の追肥をしようとて肥桶をかつぎながら行く源左、フト他所の麦がやせているのを見て、「どれこつちが先だがやあ」とその麦に施肥してさっさと戻った（前掲書、三九頁）。

源左の伝記にはかかる積極的実践の事例は枚挙に暇がないほど見られる。なおその他の積極的事例を見よう。

江戸庄之助

本頭寺の宝物庫の工事の時、四方の壁土は三寸にすると作事奉行から言い渡された庄之助は、「最も大切なる御宝の壁なれば厚さ五寸につけさせ下さるべし」と提議した。作事奉行「京都の土は江戸の土と違ひ石も同様であるから三寸にて苦しからず」と言うて聞かない……ついに庄之助「五寸になり候はずば拙者を片壁へぬりこめ下さるべし。拙者一念にて壁はうすくとも焼き申すまじ」と……法主の耳に入りついに五寸になった（前掲書、二四頁）。四谷藁屋某という同行に二十両貸していた。この男不如意となり郷里へ引き込む由を聞いて借用証文を渡し、その他に地代二十両の借金あるを聞いて、直ぐその地主にさとしてこの証文も返へしてもらってやった。（前掲書、四〇頁）

石州源三郎

石見国阿須那村庄屋源三郎、明和四年の春、はじめて御本山へ拝礼せんとて上京の願を代官所へ出さんとするに、願書の案文、出羽組の代官より認め出されけり。その文言に、今度私儀、立願の子細有之伊勢参宮仕度……源三郎つらつら思うやう……参宮といふ願書は全くいつはりにして、一は仏祖の照覧にたいし、一は御公儀へ対し本意ならず……とて、阿須那村より出羽の代官所へ至り、この由を具《つぶさ》に申解き願書の文言を書改めたりとなん（『妙好人伝』初篇巻下）

芸州五助

安芸国壬生村、寛政の頃死。ある時五助途中にて、念仏申し〳〵うつむひて行ければ、思はず侍に行当りければ、立腹して言へるやうは、己《オノレ》不礼千万一打にして仕舞ぞと、五助珠数をかけて侍を拝みながら、あなたはゝゝゝ無常の御使様かと言へば、侍おのれは狂人かと申されければ、はい〳〵と言ひて念仏して居るその無我のありさまに感じて、そのまま通りゆきしとなり（『妙好人伝』三篇巻上）

紀州長兵衛

紀伊国牟婁郡実砂《マサゴ》村、雑賀屋長兵衛は古座村善照寺の門徒、文政年中七十余歳死。凶年の時、難渋の者より田畑山林等を預けて米を借度よしをたのめば、一石或は五斗三斗と遣して救ひ、その後田畑のあたひの安きものを買ひ置ては本意にあらずとて、先方へ本値にてみなかへされしとぞ……仁愛ふかくして難渋のものへは金銀米銭を人のしらぬやうにして施しめぐむ……（『妙好人伝』四篇巻下）。

楫取希子《かとりひさこ》

長州萩、杉常道二女、吉田松陰の妹、希子、村民を勧めて多くの田畑を開拓せしめ、無職業にして遊びの内に日を送れる若者を諭し、各々勤労に就かしむ云々（前掲）。

かくのごとく、斬り捨て御免の武士に「無常の御使さまか」と平然と言いきり、あるいは働かざる者は食うべからずていの実践に至るまで、積極的、能動的なさまざまの生活態度も、妙好人伝のここかしこに認められるのであって、妙好人は必ずしも消極的に沈潜しているわけではない。

前述のごとく、宗教は元来、自己の解決を中心とする。しかしその「己の解決」は、各己固有の性格を消散せしめ、妙好人なる人形的性格類型に鋳造してしまうものではない。人間生活を営む上に、内省を深くすることによって、我執を離れた自由な生活態度を養う点は共通するけれども、この無我の立場に立って、各自固有の性向を、内向的なものは内向的ながらに、外向的なものは外向的ながらに、発揮せしめていることが認められる。源左のごとく外向的でなくとも、才市には才市なりにその信仰生活に還相面が現れている。源左と才市との差は、その信仰に由来するのではなくて、各自固有の性向に依存するのである。信仰が彼らに与えたものは、両者に共通する自然法爾の生活態度である。才市を発見した寺本慧達氏曰く「彼の毎日の仕事は私等のそれの様な義務的な仕事ではありません、全くの御恩報謝の経営です、否、彼には報謝のためなどと予想する様な余裕はなく、唯嬉れしくて有難くて働かざるを得ないのだと云うた方が適切でせう」（「生ける妙好人浅原才市」〈『法爾』二十二・二十三号、大正八年〈一九一九〉十一・十二月〉）。鈴木氏も、「才市の衆生済度というのは日々の行事、即ち彼の場合では下駄業にいそしむことを意味する。普通に衆生済度とは法談でもするとか、社会事業をするとかの様に思われて居るが、それは必ずしもそうではない、才市の如く下駄削りに専念することも是亦大なる衆生済度の業であり、御恩報謝の行である、人間社会には何れも夫々の営みがある、これを真面目に成しとげることは、やがて社会に奉仕することである。この世の営みが、そのまま衆生済度であるという考え方は、どの派の仏教にも通じて唱えられるところと信ずる」

（九一―九五頁）と述べている。

浅原才市

「ありがたいな、家業を営みすることが、浄土の荘厳に、これがかわるぞよ……」「さいちや、なむあみだぶつで、しごとをするよ。これを御開山に、をしゑられ、御恩うれしや、なむあみだぶつ」「うきよわ、はたらき、うむしろい（おもしろい）、このまま、をんれい報謝わ、御恩うれしや、なむあみだぶつ」（前掲書、一九〇頁）

すると、才市のごとき内向性の妙好人においてすら、社会的行為性が現れていないとはいえない。その往相は即還相なのだからである。その信仰は自己の解決であり、自己の悦びではあるけれど、その自己は社会生活を営む自己である以上、他己から独立してはいない。したがって自己の我執を離れた生活態度はただちに他己の生活にも影響するはずである。源左のごときはもちろん、たとえ才市のごとく消極的に日南ぼこしているように見えるものでも、その無我の生活態度は「一隅を照らす」ものとしての社会性、積極性をもつものといえよう。とはいえ、積極的社会性の要求せられること切なる現代に生きる妙好人として望まるるは、宗教的安心に加えて、行動的積極性の豊かな妙好人なることはいうまでもない。

教育における妙好人的心性の陶冶

川村　覚昭

はじめに

本稿の目的は、「宗教と教育」の問題を、教育学の立場から考察しようとするものである。言うまでもなく、社会には、宗教を否定する人や、否定するところまで行かなくても無宗教や非宗教を信条とする人たちが存在することは周知の事実である。我々は、そうしたことをも視野に入れながら、教育学の立場から人間形成上の宗教の意味を考えたいと思う。

しかし、このように言うと、教育学の立場から人間形成にふさわしい宗教を求め、宗教教育の方法や原理を考えることと理解されるかも知れないが、今、問題にするのはそのようなことではない。私は、むしろ、教育と宗教の関係をここで問いたいと思うのである。教育はなぜ、教育学の立場から宗教を問題にしなければならないのか、をここで問題にしたいと思う。

そのさい、私は、近代教育学の理論がどのような教育構造を我々にもたらしたのかを問題にした。なぜなら、今日の我が国に噴出している教育問題や社会問題の背景には近代教育の論理が深く関わっていると思われるからである。本稿では、したがって近代教育学を再考することになるが、しかしその再考はたんに考え直すということではなく、その脱構築を目指している。私は、そのことによって宗教的エートスが教育になければならないことを明らかにするが、そのさい注目したのが妙好人の心性である。

周知のように、妙好人は、浄土真宗のなかでもっとも純粋な宗教的精神性を形成した仏教的人間である。それゆえ、妙好人の精神性は、真宗的信仰を抜きにして考えることはできない。しかし、そこに示された心性には人間の本質に関わる人間学的な普遍性が管見できるのである。その意味で、妙好人の心性を取り上げ、それが、人間の陶冶にとって本質的な問題になるとともに、近代教育学の脱構築を考えるきわめて重要な視点になることを明らかにしたいと思う。

一　教育の論理——近代教育の構造

言うまでもなく、教育が、人間形成の自己完結的な論理を持ち、人間形成において不足なく十分に機能しているならば、教育は、基本的に宗教を問題にする必要はない。仮に問題にするとしても、その問題の仕方は、おそらく宗教を批判的に問題にするのであり、宗教の論理を受け入れることはないであろう。しかし、今、教育が宗教を問題にするということは、教育の論理に自己完結性がないこと、仮にあったとしても、今日の教育状況に照らされて、それがゆらいでいるかほころんでいることを意味しているのである。今、そのことを人間の生に注目してもう少し具体的に述べてみたいと思う。

教育が、人間の生の営みであることには異論はない。しかし、人間の生は、つねに死の可能性を含む有限な生であり、それゆえ、死に向かって有限な生を生きなければならない自己矛盾的な生である。教育が生の営みであるということは、死と表裏しているこのもろい生をできる限り保護することに使命を見いだし、生の保存と拡大を意識することが、教育のあり方となる。それゆえ、教育は、当然、生を阻害するものは克服する対象として考えることになり、そのための方法や原理が教育を介して再生産されていく。少なくとも、こうした人間の生の保存と拡大という人間中心的な論理を、教育の基本的な論理として人間世界の前面に押し出したのが、近代教育学であると言うことができる。それゆえ、近代の教育の論理は、結果的には人間の論理に収束するし、またそれを拡大再生産する論理でもある。したがって、今日、教育の論理が問題を持っているとすれば、それは、近代の人間の論理に問題があることを意味する。

近代の人間の論理は、もとより、人間の生に注目し、その保存と拡大をどこまでも図ることに中心を置くものであり、したがって人間の個の自覚とそれを支える普遍的な原理を求めることになる。我々は、こうした近代の人間の論理の展開をすでにヒューマニズムと呼んでいるし、近代の学問史が人間の個の自覚を促す普遍的な原理を人間理性（Vernunft）に求めてきたことを知っている。その意味で、近代の人間の論理は、理性の論理である。

しかし、理性に基づく近代知の特質は、理性が人間の内なる理性である限り、知ろうとするものは人間知の所産として獲得されるところにあり、その限り我々は、近代の人間の論理のなかにすでに自己完結的な知の動きを認めねばならないであろう。その具体的な思惟が「表象作用（Vorstellen）」であり、その思惟の成果が、近代の数学的自然科学に代表的に見られるように、個々のものを全て、一つの連関と構造のなかへ包摂し、法則化することである。近代の人間の論理は、結果的には、こうした法則という一つの閉じた体系に収束するものであり、したがってそこに見られる論理は、いかなるものであっても、人間内の論理であり、人間の存在を超えた存在や価値に注目し、それらを肯定的に論じる視点を持つことは基本的にない。そうしたものは、むしろ人間の発展と成長にとっては幻想であり、非科学的であって、人間の自己完結的な理念には合わないものとして否定されることになるのである。その意味で、教育の論理も、近代では、自己完結的な人間の理念を理想とすることから、人間を超えた超越的な視点は消失することになる。

言うまでもなく、宗教は、人間の存在を超えた絶対者や無限の相を問題にする。そのことからすると、近代の教育の論理においては、宗教はまったく顧みられないし、人間形成の上で重要な意味を持っているとは考えられてはいないのである。しかし、私は、こうした近代教育の論理にこそ、むしろ人間形成上の問題点が胚胎していることを指摘したい。そのことを次に見てみよう。

二　教育の論理の自己矛盾――近代教育に即して

今、我々は、近代の人間の論理を明らめることによって、近代における人間の知の根拠が人間の外ではなく人間の内に求められることを確認した。したがって、近代では、人間は「いまや自己自身にのみ依拠する、あるいは自己自身の上に自立する存在者」であり、こうした「自己自身で立つ人間」の姿こそ近代人の近代人たる所以であると自覚するのである。これは、言うまでもなく「自律の理念」が人間存在の理想として人間の前面に現れることであり、教育は、この自律の完全性を人間形成の原理とし、完全な自律の理念を子どもの前に提示することになる。それゆえ、そこでは、完全な自律の理念に従った教育を受けるなら、誰しも自律が可能になると考えられるのである。このため、教育は、一つの目標に向けた画一的な教育となり、その結果、しだいに子どもの個性を無視した人間評価が行われることになる。子どもの多様な個性が一つの目標に統一されるのである。そしてこのことによって、子どもの純粋な心の自然な動きが封殺され阻害されることになる。なぜなら、心の自然な動きは、無秩序であり、非理性的と考えられるからである。しかし、どの子どもも、最初は、飾り気はないし、純粋な心の動きを個性的に示すものである。したがって、ここには理念と現実の矛盾と乖離が生じるが、このことを早い段階で見抜いていたのがペスタロッチーである。彼は言う、「生活の立脚点よ、人間の個人的使命よ、汝は自然の書で、汝のうちには自然というこの賢明な指導者の力と秩序とが横たわっている。そして人間陶冶のこの基礎の上に築かれていない学校陶冶はすべて指導を誤ることになる。人間よ！――汝の子たちの父よ、子たちの精神が手近なものの練習によって力を得る前に、彼らの精神の力を遠い彼方に推し進めるな。そして厳格と過労とを恐れよ」（『隠者の夕暮』長田新訳、岩波文庫、一九九三年、一一―一二頁）と。

ところで、先に見たように、自律は、自己完結的な知の動きと相関している。したがって、人間が自律するということは、人間の生きる生を一つの普遍的な全体にまとめる意志を示すことであり、その意志が理性的な意志である限り、自律においては生のロゴス面が前面に押し出され、パトス面は排除されることになる。カントの実践理性の哲学に見られる自己立法する自律の普遍妥当的な法則の考え方などは、そのことを端的に示している（『実践理性批判』）。それゆえ、自律の理念に焦点を合わせた近代教育は、人間の全面的な形成にはならない。むしろ、人間の内に閉じた教育の論理は、生のロゴス面に傾斜した一面的な論理となり、人間を一面的に合理化することを目指すことになるのである。今日、我々の周りに頻出している教育問題や社会問題が、少なくともこうした教育観の展開の中で起こっていることを考えると、それらの起こる原因に我々は、今日に至る近代教育の論理が深く関わっているのではないかと考えざるを得ないのである。もしそうだとすれば、近代の教育学の論理は根本的に反省されねばならないであろうし、またそこに教育学の立場から宗教との接点を求めることができるように思えるのである。では、教育は宗教とどのように関わるのであろうか。

三　教育と宗教の接点

教育は、言うまでもなく、「人間らしい人間（homo humanus）」を形成することである。とすれば、この「人間らしい」とはどのようなことを言うのであろうか。前章で少し触れたように、カントなら普遍妥当的な法則が自己立法できることが「人間らしい」と言うであろう。しかし、それは、あくまでも理念であり、理想であって、人間の思惟によって思弁された観念に他ならない。それが実現されるかどうかは、別問題である。そのことを考えると、「人間らしさ」は、もっと生に即した人間の内に求められねばならないのではないか。教育が対象とするところが、最初は、自己を何のためらいもなく直接に表現する子どもにあることを考えると、いっそう、そのように考えねばならないであろう。そしてそのような子どもの純粋な心の動きに教育が改めて焦点を合わせたとき、それは、宗教との接点を得ることができるのである。

宗教の論理は、基本的に獲信の論理であり、信仰（信心）の論理である。この論理の特質は、獲信の条件に知性や教養を求めないことである。むしろそうしたものを放下して無一物になったときに獲信がなされると考えることである。かつて親鸞が、『歎異抄』の中で、東国の弟子が「往生極楽の道をとひきかん」がために「十余ケ国のさかひをこえて、身命をかへりみずして」やってきたことに対して、「念仏よりほかに往生のみちをも存知し、また法文等をもしりたるらんと、こゝろにくゝおぼしめしておはしましてはんべるらんは、おほきなるあやまりなり。もししからば、南都北嶺にも、ゆゝしき学生たち、おほく座《おは》せられてさふらふなれば、かのひと〴〵にもあひたてまつりて、往生の要よく〳〵きかるべきなり」（『歎異抄』岩波文庫、一九九二年、四二頁）とはねつけているのは、そのことを端的に示した事象ということができるであろう。このことは、言葉を換えて言えば、宗教にとって問題なのは、人間の内面を頑強に補強する知性や教養という外被ではなく、人間の内面そのものであるということである。宗教の世界は、知性、教養、学問などは信仰（信心）にとって「がらくた」と見る世界である。それは、純粋な心の動きを重視する世界である。それでいて、真実が、知性や教養によって語られる以上に語られる世界である。今、そのことの具体的な例を示すなら、多くは、他力念仏の信心を得た妙好人の姿に見ることができる。妙好人のほとんどは、知慧才覚というものがなく、しかしそれでいて純粋な心の動きによって哲学者が一生かかって解くような問題を簡単に言ってのけるのである。真宗念仏者の優れた妙好人として知られている浅原才市の宗教詩に触れた禅者、鈴木大拙は言う、「自分等は、理性とか、知性とか云ふもので、外から自分を見ることを学んだ、それで、自分を欺き、他を欺くの術を知つて居る。心の内に何もないことを、誠しやかに、さも実際に感じたかのやうに、饒舌りもし、また書きもする。それが才市の場合になると、何事も体験そのものの中から涌いて出るのである」（『鈴木大拙全集第一〇巻』岩波書店、一九八一年、一六八頁）と。そして彼はさらに妙好人の心の動きに注目して、「日本にわたつた仏教は、始めは抽象的領域を出なかつたが、鎌倉時代になつて純粋に日本的となつた。……（中略）……日本的になつたと云ふのは、……（中略）……実に世界性をもつやうになつたと云ふのである。真宗は、この世界性の故に、日本的霊性的自覚として、他の世界宗教と並存して、人間性の豊富化に役立つのである。その実例の一は、才市妙好人などの上に、目も鮮やかに現はれて来るのである。妙好人は、一即多・多即一とも云はず、矛盾的自己同一とも云はず、危機神学の弁証法だとも云はず、平平淡淡として、日常生活そのものの中に、霊性的自覚の境地を何事もなく語り去るのである」（同書、一七一頁）と言い、妙好人の純粋な心の動きの深さを語っている。

教育の論理が、本来、「人間らしい人間」の形成を考える論理であるにもかかわらず、理性による自己完結的な論理によって自己矛盾を起こし、理念と現実の間に乖離が生じ、子どもの純粋な心の動きを封殺するものになっているとすれば、そしてそのことが今日の様々な教育問題や社会問題の原因になっているとすれば、教育は、その批判原理として宗教を視野に入れねばならないであろう。それは、鈴木大拙が言うように、純粋な信心の世界の中に人間世界の人間性を豊かにする心の動きが読み取れるからである。しかも大事なことは、こうした純粋な心の動きが、人間の存在を超えた仏（阿弥陀仏）を信知することから出てくること、さらにその動きは、ロゴス的よりもパトス的であることである。前章で触れた近代教育の論理に欠損しているものが、この宗教の論理の中に鮮やかに見られるのである。

しかし、こうした子どもの純粋な心の動きと宗教との関係が教育の立場から論じられなかったということはない。先に名前をあげたペスタロッチーはそのことに注目していた一人である。彼は、人間陶冶の基礎に単純（Einfalt）と無邪気（Unschuld）を置き、それが神への信仰と結びつくものであることを指摘している。彼は言う、「神に対する信仰よ、汝は陶冶された知慧の結果や結論ではない。汝は単純性の純粋な感じであり、神――父はまします――という自然の呼び声に耳傾ける無邪気な耳だ」（『隠者の夕暮』岩波文庫、二四頁）と。そしてこの表現の中にもパトス的な側面が強く出ているように思われる。

しかし、いずれにしても、今日の教育にもっとも欠けているものが、宗教の純粋な信仰の中に見られるような純粋な心の動きである。今日の教育の混乱と荒廃に直面して近代教育学の脱構築が叫ばれているとき、宗教のこのエートスは、その大きな手がかりとなるのではないだろうか。

四　人間の生死の問題と宗教的陶冶

今、我々は近代教育の問題点を妙好人の心性に注目することから指摘し、教育と宗教が密接な関係になければならないことを明らかにしたが、こうした関係性が問題になる根底には人間の本質的な問題が胚胎している。それは、誰しも生まれたそのときから生死に関わらねばならないということ、つまり人間が有限であるということであるが、近代教育の展開はそのことを逆証するのである。

先に我々は、近代教育の論理は、基本的には、人間の生の保存と拡大を図り、人間の全面的発達を考える論理であったが、結果的には、生のロゴス面に片寄り、一面的な発達の論理に収束するという自己矛盾に陥ることを知った。しかし、このことは、言うまでもなく、人間の有限性を示す事象である。人間の生が本質的に死を迎えつつ生きねばならない自己矛盾的な有限な生であることからすれば、人間の生の営みも、本来、矛盾から離れることはできない。そしてこの有限性と矛盾性が人間に不安や苦しみをもたらせるものである。しかし、先の妙好人の心の動きを見ていると、その不安や苦悩がのりこえられていることに気づく。しかし、これは、妙好人が、特殊な能力を得た特殊な人間であるからではない。鈴木大拙の説明にあるように、彼は、まったく普通の、あるいは言い方を換えれば、何の才能も知慧もない人間である。そういう人間が、矛盾を矛盾として、有限を有限として、平平淡淡と生きる心の動きを示すのである。このことを見るとき、人間は、誰しもそのような存在になりうるものとして存在していると言うことができるであろう。そしてそのような存在になりうるか、なりえないか、ということは、基本的に陶冶の問題である。その意味で、生死を超えるためには妙好人の心性に見られるような宗教的陶冶が不可欠である。いずれにしても、純粋な心の動きを「人間らしさ」の源泉と見る教育が実践されるなら、妙好人の境涯が人間生活の普通の在り方となるであろう。近代の教育はそのことを忘れてきたのである。

［浅原才市の宗教詩の例］（『妙好人』所収、法藏館、一九七六年、四五頁）

○あさまし、あさまし、[*1]じやけん、[*2]京まん、あくさいち。
　じやけん、京まん、あくさいち。
あさまし、じやけん、京まん、あくさいち。
あさまし、あさまし、あさまし、あくさいち。
ひとのものわ、なんぼでも、ほしい。
[*3]とうても、とうても、ほしい、ほしい、ほしい、
ほしいのつのがはゑ、
あさまし、あさまし、あさまし、あさまし、
じやけんのもとわ、このさいちがことよ、
このさいちにわ、ひとがをそれてをります、
それに、ひとがしらんと、をもをて、をります。

＊1　じやけん＝邪見
＊2　京まん＝驕慢

＊3　とうても＝とっても

参考文献

拙稿「学校教育と宗教教育」（『21世紀を展望する教育』所収、晃洋書房、一九九四年）
拙稿「現代教育の問題と課題――教育の脱構築の地平に向けて」（『国際化社会の教育』所収、昭和堂、一九九〇年）
拙稿「教育と自律」（『自律のための教育』所収、昭和堂、一九九一年）
拙稿「生の背理性と教育の意味」（『教育的日常の再構築』所収、玉川大学出版部、一九九六年）
拙稿「近代教育学の脱構築の地平――『出会い』と有の地平」（京都産業大学論集第二七巻第四号、一九九七年）
拙稿「仏教教育の課題」（『日本仏教教育学研究』第二号、日本仏教教育学会、一九九四年）
拙稿「浄土の教育学」（『人間であること』所収、燈影舎、二〇〇六年）
拙訳『ペスタロッチーの人間像』（玉川大学出版部、一九九一年）

大乗浄土教の精華
――妙好人――

本多　靜芳

はじめに

ある宗教原理は、その宗教者の上に具体的な形で示現する。つまり、私たちは宗教者に顕現された宗教体験の事実の上に、そのよって立つ宗教原理を発見する。むろん、同じ宗教原理であったとしても、時代社会や個々人の宿業によって現れる形は種々に異なる。すると私たちは、宗教体験の事実から、そこに内在する宗教原理を見いだす作業が必要となる。

浄土真宗の在家の篤信者の中で、ごく僅かの念仏者を妙好人と呼ぶが、本論は妙好人の姿を通して、それを成り立たせた時代教学を概観し、さらに、現実社会の問題からつねに問われる真宗仏教の視点から妙好人を再考するものである。

妙好人の概念規定は幅広く、また厳密な定義そのものはなく、ある意味では宗派内的限定性をもって生まれた概念といえる。

妙好人の語は、『観無量寿経』巻末に念仏者を讃える「分陀利華」がもとになる。

もし念仏するものは、まさに知るべし、この人はこれ人中の分陀利華なり。

（『浄土真宗聖典註釈版』〔以下『註釈版』〕一一七頁）

分陀利華とは、サンスクリット語の puṇḍarika の音訳で、白蓮華を指すものである。これは唐代の善導大師の『観無量寿経疏』「散善義」に次のように見られる。

もしよく相続して念仏するものは、この人、はなはだ希有なりとなす。さらに物としてもってこれに方ぶべきなし。ゆゑに分陀利を引きて喩えとなすことを明かす。分陀利というは、人中の好華となづけ、また希有華と名づけ、また人中の上上華と名づけ、また人中の妙好華と名づく。……（中略）……もし念仏するものは、すなわちこれ人中の好人なり、人中の妙好人なり、人中の上上人なり、人中の希有人なり、人中の最勝人なり。

（『浄土真宗聖典七祖篇註釈版』〔以下『七祖篇註釈版』〕四九九—五〇〇頁）

あたかも白蓮華が泥中に生じながら、泥に汚れず、泥を養分にして清らかな花を咲かすように、世俗に生きながら、阿弥陀如来の本願念仏を聞信することにより、煩悩に汚染されず、煩悩を縁として真実信心の花を開かせた念仏者を妙好人と呼ぶようになった。

宗派に限定された妙好人が、一九四〇年代、世界的禅家の鈴木大拙、民藝運動の柳宗悦の研究により、その存在が宗派を超えて知られるようになった。大拙の大谷大学での宗教学を通して楠恭に妙好人研究は継承され、大乗仏教の空・無我の宗教体験に支えられた念仏者として戦後、妙好人は再注目された。

ここで、小論での私の視点を掲げておく。

①妙好人は、本願念仏を聞法する中で、生老病死や個人の生活上の世事を相対化する営みはあっても、当時の

社会の課題を念仏の信心から相対化する言辞は見られない。なぜ社会の課題〈ヤスクニ問題〈神祇不拝〉、差別問題〈国王不礼〉など〉につながるような意味での視点が見られないのか、あるいは私が見過ごしているだけか。

②もし、そのような時代社会を相対化する視点が欠落していても妙好人は大乗仏教の精華なのか、それとも体制支配下の教団教学が生んだあだ花であり、それを大乗仏教の正統と認めることは閉ざされた教学的営みなのか。あるいはそこにも課題を共有していく可能性を持つ大乗仏教は、妙好人を精華と呼ぶべきなのか。

現在、妙好人研究は、菊藤明道・土井順一をはじめとする方々の実地調査や原典解読により、その社会生活や文化に肌で触れ、いのちの通う研究がある。小論は、理念的側面によって起草したものであり、妙好人研究の一視座である。（なお文中の傍線は本多による）

一　多角的な妙好人像

1　玉石混淆の妙好人理解

妙好人の理解には、多角的な側面がある。まず、妙好人が真宗教団によって広められる契機となったのが、『妙好人伝』六篇である。各篇は上下二巻に分かれ、初篇は、本願寺派の仰誓（一七二一―九四）が編纂し、一八四二年に僧純が刊行した。僧純は、第二篇から五篇を編纂・刊行し、なお、第六篇は松前の象王が編纂・刊行した。

内容は、忠や孝という世俗倫理を遵守する生き方と大乗仏教の空・無我という出世間を生きた双方の例が紹介される玉石混淆の書である。

土井順一「仰誓撰『妙好人伝』の変質」（『妙好人伝の研究』所収論文、百華苑、一九八一年、七四頁）に指摘されるように僧純によって、とくに「師恩」「国恩」が脚色され、封建倫理に叶った念仏者を妙好人として前面に出している。土井は、「『妙好人伝』は、西本願寺教団の体制立て直しの為の、プロパガンダの書として出版されたのではなかったか」（同書九〇頁）とも論じている。

こうした恣意的な操作は、最近出版された『真宗人名辞典』にも及んでいる。「大和の清九郎」は、本来、真宗大谷派に所属する門徒であったが、『妙好人伝』ではその経緯がきわめて不明瞭な資料として残されているため、『真宗人名辞典』では、浄土真宗本願寺派と誤記されている。清九郎については朝枝善照「初篇『妙好人伝』の一考察」（『仏教史学研究』第二〇巻第二号参照）でも、同様の指摘がなされている。

2　鈴木大拙博士の妙好人観

a　大拙の宗教経験観

宗教体験の事実の一つとして妙好人の言辞を捉えていた鈴木大拙は、常々、宗教は体験が先であり、理論が先ではないということを論じていた。とくに、阿弥陀如来、お救い、大悲などという教理を宗教体験の事実の無いところで語ると、宗教を実体的に捉えることになると見ていた（楠恭『妙好人の世界』法藏館、九—一〇頁）。

その点、妙好人は教理によるのではなく、どこまでも自身の宗教体験の事実をもって浄土教の「めざめ」体験の自覚を語るので、純粋な意味での宗教者と鈴木は捉えていた。つまり、宗教体験が、宗教の中心となり、教義に先立つことを妙好人は身をもって示している。

鈴木の主張でいえば、宗教体験の事実の基礎の上に、宗教教義が成立するのであって、この順を逆にしてはならないということである。そうした宗教経験を持つ妙好人に大拙は注目していた（同書、一一頁）。

b　鈴木大拙『宗教経験の事実』大東出版社、一九四三年（昭和十八年）六月初版

鈴木大拙が、讃岐の庄松と物種吉兵衛および『信者めぐり』（大八木興文堂、一九二二年〈大正十一年〉）を中心に執筆したのが、『宗教経験の事実』という書である。宗教体験の現場の風景を紹介した書と楠は指摘している。同書の中で鈴木は、宗教性を第一系列、世俗性を第二系列と列挙し、浄土教における「めざめ」体験、すなわち「浄土系の入信」（同書、一二頁）について、「仏教者が両系列の関係づけを完了した時、禅者はこれを悟入と云い、浄土家は入信と云う」といい、「第二系列の中で真宗教徒の最も関心する項目は罪業感である。罪業深き此の身は地獄必定でなくてはならぬ。それを脱がれて、どうして極楽往生が可能かと云うのが、真宗教徒の心の悩みである。宗教的反省の忽然念起である。第二系列に並べた項目は何れも交互に緊密な連繫をもって居るので、罪業感は直ちに他の諸項目を曳き上げる。網の目はどの一つを取り上げても他を引きずることになる。殊に真宗は仏教的伝統の上に立って居るので、罪業と云えば、その伝統に繫がる一切の観念は数珠繫ぎになって、継続的に打ち切れぬほど沢山に出て来る。それ故、信者の宗教的反省は実際は豊富な内容をもって居る」と浄土教信者の宗教体験の特徴を論じている。

大拙は、まず、①仏教のすくいは、さとり、めざめ、信心といっても同じ内実を持つことを確かめている。次に、②「罪業と云えば、その伝統に繫がる一切の観念は数珠繫ぎ」といい、信心獲得の妙好人の内面への罪業性は微細に指摘されるが、世俗的な権威性を志向する我執の罪業感に関しては指摘されていない。

3　体制社会の副産物としての妙好人理解

小栗純子は、『妙好人とかくれ念仏』（講談社現代新書、一九七五年）の中で、「浄土真宗・本願寺教団は、江戸幕藩体制下の期待される人間像として、理想的念仏者〝妙好人〟を生み出した」（同書カバーの言葉）ことを指摘している。

同書は仏教の世界における正統と異端の問題を江戸期の浄土真宗をモデルとして、「江戸時代の仏教は幕藩権力の民衆支配の精神を民衆に伝える代理人としての役割を担わされた。しかも、その任務を忠実に実践することによって、さまざまな特権を政治権力から与えられたのである。……（中略）……江戸時代の仏教は、幕藩の民衆支配の精神、つまり「公儀の心」「公の心」をおのれの心として、全教団をあげて民衆教化にあたることによって、正統の座を守りつづけることができたのである。「公儀の心」の内容とは、江戸時代の人間関係を規定する忠・孝・貞をはじめとする、義理優先などの理想的江戸時代人の人間的条件、そして寺院法度、寺院掟書などにうたわれた精神であった。……（中略）……江戸時代に、正統と異端の争いを生んだ宗派は少なくないが、親鸞を開祖とする真宗本願寺教団などは、その最たるものといえる。真宗本願寺教団は、真宗の信仰によってつくりあげられるもとも理想的念仏者を「妙好人」と呼んだ」（同書七―九頁）と論じている。

4　「真の報仏土」を正統継承するものとしての妙好人理解

渡邊了生は、「妙好人・浅原才市の弥陀浄土観――現代真宗伝道論構築への一指標――」（日本宗教学会『宗教研究』第七四巻四輯・通巻三二七号、二一五頁）に妙好人を親鸞の報仏土観を正統継承するものとして捉えている。

渡邊は、その論文の研究発表のレジュメで次のように示していた。「「弥陀身土」に対する「真仮分別」は、真宗教学者という範疇（「インテリ層」）内においてのみ了解あるいは議論されるべき内容であり、来世の実体的浄土への願生往生を求めている真宗信仰者（「いなかのお爺さん、お祖母さん」）に対する伝道においては、来世・実有的な弥陀浄土観を「方便化身土」であると主張することは適切な教化ではない、との内容を主旨とする注意・批判」に対して、「いわゆる「妙好人」といわれる人々の中、いろは四十八文字と少々の漢字の知識を駆使して自らの深い真宗信心の世界を、我々の前に明らかにしてくれた浅原才市のいくつかの詩を取り上げ、彼の弥陀身土観を考察し、素朴な市井寒村の真宗信仰者（少なくとも「インテリ層」ではない）であろうとも妙好人・浅原才市が、親鸞と同じ地平から「弥陀身土」を捉えていたことを、すなわち彼の弥陀身土理解にみる、その来世・実有的把握への遮詮を明らかにし、右の拙稿に対する批判への一つの反証」を試みている。

そして、「親鸞が「真仮を知らざるによりて、如来広大の恩徳を迷失す。これによりて、いま真仏・真土を顕す。これすなわち真宗の正意なり」（「真仏土巻」『註釈版』〔二〇〇四年第二版〕三七三頁）と説くように、彼の弥陀身土論にいう弥陀回向の「真仮分別」を「信知」せず、安易に浄土教の伝統にいう実有・来世的弥陀身土観を「真実報土」に集約させていく解釈、あるいは来世・実有的な「方便化身土」といえども「報中の化」であり「報仏土」には変わりがないから、弥陀身土に厳密な「真仮の分別」を見ていくことは無用であるという「報中の化」説への誤解は、かえって「如来広大の恩徳を迷失す」ることになろう」と論じる。つまり、世俗の宗教観や社会倫理などに振り回された世俗的実有的浄土理解の傾向におもねる伝統教学を超えて、大乗仏教の深い教理的視点を持ちえた妙好人を指摘している。

二　浅原才市と讃岐の庄松の一側面

妙好人の特徴を楠恭は『妙好人の世界』で、一、生命尊重（人間から昆虫・植物にまで慈心で接する）、二、自己省察力（内省的態度）の深さ、三、謙虚な生活態度、と指摘する。しかし、そこから社会の迷妄性を課題にしていくような特徴は見られない。以下、二人の妙好人を概観する。

1　才市の詩

浅原才市（一八五〇〈嘉永三〉―一九三二年〈昭和七〉）は、島根県邇摩郡（現・大田市）温泉津《ゆのつ》町小浜《こはま》に生まれ、八十三歳で往生した。四十歳過ぎに仏法聴聞を始め、六十歳頃決定的安心（回心）を得、六十四歳の一九一三年（大正二）九月頃から信仰の詩を書き、六二八三句が残されている。

才市は来世・実有的浄土観に対して（以下、楠恭『妙好人随聞』〈光雲社、一九八七年〉および『妙好人を語る』〈NHK出版、二〇〇〇年〉による）、

。ありがたや　死んでまいる浄土じゃないよ　生きてまいるお浄土さまよ　なむあみだぶつにつれられて　ごをんうれしや　なむあみだぶつ。（六十四歳）

。臨終済んで参るじゃない　臨終済まぬ先参る極楽　なむあみだぶつに済めてあること　なむあみだぶつ。

と真実報土を浄土教の伝統でいう臨終後の来世の実有的世界でないと考えている。また、

。娑婆の浮世で極楽もろて　これがたのしみ　なむあみだぶつ。

。才市や何処におる　浄土貰うて娑婆におる　これがよろこび　なむあみだぶつ。

とも語り、今、自らが立つこの娑婆・浮世で浄土を捉えていると捉える。

。往生は今のこと　なむあみだぶつにて往生すること　なむあみだぶつ。

。平生に臨終すんで　葬式すんで　なむあみだぶの中にをる。

正定聚不退転に住することをこのように表現し、さらに、他力回向による「信心の智慧」によって、わが身の無明煩悩に気づかされ、それが転ぜられること（親鸞のいう「すでに智慧を得て」『弥陀如来名号徳』『註釈版』七二九頁）を「目の幕切・目が境」と語り、この言葉で自らの浄土観を次のようにあらわしていく。

。娑婆の世界はここのこと　極楽の世界もここのこと　これは目の幕切をいうこと。

。浮世は娑婆で極楽で　目が境　なむあみだぶつ。

これは、来世・実有的浄土観からの解放である。こうした浄土教の仏・浄土の把握とそれによって明らかになる自身の罪業性に関しては、直截で深い洞察をみせている。

しかし、我が身の罪業性を契機として、人間やそれが形成する社会の迷妄性の諸問題に関しては、ほとんど言辞に現れない。

2　庄松の言葉

庄松（一八〇〇〈寛政十二〉―一八七二年〈明治五〉）は、讃岐国大内郡丹生村（現・香川県東かがわ市）土居に生まれ、興正寺派勝覚寺の門徒であった。生涯、妻を娶らず、貧困の中にあって聞法し、篤信の生涯を送った。『庄松ありのままの記』『庄松言行録』として言行が残されている。

ある夜十二時頃に手継寺の門を開けるように叩き呼ぶ声に出てきた寺の住職との対話が残っている。いぶかる住職に、庄松は地獄極楽は本当にあるのかと尋ねる。

院主　モー腹が立ち、大音声あげてどなりつけ、「仏の仰せに嘘はあるものか、確かに地獄極楽はある。」

庄松「私の疑の起きた根本は、此世に於て一番可愛不敏と思ふのは、親子夫婦の中である、真実仏の仰せに嘘がないならば、可愛我子や女房を第一番に手引をせにやならぬ筈ぢや、それに毎々御窺ひすれども、寺の中には少しも仏法はない、只人にきけよ〳〵と勧めてゐられる処を見れば、たゞ渡世をする為に、無いことを有るやうに教へてゐられるのでなからふかと思うてならぬから御尋ねするのぢや、どうぢやこれでも本真《ほんたう》に仏法はあると云はれるか、兎角理が合はぬぢやないか」と、裏へまはりて大きな意見をした。

（『信者めぐり』大八木興文堂、一九二二年、九八—九九頁）

これは住職に対する辛辣な言葉ではあるが、権威に対する相対化という問題ではない。社会的権威の相対化という言説といえば、庄松の次のエピソードが有名である。

庄松、御本山（興正寺）初参りの時、五六人の同行に連れられ参詣せられた。お頭剃を共に受ける時、大善知識が次から次へとうつり、庄松をすまし次へうつらんとなされる時、大善知識のお法衣の袖を引き留めて「アニキ覚悟はよいか〳〵」と申した。

（同書、一〇〇頁）

これも権威の相対化というより、世間知らずの庄松の奇矯な態度や天衣無縫の性格が現れたものだろう。たしかに『信者めぐり』が編纂者の意図的な労作で、本当は庄松が法主の権威を仏法の真理から相対化したのは当時の教団にとって不都合であったので、庄松の世間知らずの態度ということにして脚色をしたとの想像もできる。もし、そうだとしても、そこには妙好人伝を制作しようとした側の意図が残ることになる。

三　妙好人とは、どういうことか

親鸞には妙好人の概念はなかったことが、その在家念仏者への態度表明の一部として、『親鸞聖人御消息』に反証的な意味で読みとることができる。それはとくに関東の御同行御同朋の念仏生活を同信の立場から案じて書かれたものでもある。鎌倉幕府への訴えのことなどをはじめ、念仏生活を圧迫し支配する側やその権力との関係の中に生きる念仏者が問題にされる。しかし、その中には今日いわれる妙好人のような、世俗の常識を突き抜けて大乗仏教の奥底の生き方を示すような念仏者像について触れられたところはない。

親鸞の仏道への関心は、本願念仏と諸善の真仮偽であり、真実信心の生き方が世俗との軋轢を生んだ時どのようにすべきかであるかを伝えることにあったと言える。

妙好人の成立は江戸時代の教団があるべき妙好人像を掲げ、人々に推奨することで教団の社会的意義を強調したことに始まる。妙好人は、江戸近代教学が造り上げた人物像だが、同時にそこには概観したように、大乗仏教の精華としての仏教者像を見ることもできる。

妙好人は教団教学という純粋培養型の箱庭で育てられた花ともいえる。造花ではないから、たとえ人為が加えられていても芳しい香りがする。内省的に自己を見つめ、それを見つめさせる真如を尊ぶ生き方には耳目を引くが、「神祇不拝」や「国王不礼」という世俗を相対化する視点を持たぬ教団教学という養分の中でのみ育てられた花といえないか。

たしかに一文不知の輩には、世間の知識、あるいは社会的な課題を情報として受け止める視座が欠けているが、それは妙好人自身が批判されるべき問題ではないであろう。また、「『焼けて無くなる古家なれど、この古家があったからこそ如来様（宇宙自然）の呼び声が聞こえたのであった』と身体に感謝した。周天師も一緒に喜んだ」（楠恭『妙好人を語る』一四三頁）などという庄松同行の言葉を読むとき、とても深い宗教的実感に頭が下がることも事実である。

しかし今日、真宗教学は様々な課題を突きつけられ、それに対応しようとして新たな教学を構築してきている。その課題には、ヤスクニ・人権・差別（部落・人種・民族・ハンセン病・エイズなど）・環境などがある。その教学においては如来・浄土が、真実信心への教化成長を促すと同時に、「現実娑婆世界への批判原理」として世俗の迷妄性を相対化し脱皮することが明確になる必要がある。

妙好人を真宗教学において問うとき、時代社会の課題をいかに問題にしうるかということを再認識する必要に迫られ、さらに現代人にも応えうる妙好人理解を示す責務がある。

妙好人の姿

志村　有弘

阿弥陀如来を信じ、報謝

念仏の世界に生きる人を芬陀利華という。芬陀利華とは白蓮華を意味する。妙好人の人となりはたいそう美しい。そのため、蓮の中でも最高に美しく尊い白蓮華に譬えられる。「妙に好ましい人」、つまり人中の稀有の人なのである。日本の場合、浄土真宗の寺々の法談に触れた人たちがひたすら阿弥陀如来を拝み尊び、世俗の欲望とは無縁の世界に身を置き続ける人がいた。

蓮如の『御文』に、

タヾアキナヒヲモシ、奉公ヲモセヨ、猟スナドリヲモセヨ、カヽルアサマシキ罪業ニノミ、朝夕マドヒヌル我等ゴトキノイタヅラモノヲ、タスケントチカヒマシマス、弥陀如来ノ本願ニテマシマスゾトフカク信ジテ、一心ニフタゴヽロナク、弥陀一仏ノ悲願ニスガリテ、タスケマシマセトオモフコヽロノ一念ノ信マコトナレバ、カナラズ如来ノ御タスケニアヅカルモノナリ。コノウヘニハ、ナニトコ、ロエテ念仏マウスベキゾナレバ、往生ハイマノ信力ニヨリテ、御タスケアリツル、カタジケナキ、御恩報謝ノタメニ、ワガイノチノアランカギリハ、報謝ノタメトオモヒテ、念仏マウスベキナリ。

（大谷派本願寺蔵版『蓮如上人御文』による）

と記されているようなことが妙好人の体内に流れている。蓮如は自分のような「イタヅラモノ」を如来は助けてくださるのだから、命のある限り「報謝」と思って念仏を申すべきだと説くのである。

安芸《あき》の国に市郎兵衛という人がいた。若いときから阿弥陀如来の本願を信じて、いつも念仏ばかりを称えていた。夫婦で山に薪を取りに行っているあいだに家が火事になってしまった。市郎兵衛は、

「人の情けで衣食住はどうにでもなるから嘆くことはない。それにつけても尊むべきは如来のご恩だ。大悲のお助けに与《あずか》らなかったら、未来は衣食住もない身となるだろうに、めでたい浄土に生まれることができるとはいかなるお慈悲であろうか」

と言い、妻も感涙に咽《むせ》んでいたという。隣の人が、

「火急のことで家は焼けてしまったが、やっとのことで御本尊だけは出し奉った」

と言うのを聞いて、市郎兵衛は限りなく喜び、家の焼けたことを少しも悔やまなかったという。

この話は釈僧純撰『妙好人伝』三編巻上に収録されているものである。市郎兵衛は御本尊が無事であったことが最大の喜びで、家が焼けたことなど、問題ではなかった。浄土に生まれさせてくれる阿弥陀如来のご恩、お慈悲にひたすら感謝する。これが妙好人の妙好人たるところである。

市郎兵衛の娘が母と共に寺へ参るとき、髪を結ってその姿を見せた。市郎兵衛は親心で娘の姿が可愛く、嬉しく、

自分もやはり父親だと思い、月代《さかやき》を剃って仏前へ出た。すると、御仏も「さてもよい子だ、可愛らしい」と言っているように思われ、ありがたくてそれからというもの、娘が髪を結うたびに必ず仏前に詣でたという。

市郎兵衛の行動について、人々は「殊勝のこと」（立派なこと）だと言って讃美したというが、絶えず仏の声を聞く、そして感謝する。こうした姿勢が妙好人である。

ひたすら念仏

浅原才市は、妙好人の中でも典型的な妙好人であった。鈴木大拙編著『妙好人浅原才市集』（春秋社、昭和四十二年）や楠恭編『定本妙好人才市の歌』（法藏館、昭和六十三年）に才市がノートに書き付けた歌が収録されていて、浅原才市の阿弥陀如来に対するひたむきな姿をうかがうことができる。

さいちしやわせ
をやさまねんごろ仁をてあちゆ
こうちゆさいちがじごくをわがを
をてさいちやからでで
ごをんうれしやなむあみだぶつ

右の歌は、異なる解釈もあるだろうが、「才市は幸せだ。親様が懇《ねんご》ろに会ってあちらこちらに才市の地獄を自分が背負ってくれる。才市は空手で（なにもしないでいることができる）。（如来の）ご恩が嬉しいことだ。南無阿弥陀仏」という意味であろうか。「をやさま」とは、阿弥陀如来のこと。才市には詩を作っているという意識はない。阿弥陀如来に対する思いのたけを吐露《とろ》している。綴っているだけである。それが不思議な感動と共感を覚えるところに、才市が天性の宗教詩人であることを示していると思う。

才市の場合、寺の僧から説法を聴聞しても、それは阿弥陀如来じきじきの言葉であると感じる。残したおびただしい分量の詩文をおのれの感性の命じるままに綴っていったのである。

み太の明をごさいちがもろ太
これをさいちがよろこぶよろこぶ

「み太」は阿弥陀如来。「明をご」は名号。「阿弥陀如来の名号を才市が貰った。これを才市が喜ぶ、喜ぶ」というのだ。才市は心から如来に親しむ。「わしがなむなら、あなたわあみた、わしとあなたでなむあみだぶつ」（わしが南無なら、あなたは阿弥陀。わしとあなたで南無阿弥陀仏）と言う。鈴木大拙は「才市の信仰内容」（『鈴木大拙選集』第六巻、春秋社、昭和二十七年）の中で「才市の場合の如きは、何事も自己に反照して、その中から自然に流出するもの、何等の矯飾を加へずに、即ち何等の学問的磨きを加へずに、白木のままで、さらけ出すのである」と述べ、前掲『妙好人浅原才市集』で才市を「実に妙好人中の妙好人」と賞讃する。難しい理論は理解できない。才市は阿弥陀如来に親しみ、如来の恩を常に思い、六字の名号を称え続けるだけなのである。

讃岐の庄松も魅力的な妙好人であった。ある人が説教のあいだに、

「なにとぞありがたいことを聞かせておくれ」

と言うと、庄松は、

「あの方に聞けよ」

と、御本尊を指差した。その人は、なおも、

「あなたの御領解《りょうげ》を一言」

と言う。庄松は、

「私はそんなことは知らん。今は今晩食いたいと思ってオジヤを煮てきたが、猫が食わにゃよいが、説教が短けりゃよいがと思うているだけじゃ」

と話した。そばにいた同行はそれを聞いて大喜びをしたという（『三田老人物語　信者めぐり』、大八木興文堂、大正十一年）。庄松の風貌が彷彿とするではないか。


『庄松ありのままの記』を読むと、庄松は知性的な人物であったことを思わせる。「徳太郎聞書のありのままに書流し」と記しているけれど、これはあるいは筆者である華皐（岡）大仙の知性・教養が表現に加味されたものかという印象もある。しかし、ともあれ尊容を懐かしく思い、本尊に向かって「バーアバーア」と独り言をする動作など、心から阿弥陀如来に親しみを抱いていたのであろう。我々はこうした姿に大きな感動を覚えるのである。

妙好人と同型の人たち

妙好人は、概して自分を愚かな人間であると考えている。この世には自分以下の人間は存在しないと思うと、自

分以外は全て師であり、仰ぎ奉るべき存在となる。ひたすら阿弥陀如来の大願を信じて、南無阿弥陀仏を称え続ける。世俗の世界では、無私無欲の人である。ただ一点、ひたすら阿弥陀如来を渇仰し、救われたいと願っている。「自分のような愚かで、どうしようもない人間を阿弥陀様は救って下さる。ありがたい、ありがたい、南無阿弥陀仏、南無阿弥陀仏、南無阿弥陀仏」となるわけである。妙好人たちは才市の項で記したように、阿弥陀如来のことを「親様」と呼ぶ。

いつの時代でもそうだが、古代社会においても、当然無私無欲の人がいた。光明皇后は、病人たちを救おうとして悲田院・施薬院を建てたといい、行基菩薩は橋を架け、池を掘り、道を造り、多くの慈善事業を行ったという。また、行基は「人ヲ哀ブ事仏ノ如ク」（『今昔物語集』）というから、人を可愛がり、仏の化身のような人物であったのだろう。

平安時代、願西という尼がいた。比叡山横川《よかわ》の源信僧都の妹（姉とも）である。この尼が着ている衣はわずかに身を隠すだけのもの、食べ物は命をつなぐだけのものであった。願うことは安養浄土に往生することで、世の人は、彼女のことを安養尼と称していた。

この尼の家に強盗の集団が押し入った。盗賊たちは房の中のすべての物を奪い取っていった。尼は、中に藁を入れた粗末な紙の夜具を着ていた。尼に仕えていた小尼公が、盗人たちが小袖を一つ取り忘れていったのに気がついた。小尼公が、

「盗人がこれを取り落としていきました。これを着てください」

と言うと、願西尼は、

「奪い取った以上、盗人たちはその衣を自分の物だと思っておりましょう。持ち主が納得しないものをどうして

着ることができましょう。返してさしあげよ」

と言う。小尼公は門に走り出て、盗人たちを呼び戻し、

「これを落としてゆかれました。差し上げます」

と告げた。強盗たちはしばし考えこんでいたが、

「まずいところに入ったものだ」

と言うと、奪い取った品物全てを返して立ち去っていった。

この話は、説話集『古事談』に伝えられているものに、『今昔物語集』の記述を若干加味して記した。願西という名は、西方浄土に生まれることを願う尼という意味であろう。強盗たちは願西の余りの心優しさに心打たれ、品物を返して立ち去ったわけである。

人が好すぎる、といえばそうも言えよう。こうした姿勢は仏の教える「執を捨てよ」という思想を背景としているとも考えられるが、願西の場合、天性のものであったように思う。願西の行動は、『妙好人伝』に登場する加賀の国の与市が、自分の家の粟を盗もうとしている魚屋にわざと盗ませてあげた話と似ている。与市は〈自分がもしも魚屋を咎めたならば魚屋は、二度と自分のところに来ることはあるまい。そうすると魚屋に御法義を話し伝えることができなくなる、それでは魚屋は不幸だ〉と思って粟を盗むのを素知らぬ顔をしていたわけである。

『今昔物語集』や『発心集』に見る慶滋保胤（寂心）の姿にも妙好人的人間像に類似するものを認めることができる。具平親王から頂戴した馬に乗って参内するとき、道に堂塔類はむろんのこと、卒塔婆一本でもあろうものなら、馬から下りて恭敬礼拝《くぎょうらいはい》し、草を見つけて馬がとどまると思うままに食べさせたりしていた。だから、朝に家を出ても午後の二時、四時になってしまうありさまで、馬の口取り男が不快に思い、馬を荒々しく打った。保胤は

涙を流し、声を立てて泣き悲しみ、

「多くの畜生の中でも自分にこうして身近に接するのは深い宿縁ではないか。この馬は過去世であるいは私の父母であったかも知れぬ。このような大罪を作るとはたいそう悲しいことだ」

と大騒ぎしたので、口取り男は暇《ひま》を取って帰ってしまったという。

保胤は、出家してのち、比叡山にいた増賀上人から『摩訶止観』の教えを受けたことがあった。そのとき、泣き出した。増賀は未熟な保胤が感泣するのを小憎らしく思い、拳で打った。後に再度保胤が教えを乞うたときもやはり同じように泣き、三度目のときもやはり同じように泣いた。増賀も「まことに深い御法が尊く思われるのであろう」と感動したという。

右の話は『発心集』に記されているものである。また保胤は具平親王に学問を教えているときにも少し教えては合間合間に目をつぶって常に仏を念じていた。保胤は勧学会《かんがくえ》の中心的人物で、そのあと源信主宰の二十五三昧会へ参加した念仏の聖である。だから、もとより念仏の徒であったことは確かなのだが、学問を授ける合間合間で称名する保胤の姿は、後の妙好人たちが常に念仏を称え、阿弥陀如来を慕う姿と重なり合うのを感じる。

自然体の妙好人

日本では、妙好人とは親鸞の教えを信奉する、浄土真宗の念仏行者たちである。往生伝を見ると、ひたすら念仏を称える人がいる。しかし、彼らを妙好人と呼ぶことはない。楠恭が『妙好人随聞』（光雲社、昭和六十二年）で「浄土教ではあるが、浄土宗でも、一遍上人の時宗でも、その他の浄土諸宗でも、その篤信者を妙好人とは呼んでいないようである。この呼称は浄土真宗が独占しているようである。浄土真宗の篤信者のことを妙好人といっているのが実状である」と述べている通りである。

そして、妙好人の体の中には、蓮如が「当流の安心」とは、として「心の悪さ、妄念妄執の心を止どめよと言うのでもない」と述べたうえで、弥陀の「悲願ニスガリテ、タスケマシマセトオモフコ、ロノ一念ノ信」が「マコト」であるならば、「カナラズ如来ノ御タスケニアヅカルモノナリ」と説いた教えが意識・無意識を問わず、妙好人の体の中に流れていると思う。彼らは、心から頼る「親様」がいて、そのご恩を深く思い、「報恩」することを念じている。

因幡の源左は夕立にあったとき、鼻が下向きであることを「ようこそ、ようこそ」と感謝したという。確かに鼻が上を向いていたら、雨水が鼻に入り息が詰まる。自分の体は阿弥陀如来の計らいでうまく作っておいて下さったという思いなのである。何事も阿弥陀如来のありがたい計らいであると素直に感謝する。この思考作用は、妙好人の全身に染み込んでいる。

妙好人史の中には、因幡の源左（足利喜三郎）・浅原才市・讃岐の庄松・赤尾の道宗・物種吉兵衛・大和の清九郎・三河のお園・石見の善太郎・石見の小川仲造・長門のお軽などのように、後の人に大きな感動・影響を与えた人たちがいる。彼らは妙好人の中でも典型的な妙好人として多くの人たちから尊崇され続けてきた。

そして、明治時代以降も多くの妙好人伝が編纂された。妙好人伝とは記していないが、雑誌「信仰」（百華苑発行）昭和二十七年四月号に、久長興仁が「妙好群像」と題して、有田イト・竹中彌太郎・横川善人・横川イトを取り上げている。この中に横川イトの詩を掲載していて、そこには「わたしや大悲のみ親に救はれて／いつも六字の酒飲んで／歌を歌ひ乍ら仕事させて貰ひます／あゝありがたや南無阿弥陀」という一節がある。「み親」とは、むろん、阿弥陀如来のこと。菊藤明道は『妙好人の詩』（法藏館、平成十七年）の中で金子みすゞ、榎本栄一、東井義雄らの詩を妙好人の詩として取り上げている。これらは近代妙好人史の中に記録されるべき人たちであろう。

妙好人と称された人たちは、一人として自分が稀人《まれびと》であるなどと思ってはいない。しかし、自然体から発する感動的な言動は、彼らがなによりもたぐい稀な人たちであることを明白に物語っている。やはり〈妙好人〉なのである。

妙好人と私

玉城　康四郎

妙好人の数は多いが、私にとって親しみを覚えるのは庄松同行と浅原才市老人である。そしてもう一人加えるならば、盤珪《ばんけい》さんである。盤珪禅師はもとより禅宗の人であるから、妙好人の通念からは外れていると思われようが、しかし率直な実感として、親愛の情をもって盤珪さんと呼びかけたい気がする。語りかけたら、直ぐ庶民のことばで応じてきそうに思われるからである。

この三人のなかには名前だけは聞き知っている人もいたが、内容にまで立ち入って知ることができたのは、ひとえに鈴木大拙師の紹介による。まだ戦争の始まる前であったが、大拙師は次々とこれらの人々を世に出している。師との隠れた浅からぬ因縁を思わずにはいられない。

盤珪は禅宗でも臨済宗に属しているが、同じ宗旨の高僧たちとは、一味も二味も違っている。むずかしいことは何もいわない。喝《かつ》も棒《ぼう》もつかわない。修行して悟れともいわない。説法のどこを開いても、親の産みつけた不生の仏心のままで決定せよ、というだけである。

親の産み付けてたもつたは、仏心一つでござる。余《よ》の物は、一つも産み付けはさしやりませぬ。その親の産み付けてたもつた仏心は、不生にして霊明なものでござつて、不生で一切の事が調ひまする。その不生で調ひまする証拠は、後ろにて鳥の声、雀の声、それぞれの声が、聞かうとも思ふ念を生ぜずに居るに、鳥の声、雀の声が通じ別れて、聞き違《たが》はず聞かるるは、不生で聞くといふものでござる。これが不生の証拠でござる。その不生にして霊明なる仏心に極まつたと決定して、直《じき》に不生の仏心のままで居る人は、今生《こんじょう》より未来永劫《ようごう》の、活如来でござるわいの。

あるいはまた、

親の産みつけて賜りました仏心は、不生な物でござれば、迷いも悟りもござらぬ。

ともいい、あるいは「信心決定」ともいう。

そうしてみると、親鸞が三十そこそこのとき、「如来より賜りたる信心」といい、晩年になって、「大信心は仏性なり、仏性すなはち如来なり」と告白した、親鸞の極まるところと、いったい盤珪はどこが違うのかと、驚かされる。しかも盤珪は、『教行信証』のような面倒なものは持ち合わせていない。いたって簡明直截である。

私は、二十の半ばごろ盤珪の語録を見た瞬間に、まるで背すじから清水を流しこまれたように、驚き、喜び、夢中になって不生、不生と念じつづけながら、不忍池《しのばずのいけ》のほとりを廻っていた。しかし、いつの間にか不生の仏心からずれ落ちてしまう。ハッと気がついてまた、不生の仏心でいるが、やがて忘れてしまい、我にかえったときは落っこちている。このシーソーゲームを何度も繰りかえしていたが、とうとうずれ落ちたままで今日に至った。

あれほど簡単に説いていた盤珪の教えが、なぜ身につかなかったのか、その理由は、三〇年ばかり経ってようやく分かってきた。要するに業《ごう》の問題なのである。業は底知れぬほど深い、どうしようもないのである。いくら口酸っぱく不生禅《ふしょうぜん》を聞かされても、私にはお手あげである。それでも盤珪さんは懐かしい。うそ偽りなく透徹しているさまが、何気ない発言から直接に伝わってくるからである。もしすぐれた禅僧のなかで、たったひとり墓の下から呼びおこして、生身の肉身に会うことができるとしたら、私は何の躊躇もなく盤珪さんを選ぶ。そして私の問題の、ありったけの根源をぶちまけてみたい。

大拙の書によって庄松を知ったときも仰天してしまった。親鸞の教えがここまで熟してきたのかと思う。ことに忘れられないのは次のエピソードである。庄松がふるさとの讃岐から京都の本願寺へ多くのつれと一緒に参拝したあと、帰りは大阪から船に乗った。播磨灘へさしかかった頃、暴風雨となり、船は木の葉のようにゆれ動き、今にも沈みそうになった。人々は本願他力の信心はどこへやら、「南無金比羅大権現」と唱えながら、救いを求めて大混乱、ところが庄松だけは船底で高いびきで眠っている。あまりの大胆不敵さにゆり起こしてみると、「ここはまだ娑婆（この世）か」と、いったという。

庄松にとって、娑婆も極楽も吹きとおしになっている。それは、かれの意識の上のことだけではなく、眠っているときもそうなっている。そうでなければ、目の覚めた瞬間にこの言葉が出てくるはずがない。もうひとつ踏みこんでみると、眠っているときもそうなっているということは、かれの身体も含めた全人格体が吹きとおしになっていることである。

私は親鸞の晩年の書簡や『歎異抄』の言葉と読み比べているうちに、庄松の信境が、親鸞をさらに超えてここまで熟してきたのかと、思わず感嘆をとどめ得なかった。こういうと、宗門の人々には意外なように聞こえるかも知れない。開祖はつねに宗派にとって絶対であり、親鸞を超えることはあり得ないからである。しかしながら歴史の流れによく注意してみると、けっしてそうではない。

日本の土性が、時代とともに法に培われ、養われていく。そのあいだに土性はますます熟してきて、そうした土壌のなかから宗教人が生まれてくる。試みに、聖徳太子は稀にみるすぐれた仏教者である。しかし、それより二〇〇年後の空海の発言は、太子よりはさらに熟している。空海もまた天才的な宗教人であるが、三、四〇〇年を経た法然・親鸞・道元は、それよりいっそう酷《こく》のある思想や表現を駆使している。法（ダンマ、ダルマ）が国土に沁みていく所から見れば、それが当然であり、必然の経路である。もし時を経ても宗祖を超え得ないとすれば、その国土には法の滲透力がとどまっていると見るほかはないであろう。

ところで、私の体質からいうと、庄松同行より才市老人の方に親しみを覚える。妙好人としてどちらがすぐれているというのではない。平々凡々に生きている私には、庄松の言動は少々意表をついているが、才市の歌はしみじみ同感する。とてもその信境には及びもつかないが、読んでいるうちにいつのまにかその世界に包まれ、宿業のしこりがとろけてしまう。感じている歌をいくつか挙げてみよう。

ここに、ふしぎな、こえがする。
なむあみだぶの、こえがする。

わしのところの、もり木のなかで、
さえずるこえの、をもしろさ。
これを、ひとにも、きかせたい。

よるのやみ、わたしもやみで、
やみに、あかりを、つけられて、
なむあみだぶに、やみをとられて。

私は六十近くになって、ようやくブッダの目覚めの原点に思い至った。「ダンマが私に顕わになる」、そのとき一切の疑いが消える、というのである。ダンマ（dhamma、パーリ語）は、サンスクリット語のダルマ（dharma）であり、「法」と訳される。「法」には無数の意味があるが、ここではダンマとしかいいようのない、いわば根源語である。まったく形のない、いのちのなかのいのち、宇宙そのものを通貫する形なき純粋生命。しかし、いくらいい変えても無駄である。「ダンマが私に顕わになったとき」、初めてハハー、ナルホド、ダンマかと、頷かれるものである。ダンマはそのまま如来である。

「ダンマが顕わになる」。「顕わになる」とは、何という深いすがたであろう。聞こえてくるのである。どこから響いてくるのである。才市のいう、「ふしぎな、こえがする。なむあみだぶの、こえがする」。親鸞のいう、「如来より賜りたる大信心」。いのちのなかのいのちから賜り、顕わになるのである。それは、ゴータマ・ブッダだけではなく、先輩の諸仏も、「未だかつて聞いたことのないダンマにおいて、初めて光明が生まれ、智慧が生まれた」のである。ダンマは永遠、常住であり、形あるものに働きつづけてやまない。

では、「ダンマが私に顕わになる」というが、私のどこに顕わになるのであろうか。私とはいったい何であろうか。

六十で定年になって仙台に移り住んだとき、ブッダの原始経典のなかから業異熟《ごういじゅく》の説法を発見した。ブッダはみずから冥想（禅定、全人格的思惟）を深めつつ、懇切にその経過を説明し、ついに冥想の窮まりに業異熟に出会っている。いったい業異熟とは何か。ブッダはどのように述べているであろうか。沈々として深まりゆく冥想の、複雑微妙な過程のなかで開示されている説法を、私なりに了解してみると次の如くである。

限りなき過去から、生きとし生けるもの、ありとあらゆるものと交わりつつ、生まれかわり死にかわり、死にかわり生まれかわり、輪廻転生して、此処に、今、実現している宿業体である。

私はそれを人格的身体と名づけた。感性も知性も、意識も魂も、そして身体も、全人格体が一体となっているものである。たとえていえば、母親の胎内に宿った刹那の一点である。そこでは意識も身体も生命も、区別なく一点に凝縮している。それはただ、全人格的思惟（冥想）の深まりの果てに出会うものである。否、むしろ、冥想の窮まりそのものが、凝縮せる一点の全人格体である。それは、まったくの無智であり、無明であり、無識であり、黒暗である。迷惑・煩悩の源底である。そしてダンマは、まさしくこの一体なる全人格体にこそ顕わになるのである。滲透し、培い養い、包括し、ついに通徹するのである。

才市は、この境地を、ただ手ぶらでうたっている。

わたしのこころわ、くるくるまわる。
ご《業》をのくるまに、まわされて、
まわらばまわれ、りん《臨終》十まで、
これからさきに、くるまなし。
とめてもろたよ、なむあみだぶに。

さいちや、しやわせ、
もをねんを、しらせてもろをたよ。
もうねんは、よろこびのたね。
かかも、もうねん、さいちも、もをねん。
もうねんにもろをたが、なむあみだぶつ。

うろのぼんぶが、ねんぶつもをす。
うろのぼんぶは、まよいのぼんぶ。
まよいぼんぶは、じごくのことよ。
をやのをじひに、ひきあげられて、
いまわ、ろくじのふねにのせられ。

業の車に乗せられて、くるくる廻っている才市の宿業体にこそ、「なむあみだぶ」が聞こえてくる。妄念であり、有漏の凡夫であり、迷いの凡夫であり、地獄そのものである。有漏とは煩悩である。地獄一定の、この宿業体に初めて、親の慈悲が充足してくる。いや、いや、地獄そのものと知らしめられるそのことが、大慈大悲である。祈っても叫んでも、びた一文も現われない。

この地獄一定こそ、まさしくブッダの業異熟にほかならない。かつて残忍な盗賊であったアングリマーラは、とうとう仏弟子となって、修行の末に悟りを開くことができた。あるとき、かれは乞食のためにひとりで町へ出かけたが、かれを怨みに思うものは沢山いる。石を投げられ棒で叩かれ、衣は破れ血を流し、這々《ほうほう》の体《てい》でブッダの許に帰ってきた。ブッダは諄々《じゅんじゅん》と説く。

忍受せよ、忍受せよ、何百年、何千年のあいだ地獄において受くべき、その業異熟を、汝は今受けているのである。

冥想に入ったまま拝聴していたアングリマーラの心は、雲を離れた月の如くに輝き出したという。業異熟は宿業体である。全人格一体なるものである。それは、果てしなき過去から放浪してきた自己存在の基体であると同時に、ありとあらゆるもの、生きとし生けるものとの交絡において出現している点で、宇宙共同体の結節点である。私性の窮まりであるとともに、公性の極限である。宇宙そのものを通貫する、いのちのなかのいのちは、まさしくこの人格的身体にこそ顕わになり、滲透し、通徹しいくのである。現代世界、地球世界、そして宇宙的ならんとする現代の、混沌、昏惑は、まさにこの原点から出立すべきであると思う。

妙好人の現代的意義

五十嵐　明賓

はじめに

妙好人の現代における意義については、

㈠　宗教的な面に関して
㈡　倫理的な面に関して
㈢　文化的な面に関して

の三方面から考察することができると思う。

㈠の宗教的な面に関する意義とは、妙好人の宗教性が現代にどのようなものを示唆しているかということであり、㈡の倫理的な意義とは、妙好人の生活態度はどのような倫理的規範をもっているかということである。また、㈢の文化的な意義とは、妙好人の言動が一つの宗教的文化を形成しており、それが現代にどのような意味をもっているかということである。

一　宗教的意義について

妙好人の宗教的意義については、まず妙好人がどのような態度で仏教を求めているかという点から考察してみる必要がある。妙好人とは「真実信心の念仏者」と定義しうるけれど、その真実信心を得る動機や過程を探ねることによって意義が見出されると思うのである。仏教では四諦や八正道を説き、縁起・空を説くが、妙好人はそのような高邁な哲理を求めていたのでなく、現実の苦悩を解決しようとして仏教にそれを求めたのである。生老病死の「四暴流」の中で、いかにしたら安心立命の境地に至るのか、そこに宗教に対する問いを発しているものと見られる。

この生死に繋縛し、煩悩に迷悩する人間に対して、その救済の道として、大乗仏教では一切衆生の「悉皆成仏」を説くが、これは人間が慈智円満の仏性を体得して生きるべきことを明かすものである。浄土真宗においても人が仏となることは、その宗教的生命であるし、妙好人において真剣に問われたのは、この「仏になる道」であった。『妙好人伝』（第三篇上）には、敦賀より京に上ってきた越前の於銀が、京の人から「敦賀辺に何ぞ珍しき事はなきや」と尋ねられて、「実に珍しきことがござる。このばばが仏にして貰います。こんな珍しいことはございませぬ」と答えたというが、妙好人の求道には仏になることが中心問題であるのに注意される。

しかし、仏になることは容易ではない。『教行信証』化巻本には「然《ルニ》常没《ノ》凡愚、定心難《シ》レ修《シ》、息慮凝心《ノ》故《ニ》。散心離《シ》レ行《ジ》、廃悪修善《ノ》故《ニ》。是以立相《ヲテ》住心《ヲ》尚難《キガ》レ成《ジ》故《ニ》、言下縦《リ》尽《ヒ》二《ストモ》千年《ノ》寿《ヲ》一、法眼未《ダ》中《ズト》曽《テ》開《ケ》上[1]」と、煩悩を除去し、この身のまま仏になることの至難さが示されている。妙好人においても仏になる道は懸命に求められたが、その索求が真摯であればあるほど、自己の泡沫のような存在が省察されるだけであり、この身のままで仏になることの不可能さを諦認したのである。

このような妙好人の索求に応え得たのが浄土に往生して仏果を得る本願一乗の教えであり、「真実信心の念仏」の道であった。

伊勢のおさと（『妙好人伝』二篇下）は同行より安心の味わいを尋ねられて、「私の疑晴れし心地は迷子の親に出逢たるように思はれ候」と答えているが、ここには如来廻向の信心を通して如来と妙好人との直結が感じられる。妙好人たちは浄土往生の信心に生死離脱の鍵を見出し得たのであるが、仏になることの問いに発し、大信心を獲得するに至る必然性を通して、仏と妙好人との直結を見ることができ、ここに第一の意義を認めることができる。

人は如来廻向の信心を得て妙好人となる。如来廻向の信心は素純に聞信するとき、容易に得られるものであるが、そのためには生死流転の境涯に死別して、如来常住の世界に生きる決断が要求される。そこに至難の中の至難事といわれる理由があろう。

この決断は、本願のいわれを一向に聞信することによって納得となり、領解となる。そして往生浄土が確定するのであり、妙好人が誕生する。

『教行信証』信巻末や、『末灯鈔』には、この真実信心の人を「真仏弟子」と示し、「最勝人」「妙好人」と称讃されること、現生正定聚に住して「便同弥勒」「如来等同」のはたらきをすることなどが明かされているが、それでは現実の宗教生活にどのような意義をもっているのであろうか。

この真仏弟子には現生に十種の利益が得られることが示されているが、そのなか、とくに「知恩報徳」や「常行大悲」の実践は妙好人の宗教的意義を顕著に示すものであろう。ここにおける知御報徳も常行大悲も、念仏の実践であり、聞信の了得であるが、これらは自然のうちに周囲の人に影響を及ぼさないではおかない。

『妙好人伝』を見ると、聞法のために数里もある道を毎日のように訪ねたり、何年・何十年もの期間を聞信の確立のために費やした例が多く見られる。

これは、「自信教人信」における「自信」の明確化の動きと見ることができる。しかもその「自信」は必然に「教人信」に連続して、次の妙好人誕生への動機として働いている。換言すれば、知恩報徳による聞法の連続が「大悲を普く伝える」常行大悲のはたらきとなっていると知られるのである。

『庄松ありのまゝの記』では、庄松の信心の純化追求が、逆に寺院の住持や坊守に信心獲得への一喝を与えている。「庄松ある寺にて、住持は銀細工、坊守は真田の紐を打つのを見うけて曰く、寺の内職には、信心をせよ、信心をせよ」とあるが、妙好人の動きが真実信心の伝播そのものの動きを示しているといえよう。『教行信証』末尾には、「欲《ス》レ使《ムト》三前《ニ》生《ム》者《ハキ》導レ後《ヲ》、後《ニ》生《ムヒトハ》者訪《ヘ》レ前《ヲ》、連続無窮《ニシテ》、願《ハ》不《ラ》二休止《セ》一。為《ノ》レ尽《ムガ》二無辺生死海《ノ》一《ヲ》故《ナリト》。」[2]という『安楽集』の文を引用されているが、それは真実の仏弟子が相扶けて、本願の世界に帰入すべきことを示しているものといえる。妙好人にとっては、新しい妙好人を誕生させるのは宗教的な務めともいうべきものである。しかし、それは自力策励の心を伴って、教化に携わるということではなく、自然法爾として為さしめられる行為である。

このように妙好人の動きが、次の妙好人を誕生させる必然性を伴っているところに、一つの宗教的意義を見出すことができる。

二　倫理的意義について

それでは妙好人の倫理性はどのようなものと考えればよいであろうか。

念仏者は二種深信によって自らを「罪悪生死」「常没常流転」の存在と信知しており、「曽無一善」の凡夫ともいわれている。しかし、人が社会生活をする限りにおいて、止悪行善の自律性をもつことは必要であろう。もし妙好人において自律性を失うならば、彼は「本願ぼこり」として貶せられ、「自然外道」の弊害に堕することになり、一方、もし自律性が「自利心」を伴えば、他力への帰順に背反することになるであろう。

ここにおいて、妙好人は倫理的な生活に関しても「二河白道」を歩まねばならないのである。

この自律性を問題にするときには、宗教的分野と倫理的分野に分けて考える必要があると思う。宗教的分野から見れば、倫理的世界は包含され、自律性は消滅するであろう。そこには本願の世界だけが存在する。しかし倫理的分野から見れば、宗教と倫理の世界は判別されるのである。ところが妙好人においては、その倫理的世界においても宗教的な影響を切り離すことができない。すなわちその行為は自然法爾性を常に伴っているものと見ることができる。自然法爾とはもともと如来の本願力に乗托して仏果を得る妙趣を示すものであるが、現生正定聚の過程もまったくこれに依存しているのである。ここに言う自然法爾性とは、絶えず継続される二種深信によって、いかなる倫理的意志も宗教的内省に転成され、いかなる善の行為も極重悪人としての慚愧の要因となることを意味するものである。

この自然法爾性を背景に持つ自律性について、『末灯鈔』には、

かくきゝてのち、仏を信ぜんとおもふこゝろふかくなりぬるには、まことにこの身をもいとひ、流転せんことをもかなしみて、ふかくちかいをも信じ阿弥陀仏をもこのみまふしなんどするひとは、もともこゝろのまゝにて悪事をもふるまひなんどせじとおぼしめしあはせたまはばこそ、世をいとふしるしにてもさふらはめ。また

往生の信心は、釈迦・弥陀の御すゝめによりておこるとこそみえてさふらへば、さりともまことのこゝろおこらせたまひなんには、いかがむかしの御こゝろのまゝにてはさふらふべき[3]

と示してあるが、如来廻向の信心によって「無明のゑひもやう〳〵すこしづゝさめ、三毒をもすこしづゝこのまずして阿弥陀仏のくすりをつねにこのみめす[4]」ようになるのである。このように自然法爾性によって、はからいを伴うことなく自律性が成立していくところに妙好人の倫理があるといえよう。

また「阿弥陀仏のくすり」の内容として考えられるものに『愚禿鈔』下「至誠心釈」に利他真実を明かすところの「一者《ニハ》凡《ソ》所レ施《シタマフ》為《スハ》二趣求《ヲ》一、亦皆真実《ナリト》。二者《ニハ》不善《ノ》三業《ハ》必《ズ》須《イヨ》二真実心《ノ》中《ニ》捨《テタマヒシヲ》一。又若起《シ》二善《サ》三業《ノヲ》一者《バ》、必須《ズイテ》二真実心《ノ》中《ニ》作《シタマヒシヲ》一、不《ズ》レ簡《バ》二内外明闇《ヲ》一、皆須《イルガ》二真実《ヲ》一故名《ニ》二至誠心《クト》一。[5]」の文や、同じく深心釈の「仏遣《ノ》レ捨《シメタマフヲ》者即捨《テバチツ》、仏遣《ノ》レ行《シタマフヲ》《ぜ》者即行《バチズ》、仏遣《ノ》レ去処《シメタマフラヲバ》即去《チルトナリ》[6]」の三遣の文と「随二順仏教《シ》一、随二順仏意《ニ》一、随二順仏願《スニ》一[7]」の三随順の文などがあるが、これらにも妙好人の、自然法爾性を伴った倫理的行為の基底が示されていると思うのである。

以上のように、妙好人の倫理的行為は、本願に深く帰順することによって自然法爾性を有するが、それはまた、倫理的な自由性を得ていることを示すものである。『高僧和讃』道綽讃には、

一形悪をつくれども専精に心をかけしめてつねに念仏せしむれば諸障自然にのぞこりぬ[8]

とあるが、これは転悪成善を示すものであって、宿業に縛せられたいかなる行為も妙好人の生活の障害とはならないことを明かしている。妙好人の行為は本願力に支えられてまったく自由であるといえよう。このように、妙好人の倫理は、宗教性を根底において自由と自律が満たされる点に大きな意義があるといえるのである。

では妙好人の倫理的規範は具体的にどのような形で現れているであろうか。

その根本的なものとしては、現在十種益中の知恩報徳の思念があり、また『蓮如上人御一代聞書』等に見られる

「冥見」や「冥加」への信憑などがある。

このなか、知恩報徳の思念に関しては、『妙好人伝』に、その生活規範として仏教通途で言う仏恩・師恩・親の恩・国恩の四恩が示されている。そして、師恩については、真宗相承の恩・大悲同塵の恩・邪正裁断の恩・旦暮教授の恩・詳示法度の恩の五つを示して、(9) その意義を明らかにしているし、また、親の恩については、骨肉授与の恩・養育無比の恩・愛愍護持の恩・産業指南の恩・財物付属の恩を、(10) 国恩については、治世安穏の恩・善悪賞罰の恩・生涯撫育の恩・邪法退治の恩・仏法外護の恩と(11) おのおの意味を与えている。このなか、親の恩は孝行奨励を示し、国恩は治世感謝を促すから、封建社会にこそ意義をもつとする見方も行われるが、妙好人たちにおいては、あくまで仏恩を主体としての四恩であり、世間的な報恩性は仏恩報謝の思念に随伴して起こっているもので、時代とともに少しずつ形は変わっても根本となる心情には永遠に変わらないものがあると思うのである。

次に、妙好人は冥見を思うて人目のつかない所でも行いを清く正しくしているし、冥加を信じて一飯の食事も不足の思いをすることがなくなるのである。

このことは現生十種益中の「冥衆護持」「諸仏護念」「諸仏称讃」「心光常護」の諸益が妙好人に付与されることと通ずるものである。

和泉の物種吉兵衛（『純情の人々』）は
誰を護るかと思うたら念仏の人をまもる。
何を護るかと思えば真実信心をまもる。
えらいことや。
えらいことや

と言って、その歓びを表明しているし、

今更に何の言葉もなかりけり

それも賜、これも賜（服部淑子『大正・新妙好人伝』）

の歌には、冥見や冥助によって、一枚の紙も一粒の飯もご恩と思って大切にする心情が溢れている。そこに妙好人のたしなみの心情がうかがえるのであり、倫理的行為の規範が存するのである。

三　文化的意義について

以上のように妙好人は如来の本願力に救済されることを信じて念仏するが、その言動は真仏弟子の姿を示すものであり、芬陀利華が汚泥より出でて清浄香潔の花を咲かすように、その言葉には言い知れぬ微妙さがあり、その行動には比類なき殊勝さが備わっている。それらの中には、妙好なる人間性の文化とも称するものが存在するのに気づくのである。

現代において、妙好人は鈴木大拙博士や柳宗悦氏などによって採り上げられたが、それは、妙好人の言動が香り高い文化価値をもっており、また芸術性を有していたからにほかならない。しかし、これはたんに過去の遺産としての文化ではなく、形骸にとらわれたものでもなく、現実に存在しうる、内面の心情を秘めた文化である。そこには完全なる意志と行動の自由があり、現実の倫理を肯定し、しかも、その倫理にも繫縛されることがない。如来と等しい歩みをし、三千大千世界に悠然と遊化している趣きがある。

その言動の特色を挙げれば、(a)妙好人たちは無智の人が多いようであるが、仏智を得ており、純粋に生きる知恵に恵まれている。(b)濁悪な世界に生きながら、けっして社会の悪に染まることがない。(c)喜・悟・信の三忍を得、いかなる苦難に遭っても、その苦難に耐え、それを喜びに変えることができる。(d)あらゆる階層の人をも含み、いかなる罪過の人も最勝の人生に転じられる。(e)その行為は受動的と見えながらも、つねに道理に合致しており、結局は積極的な動きをしていることになるなどである。

これらの根底には他力に対する絶対的な安心があり、そのために聖道の菩薩に劣らない諦観を示している。

豊後の妙喜尼（『妙好人伝』二篇上）は、飯を焚くとき過って手を釜の中に入れて、やけどをし、肉が爛れてひどく痛んでいたが、そのなかでも仏恩、仏恩と言っていた。それを傍らの人が笑って「そのいたみ忍ぶべからざるも仏恩なるべきや」と聞いたところ、「これに過ぐること幾千万倍か限り知られぬ地獄の苦しみを受くべきを仏願力の不思議にて今に早やこれを免れ、今の少苦は転重軽受のご利益なり」と答えたというが、そこにはどんな災厄も障害にならない妙好人の最勝の人生を見出しうるし、泉谷ふじ（『大正・新妙好人伝』）は朝起きると、「未だ娑婆に置いて下さいますのか」と言ったというが、ここには無我に徹した妙好人の不退の境涯を知るのである。

うきよは　はたらき　おもしろい。
そのまゝ　おんれい報謝[12]

と浅原才市は下駄を削りながら感謝の気持を吐露しているが、三千大千世界に満ちる大火の中でも安住し、喜びを失わないのである。

妙好の人、疾く妙好の音声を揚げさせたまへ。白鳥のその首を抬げ、善く調ひて円かなる声を以て、徐ろに歌うが如く、われ等総て意を傾けて聞かん。[13]（『長老偈』）

といわれるような妙好人の一言・一動が一つの至高なる文化を形成しているといえるのである。

好人の言動はこのように一つの文化形成をしているが、その発露する言葉は、文芸形態を伴って表現されることが多い。ある時は俳句となり、ある時は和歌となり、ある時は散文詩となり、讃歌となり、法味の言葉ともなる。『妙好人伝』に示される妙好人の多くは、何らかの形でこの文芸形成に関与しており、とくに多いのは和歌と散文詩における心情表現である。それらの中でとくに目立つ人を挙げれば、俳句の方では小林一茶や加賀千代女がおり、和歌の方では伊藤左千夫、九条武子、暁烏敏、筑前の喜六、鎌田晃などが芸術性の高い歌を示している。また詩や讃歌や法味の言葉では、浅原才市、三河お園、富士川游、大和清九郎、讃岐庄松などが溢れる詩情を表現している。しかし、これらの人々のように顕著ではないが、格調の高い詩歌を作っている人が多く存在しているのである。

これらは真宗法語の持つ文芸性によって培われたものであろうが、とくに深諦院慧雲、実成院仰誓、香樹院徳龍、一蓮院秀存などの宗学者・師僧の詩歌や、一般布教者の説教における文芸性、蓮如上人の『御文章』等に強く影響されているものと思われる。

しかし、妙好人の文芸表現は決して唱導的なものではなく、内心から自発的に流露してくるものである。それゆえ、ためにする文芸ではなく、至高なる人生の讃歌そのものの文芸といえよう。

その内容については、およそ(a)如来本願力に遭遇し、救済にあずかった歓び、(b)自己の罪業の深さや、世間の無常に対する無限の洞察、(c)自然法爾の世界への讃歌、(d)浄土への思慕の四つに分類される。

(a)の内容を示すものとしては、

紙一重あとさき見えぬ迷い路の
真くらやみも今日かぎりかな　（筑前・喜六『純情の人々』）

よろこびは　天にも　地にも

これがはじめて　なもあみだぶつ　（才市『宗教詩人才市』）

などと示されるように、罪業深重なものが大慈悲によって救済される感謝と歓喜、生死流転の世界を超脱した安心感、現生正定聚に住して如来等同の境地に遊ぶ楽しさなどが写し出されている。

(b)の内容を示すものとしては、

大いなる罪負いながら善きものと

われを思へり今の今まで　（播磨・知原完治『妙好人宇右衛門』）

微塵ほどよき事あらば迷うのに

丸で悪うて私しが仕合せ　（豊前・新蔵『妙好人伝』二篇下）

などのように如来の光明に照らされて、己れの罪業の深重なのを信知しているものが多いが、そこには晦渋な面は見られず、むしろ明朗躍如として歌っているように見受けられる。

また(c)の自然法爾の世界観を示すものとしては、

ふしぎふしぎ　生れた家で今朝の春　（一茶『純情の人々』）

天地の恵みのなごみ思う時

足らぬこゝろ毫末《けのすゑ》もなし　（伊藤左千夫『純情の人々』）

などと、妙好人たちが大自然の中で安住している様子や、如来に抱かれている喜びが美しく描かれている。

さらに(d)の浄土への思慕を示すものとしては、

西へふく　風和やかや　春の海　（山口・田上竜馬『妙好人新集』）

元平を誰ぞ問うべき人あらば
法の花見に行ったとこたえよ（豊前・渡辺元平『法悦の人々』）

などのように如来の国へ行く喜びが汲み取られるが、これには辞世の歌が多いのである。
このように妙好人の文芸には、感謝と歓喜と慚愧がその基底に横たわっており、それがよく調和して美しい旋律を奏でているようであり、まさに仏の言説を聞くごとくである。ここにも妙好人の意義を見出すことができるのである。

註

（1）『真宗聖教全書』宗祖部、一五四頁
（2）同、二〇三頁
（3）同、六九一頁
（4）同、六九〇頁
（5）同、四六五頁
（6）同、四六八頁
（7）同前
（8）同、五〇八頁
（9）『妙好人伝』（永田文昌堂、一九五八年）、一一五頁および三〇八頁
（10）同、一一三頁
（11）同、八一頁および三一〇頁
（12）鈴木大拙選集第六巻『妙好人』（春秋社、一九六一年）、一四一頁
（13）『南伝大蔵経』第二五巻、三三八頁

その他の引用は各『妙好人伝』の各人の条項に示されている。

妙好人の回心経験をめぐって

寺川　幽芳

はじめに——〝妙好人〟および『妙好人伝』に関する若干の問題——

妙好人の回心経験について考察しようとする本稿の試みは、先に発表した「真宗篤信者にみる宗教的人間像[1]」、および、「真宗篤信者の社会的態度について[2]」と題する二つの論攷との関連においてなされるものである。すなわち、先の論攷においては、『妙好人伝』所収の妙好人を中心に、それに加えて、他に〝妙好人〟の讃称を得ている若干の人々をも対象として、その人間像の特徴を吟味したのであるが、本稿においては、その宗教的人間像の形成される契機ともいうべき入信の経過や形態について考察を試みるものである。

したがって、ここでの考察の対象とする資料となる〝妙好人〟は、江戸時代に刊行された『妙好人伝』所収の人々を中心としている点で先の二つの論攷におけるそれと軌を一にするものであるが[3]、後述のような新資料に見られる人たちも若干名付加したので、最初にいま一度、簡単に〝妙好人〟に対する概念を整理しておくことにする。

周知のごとく〝妙好人〟という言葉は、『仏説観無量寿経』に、「……若念仏者、当知此人、是人中、分陀利華、……」とある言を、かの善導が『観経疏』において「もし念仏するものは、すなはちこれ人中の好人なり、人中の妙好人なり、人中の上上人なり、人中の希有人なり、人中の最勝人なり」と釈したことに由来するもので、仏教徒のうちの篤信の念仏者に対する讃称である。

しかるに、この〝妙好人〟という讃称は、江戸時代後期に刊行された『妙好人伝』の影響のもとに、その後は、もっぱら浄土真宗の篤信者に対する讃称として一般化した。

すなわち、最初に『妙好人伝』を撰述したのは石見国浄泉寺の第十一代住持・実成院仰誓《ごうせい》（一七二一—九四）であるが、彼は自ら見聞した浄土真宗篤信者の言行を二巻に分けて集録し、これに、『妙好人伝』の名を冠したのであった。仰誓の『妙好人伝』撰述の意図については、門弟の誓鎧《せいがい》が初篇の序文の中で「……石見なる浄泉寺の先師実成院、其真実信心の人おほかる中にも殊にすぐれて世の人の範ともなるべき跡しあれば、聞ままに記し見るままに集て妙好人伝となづけられしは、今より後の世の人をこの法に誘引せんため尚真成報仏恩の一助にもとの心にて、かの光明大師分陀利《ふんだり》を諭《さと》して妙好華とも名づくと宣ひて念仏者をも又妙好人と名づけたまはれば、此書をも妙好人伝と題せられたるにこそあらめ……」と記しているところによって明らかである。

そして、仰誓が、その撰出基準ともいうべき「……真実信心の人おほかる中にも殊にすぐれて世の人の範ともなるべき跡しあれば……」という意図をもって撰んだ〝妙好人〟は、いずれもが浄土真宗の篤信者であった。このことは、善導の釈した〝妙好人〟の讃称が仰誓によって世に出るにあたって、浄土真宗の篤信者という一つの枠組みを付与されたことを意味する。周知のごとく、仰誓は浄土真宗本願寺派の僧侶であり、また、その『妙好人伝』撰述の意図が「……今より後の世の人をこの法に誘引せんため……」という伝道布教の姿勢を根底においている以上、妙好人についてそうした一つの枠組みが生じることは避けられないことであったに違いない。そのゆえに、仰誓の撰んだ〝妙好人〟は、浄土真宗の篤信者ということとともに、そのいずれもが在家の篤信者でもあった。

ちなみに、いわゆる版本として流布している仰誓撰の初篇上下二巻の中には、二十二名の妙好人が収載されているが、それらの人々の職業や経済力・社会的地位などを調べてみると、推定も含めて次のようになっている。

伯楽一名、百姓二名、樵蘇《きこり》一名、馬子一名、医師一名、商人三名、遊女一名、武士三名、庄屋一名、未成年者二名、不詳六名

このうち、職業等が不詳の者六名についてさらに見てゆくと、屋敷に乳母をおいている者や、出羽の国から三年間に八度も上京して聞法している者、十二年間に六十余州を二度にわたって巡拝した者、書にすぐれて世に知られた者など、五名までは比較的経済力や社会的地位もあったと推定しうる人々である。

こうして見ると、職業や社会的地位については、武士や医師から遊女、馬子、未成年者まできわめて多彩であり、また経済力等についても極貧にあえぐ者から相当裕福と思われる者まで多様である。

ところで、この仰誓撰の初篇については、これを上梓した濃州垂井専精寺の正聚房僧純がその跋文の中で、「……実成院仰誓師この妙好人伝二巻を綴られたり。……さるから芳淑院履善師幷びに克譲法梁等此《これ》を計て梓に彫《え》り世に弘《ひろめ》て此法に誘引尚身《いざないなおみ》の行ひの便ともなして実成院の深き志を達し其《その》報恩に備えばやと思立《おもいたゝれ》けれど、時の至らざりけるにや今にさてありしを、予その深志を察し、天保十一庚子《ねん》の春より此妙好人伝を三四本集て校正し、此度すりまきとはなしぬ……」と記しているところから、その編纂の原本となったものが存在したことは明らかであるが、近年、土井順一氏の研究[4]によって、僧純が上梓した版本の原撰本とも目されるものの写本が存在することが明確になった。

それは、克譲自筆の写本、仰誓撰『妙好人伝』(伊予史談会蔵)第一・第二の二巻であるが、これには版本にない

妙好人の章が十六あり、そのうちの「播磨・二女」(本文欠落)、「伊豆・大瀬村民」(七十余戸の村民の事蹟を紹介)の二章を除いても、項目の上だけで十五名の妙好人が撰述されている。

そこで、いま、この十五名の妙好人についても同様に職業等を調べてみると、推定も含めて、武士一名、主婦一名、商人三名、奉公人一名、未成年者二名、漁猟一名、不詳六名を数えることができるが、ここでの職業等不詳者の場合も、たとえば石州・林助のようなごく貧しい生活をしていたと思われる者よりも、一応標準の生活をしていたと推定される者のほうが多い。

こうして見てゆくと、版本の二十二名と克譲写本に残された十五名についていえば、ひとまずこれを仰誓撰とした場合⑸、仰誓の撰んだ妙好人は広く社会の各層にわたってかなりバランスがとれていると考えてよく、仰誓が広い視野でもって篤信の念仏者の事蹟を求めたことが理解される。

しかし、ここでもう一つ注目しておかねばならないことは、これらの妙好人はいずれも在家の信者であって、住職のような地位にある僧侶や寺族に類する者が含まれていないことである。

このことは、仰誓が、その浄土真宗の篤信者としての〝妙好人〟像に対して、在家の篤信者といういま一つの枠組みをも付与したことを意味している。

もっとも、この点については若干の補足が必要であって、実は、在俗の人が仰信の人となってのちに剃髪・入道したという例はかなりあって八名を数えることができるのであるが、しかし、これらの取り扱い方はどこまでも在家の篤信者としての面が強く表面に出ている点に特徴がある。すなわち、それらの例はいずれも信相続の姿としての剃髪・入道という点が強調されており、たとえば、住職や布教師のように、専従的あるいは職業的に伝道布教に積極的な関わりをもったと見られる宗教的職能者としての僧侶の宗教的体験を扱うという形にはなっていないのである。

なお、克譲は、仰誓撰の『妙好人伝』を写したほかに、自らも『新続妙好人伝』（現存は写本）を文政十一年に撰述したことが、これも土井順一氏によって明らかにされているが、これには、上下二巻に二十四篇の伝が紹介されている。ところが、このうちの七話は版本の初篇と二篇に所収の人物と同一人物の言行を収録しているところから、僧純は初篇および二篇の撰述編纂に際して仰誓の原撰本とともにこの克譲撰の『新続妙好人伝』も参照したと推定されている。

前記のように、僧純自身、初篇の跋に「……此妙好人伝を三四本集て校正し、此度すりまきとはなしぬ……」と記しているから、克譲撰本がこの中に含まれていても何の不思議もない。こうした『妙好人伝』の編纂をめぐる問題には、ここではこれ以上立ち入ることを差しひかえたいが、撰述の意図や撰述の姿勢に関連して注目しておきたいのは、克譲撰『新続妙好人伝』には僧侶、坊守が五名取り上げられており、しかもそのいずれもが仰誓師ゆかりの人であるという点である。

そこには、克譲の、撰述に際しての心情の微妙な動きがうかがえて興味深いが、同時に『妙好人伝』が撰者の意図を抜きにしては考えられないという点をも暗示しており、あらためて撰者の撰述姿勢が問われねばならないであろう。

かくして、仰誓によって付与された〝妙好人〟の基本的イメージは、その後、僧純や象王、克譲にも受け継がれ、『妙好人伝』の名のもとに、それぞれの立場をも加味した撰述が行われた[6]。すなわち、版本としての『妙好人伝』は、仰誓撰に続く形で、前述の僧純が第二篇から第五篇まで上下各二巻を天保十三年（一八四二）から安政五年（一八五八）にかけて撰述刊行し、また、嘉永三年（一八五〇）には松前の象王も『続妙好人伝』上下二巻を撰述して、〝妙好人〟の讃称は広く世人の意識の中に浄土真宗篤信者への讃称として定着することになったのである。

しかも、そのイメージは、前述のごとき仰誓以来の基本的枠組みの上に、とくに僧純撰に見られるごとき、教団体制との関連を強く意識した撰述の姿勢に基づいて所収された妙好人たちの強烈な個性を印象づけられて、〝妙好人〟の讃称は浄土真宗篤信者のすべてを網羅する讃称というよりも、『妙好人伝』所収の妙好人たちの人間像に共通した、ある独特の色あいをもった篤信者(7)への讃称として定着したのであった。

以上、〝妙好人〟および『妙好人伝』に関して、本稿に関係する若干の問題を概観したが、これによって、妙好人に関する資料のもつ特徴をあらかじめ理解しておくとともに、頭書に記した諸資料に加えて仰誓原撰本および克譲撰本に新しく見られる妙好人の事例をも参照しつつ、その回心経験の特徴等を見てゆくことにしたい。

一　『妙好人伝』記載の回心経験の分析

先に概観したように、江戸時代に成立した『妙好人伝』所収の妙好人は、初篇から続篇までの百五十一名と、克譲写本および克譲撰本にのみ見られる者三十四名の、合計百八十五名を数えることができる(8)。

ところが、これはあくまで項目に名前が出ている妙好人の実数であって、この他に文中に付随して紹介されている篤信者が相当数ある。しかも、項目に名前の出ている妙好人に勝るとも劣らぬ篤信者として紹介されている者もあれば、その言行や事蹟が、項目に名前の出ている妙好人以上に詳しく記述されている者もある。

一例を挙げると、初篇巻下に見える常州・忠左衛門という人は、壮年のとき愛妻を失い、禅宗から真言宗・浄土宗・日蓮宗と遍歴したが、後妻が篤信の念仏者であったために浄土真宗に帰依した経過が記述されている。

この例の場合、その篤信の後妻の役割は決定的に重要であり、この妻の存在を除外しては忠左衛門の回心はなかったであろうし、その後も「……夫婦諸共に益々法義を相続せらるとなり」と紹介されている。

このほか、初篇巻上の江州・治郎右衛門、二篇巻下の播州・卯右衛門をはじめ、この種の記述は少なくみても十二例を数える。

このような例のほか、一人の妙好人の事蹟を紹介する中で、「因《ちなみ》に記す」という形で紹介されている人も多く、そうした篤信者を数えるとさらに人数は多くなる。

しかし、それらの人々のすべてを妙好人として扱うことにも無理があるので、混乱を避けるために、ここではひとまず項目に挙げられている人たちのみを対象として考察を進めることにしたいが、それに加えて、付随して紹介されている人のうちでもとくに回心経験の記述がある程度詳細な人については、関連した事例として参照してゆくことにしたい。

さて、まず前述の妙好人百八十五名について見ると、回心経験に関する何らかの記述のある者、すなわち、入信の時期や契機、入信前後の状況等について若干なりとも言及されている者の数は、全体の約六一パーセントに相当する百十三名を数えることができる。また、一人の妙好人の略伝に付随して紹介されている篤信者のうち、同じく回心経験に関する記述のある者は二十名を数えることができる。

したがって、今後扱う回心経験の資料としては、事例が多いほど好都合でもあるから、以下の項目別の考察にあたってはこの二十名の事例も加え、合計百三十三名の事例を吟味してゆくことにしたい。

1　回心の時期について

回心経験についての記述のある百三十三名のうち、その時期についての記述がなされている者は七十七名（全体の約五八パーセント）であるが、それには具体的に言って二種類の記述の仕方がある。

その一つは具体的に年齢を挙げてある者であるが、実は、これにも回心の年齢そのものを記したものと、印象的な事件の生起した年齢が記してあってその記述からおおよその年齢が判明するものとの二種類ある。いずれにしても、ある程度まで年齢のわかる者は五十四名（全体の約四一パーセント）である。

もう一つの記述の仕方は、「若き時」とか「中年の頃」といった表現で、この種の記述がなされている者は二十三名（全体の約一七パーセント）を数える。

また、このほかに、記述されている文面からおおよその時期を推定し得る者が十名（全体の約八パーセント）あるから、これを加えて、合計八十七名（全体の約六五パーセント）の者について吟味すると、次のようにその回心の時期をうかがうことができる。

表1

年齢のわかる者	人数	時期のわかる者	人数
0歳～9歳	11	幼年	6
10歳～19歳	8	若年	19
20歳～29歳	18		
30歳～39歳	6	中・壮年	7
40歳～49歳	5		
50歳以上	6	老年	1

表1において、時期で示した者については、伝の記述の表現が必ずしも一様ではないので、便宜上、表中のような表現で統一したものである。すなわち、「幼年」で統一したものには、「幼年」のほかに「幼児」「幼少の時」「幼稚の時」といった表現のものが含まれており、年代としては十歳未満に相当すると推定できる。

次に、「若年」で統一したものには、「若年」のほかに「若き年」「若き時」「若きより」「若き頃」といった表現があるが、頻数が最も多いのは

「若き時」という表現である。**表1**では、とりあえず「若年」を十歳から二十九歳までの間に相当するとみて処理したが、伝中の記述の状況からいうと十代後半から二十代前半を指していると推定できる場合が多い。「中・壮年」としたものについては、記述の中にはこの用語はなく、「中年」と「壮年」の二種類だけであるが、表ではこれをまとめて「中・壮年」とした。また、「老年」は、この表現が一例見えるのみである。

このような、時期についての漠然とした表現の区分と、年齢のわかる者の区分とがどの程度一致するかについては問題があるが、**表1**は試みにその二つの記述による人数を併せて表にしたものである。

これで見ると、回心の時期としては「若年」に相当する十代から二十代が約五二パーセントを占めていて最も多いことがわかる。この場合、十代と二十代を比べると、年齢のはっきりしている者については二十代が多いが、その個々の例を見ると二十代の前半が多い。また、年齢はいわゆる数え年であることや、時期を「若き時」という表現で記述している文のニュアンスからすると、最も回心経験の多い時期は「若年」のなかでもとりわけ十代後半から二十代前半と考えて差し支えないであろう。

2　回心の型について

回心経験にはさまざまな型があることは、すでに多くの学者によって明らかにされているが、時間的因子を基礎として考える最も一般的な類型としては、①急激的回心（Sudden Conversion）か②漸次的回心（Gradual Conversion）かという二大類型がある。(9)

そこで、いま、この類型に従って妙好人伝所収の篤信者の事例を整理してみると、およそ次のようになる。

表2のうち、不明の五例は、記述からは回心の型を判断し得ない者であるが、ちなみにこれを除外した百二十八

表2

回心の型	人数	%
急激的回心	34	25・6%
漸次的回心	94	70・7%
不　明	5	3・8%

名の中での比率を出すと、急激的回心は二六・六パーセント、漸次的回心七三・四パーセントとなる。

この分類において、急激的回心として分類したものは、主としてその回心が突発的であり、いわゆる獲信までの時間的経過が急速なものである。

すなわち、回心前の状況が、少なくとも表面的には回心後の状況と連続しない、きわめて対照的な様相を示しており、何らかの契機によって短時日のうちに急速に新しい人格的統合が生じた劇的な事由である。もっとも**表2**において急激的回心に分類したものがすべてその典型的なものばかりというわけではないが、おおむねこの基準の枠にはまるものであることはいうまでもない。

参考までにその中から若干の例を挙げると、初篇巻上の江州・治郎右衛門に付随して記述されている武士や、二篇巻上の江戸・庄之助、続篇巻下の羽州・佐吉などがその好例である。

○　江州・治郎右衛門は江州番場の馬子であったが、参勤交代の武士を乗せてゆく途中も念仏を唱えた。武士はこれを忌んで何度も叱ったが、いくら叱っても治郎右衛門がすぐに念仏を唱えるので激怒し、ついに手討ちにしようとした。その武士の回心は次のようである。「……侍、刀を手に引下げ出で、己憎《おのれにく》き奴かな、武士の馬の口を取り乍ら死人を乗せたる如く穢はしき念仏申し、殊に念仏申すことならぬと毎度咎《とが》めしに一向用いざること実に不届《ふとどき》の至りなり。汝思ひ知れ一打ちと云ひ乍ら傍《かたはら》えよるに、治郎右衛門すこしも騒ぐ気色もなく念仏すれば、侍ますます怒りすぐに刀を抜きて後に回り振り上ぐるに少しも驚かず、首を差しのべて殊勝に念仏して居りけるを見て邪見の侍も誠に感じ入り、宿善開発の時いたり、其の刀をさらりと投げ捨て云わるゝ様《よう》は、我れも本は浄土真宗にありながら念仏の声だにも嫌ふような極悪人なれば阿弥陀如来も、よも助け給はじと悲歎の涙に咽びながら尋ねたまえば、治郎右衛門も随喜の涙に咽びながら超世の本願の謂《いはれ》を懇《ねんごろ》に物語りしければ、侍たちまち本願の不思議を信じ奉り歓喜の涙に咽びつつ……」。

○江戸庄之助の例は次のように記述されている。「……この庄之助、元来強気者にて仏とも法とも知らざる男なれば、人の参詣恭敬をあざ笑ひ居りけるが、宿善の至りしにや、或るとき、ふと白骨の御文を立ち聞きしけるに何となくそぞろに有難く思はれ、やがて家に入り老人にむかひ今読まれしは何で御座ると尋ねければ……何卒いま一遍読み聞かせ給へと云へば、彼《かの》親爺笑ひ〳〵今日は何の虫が刺したるにや仏法嫌いの人が聞きたしとは有難き事なり、望みならば何遍なりとも読み聞かすべしと云ひて繰返し拝読すれば、庄之助は余念なく聴聞しけるが双眼よりはらはらと涙を流し、さて〳〵有難き御教化かな、これを今まで嘲り奉りしは邪見とや云はん外道とや云はん我が身ながらも空恐ろしく口の歪まざるも不思議なりと改悔懺悔し、それより忽ち仰信になられしとなり……」。

○羽州・佐吉は、殺生、博奕、喧嘩などの悪事をつくし、赤犬を殺して食べるのを好むという男であったが、四歳の男の子だけは溺愛していた。その子が疱瘡にかかったが、幸い軽症でその祝いに赤飯を蒸すべく餅米を漬けていた。この男の回心は次のように記述されている。「……其日《そのひ》の暮方に赤犬壱疋来りて米の漬《つけ》たる水を飲まんとしける。亭主これを見て大きに怒り、山刀を抜きもち突き殺しければ、わっと一声叫びて死せり。快しとて取り上げみれば犬にあらずして、かの疱瘡しける我が子なりければ、悲しみ悔ゆれども益なし。それより因果の道理を恐れ夫婦とも深く仏法に帰し、無二の道心者となれり……」。

一方、漸次的回心は、いわゆる獲信までの過程が緩やかで徐々に新しい宗教的人格統合がなされるもので、篤信者の七〇パーセント強がこの型に分類できる。もっとも、漸次的といってもその個々の例はきわめて多様であり、ほとんど生得的とさえ思えるようなものから、急激的回心に近いものまでが含まれている。

具体例で示すならば、ほとんど生得的とさえ思われるものには概して幼年者が多いが、二篇巻上に見える越中・九歳児などはその典型といえる。

○　これは、九歳の小児が重病で臨終の枕辺の会話を記述したもので、次のような叙述がある。

「……さぞ術なからんなど問いしに頭を上げて、誠に術なく候も早《はや》母様の元はあきはて候へば片時も早く爺《とっ》様《さん》の住み給ふ仏の御国へと云ひさして念仏す……爺様の居給ふ御国へは如何して参らむと心得に候やと問へば、一度御仏に助けられ参らせ候へば必ず伴行《つれゆか》せ給ふべしと頼をかけて念仏申候と涼しき答に、最《い》と尊さ勝りつつ推し返して疑ひは無きやと尋ぬれば何がさてと云ひて念仏数遍し、其《それ》より一日長らへて薬をも飲まず終りを待兼ねたる風情にて、次の日念仏と共に寝《ねむ》るが如く息絶えしこそ不思議に覚えはんべれ……」。

この例は、やや具体的記述に乏しいうらみはあるが、編者の僧純自身「此の小児の領解は聴聞の功とやせん宿善の催とや云はん……」と記しているのを見てもその一端をうかがうことができる。しかし、全体的に見て幼年者の信仰体制は、続篇巻下に出てくる山城国・さと女の記述に「……生質《うまれつき》柔和にして幼少の時より父清右衛門に従《したがっ》て法座へ参詣し深く仏法の理を明《あきら》め……父母とも仰信の者ゆえ深く此《これ》を喜び法座とさへ云えば風雨の中をも厭はず此子を誘《いざな》ひ参詣しけり……」とあるような、父母や家庭の宗教的教育によって育てられたものであることは間違いなく、前出の越中・九歳児の場合も具体的記述はないものの僧純が「聴聞の功とやせん」と言う以上、何らかの環境的要因があることは十分に推察し得るところである。

表1で見たごとく、○歳〜九歳までの者と「幼年」とされている篤信者は合計十七人を数えるが、そのうち急激的回心に分類しうる者は一人も含まれていないのもこうした事実を物語るものといえよう。

一方、漸次的回心のなかでも、かなり劇的な経過を追っている事例もけっして少なくはない。たとえば、仰誓原撰本第二に出てくる安芸・松田逸全の場合、「……儒学ニ志シテ、大ニ仏法ヲ誹り……」という人であったが、二男が十八歳で死ぬ臨終に「男コノタヒ必死ト存ス。ソレニツキ一言申上タキコト候。ソレハ、父ノ御身ハヤ七十ニ向ントシ給フニ、コレマテサラニ仏法ニ志オハシマサス。仏寺ヘマウデ給フコトヲモミス。仏名ヲ念シ給フコトヲモキカス。アマサヘ漁猟ヲノミタノシミ給フコト、アルヘキコトニ候ハス。ネカハクハ、今ヨリ殺ヲ止メ、見仏聞法ヲ事トシ給ハヽ、男カ本望コレニ過ヘカラス」と懇願した。これによって、「愛子ノ一言、心腑ニ徹シケルニヤ、ソレヨリ広寂寺・永照寺ナト云、近隣五七ノ寺々ニ法談アルコトニ、懈怠ナク参詣スルコト六七十日カ間モ相続スル……」ようになり、「……今ハ領解ノ心定リ候……」と記述されている。

概して、漸次的回心の事例においても、その過程において印象的ないくつかの経験を踏んでいるのが普通であって、何の起伏もなしに回心に至るという例は寡少である。

漸次的回心の標準的な例として、初篇巻上の和州・清九郎を取り上げてみると、その、漸次的に緩やかに達成された宗教的人格統合の過程に存在するいくつかの重要な起伏の存在がよく理解できる。清九郎という人は『妙好人伝』所収の妙好人のなかでも最も印象的な人であるが、仰誓は「……尤も壮年の頃より帰仏の志し浅からず、生涯行住坐臥に称名退転なし。誠に稀有の信者なり」と述べたあと、「……其《その》入信の始を尋ぬるに、毎日山にいり樵夫《きこり》の業をなすに鶯二三羽来りて身に従ひ、山に至れば山に来たり里に帰《かえり》なば里に来り、相離《あいはなれ》ざること凡二年許りなり。清九郎不思議に思ひ暮しけるに、其頃《そのころ》同国飯貝本善寺にて宝物披露ありて此男《このおとこ》も参りたるに、彼寺《かのてら》の宝物の中に蓮如上人御所持の象牙の鶯籠あり、鶯は法を聞けと囀る鳥なればとて蓮如上人御病中の砌《みぎり》御賞翫ありし因縁を聞て、年頃我《われ》に法を聞《きけ》との催促ならんと初めて心づき、其《それ》より大切に法を聞《きく》につけて本願の貴《とう》とさの程も身に知り侍りぬと云えり……」と記している。

しかし、それだけではなく、さらに、「……清九郎三十三の年女房に別れて一度は悲しみ一度は喜びて、我に先《さき》達《だつ》は知識なりと云《いい》て法縁を慕ふこと飢えて食を望み渇して水を思ふが如し……」とも述べられており、続けて、また、「或時、領主の母君、清九郎を召されて、汝いつの頃より信心を得しぞと問ひ給ひければ、清九郎答て申上《もうしあげ》るようは、願うべきは浄土なりと思ひそめしは四十二三の頃かとも覚え候へども、其頃《そのころ》は出離の道に付《つけ》ても兎《と》や角やと疑ひしに、いつしか疑ひも晴れ、今は近づく往生を楽しみ御報謝の念仏を喜ぶこと、これ全く他力の御催《おもよおし》と有難存じ候と申上《もうしあげ》ければ……」と記されている。

仰誓自身も、清九郎には一度ならず面識をもっての記述だけに、ここには、その漸次的な獲信の過程が実によく伝えられている。

3　回心の契機について

先に考察したごとく、急激的であれ漸次的であれ、回心経験にはその機縁ともいうべき契機が存在している。もとより、それは、先に具体例として挙げたいく人かの事例でも明らかなように、ほとんど本人にも意識されていないようなものから、きわめて重要な意味をもつ出来事がいくつも関連している場合まである。

したがって、一般的に言って回心の契機はきわめて多種多様であって、これを整理することは容易ではない。

しかし、幸か不幸か『妙好人伝』の場合、その略伝としての性格から、すでに撰者のうちにおいてその作業がなされたうえで記述されているものも多いので、記述されている文の中からとくに主要と思われる契機を抽出するにはさほど困難を感じないという一面も存在する。

そこで、百三十三名の人について、その回心に関する主要な契機と見なしうるものを調べて、『妙好人伝』の表現に沿ってまとめてみると、次の表3のように整理しうる。

ただし、契機についての記述がない篤信者が三十四名（全体の約二六パーセント）あるので、これを除外した九十九名を対象とした。

ここで、〝篤信者の影響〟としたものは、親・夫・妻・子供など近親の篤信者のほか、妙好人や同行からの感化、乳母や嫁ぎ先の家庭の影響などが回心の大きな要因になっている例である。

この、篤信者の影響によって回心に至った事例三十二名をさらに具体的に見ると、最も多いものは親の感化によるもの（十二名）であり、ついで他の篤信者（九名）、妻（四名）、夫（三名）などとなっている。

この分類に属する人たちは概して漸次的回心を経験しているが、急激的回心者も相当数あることは注目されてよい。先に示した表2の急激的回心者三十四名のうち、その二六・五パーセントに相当する九名の者が、篤信者の影響を受けて急激的回心を成し遂げている。

表3

主要契機	人数（%）
篤信者の影響	32（32・3%）
聴聞	27（27・3%）
近親者の死	8（8・1%）
無常感	8（8・1%）
不可解な体験	6（6・1%）
夢	6（6・1%）
殺人	2（2・0%）
宿善開発	10（10・1%）

一例を挙げると、仰誓原撰本第二に出てくる石見・藤三郎妻女は、九人の子供があったが次々と死んでも平然としていた。ところが九人目のオサヨという女児が八歳で疱瘡のため病死する直前に、「ワシハヤカテ死ヌルガ、死ヌレハ極楽へ参ルホトニ、爺々《トヽサマ》嬢々《カヽサマ》モ念仏申シテ、アトヨリ極楽へ参り給へ」とすすめた。しかし母親は平然としているので、この女児は何回となく念仏をすすめ、病んで十一日目に臨終となるに及んで「苦悩ノ内ヨリオキ上り、手ヲ合スニ手の腫タルトコロヨリ膿汁タラ〳〵ト流ル。痛ヲ忍テ、称名三返マテハ外へキコエタルガ、後ハ声カスカニ、

念仏モロトモ息タエヌ。コレカ縁トナリテ、サシモ強剛ナリシ母モ、翻然トシテカハリ、ツイニ改宗シテ、常見寺ニ付キテ今ハ無二ノ信者トナリ……」と記されている。

次に、〝聴聞〟としたものは、住職や布教使などの説教を聴聞して回心に至ったとする事例である。このなかには①特定の寺の住職や布教使など一人の宗教的職能者から直接の化導を受けて回心に至った者（十一名）と、②有縁の法座での聴聞によって回心に至った者（十六名）とがある。①の場合には、たとえば三篇巻上に出てくる長州・おかるのように、手次寺の住職の懇切な化導を継続して受けたことで回心したような、いわゆる漸次的回心者が五名あるのに対して、初篇巻下の長崎・遊女に見られるごとく、娼家に勧化に来た僧の教化を受けて回心した遊女琴浦のような急激的回心の例も六名を数える。これに対して②の事例では、五篇巻下に見える江戸・広部広平のように、芝居見物の予定が中止になったので築地御坊へ参詣したところ、そこでの法話を聞いて「……忽《たちまち》に信心を領解……」した例などを除けば、他はほとんど漸次的回心である。

〝近親者の死〟も回心の大きな契機の一つとなっているが、ここでは、とりわけ子供の死が与える影響が大きく五名の例がある。近親者の死が契機となった者の事例では急激的回心に至った者はわずか一名にすぎないが、これは近親者の死がその後の聴聞への契機となることの方が多いためと考えられる。

次に〝無常感〟としたものには、契機の記述に、ただ「無常を感じ……」とのみある者（四名）や、処刑を見て無常感を起こした者（続篇巻下、讃州・小左衛門）、伐っていた木が倒れてきて体に当たり無常感を起こした者（三篇巻上、越後・忠治郎）などの事例がある。もっとも、前項の〝近親者の死〟も、それが無常感と一つになって同心の契機となっているので、〝無常感〟と統合して扱ってもよいかもしれない。

若干説明を要するのは〝不可解な体験〟とした事例であるが、これは文字通り突然の不可解な体験であって、一例を挙げると額に角が生えて慚愧を起こした者（四篇巻下の備後・常七、同付出雲・三島善右ヱ門の妻）や、沼に潜って不思議の体験をして剃髪した者（続篇巻下の遠州・松井氏）、亡妻の霊がとりついた者（続篇巻下、武蔵国・三右衛門）などがある。また〝夢〟が契機となって回心に至った者も多いが、内容的には地獄の夢や鬼に責められる夢（続篇巻上の出羽国・太兵衛、続篇巻下の能登国・惣助など）のほか、無常や罪業を知らせる予知夢（四篇巻下の濃州・山中銀十郎、仰誓原撰本第二の芸州・喜八など）、さらには一度息が絶えたのちに蘇生したがその間に地獄や極楽の世界を見た（二篇巻上の和州・半平など）例などもここに分類した。[10]

〝殺人〟はわが子を殺した例と他人を殺したものが一例ずつあるが、いずれも無常感や罪悪感を伴って回心に至っている。

最後の〝宿善開発〟という場合は、記述の中にしばしば使われている表現であり、この他に「宿善の時いたり」とか「宿世の縁熟しけん」「宿縁深厚にして」という表現も用いられている。この用例は急激的回心の事例のなかには一例を見るだけで、他はすべて漸次的回心事例に用いられており、したがって、顕著な契機なくして回心に至った者の、表面的にはうかがい得ない種々の微妙な機縁を説明する表現である。

参考までに一例をあげると、四篇巻上の伯州・九右衛門の記述は次のようである。

……此人、始は博奕を好み、常に喧嘩口論を事とするゆへ、人々厄病神の様に思ひて恐れしとなり。然るに四十歳の頃より宿善の時いたり、実に我身は悪趣行と驚きて仏法に入り、悪にも強ければ善にも強しといえるが如く、格別仰信になりて……。

4　回心以前の状況について

ここで、急激的であれ漸次的であれ、回心に至る以前の状況について調べてみると、何らかの記述のある者は百七名（全体の約八〇パーセント）に及んでおり、その内訳は次の通りである。

ここで〝宗教的関心のあった者〟として総括した者は、求道や聴聞の姿勢があったという記述がなされている者で、たとえば「……の頃より志あさからず」「常に聴聞し」「あらゆる知識にあいて」「……の時よりご法義大切に」「……の時より仏法に志あつく」等の表現でその行状が伝えられている者である。これに対して〝宗教的関心のなかった者〟として総括した事例には、「その性猛く邪見」「博奕を好み悪しき者」「殊のほか我慢強欲にして人と争い」「放逸無慚」「邪見にして」「殺生を好み」等々の倫理道徳的な悪の面を強調した記述と、「始めは三宝信ぜざりしが……」「……の時は不法義にして」「仏とも法とも知らぬ者」「仏法をそしり……」等々の宗教的無関心や宗教否定の面を強調した記述がある。この両方の表現が同時に用いられている例もあるが、どちらかが単独で用いられている例もあり一定しない。

〝宗教的関心のあった者〟として総括したような記述が見られる者について注目されるのほ、六十一名のうちわずか四名のみが急激的回心と見られるのみで、九三パーセントまでは漸次的回心をたどっている点である。また急激的回心に分類した四例も、典型的なものは皆無であって、どちらかといえば漸次的回心との境界領域的なタイプである。

したがって〝宗教的関心のなかった者〟として総括した人々のなかに急激的回心の過程をたどる者が多く、表2において分類した三十四名の急激的回心者のうちの約六二パーセントに相当する二十一名がこの〝宗教的関心のなかった者〟から出ている。

急激的回心者のうち九名（約二六パーセント）は、回心前の状況についての記述がない者から出ているから、急激的回心者の場合、その回心前の状況が記述されている者にだけ限って見れば、その八四パーセントまでが宗教的関心のない者のなかから出ていることになる。

二　回心経験における聴聞の意義

以上、『妙好人伝』に収載されている篤信者の回心経験について、いくつかの視点からその基礎的資料を概観したが、ここで、そこに見られるいくつかの特徴や問題点について整理してみたい。まず、回心の時期をめぐる問題であるが、先にも言及したように**表1**における幼年・若年・中・壮年・老年という区分は必ずしも厳密なものではないが、この一応の区分に従えば、全体の約五二パーセントの者が十代から二十代のうちに回心を経験し、約二一パーセントの者が三十歳から四十九歳までに、そして、約二〇パーセントの者が九歳までに回心経験を持ったと見ることができる。また、五十歳以上で回心に至った者も約八パーセントを占めている。

回心経験は宗教心理学の主要な関心事として多くの研究がなされてきたが、そこにおける、回心経験が青年期に著しい現象であり、その標準年齢は十六歳前後とする多くのほぼ一致した見解に従えば、若年層の高率はおおむね納得しうるとしても、約二九パーセントに及ぶ三十歳以上の回心例の高率は注目に値する。しかし、それが、たとえば日本人と外国人の気質や心理的成熟度の差異等によるものか、あるいは、純粋に宗教的なものの影響によるものかはここで速断する資料を持たないが、私は現在、現代の篤信者の入信に関する調査を進めているので、その結果とも併せて、今後さらに考察してゆきたい。

回心の標準年齢は、スターバック（Starbuck, E. D.）やコー（Coe, G. A.）は十六・四歳としており、三十歳以上の回心例はむしろ例外的とされている。オルポート（Allport, G. W）も、宗教情操の進化に重大な転換が生じるのは通常は思春期であり、児童のほぼ三分の二において両親や文化の教えに対する反動が生じるが、その半ば近くは十六歳を境として生じると述べている。一方、一九五一年の岡道固氏の調査では、真宗篤信者の入信初発年齢について、三十五歳以上で初発経験があったとする例は、全体の四三・五パーセントに達していると報告されている。

また、約二〇パーセントを占める九歳以下の回心例のほか、成人の回心に影響を与えた幼児の篤信者の話なども相当数見られるが、児童の発達段階から考えるとこれを成人の篤信者とまったく同一視できるかどうかについては疑問が残る。

幼児の篤信者の扱いについてのここでの疑問は、心理学的視点からのものであり宗教的見地に基づくものではない。簡潔に言えば、情操の発達という点からこれを見るとき、オルポートが指摘しているように、宗教的情操の高度な体系と同じような発達がすでに幼児の発達段階において達成されるとは考えにくいということである。

仮に、幼児の篤信がジェームズの言う〝一度生まれ〟に相当するとしても、ジェームズが〝一度生まれ〟よりも〝二度生まれ〟に対して付与した評価の大きさを考えに入れると、依然として同じような疑問が残ることは否めない。

次に、漸次的回心と急激的回心を比較したとき、漸次的回心が約七三パーセント強に達していることは、いわば浄土真宗の信仰体制の成熟過程が基本的に漸次的傾向を有していることをも示唆している。このことは、表3で見たごとく、回心の主要契機が〝篤信者の影響〟〝聴聞〟〝宿善開発〟といった、ある程度の時間的経過を必要とするものでその約七〇パーセントを占めていることからも了解しうるが、〝無常感〟、〝不可解な体験〟〝夢〟〝殺人〟といった突発的契機の場合にも、それが即時的に信仰体制の確立に転換するというのではなく、そこには必ず聴聞が関与しているという特徴からも理解できるであろう。この点は、急激的回心事例のうちでもとくに仰誓撰の事例に明確に叙述されており、たとえば先に引用した江州・治郎右衛門に付随して紹介されている武士のような最も急激な回心事例においてさえ、その主要契機と見なしたものは、聴聞という信の世界への唯一の扉に対する急激な開扉方法の一つにすぎない感がある。

この点からすれば、妙好人の場合、その回心経験における最も普遍的な要因は聴聞にあると言ってもけっして過言ではないであろうし、いわゆる聞信として説明されている浄土真宗の信心のありようについての教学的解釈にも相応するものである。それは、**表４**に付言したごとく、回心前の状況を伝える記述においても、宗教的関心の欠如を示す表現には道徳的悪の側面を併せ述べているが、宗教的関心を表現する記述はそのほとんどが聴聞であり、時に「ご法義」「知識にあいて」等の表現を交えても、基本的にこの原則を踏みはずしていないことを見ても首肯されるところである。

しかも、聴聞は特別な例を除けば継続的また漸次的な要素を備えており、回心の契機であるのみならず回心後の生活においても中心的役割を果たしつつ継続されるという特徴を有している。

その意味では、先に指摘したごとき、回心経験が若年層に続いて比較的高年齢層においても継続している理由の一つにも、いま述べたごとき要因が関与しているとみて間違いはないであろう。

表４

回心前の状況	人数（％）
宗教的関心のあった者	61（57・0％）
宗教的関心のなかった者	46（43・0％）

また、『妙好人伝』の事例で見るかぎり、その聴聞には、大きく分けて、住職や布教師のような宗教的職能者としての僧侶によるものと、も

う一つは篤信の同行との出会いによってもたらされているものとがあるが、とりわけ僧侶からの聴聞が大勢を占めている。

このことは、宗教的職能者と信者との関係を考えるとき、そのごく一般的な形態として了解しうるようにも思われるが、それが、私が別の論攷[11]において篤信者の生活態度の特徴を考察するなかで指摘したような、本山や手次寺、あるいは住職や僧侶、布教使への過剰なまでのひたすらな随順の態度として機能するに至ると、多くの問題点を生じることになる。たとえば、しばしば、妙好人の人間像があまりにも体制順応型であることが指摘され、また、そうした篤信者像を世の範とするとした撰者の意図が論ぜられるのもこうした理由によるものである。

私は先に「真宗篤信者の社会的態度について[12]」という小論の中で、その批判のいくつかを紹介し、併せて若干私見を述べたが、そこで指摘した通り、『妙好人伝』の撰者の意図、とりわけ僧純撰本に見られる撰者自身の考え方が明確かつ強烈に表面に出されている撰述姿勢には、明らかに寺壇本末のタテの関係を意識したものがある。

そして、もし、かかる特徴が、『妙好人伝』という、在家篤信者にその範を求めた枠組みのもとに撰ばれた真宗篤信者なるがゆえの特徴であるとするならば、普遍的要因と見える聴聞という回心経験における要件も、江戸時代の教団体制下における一特徴としての意味をもつにとどまることになる。

この問題については、いずれ、現代の篤信者の回心経験との対比を試みることで私見をまとめたいが、聴聞が回心要件として機能する普遍性は浄土真宗の教義の根幹に由来するものであり、おそらく、いかなる時代的状況のもとにおいても、また、いかなる篤信者像の枠組みのうちにおいてもその枢軸をなすものにほかならないことを証明しうると考えている。

しかし、妙好人に著しい、僧侶から檀信徒へというタテ形の聴聞の見事な機能は、どこまでも、封建社会における時代的状況抜きにしては考えられないものであり、そのモデルが現代の社会的状況のなかでそのまま通用するとは考えられない。現代の教団が当面している今日的課題の多くは、時代の変遷にもかかわらず依然としてその旧いタテ型のモデルの枠で聴聞を機能させようとしているところに一つの問題がある。

そして、聴聞が浄土真宗の信仰体制の根幹に関わる普遍的要因であるならば、我々は、その現代におけるモデルをどう設定するかという大きな課題を担っていることを忘れてはならないであろう。私は、その、聴聞の現代における活性化の鍵は、いみじくも、すでに『妙好人伝』のうちに示されている篤信の同行からの聴聞という、いわばヨコ型のモデルの中に存在するのではないかという展望をもっているが、その可能性については稿を改めて考えてみたい。

註

(1) 京都女子学園仏教文化研究所『研究紀要』四、一九七四年。
(2) 京都女子大学『人文論叢』二六、一九七七年。
(3) 前の二つの論攷の場合、江戸時代刊行の『妙好人伝』所収の人々に加えて、できるだけ多くの妙好人の讃称を得ている人を対象としたが、これは真宗篤信者というテーマに沿うものであった。これに対して本稿でとくに『妙好人伝』所収の人々に限った理由は、『妙好人伝』そのものの撰述の姿勢の問題、統計的処理の便宜、および現代の篤信者との比較資料作成の必要性などの理由によるものである。尚、本稿に引用した妙好人の記述は、一般に入手しやすい点を配慮して、主に永田文昌堂『妙好人傳』(一九五八年刊)に依った。また部分的にルビを付された漢字を延べ書きにし、句読点を付して読み易くしている点、ご了承願いたい。
(4) 土井順一『妙好人伝の研究』(百華苑、一九八一年)。
(5) 土井氏によって紹介された克譲写本が、僧純の言う「……妙好人伝を三四本集て校正し……」というその原本の一つであることは、土井氏の考証によって明白である。

ところが、克譲写本にない妙好人が、仰誓撰とされる版本初篇には五名紹介されている。すなわち、伊州・三左衛門、長崎・遊女、伊州・九瀬孫之丞、石州・源三郎、加州・与市であり、もし、これらの妙好人が僧純の撰で挿入されたものでないとすれば、仰誓の原撰本と目されるものは先の克譲写本のほかにも存在することになる。しかしそれらはなお未発見であり、今後の研究にまたねばならないが、土井氏によれば、伊州・三左衛門、伊州・九瀬孫之丞、加州・与市は克譲撰の『新続妙好人伝』に見られるところから、これを僧純が採って版本に挿入したとされている。もし、そうであればあとの二名（長崎・遊女、石州・源三郎）を所載の原本がほかにあったか、あるいはまったく僧純の撰によるかであろうが、現在のところいずれとも決し難い。

（6）　この問題については、「真宗篤信者の社会的態度について」（前掲註（2））と題する論攷の中で私見を述べたので、参照願えれば幸いである。

（7）　この問題は、本稿の頭書に挙げた二つの拙論における中心問題でもあり、いささか管見を記したので参照願えれば幸いである。

（8）　初篇から続篇までの項目上に見られる人物は百五十二名であるが、石川磯七という妙好人は三篇上と四篇下に重複して紹介されているので実数は百五十一名である。また克譲写本の場合は版本にない十六項のうち、本文欠落の「播摩・二女」と、集団で扱われている「伊豆・大瀬村民」の項を除外した。しかし、父子で紹介されている者があるので人数としては十五名となる。克譲撰本の場合は、項目上では十七であるが、夫婦で紹介されている者が二組あるから人数としては十九名となる。

（9）　たとえばジェームズ（James, W.）は、*The Varieties of Religious Experience* において自己屈従型と意志型の二つのタイプに回心を分類し「……今まで分類し、また低く不幸であった自我が宗教的実在を確実に把捉した結果、統一して、意識的に正しく優れ、幸福になったという漸次的あるいは急激的な過程」と回心を定義した。

また、プラット（Pratt, J. B）も同じように回心を急激的回心と漸次的回心の二型に分類しているが、これはジェームズの二つの分類に対応し、またジェームズが「漸次的あるいは急激的」と表現した時間的因子を基礎とする考え方と共通している。

(10) 概して言えば、仰誓撰に比べて、とりわけ象王の続篇には、夢や不可解な出来事、殺人などの特異で極端な事例が多く、僧純撰のものに比しても特異な事例が多い。先にも指摘したような、僧純撰の体制的撰述姿勢に対して、象王撰は奇談や霊異記風の関心がその撰述姿勢に流れている感がある。

(11) 前掲註(1)参照。

(11) 前掲註(2)。

真宗における宗教的人格
——妙好人の人間像を訪ねて——

釋　徹宗

はじめに

妙好人の研究において、「人格」という概念を用いることにより、真宗がいかに一個の人間を形成してゆくかの過程を捉えることができるであろう。宗教体系と人格形成との動的関係や相互作用を見ていくのだ。すなわち、妙好人の生《なま》の人間像を探ることは、生きた真宗教義を見ることとなる。本稿はこのことへの試論である。

一　宗教的人格の探求

十人十色、百人百様という言葉があるように、人は同じ状況の中においても、同じ動き・反応を見せるものではない。そしてまた各人の行動には、何がしかの一貫した行動傾向があることも事実である。心理学者のマズローは、個人は例外なく、総括的な特徴を持っており、それが著述、作曲、靴作り、あるいは家事に至るまで、彼らのすることすべてに影響を与えるとしている。[1]人格（personality）とは、そのような、全人的な個人的特徴に基づいて構成された概念である。人間が他からの刺激や自己の生活上の問題に対して、行動・態度・思考を決定してゆく基底は人格にある。つまり人格とは、行為や思考の準備体制が個人の内面において体系化したものである。ゆえに生きる上での問題解決を宗教的価値に求める生活者を宗教的人格と表現できる。

個人の人格が形成される上で、その人の生活環境、言語、その時代の風潮や風土的条件などの要因が大きく関与する。ゆえに、同一の人種や地域社会ないし文化といった共通の条件のもとにおいては、公約数的に、類似した人格の傾向がみられる。そして個人の人格には、そのような共通性とは別に、遺伝的背景や、生活史、人間関係といった独自のものが形成されていくのである。人格は、これらが網状に体系化したものなのである。オルポートは人格の構成要素を共通特性と個人的傾性とに分類した。

共通特性とは、共通の人間性と共通の文化のゆえに、その環境に対して、程度の差こそあれ類似の適応様式をつくる。つまり同一の条件下の諸人格をうまく比較できるような一般化された傾性であるとしている。そして個人的傾性とは、一人の個人に独自な行動や思考の法則なのである。[2]オルポートは人格を正確に把握するには、共通特性の範疇の中に個人を無理に押し込めるのではなく、個別の特性をもみてゆかねばならないとしている。[3]そこで個人的傾性をどのように研究してゆくかが問題となる。しかし「科学が扱うのは、普遍であって、特殊ではない」という言葉が示すように、方法は数少ない。現在提示されている分析法を挙げると、

（1）共通特性を特定化し、それを尺度として個人の位置づけを詳しく調べる。
（2）事例研究、つまり個人の伝記や手紙などによって個々の事例を研究する。
（3）臨床的研究法、カウンセリングなどにより、個人的傾性を判断してゆく。

などがあり、今日においても活用されている。

宗教的人格においても、共通特性と個人的傾性がある。すなわち、同一の教義により育成された宗教的人格は、しばしば共通の価値観、態度決定を示すこととなる。今まで、妙好人を研究する場合、このような真宗における宗教的な共通特性に着眼してきた。そのため、妙好人をこの共通特性の粋に組み込んでしまいがちであった。すなわち強い報恩思想と、愛山護法に生きる、世俗ばなれした人間像のひな型を作り、もって理想の念仏者としてその類型に押し込めてしまっていたとしたならば（実際、『妙好人伝』は、師恩、国恩を報謝し、国法遵守型の人間への書き換えが行われている[4]）、オルポートの批判を待つまでもなく、正しい妙好人理解とはならないであろう。人格理論が言うように、宗教が人間から出発して人間に回帰するものであるなら、その人間をダイナミックに見てゆくことが肝要だ。本稿は「人格形成という視点から妙好人を再読する」ことの提言なのである。

二　成熟した宗教的人格

宗教的人格は、成熟、未成熟によって判断しうる。たとえば、人格の分化が進んでいない幼児、児童期においては、宗教に対して、無意志的受け入れがみられ、軽信的で、純粋であるといえる。また円熟した宗教的人格のそれも、素朴で、無垢である点において一見類似している。しかし、幼児、児童期においての宗教に対する受容は、宗教自体がその人格を形成したというわけではなく、宗教のもつ神秘的な権威や、家族の信仰などが、そのまま自己同一化されたものなのである[5]。また、宗教的人格の分化（すなわち成熟）は、必ずしも生活年齢と比例するものではないようだ。成熟した宗教的人格の特徴として、宗教的覚醒がある[6]。この宗教的覚醒は、加齢すれば誰にでも起こる現象ではない。明確な宗教体験を経た人格と、習慣や習俗などの素朴な信仰によって老成していく人格とは、タイプを分けた方が良い。

それではまず、成熟した宗教的人格の共通特性について考えてみよう。人格が成熟してゆくというプロセスについては、ユングが「自己実現過程」をもって説明している。ユングによると、人間心理は、意識と無意識から成り立っていることとなる。意識とは、自我に対してつながりを持ち、かつそのつながりが自我によって感じられているような心理的内容を指す。これに対して無意識とは、はっきりとそれと知覚されるような形では自我とつながりを持っていないあらゆる心的内容ないしは心的過程の総称である。そしてその無意識を明るみに出す、すなわち意識化してゆく作業こそ自己実現過程であり、「個性化」なのである。[7] ユングは無意識には、個人的体験、すなわち忘却、抑圧などに由来する「個人的無意識」と「集合的無意識」とがあるとする。「集合的無意識」とは、一個体だけでなく、一社会、一民族、さらには人類全体に共有されるといったような普遍性を持った無意識内容である。彼は、意識とこれらの無意識とのつながりが密接になるにつれて、人間の意識内容は豊かになり、心の全体性への自覚が深まり、自己が成熟して、完全なる人間のあり方へと近づくとしている。この自己実現過程に求道、生死出づる道といった宗教的方向性を持ち込むことによって仏道に置き換えることができることはよく指摘されるところである。[8] ゆえに、宗教的人格が成熟してゆくということはありのままの自己を掘り下げてゆくプロセスであるということができる。真宗においてこれを考えると、信心という宗教的覚醒によって、自己存在の真実が顕在化される、ということになる。それは前念命終、後念即生と表現されるような新たな人格の再構築である。

このような成熟した宗教的人格には、次のような共通特性が見られる。

(一) 自己の有限性の自覚

オルポートは、成熟した人格の三つの特色[9]の一つに自己の客観視を挙げている。自分自身を客観的に冷静な目で判断しうるということであるが、宗教的人格においては、さらに深刻なものとなる。それは、己れが罪深い存在であるという自覚なのである。宗教によって開かれた目で、己れを徹底して認識することにより、自己の虚妄性に目覚めるのである。

(二) 超越の実在と向こう側から開けてくるという方向性の転換

これは宗教的人格においてこそ見られる特性であり、先に挙げた自己の有限性の自覚と密接に関係している。成熟した宗教者は、象徴的な超越者、あるいは絶対なるものの実在[10]を確信する。また宗教的覚醒は、主体から超越の方向を逆転させる。すなわち成熟した宗教的人格は、共通して他からの働きかけを体験するのである[11]。

(三) 新たな価値観の形成

たとえば、「世間虚仮、唯仏是真」といった言葉で表されるように、宗教的価値は、究極的価値体であり、世俗の一切の価値を否定するものである。これは今までの個人の人間観、世界観などの思考体系を一大転換させるものである。

(四) 他の存在への愛

未成熟な人格ほど自己中心的であるように、宗教的人格においても、成熟するに従い他の存在の尊厳を受け入れるようになるのである[12]。

以上、成熟した宗教的人格の共通特性を列挙してみた。これらの共通特性は、宗教的人格が成熟するほど強くみられる。すなわち成熟してゆくにつれて、共通特性が個人の人格に占める割合は高まる、といえるであろう。しかし、共通特性のみを見て宗教的人格を理解することは正しい把握ではない。たしかに人格の全体像をつかむのには有効であるが、成熟した宗教的人格全てを、その一致した特徴のみを見て画一化する危険性がある。それは、その人の人格を固定化することになる。ひいては、いかにその人格が、どういう要素が絡み合って、成熟していったかの個別の過程を見逃すことにもなろう。そこで個人的傾性に注目せねばならない。

個人的傾性を形作るものは、身体、知能などの生得的要因や、環境、教育などの後天的要因がある。そうして形成された内面の人格の根から、行動として外面に表出されるのである。表出行動は、オルポートによれば「ある人の適応動作を遂行する仕方[13]」とされているが、内なる人格から表面に現出したものの総称としてよいであろう。これは、個人の傾性を見てゆく上で、判断材料となる。一例を挙げると、法然は妻帯を認めながら、生涯結婚しなかったが、親鸞は妻帯している。よく比較されるところであるが、これは両者の信心内容や思想が違うために起こった事象ではない。その人物の気質、境遇などといったものにより形成された個人的傾性による表出行動の相違であるといえよう。

三　妙好人の共通特性

では、真宗における妙好人の共通特性を前述の成熟した宗教的人格の特性と比較してみてゆこう。まず（一）の自己の有限性の自覚は、自己が虚仮不実の存在であることの信知である。と同時に、（二）で示された超越たる阿弥陀仏の実在が成立する。そして、自己の不実性こそが阿弥陀仏の救済を成立させるとするところに親鸞思想の独達があるのであるが、そのような教義によって育成された人物は、（一）と（二）を何の矛盾もなく相即させるのである。無学な妙好人たちが、いかなる哲学者や禅師も及ばぬような表出行動をとるのは、真宗によって成熟した宗教的人格特有のものである。お軽同行の詩の中に、

おそろしや心の内のつみとがを
しるやほとけのこゝろはずかし[14]

また、才市同行の詩の中にも、

さいちやじごくにおちたもの、
をやのおかげで、いまにうかびて。[15]

とうたわれているように、罪業と慈悲がさながら光と影のごとく、彼らの意識体の中に見事に同時成立しているのがよくわかる。そして、向こう側から開けた世界とは、他力の体感である。

おがんで助けてもらうじゃない
おがまれて下さる如来さまに
助けられてまいること
こちから思うて助けてもらうじゃない
むこうから思われて、思いとられること
この善太郎[16]

と、善太郎同行が表白している。また、

わしが念仏となえるじゃない、

念仏の方から
わしの心にあたる念仏、
なむあみだぶつ[17]。

とあるように、おのれの念仏が、阿弥陀仏の呼び声となる方向性の転換は、まさに真宗における成熟した宗教的人格であるといえよう。

次に（三）の価値観の転換とは、「ただ念仏のみぞまこと」と語られるところである。よって妙好人の人格は従来の習俗、権力、差別の呪縛から解き放たれ、親鸞思想によって新たに再構築されたものでなければならない。妙好人たちは、習俗や権力から自由な存在でありえたであろうか。彼らの我執否定と報恩の態度は、結果的に封建社会を支えてしまったという批判がなされている[18]。これは体制順応型の念仏者の養成を志向した教団行政に原因があると思われるが、「王法為本」や「仁義為先」といった世俗性を容認した言動がみられることは事実であろう。しかしまた、薩摩の千代女が国禁を犯してまでも本山参拝を強行するエピソードや[19]、七里恒順が、世俗に重きをおいて一向宗が二向宗になってはならぬ[20]、と語るなどの例もあり、同じ妙好人とされる人物でも個人差を見ることができる。

（四）に挙げた他の存在への愛は、妙好人においては、窃盗犯など自己に危害や損失を与えるものをもすべて許容する、という形態で多く見受けられる。また、大乗の中の至極なりとされる真宗においては、やはり菩薩道としての自信教人信の実践の中にこそ他への働きかけがあると思われるが、妙好人たちは、親鸞の語る「小慈小悲も無き身にて、有情利益はおもうまじ」といった深い宗教的内省に基づき、自己の往相性のみが顕著となっている傾向が指摘されている。しかし、大和の清九郎などのように他の門徒や僧侶に及ぶまで伝道教化した例も散見できるのであって、ここでも個別の人格の差異を認めることができる。

以上、程度に多少の差異はあっても、妙好人は成熟した宗教的人格の特性を持ち、もってその範疇に入れることができるであろう。

オルポートは、ほとんどの人々の宗教的情操は未成熟である、と批判している。それは児童期から持ち越されたままで、発達せず、自分の利益に都合のよい自己中心的な構成であるとしている。そして人種偏見は、教会に通わない人々よりも教会に通う人々の間で一般的であることを例にとり、そのような宗教を外在的宗教として防衛的で逃避的であると述べている。[21]その点においても、先にみた妙好人たちの宗教的人格は、成熟していると評されるべきである。それはオルポートの分類によれば、内在的宗教であり、妙好人はまさに真宗によって成熟した宗教的人格なのである。そして注目すべき点は、その共通特性は、宗教的に円熟してゆくにしたがい、その個人の人格の多くを構成するものとなってゆく。鈴木大拙氏は、妙好人を評して、

彼ら（妙好人たち）の生活は、「ありがたい」・「勿体ない」・「かたじけない」などという一連の感情で貫かれている。[22]

として、彼らの感情の共通性に着目している。しかし同じ妙好人、成熟した宗教的人格といっても、同じ条件下では必ず同じ言動を取るとはいえないのであって、彼らを一つの類型をもって判断するのではなく、その共通の特性を示す表出行動の原点である個人の人格が形成された要素や過程を考察してゆくことが大事である。たとえば、わが国における仏教は、中国を経て伝来したため、儒教思想をも内包していることが指摘されている。[23]妙好人たちが一様に父母の恩を思い、領主などに忠実であるのもそのような下地を無視することはできない。さらに、大和の清九郎の場合を考えると、彼が非常に母親に対して孝行であったのは幼い頃に父に死別したという個別的状況は注目

すべきである。[24] また七里恒順が村田静照の高声念仏を評して、村田はあれでいいのだ、と語ったことも[25]村田の生来の気性を洞察してのことであったに違いない。このように、同じ親鸞思想に育まれ、その信心は同じであっても、人格という点においては様々な個別の特性を持つのである。これは決して信心が異質なためにみられる相違ではなく、あくまでその個人の人格の様々な構成要素によるものなのである。

四　妙好人の個人的傾性の構成

では妙好人の個人的傾性の研究に移ろう。個人的傾性は、前章で示した共通特性を尺度として個人の程度（すなわち成熟度）を調べていくことにより明確化できる。しかし、その際に注意すべきことは、それを構成している基本単位である。個人的傾性を形作るものは、以下のようなものが考えられる。

（1）身体状況
すなわち健康の度合い、容姿などの個人の身体状況。
（2）知的能力
世俗的知識、学習能力やその他言語、判断などの能力。
（3）気質
感情の強弱、理性的であるとか熱情家であるとか、内向性、外向性などの生理的基盤。
（4）後天的要素
1から3の生得的特徴に加えて、生い立ちなどの個人的環境や状況である。

これらの個人の人格構成を表出行動などからひもといて個人的傾性を探求することで、いかに真宗が妙好人の宗教的人格を形成していったかを確認できる。また、宗教的覚醒へのプロセスを見ることも可能であろう。とくに、特別な学問や厳しい修行をおさめたわけでもない市井の人にまで深い宗教的共通特性を表出させるに至るものであることは、大乗の至極たる真宗教義の特性である。この特性を探求していくためにも、妙好人の人格研究は有効であろう。

個人的傾性は、その個人の宗教体験の形態や、宗教的な表出行動に大きく影響するものである。いわゆる「その人らしさ」といったものを形作る。源左同行が十八歳の青年期に、「ふいと」信心が開けたのは、そのような準備態勢が彼の内面にあったからであり、才市同行が六十歳近くになってから獲得し、その宗教的人格が開花したのも同様である。それは「源左の、源左らしい宗教体験」なのであり、その後の彼の宗教生活も「源左らしい言動」で彩られている。そして才市が綿々と綴った詩編も、語る境地は他の妙好人と同じ成熟した宗教的人格の共通特性を示すものであるが、才市にしか書けぬ表現、味わいなのである。

おわりに

以上述べてきたように、宗教的方向性を持った自己実現によって形成された妙好人の人格は、共通の特性を示す。従来の妙好人研究は、法悦の生活や行動を中心に取り上げてきた。それは彼らの表出行動を表面的に据え、画一的な人物像を作り、その類型にあてはめてきたのである。しかし、その言動の根となっている人格を把握し、その人格が成熟してゆく過程を捉えていくことが妙好人研究の基本作業であると考えられる。宗教的人格の特性の研究は、心理学においても未だ明確な論理が構築されておらず、これからの課題となっている。

真宗学においても、妙好人を成熟した宗教的人格として再評価し、その個人的傾性を明確化してゆくことは、正しい妙好人把握となり、ひいてはカウンセリングや伝道教化の方法論にまで展開する可能性をもつ。妙好人の人間像を明らかにすることは、人間に息づくところの生きた真宗を見ることであり、教学の形骸化の阻止ともなるであろう。妙好人の研究は、真宗学における人間学の構築であると思われる。

今回は具体的な個人の事例研究まで論をすすめる予定であったが、紙数の都合があるので、次の機会に考察することとしたい。

註

(1) オルポート『人格心理学』上、誠信書房、一九六八年、三五九頁。
(2) 前掲書(1)下、四四七頁。「特性（trait）」とは、刺激に対する反応を決定する個人の行動傾向であり、「傾性（disposition）」という語も同様の意であると述べている。
(3) 同書、四六一頁。
(4) 柏原祐泉「『妙好人伝』（初篇）の信仰内容と性格」『印度学仏教学研究』三〇―二、一九八二年、九五頁。
(5) 松本晧一「宗教的人格」『講座宗教学』二、東京大学出版会、一九七七年、一三八―一四三頁。
(6) 覚醒が繰り返されることにより成熟してゆくこともあるし、回心体験という一大転換の後、徐々に成熟してゆくこともあり、様々なタイプに分類することができよう。
(7) 松本滋「人間心理と宗教」『講座宗教学』二、一二―一三頁。個性化とは人格の発達過程において個性を伸ばしながら、可能性を実現してゆくことである。
(8) 竹中信常「仏教の宗教心理学的考察」『講座仏教思想』五、理想社、一九八二年、二四八頁。

（9）自己の客観視の他に、自己拡大と統合的人生観を挙げている。
（10）実在（reality）という用語は、科学的方法で証明可能な客観的なものと受け取られがちであるが、エリクソンやベラなどによると外在するものだけでなく内在するものをも含み、客観的事実の世界を超えて存在する真実であると定義づけられている。ここでの用語はその概念によるものである。
（11）ドゥアリイ『ユングとティリッヒ』大明堂、一九八五年、五八頁。前掲論文（5）一五四頁。
（12）前掲論文（5）一五六頁。
（13）前掲書（1）下五九八頁。
（14）大洲彰然編『お軽同行物語』百華苑、一九五五年、一〇九頁。
（15）川上清吉撰『才市さんとその歌』百華苑、一九五七年、二頁。
（16）菅真義編『妙好人有福の善太郎』百華苑、一九六六年、一〇六―一〇七頁。
（17）前掲書（15）四三頁。
（18）柏原祐泉「近世妙好人の信仰生活」『大谷学報』六一―三、三八頁。
（19）福間光超「妙好人的信仰の構造」『龍谷大学仏教文化研究所紀要』八、一九六九年、五一頁。
（20）濱口惠璋編『七里和上のことば』百華苑、一九五四年、一七頁。
（21）前掲書（1）上、三八二頁。
（22）鈴木大拙『妙好人』法藏館、一九七六年、一二頁。
（23）道端良秀『仏教と儒教倫理』平楽寺書店、一九六八年、一四頁。
（24）仰誓『妙好人伝』永田文昌堂、一九五八年、一二頁。
（25）桜井鎔俊『我が師村田和上』春秋社、一九七九年、一三四頁。

妙好人の認識の在り方と世界観
――無対辞による苦の超越――

中尾　将大

一　生体における認識の形成と行動

我々人間を含む生体は環境内において様々な刺激や事象と遭遇する。それらの外界からの情報は五官（眼・耳・鼻・舌・身）を通じて感知する。さらに、それらの外界からの情報を元に生体はその事象について判断し、行動に転ずる。たとえば、いい匂いのする食べ物に遭遇すると、その食べ物をまず、見る。そして、口に入れる。その食べ物を「おいしい」との認識を形成し、また同じ食べ物に遭遇した際にはさらに食べるようになる。一方、匂いが悪い食べ物に遭遇した際には、見て、そして匂いを嗅ぐだろう。その結果、「腐っているのではないか」と判断し、食べるのをやめることだろう。すると、次に同じように匂いの悪い食べ物と遭遇した際にはその食べ物を口にしなくなることだろう。この一連の流れは刺激（Stimulus）→生体（O：Organism）→反応（Response）という基本的な図式で示すことが出来る。このようなプロセスを経て生体は経験を積み重ね、あらゆる事象に対する認識と行動パターンを獲得してゆくと考える（今田、一九九六）。

アメリカの心理学者J・B・ワトソンは人間のパーソナリティさえも経験による蓄積によって構成されると述べている。たとえば同じ物理量のストレスを与えても人によってそれをストレスと感じるかどうかは判断が分かれてくる（津田、一九九二　中尾、二〇〇二）。

また、アメリカの心理学者M・セリグマンは非常にユニークな二つの研究をおこなっている。ひとつは、「学習性絶望」と呼ばれる現象である。彼らの研究グループは、イヌを被験体として自分では統制が出来ない状況にイヌをおくと、その後の簡単な課題遂行が阻害されることを発見した。彼は犬が自ら統制が出来ない状況下で「何をしてもダメだ」という認識の学習をしていると考えた。もうひとつは「楽観主義」の研究である。彼は物事を悲観的に捉える悲観主義者と物事を前向きに楽観的に捉える楽観主義者の行動パターンや認知について調査を実施し、物事を積極的に捉えて行動する「楽観主義者」に成功者が多いことや、学習訓練によって「楽観主義者」に変容できることを示した。以上から事象に対する「認識の在り方」を変えることで人生は良くも悪くもなることが心理学の研究によっても、明らかにされているのである（セリグマン、一九九七）。

一方、仏教の開祖、釈尊は、「苦しみをもたらす認識の在り方」から「安らぎをもたらす認識の在り方」への転換を説いている（羽矢、二〇一一）。また、仏教の出発点は、生きていることが困難なくらいの自分の心の苦しみをどうやって取り除くかということを、自分で考え、自分で方法を見つけ、自分で治療していった釈迦の足跡であるとされる（佐々木閑、二〇一三）。以上の点は、これまで述べてきた心理学的研究から明らかにされてきたことと共通点が多くみられる。

本稿では仏教の宗派のひとつである浄土真宗における在家の篤信者、妙好人の認識の在り方と世界観について検討する。なぜなら、多くの現代人と同様に「在家」にありながら、浄土真宗の教えにより、深い精神的境涯に到達した妙好人の認識の在り方は、我々を「苦しみをもたらす認識の在り方」から「安らぎをもたらす認識の在り方」へと導くものだと考えるからである。同時に彼らの認識の在り方を通して、現代人の「苦しみを解決」していく方法を探ることができるだろう。

二 妙好人とは――現代人の認識の在り方との違い――

妙好人とは、一般的には、浄土真宗における在家の篤信者のことを指す。江戸中・後期に真宗の僧職者たちは、真宗信者の中から世の人々の模範とするため篤信者を選び、その信心や生活態度を収録し、『妙好人伝』を編集した。その主な僧侶は、仰誓、克譲、僧純、象王と言われる人々であった（菊藤、二〇〇三）。近代に入り、仏教学者鈴木大拙が『宗教経験の事実』で讃岐の庄松と和泉の物種吉兵衛を「妙好人」としてとりあげ、『日本的霊性』で、越中の赤尾の道宗と石見の浅原才市を、さらに『妙好人』で、才市の宗教詩や小川仲造の言行を紹介した。鈴木がハワイ大学での東西哲学者会議やコロンビア大学での講義で才市の宗教詩を紹介したのを契機に「妙好人」は、我が国のみならず、欧米にも知られるようになったのである（菊藤、二〇〇三）。

これまでの研究ではおもに浄土真宗の教学からのものが主であった。ところが、鈴木大拙はその著書『妙好人』において「ある意味で言えばキリストも妙好人のひとりである」（二二―二八頁）と述べている。つまり、妙好人を宗派・宗教の枠組みを超えて「普遍的宗教者」とみなしていたのである。最近の妙好人研究においても普遍的宗教者として妙好人を捉えようとする傾向が見られてくるようになり、妙好人の深い精神性がもはや浄土真宗の枠を超えて広く研究されるようになってきたと言えよう。

妙好人は市井に生き、生業を営みながら高い精神的境涯・安らぎを得た人々である。彼らの姿を例えるのに「市井の泥田に咲いた蓮の花」という表現がよく用いられる。つまり、世知辛い市井や妙好人自らの内にある煩悩や欲を泥田、信心を美しい蓮の花に例えたのである。この「蓮の花のたとえ」には煩悩や欲望に渦巻く一般社会の中にあってもそれらに振り回されないで苦しみを低減し、美しく生き生きと人生を歩む姿が如実に表現されていると思われる。彼らは、日々、六字名号「南無阿弥陀仏」をとなえ、感謝と報恩に生きた人々であった。彼らの職業は農家、魚の行商、下駄職人、主婦、きこりなどであり、ごく平凡な生活を営んでいる人々であった。なかには六連島《むつれじま》のお軽さんのように「読み書き」も満足に出来ない人もいた。しかし、彼らは智慧にあふれ、周囲の人々から慕われ、尊敬されていた。彼らはいわば、「平凡な一人ひとりが日々仏道を歩むことで往生を約束された身となる」模範者といえるだろう。

ここで現代人の一般的な認識の在り方と妙好人の認識の在り方を比較したい。現代社会における世界観・認識の在り方は、おもに近代科学を背景とし、「比較」と「統制」を基礎としている。物事の判断基準は自己の快・不快、利益・不利益であるので、自らの努力が実らなかったり、自らの選択した適応のための方略がうまくいかない状況が続いたりすると学習性絶望（うつ状態）に陥る可能性が高い。これはいわゆる、「苦しみをもたらす認識の在り方」と考えられよう。また、科学においては、物質の次元で世界や物事を捉えようとするので、守備範囲は物質の次元に留まることになる。したがって、たとえば「人生の目的」や「生きることの意味」など人間の存在に関わる根源的な問題や精神的な問題を解決することができないのである。

一方、妙好人の認識の在り方だが、彼らは近代科学ではなく、浄土真宗の教えを基盤としている。よって、人生の中で起こるすべての事象は「阿弥陀如来の呼びかけ」と捉えるのである。したがって自己にとって良いことと悪いことを分別することを離れ、すべてを受け入れる（頂戴する）という姿勢がみられる。この世の中で生じることに対して自分の力だけで統制しようとせず、自らの力の限界を知り、すべてを阿弥陀仏の本願の働きとして受け止め、その結果、我執を離れることが出来た。そして、自己にとって良いことも悪いことも肯定的な意味を見出して、受納することが出来たので、苦しみに苛まれることも少なかったようである。さらに浄土真宗の守備範囲は物質的な次元に留まらず、目には見えない精神的な次元にまで広がっている。これはあらゆる宗教に共通する特徴だと言えよう。そのために、人生を歩むうえで生じる出来事や人や物との出会いを物質的な次元でのみ捉えることなく、その背景にある意味や価値にまで目を向け、考えることができるのである。たとえば、仕事で失敗をした時、科学的な見地からは、なぜ失敗したのか、どのようにすれば事態を挽回できるのかという効率的・機械論的な次元でしか、この事実を捉えることはできないことだろう。一方、宗教的な捉え方によるならば、挽回の方法を模索するだけに留まらず、この失敗を通じて神仏は自分に何を語りかけているのだろうかという視点が与えられ、失敗の意味と価値を積極的に見出すことになり、これからの人生にその経験が生かされていくようになるだろう。したがって、先に触れた「人生の目的」や「生きることの意味」など人間の存在に関わる根源的な問題についての回答を得られる可能性が高まるのである。

三　妙好人の生き方実録――苦しみをいかに超えたか――

これより、以下の四名の妙好人、すなわち因幡《いなば》の源左《げんざ》（足利源左《あしかがげんざ》）（一八四二―一九三〇）、石見《いわみ》の浅原才市《あさはらさいち》（一八五〇―一九三二）、六連島のお軽（一八〇一―五七）、大和の清九郎（一六七八―一七五〇）の言行を検討する。

三―一　生きることとは「仕事をすること」

妙好人はほとんどが農民やきこり、漁師、大工などいわゆる「平凡な庶民」の間から出現した。彼らの多くは家庭人として家族を持ち、「働き者」が多かったといわれる。振り返って、現代人の仕事を取り巻く状況はどうか。現代社会においてとくに若い世代を中心に「仕事が続かない」、「転職を繰り返す」、就労・就学をしないいわゆる「ニート」などの問題がある。彼らは自分の仕事にやりがいを見出せず、働くことの素晴らしさ、楽しさに気がつけないのかもしれない。その結果、職場の人間関係から浮き上がり、会社や社員とのつながりを失い、結果として同じ職場に継続して所属することができなくなっていると考えられよう。つまり、組織や社会の中における自己の存在の意味を見出せずに、自己を肯定的に捉えることができないのである。

これらの現代人と妙好人との違いは何か。妙好人は、不平・不満を言わずに、仕事に打ち込んでいた。彼らにとって仕事の全ては「如来様より与えられたもの」であった。したがって、その仕事を真面目にこなすことでその意味を自分なりに見いだしていた。結果として彼らは仕事をすること自体を喜び、仕事を通じてあらゆる人や物、動物とのつながりを強め、そのつながりの中で自己の存在の意味を見出し、自己を肯定的に捉えることができたのである。そのような妙好人の仕事への態度から、現代社会における「ニート」や若者の労働意欲の低下の問題への解決の糸口がつかめるのではないか。

因幡の源左は、働き者の農夫で牛慣らしの名人と言われていた。彼は人間存在について「人間は働くために生まれてきた」とまで言っていた。彼の仕事ぶりについての数々のエピソードが伝えられている。源左は、他人が寝静まった後、「月明かりの元で」田植えをした。また、いうことを聞かないどんな「暴れ牛」であっても、源左が世話をするとおとなしくなった。彼は牛に対して、無理に言うことをきかせるようなことはせずに、「でんや、でん」（「でん」とは鳥取県の方言で牛のこと）とまるで人に話しかけるように牛に接していた。

牛を慣らす要点としては、「牛に任せ、遊ばせる。無理に言うことをきかせない」ということであった。ここには、源左の牛に対する気遣いや温かい眼差しがみられる。まるで自分に与えられた牛との「ご縁」を大切にしているように思われる。これらの源左の仕事ぶりから、彼は、仕事を楽しい（快）とか、きつい（不快）という対立概念（二項対立的捉え方）で捉えることなく、「ただひたすらに仕事に打ち込む姿勢」のみを持っていたことが見出せる。

一方、石見の浅原才市は島根県の温泉津《ゆのつ》の下駄職人であったが、ひたすら下駄作りに勤《いそ》しんでいた。仕事に打ち込む姿勢は先の源左と共通している。彼と親交のあった寺本慧達《えたつ》氏は、「才市には金もうけをしようなどという発想はなく、ただ、嬉しくて、有難くて働かざるを得ないのだといった方が彼の仕事ぶりを表現する上で適切であった」と述べている。また、仏教学者・鈴木大拙は才市の仕事ぶりについて以下のように述べている。

「才市の衆生済度というのは日々の行事、即ち彼の場合では下駄業にいそしむことを意味するもののようである」

「人間社会にはいずれもそれぞれの営みがある。これを真面目に成し遂げることは、やがて社会に奉仕することである、下化衆生とも衆生済度ともいうべきである。才市は実にこの点において健全なる考え方をしていたようである」（以上　鈴木、一九七六より）

良い悪いは別として、現代人は仕事について、お金が儲かる（得）か儲からない（損失）かという損得の対立概念に縛られている。それに対して才市は損得を超えて仕事そのものを大切にし、「ありがたい」と捉えていた。この姿勢は「結果」ではなく「過程」の重視ともいえよう。その理由として、次のようなエピソードがある。寺本慧達氏によると、才市はよく自作の下駄を周囲の者に「ただ」であげていたそうである。おそらく、金銭を儲けることでなく、自分の作った下駄で他者が喜ぶ姿を見ることに喜びを感じていたのではないだろうか。商売に対して、少々いい加減な態度をとって、細君に叱られていた才市であったが、彼の下駄屋は繁盛し、本願寺に多額の寄付ができたほどであった。これは金儲けよりも仕事に打ち込み、できた下駄を他者に喜んでもらうことを重視した結果、お金も才市の下に自然と集まってきたのだと考えられよう。最初から儲けを目論んで仕事をすることが商売といえるのかもしれないが、源左や才市の仕事ぶりからは「金銭的な儲け」や「仕事への満足感・充実感」というものは、仕事に打ち込み続けることで、やがて後から自然と得られてゆくものであるということを示しているのではないだろうか。

仕事に対する真摯な姿勢が事態を改善へと導いたその他の例として江戸時代の妙好人、大和の清九郎の例がある。清九郎は大和の国（現在の奈良県）吉野のきこりであった。山で自ら伐採した薪を売って生計を立てていた。しかし、なかには悪い客もいて、薪の値段を不当に値切る者もいた。清九郎は文句も言わずに客の言い値で売っていた。しかし、しばらくすると、あまりにも清九郎が素直に応じるのを見て、客がその無欲な姿勢に自らの行為を恥ずかしく思い、値切らなくなったといわれる。「真摯な姿勢」が事態や周囲の態度を変えた好例といえよう。現代においても、会社や周囲に不満をもらすのではない、真摯な姿勢によって事態が改善することもあるのではないだろうか。

三―二　老いること――老いたら老いたでそのまま頂戴する――

現代社会では「老い」は忌み嫌われ、誰もが避けたい問題となっている。たとえば、昨今のアンチエイジング・ブームなどはそのような価値観を反映するものと言えよう。人は誰しも、いつまでも若く、輝いていたいと思うのではないだろうか。しかし、そのような願望とは裏腹にどんな人でも、やがて老いる。かぐわしい花もやがて時とともに枯れ果ててゆくように、人間は誰しも、時間とともに老いてゆくことは避けられないのである。この厳然たる事実に対する妙好人の対応はどのようなものか。

因幡の源左は、村の若い衆に対して一緒に働きながら次のような言葉をかけたといわれる。「若い衆はぼつぼつやんなはれよ、おらあ先が短いけれ、ほんぎ（一生懸命）にやるけえのう」。彼のこの姿勢は、「老いた自分の姿」と「老いたという事実」をありのままに、そのままに受け入れてしかし、そこに甘えが見られない。あるがままに仏の導きに任せてつねに精一杯生きようとする様が垣間見られる。

現代社会では「老い」に対する忌避感、老いを否定的にのみ捉える傾向があるが、そこには、若いことが良いことで、老いは悪いことという見方があると思われる。しかし、源左は、老いも若さも分別しない。どちらがよくてどちらが悪いという発想がない。むしろ、あるがままにしなやかに「老い」と付き合っているという感さえある。この姿勢は、元気に老いるということで持てはやされている昨今の「サクセスフル・エイジング」とも異なるものと思われる。また、源左の姿勢には、老いに対する甘え、老人・目上の者としてのおごりも感じられない。

四　病に対して――病もありがたくいただく――

病気は現代でも大きな問題である。現代人の死因となる病の代表格は、がん、脳血管障害である。その原因はさまざまであるが、精神的なストレスや生活習慣が主なものとされている（島井、一九九七）。ヒトゲノムの解明やiＰＳ細胞の開発など、医療技術はここ数年のうちに格段に技術革新を遂げたが、病を完全になくすことはできない。軽い風邪も含めて、生活をしているうえで、我々は病にかかることは避けられない。いかに医療技術が進歩しても、まるで「いたちごっこ」のように新たな病が発生する。では、この避けられない病に対して我々は抗ってゆくものなのか。妙好人はどのように捉えていたのだろうか。

石見の浅原才市は次のような詩を残している（原文はすべてひらがなであるが、筆者が漢字をあてた）。

風邪を引けば咳が出る
才市がご法義の風邪をひいた
念仏の咳が出る出る

才市と親交のあった寺本慧達氏の手記によると、この詩は、大正十年（一九二一）ごろ、スペイン風邪が流行《はや》った際に才市がひどい風邪で死にかかった状態に陥った時に詠んだとされる。風邪をひいても文句を言わず、自然と咳が出るようにおのずと念仏が口をついて出る様を淡々と詠んでいる。才市は咳をしながら念仏していたのだろう。

咳をする痛みの中でさえも、阿弥陀仏の本願に生かされている喜びを実感していたものと思われる。我々も才市のように体調を崩しても動揺せずに、静かにその病を受け入れて、回復を待てるようになれば、どんなに良いだろう。普段の生活の中で、元気で平気でいられることは有り難いことなのだとも捉えられれば、体調を崩してもそれに対して不平・不満をいうことはないだろう。普段から元気でいられるのは仏様のお蔭だとして、どんなときも仏法を味わう姿勢をこの詩からうかがい知ることが出来る。

日々、平穏に暮らせていることに感謝して、一日一日を一生懸命生きることで（一日一生）、突然、病におそわれることがあっても必要以上に落ち込んだり、ふさぎ込んだり、悲観的にならずに済むのかもしれない。

一方、因幡の源左は普段から風邪をひかないことで有名であった。そのことから、村人からよく「じいさん、元気だのぉ」といわれた。それに対して源左はすかさず「本願力のありがたさよ」と答えていた。この点は先の才市と共通しているように思われる。つまり、健康でいられるのも「仏様のおかげ」と感謝の気持ちを普段から持っていたのである。彼のそのような姿勢を示す次のようなエピソードが伝えられている。

源佐は山仕事の帰り道、あやまって川に落ちて、出血したことがあった。源左は、血の出ている片手を抱えて「ようこそ、ようこそ」と述べていた。抱き起した仲間は「傷をしてなにがありがたいのか」と尋ねると、源左は「片腕が折れても仕方がないのに、ようこそ、ようこそ」と答えた。本願力のおかげでこの程度で済んだのだという意味で「ようこそ」と源左はのべていたと思われる。

また、源左は腰がくの字に曲がっていたのだが、「田植えをするには丁度いい」と喜んだと言われている。病には老化による機能低下も含まれると考えられるが、これは自然なことである。源左は「老化による機能低下」も嘆くことなく、与えられたものとして積極的な意味を見出していたのである。

病に対して、才市や源左に共通してみられるものは、病（忌み嫌う）に対して健康（好まれる）という対立概念がないことである。病になれば素直にその事実を受け入れ、健康な状態のときは仏様に感謝していたのである。我々はちょっとした風邪をひいても「忙しい時になんで風邪なんか引いたんだ」と自己や他者に対して、そして病そのものに対して不平や不満をいわないだろうか。それは同時に普段健康であることに対して慢心しているということではないだろうか。病を克服することや治癒させることに一辺倒にならずに、病を受け入れ、日々の健康に感謝すること、それは病を「自分を振り返る機会」とすることになるだろう。

五　死に対して――死を恐れずに受け入れる姿勢――

「死」。これは人生においてもっとも恐ろしく、避けられるものなら避けたいと誰もが思う事象ではないだろうか。しかし、生あるものはいつか必ず死を迎える。これは絶対であり、避けられない事実である。現代人の多くは医学や医療技術でもって死を先延ばししようと躍起になっていないか。だが、「人間は必ず死ぬ」という厳然たる事実の前ではその努力も空しいものなのかもしれない。人生においてもっとも厳しいこの事実を妙好人はどのように受け止めたのか。

因幡の源左は、自らが死の床に伏し、臨終を迎えようとしていた時に、同じくまもなく死を迎えようとしていた同行・山名直次から「死に対する恐怖心をいかに乗り越えたらよいか」という質問を受けた。普通の人間であれば、到底そのような質問に対応したり、ましてや回答したりすることなど及びもつかないことであるが、源左は自らも苦しい状況にあっても相手のために回答を残している。

「今更詳しいことは知らんでもええ。親さんはお前を助けにかかっておられるだけ、断りがたたんことにして貰ってをるだけのう。このまま死んで行きさへすりゃ親の所だけんのう。こっちは持前の通り、死んでゆきさへすりゃええだいのう。源左もその通りだと云ってごしなされ。ようこそ　ようこそ、なんまんだぶ　なんまんだぶ」

（源左は、）臨終に際し、二回ほど顔に微笑を浮かべて静かに称名もろともこの世を去った。

ここで、「親さん」、「親」とは、阿弥陀如来のことを指す。また、「ようこそ　ようこそ、なんまんだぶ　なんまんだぶ」は源左の口癖であった。この源左の言葉から彼は「死」というものを特別なものと思っていなかったことがうかがい知られる。今ここに生かされている「生」の連続体として「死」を捉えているのではないだろうか。すなわち、「生」と「死」を対立概念としてとらえてはいなかったと考えられる。生の延長線上に死があり、やがて阿弥陀如来の浄土へとすくいとられることを疑うことなく、信じきっている様が読み取れる。だからこそ、臨終に際し、恐怖の色はなく、むしろ「笑み」さえ浮かべて往生したのだろう。

また、浅原才市は、大正十年ごろ、スペイン風邪が流行った際に、ひどい風邪で死にかかった状態であった。見舞いに来た寺本慧達氏に対して次のように語ったと伝えられている。

「二、三日前に医者が来て、わしの脈をみて、今夜あたり危ないから、親類縁者や知り合いに知らせた方がよかろういうているのが、わしの耳に聞こえるんですわい。それでわしは、うまいことをさせて貰うと思いましてな。（以下省略）」

ここでいう「うまいことをさせて貰う」とは、「死ぬこと」を意味する。その時の才市の様子は「明るいホープフルな顔つきであった」と寺本氏は手記で記している。この態度は先の源左の態度と一致しているのではないか。すなわち、死ねば迷うことなく浄土に行けると信じているのである。背景として、愚直なまでに阿弥陀如来の救いを信じる姿勢が見受けられる。死を恐れず、むしろありがたく頂戴しているように思われる。阿弥陀仏の本願力に救いとられているという実感が確信となり、生死を超えた感覚が与えられていたのだろう。

才市は「口あい」と呼ばれる宗教詩を数多く残している。その中に「なんともないのがありがたい」という語句が含まれていた。これは、彼の心中に「恐れ」や「とまどい」、「無気力」などの負の精神活動が起こっていない様を表しているのではないだろうか。人生にまつわる苦悩はすべて阿弥陀如来によって救いとられてしまっている。だからこそ、ありがたいと述べているのではないか。そのような普段の思い、姿勢があったので、死が迫った状態になっても精神的に崩れることはなかったのであろう。源左と才市に共通してみられるのは死が忌み嫌うものであり、長生きすることが良いことだとする分別心がない点である。

また、六連島のお軽は次のような和歌を残している。

なきあとにかるをたづぬる人あらば弥陀の浄土に行《い》たとこたへよ

自分が死んだ後に六連島に自分を尋ねてくるものがいたら、「お軽は阿弥陀様のお浄土に行かれましたよ」と言ってくださいという意味だが、死んだ後も他者に対する気遣いをみせるお軽さんの慈愛の深さを感じずにはおれない。お軽は「時空を超えた人とのつながり」を感じていたのであろう。彼女も生と死を特別二分して考えていたとは思われない。この歌を詠んでほどなく、お軽は流行病にかかり往生した。まるで自分の死を予感していたようであった。以上、三名の妙好人の死に対する態度を巡ってみたが、生死を超えて永遠のいのちを生きる心境に達していたことは共通しているといえるだろう。

おわりに

釈尊が説いた仏教は時空を超えて今も生き続けている。釈尊の説いた「苦しみの解決」への道は今なお、人々を救い続けている。それは時代とともに思想的深化を果たし、親鸞聖人によって説かれた浄土真宗の教えは、ついに市井に生きる在家の者をも深い精神性へと導くことができるようになった。本稿で紹介した妙好人はその証しと言えるだろう。妙好人は人生を自分の思い通りになるように事象を統制して生きるのではなく、「人生のすべてを受け入れ、人生からの問いかけに真摯に答えていく」生き方を歩んだ。

このような妙好人の認識の仕方を、柳宗悦は「無対辞」の境地として説明している。柳は晩年、病室において「無対辞文化」という原稿を執筆している。その中で「無対辞」について次のように述べている。

対辞（Anti-thesis）とは、「相対する言辞」の意であるから「無対辞」とは、反面に相対する言辞のない事を意味する。つまり「対立概念を持たない言葉」と解して下さつてもよい。ところが一切の吾々の分別による判断は、「対辞」なくしては行はれない。何故なら「知ること」はものを「分割」し、「比較」し「取捨」する事に他ならないからである。例は枚挙にいとまがない。上下、左右、大小、東西、……（中略）……併しこの相対する二元界に彷徨うが故に、実は一切の悲しみや、苦しみや、悩みや、迷ひが現れてくるのである。何故なら対辞の世界は、矛盾とその反目との分野であって、その間にいつも争闘が現れて、平和を結ぶことが極めて困難になつて了ふ。何故なら「知ること」は、「分けること」であり、分ける事は互いに「反すること」であり、又両者の中の一方を選び、一方を捨てることになる。（以下省略）（一部筆者によって現代語を割り当てた）

文の後半において、「対辞の世界は、矛盾とその反目との分野であつて、その間にいつも争闘が現れて、平和を結ぶことが極めて困難になつて了ふ」と記されている。これまで検討してきた妙好人の認識の在り方には、一見、「生死」のように相対する事象に対しても、両者それぞれに「積極的な意味」を見出して、智慧へと昇華させていた。したがって「争闘」が現れることがないと考えられる。無対辞とは一見、相反するとみられる事象を二つで一つのものというように、対立を「超越」して物事をとらえる概念ともいえないだろうか。そのことを示唆するものとして次のような因幡の源左の言葉がある。

おらにや苦があつて苦がないだけのう

この言葉が意味するものは、物理的には「苦」すなわち、「自己にとって嫌なあり方」があってもその事象を「苦」と捉えていない、すなわち、心理的には苦となっていないということであろう。そこには苦楽を超えた「超越の境地」を垣間見ることができる。

釈尊は苦しみをなくすためには、「絶え間なく変転を続ける世のありさまを受け止める人間の心の方を変えること」だと気が付いたとされる（佐々木閑、二〇一三より一部改変）。つまり、我々は世界のありさまは変えることはできないが、「受け止め方」は変えることができるのである。心と現実との関係について、本稿の冒頭で示した心理学者セリグマンによると、世界や自身が遭遇した事象を否定的ではなく、肯定的に受け止めるという認識の仕方を転換することで、その後の仕事の成功や、社会的地位の向上を実現できたという実例を提示している。セリグマンは、事象のとらえ方を変えることで人生は好転すると主張するのである。

一方、妙好人の「無対辞」という世界の受け止め方は、相対する二元界に彷徨《さまよ》うことがないので、一切の悲しみや、苦しみや、悩みや、迷い、争闘が現れてくることはないのである。それは、そのまま「苦しみの解決」ということではないだろうか。そして、そのことが最終的に「救われること」に帰結するのではないかと思われる。

参考文献

羽矢辰夫『ゴータマ・ブッダのメッセージ――スッタニパータ私抄――』（大蔵出版、二〇一一年）
藤　能成『救われるということ』りゅうこくブックス122（龍谷大学宗教部、二〇一〇年）
藤　能成『現代社会の無明を超える――親鸞浄土教の可能性――』（法藏館、二〇一三年）
今田　寛『学習の心理学』（培風館、一九九六年）
梯　実圓『妙好人のことば』（法藏館、一九九四年）
菊藤明道『妙好人伝の研究』（法藏館、二〇〇三年）
中尾将大『マウスのactivity-stressに関する実験的研究』（二〇〇一年度関西学院大学大学院文学研究科　修士論文、二〇〇二年）
中尾将大「妙好人浅原才市の信仰生活と「口あい」に関する心理・行動学的考察」（『仏教文化』二〇、七一―九五、二〇一一年）
大洲彰然『お軽同行物語』（百華苑、一九五五年）
佐々木閑『ゴータマはいかにしてブッダとなったのか』（NHK出版新書、二〇一三年）

佐々木正『妙好人の真実――法然、親鸞〈信〉の系譜――』（春秋社、二〇一二年）
M・セリグマン『オプティミストはなぜ成功するか　Learned Optimism』（講談社文庫、一九九七年）
島井哲志編『健康心理学』（培風館、一九九七年）
鈴木大拙『妙好人』（法藏館、一九七六年）
鈴木大拙『日本的霊性』（岩波文庫、一九七二年）
高木雪雄『才市同行――才市の生涯と周縁の人々――』（永田文昌堂、一九九一年）
津田　彰「ストレスの実態にせまる」（磯博行・杉岡幸三編『動物心理学実験セッション――ストレス・酒・重金属・多動・観察行動――』I章、二瓶社、一九九二年）
柳　宗悦「無対辞文化」『柳宗悦全集　著作編　第一九巻』（筑摩書房、一九八二年）
柳　宗悦・衣笠一省『因幡の源左』（百華苑、一九六〇年）

妙好人から学ぶもの
――妙好人椋田与市同行の生活と念仏――

直林　不退

一　妙好人とは

浄土真宗の正信念仏者を「妙好人《みょうこうにん》」と呼ぶ。元来、妙好人とは「妙にすぐれた人」との意味を持つ。善導大師は、「もし念仏するものは、すなはち人中の好人なり、人中の妙好人なり」（『浄土真宗聖典』七祖篇、本願寺出版社二〇六頁）と、泥池の中から清らかな花を咲かせる白蓮華（妙好華）を、苦悩の人生を力強く生きぬく念仏者にたとえられた。親鸞聖人は『御消息』（お手紙）の中で、信心の人を「上上人とも、好人とも、妙好人とも、最勝人とも、希有人とも申す」（『浄土真宗聖典』註釈版、本願寺出版社、七四八頁）と述べられている。つまり、広い意味での妙好人は、浄土真宗の歴史のあらゆる時代において実在した篤信者であった。聖人に帰依した弥七同行や、蓮如上人の門弟赤尾の道宗なども、妙好人として讃えられている。

江戸時代後期、石見国浄泉寺（島根県邑智郡邑南町）第十一世の仰誓《ごうせい》和上（一七二一―九四）は、持ち前の速記力で自ら見聞した篤信の念仏者（大和の清九郎など）の言行を書きとどめ、布教の材料に資した。浄泉寺第十九世朝枝善照博士（一九四四―二〇〇七）は、これを『妙好人伝』のはじまりとされる。後に篤信者の物語は多くの補筆追加を経て『妙好人伝』として出版されていく。『妙好人伝』の成立に関しては、その後菊藤明道博士や龍口明生教授などにより詳細な研究が継続されている。

『妙好人伝』出版の後も、讃岐の庄松《しょうま》・因幡の源左《げんざ》・石見の才市《さいち》のようなお同行が妙好人として紹介されてきた。そして、今なお各地の寺院やお同行の間には、お念仏に生きた人々の逸話が語りつがれ、新たな妙好人を輩出しつづけているのである。

二　与市同行について

『妙好人伝』刊行以降の妙好人の一人に椋田与市《むくたよいち》同行（一八三八―九三）がいる。与市は琵琶湖岸の漁村（滋賀県米原市磯）で細々と農業を営みながら、節談《ふしだん》椿原流の祖椿原了義《つばきはらりょうぎ》師（長浜市高橋町真福寺住職、一八三二―七九）と、その弟野世渓真了《のせたにしんりょう》師（長浜市余呉町浄楽寺住職、一八三八―一九一三）について熱心に聞法し、み教えに生きる日々を送った。幸い与市の手次寺上妙寺（米原市磯）の河村義雄前々住職が、与市の法友からの聞き書きに基づいて言行録『是人名分陀利華』（上妙寺刊、一九四二年）を出版し、また上妙寺には与市の近親者が書き残したと思われる写本『与市話記』も所蔵されており、妙好人与市の信心と日常の生き様をうかがうことができるのである。一方で、真了師の住した浄楽寺には真了の説教に関する多くの資料が残されており、妙好人と布教家との交流のありさまをもうかがうことができる。

三　節談説教と妙好人

かつて朝枝博士は、「妙好人」が生まれ注目される経過には、その背後に勝れた指導者が見られるといい、出版以前の『妙好人伝』が、説教の中で紹介される念仏者の姿を書きとどめた物語の「手控え」として機能したとも指摘されている。つまり『妙好人伝』の原点は説教の物語台本であった。そして、大部分の妙好人たちは、真宗教義を学問として理解したのではなく、感動的なご法座で弁じられる節談説教を聴聞してお念仏のみ教えに出遇っていったのである。そうした妙好人がいかに生き、そして死を受け入れていったかという物語は、また別のご法座でも語り継がれる。そのお取次ぎに感動して、さらなる妙好人が育っていく。情感豊かな節談説教と素朴な妙好人とは深い連鎖の関係を有していたのであった。

四　生活そのものが仏法

与市は、貧しい生活の中であちこちに足を運び聴聞《ちょうもん》を重ねた。彼の信仰は、自己の喜び心や、心の明暗を救済の条件とはせず、ただ如来のお慈悲を「うまいこと」と戴く、絶対他力の風光に満ちあふれている。

そんな与市の仏法の味わいは、彼の日常生活のあらゆる場面に貫徹していた。野菜売りの途中、誤まって余分に貰った代金を夜半に返却に行く実直さ、あらゆる生命の上に注がれる限りない慈しみ、それらは、すべての人生を「お慈悲に抱かれて居ることを知ってする業《しごと》」と受けとめているからこそ体現できた境地であろう。

与市が四〇歳の頃、本山は彼を篤信者として表彰しようとしたという。しかし与市は、「自分は生活のために小さい大根を中に隠して行商するような不心得者で、本山から、奇篤な同行じゃ感心な信者じゃと褒められると、生きる糧を失ってしまう」と固辞したと伝えられている。このような仏法に基づく生き方は、当時の教団において支配的だった仏法を内面（心）の問題に限定し、生活は俗法（世間の倫理道徳）に従えという「真俗二諦論」では捉えられないであろう。

五　精一杯の「自信教人信」

一般に近世・近代初頭の妙好人には、「信心の社会性が乏しく、親鸞聖人の自信教人信（自らいただいた如来の大悲を他の人々に伝えていく）に比べ、他者への伝道姿勢に欠けている」と批判されてきた。しかし、近親者のメモに見る与市像は、身内や周辺の人々にさまざまなご縁にふれて仏法を伝えていこうとする話が数多く記されている（『与市話記』参照）。与市は、さみしい境遇の妹に、「お慈悲をよろこべ」と語りかけ、報恩講に参詣した人たちにも親鸞聖人のご恩を述べ、年忌法要の折にはその意義をわかりやすく説明している。

また、野世渓真了師の『布教日誌』（浄楽寺文書）には、与市が死の二年前、彼が施主となって「壱圓」の法礼を進納し、在家《ざいけ》法座《ほうざ》（自宅に説教者を招いて有縁の人々と共に聞法する会合）を開いた記録が見える。妙好人与市の信仰は単なる自己完結型ではなく、自ら喜んだお念仏を他の人たちにも伝えていく「教人信」の側面をもまちがいなく有していたのである。

六　おわりに

本稿では、椋田与市同行と野世渓真了師との交流に関する資料の一部を繙き、節談と妙好人との関係を問う一助とした。そして今後、このような各地に伝承されている妙好人の実像を丹念に検討することによって、時代の制約の中で精一杯お念仏の生活に生きた人びとの一面を明らかにすることが出来るのではなかろうか。

なお、本稿の詳細な論証に関しては、拙稿「節談とその信者像――妙好人与市同行言行録の成立をめぐって――」（『浄土真宗総合研究』第六号・二〇一一年三月）、「節談説教者と妙好人」（『相愛大学研究論集』第二八号・二〇一二年三月）を参照されたい。

本稿は上記二篇の要点をまとめた拙論「妙好人から学ぶもの」（『大法輪』二〇一二年五月号、所収）に加筆したものである。貴重な史料を提供頂いた、淨泉寺住職朝枝三暁師・憲子坊守・裕子前坊守、浄楽寺住職野世渓朝師、上妙寺前住職故河村慶雄師・節子前坊守に深甚の謝意を表したい。

妙好人輩出の宗教的社会機能
―真宗の法座について[1]―

吾勝　常行

はじめに

龍谷大学創立三七〇周年にあたる二〇〇九年六月、龍谷大学大宮学舎において、第十四回国際真宗学会学術大会が開催された。「二十一世紀の世界と浄土真宗――その課題と可能性――」というテーマのもとに、種々の貴重な発表がなされた。私が大変印象的だったのは「浄土真宗と伝道――グローバルとローカル――」と題したパネル発表で、ハワイや北米における真宗伝道の現状と課題について発題されたものである。仏教といえば一般的に理解し受容されているのは「meditation（瞑想）」や「prayer（祈り）」であり、そのような文化的精神的基盤をもつ人々の潜在的ニーズに真宗伝道はどう対応すべきなのか、教学と伝道実践の両面から問われているという厳しい内容であった。この「meditation」や「prayer」は、「practice（行）」であり、その課題を学としてどう位置付けるかが「現場の声」として発題されたものといえる。拙論は、その場で発題された問題意識に触発されたものである。

そこでまず、日本独自の「practice」[2]とは何かを考えた場合、宗教実践の場のひとつとして、真宗法座を挙げることができると考える。なぜなら、真宗法座は日本の文化的精神的基盤により培われたものであり、歴史的にみて数多くの妙好人、すなわち市井に生きる念仏の篤信者を輩出してきた歴史的事実を確認することができるからである。欧米に禅仏教を伝えた鈴木大拙は、一方で「妙好人」をも紹介し、わが国のみならず欧米にも知られるようになった。『宗教経験の事実』（大東出版社、一九四三年）では讃岐の庄松、和泉の物種吉兵衛を取り上げ、『日本的霊性』（大東出版社、一九四四年。岩波文庫、一九七二年）では赤尾の道宗、石見の浅原才市を、さらに『妙好人』（大谷出版社、一九四八年。法藏館、一九七六年）では浅原才市、小川仲造を紹介している。『日本的霊性』の中で、鈴木は日本的霊性の動きを体認し具現した人《にん》[3]を「超個の人《にん》」「一無位の真人」「万象之中独露身」とよび、真宗においては『歎異抄』にあらわれた「親鸞一人《いちにん》」と表現することができるという。真宗の信者はこの「一人」に徹底することにより日本的霊性の動きを体認するのであり、その人《にん》を「妙好人」とよぶのである。

ところでここに一つの疑問が生じる。それは、妙好人輩出の要因とは何かという課題である。[4]日本的霊性の具現化のひとつが真宗を基盤とする妙好人のあり方だとするならば、そのあり方を規定する「practice」とは何か。換言すれば、妙好人への偏見を解くためでもある。その偏見とは、妙好人は「特別な人」であり、普通の人々が持ち合わせていない崇高な信境を得た人という誤解である。それまでの浄土教の歴史に見られなかった、妙好人の輩出という現象を真宗の伝統に生み出した要因について考えてみたい。この妙好人輩出の要因について、柳宗悦はその著書の序文に次のように述べている。

私は縁あつて越中の眞宗門徒の間で暮したことがあるが、私の心をいたく惹きつけた一つの事實は、如何に門徒達が「聴聞」の習慣に濃いかといふことであつた。例へば別院のある越中城端町では、一年中どこかの寺か在家で、説教のかゝらぬ日はないのであつて、早朝からの勤行にも中々熱心なのである。それに昔からの仕来りもあつて、中々信仰の談合が信者間に烈しく行はれる。之を「御示談」といふが、宛ら禅修行者達の問答商量にも比すべき眞劒さで、法談が行はれる。さうしてか丶る地方では、殆どの家にも立派な佛壇があつて、燈明や活花の絶えたことはないのである。又在家で説教師を招いて信徒が集る場合も決して稀ではない。實にかういふ雰囲気が妙好人を生み育てる母體なのを切に感じる。……（中略）……それ故妙好人を個人的天才と考へるより、信者全體が育てたその代表者として考へる方が至當だと思はれてならぬ。妙好人の背後には、實に長い歴史や信心の風習が、深く控えてゐるのであつて、この事は将来信仰の顯揚にとつても、極めて重要な問題を吾々に提起してゐると思はれてならぬ。

（柳宗悦著・衣笠一省編『妙好人　因幡の源左』百華苑、一九六〇年、新版序、一七―一八頁）

この文は、妙好人を生み育てる母体が、柳の眼によって切実に感じ取られている。妙好人輩出の要因とは何か。ここに読み取れるのは、「聴聞」の習慣である。仏法を聞く習慣が、寺院のみならず在家でも盛んに行われている様子である。寺院では説教が、在家では「御示談」と呼ばれる信仰の法談（座談会）[5]が信徒によって熱心に行われている様子が窺える。さらに仏事作法が大事にされ、日常生活と切り離せないこととして受け止められていることがわかる。柳は妙好人輩出の要因について、真宗の信仰に培われた土地の風潮がその必然として生み出すと言った方が適切であるとして、そのような雰囲気の乏しい背景には妙好人が現れてこない事実からもいえると指摘する。

そこで拙論では、この妙好人輩出の要因に注目し、親鸞の教説をうかがいながら、近世における真宗聴聞の形態について考察する。なお近世の妙好人の中から、その代表的人物として和州清九郎を取り上げ検討する。テクストは仰誓撰『親聞妙好人伝』（一巻本）および仰誓撰『妙好人伝』（二巻本）とする。

一　『妙好人伝』と妙好人研究史

「妙好人」の名を世に広く知らしめたのは、江戸中期の西本願寺派学僧で「石州学派の祖」といわれる石見の実成院仰誓であり、[6]その『妙好人伝』初篇である。伊賀上野の西本願寺派明覚寺住持時代に、清九郎など篤信者の言行を十話で編纂したのが『親聞妙好人伝』（一巻本）であり、石見の浄泉寺に移り新たに二十六話を加え再編したのが『妙好人伝』（二巻本）である。しかし今日、仰誓の自筆本は伝わっていない。写本が五本存在することが報告されている。『妙好人伝』の刊行について、仰誓にはその意図がなかったようであるが、仰誓の二十五回忌に子の履善が刊行しようとしたが死去したため、美濃の僧純がこれを刊行した。以下は、江戸時代に刊行された『妙好人伝』（刊行順）である。[7]

①仰誓編・僧純再編『妙好人伝』「初篇」、専精寺蔵版・天保十三年（一八四二）
②僧純編『妙好人伝』「二篇」、専精寺蔵版・天保十四年（一八四三）
③僧純編『妙好人伝』「三篇」、専精寺蔵版・弘化四年（一八四七）
④象王編『続妙好人伝』「初版本」、五梅園蔵版・嘉永五年（一八五二）
⑤僧純編『妙好人伝』「四篇」、専精寺蔵版・安政三年（一八五六）
⑥僧純編『妙好人伝』「五篇」、専精寺蔵版・安政五年（一八五八）
⑦象王編『続妙好人伝』「（改定）補刻本」、文醒堂蔵版・安政六年（一八五九）

さて、『妙好人伝』およびその妙好人研究史において、[8]妙好人像は「付帯的性格」「体制順応型」として評価されることが多い。これは『妙好人伝』刊行の歴史的事情、とりわけ幕藩制崩壊期において真宗教団の事情によるものである。その真宗教団が新しく妙好人に「関心を向けねばならなかった歴史的な事情」、さらに純粋な信仰形態以外に諸種の「付帯的性格をまとって」説明される点について、『真宗史概説』は以下の四点にまとめている。[9] ①真宗信者の典型、②（付帯的物語の内容として）封建的支配への随順と善行、③幕末期農村の宗教的世界を考慮すべき、④本願寺教権を根底からゆるがした大異安心問題への対応。①については「典型」としての真宗信者像について、②は妙好人＝封建制順応者という範疇を打ち出すことにより、真宗教団の社会的基盤を維持安定せんとする意味をもたせ、③は新興宗教の農村における発展、「おかげまいり」などによる農村民衆の宗教的思想的変化と混乱に対応するためであり、④は教権の優位性の失墜と宗学界の混乱に対応して、低位ではあるがもっとも生命的な農民を中心とする妙好人の信仰形態の中に、真宗安心の典型的な姿を求め、もって教団の実際的意義を明らかにするという、「歴史的事情」があったと説明している。そして、「幕藩制崩壊期における農民一揆頻発の数字と対照して考えるべき問題」としつつも、「いわゆる妙好人という概念は、その内面的な他力信仰の躍動、悪人的罪悪感と宗教的歓喜の充実という純真宗的信仰形態を示すばかりでなく、幕藩制崩壊期における社会的・宗教的・教団的な諸種の混濁を時代的背景にもち、それらに対応する性格をまとって、幕末においてはじめて成立したのである」と説明する。また編纂刊行の問題を指摘しつつも、その妙好人像が真宗門徒の「模範的な」姿勢として、いわば社会的要請という「付帯的性格」を担わされていることも指摘されている。[10]

一方、妙好人研究の基礎となる書誌学的研究を進めた朝枝善照は、『妙好人伝』刊行に至る編纂過程について、仰誓に対する誓鎧・僧純・象王・克譲などの「妙好人」観との比較研究という課題を提起した。[11] なぜならば、仰誓撰『妙好人伝』の変質という問題が明らかになったからである。つまり、写本と版本との比較検討である。

この問題について土井順一は、書誌学的研究の上から、西本願寺教団の行った「天保の改革」を指摘した[12]。すなわち天保十三年（一八四二）三月、僧純の手による初篇『妙好人伝』（仰誓撰）刊行は、仰誓が意図した妙好人像の変質を意味すると論証する。土井はまず写本と版本の異同を論じて、僧純が「四恩」、とりわけ「師恩」「国恩」を報恩感謝する妙好人の説話を意図的に収集していることを指摘する。次に版本に意識的に付加ないし削除した事項とは何かを検討し、「師恩」「国恩」の強調、妙好人が東本願寺派であることを隠蔽、在家信者の懇志上納を強調していることを挙げている。さらに写本にはみられないこれらの版本の特徴を挙げることで、僧純の妙好人像とは何かについて、愛山護法、本山崇敬型妙好人に、また領主の恩徳を報謝する国法遵守型妙好人に変質したことを論じている。最後に、僧純がなぜそのような変質を意図したかについて、幕末期の西本願寺教団にそのような妙好人像が要請される原因があるとして、その理由を「天保の改革」と指摘した。

以上、江戸期の『妙好人伝』は明治期以降のものと区別する必要がある。なぜなら、編集事情の違いがあるからで、編者の置かれた立場や時代・社会的背景を考慮する必要がある。江戸期のものは僧職者の編集によるが、この版本にみる僧純の改変問題は、そのことを明らかにしている。歴史的事情にあって、幕藩体制の中では社会的要請へと人々を導くことを意図して編集されたということができる。その背景には、幕府の統制下にあり、教団の財政危機や宗門内の異安心問題、神道や新宗教の発展などがあった。なかでも、社会情勢として当時の廃仏毀釈運動や激しい排仏論への危機意識、さらには石門心学者たちの心学道話による積極的な民衆への道徳教化運動などがあったことは一考すべき問題である[13]。

二　仰誓撰『親聞妙好人伝』の撰述意図

近年の妙好人研究では、『妙好人伝』の成立過程の分析が可能になったといわれる。写本と版本の関係が注目されるようになったからである。土井は仰誓撰『妙好人伝』の成立過程にふれ、『親聞妙好人伝』（一巻本）十話は、仰誓が伊賀上野在住時代に編纂し、三十三歳の宝暦三年中に成立したものと推定する。これに対し、二巻本『妙好人伝』（二十六話）は六十四歳の天明四年の秋には一応成立したと思われるとしている。[14]また朝枝は、新出・浄謙寺所蔵『親聞妙好人伝』および新出・浄泉寺所蔵『親聞妙好人伝』の特色を追究し、『親聞妙好人伝』（浄泉寺文庫蔵）の写真版と翻刻紹介を付録としている。[15]

さて、仰誓の『親聞妙好人伝』撰述意図は何か。その機縁となったのが大和吉野郡鉾立村（現・大淀町鉾立）に住む東本願寺派光蓮寺門徒清九郎である。生前に二度も面談するほど清九郎の信心と、その信境から生ずる生活態度に深く感動したその言行を記しているのである。

その撰述意図について、二巻本『妙好人伝』序文には次のように記している。

つのさはふ石見なる浄泉寺の先師、実成院老尊者、かの正信念仏の人のおほかる中にも、殊にすくれて世の人の規範《キハン》となるへき事の跡しあれは、聞まゝにしるし集めて、親聞妙好人伝となつけられき。後の世の、この法に志ある人の信行を増進すへき便にもか、とのこゝろにこそ。光明大師、分陀利を諒して妙好華とし、人中の分陀利たる念仏者をも、また妙好人と名つけたまふめるによりて、この書《フミ》を妙好人伝と題せられたるなめり。

（真宗史料刊行会編『大系真宗史料』伝記編8　妙好人伝　法藏館、二〇〇九年、三〇頁下段）

「聞ま、にしるし集めて」とあるように、妙好人の言行にふれて思わず記した仰誓の様子がうかがえる。ここに二つの内容が述べられていることに注目される。一つはこの編纂本の書名についてであり、もう一つはこの書の使用法についてである。前者はなぜ「妙好人伝」と名づけたかという問題であり、篤信の念仏者の中でも「殊にすくれて世の人の規範となるへき」人の言行を集めた書であり、その由来を光明大師すなわち中国浄土教の善導の教説に求めている。後者はこの書の使用法について「後の世の、この法に志ある人の信行を増進すへき便」にするためであることが述べられる。仰誓にこの書の刊行の意図はなかったようである。しかし、この二点よりただ記録するだけでもなかったことがわかる。そこでまず一つ目の「妙好人伝」という書名の根拠について、親鸞の教説をうかがうことにする。

二巻本『妙好人伝』序文に記すように、「妙好人」の語は、善導が『観経疏』「散善義」に『観経』「流通分」の「分陀利華」を釈したことにはじまる。『観経』「流通分」には、

もし念仏するものは、まさに知るべし、この人はこれ人中の分陀利華なり。観世音菩薩・大勢至菩薩、その勝友となる。まさに道場に坐し諸仏の家に生ずべし。[16]

とある。この「分陀利華」とはサンスクリット語の puṇḍarīka の音写であり、「白蓮華」を意味する。白蓮華は泥池の中より咲き、かつ泥に染まらず、泥池を荘厳し浄化する清らかな華に象徴される。この文を、善導は念仏三昧の功徳が余の雑善に超絶していることを顕す文として捉えた。したがって、この念仏三昧を行ずる者を「分陀利華」（好華・希有華・上上華・妙好華・蔡華）に譬え、この念仏者を讃嘆する五種の嘉号（好人・妙好人・上上人・希有人・最勝人）の一つとして「妙好人」を説示するのである。

「分陀利」といふは、人中の好華と名づけ、また希有華と名づけ、また人中の上上華と名づけ、また人中の妙

好華と名づく。この華相伝して蔡華と名づくるこれなり。もし念仏するものは、すなはちこれ人中の好人なり、人中の妙好人なり、人中の上上人なり、人中の希有人なり、人中の最勝人なり(17)。

さらに法然は『選択集』「讃歎念仏章」にこの善導の「散善義」を引文し、私釈において問答を設け、善導はなぜ雑善に相対して念仏が超絶すると讃嘆するのかと問うている。この問いに対し法然は、『観経』の真意を善導が顕したのであると答えている。『観経』にはすでに定散の諸善と念仏の行が説かれているが、(定散諸善を廃して)仏が念仏する者を「人中の分陀利華」に喩えて讃嘆しているからだと説示する。法然は「『人中の妙好人』といふは、これ粗悪に待して称するところなり(18)」と示して、念仏の妙好なることは、定散諸善の粗悪に超えすぐれていると念仏を讃嘆している。

さて親鸞の著述において、先の『観経』の「分陀利華」、また善導『観経疏』「散善義」にみる「妙好人」の語が出される箇所を窺うことにする。『教行信証』「信巻」真仏弟子釈および『一念多念証文』には、『観経』も「散善義」もともに出されている。また、『愚禿鈔』下巻には、善導の二河譬を釈するところで「善導和尚は、『希有人なり、最勝人なり、妙好人なり、好人なり、上上人なり、真仏弟子なり』といへり(19)」として、「真仏弟子」の語を出している。また、『教行信証』「行巻」正信念仏偈には、

一切善悪の凡夫人、如来の弘誓願を聞信すれば、仏、広大勝解のひととのたまへり。この人を分陀利華と名づく(20)。

とある。『入出二門偈』には、

煩悩を具足せる凡夫人、仏願力によりて信を獲得す。この人はすなはち凡数の摂にあらず、これは人中の分陀利華なり。この信は最勝希有人なり、この信は妙好上上人なり。安楽土に到れば、かならず自然に、すなはち

法性の常楽を証せしむとのたまへり[21]。

と説示している。この「正信念仏偈」および『入出二門偈』の文はともに阿弥陀仏の本願を聞信することにおいて名づけられたものであり、後者では聞信するところの仏願力により必ず浄土に往生することが仏によって誓われていることが説示される。『末燈鈔』第二通には、

しかれば、この信心の人を釈迦如来は、「わが親しき友なり」とよろこびまします。この信心の人を真の仏弟子といへり。この人を正念に住する人とす。この人は、〔阿弥陀仏〕摂取して捨てたまはざれば、金剛心をえたる人と申すなり。この人を上上人とも、好人とも、妙好人とも、最勝人とも、希有人とも申すなり。この人は正定聚の位に定まれるなりとしるべし。しかれば、弥勒仏とひとしき人とのたまへり。これは真実信心をえたるゆゑに、かならず真実の報土に往生するなりとしるべし[22]。

と説示する。この信心の人を真の仏弟子と名づけ、金剛心をえたる人、妙好人とも申すとして、この信心の人は正定聚の位にすでに定まるがゆえに必ず真実報土の往生を遂げると示されている。このように善導や法然の釈をうけながらも、「妙好人」の意義を親鸞は、仏願力によりかならず真実報土に往生する身に定まった、正定聚の位である「真の仏弟子」として受容していることが窺われる。この点より、先の二巻本『妙好人伝』序文にある、「殊にすくれて世の人の規範となるへき」念仏者を「妙好人」と名づけた意図が明らかになろう。

三　学僧仰誓がみた清九郎のすがた

そこで、学僧仰誓がみた清九郎の妙好人像、すなわち「真の仏弟子」のすがたをうかがってみたい。仰誓の『親

聞妙好人伝』には、まず清九郎の人となりが記された後、「今年寛延二己巳年七十二満ルマテ、行住坐臥、称名退転ナシ。マコトニ希有ノ信者也」と示し、清九郎の念仏よろこぶすがたを記している。その後、清九郎が語ったとされる入信のエピソードが記される。清九郎が樵夫の仕事をしていた時、鶯が二、三羽来て離れないことがあった。その頃飯貝の本善寺で宝物披露があり、蓮如の鶯籠の話を聞く。その折聞いた「鶯は法をきけとさえずる鳥」であることが自分に重なり、「年頃我に法をきけよと鶯が催促し」ていることに初めて気づく。ここに寺院での説教聴聞との接点を見出すことができるのであるが、その後、次のような仰誓の言葉が示される。

サテ〳〵法義ヲ聞クニツケ、本願ノ不思議ナル、仏恩ノ広大ナルコトヲ思ヒ知ラレテ、一念帰命ノ領解ヒラケ、至心信楽己ヲ忘ル、ノ覚悟定ツテ、行住坐臥称名ヲコタルコトナク、起居動静ニ仏恩ヲ念報スルコト、尋常ノ人ニスクレ、更ニ広大勝解者トハカ、ル人ヲコソ称シ玉フナルヘシ。（前掲書『大系真宗史料』一〇頁上段）

この文に、清九郎がなぜ妙好人たり得るのかが示されている。この一点に仰誓の眼がそそがれているが、この文は仰誓の学僧としての言葉であることに注目される。先の「正信念仏偈」にあるごとく、仏のほめたたえる「広大勝解のひと」とは何か、仰誓は清九郎のすがたに驚嘆しているのである。仰誓の眼に映る「如来の弘誓願を聞信」する清九郎のすがたをとおして、仰誓自身が本願他力の不思議なることを味わっているのである。

次の文は、清九郎の言葉として記されている。冒頭の「カ、ル悪人」は、清九郎自身が語った言葉である。これは「一念帰命ノ領解ヒラケ、至心信楽己ヲ忘ル、ノ覚悟定ツ」た悪人として語られる。

カ、ル悪人ノ一念帰命ノ信心ヒトツニテ助玉フ如来ノ御恩ハ、タトヘンカタナク難有シ。此ユヘニ、ソレニ比校《アハセ》テミレハ、御門跡様ノ御言ハサホトニハナキ也、ト答ヘシトナリ。（前掲書『大系真宗史料』一三頁上段）

この言葉は、東本願寺派の御裏方善知識・門跡と面会した後の同行との会話である。僧純の改変したものとは明らかに異なり、善知識の言葉に比べあわせて味わった如来の御恩の有難さを記している。この「一念帰命ノ信心ヒトツ」で悪人清九郎を助けたもう如来の御恩（仏恩）をよろこぶ事例は他にもあり、清九郎が高齢なので川を渡るのに駕籠に乗るよう勧めた時の清九郎の返事や、学僧恭厳との対話の事例などにみられる。両者ともに捨機託法の真実信心を喜ぶ内容である。これらの事例も清九郎にとって日常生活の一場面であり、かつ自身の往生をよろこぶすがたを記したものである。仰誓も清九郎のことを「何ニツケテモ自身ノ往生ヲ喜フコト、マコトニ有難キコト也」と述べている（寛延二年の夏、清九郎との問答）。ここで注目しておきたいのは法談、すなわち清九郎の語りが、寺院や在家という物理的条件を問わず、清九郎のいるところはどこでも法座になり得るという点にある。

次は、盗賊にお金を盗まれた事例である。

清九郎云ヤウ。何ソ嬉シカラサランヤ。ソノユヘハ、盗マル、私モ同シ生質ノ凡夫ナリ。私トテモ盗シカネヌ者ナルニ、今ハ御慈悲カラ盗ムコ、ロモヲコラス、而モ、盗マル、身ニナサレ下サル、コト、誠ニ難有御コト也。（前掲書『大系真宗史料』一五頁下段）

これは、原谷村祐安という同行の家に御示談に行っている最中、留守中の清九郎の家に泥棒が入り、お金を盗まれた場面である。「（盗まれて）どうして嬉しくないことがあろうか」という清九郎の言葉に驚いた人々に、応えた清九郎の言葉である。盗む者と盗まれる者、機が熟せば自分も盗む者になるやもしれないことを語るが、その根拠が「同シ生質ノ凡夫」にある。しかし今は弥陀の慈悲の心に満たされて念仏申す身になっているので、「盗み心がおこらない」と自分の心の内を素直に語るのである。

ところで、親鸞は真の仏弟子を定義するに当たり、『大経』第三十三願文（触光柔軟の願）・第三十四願文（聞名得忍の願）を根拠としている。その光明無量を顕す第十二願成就文には、「それ衆生ありて、この光に遇ふものは、三垢消滅し、身意柔軟なり。歓喜踊躍し善心生ず[23]」とある。ここに説示される光明は三垢、すなわち三毒である貪欲・瞋恚・愚痴を消滅する清浄光・歓喜光・智慧光の三光である。また『高僧和讃』曇鸞讃には次のようにある。

諸仏三業荘厳して　畢竟平等なることは
衆生虚誑の身口意を　治せんがためとのべたまふ[24]

このうち親鸞は「虚誑」に「アクゴウボンノウノココロナリ」と左訓し、「治」の字に「タスクルココロナリ」と左訓している。この意からすると、清九郎は本願の念仏をよろこぶこと、すなわち仏の三業荘厳によって三毒の悪業煩悩に狂わされた身口意の生活そのままにして助けられているといえる。つまり清九郎は、弥陀の慈悲につつまれた自己一致[25]のところを語っているにすぎないことがわかる。また、弥陀の慈悲につつまれるがゆえに、煩悩具足の凡夫をとおしての共感や受容が他者に対してなされることが知れるのである。清九郎の語りは、決して他者に説得しようとしている言葉ではない。むしろ自己自身の心をありのままに語る姿勢であり、その姿勢がそのまま相手とともに弥陀の本願を「聞く（聴聞）」姿勢となる。この「共に聞く」姿勢に驚嘆し、感応呼応したのが仰誓のまなざしであったと窺うことができる。

おわりに

最後に、学僧仰誓の編纂目的とは何か。その目的を、仰誓は自ら記している。清九郎伝の最後に、その言葉で結んでいるのである。

マコトニ本願不思議ノ御力ナラスヤ。誰レノ人モ、急キテ弥陀ヲタノムヘシ。速ニ浄土ニ至ルコトヲ願フヘシ。

南无阿弥陀仏〳〵〳〵[26]。

この文は、先の二巻本『妙好人伝』序文にある「後の世の、この法に志ある人の信行を増進すへき便」と符合する。すなわち学僧として、唱導（説教）のための話題として人々に説き聞かしめた具体的方法である、仰誓にとっては、自ずからの報恩行ということができよう。このことは、寛延二己年春、清九郎に対面した時に記した仰誓自身の言葉である「余リノトフトサニ、ワレヒトリカ、ル難有コトヲ見聞センハ本意ナキ」からもうかがえる。唱導のための話題として利用したことについて、次のように指摘されている。

仰誓の『妙好人伝』や、僧純、象王の続『妙好人伝』等が、写本や板本で流布して行くのも、このような長期間の法要の唱導のために、「話題」として利用されたことがその理由の一つとして存在することも、唱導師の日次記で知ることができる[27]。

清九郎伝にも、「講談」「講釈」といった「唱導」と同義の言葉が使われている。この唱導を行う学僧は摂州小曾根浄光寺主の恭厳のほか義詮、玉潭（左曾村浄光寺）、僧樸の名がみえる。また、寺院も光蓮寺、飯貝本善寺、本寺（東本願寺）、飛驒国真宗寺などの名が挙げられる。このことは、「一年中どこかの寺か在家で、説教のかゝらぬ日はないのであつて」という先の柳の言葉に象徴されている。すなわち、聴聞の習慣が生活の中に機能していることを示すものである。この聴聞の習慣は、次の克譲撰『新続妙好人伝』に掲載された「西田の文蔵の物語」にも明らかである。

同国市木村西田に文蔵ちふ信者《ザ》あり。髪をそりて浄昭と更む。丙戌の八月、浄泉寺唱導の時、年八十一歳。足いたみたりとて、しるべの許に宿して、坐毎に詣テ来《ク》。日中法談終り、男女二三十人と円居《マトヰ》して法話しけるに、歓喜信楽の思ひ自ら色に顕れ、見るさへたうとげなるに、乗《ノル》力なきこのものをのせて下さる御仏の御恩こそいと〳〵尊けれとて称名するざま、他力本願のことはり、たゞ一言に顕れて、すゞろに感涙袖をひたしぬ。(28)（以下略。傍線は付拙者）

この文中には、「唱導」「法談」「円居して法話」の語がみえる。ここに「法話」という語が出るが、「法話」とは同行が本堂か庫裏に残って、夜の法座までの自由な時間に、あれこれと信仰について語りあうことが「法話」と呼ばれていたもののようである。

『蓮如上人御一代聞書』には、蓮如時代の同行の様子が次のように記されている。

尼入道のたぐひのたふとやありがたやと申され候ふをきゝては、人が信をとる……（中略）……なにもしらねども、仏の加備力のゆゑに尼入道などのよろこばるるをききては、人も信をとるなり。

（『真聖全三』五五六頁。『浄土真宗聖典（第二版）』一二六二頁）

これは、仰誓の言葉でいえば「念仏の篤信者の花盛り」の様子である。聴聞の形態でいえば、道場（寺院）もしくは在家で門徒たちが集まって「法談」「御示談」の形を取っていることが推察される。ここに「聴聞の習慣」を読み取ることができる。一つは「唱導」「説教」をタテ糸とし、もう一つは「法談」「御示談」をヨコ糸とする。このタテ糸とヨコ糸の織りなすところに近世真宗において「妙好人」輩出の要因があったと考える。

もう一点、学僧仰誓と共通するところがある。それは蓮如の眼の向けられているところである。ここに示した蓮如の眼は、「一文不通のともがら」が活き活きと仏法を語り合っている世界に向けられていたことは注目すべきことである。すなわち、妙好人輩出の要因として、清九郎をはじめとする篤信の念仏者を見出した学僧仰誓の眼がある。したがって、妙好人輩出の要因には二つある。一つは在家の日常生活において、聴聞の習慣が十分に機能していたこと、もう一つはそれを見出すのに十分な学僧仰誓の眼があったことである。

また、「西田の文蔵の物語」の中に「円居して法話」の語を見出し得た。この「円居して」というのは、カウンセリングの視点から言えば、エンカウンター・グループ形式との関係を考える一つの資料になる。エンカウンター・グループの活用は一つの「practice」であり、真宗伝道における独自の「practice」とは何かを考える一助になろう。

註

（1）拙論は、日本印度学仏教学会第六十一回学術大会パネル発表「妙好人の言葉と行動への現代的アプローチ」において行った論考に加筆修正を施したものである。

（2）「practice」について、ケネス・タナカは「行（修行）」と捉える一方、「繰り返し体得する」「日常生活の重要な一部」という「練習」の意味を指摘している（『アメリカ仏教』武蔵野大学出版会二〇一〇年、一六二頁）。拙論では瞑想行という意味とは区別し、「生活の中の宗教的習慣」の意味で理解したい。

（3）鈴木大拙『日本的霊性』岩波文庫、一九七二年、一六頁。大拙は霊性の意義について「今までの二元的世界が、相克し相殺しないで、互譲し交歓し相即相入するようになるのは、人間霊性の覚醒にまつよりほかないのである」と述べる。

（4）妙好人輩出の要因について、西光義敞は個人的プロセスや、その教化環境や背景に注目するとともに、無数の妙好人を育成してきた伝統的教団・教学の教化能力は、評価されるべきであると述べている（「真宗の現代的展開としての『吉本内観法』――宗教と心理療法に関する一考察――」『仲尾俊博先生古稀記念――仏教と社会――』永田文昌堂、一九九〇年、一〇五六頁）。

（5）児玉識『近世真宗と地域社会』法藏館、二〇〇五年、二〇一頁。「小寄講の在家法談（御示談）」について、他宗他派と比較して小寄講の機能がすぐれているのは、宗教心高揚とともに生産活動促進の場として機能したからであり、同朋同行のごとく、弥陀の救いの平等性においてはじめて可能な機能であることを指摘している。

（6）仰誓（一七二一―九四）については井上哲雄編『真宗本派学僧逸伝』（永田文昌堂、一九七九年、九八頁）を参照。その師僧樸（一七一九―六二）について、龍口明生は仰誓の『妙好人伝』編纂の動機について論じている（「僧樸における真宗門信徒のあり方」『印度学仏教学研究』第五八巻第二号、二〇一〇年、一二三六頁）。

（7）菊藤明道『妙好人伝の研究』（法藏館、二〇〇三年、三四頁）。

（8）『妙好人伝』および「妙好人」研究史については現在、多分野から研究の蓄積・発表がなされている。菊藤はおよそ一〇のカテゴリーに分類している。前掲書（7）一五三頁。

（9）赤松俊秀・笠原一男編『真宗史概説』（平楽寺書店、一九六三年、四一三頁）。『妙好人伝』刊行の背景となった歴史的事情について、林智康も同様のことを指摘している（「妙好人の研究」『印度学仏教学研究』第二九巻第二号、一九八一年、三四九頁）。

（10）福間光超『真宗史の研究』（永田文昌堂、一九九九年、三八頁）。

（11）朝枝善照「妙好人伝研究史の検討」（『印度学仏教学研究』第三〇巻第一号、一九八一年、二五七頁）。

（12）土井順一『妙好人伝の研究――新資料を中心として――』（百華苑、一九八一年、九〇頁）。「天保の改革」とは文政年間末より天保年間にかけて行われた本願寺の借財整理である（『龍谷大学三百五十年史』通史編上巻、二〇〇〇年、三三一頁）。

（13）僧純の仰誓撰『妙好人伝』（初篇）における変質問題について、菊藤明道は「このように僧純は『孝行』を力説したが、その背後には、幕府の孝子顕彰政策や儒者・心学者たちの孝子顕彰運動があり、真宗の立場から応答する必要があったと思われる」と指摘する（「『妙好人伝』における編者僧純の教説」『印度学仏教学研究』第五八巻第一号、二〇〇九年、一七頁）。

（14）前掲書（12）四四頁。

（15）朝枝善照『続妙好人伝基礎研究』（永田文昌堂、一九九八年）参照。

（16）『真宗聖教全書（真聖全）二』六六頁。『浄土真宗聖典註釈版（第二版）』（本願寺出版社、二〇〇四年）一一七頁。

（17）『真聖全一』五五八頁。『浄土真宗聖典（七祖篇）』四九九頁。

（18）『真聖全一』九七二頁。『浄土真宗聖典（七祖篇）』一二五七頁。

(19)『真聖全二』四七六頁。『浄土真宗聖典（第二版）』五三八頁。
(20)『真聖全二』四四頁。『浄土真宗聖典（第二版）』二〇四頁。
(21)『真聖全二』四八四頁。『浄土真宗聖典（第二版）』五五〇頁。
(22)『真聖全二』六六〇頁。『浄土真宗聖典（第二版）』七四八頁。
(23)『真聖全二』一二〇頁。『浄土真宗聖典（第二版）』三三八頁。
(24)『真聖全二』五〇六頁。『浄土真宗聖典（第二版）』五八六頁。
(25) 寺川幽芳は自己開示の定義について「自己開示とは『煩悩具足の凡夫』がそのまま『弥陀の御もよおしにあづかりて念仏申す』という、そのような自己自身のありのままの開示なのであり、換言すれば、それは、弥陀の本願を仰ぐ姿勢の披瀝と解するのが適切であろう。そして、かかる自己開示において、そこに、『共に聞く』という場が成立するのである」とする。『親鸞の思想——宗教心理学の視点から——』(法藏館、二〇〇五年、三六〇頁)。
(26) 真宗史料刊行会編『大系真宗史料』伝記編8　妙好人伝（法藏館、二〇〇九年、一七頁下段）。
(27) 朝枝善照「真宗の伝道に関する一考察——特に唱導・法談・法話について——」(『龍谷教学』第二四号、一九八九年、二二頁)。
(28) 前掲書(26)九四頁下段—九五頁上段。

妙好人を通して見た生命観

新保　哲

一　妙好人

妙好人というのは、親鸞聖人の教えを信奉する浄土真宗のすぐれた念仏行者のことをいう。しかし仏教学者や職業的僧侶はその中に含まれない。市井の名もない篤信の信仰者である。浄土真宗の「三部経」の一つに『観無量寿経』があり、その中に念仏者は人中の分陀利華《ふんだりけ》なりという言葉が見られる。また、中国の唐の時代に浄土教を広め、念仏生活に終始した僧で、七祖の第五とされる善導（六一三―六八一）がいるが、彼が『観無量寿経疏』の註釈を書いている。その「散善義」の中に、次のような文章がみられる。

「『分陀利《ふんだり》』といふは、人中の好華《こうけ》となづく。また希有華《けうけ》となづく、また人中の上上華《じゃうじゃうけ》となづく、また人中の妙好華《みょうこうけ》となづく、このはな（華）、あひつたへて蔡華《さいけ》となづくる、これなり。もし念仏のひとは、すなはちこれ人中の好人なり、人中の妙好人なり、人中の希有人《けうにん》なり、人中の最勝人《さいしょうにん》なり」

そこで分陀利華というのは、サンスクリット（梵語）からきた言葉で、プンダリーカという発音を漢字に写し当てたものであって、白蓮華を意味している。つまり白い蓮の花のことである。周知のように、この花は泥の中から枝葉を水面に伸ばして、美しく咲き出す。しかしドロドロした泥土水の中でも、その泥に決して染まらずに、清浄無垢なあざやかな純白な清楚な美しい花を咲かせる。そういう状態、俗悪な環境の中にあっても、人間にたとえて我々に付随しているむさぼりの心、いかりの心、愚かさといわれるもの、つまり仏教では三毒の煩悩と呼び習わし、善根に害毒を与える貪《とん》・瞋《しん》・痴《ち》の迷い心を、そうした煩悩にも汚染されない清浄な心を持った人のことを、白蓮華の美しさを讃《ほ》めたたえて言った言葉である。正に〈妙好人〉というのは、そうした白蓮華のように清楚で美しい信心を得た人を言うわけである。

次に、日本における妙好人の由来、またミョウコウニンについて触れてみたい。浄土真宗は、特別な修行も必要とせずに、ただ「他力本願」をその教えの根本義とする。それゆえ、ときに「他力本願」の意味が誤解されて使用され、問題となることもあった。たとえば〈本願誇り〉という言葉に意味されるように、それは異安心《いあんじん》の一種で、たとえば阿弥陀仏の本願はいかなる罪悪の人をも救い給うものだから、いかなる悪事を働こうとも、なんらはばかることがない。という居直った邪義の考えに代表されるのである。もちろん、そうした邪道的考えは異端であり、論外である。そもそも真宗では、我々凡夫人であっても、縁のないかに見える愚か者であっても、阿弥陀仏の本願力による救済からけっしてもれることはない。それゆえにこそ、阿弥陀仏の本願のご慈悲は、この凡夫悪人の私を救い取って放さないという自覚を味わうことに真意がある。

ところで一般に仏教における本願は、総願と別願に分けられる。総願はすべての諸仏に共通する願いで、どの仏も必ずこの願いを発し修行し成仏されたのである。そして総願は四つの誓願からなっている。すなわち、衆生無辺誓願度（一切の生きとし生けるものを必ずさとりに至らしめたい）、煩悩無数誓願断（無量の煩悩を断ちつくしたい）、法門無尽誓願学（無限のふかさをもつ仏法のすべてを学び知りたい）、仏道無上誓願成（最上のさとりを成じたい）である。これをいわゆる四弘誓願とよぶ。自ら真実を求めるためのかぎりない願いとともに、現実の苦悩に浮き沈みする他の人々の真の救いを目ざすのである。智慧と慈悲にもとづく願いである。他方、別願とは、おのおのの仏の個性に応じて誓われた願いである。たとえば、薬師仏の十二願、釈迦仏の五百大願、普賢菩薩の千大願、そして阿弥陀仏の四十八願などである。浄土真宗においては『無量寿経』に誓われる阿弥陀仏の四十八願が教えの要であり、とくに王本願《おうほんがん》といわれる第十八願には、「もしわたしが仏になるとき、世に生をうけたすべての人が、だれでも真心から信じ喜び、わたしの国に生まれたいと望んで、ないしはわずか十遍でも念仏するなら、浄土に迎えるようでありたい。もしそれで生まれることができないなら、わたしは仏にならない。ただ五逆の罪を犯したものと、仏の教えを誹謗《ひぼう》するものとは、救いの対象から除く」と仰せられている。ここに浅原才市がひたすら熱心に念仏を称える最大の根拠があった。

親鸞は、主著『教行信証』の「行巻」で「ひとつの証なり」（これが第一の証拠である）として、仏の本願の力によるから、十遍の念仏によってただちに浄土に生まれることができ、生まれることができるから、即座に迷いの世界の輪廻を逸れ、輪廻することがないから、すみやかにさとりをうるのであるといっている。『歎異抄』の「よくよく案ずれば、親鸞一人がためなりけり」という、彼の厳しい長い間の修行の結果として〈他力本願〉の世界に行きついたのであった。そうした親鸞の教えは、行のない真宗で唯一勧められる「聞信《もんしん》」「聴聞《ちょうもん》」によって多くの人々に伝えられて行ったのである。

二　聞信・聴聞

〈聴聞〉は、お寺に参ったり、本堂で聞法したり、名家庭の仏事法要の時などに有難い法話を聴く場合もある。あるいは、日常の仕事場、またはあらゆる場面で「如来の大悲」「親の慈悲」「親様の御恩」を感じとることがある。それらみなが「聴聞」「聞法」となっているといってもよい。とくにそれが妙好人といわれる才市においては顕著に認められるのである。それはあくまで自分の思い、主観をむなしくして、全身全霊を阿弥陀の心に打ち入れて、体全体で感得する行為が〈聞く〉とか〈聞信〉という言葉の真意といえよう。親鸞が『一念多念文意』の中で「きくといふは、本願をききて、うたがふこころなきを『聞』といふなり」と語ることの〈聞信〉の実態を示している。とりわけ真宗においては、往生極楽の信心獲得《しんじんぎゃくとく》――この言葉ほど大切なお示しはない。蓮如の『御文《おふみ》』にたびたび語られている。たとえば「仏智より他力の信心をあたへたまふがゆへに、仏心と凡心とひとつになるところをさして、信心獲得の行者《ぎょうじゃ》とはいふなり。このうへにはただねてもおきてもへだてなく念仏をとなへて、大悲弘誓《ぐぜい》の御恩をふかく報謝すべきばかりなり」と記されている。その際、南無阿弥陀仏の六字のいわれを聞いて信じ心得るのではなく、また聞いたら助かるというのでもない。今ここに聞かしてもらうままが即お助けにつかまえられて与《あずか》っているのであり、じつは「はたらき」である。つまり私が変化して助けられてなるのではない。私がすることもなることも不要である。六字の上にすでに成就されている名号の功徳のはたらきに抱きとられ、迷いがそのままで迷いでなくなっていて、ただ耳を置くままに足りており、私の側からつけ加えるものは何もない。そうした親様のご恩の世界が、才市の日々の念仏の宇宙世界であったのだ――を「きく」ということによって表現せられる。

では〈信心〉とは一体何か。それは疑いをはなれた清らかな心で、阿弥陀仏にしっかり自分を結びつけることを意味する。真宗では信心一つで仏の世界に至るとして、成仏のための修行をあえて否定する。その信心とはじつは阿弥陀仏から与えられた〈他力の信心〉であり、信心を得た後に行う称名念仏は、親鸞も蓮如も強調するように、仏に対する報恩感謝の喜び（信心歓喜）に満ちた心が、ひとりでに思わずいつしか一杯になって口にあふれでるように、歌になり言葉になって吐露表出、噴出してくるのである。才市の歌はまさにそうした阿弥陀仏の宇宙的世界に三昧・興じ・遊んでいる中から生まれたものである。したがって真宗において〈聞く〉ということは、念仏の世界にあって最初であり、また最後でもあるわけである。言い換えれば、その〈聴聞〉とは、宇宙大千世界が即阿弥陀仏の世界であり（才市は簡潔に「せかい《世界》がうれし、せかいがみな、なむあみだぶつ」「あたしやあなたのをて《御手》のうゑにさんぜんせかい《三千世界》わあなたのをて《御手》で、をてにとられてなむあみだぶつ」と歌う）、そうした阿弥陀仏より「聞かれぎり」のものであり、「とどけられぎり」のものである。繰り返しになるが、それは六字の名号の功徳のいわれ、わけを聞かされて考えるものではなく、名号の功徳にあずかって、その念仏の徳の渦中に居て、苦労せず遊び興ずる行為そのものでもあるといったらよいか。とりわけ〈聴聞〉形の典型的な篤信なる者、つまり妙好人と呼ばれる人々は、多かれ少なかれ皆こうした特色を身につけている。

三　妙好人の性格的特異性

「ミョウコウニン」という言葉は、江戸時代の末に本願寺の僧侶仰誓、僧純、象王という三人の学僧によって、篤信者の物語や伝記を一著として『妙好人伝』を編集した、その中に見いだされる。編纂の時期が少し違っているが、大体一五七名の真宗信者の信仰生活の記録が載っているのが本書である。そうしたものは一―二頁のじつに短い簡単な記録に過ぎない。

繙《ひもと》いて読むと、たとえば忍苦の生活を求められる生活状態にあっても、彼らは何らの不平をも訴えない。むしろそれを感謝するという気分が窺える。いわゆる〈法喜法悦〉である。彼らの生活は、「ありがたい」「勿体ない」「かたじけない」などの一連の感謝が強く流れている。いかなる苦も喜びに転じ、生命の躍動を自由に満喫している。たとえば、いくら貧乏しようが苦境にあおうが、不幸にあっても何も気にかけることはなく、いかにも何事も無かったかのように落ち着いた「楽」の境地が見られる。また、学問・知識の追求や論議に重点をおかないで、その無所得の姿、心を率直に在りのままに、自分の持ち合わせの、自分のコトバによって、満足して自由に歌や言葉にする。たどたどしい文字で、誤字・脱字があっても平気であり、己のコトバで、自らの宗教体験を表現する。しかも哲学者、宗門の学者をさえもしのぐ宇宙観・世界観をもっている。たとえば、それは「一文不知の愚《ぐ》とんの身」（法然の『一枚起請文』）とか「無知文盲」あるいは「いなかのひとびとの、文字のこころもしらず」（親鸞の『一念多念文意』）で、社会的地位にもあまり恵まれない階層の中から見いだされる。端的にいえば、侘しい茶室で、浴衣一枚をはおって、安物の茶碗でお茶でも飲んで十分に「くつろいだ」、いわば一種の「ゆとり」を独り楽しんでいる田舎老翁に似たところがある。

そうした妙好人たちの記事を読むと、次のようにいくつかの特色がうかがえるのである。

(1)　生命に対する尊重という点。たとえば、昆虫、植物に対しても人間に対すると等しい慈悲を持っていること。

(2)　謙虚で正直である点。

(3) 自己省察力とその持続性が非常に強い点。
(4) 阿弥陀仏の慈悲に対する感謝感恩の喜びの心が強い点。
(5) 苦を苦とも思わず、苦を楽に変え、清貧に甘んじられる点。

妙好人とは、『観無量寿経』の善導大師の註釈書『観経四帖疏』の「散善義」の中の念仏者を妙好人と呼び、それが元で浄土真宗の言葉の専売特許になったのであるが、問題点は基本中心が信心獲得にあるから、信心決定して、人生と世界に対し透徹した境地を見つけ体験するならば、特別に浄土真宗の信者に限らないとも言ってよかろう。

要するに、念仏に生死の問題の解決を見つけ、念仏によって生死に対処し、ついに念仏法楽三昧に愚どんの如く徹して、全ての価値観が阿弥陀仏の親様の手の中で救われ、安心立命を得て、念仏生活によって生涯を貫いてゆくというすぐれた念仏行者を妙好人と言っているようである。しかし、より広義に解釈して、必ずしも念仏のみによらなくとも、念仏行者が念仏によって達し得たと同等の境涯に達し、もうこれ以後退《ひ》かないという不退の安心満足感に到達し得たなら、それも妙好人と呼んでもおかしくはないと私は思う。世界的な仏教学者鈴木大拙博士は、その著『妙好人』（法藏館、一九七六年）の中において、「或る意味で言えば、キリストもまた妙好人の一人である」と洞察に富む意見を述べつつ、さらに「キリスト教と他力教とは大いに似たところがあって、また大いに異なるところがある。神を父とし、自分を子とするキリスト教は、弥陀を親とし、自分を子とする他力教と、全く同じところを狙っているといわれ得る」と興味深い記述をしている。私は、繊細な感覚をもつ詩人であり、自然の美をたたえたキリスト教の聖人、アッシジの聖フランチェスコ（一一八二―一二二六）も、そうした妙好人の一人に加えたいのである。

法の流れに入れる者
――現生正定聚の原型と妙好人――

井上　尚実

はじめに

浄土真宗の宗祖親鸞は、信心と念仏によって現生に実現する正定聚という在り方の中にこそ、一切衆生に開かれた目覚めがあることを説かれた。そのような目覚めの典型を示しているのが真宗の妙好人である。聞法に励みながら在家生活を送る篤信の念仏者たちの姿は、晩年の親鸞によって強調された「現生正定聚」の具体相といえる(1)。そしてその思想的な源流は釈尊の教えの根本に遡る「法の流れに入ること」に見いだされ、大乗菩薩道にその系譜を辿ることができる。真宗の妙好人は「法の流れに入れる者」の伝統の一つの到達点に位置するということができよう。

これまで真宗学では、正定聚・不退転の思想について、主としてその展開を〈無量寿経〉と七祖の聖教の中に跡づける方向で研究が行われてきたが、本論では、親鸞が『教行信証』行巻において重要な典拠とする龍樹の『十住毘婆沙論』（入初地品）からさらに始源に遡り、釈尊の時代に近い初期経典に説かれる「ソーターパンナ」（パーリ語 sotāpanna, 漢訳では「須陀洹」「預流」「入流」）に注目して考察を進める。まず先行研究によって現生正定聚の原型がソーターパンナであることを確かめた後、その原義の問題について近年のパーリ仏教研究を参照して根本的な検討を加える。パーリ語の「ソータ sota」には、「流れ」と「耳」の両義があり、ソーターパンナは、その両義性を活かした巧みな比喩表現として解すべきことを論ずる。そのうえで初期経典におけるソーターパンナの具体例のいくつかを概観し、「法の流れに入った」というのは、釈尊の説法が「耳に入り、聞が成就して」信が起こり、涅槃への道が啓示された状態であり、それはとくに悩み多く苦しみ深い人々の目覚めとして説かれていることを明らかにする。聞法を通して自らの弱さを自覚すると同時に本願他力の信に生きた真宗の妙好人は、チューラ・ソーターパンナ（cūla-sotāpanna,「小預流」）に比すべき存在であることを論じたい。

一　現生正定聚の原型

現生正定聚の原型が初期仏教のソーターパンナであることについては、すでに大谷派の碩学舟橋一哉が一九四三年の論文「阿含の実践道における自覚の問題」において明確にしている。[2] 親鸞が説く「正定聚のくらい」は、浄土教の教理的枠組みを越えてソーターパンナすなわち「見道・預流」の思想の発展として受けとめるとき、その実践的意義が明瞭になるという結語の指摘は特に重要である。

さて翻って惟うに、見道即無学道たるべき仏教の根本的立場は、三道が分判せらるるに至るその過程にあっても……（中略）……決して忘れられはしなかった。……（中略）……華厳経が幾多聖者の階位を立てながら（三道分判）、しかも「初発心時便成正覚」（見道即無学道に比すべし）と説くのも、この意趣を示すものである。

真宗学における正定（見道）と滅度（無学道）との関係にも、これと同じものがあろう（ここでは修道は信後の相続として把握される）。罪悪生死の凡夫と深信しながら（三道分判）、しかも「如来と等し」と言い、「便ち弥勒に同じ」と説く（見道即無学道）のは、この間の消息を語るものである。この二つは常識の世界にあっては、明らかに相互に矛盾する概念ではあるが、法の世界にあっては、前者は機に約し、後者は法に約することによって、麗しくも調和されているのである。……（中略）……龍樹が見道（初地）の人であるとされていることを、注意しなくてはならない。自らは預流者であるとの自覚に立つ時、その自覚こそは最上のものであったのではなかろうか。私は、これだけで現実的には仏教の実践道の総ては尽くされていると思う。真宗学における正定聚の位も、このような仏教学的基礎の上に見出されてこそ、初めて滅度との関係が仏教学的に明瞭になると信ずる。[3]（傍線筆者）

ソーターパンナすなわち「見道・預流」を実現した自覚者において、仏教真理が初めてその生活に具現するのであり、そこに実践的宗教としての仏教のすべてがあるといえる。それと同じ意味で、真宗の念仏者においては、信の一念に「正定聚のくらい」につくことが、目覚めの始まりであり究極であるともいえる。「煩悩具足の凡夫の无上覚のさとりを得候」[4]という親鸞の言葉は、「法の流れに入った」ソーターパンナと同じ目覚めを指しているものと解釈される。凡夫を繫縛する「はからい」の根が断たれるとき、大悲本願の流れに同化して涅槃に至る生が始まるのである。

ソーターパンナと「正定聚のくらい」が、どちらも仏道における決定的変容を表しており、同一の覚醒の二つの表現と解されることについては、パーリ上座部と真宗を比較研究したジョン・ロス・カーターも「道の生起と信心の発起（The Arising of *Magga* and *Shinjin*）」（一九八七年）の中で論じている。[5] 預流道（sotāpattimagga）における

「道の生起」は、それとともにもっとも根本的な「はからい」である「有身見（sakkāyadiṭṭhi）」「疑い（vicikicchā）」「戒禁取見（sīlabbataparāmāsa）」の三結から解放され、必ず涅槃に至ることが定まるという点で、信心の発起によって正定聚に住することと相同である。戒行慧についてもっともかけ離れた様相を呈するパーリ上座部と浄土真宗という二つの伝統の間に見いだされるこの相同性は、釈尊の時代の仏教の根幹を成した共通の祖型に由来するものと考えられる。

このような祖型を浄土教に関して文献学的に解明したのが藤田宏達『原始浄土思想の研究』（一九七〇年）である。その第六章は実践に関する諸問題を考察し、「往生思想の源流」を精査している。先行する舟橋一哉の研究に拠りながら「四沙門果思想との関係」に着目し、初果「預流」の「決定して正覚に向かう」特性に注意を促している。[6]そこでの考察は二〇〇七年に出版された『浄土三部経の研究』第二章「思想と解釈」に踏襲される。

浄土往生の思想は形態的に四沙門果説に類似するばかりでなく、究極の解脱・涅槃を目的とするという点で思想的に通底する面を持つ……（中略）……。第一果の預流で悪趣に退堕することがなく、正覚に向かうのが決定しているというのは、極楽浄土に往生した者が三悪趣に堕することがなく（無三悪趣願）、正しいさとりの位に決定している（住正定聚願）というのと構造的に類同している。したがって、極楽浄土への往生思想の源流を求めるとすれば、このような四沙門果説の中にたどることができるのであって、これにはおそらく異論はないであろう。[7]

さらに同書の「往生と成仏」に関する考察の中では、来世に浄土に往生して実現するとされた正定聚を現世に引き戻した親鸞の「現生正定聚」について次のように述べている。

親鸞の往生理解における独自性は、伝統的な来世往生に対して、現生正定聚・現生不退転という現世的視座から浄土往生の意義を開顕したことに求められるであろう。……（中略）……浄土往生が現世に信心を得て正定聚に入る時点で定まるとするのは、親鸞の独創的な理解である。現生正定聚の位を不退転に住すると説き、あるいは成等覚・等正覚と呼び、弥勒に同じ、如来と等しと述べる親鸞の提言は、それが涅槃の世界としての浄土への往生に限りなく近いという深い宗教体験を背景としたものであろう。仏教思想史の流れから見ると、もともと釈尊が説いた涅槃は現法涅槃すなわち現世において得られる涅槃であるから、現生正定聚の思想は、いわば現法涅槃の流れに沿って、それを新たな形で提示したものと見ることもできよう。[8]

このように思想の流れをたどるならば、親鸞の説く「現生正定聚」は、浄土教の往生思想の枠組みを越え、その源流と考えられる生天思想と結合した四沙門果思想をさらに遡り、四沙門果の初果「預流」として組み込まれる以前の、現法涅槃を表現した「法の流れに入れるもの」という意味でのソーターパンナにその祖型を求めることができる。この起源の問題については、一九五九年に発表された論文「四沙門果の成立について」の中で藤田宏達が綿密な考察を行っている。[9]とくにそこで指摘されたソーターパンナの原義をめぐる問題はいまだ完全に解明されていないので、次節で少し詳しく検討したい。

二　ソーターパンナの原義

「四沙門果の成立について」の中で藤田が提起した問題は極めて重要である。その後、ピーター・メイスフィールドが『パーリ仏教における聖なる啓示（*Divine Revelation in Pali Buddhism*）』（一九八六年）の中でソーターパンナという術語の意味について同様の問題を指摘し、画期的な解釈を提示しているので、ここではそれも参照しながら考察を進める。[10]

初果を指す名称として「預流」を使う場合にはあまり気に留めないが、ソーターパンナという複合語には教理的に理解しにくい曖昧さ、不安定さがある。原始経典において「流れ（sota）」は、人を苦しめる煩悩の働きを表す比喩として否定的な意味で用いられるのが通例であり、[11]「法の流れに入れるもの（dhammasotam samāpanna）」というように肯定的・積極的な意味で「預流（sota-āpanna）」を用いるのは特異な用語法である。川や海のような「水の流れ」を仏や法の働き、大悲の暗喩とするのは大乗経典に特徴的な修辞であり、[12]釈尊の時代の沙門の場合、たんに「流れに入った」と言えば、それは煩悩の暴流に押し流された苦境の比喩と解された可能性が高い。それではなぜ、涅槃に向かう決定的変容を表す言葉がソーターパンナなのか。この複合語の不自然さ、解釈への抵抗は、四沙門果に組み込まれ、初果の名前となって定着する過程で埋もれてしまった別の重要な意味が存在した可能性を示唆する。

そもそもパーリ語の名詞「ソータ sota」には、「流れ」（Vedic *srotas*, 語根 *sru*「流れる」）と別に「耳」（Vedic *śrotas*, *śrotra*, 語根 *śru*「聞く」）という意味がある。この二つはヴェーダ語やサンスクリット語では発音も綴りも微妙に異なるが、パーリ語では同音同綴異義語である。パーリ語の辞書では、第一義が「耳」であり、「流れ」の方は二義的である。ソーターパンナを「預流」「入流」と訳すのは第二義の方を採っているのだが、その理由は明瞭でない。第一義の「耳」を採って「耳に入った」「（聞く）耳を預かった」「耳を成就した（＝聞成就）」と解して意味が通らないわけではないのである。かえって初果の名前とするのに相応しいとも考えられるし、釈尊が誰かを「ソーターパンナである」と授記する文脈にも適合する。

パーリ仏教の基本語彙を考えてみるなら、「耳」という意味の「ソータ」と同じように語根 *śru*（聞く）から派生したものの方がずっと多い。「声聞（sāvaka）」という語は、もともと出家在家の区別なく「仏の声を聞く者」「聞法者」を意味した。「仏弟子、聖弟子（ariya-sāvaka）」の場合も、仏の「声を聞いた者、聞を具せる者（sutavant）」と形容されるように、その基本的な定義は「聞く耳を持ち、聞を成就した」ということであり、出家は条件となっていない。ピーター・メイスフィールドは、「ダンマソータ（法流）」や「ソーターパンナ（預流）」の「ソータ」も、もともとは「流れ」ではなく「耳」を指していた可能性が高いことを論じているが、その説は釈尊在世時の僧伽の在り方や初期経典における類語の豊かさを考慮すれば十分説得力がある。[13]

以上のように改めて考えてみると、ソーターパンナという複合語は、「ソータ」の両義性を活かした比喩表現として解釈すべきように思われる。リチャード・ゴンブリッチが指摘しているように、釈尊の説法は、一つの語に二重の意味をもたせる懸詞（Skt. śleṣa）など、言葉の多義性を巧みに用いた隠喩・諷喩に修辞的特徴があり、それに気づいて考え理解することが読解の重要な鍵になるのである。[14] ソーターパンナの場合、仏の教えの言葉が「耳に入り、聞いた」という仏道における決定的出来事が根本義であり、その上に、聞くことを通して確かな信が起こり「（法の）流れに入って安住した」という意味が、「ソータ」の第二義に懸けて重ねられている。この比喩には「耳」と「流れ」の両方の意味が活かされており、「法の流れに入ること」は、「仏の言葉を聞くこと」を通して成就されることが示されているのである。ここには梵天勧請を受けた釈尊の伝道宣言、「耳ある者たち（sotavant）は信を起こせ」という願いとの確かな呼応がある。[15] その願いに応えた者の集まりである初期僧伽の文脈においては、仏の言葉が「耳に入り」、信が起こり、法の「流れに入った」者、すなわち仏道にしっかりと立った仏弟子がソーターパンナなのである。

しかし時代が下り、出家と在家が明確に区分される部派仏教の教理体系の中では、この懸詞が表現していた二重の意味の根底は見失われてしまったようだ。詩的な表現や暗喩の曖昧さを嫌う僧院の学僧たちによって、ソーターパンナの「ソータ」は「流れ」の方の意味だけが採られ、「預流」という聖者の道の初果を指す術語として定義され、もっぱらその意味で使われるようになったのである。その後、「耳に入り、聞が成就した」という第一義の方は、上座部の阿毘達磨では忘れられてしまったようである。

「耳」と「流れ」の懸詞を大切に保持し、ソーターパンナの理念を継承発展させたのは、大衆部から大乗へと続く菩薩思想の伝統であった。そこには、多くの人の目覚めのためには「耳」が欠かせないという洞察が共有されていたと考えられる。ソーターパンナがサンスクリット語化される過程において、「流れ」を表す srota- を用いた srotāpanna の代わりに、「耳」を表す śrota- を用いて śrotāpanna と綴られる例が多いことはそれを傍証する。仏教混淆梵語で書かれた大衆部の『マハーヴァスツ』の場合には後者の綴りが通例である。[16] また、瑜伽行唯識派の伝統においても、「法の流れ」(dharmasrotas) と「耳」は懸詞として存続し、菩薩は「法流三昧」(dharmasrotas-samādhi) の中で仏の声を「聞く」とされる。[17] 無着の『摂大乗論』に説かれる正聞薫習説は、「耳」と「流れ」の比喩を統合した精緻な聞法理論である。世間を超えた清浄な心は「最も清浄なる法界の等流せる正聞熏習の種子より生ずる」[18] というように、法の流れとなった仏の教言が、聴聞を通して熏習され、識が転じられていく目覚めの過程を理論化したのである。

より単純にソーターパンナの理念そのものを継承したのが初期大乗の浄土経典『阿閦仏国経』である。阿閦仏の浄土アビラティ（妙喜）の菩薩は「悪趣に堕することがない」「必ず正覚を得ることが決定している」という二つの点で、「この世の預流」と等しいことが強調されるが、それは「即座にさとりを得ることが確定する」という「見道・預流」の特質によって比せられるのであって、四沙門果の初果として相対的段階を比べているのではないことが、釈尊の口から明言されている[19]。近年発見された『阿閦仏国経』に酷似するガンダーラ語初期大乗経典（一—二世紀に遡る古写本）においても、ソーターパンナ（ガンダーラ語 sodavaṇo）の特質に関する次のような教言が確認される。

「阿閦仏〔の妙喜世界〕において懈怠者が四回説法を聞く間にソーターパンナとなるように〔その未来の仏国土においては〕ソーターパンナとなった懈怠者が四回説法を聞く間に漏が尽きるであろう[20]。」

浄土教における「見道・預流」としてのソーターパンナと「耳」で聞くことのつながりは、阿弥陀仏の「名字を聞く」ことによって「正定聚・不退転に住す」という『無量寿経』の「聞名不退」思想の中に発展した形で見いだされる[21]。そこでは「法の流れ」は「名号の響流」すなわち称名の声となり、聞法者の「耳に入り」、信心の発起とともに必ず涅槃に至ることが定まるのである。釈尊がソーターパンナという懸詞によって表現した初期仏教の理念は、『無量寿経』の「聞名不退」思想に基づく称名念仏においてもっとも普遍的な実践性を獲得したと考えられる。

三　初期経典におけるソーターパンナの典型

法を聞くことによって信が起こり、「法の流れに入る」という仏道の基本は、すべての「聞く耳をもつ者」に開かれているところにその大きな意義があった。梵天の勧請を受けた釈尊が「彼らに、不死（甘露）の門は開かれた apārutā tesaṃ amatassa dvārā」と宣言するのは、「不死の法門」が開かれた今、「甘露の注ぎ口」から流れ出る不死《ネクター》の法が「耳ある者たち」の「耳に入り」、多くの人に味わって欲しいという願いの表明である。仏教の淵源にある「不死／甘露（パーリ語 amata, サンスクリット語 amṛta）」という懸詞は、もう一つの重要な懸詞「耳／流れ」

（sota）と一連の暗喩であり、「甘露の流れ」が多くの人に浸透し「耳に入る＝法を聞く」ことを通して生死の苦悩を超克して欲しいという釈尊の願いを伝えている。この釈尊の根本願は、特に「いずれの行もおよび難い」と自覚した非力な修行者や苦しみ多き在家者に、「速やかに生死を離れる」意欲と希望を与え、聞信する者に確かな喜びをもたらした。パーリ初期経典にはそのような実例が数多く見いだされる。以下、点描の形になるが、老・病・死の苦悩からの解放という点で印象的な例を概観してみたい。

（a）年老いた行者ピンギヤ　（『スッタニパータ』第五章、「彼岸道品」[22]）

「わたくしは年をとったし、力もなく、容貌も衰えています。眼もはっきりしませんし、耳もよく聞こえません。わたくしが迷ったままで〔愚かなままで〕途中で死ぬことのないようにしてください。――どうしたらこの世において生と老衰とを捨て去ることができるか、そのことわりを説いてください。それをわたくしは知りたいのです。」　（『スッタニパータ』一一二〇偈）

釈尊に出会いその説法を聞いて帰ったピンギヤは、遠く離れた場所にいて仏を憶念し鑽仰する。

「即時に効果の見られる、時を要しない法（dhammaṃ sandiṭṭhikam akālikam）、すなわち煩悩なき〈妄執の消滅〉（＝涅槃 nibbāna）を〔ゴータマは〕わたくしに説示しました。かれに比すべき人はどこにも存在しません。」　（『スッタニパータ』一一三七偈）

釈尊を讃嘆し憶念し続けるピンギヤは、まさに「法流三昧」といえるような法悦の中で仏の声を耳にする。

「ヴァッカリやバドラーヴタやアーラヴィ・ゴータマが〔仏・法に〕信を起こしたように（mutta-saddha）、そのように汝もまた信を起こせ（pamuñcassu saddham）。そなたは死の領域の彼岸に至るであろう。ピンギヤよ。」

（『スッタニパータ』一一四六偈）

「わたくしは聖者のおことばを聞いて、ますます心が澄む（＝信ずる pasīdāmi）ようになりました。さとった人は、煩悩の覆いを開き、心の荒みなく、明察のあられる方です。」（『スッタニパータ』一一四七偈）

「どこにも譬うべきものなく、奪い去られず、動揺することのない境地に、わたくしは確かにおもむくことでしょう。このことについて、わたくしには疑惑がありません。わたくしの心がこのように確信し解放されていることを、お認めください。」（『スッタニパータ』一一四九偈）

『スッタニパータ』「彼岸道品」の最後を飾るピンギヤの目覚めの姿（一一四六―一一四九偈）は、仏の声を聞いて信が起こり、必ず涅槃に至ることを確信している点で、法の流れに入ったソーターパンナの模範を示しており、現生正定聚の原型ともいうことができる。

（b）王舎城の哀れなハンセン病患者スッパブッダ　（『ウダーナ（自説経）』五―三）[23]

ハンセン病を患い、貧しく哀れな乞食スッパブッダ（Suppabuddha 善覚）は、ある日遠くから大勢の人が群れ集まる場所を見て、美味しい食べ物が配られているのではないかと考え、釈尊の説法の場に行き当たる。そこに食物はなかったが、せっかくだからとスッパブッダは法を聞くことに決める。釈尊は、彼に聞く用意ができていることを見抜いて彼のために法を説く（法話によって教示し、励まし、鼓舞し、喜悦せしめた）[24]。法を聞いたスッパブッダに浄信が起こり、即座に「法眼」を得る。彼はその場で釈尊に願い出て仏・法・僧の三宝に帰依する優婆塞となる。しかし、その帰り道、スッパブッダは子連れの牝牛に倒されて亡くなってしまう。その事故死を釈尊に伝える比丘たちは、彼が死後どうなったのかを尋ねる。

「大徳よ、あのスッパブッダという名前の癩者（kuṭṭhī）は、世尊の法話によって教示せられ、励まされ、鼓舞せられ、喜悦せしめられましたが、すでに命を終えました。彼は何処に趣いたのでしょうか。彼の来世はどうなっているのでしょう。」

それに対して釈尊は次のように答える。

「比丘たちよ、癩者スッパブッダは賢者であり、法を教えのままに実践した。法に関する〔余計な〕質問で私を悩ますようなことはなかった。比丘たちよ、癩者スッパブッダは三結を滅し尽くした預流であり、堕法は滅し、決定して、等覚に趣向している。」

（『サンユッタ・ニカーヤ』五五―二四）[25]

（c）釈迦族の酒飲みサラカーニ

長らく仏に帰依していた釈迦族の優婆塞サラカーニ（Sarakāni 百手）が亡くなると、釈尊は彼が「預流であり、堕法は滅し、決定して、等覚に趣向している」と授記を与える。それを聞いた釈迦族の帰依者たちの間に憤りと不満の声が上がる。

「今や、ここに預流でない者がいるだろうか。もしサラカーニが預流なら、誰でも預流ということになってしまう。」

真面目に五戒を守ろうと努力をしている在家帰依者たちの不平の原因は、サラカーニが不飲酒戒を守れずに酒を飲んでいたことにあった。マハーナーマ（Mahānāma 摩訶男）が代表して釈尊にみんなの疑問を伝えると、[26]釈尊は次のように答える。

「長い間、仏法僧の三宝に帰依した優婆塞が堕処（悪道）に往くようなことはない。三宝に帰依していたサラカーニがどうして堕処に往くようなことがあろうか。」

さらに釈尊は、敏い智慧と堅固な意志をもつ在家帰依者からそうでない人まで段階的に例を挙げ、もっとも智慧がなくて意志の弱い人、三帰依の信が揺らぐことがあるような人でも、「信根・精進根・念根・定根・慧根」が備わっていて如来を信じる者は悪道に堕ちることはないと保証する。(27)

「ここに生えている大きな沙羅の樹たち（mahāsālā）が、もし善く語られたことを聞く耳を持っていたなら、私はこれらの大きな沙羅の樹についてさえ、預流であり、堕法滅し、決定して、等覚に趣向すると記別するであろう。」

（d）疫病で亡くなったナーディカの人々

（『マハー・パリニッバーナ・スッタンタ』大般涅槃経、第二章(28)）

八十歳の釈尊は最後の旅の途上、ガンジスを渡った北岸のナーディカに滞在された。そこでは疫病によって出家在家の多くの人が亡くなっており、彼らがそれぞれ死後どこに趣いたのかについて、一人ひとり名前を挙げてアーナンダが釈尊に尋ねる。生前に断じていた結（繋縛）の数によって不還、一来、預流というように、釈尊は一人ひとり丁寧に記別されるが、このエピソードの要点は段階的な四沙門果の説明ではなく、仏弟子の基本は三結を断じた預流であることを示すことにある。亡くなった大勢の在家帰依者について、「アーナンダよ、ナーディカにおいて死んだ夥しいほどの五百人の優婆塞は、三結を断じて預流になり、堕法は滅し、決定して、等覚に趣向している。」というようにまとめて授記したのち、釈尊は次のように〈法の鏡〉（dhamma-ādāsa）という教えを説く。

「人間は死ぬものだが、自分は死んだらどこに往くのかと皆がブッダに問うのは煩わしい。だから私は〈法の鏡〉という教えを説こう。」

この〈法の鏡〉において釈尊は、帰依三宝によって預流となることを説いている。三宝に帰依し浄信を獲た仏弟子は、法鏡に自身を映し、自ら次のように記別できるのである。

「地獄は滅し、畜生界は滅し、餓鬼境は滅し、苦界・悪趣に堕することは滅して、わたしは預流となり、堕法滅し、決定して、等覚に趣向している。」

〈法の鏡〉において、仏法の特質は次のように表現されており、この定型化した表現はそのまま「現生正定聚」の在り方にも該当する。

「現に体験されるものであり（sandiṭṭhika）、時を必要としないものであり（akālika）、ほらこれだと実感できるものであり（ehipassika）、〔涅槃に〕導いてくれるもの（opanayika）、各自がみずから知るべきものである（paccattaṃ veditabbo viññūhi）。」[29]

このうち初めの二つの形容は、ピンギヤが釈尊の法を讃嘆するときにも使われているが（『スッタニパータ』一一三七、一一三九、一一四一偈）、二番目の「アカーリカ（akālika）」にはとくに注目すべき意味がある。「時間」を意味する「カーラ（kāla）」に否定の接頭辞 a- が付いて形容詞化した表現なので「非時的」「時を必要としない」と訳されているが、「カーラ」には「死」「命終」という意味もあり、初期経典ではその意味に用いられる例も多いので、「死と結びついていない」と解すべきではないかとヨハネス・ブロンクホルストは指摘している。[30] 最終的な解脱が死によってもたらされることを説くジャイナ教とは異なり、仏法の特徴は「死を契機としない」こと、生きている間に実現する現法涅槃（diṭṭha-dhamma-nibbāna）を説くことにあるのである。「死と結びついていない」という「アカーリカ」のニュアンスは、生死出ずべき道に立つ仏弟子の姿を映す〈法の鏡〉の文脈においてたしかに重要である。

（e）聞思する怠惰な怠け者

『ラタナ・スッタ』（『スッタニパータ』第二章、『宝経』）

飢饉により疫病が蔓延し、多くの死者が出たヴェーサーリーの街において、釈尊がアーナンダに朗唱させた『ラタナ・スッタ』（『宝経』）には、ソーターパンナがどのような人々のために説かれたかを示唆する偈文が含まれている。前項に取り上げたナーディカの場合と同様、疫病で多くの人が亡くなり、人々が疲弊している悲惨な情況の中で、希望と安心をもたらし仏道の歩みを励ます教えとして説かれている点に注意する必要がある。

「甚深の智慧をもつ人によって見事に説かれた聖なる法を明らかに知る人は、たとえ大放逸（bhusappamatta）であったとしても、第八の生を取ることはない（極七返生＝預流）。これもまた僧伽における妙なる宝である。この真実の言葉によって安穏あれ。」（『スッタニパータ』二三〇偈）

仏によって見事に説かれた法、真実の言葉に耳を傾け聞思する者はソーターパンナとなり、たとえ自己を律しきれない怠け者であったとしても最高で七回善趣に生まれ変わる間（二十八有の間[31]）に必ず涅槃に至るという釈尊の言葉は、情況に流され放逸怠惰になりがちな意志の弱い怠け者に大きな励ましと希望を与える[32]。

この他にも『サンユッタ・ニカーヤ』の「預流相応」には、多くの例があげられているが、ソーターパンナの四つの要件（四預流支＝①親近善士 sappurisasaṃseva、②聴聞正法 saddhammassavana、③如理作意 yonisomanasikāra、④法随法行 dhammānudhammappaṭipatti）に、その生き方の基本がまとめられている[33]。善き師に出会って親しく教えを受け、正しい法に耳を傾けて聞思し、法に従い教えのままに生きていくというソーターパンナのあり方は、真宗門徒の理想としての「現生正定聚」、聞法に励む妙好人の念仏生活に重なる。

おわりに――親鸞思想および妙好人とのつながり――

小論では、現生正定聚の原型が初期仏教の「ソーターパンナ」であることについて、その原義をパーリ語「ソータ」の「耳」と「流れ」という両義性を活かした比喩表現として検討することを中心に新たな解釈を提示した。そのうえで、初期経典に描かれるソーターパンナが、悩み多く苦しみ深い普通の人々、「煩悩成就の凡夫、生死罪濁の群萠」に開かれた目覚めのあり方であることについて具体例のいくつかを概観して確かめた。

親鸞は、龍樹と曇鸞による大乗経典・浄土経論の解釈を通して、そこに継承されているソーターパンナ（須陀洹）という在り方が現生正定聚の祖型であることを認識し、特別な注意を払っている。『教行信証』の行巻には、龍樹が『十住毘婆沙論』（入初地品）において初果を須陀洹に比し歓喜地と呼ぶ理由を説明する文章を引用し、まとめの自釈では、称名念仏こそがその「即時入必定」（易行品）「入正定聚之数」（曇鸞『論註』）の道であることを確かめている。

初地、何がゆえぞ名づけて「歓喜」とするや。答えて曰わく、初果の究竟して涅槃に至ることを得るがごとし。菩薩この地を得れば、心常に歓喜多し。自然に諸仏如来の種を増上することを得。このゆえに、かくのごときの人を「賢善者」と名づくことを得。「初果を得るがごとし」というは、人の須陀洹道を得るがごとし。善く三悪道の門を閉ず。法を見、法に入り、法を得て堅牢の法に住して傾動すべからず、究竟して涅槃に至る。見諦所断の法を断ずがゆえに、心大きに歓喜す。たとい睡眠し懶堕なれども二十九有に至らず。

（原漢文、『定本教行信証』二五頁）

しかれば真実の行信を獲れば、心に歓喜多きがゆえに、これを「歓喜地」と名づく。これを初果に喩うることは、初果の聖者、なお睡眠し懶堕なれども、二十九有に至らず。いかにいわんや、十方群生海、この行信に帰命すれば摂取して捨てたまわず。かるがゆえに阿弥陀仏と名づけたてまつると。これを他力と曰う。

ここをもって龍樹大士は「即時入必定」と曰えり。曇鸞大師は「入正定聚之数」と云えり。仰いでこれを憑むべし。専らこれを行ずべきなり。（同、六七—六八頁）

さらに証巻の冒頭において「現生正定聚」をあきらかにする自釈には次のように言明している。

煩悩成就の凡夫、生死罪濁の群萌、往相回向の心行を獲れば、即の時に大乗正定聚の数に入るなり。正定聚に住するがゆえに、必ず滅度に至る。必ず滅度に至るは、すなわちこれ常楽なり。常楽はすなわちこれ畢竟寂滅なり。寂滅はすなわちこれ無上涅槃なり。（同、一九五頁）

ここには本論で検討してきた「法を聞いて、その流れに入り」「決定して、等覚に趣向する」というソーターパンナの理念が確かに継承されている。

ソーターパンナの典型であるピンギヤの例やナーディカで説かれた〈法の鏡〉に比べるなら、真宗の妙好人が同じ「法の流れ」に預かっていることは論を待たないように思われる。[34] ピンギヤは、自分が出遇った仏法の素晴らしさを「現に体験され、時を要しない」と讃えて詠っているが、浅原才市（一八五〇—一九三二）も同じように、自分の身に現に浄土が働いている喜びを詩に詠っている。[35]

ありがたや
死んでまいる浄土じゃないよ
生きてまいるお浄土さまよ

なむあみだぶにつれられて
ごおんうれしやなむあみだぶつ
（楠恭・金光寿郎『妙好人の世界』法藏館）

さいちがごくらく　どこにある
心にみちて身にみちて
なむあみだぶが　わしのごくらく
（鈴木大拙『妙好人』法藏館）

「南無阿弥陀仏」に導かれ、お浄土を今、現にその心身に実感する悦びは、ピンギヤの目覚めの喜びと同一のものと言える。『十住毘婆沙論』（入初地品）で龍樹が明らかにしているように、法の流れに入れる者は、みな同じ歓喜を共有するのである。晩年の親鸞が見いだした「現生正定聚」の意義はそこにあるものと考えられる。

註

（1）「現生正定聚」が親鸞晩年を特徴づける思想であることについては、拙稿「現生正定聚と浄土の慈悲（一）――「最後の親鸞」に学ぶ――」『親鸞教学』第一〇四号（二〇一五年）において考察した。
（2）舟橋一哉「阿含の実践道における自覚の問題――見・修・無学、三道説の成立過程を論ず――」『大谷大学研究年報』第二集（一九四三年）二七七―三六三頁（後に『原始仏教思想の研究』法藏館、一九五二年、一二六―二〇三頁に再録）。
（3）同、三六一―三六二頁（『原始仏教思想の研究』二〇一―二〇三頁）。この点について、さらに舟橋一哉『仏教としての浄土教』（一九七三年）第四章「阿毘跋致・正定聚・無生法忍」一〇八頁、一一六―一一七頁を参照。
（4）『親鸞聖人御消息集』二月廿五日慶西宛、『定本親鸞聖人全集』第三巻和文・書簡篇、一五六頁。発信の年は記載されていないが、正嘉二年（一二五八年、親鸞八十六歳）と推定される。

（5） John Ross Carter, "The Arising of *Magga* and *Shinjin*," in *The Pure Land* (New Series) No. 4 (1987), pp. 95-106.

（6） 藤田宏達『原始浄土思想の研究』（岩波書店、一九七〇年）五三一—五三六頁。

（7） 同『浄土三部経の研究』（岩波書店、二〇〇七年）四一二頁。

（8） 同、四三九頁。『浄土三部経の研究』にみられるような「起源にあるものの再来」という解釈を有意義なものとする方法論の問題について、同書に対する下田正弘の書評を参照（『宗教研究』第三六二号、二〇〇九年、二五三—二六一頁）。テキスト内在的な立場からの解釈を支持する下田は、「法然や親鸞が日本の鎌倉期にありながら古代インドにおける浄土経典のほんらいの意義を見出したという、通常なら不自然に響く理解が成立しうる」と述べている。

（9） 同、「四沙門果の成立について」『印度学仏教学研究』第七巻第二号（一九五九年）六九—七八頁。なお『浄土三部経の研究』四一九頁（註九）には四沙門果に関する最近の論文として藤本晃「四沙門果説の成立と構造」（二〇〇五年）が批判的に言及されているが、確かに藤本説はテーラヴァーダの立場に基づくものであり、釈尊が四沙門果をパーリ経典にあるようにまとまった形で説いていたという説は説得力がない。松岡由香子は『仏教になぜ浄土教が生まれたか』（ノンブル社、二〇一三年）の中で、修行者の四果が定義されたのは中期（上座部・大衆部に根本分裂した頃）、「不壊浄」による生天を説くのは晩期（アショーカ王時代以降）と推定している（二四—四一頁）。

（10） Peter Masefield, *Divine Revelation in Pali Buddhism* (The Sri Lanka Institute of Traditional Studies, 1986), pp.130-36, "The meaning of the term sotāpanna."

（11） 釈尊の時代の仏教・ジャイナ教の沙門にとって「水の流れ」を表す ogha や sota は基本的に広く煩悩を指す否定表現であった点については、北條善光「ogha, sota について」（『印度学仏教学研究』第三二巻第一号、一九八三年、一七〇—一七一頁）を参照。また、スティーブン・コリンズはパーリ上座部における比喩的表現の意味を論じた著書の中で「川の流れ」を取り上げ、否定的・肯定的と大きく二つに用例を分類しているが、前者が圧倒的に多い。預流 "stream winner" のように肯定的な用法は限られており、大乗的な傾向をもつ経典の中に見いだされる。Steven Collins, *Selfless Persons: Imagery and Thought in Theravāda Buddhism* (Cambridge University Press, 1982), pp. 247-261. そして、ルパート・ゲティンも実践の道における「流れ」の比喩を取り上げ、諸法 dhammas のあるがままの自然な流れを表しているものと解すべきであるという（これは親鸞の「自然法爾」を連想させる）。R. M. L. Gethin, *The Buddhist Path to Awakening* (Oneworld Publications, 2001), pp. 247-252.

（12）「預流」のように「水の流れ」（雨・池・小川・大河・海洋）を良い意味の比喩に用いる例外的な経典として『サンユッタ・ニカーヤ』五五「預流相応」三八「雨 Vassa」や『スッタニパータ』「ヴァンギーサ経」がある。前者には「功徳大宝海」、後者には「言葉の雨を降らす」など、大乗特有の比喩の原型がみられる。

（13）Peter Masefield, *Divine Revelation in Pali Buddhism*, pp.134-35. ゲティンはメイスフィールドの説について "an intriguing interpretation"「興味をそそる解釈」と注記するが支持してはいない（*The Buddhist Path to Awakening*, p. 251, fn. 87）。上座部の注釈文献に精通した学者にとっては、そこに例がないため抵抗のある解釈である。

（14）Richard F. Gombrich, *What the Buddha Thought* (Equinox, 2009), p.6. この点については、拙稿「信の仏教の系譜――『スッタニパータ』「アーラヴァカ経」「ヴァンギーサ経」に描かれる「信」の原風景――」『大谷学報』第八九巻第二号（二〇一〇年）二―七頁において論じた。

（15）藤田宏達「原始仏教における信の形態」（『北海道大学文学部紀要』第六号、一九五七年、六七―六九頁、神子上恵生「インド仏教における言葉による宗教的真理の伝達の問題――大悲と諸仏とのコミュニケーション――」（『印度哲学仏教学』第二〇号、二〇〇五年、一四―三七頁）、および広沢隆之「根源より流れ出るもの」（『現代密教』第一一・一二合併号、一九九九年、六一―七九頁）を参照。

（16）Franklin Edgerton, *Buddhist Hybrid Sanskrit Dictionary*, vol.II, p. 615: Mv I, 103,13 (prose), 175,1 (śrotāpatti-phala).

（17）法流三昧における聞法については、小谷信千代『大乗荘厳経論の研究』（文栄堂、一九八四年、一二〇―一二三頁）を参照。『大乗荘厳経論』第一四章第三偈に説かれる世第一法位の法流三昧は、預流と同様、仏道を歩む行者に決定的な変容が起こる場であり、その名称は「法流」と「法耳」の懸詞と解される。「法門流三昧 dharma-mukha-śrotas-samādhi」（小谷、一二〇頁）とも呼ばれるが、その場合の mukha-śrotas は「口」と「耳」、「注ぎ口」と「流れ」の懸詞になっていることに留意すべきである。三昧の中で教言（甘露 amṛta）が「（仏の）口から流れ出し、（聴聞者の）耳に流れ入る」イメージが喩となっている。「聖教」が仏の声として到来する（āgama 阿含）三昧である。アサンガ（無着）は、法流三昧の中でマイトレーヤ（弥勒）から『瑜伽師地論』や『現観荘厳論』『大乗荘厳経論』『中辺分別論』等を教授されたと伝えられるが、それはマイトレーヤの「口」から注ぎ出る甘露の流れを「耳」によって飲み味わったという比喩によって讃えられる（プトンが引用するジナプトラ（最勝子）『瑜伽師地論釈』帰敬偈のオーバーミラーによる英訳と解説を参照。E. Obermiller, *History of Buddhism in India and Tibet by Bu-ston*, II, pp. 141-42)。ツォンカパも『善説金鬘』(*Legs bshad gser phreng*) において、アサンガは法流三昧の中でマイトレーヤから特別な教授を受けたと説明している (James B. Apple, *Stairway to Nirvāṇa: A Study of the Twenty Saṃghas based on the Works of Tsong kha pa*, State University of New York Press, pp. 26-27, 56-58)。

(18) 『大正大蔵経』第三一巻一三六頁下段（玄奘訳）、一一七頁上段（真諦訳）。長尾雅人『摂大乗論――和訳と注解（上）』（講談社、一九八二年）二一九頁参照。

(19) 『大正大蔵経』第一一巻七六〇頁上段（支婁迦讖訳）。佐藤直美『蔵漢訳『阿閦仏国経』研究』（山喜房仏書林、二〇〇八年）一一九―一二二頁、金子大輔『阿閦仏の研究』（龍谷大学博士論文、二〇一一年、六〇―六二頁）参照。

(20) Ingo Strauch, "More Missing Pieces of Early Pure Land Buddhism: New Evidence for Akṣobhya and Abhirati in an Early Mahayana Sutra from Gandhāra." *The Eastern Buddhist* 41(2010), pp. 57-59.「四回の法の説示を受ける間に」(cauṭhadharmadeśaṇae) という表現は、それより短い一回から三回の説法で悟りを得てしまう者に不還・一来・預流果をあてる階位説を暗黙の前提としているが、このガンダーラ語経典の場合、他の三つの位を抜かしてソーターパンナ (sodavaṇo) のみに言及している点が重要な意味をもつ。『阿閦仏国経』の対応する箇所において、阿閦如来が第一説法で須陀洹道を証させ、第二で斯陀含、第三で阿那含、第四説法で阿羅漢道を証させるというのは、仏の説法の勝れた力を示す独自の教説である（『大正大蔵経』第一一巻七五七頁上段）。

(21) 初期〈無量寿経〉から魏訳『無量寿経』にいたる「聞名不退」思想の発展に関しては大田利生『無量寿経の研究――思想とその展開――』（永田文昌堂、二〇〇〇年）第三章「〈無量寿経〉における聞名思想」を参照。

(22) ピンギヤの例については、すでに拙稿「ただ念仏の原型――『スッタニパータ』「彼岸道品」に謳われる念仏と信心」『親鸞教学』第九一号（二〇〇八年）一五―三六頁で詳しく考察した。ここではソーターパンナ（現生正定聚）を表現していると解釈できる部分を抄出した。和訳は岩波文庫『ブッダのことば――スッタニパータ』の中村元訳を参照し、一一四六偈の mutta-saddha, pamuñcassu saddham については、その解釈を根本的に修正した。

(23)『南伝大蔵経』第二三巻『自説経』蘇那長老品（五―三）一六二―一六七頁。

(24) 釈尊の法話が人を目覚めさせる力を持つことを表す使役形動詞を連ねた定型表現（パーリ語では dhammiyā kathāya sandassesi, samādapesi, samuttejesi, sampahaṃsesi）。この同じフレーズはインド社会において差別を被る境遇にある在家者が釈尊の法話を聞いて目覚めていく場面にしばしば用いられる。ハンセン病者スッパブッダの他に、牛飼い（『ウダーナ』四―三）、鍛冶屋チュンダ（『ウダーナ』八―五）、遊女アンバパーリー（『マハー・パリニッバーナ・スッタンタ』二―一五）などの例がある。この使役形動詞定型句の梵語化されたものが、「大乗 mahāyāna」という術語の最初期の用例といえる『八千頌般若経』第一一章の文脈に使われていることは注意されるべきである。そこには「退転することなき乗り物である大乗 avinivartanīyayānam mahāyānam」という、「正定聚」について考察するうえできわめて重要な言葉が出てくるが、その大乗に進み入り不退転となることを願って、如来は、菩薩大士たちに対して智慧の完成（般若波羅蜜）を「教示し、促し、励まし、喜ばせ、安定させ、確立させる」（prajñāpāramitāyāṃ saṃdarśayati samādāpayati samuttejayati saṃpraharṣayati saṃniveśayati pratiṣṭhāpayati）と説かれている（P. L. Vaidya, ed., *Aṣṭasāhasrikā Prajñāpāramitā*, p.118. 梶山雄一訳『大乗仏典2 八千頌般若経Ⅰ』中央公論社、二九三頁）。さらに第一七章「不退転の形状としるしと証拠」にも同じ使役動詞定型句が用いられる（Vaidya, ed., p. 162. 梶山・丹治『八千頌般若経Ⅱ』一〇九頁）。このフレーズは、仏陀の教言が人を目覚めさせる力に重きをおき、聞法を大切にする「他力」思想の指標と言うことができる。

(25)『南伝大蔵経』第一六巻下「預流相応」二六六―二七四頁。漢訳『雑阿含経』巻三三〔九三六経〕（『大正大蔵経』第二巻二三九c―二四〇b）参照。

(26) 三宝への帰依（不壊浄 aveccappasāda）の他に、戒を守る「聖戒成就」が預流の要件となるかどうかということが、在家僧伽で問題となっていた。釈迦族のゴーダー（Godhā 沙陀）は「三帰依で預流」という立場、マハーナーマは「三帰依に加えて持戒」が必要という立場を代表して釈尊にどちらが正しいか尋ねる経典がある（『サンユッタ・ニカーヤ』五五―二三、『大正大蔵経』第二巻二三九頁中下段）。そこでは釈尊はマハーナーマを支持しているが、サラカーニの例や〈法の鏡〉に照らすと、三帰依が基本であったと思われる。この問題に関するテーラヴァーダの立場からの考察は以下を参照。藤本晃「三預流果支はありえるか」（『悟りの階梯――テーラワーダ仏教が明かす悟りの構造――』サンガ、二〇〇八年、二三八―二四三頁）。

（27）『サラカーニ・スッタ』を英訳したモーリス・オコーネル・ウォルシュは、最後の例に注記して次のように述べている。「多くの人にとって心強い励ましのメッセージである。後の注釈文献はこの信のみのグループを「小預流」（cūla-sotāpanna）と呼んでいる。……ここにみられる信の強調は、後の浄土教の発展、とくに日本の浄土真宗との関連で興味深い。」"Sarakāni Sutta: Sarakāni (Who Took to Drink)" (SN 55.24), translated from the Pali by Maurice O'Connell Walshe. *Access to Insight (Legacy Edition)*, 11 June 2015, http://www.accesstoinsight.org/tipitaka/sn/sn55/sn55.024.wlsh.html.

（28）和訳は岩波文庫『ブッダ最後の旅――大パリニッバーナ経』の中村元訳を参照。

（29）〈法の鏡〉とこの定型句の和訳について、下田正弘『パリニッバーナ　終わりからの始まり』（ＮＨＫ出版、二〇〇七年、五二―五四頁）を参照。

（30）ヨハネス・ブロンクホルスト Johannes Bronkhorst, "Akālika in the Buddhist Canon," in *Studien zur Indologie und Iranistik* 10 (1984 [1985]), pp. 187-90.

（31）「極七返生」（パーリ語 sattakkhattuparama）は「二十九有に至らず」と同義。人間が天界に生まれ、再び人間に生まれるまでの一回の再生のサイクルに「中有」が二回入り（人としての生存→中有→天としての生存→中有）、合計四有で「一返生」となるので、七返生は二十八有となる。

（32）「なまけること、おこたること」を意味する「放逸、懈怠、懶惰・嬾惰」（パーリ語 pamāda, pamatta, kusīta：サンスクリット語 pramāda, kausīdya）は、つとめること、意志的努力の継続ができない人間の弱さを表す言葉であるが、「預流（ソーターパンナ）」はそのような人々にまで開かれているという形でソーターパンナの特性を示す文脈にしばしば用いられる。『スッタニパータ』第二三〇偈はその初期の用例である。このように、法の流れに入ること、聞法・聞信することが、放逸懈怠の自然な対治となるという考えは、大乗浄土教の伝統に受け継がれる。浄土教の救済論は、「放逸懈怠」という随煩悩の根深さに対する認識と、怠け者をも摂め取る大悲の広大無碍な働きに対する確信に特徴がある。前出の『阿閦仏国経』に先行するとされるガンダーラ語初期大乗経典写本には「預流となれる懈怠者 kuṣido bhoti sodavaṇo」という表現が確認され、龍樹『十住毘婆沙論』は初歓喜地に関して、たとえ「睡眠嬾惰」「懈怠」であろうとも、須陀洹道のように、必ず涅槃に至ることの確信によって傾動しない特性があることを強調している。『大乗荘厳経論』は、浄土教の念仏が「懈怠障の対治」であることを「別時意」として次のように説く。「為対治懈怠障故（kausīdyāvaraṇasya pratipakṣasaṃbhāṣā）。大乗経説若有衆生願生安楽国土、一切当得往生。称念無垢月光仏名、決定当得作仏」（『大正大蔵経』第三一巻六二一頁上段、Sylvain Lévi, *Mahāyāna-Sūtrālaṃkāra: exposé de la doctrine du Grand Véhicule*, p.83, l. 22-25)。同じように無着『摂大乗論』は別時意に関して「譬如有説。若人誦持多宝仏名。決定於無上菩提不更退堕。復有説言。由唯発願於安楽仏土得往彼受生」（同、一二二頁中段）と述べ、世親『摂大乗論釈』は、この教えは「嬾惰者」「懶惰障」のある者を導くための方便説であると注釈している（同、三四六頁中段、一九四頁上段）。親鸞の「仏智無辺にましませば散乱放逸もすてられず」（『正像末和讃』三六首目）、「智慧もなく、精進のみにもあらず、鈍根懈怠のものも専修専念の信心をえつれば、往生すとこころうべしとなり」（『尊号真像銘文』『定親全』第三巻六四頁）という言葉は『スッタニパータ』第二三〇偈以来の「放逸懈怠」の者の目覚めを念頭においた仏教の伝統に立つものである。

(33)『サンユッタ・ニカーヤ』五五―五〇。和訳は『南伝大蔵経』第一六巻下「預流相応」三二四頁、漢訳は『雑阿含経』巻四十一（一一二五経）（『大正大蔵経』第二巻二九八c）を参照。同じ四つの「預流支」(sotāpattiyaṅga)は、『サンユッタ・ニカーヤ』五五―五（サーリプッタ）にも列挙されている。『南伝大蔵経』第一六巻下「預流相応」二二七―二八頁、漢訳『雑阿含経』巻三〇（八四三経）（『大正大蔵経』第二巻二一五b）参照。なお、この「四預流支」は預流となるための生き方、実践の基本を示すものであり、預流（果）の定義に関わるもう一組の「四預流支」（三不壊浄に「聖戒成就」を加えたもの〔前註26参照〕）とは区別される。この点についてはビック・ボーディによる以下の英訳注を参照。Bhikkhu Bodhi, *The Connected Discourses of the Buddha: A Translation of the Saṃyutta Nikāya* (Wisdom Publications, 2003), p. 1955, note 325.

(34) ソーターパンナと妙好人の共通性については、藤本晃「『妙好人』源左は預流果に悟っていたか」（『浄土真宗は仏教なのか』サンガ、二〇一三年、三六一―四〇六頁）を参照。

(35)　菊藤明道『妙好人の詩』（法藏館、二〇〇五年、六五―六六頁）を参照。

妙好人六連島お軽の歌
――絶望と歓喜――

石田　法雄

はじめに

弘化四年（一八四七）、江戸時代後期の僧純編による『妙好人伝』にお軽の歌が収められている。在世中に妙好人として掲載されたのは彼女一人だけで、お軽四十七歳の時であった。[1]それゆえに、お軽が生きていた時に彼女を訪れるお同行の数は少なくなかった。お軽の五十六年の生涯は、若き頃経験した人間苦を糧に、それを乗り越えた宗教体験としての「絶望と歓喜」であった。小さな六連島の田畑の多くは坂にある。お軽は畑仕事をしていた。弥陀の御恩を思い起こすと、言葉が場所をかまわず溢れ出てきた。手に持っていた鍬を放り投げてお寺の住職のところに駆けつけ、「御院家さん、御院家さん、歌ができました」と息絶え絶えに歌った。[2]

（ご恩おもえば）
重荷せおうて山坂すれど

御恩おもえば苦にならず[3]

お軽の「絶望と歓喜」の宗教体験は、宗教心理学者ウィリアム・ジェイムズがいう「病める魂 the sick-soul のタイプ」に当たると理解される。[4] ジェイムズ的にいえば、緩やかに漸進的に深い回心の世界へと覚醒していく「健全な心 healthy-mindedness のタイプ」とは異なる。「病める魂のタイプ」は、ある時急劇的、突発的に覚知するというもので、本論ではそのようなお軽の宗教体験を取り上げる。[5] お軽には、生来の気性の激しさと勝気な性格ゆえ苦しみ悩み抜いた末たどり着いた「大いなるもの」との出遇いがあった。自己（人間）の本性を知らしめられ、自然《じねん》に自己を投げ打っていく逆対応し呼応している「絶望と歓喜」の世界を、本論において検証する。

一　出遇い

お軽は享和元年（一八〇一）、山口県下関市沖にある六連島に大森岩吉の次女として生を享けた。幼い頃からの勝ち気で男勝りな激しい気性は、六連島の青年たちには受け入れられず、それにより悩みも多かった。姉は幼少のころ他界していたので、お軽は十九歳の時に家系を継ぐため、二十八歳の幸七を養子として迎え入れた。一般的に十三、十四歳で嫁いでいたとされる当時では晩婚であった。お軽は貞淑な妻として幸七に尽したが、幸七はサツマイモなど野菜の行商で戸畑（北九州市）や下関に出かけても仲間と一緒に帰宅せず、お軽を裏切るようになっていった。幸七の仲間も口を合わせてお軽にはそのことを隠していた。お軽がそれを知った時、お軽は嫉妬に苦しみ悩み、どうしようもない憤りを感じた。二人の子供をつれて命を絶とうとしたが、それもできなかった。生きることも苦しい、死ぬこともできない。それは人間苦であった。

悩んだあげく、お軽は島に唯一あるお寺、西教寺の門をたたいた。住職である西村現道師に思いのすべてを打ち明けた。しかし、住職はお軽の性格を知っていたので、お軽に「おまえの主人は前世でおまえがしたことをやっているまでだ。実際、幸七の不貞はおまえにとってよかった。そうでもなければ、寺などに来ることはなかっただろう」と言った[6]。

お軽はこれに激怒し、寺を飛び出した。住職はなんと不合理なことを自分に言うのかと、腹の底からさらなる怒りを覚えた。しかし、これによりお軽は初めて自己を省みるようになっていった。幸七ではなく、自分を見つめ始めた。

わけもわからないままに、お軽は住職のもとに帰っていった。そして、話を聞くようになっていった。お軽は素晴らしい人に出遇った。

それから、お軽の求道が始まる。

こうも聞えにゃ聞かぬがましよ
聞かにゃ苦労はすまいもの
聞かにゃ苦労はすまいといえど
聞かにゃおちるし聞きゃ苦労
今の苦労は先での楽と
気やすめいえど気はすまぬ[7]

一字たりとも読み書きが出来ないお軽の歌や手紙は、現道住職が筆録したものである。

二　聴聞

勝気で何事にも熱心なお軽はそれ以降聴聞の道に入った。時には島を離れ、船で各地を廻ったりした。島人たちは、当初お軽のそのような熱心な態度を冷ややかに眺めていた。お軽は、それでも現道師より教えを受けた。この世の無常なること、自己のエゴの強いこと、思うようにならないという心が苦の根源であるということなど。しかし、それゆえに弥陀の本願がましますということを貪るように聞いた。少し分かってきたかと思うとすぐ分からなくなる。だが、それらを繰り返す。詰まるところ自分の力では分からないのではないか、ということが分かりかけてきた。

迷いとは、自分が迷っているということが分かっていないことである、と気づき始めた。

お軽が三十五歳の時、病に伏し意識を失い昏睡状態に陥った。医師は、お軽はそう長くはないと告げ、家族は数日間不安と悲しみに落ち込んでいた。

ところが、お軽は蘇った。現道住職を求めた。「御院家さん。御院家さん」と、呼び続けた。その時、住職は島を離れ鹿児島に出向いていた。長男の逢山師が駆け付け、お軽は非常に喜び、病状は回復に向かった。

現道住職が帰ってきた時、お軽はこのうえもなく喜び、住職に思いのままを打ち明けた(8)。自己の我執の強いこと、そしてこんな自分だけれど、いやこんな自分だからこそ阿弥陀さまがいらっしゃるのだと、現道住職に打ち明けた。住職の喜びもひとしおなものであったであろう。

三　お軽の歌

お軽が目覚めたのをみて現道師が喜ぶなか、お軽が初めて歌を詠んだ。言葉が自然に湧き出てきたのであろう。お軽が三十五歳のときであった。

聞いてみなんせまことの道を
無理な教えじゃないわいな
まことききくのがおまえはいやか
なにがのぞみであるぞいな(9)

お軽がこのような自由な境地に至るまで、さまざまな道のりを経てきた。お軽は、自己のはからい（自力）との戦い、さらに、獲得したものをさらに捨てていく大いなる世界（他力）へと導かれていった時のことを、後で歌っている。

どうで他力になれぬ身は
自力さらばとひまをやり
わたしが胸とは手たたきで

たった一声聞いて見りゃ
この一声が千人力
四の五の云うたは昔のことよ
じゃとて地獄は恐ろしや
なにも云わぬがこっちのねうち
そのまま来いよのお勅命
いかなるおかるも頭がさがる
連れて行こうぞ連れられましょぞと
往生は　投げた〳〵(10)

四　無常観

お軽が目覚めに至った条件の一つに強い無常観があげられる。

宗教学では、人間を、生活活動をいとなむ有機的な個体としてとらえる。その人間の生活活動の原動力になっているものを「欲求 need」とよぶ。欲求というのは人間を行動にかりたてる基本的な総称である。「欲求」が「生起」し、それが「充足」されると問題は「解消」される。しかし、科学とかテクノロジーがいかに発達しようとも、解消されない「人間の問題」がある。(11)

無常観（死の問題）と罪悪感（罪意識）がそれであり、宗教はそこに踏み込んでいく。医学がいくら進歩しても、たとえば寿命が二十年延びたり若返りが可能となったりしても、この世の「ことわり」として永遠に生きることはできない。

また、人は永遠に生きるということをも拒否するであろう。まず永遠に生きるということ、永遠にこのままであるということ、それはありえないし理解もおよばず、恐怖に襲われる。

死もまた恐怖である。このような存在苦が「人間苦」として人を悩ませる。死ぬことも出来ず、生きることも出来ないこのスパイラルに落ち込むと、人は存在の意味が分からなくなり、生きる場を失う。未来がみえず、今における「生活の営み」が色あせてくる。しかし、今を支える未来を見出すと、人は蘇ってくる。

お軽は、嘉永三年（一八五〇）二月三日に下関市新地町の信田清七氏方へ奉公した三男亀吉（十五歳）へ手紙を送っている。

兎角お慈悲を喜ばしゃんせ
永い浮世と思わぬことぞ
亀は萬年の寿命と聞けど
私もそなたも身は不定
今は一夜のかりの宿
やがてたがいの親里へ
かえるあいだの身のつとめ[12]

五　絶望と歓喜

絶望と歓喜は逆の現象である。しかし、この二つは逆対応的に呼応していてコインの表と裏のようなものである。表と裏でもって一つとなっている。悩みが大きければ大きいほど、それが解決・解消したときの喜びはそれに応じて大きい。

しかし、自己は往々にして、当然のごとく苦労や悩みを避け、そこから逃げようとする。当然自己の許容力を越している「問題」には、無理をせず逃避（escape）の形を取ることも重要である。しかし、つねに避けてばかりいて逃げ続けていると、麻痺状態になり、負のサイクルから脱出できなくなる。あるいは、それにすら気づかずにいることがある。

これは生きていくうえにおいて、一面自己防衛的なありかたであるかもしれないが、「自我にしがみつき孤立した世界」からの脱却を許さない世界にのみ生きていくことになるといわれる。

親鸞は『一念多念文意』に、「凡夫」といふは、無明煩悩われらがみにみち〳〵て、欲もおほく、いかりはらだち、そねみねたむこころおほくひまなくして、臨終の一念にいたるまで、とどまらず、たえずと……」と述べている[13]。

人は、このような自己（人間）の本質的な姿に目覚め直面するとき、「大いなるものとの出遇い」があり、蘇る。これは自己の「はからい」ではなく、森羅万象自然《じねん》により自己が解き放たれる。我がはからいではなく、弥陀の本願そのままが私にたまわっていると「わかり」、そして、それは気がついていなかったときから「ずっとそうだったのだ」、とさらにわかる。
お軽はかぞえうたを歌っている。

〈お軽のかぞえうた〉
一つとえ―
一人の娘をたすけんと　父母様は　ごかん難〱
二つとえ―
ふたたび名のりのしるしには　御六字様を　御拝領〱
三つとえ―
みすみす娘を古里に　返しはせぬとの　御誓願〱
四つとえ―
よう〱娘は顔をあげ　こういうこととは　知らなんだ〱
五つとえ―
いつ参りても花の旅　観音勢至に　誘なわれ〱
六つとえ―
娘は聞いてたちあがり　のうお母様か　なつかしや〱
七つとえ―
何にも知らぬ娘ゆえ　なぐさむ親の　ものあんじ〱

八つとえ―
やみじとぼ〳〵かちはだし　此娘をば　花車〳〵
九つとえ―
これほどまでの御養育　朝夕二度の　御礼まで〳〵
十つとえ―
とう（昔）から名のりがあるゆえに　憂き艱難は　させぬぞと〳〵(14)

絶望と歓喜は表面上の事象としては相反しているようにみえるが、本質的には逆対応している一つの同じものである。絶望なくして歓喜はなく、歓喜は絶望のなか成り立つ。絶望とともに歓喜がやって来て、絶望を根っことして歓喜が顕現してくる。時《とき》そのものは流れず、認識が「絶望と歓喜」を今に誘う。

六　二種深信

善導は『観経』に説かれている至誠心・深心・回向発願心の三心の内、第二の深心を二種に分けている。親鸞はそれを受けて、『教行信証』の信巻に、「深心というは、これすなわち深信の心なり。また二種あり」といっている。

一つには決定して、「自身は現にこれ罪悪生死の凡夫、曠劫より已来、常に没し常に流転して、出離の縁あることなし」と信じる。

二つには決定して、「かの阿弥陀仏の四十八願は衆生を摂取して疑いなく慮りなくかの願力に乗じて、定んで往

逆対応するなか、信心の両面を表しているものである。

生を得」と信じる。[15]

一つは「機の深信」で、あと一つは「法の深信」である。これら二つの深信は別のものではなく、逆対応するなか、信心の両面を表しているものである。

目覚め（覚知 *buddha*）には、これら二つの要素がよくみられ、同時に具わっている。

そこで、機の深信だけでは、人はニヒリスティックになり、自己破壊的になりがちである。たとえば、知に甘んじ無常を飾り、法を求めることが欠落している一部の哲学、純文学等に、ときにみられる。他方、法の深信だけでは、自己を見つめる英知を損ない、宗教をただ利用しているだけのようになる。

親鸞は『正像末和讃』の愚禿悲歎述懐で以下のように述べている。

浄土真宗に帰すれども
真実の心はありがたし
虚仮不実のわが身にて
清浄の心もさらになし

外儀のすがたはひとごとに
賢善精進現ぜしむ
貪瞋邪偽おほきゆへ
奸詐ももはし身にみてり

悪性さらにやめがたし
こゝろは蛇蝎のごとくなり
修善も雑毒なるゆえに
虚仮の行とぞなづけたる

无慚无愧のこの身にて
まことのこゝろはなけれども
弥陀の廻向の御名なれば
功徳は十方にみちたまふ(16)

七　親様

お軽は弥陀との出遇いのなか、自由になった。絶望と歓喜のなか、すべてを投げ打っていく。こういった逸話がある。大しけにより、六連島に一隻の漁船が立ち寄った。船頭たちはそこである民家の世話になることになった。彼らはご法義に厚い人たちであり、また一夜を明かすにも何もないので、島の西教寺の住職の法話を求めた。現道住職はすぐにその家を訪れた。話のなかで、お軽のことに触れると、船乗りたちはぜひお軽に会いたいと要請した。住職は使いを送り、「すぐ、そのまま来るように」とお軽に伝言をした。お軽は夜なべをしていたが、二つ返事で出かけた。

お軽がどんざを着てやってきた様態を見て、現道師は苦情を呈して言った。「お軽さん、その無様な格好はなんだ。ぜひ会いたいといっているお客さんが来ているのに、髪の毛もとかず、身に付いたゴミも取らずに」お軽は、すぐさま現道師にかえした。「そのまますぐに来いと言われたので、このまま来たのです」と。漁師たちはこのようなやりとりを目にし、深い感銘を受けたという。(17)

〈親様〉
まことしんじつ親さまなれば　なんのえんりょがあるかいな(18)

親に会うのに化粧して会いにいくのか？　そのままでいいのではないのか？　お軽は現道師の導きを生きていた。

〈およびごえ〉
きのう聞くのも今日またきくも　ぜひにこいとのおよびごえ(19)

お軽はいつものようにお寺に行き、現道師の法話を聞いていた。昼は坂を上がり下がりして一生懸命働いているので、夜になるとついつい眠くなる。法話を聞いていると、ついうたた寝をしてしまう。お軽はすっかり安心して、弥陀に全てを任せて聴聞していた。その安堵と日中の作業からの疲れで、この時もうたた寝をしていたようである。隣に座っていたお同行が、それを見かねて「お軽さん、お軽さん、寝ていたらあかんよ」と揺り起こした。

おかる〳〵とゆりおこされて　あいと返事もあなたから⑳

お軽のこの歌は、すべて親様である弥陀に包まれきっている世界を表しているものであろう。自力のはからいを捨てきったお軽の境地がうかがえる。

〈自力の分別〉
ただでゆかるるみをもちながら　おのがふんべついろ〳〵に
おのがふんべつさっぱりやめて　弥陀の思案にまかしゃんせ㉑
〈いのちの内に〉
思案めされやいのちのうちに　いのちおわればあとじあん
領解すんだるその上からは　ほかの思案はないわいな㉒

おわりに

若きお軽は、勝ち気で男勝りな激しい気性の故に苦労が多く、絶望のどん底に落とされもした。裏切られもした。なぜ生まれてきたのか、死のうとしても死にきれない人間苦を味わい、存在に疑いを抱いた。しかし、その勝ち気な気性の故、求道においても死にものぐるいで聴聞を重ねた。西村現道住職という善知識と出遇うことにより自己のはからいを投げ打つ弥陀の世界に誘われ、森羅万象に包まれ、生涯を終えたのであろう。絶望の中に歓喜を見いだしたお軽の経験は、逆対応している深い宗教体験であり、「大いなるもの」に抱かれた五十六年の生涯であった。お軽のなきがらは、明治十二年に八十八歳で亡くなった夫の幸七とともに「釈　幸深信士　教真信女」と刻まれた墓に収められている。お軽は、時世の歌を詠んだ三ヶ月目に往生の素懐を遂げた。

於軽時世の歌（安政三年辰正月十六日）

なきあとに　かるをたづぬる人あらば
　弥陀の浄土に　行たとこたえよ(23)

註

（1）天保六年（一八三五）の秋、筑前の仙厓がお軽の歌を見て随喜のあまりに、
　信をえし人の喜ぶ言の葉は　かなにあらはす経陀羅尼なり
と詠んでいる。僧純はこの歌を『妙好人伝』第三篇上の末尾に記している。仰誓等『妙好人伝』図書出版会社、一八九二、一七六頁。『大系真宗史料』伝記編8妙好人伝、法藏館、二一三―二一四頁。菊藤明道『増補版・妙好人伝の研究』法藏館、三七六―三七八頁。

（2）大洲彰然『お軽同行物語』百華苑、二〇頁。

（3）西村真詮編『おかる同行』六光会、八頁。

（4）ウイリアム・ジェイムズ著、枡田啓三郎訳『宗教的経験の諸相』（上）岩波文庫、一二一―一五〇頁。

（5）ジェイムズの「健全な心のタイプ」と「病める魂のタイプ」は、妙好人で例えれば、代表的に浅原才市が「健全な心のタイプ」で、足利源左は「病める魂のタイプ」と分類される。これら二つのタイプは、体験の深浅さを対比するものではなく、とくにキリスト教においてみられる回心（conversion）のタイプの違いを「一度生まれ the once-born」と「二度生まれ the twice-born」とに分類している（ジェイムズ、前掲書、一二四頁、二五一―三九

五頁）。「健全な心のタイプ」は、いつとはなしに深い宗教的世界に入っていく人である。

このような分類からいえば、親鸞は後述する『正像末和讃』の愚禿悲歎述懐に見られるように「病める魂のタイプ」であるといえる一方、『浄土和讃』に「定散自力の称名は果遂のちかひに帰してこそ　おしえざれども自然に真如の門に転入する」（『真宗聖教全書』二宗祖部、四九三頁）と述べている。これは、宗教体験としての覚知・回心は自然に漸進的に起こるとも理解できる。

海外における宗教体験（回心）にまつわる研究はジェイムズの方法論がよく用いられてきたが、本論はこの点について論述しない。

（6）大洲、前掲書、一八頁。
（7）西村、前掲書、一〇頁。
（8）大洲、前掲書、二五―二六頁。
（9）西村、前掲書、六頁。
（10）同書、一一―一二頁。
（11）岸本英夫『宗教学』大明堂、一九―二六頁。
（12）西村、前掲書、一八―一九頁
（13）『真宗聖教全書』前掲書、六一八頁。
（14）西村、前掲書、一三―一五頁。
（15）『真宗聖教全書』、前掲書、五二一頁。
（16）同書、五二七頁。
（17）大洲、前掲書、五五―五七頁。
（18）西村、前掲書、八頁。
（19）同書、七頁。
（20）同書、二六頁。
（21）同書、七頁。

(22) 同書、六―七頁。
(23) 同書、三三一頁。

参考文献

ウィリアム・ジェイムズ著、桝田啓三郎訳『宗教的経験の諸相』上(岩波文庫、一九六九年)
大洲彰然『お軽同行物語』(百華苑、一九六九年)
仰誓等『妙好人伝』(図書出版会社、一八九二年)
菊藤明道『増補版・妙好人伝の研究』(法藏館、二〇一一年)
岸本英夫『宗教学』(大明堂、一九六一年)
『真宗聖教全書』二宗祖部(一九四一年)
『大系真宗史料』伝記編8妙好人伝(法藏館、二〇〇九年)
西村真詮編『おかる同行』(六光会、一九八四年)
Hoyu Ishida, *Myōkōnin Okaru and Her Poems of Shinjin*. Kyoto: International Association of Buddhist Culture & Nagata Bunshōdō, 1991.
William James, *The Varieties of Religious Experience*. New York London and Bombay: Longmans, Green, and Co., 1902.

石見の善太郎

――妙好人と言葉――

松塚　豊茂

一

この善太郎は
生々世々初事（しょうじょうせぜはつごと）に
あわれのお慈悲かたまりのご開山善知識の聞けよ聴聞せよのご意見を
この善太郎は
耳にお聞かせに遇うてみれば
久遠劫のいにしえから、死にゆく臨終まで
この善太郎がすることとなすこと
心に思うことも、口にゆうことも、目に見ることも
耳に聞くことも、手でなすことも、足になすことも

みなことごとく、今この世を未来にかわしたらことごとくみな、悪になる
この罪とがの報いをうけて
今ここで、この世が未来にかわしても
おそろしや、おそろしや
この罪とがの障りをかかえておるゆえに
十方三世の諸仏もに
この罪とががかかえたものは、仏法の器にもよう入れんと……（中略）……
除けるとのご意見ぞ、お聞かせに遇うてみれば、おそろしや、おそろしや
この罪とがの報いをうけて
今ここで、この世を未来にかわしても
この善太郎
地獄、餓鬼、畜生道苦しみをうけて
この三悪道を、千劫万劫……（中略）……
浮かぶことはならんとのご意見……（中略）……
イボでついたほどもないとのご意見
そのうえに、苦より苦に入り
くらきよりくらきに入り
苦しみより苦しみに入りて、泣いて無量劫

この善太郎は
いがる（泣き叫ぶ）ばかりとのご意見
親とよぶ人もなし、子とよぶ人もなし
妻とよぶ人もなし、夫とよぶ人もなし
友だち朋友とゆうもなし
日輪のお照らしもなし、お月さまのお照
らしもなし、星のお光りもなし
まことにまことに、あわれ千万のこと
この善太郎は
この大暮れの真暗がりに、責めにおうて
ただひとり、幾万劫泣いていがりて
苦しみをうけることとのご意見
この善太郎は
生々世々の初事に
あわれのお慈悲かたまりのご開山善知識の
聞けよ聴聞せよのご意見を
この善太郎が
耳にお聞かせに遇うてみれば

阿弥陀如来のあわれみ不憫とおぼしめして
死にゆく未来、後生の一大事は
まるでまるで、この阿弥陀如来が引きうけて
助けてやろう、救うてやろう、参らせて
やろうご意見とは
この善太郎は
生々世々の初事よ
うれしや、とうとや、もったいなや
ただ今ここで、この世を未来にかわしても
三悪道に落ちて浮かぶことのならんとのご意見
この善太郎を
……（中略）……の仏にしてやろうのご意見とは
ありがた、うれしや、もったいなや
この善太郎
なむあみだぶつ
この念仏、この善太郎のいのちあらんかぎりは
ご恩報尽仏として、ねてもさめてもとのうべきものなり
この善太郎

下有福の善太郎の
七十四歳、十一月十一日にこれを書く
姉金の釜田（家名）にて書いたもの

金剛の信心ばかりにて
ながく生死をへだてける
この善太郎が[1]（82—89）

およそ優れた作品というのは、出来上がると作者の手を離れてしまうものである。作品は、作品自身の存在を保ち主張して、もはや作者の手の届かないところに立つ。作品は、作者その人よりもいっそうよく作者を表現する場合がある。作者が精魂を込めた作品であればあるほどそうである。作者の全体がそこに込められ、作者の血肉が躍動しているからであろう。私たちは、冒頭に妙好人善太郎の「喜びの跡」（77）を彼の法語から引用した。それは善太郎の死の三カ月ほど前のもので、いわば彼の生涯の結晶であると言ってもよい。一読、再読、三読、法語は私たちに何を語りかけるであろうか。

「喜びの跡」は詩歌だろうか。いわゆる詩藻になれた眼には、「喜びの跡」はあまりにも稚拙である。[2]しかし、百姓善太郎の土の匂がその中から湧き出て、作者の「あたたかい体温」（10）が伝わってくる。「喜び」をつつむ「土の香り」（181）は、法語が百姓善太郎その人の言葉であることを偲ばせて、読者に借りものではないという落着いた安心感を抱かせる。稚拙を生かすというかたちで情熱が貫き、稚拙さゆえに詩はいっそう本物である。善太郎は、まさしく善太郎の言葉で語ったのである。浅薄な教養化によって、生の源底から遊離した空疎な言辞のみが弄されるとき、自己を語った彼の詩歌は無類の強さを秘めていると言ってよい。彼の喜びは、このようなかたちでなければ表現され得なかったのであろう。稚拙な表現形式が、内容にけっしてマイナスに働いてはいない。むしろ、彼の体験そのものがこのような表現形式を要求したのである、その意味で形式と内容とは分けられない。形式は内容に対する単なる外被ではない。善太郎の詩歌の強さの秘密はそこに、つまり形式と内容の分かれる以前のところにあるのではなかろうか。

この詩には一見してすぐに気づかれるように、繰り返しが多い。しかし、繰り返しは、けっして目ざわりにはならない。むしろ、詩歌は広い喜びの世界を開きつつ、読者をそこへ招待する。そして反復が一つの大きなリズムとなって、新しい宗教的感動を呼び起こす。さらに新しい感動を確かめるかのように「この善太郎」が繰り返される。宗教的感動の一つの大きな高まりが妙好人を捉え、感動のうねりが繰り返されるのである。それは弥陀に帰ることであるとともに、善太郎が善太郎へ呼び戻されることであるかもしれない。天真の感懐が自然《じねん》のリズムをもって言葉になった。もしもそこに技巧があるとしても、技巧は個人としての善太郎から来るのではない。本当の詩は、作ろうと思って作れるものではなかろう。詩人は成るのではなく、生まれるのである。天衣無縫なる生の言葉としての受肉、それが詩であるかもしれない。善太郎の詩句には、したがって、外からの批評を寄せつけないところがある。「それは内なるものを全現している」[3]。善太郎の詩歌は、善太郎の詩歌から理解されるほかにはない。言葉は言葉以外のものによって理解されてはならない。そこに言葉の深い秘密があると言ってもよいであろう。まさしく「文は人なり」で、善太郎を知ることは彼の詩文を知ることであり、彼の詩文を知ることは善太郎を知ることである。

善太郎逝って、すでに一世紀をはるかに越える。昭和三十年四月、善太郎百回忌法要が有福の光現寺で厳修された。「五十回忌法要と同じく、遠近各地の参拝者で、満堂の盛儀であった」(172)という。名もない百姓の百回忌が営まれ跡を慕う人が絶えないというのは、驚異中の驚異である。その秘密はどこにあるのか。現身《なまみ》の善太郎は、杳《よう》として時の彼方《かなた》に没して姿を見ない。それでは私たちはどこへ善太郎を尋ねればよいのだろうか。善太郎はどこにいるのだろうか。本論は、善太郎を求めて、彼を現代に呼び起こす旅路であるかもしれない。さて探究の出発にあたり、まず彼の生涯を瞥見するのも無駄ではなかろう。

善太郎は天明二年（一七八二）に、父徳次郎、母キヨの長男として生まれた。生家は下有福（現在島根県浜田市）の農家で、跡市（江津市）千田《ちだ》の浄光寺の門徒である。父徳次郎は波子近くの神官の出身で、若い頃に下有福に来たらしい。善太郎は長じて、おなじ有福の「下手」という農家の娘トヨを嫁に迎えた。若い頃は相当な悪徒であったということである。気性は激しく、博打をうち、大酒を飲み、喧嘩をし、村の人々から「毛虫の悪太郎」と嫌われていたという。顔つきは肖像で見ると柔和そうにも見えるが、伝えるところでは「口はゆがみ、上下のクチビルはあつく、一見おそろしそうな形相」であった。善太郎夫婦は四女（一説には一男二女）[4]を得たが、いずれも早逝している。仏陀は大きな人間苦の一つとして「愛別離苦」を説かれる。逝く愛児を前にして、さすがに強情な彼も心中深く人生の無常を感じたのであろう。繰り返し善太郎を襲った不幸な出来事が、求法の決定的な動機となったであろうことは疑いを容れない。当時、市木の浄泉寺には履善（仰誓の子）、邇摩郡の西田には瑞泉寺の目謙（仰誓の弟子）、跡市の浄光寺には詳応、光現寺には労謙（履善の弟子）が住し、それぞれ教線を張るとともに法田を耕していた。求法の念に燃える善太郎にとって、それらの諸師による法縁はまさに甘露の法雨であっただろう。とくに彼の師匠寺、浄光寺住職詳応の感化が大きかったといわれる。

子供たちがみな先立ったために、養子兵次郎を跡市から、養女シマを姉金（浜田市）の「釜ケ塔」家から貰って、姓を養子の持ってきた近重として家督を相続させた。家庭は、きわめて円満であったらしい。二人の孫には善太郎が善松、キミと命名しているほどである。もとの家は同じ下有福の「上原田」家の近くにあって、ムシロ三、四枚しか敷けないアバラ家であった。しかし、お寺の鐘の音の聞こえるところへ出たいという希望から、善太郎は光現寺ま向かいの地に移った。また、彼は生涯のうち九度も京都の本願寺に参詣している。当時、石見から京都への往復は難渋を極めたと想像される。安政二年（一八五五）七十四歳のときにも浄光寺の住職に同道して上京している。しかしこれが最後の参詣となった。帰路、和田本郷（那賀郡旭町）で発病、しばらくその地の同行の家で療養の後、自宅に帰り、翌三年（一八五六）二月八日静かな死を遂げた。行年七十五歳。法名「釈栄安」。墓地は光現寺の東方遠からぬ丘の中腹に、森を背に立地している。[5]

二

「某閉眼せば、加茂河にいれて魚にあたふべし」[6]（『改邪鈔』）という親鸞の言葉は、故人を埋葬地に訪ねる虚しさを教えてあまりある。善太郎は、墓地にはいない。善太郎を探すとすれば、彼の遺文に手がかりを求めるほかにはなかろう。ところで、本論、冒頭引用の詩文は、創作の年代、分量、構成等を勘案すると、すでに述べたように、善太郎の生涯の総決算であると言わねばならない。言葉のもとに人があり、言葉において人が現れるから、彼の詩文を善太郎の居場所と見ることができる。善太郎を尋ねることは、それゆえに作品の成立根拠を追求することと別ではないであろう。要するに、善太郎を尋ねることは詩文を尋ねることであり、詩文を尋ねることは善太郎を尋ねることなのである。

さて、詩文は文字より成る。文学は言葉による芸術である。だが善太郎はほとんど字を知らなかった。彼は寺子屋などにも行ったことはなく、文字は神官出の父から野良仕事のあい間に手をとられてわずかに教えられたにすぎない。手記にはいたるところに誤字、当字が出てくる。ときには独特の絵で文を繋いでいる。たとえば『御文章』の一節「一念発起、入正定之聚トモ釈シ」というその「釈シ」のところへ、飯杓子の絵[7]が描かれているという。これについて菅真義『有福の善太郎』では次のように報告されている。

善太郎さんはきわめて筆まめな人であった。一生のうちに書いたものは、ずいぶんたくさんあったらしいが、惜しいことに、その中にはすでに散逸してしまったものもかなりある。残っていた手記も、保存がよくなかったために、ねずみに食い破られ虫に穴をあけられたり、前後や中ほどが欠けたりして、元の姿のままのものは数少ない。

字は自分にだけわかる記号のようなもので、前記のような絵もあれば、あて字もあり、そのうえ誤字や脱字も多く、なかなか読みにくい。たとえば、「さ」「し」「ご」「く」「じゅう」はみな、数字の「三」「四」「五」「九」「十」であらわされ、「四じぎやと九（信心獲得）」、「五かい三（御開山）」、「じ五九（地獄）」、「り十（臨終）」という具合である。「丁も（聴聞）」、「を上（往生）」、「四京（修行）」、「たい京（大経）」というように、時々顔を出す漢字もほとんどあて字である。また「本願」の願や「歓喜」の歓には、目方の〆があてられて「ほ〆」、「〆き」となる。「願行具足」は「〆京九そ九」と書かれる。「生々世々」や「後生」は、容量の升という字によって「升上せせ」、「五升」となったりする。「まるでまるで」が「○るで○るで」とあらわされる。（79―80）

善太郎の手記は、誰でも気軽に接近できて読めるものではない。読解するためには、いわゆる善太郎文字と用語に習熟しなければならないからである。だが、この苦労が読解者を育てる。『有福の善太郎』の著者は、「数多く翁の筆跡が発見され、苦心してようやく読むことができた」（10）と述べている。また善太郎を「たぐいまれな先達」（10）と讃え、さらに「本師源空いまさずばこのたびむなしくすぎなまし[8]」を受けて、「この善太いまさずば……（中略）……」（9）の感慨をもらしている。彼は言う。「私は善太郎さんとの出合いで本当の念仏を知らされた」（181）。著者は、読解の労苦、つまり文字との格闘のなかから「ほのぼのとした宗教的感動につつまれた善太郎さんの念仏の声をじかにこの耳にきく」（16）ことができたのである。

菅真義が報告し、またすべての妙好人たちがそうであるように、善太郎の詩文は文字否定的、言葉否定的方向を含んで成立している。言葉以前の言葉がそこにあるといえる。浜田の書家喜代吉郊人は、「文字を書いていながら、文字以前のものがあり、またその墨線の深奥に秘められたものは、書を学んでいながら書家には到底果たせないような、宿命的なものにさえ感じられる[9]」と忌憚ない感懐を述べている。まことに、善太郎は「よしあしの文字をもしらぬひと[10]」であった。それでは言葉以前、文字以前に何があるのであろうか。彼の言表の成立根拠は何か。

道元は「仏道をならふといふは、自己をならふ也[11]」と言う。仏道は「己事究明」として、一般に個物を捉えることであると考えられる。次の手記などは、善太郎が晩年七十歳のとき書いたと伝えられるが、赤裸々な自己を吐露して深刻無比である。これほど深く自己を追求し得た人がいたということは、まさしく驚異であろう。

善太郎は父を殺し、母を殺し
その上には盗人をいたし、人の肉をきり
その上には人の家に火をさし
その上には親には不孝のしづめ
人の女房を盗み

この罪で、どうでもこうでも
このたびとゆう、このたびは
はりつけか、火あぶりか、打首か
三つに一つは、どうでもこうでものがれられん
＊（終わりにハリツケの絵を書いている）(20)

この手記は、まさに善太郎の「己事究明」である。彼はそれを簡潔に「この善太郎」と表現した。彼のすべての詩文は、この一語の展開にほかならないのである。「この善太郎」において、善太郎が善太郎として善太郎自身に到来したといえる。そこには、大地に根を下ろしたような押しても突いてもびくともしない確かさがある。彼の生涯の限りない哀歓は、「この善太郎」を通して語り出され、一生の苦労は「この善太郎」に摂《おさ》まる。「この善太郎」の一語を発し得たということ、つまり「この善太郎」の発見によって、彼の一生のあらゆる辛酸は報われてあまりあるものとなった。「石見の国、那賀郡、浜田領、有福村の善太郎」(145)が、「この善太郎」と言挙げするとき、そこには「親鸞一人」、あるいはキルケゴールの「単独者」(der Einzelne)を思わせるような重さがある。

西洋近代において、人間は何よりも主体存在となった。しかし、主体存在として人間が主体性の管理者（Verwalter）であるということは、必ずしも人間が主体性の本質根拠（Wesensgrund）であることを意味しない。むしろ、現代の問題はその間の乖離がどのような弥縫策《びほうさく》をも許さないほど顕在化したところにあるのではなかろうか。善太郎の生きた時代は、まだヨーロッパ文化との接触を知らなかった。彼自身また無学の一百姓であった。しかし、このことによって現代は善太郎から聞くべき何物をもたないと結論づけることは、あまりにも性急であるという譏《そしり》を免れないであろう。ともかく、「この善太郎」が個物の自覚にほかならないかぎり、「この善太郎」が人間存在の

一つの究極的なあり方を提示するものと考えられる。

さて、現代哲学の主要な課題の一つは言葉の問題であろう。ところで、言葉は言葉以外のものによっては説明されないのであるから、言葉の本質への追求は「言葉としての言葉を言葉にもたらす」(die Sprache als die Sprache zur Sprache bringen)[12]ことでなければならない。すなわち、言葉は〝ものを言う〟〝発言する〟〝言挙げする〟ということから考えられなければならない。言葉こそ、人間をして、人間としてある当の生物たらしめることができるとすれば、人間は根源的に言葉から規定されなければならないのである。言葉と人間とは、本質において一つである。ここから見れば、言葉を離れて善太郎はなく、善太郎を離れて言葉はない。両者は相互に要求し合うというかたちで、ダイナミックに結びついている。「この善太郎」は、したがって、両者のそのような切り結びの場を踏まえて成立していると予想される。「石見の善太郎」は、両者の繋がりを注意深く解きほぐすことによってのみ姿を現すであろう。このことは、彼の手記を根源的な〝言挙げ〟(sagen)へと呼び戻し、文字を発言の若々しさのなかへ溶融しつつ、そこから捉え直すことでなければならないであろう。彼の手記そのものが、すでに文字以前の文字と批評されたように、文字否定的方向を含んで成立していた。私たちの研究の手続きは、それを彼の無教養から来る消極的な制限と見るのではなく、むしろ詩文の成立に関わる積極的な何物かとして考察することを要求する。それはまた文字の読解に関わる『有福の善太郎』の著者の道を継ぐことでもあろう。善太郎を現代において語らせるためには、それ以外に方途がない[13]。

三

阿弥陀如来の、法蔵比丘でありしとき
善太郎、仏にならじは
われも仏にならじと誓いたまい
ついにはその願、成就したまいた証拠が
なむあみだぶつに正覚をとりなさりた
なむあみだぶつ、なむあみだぶつ[103]

この詩文において、善太郎はたんに善太郎ではない。善太郎は弥陀の誓願の関わる善太郎、「そくばくの業をもちける身にてありけるを、たすけんとおぼしめして立ちける本願[14]」のどこまでも関係する善太郎であった。それが語録の「善太郎、仏にならじはわれも仏にならじ」ということである。法蔵比丘の誓願は、弥陀の正覚として成就され、その証拠が名号である。つまり、この詩文で名号と善太郎との本質的な関係が謳われている。誓願成就のゆえに、善太郎は正覚に関わり、正覚に包摂され、摂取の中にある。名号はたんに名号ではない、善太郎を中に包む名号である。善太郎もたんに善太郎ではない名号における善太郎である。仏あって善太郎あり、善太郎あって仏ある。仏、善太郎を求め、それゆえに善太郎また仏を求める。名号を離れて善太郎なく、善太郎を離れて名号ない。名号が名号として成立することと、善太郎が善太郎として成立することとは、絶対に一つのことである。「この善太郎」は、その絶対に一つなるところを捉え、したがって名号（如来の言葉）と絶対の自己同一として規定されていると言わねばならぬ。その自己同一は、善太郎にとって疑おうとして疑うことのできない事実、否定しようとして否定することのできない事実であった。

　したがって、如来について語ることは善太郎について語ることであり、善太郎について語ることは如来について語ることであった。この相互媒介的連関は、見失われることなく遂行されなければならない。「この善太郎」は、このような相互媒介的連関の徹底において見いだされたのであって、しかもこの発見は根底的に如来によって導かれているのである。「この善太郎」とは、それゆえに善太郎が善太郎に出会ったというよりも如来が善太郎を見つけたかぎりにおいて、善太郎が善太郎になったということでなければならぬ。「この善太郎」において明らかに個が捉えられている。「この善太郎」は、個の徹底として誰にも替ってもらえないもっとも具体的な善太郎であった。周知のようにシュティルナーは、身をもって類と個の対立を突きつめ、すべてを「唯一者」(der Einzige) に収斂《しゅうれん》させた。そこにまた類の立場に立ったマルクスとの対決もあったわけである。ところで、善太郎はたとえ無自覚的にせよ、類と個の対立の場を個の方向に突き抜けている。「この善太郎」が対交するのは、それゆえに抽象的普遍としての如来ではあり得なかった。万人の理想、つまり理念や目的としての如来は、彼にとって何の関係もなかった。何の関係もないものは、たんなる無にすぎない。善太郎の場合、このような目的論的視野 (teleologischer Perspektiv) は、根底から脱け落ちていると言わなければならない。むしろ、彼は理念的平面を突き抜けたところで如来に遭遇しているのである。端的に言えば、「この善太郎」が直参するのは、「この阿弥陀如来」(134)、「この弥陀」(120)、したがって遭遇は「この念仏」(97)、「このよろこび」(99)(傍点引用者)でなければならなかった。あるいは、むしろ「この弥陀」に対交して初めて「この善太郎」になったのである。「この善太郎」とは、個性のもっとも鋭い稜角を現している。「この」とは、まさに個物を個物としておさえた端的であろう。善太郎は気性の激しい人であった。そのような性格の鋭さは、宗教を求める場合、プラスに作用することは十分に考えられるけれども、本質的には個性の鋭さは、超越者から来る。それは、たんに生まれつきの鋭さではない。むしろ、キルケゴールも言っているように「彫琢された角」（『死に至る病』）、つまり磨きに磨きがかかった鋭さであろう。たんに野性的な生まれつきの鋭さは、何ら奇とするには当らない。鋭さゆえに、どれだけ人を傷つけるかもわからない。いつまでも人を引きつけるのは、彫琢された個性でなければならない。「この善太郎」は、そのような磨きのかかった個物として成立している。

「この善太郎」とは、名号が善太郎になったということである。したがって詩文は、どこまでも善太郎の詩文でありながら、名号の働きとして、如来の言葉に還されなければならない。一般的に言って、宗教はけっして主観の産物ではない。どのような天才でも主観から宗教を生み出すことはできない。宗教は主観性をもっとも嫌うと言ってもよい。歴史や自然というようなたんなる主観性を超えたものが、宗教で問題にされる根本の理由がここにある。宗教は歴史や自然をそれ自身の中へ媒介するといえる。だから、宗教に入るということのなかには、主観を捨てる、あるいは我見を捨てて法に従うということがある。そのかぎり、善太郎の法語には主観的恣意（subjektive Willkür）を突き破った権威が現れている。言葉がたんに彼の口や心から出ているのではないことは、疑いの余地がない。その権威はいうまでもなく名号から来る。本論全体を射程におさめる冒頭の詩文は「金剛の信心ばかりにて、ながく生死をへだてける(15)」という『和讃』で結ばれていた。それだけではなく、善太郎の法語の多くが、たぶん彼が説教や坐談で聞いたであろう聖教の文句によって裏打ちされているのもこのゆえである。しかも不思議にそれが、稚拙な善太郎の言葉と少しの違和感をも与えない。

次に、聖教の言葉と思われるものを、彼の手記の中から目につくままに拾い集めてみよう。関係すると思われる出典を括弧をつけて挿入する。「いよいよ往生は一定、お助けは治定とありがたく存じ候う」（『領解文』）（98）。「この善太郎も、十悪の罪に、五逆の罪にも五障三従の五つの障りかかえた女子の身の上までも」（『御文章』）（100）。「真証の証に近よるをこの善太郎はよろこばず……（中略）……善太郎は定聚の数に入ることをたのしまず」（『教行信証』）（116）。「この善太郎、弥陀の本願でお助けにまちがいのない証拠に、恒沙塵数のみ仏さま方が、証拠証人にお立ち……（中略）……そのうえに、恒沙塵数のみ仏さまが、夜も昼も、この善太郎をおまむり」（『阿弥陀経』）（121―122）。「心は卑しくとも、畜生にはまさるべし。この善太郎は、なむあみだぶつ。いかように貧しき暮らしとも、餓鬼にはまさるべし。この善太郎は、なむあみだぶつ。思うことかなわずとも、地獄にはまさるべしこの善太郎、なむあみだぶつ」（『横川法語』）（90）。

所引の言句は、よほど注意して読まないと出典を忘れさせるほどにたくまずして彼の詩文に融け込み、渾然と一体をなしている。『阿弥陀経』『和讃』『御文章』その他が、彼によって自家薬籠中のものとして再把握されている。それは聖教が、皮相的な、いわば字面《じづら》の理解にとどまらず、文字を超えて善太郎の血肉になったことにほかならない。これが本当の教義の理解であるとすれば、そのような理解として彼の法語全体が聖教になったことを意味する。善太郎は聖教を語ることによって自己を語り、自己を語ることによって聖教を語った。多くの引用文にたくまずして「この善太郎」が出てくるように、「この善太郎」を離れた片言隻語もなかったのである。妙好人の言葉の重さと無比の強さ、またその秘密はここにある。善太郎が言葉によって貫かれるとともに、言葉は善太郎によって貫かれ、言々句々に善太郎の全体が丸出しになっている。善太郎が全身全霊を挙げて説教していると言ってもよい。本当に自分の言葉で言えるとは、このようなことであろう。

繰り返し述べたように、「この善太郎」が名号、つまり如来の言葉によって規定されているかぎり、そこに個としての自己統一性が破られているとともに、〝言う〟ということの本源的意味も開示されている。〝言う〟とは本来的に言葉（Sprache）が語るのであって、言葉が語るかぎりにおいてのみ人間が語るのである。「私たちは、ただ言葉だけを話すのではなくて、言葉から話すのである」[16]。このことが、言葉は言葉から理解されなければならないということであろう。

ところで善太郎にとっては、そのような言葉との遭遇は「意見―聴聞」として捉えられた。奇異な感を与えるかもしれないが、彼の手記の中でもっとも頻繁に出てくる語彙（Wortschatz）は、「（ご）意見」であろう。ちょっと数えただけでも四十回ほどもある。しかもこのことはたんに偶然ではなく、「（ご）意見」が彼の思想形成に決定的な役割りを演じていることを推測させる。手記中の前後の脈絡や、その時々の感動によって、「（ご）意見」は微妙に変化する多彩な内容を含んでいる。その内容のすべてを明確に再現できれば、そのまま善太郎の全体像を報告したことになるであろう。しかし論攷の手続上、「（ご）意見」の形式面についていくらかの考察がなされなければならない（宗教哲学の論攷では、内容と形式を厳密に分けることができない。ここでは問題を意見の「主体」にしぼって考えてみたい）。

「（ご）意見」とは誰の意見なのか。「（ご）意見」として誰が語っているのか。善太郎の手記には「あわれのお慈悲かたまりのご開山善知識……（中略）……のご意見」（82）、「十方三世の諸仏……（中略）……のご意見」（83）、「阿弥陀如来……（中略）……のご意見」（86）、「恒沙塵数のみ仏さま……（中略）……のご意見」（121―122）、「善知識さまのご意見」（137）とある。「ご開山善知識」という表現が最も多いが、文脈から見るとそこから「阿弥陀如来」や「諸仏」の意見が出ている。あるいは直接に「弥陀の意見」として述べられているところもある。しかし、善太郎にとってはこのような詮索はまったく無意味であった。彼には「ご開山善知識」の意見は、そのまま「弥陀」「諸仏」のそれであり、「弥陀」「諸仏」の意見は、そのまま「ご開山善知識」のそれにほかならなかった。『涅槃経』は、三宝（仏・法・僧）の同一性を説く。また、この三宝の同一性を信じないものは、自利・利他できないともいわれる。その間の分裂というような邪見には、善太郎は夢にも思い及ばなかった。つまり彼の場合、意見は「弥陀」「諸仏」「善知識」を一つに集めるところで受けとられている。

いうまでもなく、意見の背後には人がある。意見は人の意見であると言うことができる。善太郎にとっては、人とは「よき人」「ご開山善知識」としての親鸞であった。しかし、妙好人はここにとどまらない。三宝の同一性において「弥陀」に還る。そしてそのことによって人としての意見の背後性が離脱されているのでなければならぬ。意見の背後の人を突き抜けて、善太郎は言葉としての言葉に還ったと言ってもよい。すなわち、意見はたんに人、たとえば親鸞なら親鸞から発せられているのではない。「親鸞めずらしき法をもひろめず、如来の教法をわれも信じ、ひとにも教えて聞かしむるばかりなり[17]」。言い換えれば、はじめに人があってその人の言葉として意見が述べられているのではない。人が言葉をもつのではない。いわんや、言葉は人にとって偶有的な何物かではない。善太郎の場合、どこまでも人、あるいは人格を超えたところから意見が規定されていると言わねばならぬ。人間学的（anthropologisch）な観点からの言葉への機能的な理解が、そこでは底なく脱けられているのである。その意味でも言えるならば言葉の非人間化（Entmenschlichung der Sprache）がなされている。非人間化における非とは、いわゆる言葉が奪われてくることである。その意味で善太郎の法語は、いわゆる言葉からは無限の深淵（Abgrund）によって隔てられている。もしその深淵を黙と呼ぶならば、彼の言葉のもとに黙がなければならぬ。

「（ご）意見」は、その成立のもとに戻せば〝言う〟〝言挙げ〟であった。そして、〝言う〟としての名号（言葉）において、弥陀、諸仏、善知識が集められる。「般舟三昧および大悲を諸仏のいへ（家）となづく[18]」とあるように、名号は諸聖の住む家である。すなわち、集めるは住むにほかならぬ。名号のほかには何もない。名号は全体である。すべては名号から名号（言葉から言葉）へでなければならぬ。名号が全体であるかぎり、名号としての「（ご）意見」、あるいは言葉の背後には何もないと言わねばならぬ。「願行具足のなむあみだぶつは、この善太郎に与えてなられ、仏にしてやろうとのご意見」（93）であるかぎり、善太郎にとっては仏の一語で十分すぎるほど十分であった。彼は「仏恩を家と為した」（152）。如来の言葉のほかに何物も要求される必要はなかった。要するに、〝言う〟の背後に有的・超越的な何かがあるのではない。ここに世界の創造、したがって背後世界の超越神・人格神を説くキリスト教との相違に注目される必要があろう。周知のように、ニーチェは背後世界を否認する。[19]そのことによってニーチェはニヒリストである。いずれにせよ、仏教は実体的な超越神を認めないから、そこにニヒリズムと突き合わせられる場を残し、ニヒリズムの開く視野をその中に含んでいると考えられる。「（ご）意見」に対するのは、「聴聞」である。「（ご）意見」は「聴聞」を待つ。「待ちびとは誰……（中略）……かと押して尋ねてみれば、善太郎を待っておるとのご意見」（90）。〝言う〟〝聞く〟は、鋭い緊張のなかで互いに他を要求する。両者は切り離し難く一つに結びついていることは、疑問の余地がない。何を聞くのか、いうまでもなく意見、つまり言葉を聞くのである。聞く耳を持たない人は、「無耳人」と、貶《へん》せられる。論語にも「良薬は口に苦く、病に利あり。忠言耳に逆らい、行に利あり」とあるが、聞く耳を持たない人ほど度し難いものはなかろう。その点、善太郎は耳を持った人であった。善太郎の耳に、「ご意見」はどのように響いたか。「聴聞」についても、彼の言いまわしを集めてみよう。「耳にお聞かせに遇う」（82）。「聞けよ聴聞せよ」（85 128 138）。「とりつめてお聞かせに遇う」（91）。「聞かしてもろう」（94）。「大善知識さまに遇わしてもろう」（137）。「耳に聞いてみれば」（109 114 115 128 138 143）。「遇うてみれば」（108 122 145）。「聴聞してみれば」（96 132）。「聴聞してご恩よろこぶ身となれば」（100）。必ずしも豊かではないこれらの語彙からも、微妙なニュアンスの相違が響いてくる。前半は受動的な響きをもち、しかもそれは「聞けよ聴聞せよ」（85）という命令に相応するようである。後半の「……みれば」「……なれば」の表現からは、たとえば外国語の非人称用法の感じのように、聴聞の主体（善太郎）が隠されて、聴聞という事象が事象そのものに還されているような印象を受ける。しかも、それは主観的な感覚ではなく、むしろ事態の本質に繋がっていると思われる。

「（ご）意見—聴聞」は、すでに示唆したように、言葉において統一され言葉としてまとめられる。先に言葉の非人間化としての脱自性が挙げられ、また言葉に善太郎が包摂されるかぎり、「（ご）意見—聴聞」は、いわゆる善太郎の脱落するところでなければならない。その意味で、たんに善太郎が聞いたとはいえない。いわゆる善太郎の枠を超えたところから「お呼び声」（100）が響き、それに相応して聴聞が起こるからである。「荘厳妙声功徳成就[20]」とは、まさに「国土の名字仏事をなす」ことである。「国土の名字」が声として仏事をなすかぎり、「お呼び声」（100）が最初で最後でなければならぬ。声において善太郎の切断と転換が生起する。

おがんで助けてもらうじゃない
おがまれて下さる如来さまに
助けられてまいること
こちから思うて助けてもらうじゃない
むこうから思われて、思いとられること
この善太郎（106—107）

妙好人の言葉はいずれも無比の強さを秘めているが、そのなかでもこの法語は白眉であろう。この法語は「お助け」の場が如来に還されねばならないこと、つまり、他力によって統べられていることを教えている。「（ご）意見

―聴聞」が、「（ご）意見」によって決められていると言ってもよい。話すことはもともと聞くことなのである。話すことには、本質的に聞くことが属する。才市は「先手をとられている」と言った。[21]「（ご）意見」は如来の発言として、善太郎にとっても聞くことに先んじている。「聴聞」が「（ご）意見」によって決められているかぎり、善太郎は、言葉のもとに、言葉の中にあると言わねばならぬ。その意味で言葉は善太郎の住処《すみか》である。同じく山陰の妙好人才市は、「阿弥陀の三字にわしがおる」と言った。まさしく、宗教とは自己の居場所の発見にほかならないのである。裏から言えば、宗教的迷いとは自己の居場所に迷うことである。「善太郎同行どのの家はどこですか」と尋ねられて、彼は「善太郎とはこのわたしでござんすが、わしは家をもっておりません……（中略）……如来さんの家においてもろうておりますけえな」（47―48）と答えたという。善太郎の詩文は、如来への応答であるが、そのことのもとに「如来さんの家」に住むということがあった。すでに述べたように、「（ご）意見」の命令的性格と「聴聞」の受動的性格は、両者が根本において言葉によって決められているということの直截な反映にすぎない。聞くに対する言うの本質的な優位のゆえに、彼は「（ご）意見」と書かざるを得なかったのであろう。

　善太郎は「むこうから思われて、思いとられる」と言う。このことは、〝言挙げ〟が内から出るのではなく、いわば言亡慮絶というところから成立することを教えている。その意味で「（ご）意見」は、外から、絶対的に外から来る。したがって、「耳にお聞かせに遇う」とは、絶対的に外なるものが、内に来り、善太郎と一つになることでなければならぬ。この場合、外は我々の考える外よりももっと外（もっとも遠いものよりももっと遠く）であり、内はいわゆる内よりももっと内（もっとも近いものよりももっと近く）でなければならぬ。外は内に対する外でもなければ、内は外に対する内でもない。内と外との区別が破られて、内即外、外即内として、もっとも遠いものがもっとも近いものであり、もっとも近いものがもっとも遠いものでなければならぬ。たとえば、批判主義の立場から言えば、判断、つまり認識は、外から来る感覚（Empfindung）を内なる範疇（Kategorie）のもとに包括（subsumieren）することである。すなわち、そこでは認識は内外（主観客観）離隔の場で成立している。普通、見るとか聞くとかいう知覚は、「主観—客観—関係」の場で成り立つ。しかし、善太郎の場合のように、「（ご）意見—聴聞」が言葉において摂められるということは、このような離隔の場が根本的に踏み超えられていることを意味せねばならぬ。つまり、たとえば、カント的経験では尽きないような、否、それとはまったく異質的な経験（宗教経験）が考えられなければならないのである。そこでは、聞くとは言葉の発せられるもとに立つこと、聞くにおいて言うが現れることであろう。それが理解ということでなければならない。すでに言ったように、「お聞かせに遇う」（82 91）の深い意味もここにある。「遇う」とは、御開山善知識（親鸞）をはじめとする諸聖に遇うことであるとともに、つねに新しい驚異、「生々世々の初事」（82）であった。善太郎は、「生々世々の初事」をその身上に受けて「この初太郎」（143—144）となった。もしもそこで善太郎に遇うことができるとするならば、妙好人を尋ねる私たちの旅路は、そのような言葉に到りつくことであると言える。

四

根源語としての名号が「この善太郎」であるという名号と「この善太郎」との絶対の自己同一——言葉（ロゴス）の受肉——は、主体性の自己統一が根底から突破されることとして、いわゆる善太郎の切断を含まねばならないであろう。そこには言葉が善太郎を根底から覆し、善太郎が絶対に善太郎ではないものに直面するというところがなければならぬ。この切断は、彼の手記でどのように表現されているのであろうか。

足でなすことも地獄の仕事
手でなすことも地獄の仕事
心に思うことも地獄の仕事
口でゆうことも地獄の仕事
耳に聞くことも地獄の仕事
目に見ることも地獄の仕事
鼻にかずむ（かぐ）ことも地獄の仕事
夜の寝息までが出る息入る息がみな、地獄の仕事なる（131—132）

この詩文はすごい、これは彼の手記のなかで一つの極点を示している。ここには読者を撥ねつけて、一歩も中に入れないような鋭さが込められている。イエスの言葉がパリサイ派の学者たちにとっては躓《つまず》きであったように、善太郎の詩文は、それを前にして、ハタと立ちどまるほかにはないような鉄壁の防禦線で囲まれている。なぜならば、理性的分別（比量的思惟）にとっては、手記はまったく躓きの石にほかならないからである。ここでいわれているように、身心の全体が「地獄の仕事」とはどういうことか。

形式的に見れば「地獄の仕事」は、地獄と仕事という二つのターム（term）から成る。「地獄の仕事」とは、もちろん繋がり（Zusammenhang）であるけれども、それは二つのものの独存を前提し、両者の合成（ein Zusammengesetztes）であるのか、それとも根源的に一つのものを表現上二つに開いたのか。

普通、地獄は、六道輪廻の神話の説くように、罪人の死後堕ちてゆく刑罰の場として考えられてきた。源信の『往生要集』には、等活地獄以下阿鼻地獄（無間地獄）に至るまで地獄の凄絶な相が、迫真の筆致で描かれている。

一読、戦慄を覚えないものはなかろう。日本浄土教成立に果した『往生要集』の大きな役割りは、今さらいうまでもない。ところで、『往生要集』における地獄の説相は、文字通り「前に―立てる」（vor-stellen）という意味での表象（die Vorstellung）形式である。[22] 一般に昔の人たちは、地獄を死後の世界として思い浮かべてきた。しかし、そのような表象のもつリアリティは、現代ほとんど失われている。啓蒙された現代人は、ほとんど地獄を信じていないと言ってもよいであろう。ムード的な無神論、無宗教が、現代、とくに現代日本の特徴であると思われる。

しかし、一読して明らかなように、善太郎の法語には地獄についての通俗的・神話的表象とはまったく異なった遠近法（Perspektiv）が開かれている。まず注目すべきことは、仕事という言葉が表現しているように、地獄が行為の場で問題とされて、きわめて身近に捉えられているということである。地獄は、私たちの近くに（in der Nähe）ある。近いといえばこれほど近いことはない。私たちにとってもっとも近いものよりも、さらに近いかもしれない。事実、善太郎は私たちの日常生活でまったく見逃されているごく瑣細なことまで拾い上げ、それらをいずれも「地獄、餓鬼、畜生の三つの悪趣」（138）、「三悪道」（128）の仕事として追求して深刻無比である。少々煩にすぎるきらいはあるが、その中のいくらかを紹介してみよう。「女にそう罪」（149）。「たった一匹もの命をとったる罪」（同）。「父母に不孝にあたった罪」（同）。「惜しい欲しいの心」（132）。「十悪の罪」（100）。「粟を三つづつ盗ってあがった（食べる）罪」（147）。「腹をたった一度たてたる罪」（149）。「釈迦如来の親の枕を足にあてた罪」（147）。「食いたい、飲みたい、着たい」（125）。「五逆の罪つくり」（100）。「一日につくる罪が、八億四千の罪となる」（98）。「この罪とがの障り」（83）。

要するに、本節引用の手記で善太郎は、足、手、耳、目、鼻、息、口、心、つまり身口意の三業、六根（六識）が地獄の仕事だと言うのである。しかも「夜の寝息まで」と言うに至っては、仕事は意識の場を超えて、意識と意識を超えるものを張り渡すところで考えられていることを示唆している。呼吸作用が地獄と何の関係があるのだろうか。私たちにとって、それは特殊な人の特殊な発想でなければ、不可解であるとしか言いようがないのではなかろうか。

善太郎の手記に忠実に従うかぎり、仕事のなかへ地獄が貫入し、身心を含めた全体が地獄によって統べられていると言わなければならないであろう。理性（悟性）、感性、生理現象まで地獄の中にあると言ってもよい。地獄を軸として身心の全体が結集され、それが仕事ということであろう。すなわち、闇い自己集中において身心が現れ、その根源的な集中が地獄と呼ばれているようである。ところで、身心のあらゆる活動の発現する根源を主体性とすれば、善太郎の法語はそのような主体性を汲み尽くしているといえるであろう。地獄はかかる主体性の自己実現として、身心の絶対に非対象的な行為の場における把握でなければならぬ。

いうまでもなく、呼吸の生理学的解明は、およそ善太郎的把握とは異なっている。科学的思考法のもとにすべてのものの対象化（Vergegenständlichung）という遠近法が開かれているかぎり、生理学の思考法のもとに身心は対象化されて現れざるを得ない。簡潔に言えば科学は対象的思考をする。その意味で、絶対に非対象的把握における身心は、生理学・心理学のまったくあずかり知らぬところでなければならぬ。善太郎の身心は、科学の全き彼岸であるといえる。

さて、周知のように、ヘーゲルは『宗教哲学講義』（Vorlesungen über die Philosophie der Religion）で、宗教を表象の立場として規定するとともに、表象の真理性は思惟（概念）の立場から捉え直されなければならないことを明らかにした。表象としての宗教的真理は、哲学的思弁へと溶解され、ふたたび哲学によって捉え直されたのである。また、ブルトマンによれば、神話は客観的な世界像を与えるのではなく、世界における人間の自己理解を提示するという。したがって、非神話化（Entmythologisierung）の要求のように、神話は実存論的に解釈されなければならない。

善太郎の場合、「いづれの行もおよびがたき身なれば、とても地獄は一定すみかぞかし」という親鸞の有名な言葉と同様に、地獄は実存的に捉えられなければならない。直線的な連続という通俗的な時間観念を前提するところの死後の世界としての地獄の捉え方は、彼にとっては問題ではなかった。死んで行ってみなければわからないような地獄について、善太郎は何も言ってはいないのである。信者吉兵衛によれば、それは「疑いの心」なのである。通俗的な死後の世界の表象に、地獄の実存的把握が先行しなければならないのである。

「この善太郎」は名号に包まれる善太郎であった。しかし、直接無媒介に包摂されるのではない。そこには絶対の断絶がなければならぬ。それは「利剣はすなわちこれ弥陀の号なり」とあるように、名号による善太郎の切断といえよう。地獄とは善太郎の中から自己反省として成立するのではなく、その切断面でなければならぬ。

この絶対否定的断面を、彼はまた「この善太郎は……（中略）……盲目の善太郎、めくらの善太、いざりの善太郎、この善太郎は目も見えず、手はすりこぎ、足もたたずのいざりなり、銭は一文も持たずの貧乏人なり」（113―114）とも表現した。それが「仕事」と言われるのは、彼が身心を挙げた動的な場でつねに如来に直面していたことを意味する。彼の深刻無比な告白は彼が造次顚沛にも如来に直参していたことを教えている。すなわち、如来の言葉によって絶対否定的に照射された姿として、「地獄の仕事」の自覚の根拠に名号がなければならない。（未完）

註

（1）菅真義『有福の善太郎』八二―八九頁。善太郎に関する研究書、創作等はほかにもあるが（論文末参考文献参照)、信頼すべき典拠は本書に限る。著者は、大正十一年(一九二二)妙好人ゆかりの光現寺に入寺以来、同寺に住することほとんど半世紀を越えた。その間、善太郎の遺文・資料の収集、整理にあたった。とくに善太郎独特のあて字の判読の苦労は、なみたいていではなかったらしい。著者によって、妙好人の遺文はあやうく散佚を免れたと言ってよい。住職の生涯にわたった労苦を多とせねばなるまい。増補新版は、現住職和順師の「あとがき」を添えて、京都「百華苑」から出ている。本論は、同書からの引用の場合、頁数のみを記し、本文中に組み込む。真義師は、昭和五十三年(一九七八)に遷化した。妙好人顕彰の一生であった。

(2) 元島根大学講師(哲学)川上清吉は、その著『石見の善太郎』で、次のように評している。「この詩は、稚拙といふにもあたらないほどに拙劣である。冗語・反覆は、ほとんど才市その他の妙好人とよぶ人々の作として残されてゐるものと比較にならぬほどに洗練を欠いてゐる。けれどもその拙さは決してその真実さ、その深さを寸毫も損しては居ない。むしろ無教育な土民の胸の中にこみ上げて来る恐怖・慚愧・感謝・歓喜が、直接的に、ひたひたと読む者の胸に伝って来るのを感じないであろうか」(同書、七八頁)。なお本書は版元絶版であったのを、多賀瑞心島根大学名誉教授のご好意で拝借した。記して謝意を表する。

(3) 川上清吉『石見の善太郎』七八頁。

(4) 能美温月「妙好人——石見の善太郎同行」(江津市跡市町千田浄光寺発行)。

(5) 善太郎の略歴・生涯については、註(1)前掲書『有福の善太郎』による。同書の文をそのまま転用させてもらったところもあることを、おことわりしたい。

(6) 『定本親鸞聖人全集』第四巻、一五九頁。

(7) 善太郎は、これを有福温泉「寺屋敷」の女ユクの依頼で書いた。ユクが絵のわけをたずねると、善太郎は「諸仏に捨てられたものを、この杓子で救うちゃんさるんだけぇ、入正定之聚とも杓子と言いんさったんだ」と答えたという(七八—七九頁)。

(8) 『定本親鸞聖人全集』第二巻、一二八頁。

(9) 『五風』第三巻第一一号(五風編集部発行)五頁。

(10) 『定本親鸞聖人全集』第二巻、一二四頁。

(11) 道元『正法眼蔵』「現成公按」(日本思想大系12) 三六頁。
(12) ハイデッガー『言葉への道 (Der Weg zur Sprache)』(ハイデッガー選集23、佐々木一義訳、理想社) 一三七頁。
(13) 児童文学作家、花岡大学は『妙好人善太郎清九郎』(探究社) の中で、「妙好人といわれる人の生活は、はるかにたかく、とてもとどきそうにはない」(あとがき) と述べている。また「妙好人善太郎」所収の「月夜念仏」で、報恩講の中日の晩、本堂に集まる村の子供たちの様子を「その晩のお説教がはじまるころから、もう雪に埋れた山門のあたりは、それぞれに風呂敷包をさげた子どもでいっぱいでした」(七頁) と、詩情豊かに創作している。そこでは、牧歌的な雰囲気のなかで民族の血潮ともいえる伝統にじかに触れるような気がする。このような作品を読むと、進歩だとか、文化生活だとか言って浮かれている現代が、何かもっとも大事なものを忘れているように思われ、現代とは何か、とあらためて問い直させられる。
(14) 『定本親鸞聖人全集』第四巻、三七頁。
(15) 『定本親鸞聖人全集』第二巻、一一五頁。
(16) 註(12)ハイデッガー『言葉への道』、一五九頁。
(17) 蓮如『御文章』一―一。
(18) 『定本親鸞聖人全集』第一巻、二四頁。
(19) vgl., Nietzsche; Also sprach Zarathustra, Von den Hinterweltern.
(20) 曇鸞『浄土論註』。
(21) 拙論「宗教的転換の場所について」(『山陰文化研究紀要』第一〇号、人文・社会科学篇)。
(22) しかし、このことは『往生要集』に、いわゆる実存的立場が抜けていることをけっして意味しない。表象形式の根底に、源信の深い宗教体験があることはいうまでもない。またそうでなければ、『往生要集』は日本浄土教の形成にあのような大きな影響を及ぼし得なかったであろう。

参考文献

鈴木大拙『妙好人』(法藏館、一九七六年)
菅　真義『有福の善太郎』(百華苑、一九八〇年)
菅　真義『妙好人善太郎翁』(あそか書林、一九五九年)
川上清吉『石見の善太郎』(百華苑、一九五二年)
花岡大学『妙好人善太郎清九郎』(探究社、一九八〇年)
多賀瑞心著「石見の善太郎とその法悦」(『島根農科大学研究報告』一四、一九六五年)
島根県習字教育連盟編『五風』三―一一(五風編集部、一九六五年)
能美温月著『妙好人――石見の善太郎同行』(浄光寺、発行年不明)

讃岐の妙好人　庄松の言行にみる死生観と超越

――〝いのち〟の地平の物語――

北岑　大至

はじめに

讃岐の妙好人として知られる谷口庄松は、寛政十一年（一七九九）、讃岐国大内郡壬生村字土居（東かがわ市）の小作農家であった谷口清七の子として生まれた。小作農家であったため家は貧しく、雇われ農夫や藁細工をして暮らし、その間に子守や寺男としても働いていたと伝えられる。性格は直情径行で、無学文盲、銭勘定が苦手であったといわれ、檀那寺であった京都興正寺末・勝覚寺（東かがわ市）住職赤澤融海（不明―一八九五）[1]は、生涯独身であった庄松を我が子のように可愛がったという。

初め庄松は、自力的色彩の強い教えのため異安心とされていた三業帰命派の講に所属していた[2]。そんな庄松を正当な他力法義へと熱心に導いたのは、勝覚寺の役僧である天野周天（生没年不明）であった。そのため庄松は、周天を生涯にわたり「周天如来」と合掌し敬慕したといわれる。以来、阿弥陀仏の本願を「親から下されるを戴々したこゝろぢや」と頂いた念仏信心の信仰生活を送った庄松は、その特異な言行動作によって人々に強烈な印象を残しつつ、讃岐国内だけにとどまらず多くの人々に讃岐の庄松さんと親しまれながら、明治四年（一八七一）三月に七十三歳でその生涯を終えたのである。

庄松の言行が初めてまとめられたのは、庄松の篤信ぶりを聞き慕って、はるか松前函館から讃岐へと尋ねてきた柳沢徳太郎（生没不明）によってであった。徳太郎が庄松の言行を友同行に伝聞して書きまとめた『徳太郎聞書ありのまゝ』は、明治十四年（一八八一）に華皐大仙（花岡大仙、不明―一八九五）[3]によって三十三話が書き流され、『讃岐庄松ありのまゝの記』（新居活版所）と改題し、十二名の賛助を得て二百五十部が摺刷された。すぐに品切れとなったため、明治二十二年（一八八九）、先の三十三話以外の伝承説話七、八十話の中から二十六話を集め、挿絵を加えて新版改訂された西村九郎右衛門編『讃岐妙好人庄松ありのまゝの記』（護法館）が出版された。これも絶版となったため、次にまとまった形で庄松の言行が紹介されたのは、大正十二年（一九二三）に刊行された清水順保編『庄松ありのまゝの記』（興教書院）であった。これは、『明治二十二年本』二十六話を正編とし、『明治十四年本』三十三話を含む五十七話を続編として、正続八十三話を収録しており、活字本としてはもっとも普及したものである。その後、鈴木大拙（一八七〇―一九六六）が『宗教経験の事実』（大東出版社、一九四三年）を著して、『大正十二年本』収録八十三話、宇野最勝編『信者めぐり　三田老人求道物語』（興教書院、一九二二年）収録十七話、楠正康『染香録』（『仏徳』一九四一年四月号）収録一話を取りまとめ『庄松言行録』九十一話として紹介し、ここに今日見ることのできる一通りの庄松の言行が出揃ったことになる。[4]

さて、『讃岐妙好人庄松ありのままの記』（一八八九年）の「まへがき」には、庄松の人となりに関する次のような一文が記されている。

庄松同行は世に名高く、我讃〔岐〕真宗の信者なり。其の人と為り、頑愚無欲にて、娶らず世を見ず。涯生東西に意行して、能く人を諭せり。その諭ぶり、質朴、ありのまゝにして、皆能く自ら御法義に適ふて、面白くかつ難在し。(5)

ここに記された「頑愚無欲にて、娶らず世を見ず」との一節からは、世間の喧噪に振り回されず、通念から超脱した庄松の暮らしぶりが察せられる。また一方、「質朴、ありのまゝにして」「能く人を諭せり」との一節からは、闊達自在のうちに独自な個性を表現しつつ、そのありのままが自然と人々を導いていった庄松の姿を想像することができる。

これまで人々に強烈な印象を残した庄松の言行は、とかく常識からはずれ、単なる奇行の人と理解されがちであった。真宗大谷派の金子大榮（一八八一—一九七六）、曾我量深（一八七五—一九七一）なども、庄松の言行が普通の人間とは異なるとの理由から、社会通念から逸脱した「謀反人」であり、「反逆者」であるとの評価を与えている。(6)しかし、庄松の言行は、どこまでも社会通念から超越的であったとしても逸脱ではない。彼の言葉を借りるならば、如来より「戴々したこゝろ」の境位から自然に溢れ、娑婆世界において躍動する言行であったといえる。この小論では、個性豊かに躍動する庄松の言行録を手掛かりとしながら、「戴々したこゝろ」の境位から見つめられた彼の〝いのち〟の地平を探ってみたい。

一　庄松の根底にあるもの

鈴木大拙は『仏教の大意』の中で庄松の信仰生活を「純な霊性的直覚の境地に入ったもの」と語り、その境地から溢れ出る言行は「一層高次の情性から出てゐるもの」であって、「物理的現実や知性的象徴化の圏外へ出たところから現前するもの」と語っている。[7]ここで大拙のいう「霊性的直覚の境地」とは、主客分別を超えた無分別智（万物を一如とみていく智慧）の直覚された境地を指し、[8]「情性から出てゐるもの」とは、絶対者の無縁の大悲を指している。[9]大拙は、庄松の宗教的世界の根底には主客分別を超えた無分別智を本体とする如来の慈悲が流れていることを指摘する。さらに大拙は、触れる者の肺腑を突き刺すような鋭角性をもったその諭しぶりが、「突差に吐却せられる片言隻語の親切にして能く肯綮に中ること、多年苦修の禅匠も企及すべからざるもの[10]」であり、「禅者の雄なるものである[11]」と評価していく。

さて、このように大拙が評する庄松の言行は、すでに『庄松ありのまゝの記』（一八八九年）冒頭説話からも垣間見ることができる。

〈御本尊へ「ばあ、ばあ」〉
右の段は、庄松、平常縄をなひ、或は草履を造り抔致し居て、ふと御慈悲の事を思出すと所作抛ち、座上に飛びあがり、立ながら、仏壇の御障子をおし開き、御本尊に向ひて曰く、「ばあばあ[12]」。

一見、奇行の人とも受け止められるこの言行であるが、原編者は、「これは大慈悲の御尊容、御なつかしく思ひ立なり、所謂親は子供の寝面に見とれ、問はず物語の体にて、独言に喜ばれたるの体なり」と解説している。確かに、原編者が語るような、慈悲によって我が子を包み込む親の姿に喩えられる阿弥陀如来の無縁の慈悲を思いだし、子供のごとく庄松が喜んだ場面と理解する事は一応もっともな解説である。しかし、この言行が持つ本領は他にもある。この言行で注目したい点は、「ばあばあ」と喜びを語った庄松の表現そのものである。「信心正因・称名報恩」を据わりとする蓮如教学が主流であった時代的背景において[13]、この場面で念仏者が発するであろう信仰表現は、「ありがたい」「かたじけない」「勿体ない」という心情の吐露であろう。だが庄松は違った。如来に対して「ばあばあ」と語った庄松の信仰表現は、型としての真宗的信仰表現から解放され、言葉という分別世界のしがらみを超えた境界において、如来の慈悲と直接対話する庄松の姿であったといえる。

このような言葉のしがらみを超えた境界において、自らの信仰表現を個性的に表現した庄松の言行には次のようなものもある。

〈親様も涼しかろう〉

庄松、夏の頃田の草を取り、昼休みに吾が内へ戻り、御仏前の御障子をひらきて、御本尊様をはづし出し、竹の先へゆひつけて、「やれやれ親様も御涼しかろふ」と云はれた[14]。

ここには夏の暑さを如来と共感している庄松の姿がある。庄松にとって如来は異なった世界の存在ではない。庄松の生死する世界がそのまま如来の「生きとる[15]」世界であり、如来の「生きとる」世界がそのまま庄松の生死する世界であった。庄松と如来の隔たりを超えた共生する世界のうちに庄松はいたのである。それは、彼の別の表現でいうならば、「親の内ぢや遠慮には及ばぬ[16]」と語られるような如来とともに住まう世界である。

また次のような言行もある。

〈己らがのを拝んだ〉

庄松が其同行達に、「部落の人々が沢山己らを拝みに出た」と話されるを、友同行が聞き、「何んぼ部落の人達でも、お前を拝む者があるか」と云へば、庄松、「それは己がのを拝んだのぢや」と云はれた。……[17]

庄松が「己の如来」ではなく「己がの如来」と表現するそこには、庄松の言行が如来の言わしめたまえるものとして一体となり躍動しているという庄松自身の自覚がある。庄松の一挙手一投足は、如来と庄松の垣根が外され、如来が自らのうちに全領された宗教経験から発露されたものであったといえる。これらの信仰表現は、庄松の〝いのち〟の根底に如来と「一」となった仏凡一体の世界が開かれていたことを示す一つの証左ともなるであろう。

二　庄松の根底を開くもの

庄松はどのようにして如来とともに住まう「一」なる世界を実現していったのか。そのことを知らせてくれる次のような言行がある。

〈如来の真実を受取れ〉

三木郡比地村字草滝三郎の話に、庄松或同行に「往生は云何」と尋ぬれば、同行答て曰く、「疑ひなく本願を信じて念仏を称へてよろこんで居ます」と答ふ。庄松曰く、「或女が吾が息子を、下関に奉公につかはしておいた、母真実をつくして、袷衣を早くこしらへて、幸便に送りたれば、息子は袷衣ばかりを受取て、母のまことをうけとらなんだと云ふことがある。是ではなさけなひ。弥陀の本願を疑ひなくたのんだ喜びはよひが、如来の御真実をたしかに受取つて、よろこんで居られます哉」と申候。

註　三田老人の『信者めぐり』庄松の条下に、左の子守唄あり、此処に添加せらる。

其意を何時も子守唄にして、子供を負ひしとき〔庄松唄ふ〕、

「寒むい寒むい、国が変れば、下の関は猶寒い、袷衣こしらへ、慈悲までそへて、慈悲を取らずに袷衣取る、其処聞け聞け。」(18)

この言行の中で、同行の「疑ひなく本願を信じて念仏を称へてよろこんで居ます」との返答は、真宗的信仰表現としてまったく間違いではない。ゆえに庄松は「弥陀の本願を疑ひなくたのんだ喜びはよひ」と一応は首肯する。しかし、すぐさま「如来の御真実をたしかに受取つて、よろこんで居られます哉」と同行の内懐を鋭く問うていくのである。庄松は、袷衣を通してそこに託された母親の願いを受け取ることが大切であるように、教説を受け取りながらもそこに添えられた如来の慈悲を頂戴していくことこそが肝要であると語るのである。

次の言行も同様である。

〈剣を把れ鞘をつかむな〉

或同行の曰く、「一心に弥陀如来を頼み奉り、昼夜念仏を称へてをります、是で往生は云何でありましよう」と申せば、庄松曰く、「刃ぢや刃ぢやと鞘つかむ、さやは木ぢやもの間にあわぬ、表て通りはかたじけないが、善知識の教へをにぎり、弥陀如来の御実を貰わんのではないか」と申候。[19]

教説とは、指月の喩えの如く真実を指し示す指である。月は指によって明らかとなり、指は月を間違いなく指し示すことでその役目を全うする。我々は指にのみ囚われてしまえば真実を発見することはできない。[20] いくら善知識の教説を知識として身に付けたとしても、表向きは有り難く頂いているように見えるが、それは鞘に収まった刀を振り回しているようなもので全く役に立たない。ここでも庄松は教説に内含する如来の慈悲を頂戴するべきことを強調するのである。

〈庄松を助くると書いてある〉

勝覚寺の先代住職は、庄松同行を非常に愛撫せられ居りしが、役僧の一人がそれをうらやましく思ひ、一つ庄松を困らせて恥ぢしめんとて、三部経の中の下巻を取り出し、庄松に向ひ、「お前は有難い同行さんぢやが、此大無量寿経の下巻の、此処の御文を読んでみよ」と云へば、庄松の答に、「庄松を助くるぞよ助くるぞよとかいてある」と云はれたと。[21]

そもそも文字を持たなかった庄松にとって、善知識の教説や経典の文字はどこまでも指であって真実ではない。

『蓮如上人御一代記聞書』には、

蓮如上人仰せられ候ふ。聖教よみの聖教よまずあり、聖教よまずの聖教よみあり。一文字もしらねども、人に聖教をよませ聴聞させて信をとらするは、聖教よまずの聖教よみなり。(22)

とあるが、庄松はまさしく「聖教よまずの聖教よみ」であった。

庄松にとっての真実とは、教説に添えられた「庄松を助くるぞよ」と生きて働く如来の慈悲である。その生きて働く如来の慈悲を庄松は、「彼方にも南無阿弥陀仏、此方にも南無阿弥陀仏(23)」と表現し、ただ南無阿弥陀仏の世界として語っていく。生死を超えた世界より「庄松を助くるぞよ」と至り届いた如来の慈悲の言葉、すなわち南無阿弥陀仏を頂戴していくところにこそ、如来と庄松が「一」となる〝いのち〟の根源が開けてくるのである。

三　庄松の信仰態度

如来の慈悲を頂戴していく庄松の信仰態度は至って単純なものである。

〈たいたいしたこゝろぢや〉

庄松、津田町神野の田中半九郎方にて、長々世話になりてありし時、主人の半九郎氏、庄松に向ひて、「第十八願の御心を一口に云うて聞せて下され」と云へば、庄松、「親から下されるを戴々したこゝろぢや」と云われた[24]。

「親から下される」ものとは、南無阿弥陀仏という言葉となって「庄松を助くるぞよ」と生きて働く如来の慈悲である。すでに「親の内じや遠慮には及ばぬ」の世界に生きる庄松にとって、その信仰態度は親様の慈悲をただ頂戴するばかりである。そこに庄松からの要求もなければ、善し悪しの選びもない。庄松の信仰態度は、すべては親様におまかせするという全分受け身の態度であり、「其儘助くるぞ[25]」と語られるような「其儘」の救われる態であって、それは至って単純なものである。

しかし、われわれがこの至って単純な「其儘」まかせきるという信仰態度を日常的常態において実現しようとすることはなかなか容易ではない。

〈そこともそこども〉

或人、「庄松はん、たのむ一念一口聴かせて」と云へば、「何に己れが知るものか」と御内仏を指さゝれた。其人、「さうであつたか、私のする仕事でなくて、たのむ一念は仏仕事であつたか、嬉いのう」と云はれたら、庄松、「そことも、そことも」と云はれた[26]。

或人の問いの胸奥には、『蓮如上人御一代記聞書』に記されるがごとく、「聖人の御流はたのむ一念のところ肝要なり[27]」と幾度となく聴聞しても、やはり「たのむ一念のところ」で救われるのか、救われないのかという安心しきれない心持ちがあったと見える。それはどちらか一方に白黒をつけようとする計らいを交えた相対的な分別知の立場からの問いである。そのような問いに対して庄松は「己れが知るものか」と即答するのである。一見、突き放したようにも聞こえる庄松の態度は、実は『歎異抄』第二条に説かれる親鸞の態度にも見られる。

念仏は、まことに浄土に生るるたねにてやはんべらん、また地獄におつべき業にてやはんべるらん、総じてもつて存知せざるなり。たとひ法然聖人にすかされまゐらせて、念仏して地獄におちたりとも、さらに後悔すべからず候ふ。そのゆゑは、自余の行もはげみて仏に成るべかりける身が、念仏を申して地獄にもおちて候はばこそ、すかされたてまつりてといふ後悔も候はめ。いづれの行もおよびがたき身なれば、とても地獄は一定すみかぞかし。(28)

親鸞にとっては、念仏が往生の正因であるか否かは存知しないという。これは、親鸞が自らの知識では及ばないとか、たんに知らないといった次元の話ではない。いずれの行もおよび難く、地獄しか行き場のない煩悩具足の凡夫であるという自覚の中から生まれた宗教的態度である。またそれは、だからこそ一切衆生を救わんとする阿弥陀如来の本願の念仏に、よき人の仰せに従ってすべてをまかせるほかないという覚悟の言葉でもある。「其儘」まかせきると覚悟された親鸞にとっては、相対的な分別知をもって、念仏が往生の正因か否かを問うような打算された問題はまったく存知せざる事柄であった。

庄松もまた同様である。庄松は、罪を犯した人間でも浄土へ参れるだろうかと質問された時、「参れる参れる、己らさへ参れる(29)」と語っている。「己らさへ参れる」と応答したそこには、五逆・十悪以上の罪を庄松自身が犯しているという、罪悪深重なる煩悩具足の凡夫たる自己への内省が見て取れる。煩悩具足の凡夫と自覚された庄松にとって、「御浄土を持ちてござる、仏の仰せに順ふより、外に手はないない[30]」である。庄松の「己らが知るものか」との返答は、煩悩具足の凡夫との自覚から生まれた如来の慈悲に「其儘」まかせきる覚悟の言葉にほかならない。庄松の「其儘」まかせきるという信仰態度は、肺腑を突き刺すような鋭角性をもった諭しぶりとして、分別知の世界に生きる者にその根底から「さうであつたか」という逆転の気づきを促す。と同時に、「其儘」まかせきるという如来とともに住む「一」なる〝いのち〟の世界が開かれてくるのである。

四　庄松の言行にみる〝いのち〟の地平の物語

「庄松助くるぞよ」と生きて働く如来の慈悲に「其儘」まかせきった信仰態度の中で、如来と「一」となる根底を開いていった庄松にとって、〝いのち〟ということはどのように表現されてくるのであろうか。ここでは〝いのち〟、〝つながり〟、〝よろこび〟という三つの観点をもって庄松の言行を尋ねていきたい[31]。

四—一　庄松の言行にみる〝いのち〟

庄松が〝いのち〟について直接的に言及している物語はないが、次に挙げる言行などは、私たちに〝いのち〟を考えるうえで一つの方向性を与えてくれる。

ある時、山本良助という人物が、自らの一大事の後生を解決するため、はるばる金沢から庄松を尋ねてきた。しかし、一向に応答しようとしない庄松に対して、「此のまゝ帰つて、きかぬじまいで、死んだら何としましやう」

と帰り支度を始めた。それを見た庄松は次のように語っている。

〈仏の云ふこと、己れは知らぬ〉
其時庄松始めて口を開き、「阿弥陀様に任せてしまへ」。
良助今こそと思ひ、「死んでから住すのか」と尋ねた。
庄松それをきゝ、宿善のあるものと思ふたか、むつくり起き出た。
良助また改めて御尋ねした、「たのむ一念を一口に御聞かせ下さい」。
庄松曰く、「それは仏の云ふことぢや。俺は知らぬ[32]」。

臨終往生か現生往生かの確約がなければ死んでも死にきれないと訴える良助の問いの根底には、現生（生）と臨終（死）を相対化した分別知の眼が見て取れる。生死を分別する良助の問いに対して庄松は、例のごとく「阿弥陀様に任せてしまへ」「それは仏の云ふことぢや。俺は知らぬ」と返答するのだが、かかる庄松の返答からは、本来、生死する〝いのち〟が人間の分別知を超えた事態であることを教えてくれる。ゆえに庄松は、計らいを超えた生死する〝いのち〟の全分を親様である如来に「其儘」まかせきっていくのである。

また次のような言行がある。

〈寝て居るところが極楽の次の間〉
右の段は、庄松は、香川県笠居村佐料にて病むを、庄松の眷属及び同行等が、庄松を駕に乗て、十里ばかりの道を、庄松の在所土居村まで送りて、皆々庄松に向て曰く、「最早我が内へ戻たり、安心をして御慈悲を喜べ」と云へば、庄松の曰く、「どこに居ても、寝て居る処が、極楽の次の間ぢや次の間ぢや[33]」。

同行にとって如来の慈悲は、家の仏壇に安置されている如来と相対する中で頂戴するものであった。それは、如来の世界と我々の世界が棲み分けされた分別知からの見方であり、両者の間には懸隔がある。しかし、すでに「生きとる」如来の慈悲に住まい、如来に「其儘」まかせきっている庄松にとって、「ここを去ること十万億刹なり[34]」と語られる畢竟彼岸の浄土は、ただ今の〝いのち〟に直結し現出している。だからこそ「どこに居ても、寝て居る処が、極楽の次の間ぢや」と語れる大安心が庄松にはあったのである。

また庄松の大安心の様相は次の言行からも窺い知れる。

〈此処はまだ娑婆か〉

庄松、京都の本山へ沢山の同行と共に参詣せられしが、其帰りに大阪より商船にて出発せしが、播磨灘へかゝりし時、思ひ掛けなき暴風雨となり、船は木の葉の如く浮きつ沈みつ、今や海の藻屑とならんとする勢いなりしが、多くの人々は日頃の信心も何処へやら、「南無金比羅大権現、今暫し波を穏かになしたまへ」と拍手打つて救ひを求め、上を下への大混乱中、庄松一人は舟底にて鼾高々寝てあれば、余りの度胸に不審を懐き、庄松をゆすり起し、「同行起きんか九死一生の場面ぢや、大胆にも程がある」と云へば、庄松、「此処はまだ娑婆か」と申された[35]。

生に執着すれば死を恐れ、死に執着すれば生を恐れる。生死を超えたさとりの領分である如来の〝いのち〟に連なる庄松にとっては、九死に一生の場面でさえも「生死海に入りて沈没せず(36)」の心持であった。

〈石の下にはおらぬ〉
右の段は、石田村の市蔵同行が見舞にきて曰く、「同行が死んだら墓を立て、遣しましよ」と云へば、庄松曰く、「石の下には居らぬぞ居らぬぞ(37)」。

死を迎える病臥にあって、死後の居場所を心配する市蔵同行の言葉も、「その心すでに浄土に居す(38)」大安心の庄松にとってはどこ吹く風である。親鸞が「閉眼せば、賀茂河にいれて魚にあたふべし(39)」と語られたというが、庄松にとって死後の居場所や供養などはとっくに縁が切れているのである。

『教行信証』行巻・正信偈には、
よく一念喜愛の心を発すれば、煩悩を断ぜずして涅槃を得るなり。
凡聖・逆謗斉しく回入すれば、衆水海に入りて一味なるが如し(40)。

と語られている。如来の慈悲に「其儘」まかせきった庄松にとって〝いのち〟は、ただ今この娑婆世界において畢竟彼岸の浄土と直結した〝いのち〟であった。娑婆の〝いのち〟が浄土の〝いのち〟となり、浄土の〝いのち〟が娑婆の〝いのち〟ともなる、「衆水海に入りて一味なるが如」き〝いのち〟を庄松は生きていたのである。

四―二　庄松の言行にみる〝つながり〟

次に庄松の言行から〝つながり〟あう〝いのち〟ということを尋ねてみたい。

〈己らさへ参れる〉

津田町神野に田中半九郎と云へる人、庄松に向つて曰く、「隣村の鉄造は罪を犯して牢屋へ行き、終に牢死したのぢやが、今は何処へ行つたであらふ。あんなものでも御浄土へ参られようか」。庄松答に、「参れる参れる。己らさへ参れる」と云はれた。(41)

先にも少し触れたが、庄松がここで語る「己らさへ参れる」という言葉の奥には、鉄造の犯したであろう五逆・十悪以上の罪を庄松自身が犯しているという、罪悪深重、煩悩具足の凡夫たる自己への内省が見て取れる。煩悩具足の凡夫である庄松にとって如来の慈悲は、「庄松助くるぞよ」と表現されたように、個としての「己ら」に、生死を超えたさとりの領分から「摂取不捨」と働きかけてくる生きた如来の慈悲である。それはまさしく、親鸞が語った「弥陀の五劫思惟の願をよくよく案ずれば、ひとへに親鸞一人がためなりけり(42)」と同じ宗教的自覚でもあろう。一方、「さへ参れる」との表現からは、庄松でさえ「摂取不捨」という如来の慈悲がかけられているのであるから、鉄造にかけられていないはずはないという、如来の本願に誓われた「十方衆生」なる御同朋の地平が開かれている。庄松にとって、生死の分別を超えた如来の慈悲の中にあっては、庄松の〝いのち〟も鉄造の〝いのち〟も一味平等であった。庄松のこの言行からは、「一人がため」という宗教的自覚が、「十方衆生」という〝つながり〟あう〝いのち〟の地平を開いてくることを教えてくれる。かかる地平においては、もはや娑婆世界における罪の軽重、善悪の有無などは問題とならないのである。

また次のような言行がある。

〈御の字沢山つけてもよい〉

或人庄松に向ひ、「御開山、こんな浅間敷奴に、御同行御同朋などとは勿体ない」と云へば、庄松、「何が勿体ない、御の字はまだまだ沢山つけてもよいわい。己らにつけたのなら勿体ないが、如来の御誓につけたのなら、なんぼつけてもよいわい」と云はれた。(43)

『歎異抄』第九条には、親鸞の言葉として「しかるに仏かねてしろしめして、煩悩具足の凡夫と仰せられたることなれば、他力の悲願はかくのごとし、われらがためなりけりとしられて、いよいよたのもしくおぼゆるなり(44)」と語られている。或人の言葉には、自らの浅間敷さのみ自覚され、だからこそ如来の慈悲がかけられてあることを知らない。庄松にとって、娑婆世界に住む煩悩具足の凡夫の〝いのち〟は、「十方衆生」と誓われた如来の慈悲が届いていることにおいて、如来の〝いのち〟に連なっていることを教えてくれる。

また、庄松にとって娑婆世界における〝つながり〟あう〝いのち〟の地平は人間だけにとどまらない。

〈犬には敬礼はせぬ〉

木田郡田中村を、庄松、或る僧と道連になり通りし時、犬の前を「御免」と云うて通る故、道連れの僧が「お前何を云ふ、犬に礼するものがあるか」と云へば、庄松、「己らは犬に云やせぬ」。道連の僧、「今云ふたではないか、それぢやで、お前を人が馬鹿といふのぢや」と云へば、庄松、「お前何を聞て居る、己らは犬には云はぬ、犬も十方衆生の中、それぢやで弥陀の誓がかかりてあると思ふたら、思はず御誓に御免をいふたのぢや」と。[45]

庄松の信仰態度は徹底している。一見、社会通念から逸脱しているように見える言行であるが、庄松は、つねに如来の慈悲の懐から娑婆の〝いのち〟の世界を眺めていたのである。宿業によって六道に経回るすべての存在は、庄松にとって、如来の慈悲がかけられていることにおいて「十方衆生」という〝つながり〟あう〝いのち〟の御同行御同朋であった。

四―三　庄松の言行にみる〝よろこび〟

次に庄松の言行から〝いのち〟の〝よろこび〟ということを尋ねてみたい。

『歎異抄』第九条の中で、念仏申しても踊躍歓喜する心の沸き起こらない唯円の不安に対して、親鸞が「よくよく案じてみれば、天にをどり地にをどるほどによろこぶべきことをよろこばぬにて、いよいよ往生は一定とおもひたまふなり」[46]と諭すように、〝よろこび〟という事態が往生の体ではない。しかし、親鸞が「信心をうるを慶喜といふなり[47]」と語るように、生死を超えた領分から働きかけてくる如来の慈悲に「其儘」まかせきった者は、「身もこころもよろこぶこころ[48]」が沸き起こってくるという。

庄松の次の言行などからはそのことが端的に語られている。

〈寒さがつよいと酔いがまはらぬ〉

或同行が庄松に向つて、「私はどうも喜ばれぬ、如何すればよかろう」と云へば、庄松の答に、「飯を食はずに腹がふくれるか、酒をのまずに酔ふものか。信心をいたゞかずに、有難ふなられるか。あまり寒さがつよいと酔がまわらぬわい」と[49]。

信心を得ない者には〝よろこび〟は生まれないと語るこの言行からは、〝よろこび〟が、如来の慈悲に「其儘」まかせきるという大安心から沸き起こってくる態であることを物語っている。しかし、〝よろこび〟が往生の体であるかというとそうではないと庄松も語る。

〈愧かしからうぢや〉

或人庄松に尋ねて曰へるに、「喜ばいでも御浄土へ参られるだろうか」。庄松が答に、「参られる参られる」と。又暫くして曰く、「喜ばんのに御浄土へ参られたら、阿弥陀様に愧かしかろふぢや[50]」。

或人の心配事は、〝よろこび〟が往生の体であるか否かであった。もちろん往生の体は、「其儘」まかせきるという信心を得るか否かであるから、庄松はひとまず「参られる参られる」と即答する。しかし、しばらくして庄松は、「喜んでいないのに浄土へ往生できたならば、阿弥陀如来に愧かしいだろう」と応えるのである。〝よろこび〟が往生の体ではないが、如来の慈悲に「其儘」まかせきった者には必然として具わる〝よろこび〟のあることを庄松は独自の言い回しで明かしているのである。

次の言行からは〝よろこび〟と〝つながり〟の関係を連想させるものがある。

〈人が拾うて喜ぶ〉

或時勝覚寺の先代住職が、庄松に「往相廻向の御利益を知つて居るか」と問ふたれば、庄松の答に、「彼方の御仕事を己らが知つたことか」。住職、「それでは還相廻向の御利益は」と云へば、庄松の答に、「それは己が喜ぶと、人が拾うて喜ぶのぢや」と云はれた。(51)

往相回向の利益について「己らが知ったことか」と返答する庄松の言葉は、先にも見たように、「己ら」に「摂取不捨」と働きかけてくる生きた如来の慈悲に「其儘」まかせきった庄松の覚悟の言葉である。すでに如来にまかせきっている庄松にとっては、浄土へ往こうが地獄へ往こうが存知せざることである。では還相回向の利益とは何か。庄松は、自らの〝よろこび〟の相を通して、他人が〝よろこび〟の相を得ていくことであるという。それは具体的にいうならば、庄松の〝よろこび〟の一挙手一投足が、生死を超えたさとりの領分から働く如来の慈悲と仏凡一体（南無阿弥陀仏）となって娑婆世界の内に躍動し、触れるものに逆転の気づきを促しながら、「其儘」まかせきるという〝よろこび〟の世界を開いていくことである。そして、この事態は同時に、如来の本願に誓われた「十方衆生」という〝つながり〟あう〝いのち〟の地平が娑婆世界において開かれてくることでもあった。如来の真実に出遇った人の〝よろこび〟の相を介して、〝つながり〟あう〝いのち〟の地平が開けてくる。それを庄松は還相回向と語っていったのである。

おわりに

以上、庄松言行録を手掛かりに庄松の見つめる〝いのち〟の地平を探ってきた。娑婆世界の生死する〝いのち〟は、我々の分別や計らいを超えた事態であった。生死する〝いのち〟を分別し迷う煩悩具足の庄松にとって、生死を超える道は、生死の分別を超えたさとりの領分から南無阿弥陀仏という言葉となって「庄松助くるぞよ」と働きかけてくる如来の慈悲（南無阿弥陀仏）に、「其儘」まかせきるという「戴々したこゝろ」において初めて開かれてくるものであった。ゆえに庄松は、生きとる如来と絶えず直接相談しながら生死を超える道を生きていたのである。庄松の「其儘」まかせきる〝よろこび〟の相は、如来の慈悲と「一」となって個性豊かな諭しぶりとして発露され、触れるものに逆転の気づきを促すと同時に、「十方衆生」という一味平等な〝つながり〟あう〝いのち〟の地平を娑婆世界に開いてくるのである。

庄松の言行は、現代に生きる娑婆世界の我々にも肺腑を突き刺すような鋭角性をもった諭しぶりとして、〝いのち〟の地平を開く物語として迫ってくる。その意味において庄松の言行録は、過去の一念仏者の信仰告白書でもなければ、信仰生活の記録書でもない。生死を超えた〝つながり〟あう〝いのち〟の地平を、時代を超え、場所を超えて我々の娑婆世界に開いてくる物語的宗教書としてある。そこにこそ妙好人と呼ばれる庄松の言行録が示す真の諭しぶりが垣間見られるといえよう。

註

（1）赤澤融海（不明―一八九五）は、興正寺末勝覚寺第二十世住職を務め、明治九年（一八七六）の興正寺別派独立の際には興正寺執事として活躍し、本願寺派赤松連城や教務部宍戸璣と会談している。
（2）三業帰命とは、身に阿弥陀仏を礼拝し、口に阿弥陀仏の名を称え、心に阿弥陀仏を念じるというように、身口意の三業をそろえて浄土を願生するという自力的色彩の強い教えであり、異安心とされていた。
（3）華皐大仙（花岡大仙、華皐大僊、不明―一八九五）は、伊予国に生まれ、後に讃岐国山田郡六条村法輪寺（佛光寺派）住職となり、「真宗聖恩講社」を設立している。単著・共著には、『真宗年譜』（不明）、『真宗一覧表』（不明）、『二諡勅号辨』（不明）、『国史撮覧』（華皐大僊、一八八〇年）、『各宗説教習練抄』（細川了成、一八八二年）、『家譜』（華皐大仙、一八八二年）がある。
（4）ここに挙げた以外にも庄松言行を取り扱う書物は多く、時代や書物の性格によって収録説話数が異なり、内容の改変も行われている。この辺りの事情については、『庄松ありのまゝ記』成立史研究として別の機会に譲りたい。
（5）鈴木大拙『宗教経験の事実』（大東出版社、一九九〇年（初版一九四三年））、一〇七―一〇八頁。以下、庄松言行の引文は、特に断りがない限り『庄松言行録』（『宗教経験の事実』所収）を用いることにする。
（6）津曲淳三編『曾我量深対話集』（弥生書房、一九七三年）、六八―七〇頁。このような金子や曾我の評価に対して、石田慶和は『これからの浄土真宗』（同朋舎、二〇〇四年）の中で反論を加えている（一九一―一九六頁）。
（7）『鈴木大拙全集』第七巻（岩波書店、一九六八年）、七二―七六頁（『仏教の大意』）。
（8）鈴木大拙『日本的霊性』（岩波文庫、一九七二年）、一六―一八頁。
（9）前掲『日本的霊性』、二四―二五頁。
（10）前掲『宗教経験の事実』、一〇七頁。
（11）前掲『宗教経験の事実』、五五頁。

(12) 前掲『宗教経験の事実』、一一九頁。
(13) 源了圓「〈学術講演〉晩年の蓮如上人の思想・信仰と妙好人の形成」(『行信学報』(十一)、一九九八年)参照。
(14) 前掲『宗教経験の事実』、一四五頁。
(15) 前掲『宗教経験の事実』、一四六頁。
(16) 前掲『宗教経験の事実』、一二六頁。
(17) 前掲『宗教経験の事実』、一四二頁。この引用文中における表現は、原典資料からの引用であるためそのままとした。
(18) 前掲『宗教経験の事実』、一三一―一三三頁。
(19) 前掲『宗教経験の事実』、一三三頁。
(20) 「指月の譬」は、『大智度論』巻九には、「語以得義、義非語也。如人以指指月以示惑者、惑者視指而不視月。人語之語、我以指指月、令汝知之。汝何看指而不視指。此亦如是語為義指語非義也」(『大正蔵』二十五巻、一二五頁中)とあり、巻九十五には、「如人以指指月、不知者但観其指而不視月。是故仏説諸法平等相亦如是皆是世諦」(『大正蔵』二十五巻、七二六頁上)とある。
(21) 『宗教経験の事実』、一四一頁。
(22) 『註釈版』、一二六一頁。
(23) 前掲『宗教経験の事実』、一五八頁。
(24) 前掲『宗教経験の事実』、一四六頁。
(25) 前掲『宗教経験の事実』、一六八頁。
(26) 前掲『宗教経験の事実』、一五六頁。
(27) 『註釈版』、一二九〇頁。
(28) 『註釈版』、八三一頁。
(29) 前掲『宗教経験の事実』、一三八頁。
(30) 前掲『宗教経験の事実』、一二二頁。

(31) ここで挙げた〝いのち〟、〝つながり〟、〝よろこび〟という三つの観点は、庄松の所属していた真宗興正派興正寺が、平成二十三年「宗祖親鸞聖人七五〇回大遠忌法要」の際に法要テーマとして掲げたものである。庄松の〝いのち〟の地平を考えるうえで一つの視座になると考え援用させて頂いた。
(32) 前掲『宗教経験の事実』、一六九―一七〇頁。
(33) 前掲『宗教経験の事実』、一二九―一三〇頁。
(34) 『註釈版』(『仏説無量寿経』巻上)、一八頁。
(35) 前掲『宗教経験の事実』、一四三頁。
(36) 『註釈版』(『教行信証』信巻)、二二九頁。
(37) 前掲『宗教経験の事実』、一三〇頁。
(38) 『註釈版』(『親鸞聖人御消息』二)、七五九頁。
(39) 『註釈版』(『改邪鈔』一六)、九三七頁。
(40) 『註釈版』、二〇三頁。
(41) 前掲『宗教経験の事実』、一三八頁。
(42) 『註釈版』(『歎異抄』第五条)、八五三頁。
(43) 前掲『宗教経験の事実』、一五七頁。
(44) 『註釈版』、八三六―八三七頁。
(45) 前掲『宗教経験の事実』、一五四頁。
(46) 『註釈版』、八三六頁。
(47) 『註釈版』(『唯信鈔文意』)、七一二頁
(48) 『註釈版』(『唯信鈔文意』)、七一二頁。
(49) 前掲『宗教経験の事実』、一五二頁。
(50) 前掲『宗教経験の事実』、一四〇頁。
(51) 前掲『宗教経験の事実』、一四〇頁。

ようこそ・源左

――妙好人因幡の源左における宗教的生――

岡村　康夫

はじめに――称へてよし称へでもよし

本論は妙好人・因幡の源左[1]において現れた浄土教的宗教的生の意義を、彼の言行録を手がかりに明らかにすることを目的とする。先に拙論「なむあみだぶにこころとられて――妙好人浅原才市の詩《うた》[2]――」においては、才市自身の書き残した一種の宗教詩を手がかりに、そこに開かれた宗教的生の意義を明らかにした。才市と源左とは「静と動」というまったく両極に位置するタイプの妙好人である。ただし、そのこと自体は両者のいずれも貶めるものではない。むしろ、その両極に位置しながら、彼らの至り得た境涯[3]が見事に符合するところにこそ、その勝れた宗教的生の意義を見いだすべきである。

さて、「静と動」とは彼らの日々の生活そのものであった。才市は下駄職人として終日その仕事場に座し、源左は農に従事する者として朝早くから夜遅くまで田畑に働いた。そのような生活を通して彼らが表現し得たものはいずれも遜色がない。才市は才市の生を全うし、源左は源左の生を全うする。しかも、そういう仕方で彼らの生を貫いて働くものが両者にはある。そして、その貫いて働くものを両者が存分に生き抜くところに開かれる境涯こそ注目に値する。才市の詩作は最終的には肯定も否定も超脱した宗教的生の戯れと解することができた。それは典型的には「うむしろい」という言葉において確認された[4]。たしかに、源左は才市のような詩《うた》を歌うわけではない。しかし、源左の言行録に残されたものには、むしろ才市以上に生き生きとした宗教的生の躍動を見ることができる。その言動は生の現場において示されるがゆえに重く、しかもその重さが重さのまま、「ようこそ〳〵」と落着される。ここに源左における宗教的生の卓越性がある。源左は臨終の床で次のように言ったと伝えられる。

よし〳〵、出る念仏は抑へでもよし、無理に出ん念仏を引張り出しやあでもよし、称へてよし称へでもよし。邪魔にならんでのう。何んにもこつちにやいらんだけのう。ようこそ〳〵、なんまんだぶ〳〵。

（二二八「源左と直次」、傍点筆者[5]）

ここで源左は直次という同行と、二人とも臨終の床に就いて、まさにぎりぎりの問答をしている。いよいよの境に立たされて聞く直次はもちろん、真剣である。それに答える源左も一言も無駄な言葉は語らない。まさに一句一言責任ある応答をしている。直次の「おらあ、いつかな喜ばれんだが」という問いに、「源左もいつかな喜ばれんちつてごせ」と言い切る。ただ、源左はけっしてこの直次との遣り取りをたんなる自己責任において行っているわけではない。彼の言葉にはすべてを仏に放下した安心がある。その安心の前では喜びも、あるいは念仏すらも無用となる。また、次のように源左は言っている。

よし〳〵念仏は称へんでもえゝけんのう。助かるにきめて貰《むら》つとるだけ、念仏はいかな後生のたりにやならんだけのう。

（同上）

このように源左においても才市と同様に、あらゆるこだわりから解放された生の境涯を確認できる。浄土教的生の真骨頂は、まさにこのように念仏を通して、しかも「称へてよし称へでよし」というところ、すなわち「何んにもこつちにやいらんだけのう」というすべてを放下した安心の境涯へと超え出るところにある。そのような境涯へいかにして源左は入っていったのか。その点をまず次に考察したい。

一　ふいつと分からしてもらつたいな

源左の妙好人としての生は、彼が言ったと伝えられる「ふいつと分からしてもらつたいな」（一「入信」）ということから始まる。また、その後の彼の言動はそのことの徹底・深化として、つねにそこから出て、そこへ還るものとして領解される。したがって、この「ふいつと分からしてもらつたいな」ということこそ、彼において開かれた宗教的生の意義を理解するうえできわめて重要な意味をもつものと言える。そこへと至る経過は源左自身の言葉として残されており、ここではまず、その言葉を手がかりに源左において生じた生の転回について考察したい。

1　おらが死んだら親様たのめ

さて、源左の回心はたんなる日常生活の連続線上で生じたものではない。それは父親の突発的死という、それまでの源左の生活を根本的に揺さぶる出来事をきっかけとして生じたものである。その出来事を源左は次のように述べている。

おらが十八の歳《とし》の秋、旧の八月二十五日のこつてやあ。親爺《おやじ》と一緒に昼まで稲刈しとつたら親爺はふいに気分が悪いちつて家に戻つて寝さんしたが、その日の晩《ばん》げにや死なんしたいな。

（一「入信」）

この父親の死によって、源左は彼がそれまで安住していた日常的生の連続性を突然破られる。誰しもその近親者の死によって衝撃を受け、それまでの生を反省させられることはある。ただし、ほとんど場合、それは一過性のものに終わり、時が過ぎると、いつのまにか誰もがまた日常的生のなかへ埋没する。源左の場合、何ゆえにそれが新たな生への転回となったのか。それを解く鍵は父親の遺した言葉にある。才市も「おやのゆいごん　なむあみだぶつ」と言った（『浅原才市翁を語る』三二頁）[6]。源左もまさにこの「親の遺言」（三「入信」）によってその「限界状況(Grenzsituation)」[7]に立たされたのである。ただし、この源左の回心はあくまで浄土教的生の文脈の中で起きており、その点をまず理解したうえで彼の言葉に耳を傾けなければならない。源左は次のように言っている。

　親爺は死なんす前に、「おらが死んだら親様たのめ」ちってなあ。その時から死ぬるちゅうなあ、どがんこつたらあか。親様ちゅうなあ、どがなむんだらあか。おらあ不思議で、ごつついこの二つが苦になつて、仕事がいつかな手につかいで、夜《よう》さも思案し昼も思案し、その年も暮れたいな。翌年《あくるとし》の春になつてやつとこさ目が覚めて、一生懸命になつて願正寺様に聞きに参つたり、そこらぢゅう聞いてまはつたいな。（同上、傍点筆者）

「おらが死んだら親様たのめ」あるいは「おらが死んで淋しけりや親をさがして親にすがれ」（二「入信」）という遺言、この言葉がその後、源左が「法を聞き始め」（一「入信」）る上で決定的なものとなる。すなわち、この言葉によって初めて源左は浄土教的聞法への道を歩み始めたのである。ただし、源左は容易に「親」を探し当てたわけではない。

2　源左、もう聞こえたなあ

さて、源左はこの「親さがし」というきわめて浄土教的色彩をもって語られた宗教的課題の前に立たされ、呻吟・懊悩する。ここでは肉親の親を失った悲しみが、「親の遺言」という決定的な意味をもつ言葉によって、まったく新たな次元での回答を求めて止まないものとなる。源左は次のように言っている。

親がなあなつてみりや世間は狭いし、淋しいやら悲しいやらで、おらの心はようにとぼけてしまつてやあ。それから親の遺言を思ひ出して、どつかでも親をさがさにやならんと思つて親さがしにかゝつてのう。「親をさがせ」ちつたつて、何処におられるむんだらあか、「親にすがれ」ちつたつて、どがな風にすがるむんだらあかわかりやせず、おらも何んぼこそ親さんに背を向けたり、捨てゝしまつたりしたこつたかわからんだいのう。御本山にもさいく上らしてもらつてのう、しかられたりどまかされたりしたいのう。むつかしいくつて、わがむつかしゆうすつだけのう。

（二一「入信」、傍点筆者）

この「親さがし」という形で語られた宗教的課題はけっして直線的・連続的に答えられる課題ではない。源左の言うように「親をさがさにやならん」という気負いはそのまま「親さんに背を向けたり、捨てゝしまつたり」することになる。ただし、ここでの源左の言葉はその課題を透過したところから語られており、そこにはすでにある意味で「親さがし」の回答が示されている。それは「親さがしにかゝつてのう」という言葉や、「むつかしいくつて、わがむつかしゆうすつだけのう」という言葉にある。すなわち、問題は「親さがし」にかかるこちら側にあるのである。そこでは問うものが徹底して問われるという宗教的問いの根源的構造が見事に顕《あらわ》になっている。(8) 宗教的問いを問う者は、その問いを問うことによって、その問いからますます遠ざかっている自分に気づかざるを得ない。問いを問いながら、まさにその問いに真剣に対峙し得ず、いつまでものうのうと日暮しをする自分に、ふと砂を嚙むような気持ちにさせられるのである。そういう、「しぶとい」怠惰な自分になおも問いを問い続けさせるのは、もはや自分ではない。それはまさに源左の言う「親心」でしかない。それは一つには源左にとっては「お寺のご隠居さん」の「源左、もう聞こえたなあ、有難いなあ」という言葉を通して現れている。源左は次のように述べている。

お寺のご隠居さんにや、さい〳〵聞かして貰《むら》ひ、長いことうお世話になつてやあ。いつつもご隠居さんは「源左、もう聞こえたなあ、有難いなあ」つて云つてごしなはつただけどやあ、どうがしても聞えなんだいな。ご隠居さんにやすまんし、しまいにやしぶとい我が身がなさけなあになり、投げちやあしまへず、じつとしちやをられんで、どがぞして聞かして貰らはあと思つて、御本山に上つたいな。御本山で有難い和上さんに御縁にあはしてむらつたけど、どつかしても親心が知らしてもらへず、仕方がなあて戻つたいな、おらあ、ように困つてやあ。

（一「入信」、傍点筆者）

ここでは源左は法を聞くことによって新たな活路を見いだせるどころか、「ように困つてやあ」と、いよいよ窮地に追い込まれている。引くに引かれず、進むに進めない。そういう進退窮まったところで、なおも源左が聞くことを放棄しないのは、もはや源左自身の求道心と言えるようなものによってではない。源左に残っているのはただ「ご隠居さんにはすまんし」あるいは「なさけなあ」という気持ちだけである。後に源左は、棚田このに「聞かしてもらいかけにゃ、よかったにゃ」という法を聞き抜く難しさを問われたとき、「うんにゃ〳〵こゝまでしてもらうのがおうごとだけのう」と答えている（二「入信」）。それは「ここまで」追い込まれるということ自体が、自分の力によってではないということを意味する。「すまん」あるいは「なさけなあ」という源左の言葉には、いまだ彼にはまったく届かない仕方においてではあるが、彼において、しかも彼を通して働く力の投影がある。

3　すとんと楽になって

さて、源左は才市と対極的位置にある「動」の人である。しかも、先にも述べたように源左のそれは生活そのものに裏打ちされた「動」である。このことは彼の宗教的生の特異性であるとともに、その生の出発点にある回心そのものに当初から含まれていたものでもある。前に進むことも、後に退くこともできなくなった源左に「ふいつと」活路が開かれたのは、まさに牛に草を負わせようとした動きにおいてである。源左はその時の経験を次のように述べたと言われている。

ところが或年の夏でやあ。城谷《じょうだん》に牛を追うて朝草刈に行つて、いつものやあに六把刈つて、牛《でん》の背の右と左とに一把づゝ附けて、三把目を負はせうとしたら、ふいつと分からしてもらつたいな。牛《でん》や、われが負ふてごせつだけ、これがお他力だわいやあ。あゝ、お親さんの御縁はこゝかいなあ。おらあその時にや、うれしいてやあ。

（一「入信」、傍点筆者）

この「ふいつと分からしてもらつたいな」ということは「動」の人・源左においてしか起き得なかった出来事であるとも言える。源左はつねに行動において自己表現する人であった。彼はその生涯の間に何度もその精農・勤勉・篤実によって推され、表彰されている。それはおそらく彼がこの世に生を享けて以来、父親と一緒に農に従事しながら培ってきた性質と言える。そういう美徳とも言うべき性質が、法を聞くことにおいても、さらに後に述べるように法において生きることにおいても生かされたと考えるべきである。牛に草を負わせようとして「ふいつと分からしてもらつたいな」と源左は言うが、この点はまた次のようにも伝えられている。

城谷《じょうだん》に朝草刈りに行つてのう。デンや、今朝はわれにみんな負せりやわれもえらからあけ、おらも一把ないと負うたらあかいやちて、一把負うてもどりかけたら腹がにがつてえらあて、デン奴に負はしたらすとんと楽になつて、らくでらくでこりやわがはからいではいけんわい、お慈悲もこの通りだちゆうことだらあやあと思つてよろこばしてもらつたいのう。　（二「入信」、傍点筆者）

源左は「すとんと楽になつて」と言うが、それはその直前に自らが荷を負うという行為があって初めて生じた出来事である。すなわち、自ら荷を負うて「腹がにがつてえらあて」ということを通して初めて、源左は「わがはからいではいけんわい」と気づかしてもらったのである。そこには行為を介して高められた緊迫感の「極み（Akme）」に、その緊迫から一挙に解放される経験が、すなわちまさしく「放荷（Entladung）」の経験が見事に言い表わされている。(9)それは「動」の人・源左において初めてよく起き得た出来事であった。

源左における生の転回はこのようにして生じた。そして、その後の彼の生はつねにこの「ふいつと分からしてもらつた」ことの反復として、そこから出て、そこへ還るものと領解することができる。そもそも宗教的生はこのことなしには始まらないと言える。ただし、それはもちろんそこで完成・終息してしまうものではない。すなわち、そこで生きる苦しみも悩みもみな、雲散霧消してしまうわけではけっしてない。むしろ、それはそこを起点として無限の深化・展相を始める。たとえば、次のような源左の回心直後の経験は、その深化・展相の発端と解することができる。彼は次のように語ったと伝えられている。

牛《でん》に草を負はした頃、やつと夜が明けて来たいな。そこにひと休みしとると、又悩みが起つて来てやあ。その時「われは何をくよ〳〵するだいやあ、仏にしてやつとるぢやないかいや」と如来さんのお声がして、はつ、と思つたいな。　（一「入信」、傍点筆者）

この「はつと思つたいな」ということは先の「ふいつと分からしてもらつたいな」ということの反復として、その後の源左の生を無限遡及的に限りなく豊かにしていくものである。この点は源左のその後の生き生きとした生涯を見れば、おのずと肯うことができる。

二　その荷物、ちつくり持たしてごしなはれなあ

日本的農に従事する者は、ときとして勤勉・篤実の性質を示すことがある。源左もその一人であったといえるが、彼を妙好人たらしめたものはそれのみではない。たしかに源左は人並み以上に勤勉・篤実な働き手であった。しかし、彼を本来働かしめたのは美徳と呼ばれるようなたんなる道徳的性質ではない。繰り返し述べているように、「動」の人である源左はつねにその行動において自己主張をした人であるが、その行動を駆り立てたものは、先の「ふいつと分からしてもらつた」ことに含まれていたものである。したがってまた、逆に彼のその後の行動はその「ふいと分からしてもらつた」ものが何であったかを語るものであったともいえる。

1　よう持たして下んした

源左は「よく人の荷を持ちたがった」（六六「荷物持」）という。それは彼が牛の背に草の束を負わせたときに「ふいつと分からしてもらつた」ということと二重写しとなる光景である。一つには彼はそのことを話したいがゆえに「人の荷を持ちたがった」ともいえる。次のような話が伝えられている。

或日、源左が山越に我家に帰る時、子を負ひ両手にみやげものや荷物をいつぱいに持ち汗を流しながら里行きの嫁さんが通りかゝつた。「あねさん、その荷物をちよつとおらにもたしなはれな、えらからあがやつたけど、嫁さんは早速にもたしてごされずに仕方ないで「なんまんだぶつ〳〵」つて念仏したら安心して「なら、

もつてもらわあかいな」ちつて荷物をもたしてごしのう。あねさん、是を持たしてもらつた代りに、おらが云うことを聞いて下んせえ、ちつてお話しをしい〳〵峠を降りてのう。よう持たして下んした。ようこそ〳〵つてお礼を云つて別れたいの」と云つて帰り「今日は大儲をした〳〵、なんまんだぶつ〳〵」と家の人に話した。

（六七「山越」、傍点筆者）

源左の言う「お話し」とはけっして世間話ではない。それは突き詰めて言えば牛に草を背負わせて「すとんと楽に」なった話である。しかし、それはある意味で荷を負って苦しんでいる人にのみわかる話である。源左はまさにそういう好機を捉えて話をしたと言える。そもそも苦しみの原因は強情・我慢に荷を負おうとする者自身の内にある。その荷を「ふいっと」放り出せば楽になる。しかし、そういう単純明快なことを素直に受けとめられないところに問題がある。たとえば、せっかく源左が荷を持ってやっても、その荷を任せきる気持ちがなければかえってほかの意味で苦しい思いをする。源左は「山越の時、人の荷物持ちをすると、源左は盗まにやえゝがと思つてついて来るで、お慈悲の話が出来てのう」（六六「荷物持」）とも言っている。人の親切を素直に受けられず、疑い心で自分自身を苦しめる。ただし、それは人の親切を疑う人のみのことではなく、源左自身のことでもある。それは人に「お慈悲の話」をする好機であったが、源左が源左に還る、すなわち「ふいつと分からしてもらつた」ところに還る好機でもあった。それゆえにこそ源左は、人の荷を持って「よう持たして下んした」と礼を言い、また「今日は大儲をした〳〵」と喜ぶのである。

2　他人の田圃の草まで取らんでもえゝがなあ

源左は人の荷を持ちたがっただけではない。好んで人の肩を揉んだり、あるいは灸をすえたりしたという。それは一つにはそのことによって「お慈悲の話」をする機会を捉えようとしていたといえる。ただし、それだけであれば源左の行為は行為そのものとして純粋なものであったとは言えない。それはある場合には押しつけがましい行為となったであろう。たしかに源左がさまざまな機会を捉えて「お慈悲の話」をしていたことも事実であろう。しかし、源左を源左たらしめたものは、そのような押し売り行為ではない。そういう人間的はからいを超えて、源左が無心に動くときにこそ、源左は源左に還れたのではないか。あるいは、その時にこそ源左の言動は説得的であったと言えるのではないか。そういう行為の人である源左の面目を伝える話も数多く伝えられている。たとえば次のような話が伝えられている。

一人の女が田草を取つてゐる。畔で赤坊が声をあげて泣いている。之を見て源左は「やゝも泣いとるに、はやう乳呑まして、いんでやつたがえゝがのう」。女、「こゝだけは取つておかぬと、あした手づかえが来るで、もう一寸もう一寸と思つてやつとるだに」。源左、「よし〳〵、それじや、おらが代りにその草を取つてさんしようかいの。はやう乳呑まして、いんなはれ」。さう云つて源左は草を取り始めた。女、「さうして貰えば助かるがやあ、そんなら、お爺さん、あとをたのむけんなあ」。

晩くなつて心配して家の者が探しに来ると、しきりに草を取つてゐる。「お爺さん、他人の田圃の草まで取らんでもえゝがなあ」。源左、「そがあに気の小さいことを云はんでもえゝ、仏さんのお心の中には、おらがいの、他人がいのつて区別はないだけのう」。さう云つて取り終わつてから家に戻つた。（五八「赤坊」、傍点筆者）

ここでは源左は女に対して一言も「お慈悲の話」をしているわけではない。源左は単純に赤ん坊の泣き声に動かされ、また女は素直に源左の好意に甘えている。少なくともこの時、この両者の間には何のはからいもない。ただ後で源左は家の者に「仏さんのお心の中には」と言い訳しているだけである。

3　そつちのえゝとこを刈んなはれなあ

才市は日々仕事場に座し下駄を削り、詩《うた》を歌った。[10] 源左は朝早くから夜晩くまで田畑に働き、動いた。そこには本来、何らの人間的はからいも介在しない。ただ才市を才市たらしめ、源左を源左たらしめるものがそこには働いている。源左の面目が躍如するのはまさにそういう仕方で現れる言動においてである。それは一見奇行とも受けとられるが、そういう言動こそたんなる言説以上に説得的である。たとえば次のような話が伝えられている。

或男が源左の山に作つてあるかごを、しこたま盗んで束にして背負ふとしたが、重くて立ち上がることが出来ぬ。偶々通り合せた源左は、後に廻り、力を貸して無雑作に担がせてやつた。立つた拍子に振り向いて見ると、畑の主源左であつた。盗人は荷を打ち捨てゝ、遁げて行つた。「羽栗行道録」　（八「かご」）

ここでは源左は終始無言である。あるいは言葉を発する暇もなかったと言うべきかもしれない。しかしそれほど、この時の源左の行為は人の意表を突いたものであった。しかも、人間の常識を破るものが何の躊躇もなく、それこそ自然に源左を通して出ている。こういう時にこそ言われるべきであるが、それはじつに「妙」である。[11] また似通った話であるが、この話以上に源左の面目が躍如している次のような話が伝えられている。

蔵内村の宇三郎、或時城谷《じょうだん》の源左の畑で盗草をしてをつた。そこへ折悪しく源左が下りて来た。こりや悪いところを見られたわいと思つてゐると、源左「こゝもえゝけど、そつちのえゝとこを刈んなはれなあ」。後日宇三郎、当時の心境を或人に述懐して、「叱られたのなら飛んで逃げるということもあるけんど、あゝ云はれては逃げるにも逃げられず、あがあに困つたことは知らんがやあ」。　（一〇「盗草」、傍点筆者）

「こゝもえゝけど、そつちのえゝとこを刈んなはれなあ」という源左の言葉には何のはからいもない。源左はおそらくこころに浮かんだことをそのまま素直に口に出しただけである。ただし、源左が語った言葉はたった一言ではあるが、その一言に完全に宇三郎は逃げ場を失っている。それは百言を尽くして語る以上の説得力を持っていたといえる。これ以外にも芋泥棒のためにわざわざ鍬を置いてやったり（四「芋明月」）、柿泥棒のために梯子をかけてやったり（六「柿の木」）、源左がいわゆる型破りの言動をしたことが伝えられている。しかし、それらの逸話はけっして源左がたんなる変わり者であったということを語っているのではない。それはむしろ源左を通して現れた何か言説以上のものを伝えていると言ってよい。源左にはたしかに才市のように詩《うた》を歌う才はない。しかし、源左の言動には才市に勝るとも劣らない宗教的生の躍動が感じられる。

三　何をするか分からんけれ

さて、源左は以上のように徹底して「おらがもの」（二九四「思ひ出 谷口しな」）ということを捨てて人のために動き得た人であった。そのように彼が動き得たのは先の「ふいつと分からしてもらつた」ことと別のことではない。それは「ふいつと分からしてもらつた」ことの深化・徹底であり、そしてあくまで浄土教的信の自覚内容として明らかにされていく事柄である。源左は「かうなつたが御信心、あゝなつたが御信心といふ風な沙汰は云つておられなんだ」（二七六「沙汰」）と伝えられているが、彼の信心の行き着くところはたとえば次の言葉によく表されている。

源左、「誰が悪《わり》いの彼が悪《わり》いのちゆうても、この源左ほど悪い奴はないでのう。その悪い源左を一番に助けると仰しやるで、他の者が助からん筈はないだがやあ、有難いのう」。「井関元造（面影村）に語る。」（二五八「悪い源左」）

きわめて浄土教的に表現された信の自覚内容、すなわちいわゆる悪人の自覚であるが、彼の揺るぎない言動の一切はここから生まれる。繰り返し述べている「ふいつと分からしてもらつた」ということは、言い換えるならば、「親さんはなあ、こいつは落ちるより仕方がないけど、助けて下さるがなあ」（二九三「思ひ出 棚田はつ」）ということである。ただし、それはまったく逆説的内容であり、源左にとって脱我的に「ふいつと分からして」もらう以外の仕方では領解できなかったことである。そして、またこの徹底した「落機」（二九一「落機」）の自覚以外、源左が落ち着くところはなかったのである。

1　人さんに堪忍して貰つてばつかり

源左の言動は上述したように浄土教的悪人の自覚を核として、そこから一切のはからいもなく自然と生まれ出ている。彼の甥の足利元治はまた源左のことを次のように伝えている。

源左爺さんのは何一つ話しても、他の人から聞かぬ話のみでした。その信仰の根元は、この世に自身より悪い者はないのだと云ふ自覚でした。さうしてお助けはこんな者を目当てにされるのだと云ふことでした。「足利元治」（二九七「思ひ出 （六）」）

言行録の中で繰り返されるこの浄土教的信の逆説的自覚内容は、源左の肉となり血となったもの、すなわち身体化した行動原理であり、彼の言動の一切はここからのみ領解される。たとえば、次のような京都の一燈園の西田天香との逸話が伝えられている。この時、源左は天香の講演会を聞きにわざわざ智頭町まで出掛けていったのであるが、結局彼が会場に着いたのは講演会の済んだ後であった。遠くから講演会を聞きに来た源左をねぎらう天香に対して、源左は逆に彼の肩を揉みながら次のような対話を始めている。

源左、「今日のお話しは、どがなお話しで御座んしたな」。天香、「お爺さん、年が寄ると気が短くなって、よく腹が立つやうになるものだが、何でも堪忍して、こらへて暮しなされや。そのことを話したんだが」。源左、「おらは、まんだ人さんに堪忍して上げたことはござんせんやあ。人さんに堪忍して貰つてばつかりをりますだいな」。

天香氏にはこの答へが一度では分りかね、又念問《ねどひ》をされた。「お爺さん、何と云はれたか、今一度云ふてくれんかな」。

源左、「おらあは、人さんに堪忍して上げたことはないだけつど。おらの方が悪《わり》いで、人さんに堪忍して貰つてばつかりをりますだがやあ」。

流石の天香氏もこの言葉には三舎を避けた様子であつた。「高野須泰然録」（一五「源左と天香（一）」）

天香の言葉に間髪を容れずに答える源左、そこには他の彼の言動と同じく何のはからいも含まれてはいない。源左の言葉は反省熟慮のうえ発せられたものではない。しかも「当を得て妙」である。このまさに当意即妙の言動にこそ、源左の面目が躍如している。ここでの源左の言動は人間的思慮分別の世界を超えて、むしろ自在の域から発していると言わざるを得ないのである。

2　死ぬるまぢや何をするか分からんけれ

上述したようにさまざまの場面で自在に発せられる源左の言動、すなわち「妙」としか言い得ないような言動こそ源左を源左たらしめるものである。それは才市に詩《うた》を歌わしめたもの、また才市に「うむしろい」と言わしめたものに通ずる。源左の場合、先の逆説的信の自覚内容がまさに遊戯《ゆげ》・自在に展開されているのである。また、次のような源左の言葉が伝えられている。

河原村の房安藤蔵、「山根の者が、こんつあんを妙好人伝に出してやるつちゆうがのう」。源左、「死ぬるまぢや出してごしなはるなよ。死ぬるまぢや何をするか分からんけれ、業が深いで縛られるかも知れんけえのう」。衣笠一省　（一七四「妙好人（二）」、傍点筆者）

この徹底した「悪人」の自覚は他人との比較に成り立つたんなる自己内反省的自覚ではない。それは源左に言わせると「お親さんの入智慧」（一八九「入智慧」）であり、そこには徹底して「我といふことはない」（一八二「答」）のである。また、源左は次のように言っている。

源左、「親さんから貰《むら》つたもの、そゝ分けだけ、おらが話すと思つてごしなはるなよ。お親さんのお取次を源左がさして貰つとるだけだけえ、おらが話すこたあ、いつかなないだいな」。棚田この述。（一八〇「お取次」、傍点筆者）

＊「ごしなはる」いなさる。「いつかな」、少しも、全く。

このような「我といふこと」がまったくないところから発せられる言動であるからこそ、自在であり、また聞く者の耳をそばだたせるのである。すなわち、「こうなつた」あるいは「あゝなつた」というような人間的はからいを捨て、すべてを「親さん」に放下したところからなされる言動こそ源左を源左たらしめ、また妙好人たらしめるのである。このような境涯から源左は「偽になつたらもうえゝだ、中々偽になれんでのう」（三〇「偽同行」）と言つたり、あるいは「忘れるこそよけれ。あるけえ忘れるだけのう。忘れるがずつとえゝだ」（三一「忘れるこそ」）と言うのである。それらはいずれもすべてのはからいを放下した自在の域から発せられた言葉である。

四　重荷を卸さして貰ひまして

さて、源左はその一生の間にたんなる自己我慢あるいは自己慰撫では超えられないような不遇に何度も出会った人である。源左の息子は二人まで精神に異常を来し、彼の家は二度も火災にあって丸焼となった。また彼は大金を注ぎ込んだ事業に失敗したり、詐欺まがいの行為で自分の持ち山を売られてしまったこともある。(12)そのような不遇に出会うと、人は誰しもその苦しさゆえに人を恨んだり、責任を他の者に転嫁したりする。そして、またその結果としてかえって倍加された苦しみを負うこともある。しかし、源左はそのような不遇の只中で、ただ「ようこそ〳〵」と言う。ただし、それはたんなる消極的な諦め、我慢あるいは居直りの表現ではない。それはあくまで先に引用したように「何んにもこつちにやいらん」という徹底した自己放下を通してのみ開かれた境涯であり、またそこからのみ発せられる言葉である。

1　竹や、まあいなあいや

源左には、ゆう、みつ、竹蔵、萬蔵という四人の子供があった。そして、その四人の子供がいずれも源左よりも先に世を去った。なかでも長男、次男の竹蔵、萬蔵はともに精神に異常を来し亡くなった。このことはとくに源左にとって筆舌に尽くしがたい苦しみであったと考えられる。そして、またそのことが源左の一生を宗教的に徹底・深化させる一因となったことも疑い得ない。人はむしろ苦しみの只中でこそ自己自身へ還り、真実へ一歩近づくことがある。狂う竹蔵を無言で追う源左の姿にはとくにそのことが感じ取られる。

源左の長男の竹蔵は、中年の頃一時精神に異常を来した。高い松の木に登つたりして、皆を手古摺らせた。源左は下から「竹や、済まんが降りてごせいや」と云ふと、素直に降りて来た。竹蔵が狂つたまんまに歩けば、何も云はずに後について歩いた。日暮れになつた時、たつた一言「竹や、まあいなあいや」。（五三「狂ふ竹蔵」）

源左の異常なまでの辛抱強さ、それは先にも述べたように彼が幼い頃から日本的農に携わるなかで培ってきた美徳ともいえるが、ここでのそれはそういうたんなる人間的辛抱の域を超えている。それは彼が「ふいつと分からしてもらつた」ことと相乗効果を起こし、源左に無限の諦念を可能にしたと言えるのではないか。それゆえにこそ狂った竹蔵にも、源左の真情が伝わったのではないかと考えられる。また、次のような逸話が伝えられている。

竹蔵は狂つても、父の源左にとつて牛が善知識となつたことを知つてゐた。一日家から牛を引き出して樹に縛り、そこを通る人毎に「牛如来牛如来」と云つて、之を拝めと勧めた。「足利元治述」　（五五「牛如来」）

狂った竹蔵にまで「南無源左如来、南無源左如来」（五四「源左如来」）と言わしめたものによって源左の一生は貫かれている。それは源左が牛に草を背負わせたとき「ふいつと分からしてもらつた」ことが、彼のさまざまな不遇との出会いを通して、反復的に受け取り直され、さらにそれが無限遡及的に深められるという仕方で持続されていったと考えることができる。そして、それがまた源左に無限の諦念の世界を開いていったと言える。

2　如来さんからの御催促で御座んす

さて、「ようこそ〳〵」という言葉は源左が最終的に行き着く無限の諦念の世界をよく言い表わしている。それはたんなる自己慰撫や消極的な諦めの境地ではない。それはむしろそういう相対的な慰撫や諦めが成り立つ基盤そのものが突き崩される経験を通して開かれる境涯である。たとえば、長男の竹蔵が死んだとき、源左は次のように言ったと伝えられている。

子供の死んだ時、藤蔵に源左、「竹はなあ、この世のきりかけを済まして参らしてもらつたわいの。おらあとろいだで、一番あとから戸をたて、参らしてもらうだがよう」。（四七「子供の死」）

＊「竹」、竹蔵。「きりかけ」、自分の分、碗一杯。「とろい」、のろい。

「この世のきりかけ」を済ましたという形での長男の死の受容は、「とろい」自分も必ず「あとから戸をたて丶」という厳しい現実への覚醒と一つに成り立っている。次男の萬蔵が死んだときも、源左は「あゝ、ようこそ〳〵、このたび萬はらくな身にして貰ってのう」（四八「萬蔵」）と言っているが、源左は息子たちの死を通して、むしろ徹底した自己覚醒を迫られているのである。すなわち、源左が息子たちの死を受け容れるということと、源左がその生の原点に還るということは一つのこととして出会われているのである。その点はまた次のような逸話に明らかである。

長男が死に、引続いて次男が死に、災厄が重なった。願正寺の住職が「爺さん、仏の御慈悲に不足が起りはせんかいのう」と尋ねると、源左、「有難う御座んす、御院家さん、如来さんからの御催促で御座んす。之でも往生は出来んか、之でも出来んかと、御催促で御座んすわいなあ。ようこそ〳〵なんまんだぶ〳〵」。「田中寒樓録」（四九「御催促」）

「如来さんからの御催促」とはほかならぬ源左自身への催促である。ここでは長男や次男の死を悲しむ源左自身の足元が問われている。悲しみや苦しみの根源は外にあるのではない。それはむしろ自己自身の内にある。「御催促」とはその悲しみの根源に直接食い入るものである。そして、「ようこそ〳〵」という言葉はまさにそういう仕方で脱根的に開かれた境涯から発せられているのである。家が火事に会ったときも源左は次のように言ったと伝えられている。

源左が五十代の頃、火事に会ふて、丸焼になつた。願正寺の住職が、「爺さん、ひどいめに逢ふたのう。こん度はがめたらうなあ」。慰められた源左は、「御院家さん、重荷を卸さして貰ひまして、肩が軽うなりましたいな。前世の借銭を戻さして貰ひましただけ、いつかな案じてごしなはんすなよ」。「田中寒楼録」

＊「がめる」、よわる。「いつかな」、ちつとも。

「重荷を卸さして貰ひまして、肩が軽うなりましたいな」（五〇「火事」）

また源左が「ふいつと分からしてもらつた」とき、あるいは「すとんと楽に」なったとき、その「とき」に反復的に遡源する。すなわち、そこでは脱我的に苦しみの根を抜かれた「とき」が源左に再来する。死んだ息子たちが生き返るわけではなく、また焼けた家が元に戻るわけでもけっしてない。しかし、そういう不遇・苦しみをそのままに受け容れる境涯が、そういう「とき」の再来によって源左に開かれるのである。

おわりに――鼻が下に向いとるで有難いぞなあ

息子たちの死にとくに際立って現れている源左の諦念の世界は、彼の生活のあらゆる場面において「ようこそ〳〵」という言葉を通して実現されている。蜂に刺されても源左は「われにも人を刺す針があつたかいやあ、さても〳〵、ようこそ〳〵」（九六「蜂」）と言う。また夕立に遭ってびしょ濡れになっても「ありがとう御座んす。御院家さん、鼻が下に向いとるで有難いぞなあ」（九七「夕立雨」）と言う。源左において開かれた境涯は、けっしていわゆる神秘的な境地でも何でもない。それは結局あたりまえのことをあたりまえのまま受け容れるところにある。

人の苦しみは本来そのあたりまえのことを素直に受け取ることができないところにある。しかもその原因は我々自身のうちにある。源左の言う「ふいつと分からしてもらつた」ということには、そういう逆転的・抜本的視野の転回がある。そして、「ようこそ〳〵」という言葉には、そういう視野の転回において開かれた無限の諦念の世界がある。

註

（1）本名、足利源左衛門（一八四二―一九三〇）、鳥取県気高郡青谷町山根（現・鳥取市青谷町山根）の生まれ。詳しくは『妙好人　因幡の源左』（柳宗悦・衣笠一省編、百華苑、一九七五年）所収（一六三頁―一九八頁）の柳宗悦「源左の一生」を参照。なお、同文は『柳宗悦　妙好人論集』（岩波文庫、寿岳文章編、一九九一年、二〇九―二四二頁）にも収録されている。

（2）『山口大学哲学研究』第九巻、四五―七八頁参照。

（3）「境涯」という言葉に関しては、上田閑照『西田幾多郎　人間の生涯ということ』（岩波書店、同時代ライブラリー、一九九五年）を参照。そこではたとえば「境涯」ということについて次のように書かれている。

「『生きる』ということへの総体への一つの決着を含んだ『生き方』、『死に方』と一つであるところの『生き方』、それを表すのが『境涯』という言葉です」（同上、二六―二七頁参照）。

あるいはまた次のように述べられている。

「近く親しい者の死において、またそれを機縁とした死の自覚において、そのような虚空ともいうべき限りない『開け』を予感し実感しながら、世界内存在というだけでなく、そのような虚空にあることが『もう一つの別次元』となって生きられるとき、その『境涯』において生涯は真の『生涯』になります」（同上、二九頁参照）。

浅原才市も「虚空」という言葉を使うが、彼においても、ここで述べられているような意味での「境涯」が開かれているといえる。拙論『なむあみだぶにこころとられて――妙好人浅原才市の詩――』七四頁以下参照。

（4）拙論「なむあみだぶにこころとられて」、六四頁以下参照。

（5）以下、引用箇所は『妙好人　因幡の源左』の編者による整理番号と表題とによって示した。
（6）寺本慧達『浅原才市翁を語る』、千代田学園発行、一九五二年。
（7）Jaspers, K., *Psychologie der Weltanschauungen*, 1971, Springer-Verlag, 256-280参照。ヤスパースは人間が「限界状況」に立たされる個別の状況として「闘争（Kampf）」「死（Tod）」「不慮の出来事（Zufall）」および「罪（Schuld）」を挙げている。
（8）西谷啓治『宗教とは何か』（創文社、一九七〇年）、三―七頁参照。
（9）F. W. Schelling, *Ueber die Natur der Philosophie als Wissenschaft*, Originalausgabe, IX, 231を参照。Entladungはまさに Ent-ladungとして「荷を放り出すこと」を意味する。シェリングはこの「放荷」の経験を、「われわれの自我が自己の外へ」、すなわち「その主体である位置」の外へ立てられる「脱我（Ekstase）」の経験として述べている。IX, 229参照。
（10）鈴木大拙『日本的霊性』、岩波文庫、二三〇頁参照。
鈴木大拙はこの才市の日々の姿に「遊戯三昧」を見る。次のように述べている。

「才市の下駄削りは、遊戯三昧の行為であり、無功用底の衆生済度である。才市の境涯は実に聖者の境涯であると言わなくてはならぬ。才市はこれを『親様と遊んでいる』と言う。そして、この遊びをそのままにして弥陀と一緒に往くのである。浄土へ往くもまた遊びにほかならない。即ち『浄土へ遊びとられる』と才市は言うのである」。
（11）鈴木大拙『東洋的な見方』、岩波文庫、一〇〇―一〇七頁参照。
大拙は「妙」ということについて次のように述べている。

「だからいくらでも壊して壊して壊し尽くしたところから、なにか出てくるものを見る。それが玄のまた玄で妙だ、といいたい」（傍点筆者）。
（12）註（1）柳宗悦「源左の一生」参照。
源左の言動が「妙」だと言い得るのも、徹底した否定・放下を通っているからである。

その他参考文献

松塚豊茂著『真実の人　妙好人』（六角会館、一九九三年）
楠恭著『信心の華　妙好人を語る』上・下（NHK出版、一九九八年）
阿満利麿著『日本人はなぜ無宗教なのか』（ちくま新書、一九九八年）
鈴木大拙著・佐藤平訳『真宗入門』（春秋社、一九八三年）
柏原祐泉・大峯顕著『妙好人　良寛』浄土仏教の思想一三（講談社、一九九二年）
水上勉・佐藤平編『妙好人』大乗仏典　中国・日本篇28（中央公論社、一九八七年）

妙好人像の形成と現代における妙好人の意義

塚田　幸三

はじめに

妙好人を論じるときに留意すべき点の一つは、人々の思い描く妙好人像が必ずしも一致しないことだと思われる。この小論では、まず江戸時代における妙好人像形成の背景および明治以降今日に至る仏教の枠を超えた妙好人への関心の高まりとそれに並行して現れた妙好人像の多様化ないし曖昧化という状況を概観し、それを踏まえながら、あらためて妙好人を輩出する仕組みに目を向け、その仕組みと妙好人像の多様化との関連を考察することによって、妙好人の今日的意義を考えてみたい。

一　妙好人像の形成をめぐる留意点

妙好人というのはもともと好人・上々人・希有人・最勝人とともに念仏者を褒め讃える呼称の一つで、『観無量寿経』と唐代の善導によるその注釈書『観無量寿経疏』に由来することは広く指摘されている。妙好人という呼称だけが最初から特別扱いされていたわけではない。また、念仏者に区別があったわけでもない。ただ、善導は、従来の解釈を変え、念仏を称名念仏と解している。[1]

法然はこの善導の解釈を受けて仏教史上初めて専修念仏の立場を打ち出したのであり、妙好人についても善導の解釈に従い、それだけをとくに重視することはなかったものと見られる。

親鸞も妙好人という呼称については法然と同じ立場である。しかし、念仏者をめぐって重大な展開が見られる。たとえば、親鸞は八十三歳のとき手紙で次のように述べている。

「この信心の人を真の仏弟子といへり。この人を正念に住する人とす。この人は、〔阿弥陀仏〕摂取して捨てたまはざれば、金剛心をえたる人と申すなり。この人を上上人とも、好人とも、妙好人とも、最勝人とも、希有人とも申すなり。この人は正定聚の位に定まれるなりとしるべし。しかれば、弥勒仏とひとしき人とのたまへり。これは真実信心をえたるゆゑに、かならず真実の報土に往生するなりとしるべし。」

（『浄土真宗聖典　註釈版第二版』本願寺出版社、七四八頁。傍点引用者）

注目すべきは「信心の人」や「金剛心をえたる人」や「信心をえたる」である。ここでは念仏者が信心を得た人に置き換わっている。つまり、妙好人とはたんなる念仏者ではなく、金剛の信心を得て正定聚の位に定まれる念仏者のことである。ここに「特に浄土真宗で篤信の信者をいう」（広辞苑）といった一般的な妙好人の説明の根拠を求めることができる。しかし、親鸞は、この引用からもわかるように、妙好人という呼称を特別に重視していたわけではない。

ところがその後江戸時代末期に浄土真宗の信者の伝記を集めた『妙好人伝』が刊行されると、それが注目を集め布教伝道の場で活用されたために、真宗の篤信者をとくに妙好人と呼ぶ風潮が形成されていったと見られている。[2]『妙好人伝』は初篇が一八四二年に刊行されると、続篇が次々と刊行されている。

なぜこの時期に多くの妙好人伝が編纂刊行されたのか。その背景には三業惑乱と呼ばれる本願寺派の教義論争（一七九七―一八〇四）があったという見方がある。[3]三業惑乱がようやく寺社奉行の裁定によって終結するという大きな社会問題となったために、教団としては社会の批判を和らげようとする意図があったのではないか、そしてそのような状況の中で、貧しく、無学で、社会の規範や権力に従順で、しかもどこか言行が奇矯で、といった典型的な妙好人像が生まれたのではないか、というのである。

しかし、若干留意すべき点がある。たしかに、『妙好人伝』が刊行され広く流布したということは風潮の形成という面で大きなできごとであったと考えられる。しかし、刊行本の基になった『妙好人伝』はすでにその約九十年前にまとめられていたのであり、少なくとも門徒の間では、妙好人という呼称はすでに以前からある程度一般化していたものと見られる。

また、たしかに、刊行された『妙好人伝』では原書にかなりの改変が加えられていることから、それは西本願寺の行政僧として本山の事業に多くかかわっていた編者の立場や当時の世相を反映したものと考えられており、三業惑乱の影響は容易に推測できる。しかし、そのこととは別に、『妙好人伝』の原書がまとめられた一七五〇年代以降、篤信者個人の伝記が次々とまとめられ、刊行されたものも少なくないということは、宗門における傑出した篤信者への関心の高まりを示すものと思われる。[4]

つまり、江戸時代における妙好人像の形成には、教団の世相への対応と教団内部の信仰そのものにかかわる新たな展開という二つの側面があったのではないかと思われる。

後者の側面は、諸々の工芸が純日本のものとして鬱然と起こったのが江戸時代であるように、仏教が純日本の仏教として栄えたのは江戸時代である、という柳宗悦の指摘と符合するところがあるのかもしれない(5)。ただし、蓮如の弟子となった赤尾の道宗がいるように、いわゆる妙好人が江戸時代になって初めて出現したというわけではない。

その後、妙好人に対する関心は明治以降もいっそうの高まりと広がりを見せ、今日に至っている。多種多様な本や論文が出され、多岐にわたる学問的研究がなされる一方、妙好人に対する一般の関心の高まりとそれに伴う妙好人像の形成という点でとくに大きな貢献をしたといわれているのが鈴木大拙や柳宗悦である。

この二人が妙好人に注目したのは、上記のような教団の事情や歴史に関心があったからではなく、次の引用のように妙好人が真宗ないし他力宗の真髄を体現し、仏教に通底する普遍的真理に達していると見たからである。

「他力教の長所は妙好人を育て上げたところにあると自分は信ずる。」

「彼らの日用底には……禅者も及ばぬと思われるほどの洒洒落落さをも見るのである、また哲学者をも凌ぐ宇宙観を持つのである。」

（鈴木大拙『妙好人』法藏館、二四頁）

「浄土の法門の存在理由は、在家に幾多の妙好人を出すことにあるのではないか。妙好人の存在こそは、浄土の法門を価値づけるものであって、もし彼らが現れなかったら、三部経も、祖師の説法も、学僧の教学も、何か架空なことを述べていることになろう。だがそれらの一切が真実だということの何よりの証文が、妙好人によって示されているのである。この意味で妙好人の輩出こそは、一切の浄土系仏法に、ゆるぎなき基礎を与えるものといえよう。」

（寿岳文章編『柳宗悦　妙好人論集』岩波文庫、一五五頁）

しかし、妙好人の一般化は妙好人像の曖昧化を招いたとも言えよう。その証拠に、「妙好人とはなにか」「妙好人とはどんな人」かがつねに問題になる。[6] この曖昧化の傾向はすでに大拙の「或る意味で言えば、キリストもまた妙好人の一人である」[7] といった解釈にも見て取ることができる。[8]

もちろん、大拙には妙好人像を曖昧にしようとする意図などまったくなかったであろう。大拙の関心は妙好人の外面的特徴よりも、彼らが普遍的真理を体現していることにあったはずである。だからこそ、キリストも妙好人の一人だという解釈が成り立つのだと思われる。

とはいえ、大拙も妙好人のもっとも大きな特徴の一つとして比較的文字に乏しいことを挙げている。[9] このような妙好人像にふさわしい言葉は素朴、純朴、愚直などであろう。

今日、妙好人のこのような側面に関心が集まる理由の一つは、科学技術の進歩とそれに基づく近代生活に対する懸念や反発や反省だと思われるが、それはすでに大拙の問題意識でもあった。

「科学の進歩とか技術の精妙とか、理性の発展とかいうものは、いやほど出ては来るが、人間らしいものは、次第にその影をうすめて行く。……いわゆる西洋ものがますます、はいりこんで来るに従って、日本人が本来持っているもの、人間としてこれを失ってはならぬというものが、一歩一歩と後退して行くように感ぜられるのは、われらいくらか年寄ったものの杞憂か知らん。浅原才市の生涯をまた改めて少しく紹介せんとするのも、

深意はここにある。」（鈴木『妙好人』四一―四二頁。傍点原著者）

たんに無学であることが重要だというのでも、たんに純朴や愚直であることに価値があるというのでもない。科学技術の進歩に伴ってしだいに失われていく人間らしさを保っている、あるいは人間として失ってはならないものを体現しているからこそ、大拙は純朴で愚直な妙好人を広く紹介しようとしたのである。

そのような大拙の深意はともかく、「妙好人的な人物」「妙好人と同型の人たち」「妙好人的人間像」「妙好人風の人物」「妙好人の色彩を持った人物」といった表現を見ると、[10] 妙好人像の曖昧化あるいは多様化は近年さらに進んでいるものと思われる。

しかし、それにしても、なぜ真宗だけが妙好人を輩出してきたのか。この問題に関心を寄せた人物の一人が宗悦である。一方、大拙は法然と親鸞を宗教的な一つの人格とみて、浄土宗と真宗をとくに峻別しない立場に立っている。この二人の議論を頼りに検討を進めることにしよう。

二　妙好人と浄土真宗

まず、大拙の議論から見てみよう。

「親鸞聖人がシナに出ないで日本に出たということに意味がある。法然上人につづいて、同時に出たということにも意味がある。実は法然と親鸞とを一人格と見るのが正当であろう。親鸞の背後にはシナにおけるごとき浄土教の千年がなくて、日本的霊性発生の千年があったということに意味がなくてはならぬ。」
（鈴木大拙『日本的霊性』岩波文庫、八九頁）

これはかなり思い切った独創的な主張だと思われる。法然と親鸞を一つの人格と見るということは、法然が出なければ親鸞も出なかったということであり、親鸞が出なければ法然の出た意味が完結しないということである。その意味とは日本的霊性の発現である。大拙は「日本的霊性の主体性」の立場、「日本仏教は日本化した仏教だと言わずに、日本的霊性の表現そのものだと言っておいてよい」という立場に立って[11]、「日本的霊性は、まず法然に目覚めて、親鸞に引きつがれた[12]」と見ているのである。

このような見方に立てば、浄土宗も真宗に引き継がれたということになるだろう。なぜ大拙はこのような大胆な主張をしたのか、また為しえたのか。その最大の理由こそ妙好人の発見ではなかったかと思われる。

日本的霊性的直覚は「具体的に個己の経験事実としては、〔親鸞という〕一日本人の上に生じたのである。そしてそれから日本人のいずれもがそれを取入れ得る機会をもつことになったのである」と大拙は述べている[13]。大拙は親鸞に初めて現れた日本的霊性的直覚をその後の日本人が取り入れてきたことを示す、その証拠を妙好人に見出したのである。「日本的霊性史の発展を書くには、『妙好人伝』は好資料であって、これに載せてある人々の信仰内容を調査しなくてはならぬ[14]」と大拙は述べている。

大拙が妙好人の信仰内容に大きな関心を寄せたのは、自らが得た日本的霊性的直覚と妙好人のそれとを比較してみたかったからでもあろう。一文不知といわれるような妙好人の中に自らが到達し得た境地に勝るとも劣らないものを見出して驚きもしまた喜びもしたのではなかろうか。仏教の教義を詳しく知る由もない一文不知の妙好人に、仏教に触発されて顕現した日本的霊性の確かな証拠を大拙は見出すことができたのだと思われる。

そして、その妙好人を遡ると親鸞に至る。しかし、親鸞は法然が出なければ出ることはなかったと思われる。親鸞と法然を一人格と見る所以である。しかし、なぜ法然から親鸞が出なくてはならなかったのか。それを明らかにするのもまた妙好人であり、その信仰内容だと思われる。

つまり、なぜ妙好人は真宗信徒に多いのか。宗悦の議論が参考になる。[15] 宗悦が挙げている真宗の特徴の一つは説教である。説教が非常に盛んで、寺だけでなく家庭で行われることもあり、熱心な信者はそれをあちこち聴聞して歩く。真宗の説教の特徴は佳境に入ると節付けになることであり、非個人的な型の説教になる、型の説教であるからその話し手のいかんを問わない。このことはとくに無学な聞き手には有難い、知的理解を通さずして直接仏の声に触れることができるからであり、民衆仏教たる真宗が、その説教を節付けですするのは必然である。このように宗悦は述べている。

直接仏の声に触れることができるという点が宗悦の説明の核心だと思われる。臨終を待つことなく仏の声に出会うことができる、これが真宗の教えの要であり、他の浄土系宗派の教えと異なる点である。

真宗の説教の特徴は節付けの説教だけではない。説教は信者の感嘆の声、すなわち「なむあみだぶつ」の声で受け取られ、説教が節付けになって高潮してくれば、これに向かって称名が雨と注がれる、こうなると説教はいよいよ高潮するから、それは話し手の教えと聞き手の称名とのかけあいになる、いわば話し手と聞き手の合唱のごとき感を呈する。宗悦はこのように説明している。聞き手の称名は、感動と感謝の現れとして、仏の声に触れたときおのずと溢れ出るものと思われる。

このような説教以上に著しい真宗の特徴として宗悦が挙げているのが、御示談（法談）が取り交わされ、互いの信心を糾明し合う、同行の寄合いである。これは禅における公案問答の類いにも等しいもので、彼らの信仰をどれほど鍛えているか分からない、と宗悦は述べているが、この禅に近いという点が真宗を他の浄土系宗派から分かつその核心的特徴であり、真宗が妙好人を産み出す原動力になっているものと思われる。このことは他の浄土系宗派の側から見るともっとはっきりする。

石上善應編著『浄土宗小事典』（法藏館）を見ると、妙好人という言葉は「五種の嘉誉」の説明の中に出てくるものの、善導が『観経疏』において念仏する人にあるとしている五種のほまれ（好人・上々人・妙好人・希有人・最勝人）の一つとして言及されているにすぎない。この事典は「浄土真宗のみは別にして、浄土宗、西山派、時宗の教義や流れ」（「はじめに」）を述べたものであり、たしかに篤信者を特別に妙好人と呼ぶことは真宗のみに見られる習慣のようである。

では、なぜ浄土宗は妙好人に関心を寄せないのか。もちろん、篤信者が重んじられないということではないだろう。問題は篤信者の意味にあるものと思われる。

真宗の篤信者である妙好人の妙好人たる所以は、すでに見たとおり信心獲得にある。信心獲得とは直接仏の声に触れるということであり、禅の覚りに通じるものと言えるだろう。

他方、浄土宗においては価値判断のすべてが「お念仏を称えるか否かの一点」にかかっている。[16]石上善應は「親鸞の流れを汲む浄土真宗のみは別にして、浄土宗、西山派、時宗」に共通する立場から、「その道のりこそ異なれ、浄土宗以外のすべての仏教各派が最終的に目指すところ……〔は〕私たちの内にある仏の種（仏性）の開花」であると述べ[17]、袖山榮輝らはすでに述べたように浄土宗と真宗との違いを意識しながら、浄土宗の教えは「必ずしも現世での覚りを絶対視せず、念仏を称えて来世に往生を叶えたうえで覚りを目指すという立場」をとり、「称えた念仏の数の多少、心の善悪、智慧（宗教的な深みのある境地）の有無などに左右されることなく万人の極楽往生を叶えるという阿弥陀仏の本願念仏」の仏道であると説明している[18]。

「仏の種（仏性）の開花」とは「現世での覚り」や「智慧（宗教的な深みのある境地）」の獲得にほかならず、これこそ妙好人の基本的条件である。また、妙好人に浄土宗を除く各宗派に共通する深い覚りの境地が見られなければ、大拙も宗悦も興味を示すことはなかったはずである。

このように、妙好人という呼称を真宗が独占しているということには非常に重要な意味がある。『観無量寿経』と善導の『観無量寿経疏』に由来するものである以上、妙好人という呼称は浄土系に独自の、また浄土系の各宗派に共通のものではあっても、真宗において独自の発展を遂げたのであり、妙好人の出現において真宗は他の浄土系宗派から離れ、浄土系以外の宗派と共通の基盤に回帰したと言えるのではなかろうか。

宗悦は、真宗が妙好人という呼称を独占していることに、もう一つの意義を見出している。真宗の特質、真宗の根本は、どこまでも在家仏教、居士仏教、民衆宗教たるべきところにあり、これを実現することが真宗に課せられた巨大な使命である、そしてそのような真宗の面目は妙好人を産むことにあるのであり、他のどんな宗教が今も妙好人を産み得るであろう、と。宗悦の視線が過去ではなく将来に向けられていることに注目しなくてはならない。妙好人とは在家の民衆信徒の中に生まれた覚者であり、これからさらに妙好人を輩出し得る宗派は真宗をおいてほかにないだろうというのである。

真宗のみが産み出した特色あるものとして、宗悦は『和讃』と『御文（御文章）』という二種の版本を挙げている。これら平易に説かれた二種の聖典を、版本として民衆の手に届け、すべての在家に行き渡らせたことは、浄土宗や時宗には見られない真宗の絶大な功績であり、妙好人が真宗にもっとも多く現れる所以の一つはここにあるのではないか、ともに蓮如上人の配慮によることを思えばその役割の重大さが分かる。このような宗悦の言葉には、じっと民衆に目を注ぎ続けることによって初めて可能になると思われる、確かさや鋭さ、温もりや希望が感じられる。たしかに、『和讃』と『御文（御文章）』の普及が妙好人を輩出する土壌の形成に貢献した可能性は大いにあると思われる。しかし、それではなぜ同じことが浄土宗や時宗には見られないのか。

その理由もまた、たんに念仏を称えるだけでなく、この世で直接仏の声に触れることを目指すか否かにあると思われる。冒頭に引用した親鸞の言葉にあるように、信心を得て、正定聚の位に定まれる人が妙好人であり、さらにはそれが誰にも等しく与えられた可能性であり、目標でもあるのでなければ、一般の信徒一人ひとりが聖典と向き合い、聴聞に励み、御示談を取り交わして互いの信心を糾明し合う必要などないだろう。

最後にもう一つ、真宗で説教が盛んな理由の一つとして宗悦が挙げている菩薩行という側面に触れておきたい。いわく、仏教は菩薩行を離れてはない、説教はその菩薩行の一つなのである。指導者を善知識というが、その善い知識を得る方法の一つは聴聞である。今の仏教諸派の中でもっとも多くの信者を持つのは真宗であり、その隆盛は盛んな説教に依るところが大きい。また、真宗が今日在俗の者ともっとも密な繋がりを持ち得ているのも説教のおかげだと思える、と。

説教が菩薩行であり、その説教がもっとも盛んなのが真宗である、ということもまた真宗独自の教えにかかわっているものと考えられる。浄土宗でも真宗でも往相廻向と還相廻向の二種の廻向ということがいわれ、往相廻向とは浄土に往生することであり、還相廻向とはふたたびこの世に戻って人々を教化することであるが、浄土宗と真宗とでは大きく二つの違いがある。一つは、真宗では二種の廻向のどちらも如来の廻向すなわち慈悲のはたらきによるとされる点であり、もう一つは、真宗の二種の廻向では、浄土に往生してもそこに留まることなくただちにこの世に戻るとされる点である[19]。

この後者の点は往生即成仏および無住処涅槃の立場を示すものであるが、これは浄土宗の臨終業成に対する真宗の平生業成の立場にかかわっている。平生業成というのは、信心が得られたなら、臨終を待つことなくいつでも浄土に生まれる身と定まる（正定聚の位に定まる）ということである。つまり、菩薩行としての説教が真宗でもっとも盛んな理由は、このような平生業成と結びついた二種の廻向の立場にあるものと思われる。

三　妙好人の現代的意義

最後に、これまでの議論を振り返りながら、ルドルフ・シュタイナー[20]の視点を交えて、今日における妙好人の意義を考えてみたい。

妙好人が宗門の枠を超えて一般の関心を集めるに従い、妙好人像は多様化ないし曖昧化してきたと見られるが、妙好人の今日的意味を考える一つの方法は、なぜ浄土真宗だけが妙好人を輩出してきたのか、その理由を明らかにすることだと思われる[21]。

他の浄土系宗派に見られない真宗独自の特徴としては、説教や法談が盛んなことや平易な聖典の普及などが挙げられ、その背景には真宗独自の教えがあるものと考えられる。

それは、この世ですでに浄土往生が定まる（正定聚の位に入る）とされる平生業成の教えであり、そのための信心獲得を可能にする信心正因の教えである。

信心を得て正定聚の位に入るということは覚るということである。浄土宗系の教えでは浄土往生と覚りを開くこと（成仏）を区別するのに対して、大拙や宗悦が妙好人に高い関心を示した理由は、妙好人の覚りに禅を始めとする大乗仏教一般に通底するものを認めたからであり、そのことは、妙好人伝が伝えるように、妙好人が信心を得るまでの求道の過程が決して生易しいものではないことにも符合している。妙好人は真宗の教えが他の浄土系の教えから分かれて大乗仏教の本流に回帰したことを示す一つの証拠と言えるのではなかろうか。

ただし、真宗には法然の教えを受け継ぐ在家仏教の立場があり、妙好人もまた在家信者であるということがその重要な特徴である。

シュタイナーの視点からすれば、覚るということは霊的世界に目覚めるということであり、それは今日の時代の要請である。また、かつてのように世間から離れて修行生活を送るのではなく、日常生活を疎かにしないことも時代の要請である。さらには、導師を介して霊的世界に接するという古い方法ではなく、何も介さず直接霊的世界に接する方法、導師はあくまでたんなる助言者の立場に止まるような方法が今日の要請であり、このことにかかわっているのが、自己意識あるいは自己意識的自己の健全な発達というもう一つの時代の要請である。この場合の自己意識とは利己的な自我のことではなく、それは『歎異抄』後序にみられる「親鸞一人がためなりけり」の一人に通じるものを意味していると考えられる。[22]

この点に関連して注目されるのは妙好人に見られる強烈な個性あるいは自己意識であって、これは無学や純朴といったことよりもっと本質的な妙好人の特徴だと思われる。

時代の要請という視点がシュタイナーの世界観の大きな特徴であるが、そのような視点は法然にも親鸞にもある。そもそも法然の易行としての専修念仏の立場は末法観の上に成り立っており、親鸞も法然の末法観を受け継いだものと考えられる。[23]

しかし、妙好人には末法観がほとんど見られないのではなかろうか。これもまた妙好人の重要な特徴だと思われる。このことは、真宗の真髄が妙好人だとすれば、親鸞の仏教は最初から末法観を超える方向に向かっていたことを示すものであり、真宗が大乗仏教の本流に帰したことを示す一つの側面と見ることができそうである。

以上のように、シュタイナーの視点からすると、妙好人は現代が求める人間像を具現していると言えそうである。この意味において、妙好人は今日の私たちがそれをまねるべき見本であるということができると思われる。[24]

その場合、妙好人を目指す道は真宗信徒になることだけではないだろう。禅などその他の仏教の道も、シュタイナーのような西洋の伝統に連なる道も、さらに別の道もいろいろあるだろう。[25]

しかし、シュタイナーの視点からすると、従来の宗派の枠組みを超えた立場、かといって新興の集団によるのでもない、各自が健全な日常生活を送りながら自力で覚りを求める立場が重要になる。この点を踏まえると、妙好人に対する関心が一般に広がったことに重要な意味を見出すことができるのであり、妙好人は現代人の見本であるということがあらためて言えるものと思われる。

註

（1）石上善應編著『浄土宗小事典』（法藏館）「念仏」の項参照。

（2）豊嶋泰國「妙好人と浄土真宗」志村有弘編『わが心の妙好人――市井に生きた善人たち』（勉誠出版）所収。

（3）西川徹郎「妙好人について――夕映えの念仏者たち」同前『わが心の妙好人』所収。なお、本小論全体の趣旨に直接影響することはないものの、妙好人伝の編纂刊行の歴史的・社会的あるいは教団的背景の考察はきわめて不十分である。今は加筆する余裕がないので、本書に収められた関係の諸論文などで補っていただきたい。

（4）以上、志村編『わが心の妙好人』所収の万波寿子「妙好人関係文献目録」参照。

(5) 寿岳文章編『柳宗悦　妙好人論集』(岩波文庫)四〇―四一頁。
(6) 志村編『わが心の妙好人』、『大法輪』二〇〇六年七月号の特集「妙好人――その純朴な信仰世界」など参照。
(7) 鈴木大拙『妙好人』(法藏館)二一頁。
(8) 宗悦も「基督教内にも、妙好人に類する人は定めてあるであろう。私の知っている範囲では、ブラザー・ローレンスの如き人は妙好人といってよいであろう」と述べている(寿岳編『柳宗悦　妙好人論集』一五七頁)。
(9) 鈴木、前出、一一頁。
(10) 志村編『わが心の妙好人』二・三四・三六・一八五・三〇五頁。
(11) 鈴木大拙『日本的霊性』(岩波文庫)一〇八―一〇九頁。
(12) 同前一〇三頁。
(13) 同前一一八頁。
(14) 同前一九五―一九六頁。
(15) 寿岳編『柳宗悦　妙好人論集』参照。
(16) 紬山榮輝・林田康順・小村正孝『浄土宗の常識』(朱鷺書房)「はじめに」。
(17) 石上編著『浄土宗小事典』九頁。
(18) 袖山他『浄土宗の常識』二七頁。
(19) 真宗の二種の廻向の特徴と重要性については拙著『「歎異抄」が問いかけるもの――シュタイナーの視点から』(イザラ書房)で繰り返し触れているが、たとえば二二五―二二六頁参照。
(20) ルドルフ・シュタイナー(一八六一―一九二五)日本ではとくにシュタイナー教育で知られたオーストリアの思想家で、人智学の創始者。活動分野は宗教・哲学のほか、芸術論・社会論・教育学・医学・農学・建築学など多岐にわたる。どの宗教にも矛盾せず、それぞれの宗教が伝える叡智や真理をより深く理解しようとする立場に立って(西川隆範編訳『シュタイナー　黙示録的な現代――信仰・愛・希望』〈風濤社〉一二七頁)、仏教についても頻繁に論じている。
(21) この場合、「未経験者から見ると秘密に見え」ても「宗教経験には秘密はない」「隠されているものは何もない」

という大拙のいわば宗教経験の立場に立つことが重要だと思われる（楠恭・金光寿郎『妙好人の世界』〈法藏館〉一三四―一三五頁参照）。シュタイナーもまた大拙と同じ立場に立ったうえで、秘儀参入（宗教経験）は洋の東西を問わず一定の段階をたどると考えている（西川隆範訳『秘儀参入の道――シュタイナー講演集』〈平河出版社〉二一一頁）。

(22)　拙著、前出(19)、第一章「1　親鸞の「一人」とシュタイナーの「自己意識」」参照。

(23)　たとえば『教行信証』化身土巻で親鸞は「まことに知んぬ、聖道の諸教は、在世・正法のためにして、まったく像末・法滅の時機にあらず。すでに時を失し機に乖《そむ》けるなり。浄土真宗は、在世・正法、像末・法滅、濁悪《じょくあく》の群萌《ぐんもう》、斉《ひと》しく悲引《ひいん》したまふをや」（『浄土真宗聖典　註釈版第二版』〈本願寺出版社〉四一三頁）と述べている。本願念仏の教えは時機に適うというだけでなく、正・像・末・法滅の違いを超え、すべての人を導くものだというのである。これは法然の立場とかわらない（例えば、石上編著『浄土宗小事典』一四―一五頁参照）。しかし、当然のことながら、このような両者に共通する立場は、なぜ真宗だけが妙好人を輩出してきたのか、という疑問に答えるものではない。

(24)　亀井鑛は「妙好人の生き方10ヶ条」（『大法輪』二〇〇六年七月号所収）で、妙好人はたんなる手本や模範ではなく、誰もがそうなるべき見本だと述べている。妙好人が私たちの見本であるということは非常に重要である。親鸞は『教行信証』信巻で、「また信には二種がある。一つには、たださとりへの道があるとだけ信じるのであり、二つには、その道によってさとりを得た人がいると信じるのである。たださとりへの道があるとだけ信じて、さとりを得た人がいることを信じないのは、完全な信ではない」という『涅槃経』の言葉を挙げている（『顕浄土真実教行証文類〈現代語版〉』〈本願寺出版社〉二〇七―二〇八頁）。妙好人という覚りを得た人を見本として有するということは、私たちにとってこの上ない幸運だと思われる。

(25)　シュタイナーが紹介している方法については高橋巖訳『いかにして超感覚的世界の認識を獲得するか』（ちくま学芸文庫）ほか参照。

妙好人と智慧

――柳宗悦「無対辞文化」が投げかけるもの――

藤　能成

はじめに――「無対辞文化」と妙好人――

日本は明治以降、西欧の科学的合理主義を積極的に導入し、近代化をはかってきた。それにより知識人を中心に、科学的合理主義、すなわち理性・知性に基づく生き方をこそ、理想とするようになっていった。第二次大戦後には、学校教育の理念として科学主義が採用され、人々は科学的合理主義に基づく認識方法や思考方法を身に付けるようになった。そのような状況にあって柳宗悦（一八八九―一九六二）は、自らの死の一ヶ月ほど前、病床において論考「無対辞文化」を著し、生涯をかけて到達した境地・思想を明らかにした。これより柳の論考「無対辞文化」にしたがって考察を進める。(1)

柳によれば「対辞（Anti-thesis）」とは「相対する言辞」の意であり、その反対概念である「無対辞」とは「相対する言辞のないこと」を指し、「不二」とも言い換えられる。すなわち「無対辞」は「不二」である。柳は我々の「知る」という行為自体が対辞・分別であると、次のように指摘する。

一切の吾々の分別による判断は、「対辞」なくしては行はれない。何故なら「知ること」はものを「分割」し、「比較」し「取捨する事」に他ならないからである。……（中略）……一切の分別は対辞を持ち、従って吾々の判断による言葉の凡てが相対性対立性を持つことを意味してくる。人間が「知る」生物である限り、この相対概念、即ち二元の相から離れることは不可能だと云へるであらう。……（中略）……「知ること」は、「分けること」であり、分ける事は互いに「反すること」であり、又両者の中の一方を選び、一方を捨てることになる。……（中略）……この世に見られる断えざる闘争の連続は、実にこの相克する対辞の生活に深く由来している。

そして、西欧文化の特徴が「論理性」や「論理的知性」であるとして、「論理的判断は、それが如何なるものにせよ、永久に二元的相対的対立に始終して了ふのである」と、西欧の論理性の文化は対辞であり、二元的相対的対立を離れられないと断ずる。柳は、日本が明治以来積極的に導入してきた西洋の論理的思考を、実相を捉えられない「知識の文化・対辞（二元対立）の文化・論理」として退けたのである。

柳はさらに、キリスト教の神概念（愛と審判）や、ヘーゲルの弁証法の論理（正―反―合）も二元対立的思想であり、それによっては「不安に生きるしかない」と批判する。

キリスト教の歴史において、神は愛の神であるとともに、裁きの神でもある。人間を愛すると同時に審判を行い、地獄に落とすという対立的な面をあわせ持っている。そのような意味での「人間的な面」が語られるのは、キリスト教の神概念の中に、西欧文化の営為としての対辞思想が取り入れられているからだと考えられる。このようなキリスト教の神概念に疑問を抱く柳は、「神は無対辞の当体」であると主張する。これは彼自身の「宗教的体験」に基づく見解であろう。またヘーゲルの弁証法においては、正に対して反を立てた後に合に至る「正―反―合」を繰り返す論理が示されるが、その合も次の段階で、また他の対立する反の立場との葛藤に曝されるのであり、そのような緊張には終わりがないのである。

柳は、これに対し東洋的思考方法は「直観の文化・無対辞（不二）・非論理」であり、対立概念を持たない「無対辞文化」だと高く評価した。ただ西欧にも「宗教体験と思索に基づく神秘思想」により無対辞に至ったエックハルトの例があるが、カトリック界からは異端とされたとする。カトリックでは、このような体験に基づく主体的な教義理解を退けたことが分かる。そこに、西欧思想に特徴的な対辞の文化・論理が見られる。

柳はこのように、西欧文化が論理であり、理性・知性を基盤とする「対辞」であるのに対し、東洋の宗教思想は非論理であり、直観によって「無対辞」の境地に入ろうとするものだと語る。そして「知識と知性」ではなく、「直観と感性」に基づく思考こそ「普遍的真理・宇宙の実相」に触れる方法であり、相剋の世界に心の平安をもたらそうとするものだと指摘する。なお柳研究の第一人者・中見真理は、これを「柳は論理そのものを否定したのではなく、論理を踏まえた上でそれを超えようとした」と捉えている。(2)

柳は、東洋の宗教思想として仏教の例を挙げている。すなわち仏教の修行とは、「一切の行ひを『無対辞』の境に活かす事に外ならないのである」と。そして、仏教が生み出した「無対辞」すなわち対立概念を持たない言辞として「如」「中」「円」等の例を挙げる。

無対辞とは「知識と知性」ではなく、「感性と直観」を通して、「ありのままの世界」すなわち「諸法の実相」に出会っていく体験的認識方法だと言える。柳の人生それ自体が「感性と直観」により、ものごとのありのままの相に出会い、そこに目に見えないものを見出していく信仰的な歩みであった。柳が遺した膨大な著作は、感性と直観によって受け止めたものを、文字に移し替えることによって生み出されたと言えるだろう。[3] 柳が晩年に詠った『心偈（こころうた）』（全部で六九首、「仏偈」、「茶偈」、「道偈」、「法偈」からなる）には、阿弥陀仏への深い帰依の姿勢が綴られており、彼の信仰心の究極点を示すものである。[4]

ここに、「対辞」と「無対辞」の違いが明らかとなる。それは分別と無分別、論理と非論理、知性・理性と感性、非体験と体験、観念と直観の違いである。カント（一七二四―一八〇四）も、まず感性で世界を受け止め、その内容を悟性によって処理すると述べている。[5] すなわち「分別、知性・理性、非体験」をもとに、言葉・概念を通して物事を認識しようとする時、観念に陥り、二元対立・対辞の捉え方となる。言葉や概念は、現実をありのままではなく、抽象化・記号化するものだからである。柳の主張を整理するならば次のようになろう。

西欧の文化：対辞＝分別―論理―知性・理性―非体験・観念

東洋の文化：無対辞（不二）＝無分別―非論理―感性―体験・直観

柳は指摘しなかったが、「無対辞文化」が示すものは釈尊が示した仏道の核心である「智慧」にほかならない。柳は「無対辞文化」において、無対辞の境地を具体的に生きた例として、浄土真宗の妙好人を挙げる。妙好人とは、浄土真宗における篤信の念仏者を讃えて呼ぶ言葉であり、江戸時代、仰誓（一七二一―九四）が大和の清九郎の言行に触れて『親聞妙好人伝』を編んだのに始まる。多くの場合、周囲の人から慕われた念仏者の言行や詩が記録されることによって、妙好人として知られるようになる。柳が取り上げたのは、赤尾の道宗が足蹴りされて感謝した話、源左が刺された蜂に感謝した話、吉兵衛が侮辱されても怒らなかった話、お園が空念仏と批判されて感謝した話等であった。妙好人の多くは、学問のない在家信徒であったが、現実世界を「ありのままに捉える智慧の眼」を持ち、我執、欲望、瞋りを離れ、世間体にとらわれなかった。また全ての出来事を阿弥陀仏の本願力の促しとして受け止め、そこに意味を見出すことができた。また彼らは阿弥陀仏から回向される「信心の智慧」によって「無対辞の境地」を生きることができた。阿弥陀仏の本願力の教えを聴聞する中で、本願を信じ、念じ、まかせ、ゆだねる生活が、彼らを獲信（真実信心の獲得）の体験へと導いた。そこに他力の仏道が成立する。そして信心の智慧へと導き、自らの煩悩と罪業を深く自覚することになった。柳は、妙好人の暮らしや言葉が無対辞の境地にあるとし、「宗教生活とは、凡てかかる無対辞の境地に入ることではないであらうか」と、妙好人の精神性が、浄土真宗という枠を超えて、普遍的な宗教性に達していると高く評価したのである。

本論考では、まず仏教と浄土真宗における智慧のあり方について整理するとともに、浄土真宗における「信心の智慧」の獲得方法について検証する。次に妙好人の言行を通して「無対辞の境地」、すなわち「智慧」の現われを確認し、最後に妙好人の精神性が、現代社会に対し何を示唆しているのか、考察したい。

一　智慧とは何か

1　仏教における智慧

①無明とは何か

仏教における智慧とは、分別を離れた無分別の認識方法である。柳における「無対辞」は、仏教における「智慧」に相当する。これより仏教における智慧の意味について考察したい。

仏教の開祖・釈尊の根本教説は十二支縁起であるとされる。十二支縁起において、苦の原因は無明である。無明は無智ともいい、智慧（または慧）がない状態を指す。では無明はどのようにして生まれるのだろうか。無明とは、心と身体を持ってこの世に生まれた、個々の人間が陥らざるを得ない認識方法の誤謬ではないだろうか。心と身体を持って生まれた人間は、身体を基盤として「我」の意識を持つ。釈尊は、自己を構成する五蘊（色・受・想・行・識）のすべてが「我」ではないとして「無我説」を説いた。人間は他の生物と違って、身体を基盤とする自己の存在を守り維持することに、心（自由意志）を使う。そこに「我」と「我執」（我への執着）、煩悩が生まれる。人間は、六根（眼・耳・鼻・舌・身・意）を通して世界と接触する。その際に、自己の存在を維持する方向、もしくは六根に対する快い刺激を「快」と捉え、快を求める。これが「貪欲」の煩悩となる。一方で、自己の存在の維持に不安を与える刺激を「苦（不快）」と受け止め、これを嫌悪し遠ざけようとする。これが「瞋恚《しんに》」の煩悩となる。

無明とは、貪欲と瞋恚を生み出す「我・我執」という自己認識のあり方を指すものと考えられる。自己の存在が、自然・宇宙という全体から独立したものだとする認識である。このような「我・我執」は、人間が心（自由意志）と身体を持つ独立した個体として生まれるがゆえに抱かざるを得ない意識である。しかし、自己が自然・宇宙から独立した存在だと認識することは、自然・宇宙の実態に反している。なぜなら、自然・宇宙においては、個の存在は全体の部分であり、個を全体から切り離すことはできないからである。

たとえば、人間以外の動植物は自然環境の中で、生得的な本能に従って生きており分別心を持たない。必要以上の欲望を行使することができないのである。植物の場合、自然の全体の働きと一体であり、自然の一部としての生命を生きている。そこでは個と全体は一体である。植物は自由意志を持たないために、自己を主張するところの「自我」を持たない。だから与えられた条件のすべてを受け入れ、自己の立場と役割に忠実なのである。すべての個が全体と一体であり、個と個が有機的に繋がり合っているのが、自然の姿である。自然の調和は、そのような個のあり方と、個と個、個と全体の関係において成立している。そこに存在するものは、すべて「我・我執」を持たない「無我」のあり方をしている。

しかるに人間はいかがであろうか。人間の身体は、大自然の要素と働きによって構成され、水や空気、そして大自然の中に生息する生命を食物として摂取することにより維持されている。したがって人間は身体としては大自然の一部であり、大自然と一体となって存在している。しかし人間は他の生物と違い、自由意志を有するがゆえに、「我・我執」にとらわれる。そのために快を求め（貪欲）、苦（不快）を遠ざけようとする（瞋恚）。このようにして貪欲と瞋恚の煩悩が生じ、人間の生を束縛することになる。図示するならば、次のようになろう。

無明（我・我執）┬ 快を求める → 貪欲
　　　　　　　　└ 苦を遠ざける → 瞋恚

釈尊の根本教説である「中道」とは快楽と苦行の両極端を離れた正しい道であった。これは「快」に対する「貪欲」と「苦」に対する「瞋恚」に片寄らない認識方法による生き方を示したものではないだろうか。物事を、我・我執と快・苦を離れた中道の立場、諸法の実相であるところの無我・無我執の立場から認識しようとするものである。それは「全体の部分である個と個が繫がりあう、一体としての全体がある」というあり方における「個」の立場に立つことである。

②仏教における修行の意味

釈尊は、縁起（十二支縁起）を説き、それを四諦の教説にまとめた。四諦において、苦の因は渇愛として示される。そして渇愛を消滅する方法として中道・八正道を説いた。渇愛は無明から生ずる。中道・八正道は、戒・定・

慧の三学を通して修される。三学とは出家者の修行であり、戒と律を保つ正しい生活（戒）を基盤として、定（瞑想）に親しむ中で、慧を磨く。慧は三慧（聞慧、思慧、修慧）を経て深化される。聞慧において、釈尊の説法を注意深く聞き、思慧において教えを反芻して思惟し心に刻み、修慧において実践を通して教えの内容を体得する。十二支縁起と四諦は、諸法の実相を説いたものと見ることができる。仏弟子たちは、釈尊の説法を注意深く聞き、心に刻み、体得していくことにより、釈尊の教説と、自らが生きる現実とを繋げていった。これが慧（智慧）である。すなわち教説と自らの生きる現実とを繋ぐことが慧であり、そのための方法こそが定なのである。

仏弟子たちは、仏等の対象を念じ（三念・六念等）、念の深まりにおいて定に入った。定に入る時、人間は身体を置くところの物質の次元を超えて、精神の次元に心を通じさせることができる。物質の次元に身体を置く人間は六根を基に、身体感覚、すなわち眼に見える世界のあり様の影響を強く受け、すべてが別個に、バラバラに存在しているように認識してしまう。そのようにして自己を他者、自然、宇宙から独立した存在だと看做すために、我執が生まれ、貪欲と瞋恚の煩悩を抱くようになる。

しかし、定を深めて、物質の次元を超えて精神の次元に心を通じさせる時、個が全体の一部であり、個と個が繋がり合い、全体が一体であるという、諸法の実相（縁起・四諦）に共鳴・共振することができる。その時、人間以外の存在が我と我執を抱いておらず、それぞれが全体の部分として、他を支え、全体の調和・完成に資する役割を担っているあり方を体感する。『華厳経』に説かれる「一即多　多即一」である。つまり人間が定に入り、諸法が無我である精神の次元に共鳴・共振する時、物質の次元において身体感覚を基いとして我執に捉われ、貪欲と瞋恚の煩悩に流されてきた、自己のあり方の誤謬・非本質性を客観視することになる。これが慧（智慧）であろう。その時、我・我執、および貪欲・瞋恚が抑制され、自身は全体が一体である宇宙の一部として、他を助け、自身と繋がり合う人々の幸せのため、もしくは全体の調和・完成のために奉仕しようとする思いが起こることになる。これが慈悲の心であり、利他の精神であり、宇宙の摂理である。

一方、無明とは、物質の次元にあって身体感覚に束縛され、本来、全体の部分である自己を、他者・自然・宇宙から切り離して認識することにより、我執を抱き、貪欲と瞋恚に流されるあり方を指す。

人間は、諸法の実相に関する正しい教えを聞き、定に親しみ、教えと現実を繋ぐ時に、智慧を体得する。我・我執にとらわれる自己認識のあり方、すなわち無明を破り、貪欲と瞋恚を克服して行くのが、釈尊の示した仏道だと言えよう。

2　浄土真宗における智慧

①信心の智慧

浄土真宗は、親鸞が『顕浄土真実教行証文類』（『教行信証』）において開顕した大乗の仏道である。『仏説無量寿経』（『大経』）を真実教とし、行・信・証・真仏土・方便化身土のすべてが、阿弥陀仏からの回向によって成立する。親鸞は『大経』に示される法蔵菩薩の四十八誓願の中から、真実願を選び仏道を構築した。阿弥陀如来の名号を聞くこと（第十七願成就）を通して、真実信心を獲て（第十八願成就）、現生において正定聚に就く。そしてその真実信心を因として、浄土（第十二願・第十三願成就の世界）に往生し、涅槃を証した（第十一願成就）後、衆生救済の利他の働きに就く（第二十二願成就）仏道である。

このように親鸞は、如来から回向される真実信心を因として、阿弥陀仏の浄土に往生し、涅槃の果を証すると説く。したがって信心は、涅槃の因である。親鸞は、そのような信心が智慧であると語る。親鸞『正像末和讃』（高田派専修寺蔵国宝本）に、次のように左訓（括弧内）を施している。

・釈迦・弥陀の慈悲よりぞ（オムススメヨリマコトノシンジムヲタマ――トシルベシ）願作仏心はえしめたる（ホトケニナラムトチカヒヲシンズルコ、ロナリ）信心の智慧にいりてこそ（ミダノチカヒハチヱニテマシマスユヘニシンズルコ、ロノイデクルハチヱノオコルトシルベシ）仏恩報ずるみとはなれ(6)（傍線は筆者）

・智慧の念仏うることは（ミダノチカヒヲモテホトケニナルユヘニチヱノネムブツトマフスナリ）法蔵願力のなせるなり　信心の智慧なかりせば　いかでか涅槃をさとらまし（マコトノホトケニナルヲマフスナリ）(7)

と、「信心の智慧」に「シンズルコ、ロノイデクルハチヱノオコルトシルベシ」と左訓を施し、信心が智慧として働くという認識を示している。次の和讃では、念仏についても「智慧の念仏」と表現し「信心の智慧がなければどうして涅槃をさとることができよう」と結ぶ。さらに親鸞は『末灯鈔』第二〇通において、弥陀のちかひを聞き始めると、自ずから三毒を離れて行くと、次のように語る。これは信心が智慧として働くことの証左であろう。

むかしは弥陀のちかひをもしらず、阿弥陀仏をもまふさずおはしましさふらふしが、釈迦・弥陀の御方便にもよほされて、いま弥陀のちかひをききはじめておはします身にてさふらふなり。もとは无明のさけにゑひふして、貪欲・瞋恚・愚痴の三毒をのみこのみめしあふてさふらふつるに、仏のちかひをききはじめしより、无明のゑひもようようすこしづつさめ、三毒をもすこしづつこのまずして、阿弥陀仏のくすりをつねにこのみめす

身となりておはしましあふてそうふらふぞかし[8]（傍線、筆者）

また、親鸞は『教行信証』「行巻」両重因縁釈において「真実信の業識、斯れ内因と為す」と示すほか、『愚禿抄』上でも「真実浄信心は内因なり　摂取不捨は外縁なり[9]」と表現していることから、「信心の智慧は念仏者の内側から働くもの」と捉えていたことがわかる。

②信心の智慧をいかにして獲得するか

では親鸞は、門弟たちをどのようにして獲信に導いたのであろうか。筆者は拙論において、親鸞の『御消息』を検証し、親鸞が門弟たちに五項目の実践を勧めたことを指摘した[10]。五項目とは「阿弥陀仏のちかひ・仏智の不思議の働きが衆生に届く↓衆生の行為　i阿弥陀仏のちかひを聞き　iiはからひを離れ　iiiちかひの不思議を信じ　iv名号を称え　vちかひの働きにまかせる」であった。これらは蓮如が、浄土真宗の伝道のために構築した「家族を単位とし寺院を中心とする地域の信仰共同体」に身を置く門徒たちの間で、実践・継承されてきた信仰生活の内容と重なっていた。すなわち「寺院等を中心とした念仏サンガに身を置くことにより共に研鑽する仲間を得る中、合掌・称名・憶念の念仏と共にある日常生活を送り、朝・夕の勤行と法語の拝読、さらに寺院等における聴聞に参加する等の努力を続けること」である。筆者は、これらを「現在進行形の研鑽」と名づけ、獲信の前・後を通して継続的に実践されるべきものとした[11]。

妙好人たちは、浄土真宗の門徒であるがゆえに、このような「五項目の実践」あるいは「現在進行形の研鑽」による信仰生活を送った。すなわち阿弥陀仏の本願の教えを熱心に聞く中で、阿弥陀仏を信じ、念じ、称名し、まかせ、ゆだねる生活である。釈迦・弥陀の慈悲・方便に促され、自らを支え導く本願の働きを信じていくのが、浄土真宗の仏道であろう。その中で如来回向の信心を獲て、信心・念仏の智慧の働きにより、自身の煩悩に気づかされていった。そこに慚愧と歓喜、機法二種の深信が成立していった。彼らは信心の智慧により分別を離れ「ありのままの世界」に触れることができた。「ありのまま」とは、すべてが一つに繋がり合い、個が全体の部分であり、全体が一体であり、個が全体の完成に奉仕するという諸法の実相であり、柳における「無対辞・不二の境地」である。妙好人たちは、信心の智慧の働きにより、自らの内の三毒の働きが抑制され、「無対辞の境地」へと導かれた。煩悩を抱きながらも、煩悩に流されなかった。蓮如によって確立された、このような信仰生活のあり方、すなわち「現在進行形の研鑽」は、釈尊における三学中の定・慧に相当する機能を持つと言ってよい。

③信心の智慧が示唆するもの

釈尊の教説が、諸法の実相を内容としており、戒・定・慧（聞思修の三慧）の修習を通して、はじめて現実を生きる力となったように、浄土真宗の教説も念仏者の信仰生活において、前述の「五項目の実践」あるいは「現在進行形の研鑽」を通して信心の獲得に至り、そこではじめて「信心の智慧」として働くのである。だから信心の獲得は、智慧の獲得を意味している。親鸞の教説は、親鸞自身の信心体験に基づいて展開されたものであり「五項目の実践」・「現在進行形の研鑽」を通して体得して、はじめてその真意を摑むことができるのではないか。釈尊の教説と同じように、親鸞の教説もやはり、真如実相を言葉で表現したものと見られるのである。妙好人たちは聴聞、信心、念仏の生活を通して真如実相に触れていった。そして無学であったからこそ、教学の枠組みに縛られることなく、自らの信心体験に立って、自由に語り、行為した。そこにこそ、阿弥陀仏の救済の真実が現れていると言えるのではないだろうか。

二　妙好人における智慧の現われ

中村元は、浄土教が日本人の精神性に与えた影響について次のように指摘している。

仏教諸経典のうちで日本人一般の心にもっとも深く感化を及ぼしたものは、恐らく浄土三部経であろう。浄土教は日本仏教のうちで最も多くの信徒をもっているし、浄土教以外の諸宗派でも浄土教から直接間接に多大の影響を受けている。かなり多くの日本人に認められる謙虚で誠実な姿勢は、浄土教と無関係ではないであろう。(12)（傍線は筆者）

と、日本人の謙虚で誠実な姿勢は、浄土教の影響であろうと語る。筆者も、自身のこれまでの海外生活の経験に照らして、日本人の国民性として謙虚さ、誠実さ、勤勉さ等を挙げることが出来ると考える。日本において、浄土教の信仰を、広く大衆の生活に根付かせたのは、本願寺の蓮如（一四一五―九九）であった。浄土真宗は現在も、伝統宗派の中ではもっとも多くの信徒を有しており、歴史的にも庶民を中心に教えが広まったことを考えると、中村元が指摘するところの「浄土教」が指すものの多くの部分を浄土真宗（あるいは真宗）が占めると言っても過言ではないであろう。

また、日本人が生活の中で使用する挨拶や、言語表現にも浄土教の影響がうかがわれる。その例として「有り難い、お陰様、お恥ずかしい、もったいない」等の表現がある。これらの表現の背景には、見えない働き・恩恵に対する感謝、謙虚さ、深い内省、謙遜などの思いが、人々に共有されてきた歴史がある。司馬遼太郎も、近年急速に広まった言い回し「〜させていただきます」の起源を、浄土真宗の信仰が篤かった近江商人に求めている。

このような浄土真宗の門徒の中から、多くの妙好人が生まれた。妙好人の多くは、家族を単位とし寺院を中心とする地域の信仰共同体に身を置く中で、寺院での聴聞、朝晩の勤行（『正信偈和讃』の繰り読み）と法語（『御文章』）の拝読、普段の念仏等の生活を続けることによって、信心・精神性を深めて行った。

妙好人・浅原才市と深い親交を持った寺本慧達は、才市の面影を、次のように表現している。すなわち「①正直な心、そしてそのままの姿、②敬虔な心、そしてそのままの姿、③一貫した誠実な心、そしてそのままの姿、④邪《よこしま》なき心、そしてそのままの姿、⑤不安なき心、そしてそのままの姿」である。才市は、正直・敬虔・誠実を備えた人格であり、邪と不安のない心の持ち主であった。心と行いの矛盾なき一致が「そして、そのままの姿」という表現に托されている。また寺本によれば、才市は「心と姿と表裏がなく、全く一体」であり、「体で念仏し、体で語り、体で考え、体で喜び、体で働いた人」、「一貫した誠実と、不安なき心とをそのまま具現」した人でもあった。[13] これより幾人かの妙好人の言行を取り上げ、智慧の現われを検証することにしたい。[14]

①大和の清九郎（一六七八―一七五〇）

i 大和の清九郎は、欲望にとらわれない清貧の生活を送り、親孝行で知られていた。

ii 薪を売る際、買い手の言い値で売っていた。彼があまりにも無欲だったため、買い手は自分が欲張ることの方が恥ずかしくなり、値切らなくなった。

ⅲ泥棒に入られた時「今私は仏の慈悲に導かれ、盗もうという気が起こりません。盗まれる方であることは、嬉しいことです」と喜んだ。

ⅰ、ⅱから、清九郎は自らに執着する心（我執）、また財欲を克服していたことがうかがわれる。ⅲからは、不幸な出来事であっても、そこに阿弥陀仏の本願力の促しを感じ取り、肯定的な意味を見出すことができたことが分かる。信心と念仏の生活ゆえに、我執を離れ、貪欲と瞋恚を抑え、辛く苦しい出来事に遭っても、そこから何かを学び取り、喜び・感謝へと転換することができた。

②讃岐の庄松（一七九九―一八七一）

ⅰ森山勝次郎同行が、庄松に「一念帰命とは何か？」と訊いたところ、庄松は仏壇の阿弥陀仏の前で寝転んで見せた。

ⅱ本山・興正寺の本寂上人に向かって「あにき、覚悟はよいか」と袖を引っ張った。

ⅰでは、庄松が阿弥陀仏の慈悲の働きを体感していたことが分かる。寺院の法座で聴聞してきた阿弥陀仏の慈悲の働きを、決して観念ではなく、心の内から湧き上がる情動として受け止めていた。このことも、多くの妙好人に共通して見られる特徴の一つである。ⅱでは、当時、門主と信徒との身分の差は厳然として大きかったであろうが、庄松はそのような世間の規範を超えて、一人の人間として門主に向かい合った。庄松の目には、誰もが平等に、阿弥陀仏の本願力、慈悲の働きに包まれる世界が映っていたに違いない。自らの信心体験、本願力の促しをこそ、行動の指針としており、世俗の規範をも超えることができた。

③長門のお軽（一八〇一―五六）

お軽は自らの信心の味わいを多くの歌に残している[15]。

ⅰ己が分別さつぱりやめて　みだの思案にまかさんせ

ⅱおも荷背負ふて　山坂すれど　御恩おもへば苦にならず

ⅲきいてみなんせ　まことの道を　無理な教じやなひはいな

ⅰでは、「己が分別」とは、二元対立的思考である。「みだの思案」とは、阿弥陀仏が因位の法蔵菩薩の時に、五劫にわたり思惟して、衆生を救済するための四十八願を発したことを指す。「みだの思案」にまかせるために、阿弥陀仏の本願を信じ、念じ、称名するのであろう。お軽は、阿弥陀仏の本願を信じ、念じ、称名する生活の中で、つねに本願の働きに包まれていることを実感していた。そこに我執を離れ、貪欲・瞋恚・愚痴の三毒に流されない境地が開かれていたに違いない。ⅱでは、人生には、幾つもの苦難が訪れる。しかし、お軽は、それらの苦難の中にも、阿弥陀仏の本願の働きを見出すことができた。いつも阿弥陀仏が自身に寄り添ってくださり、苦難に遭っても、それを阿弥陀仏の本願力の促しとして、肯定的な意味を見出すことができた。自らが受ける苦しみよりも、さらに強く自身を抱く阿弥陀仏の本願の働きを実感していた。ⅲでは、お寺で聴聞した「まことの道」（仏法）が、日常生活での体験を通してうなずかれる。「聞いた言葉」が「生きる現実」と結びつく。聞慧から、思慧を通して修慧に至る道がある。お軽においては、教えは、自身が生きる現実において検証されるべきものであり、学問ではなかった。教えを手掛かりに体験する現実、仏智不思議の働きの事実こそが、真実であった。浄土真宗における教学とは、仏智不思議の現実としての働き、あるいは念仏者が救われていく事実を説明するものだと言えるのではないだろうか。

④因幡の源左（足利源左：一八四二―一九三〇）

柳宗悦と衣笠一省は、源左の言行について、彼と縁の深かった人々から聞き取り、『妙好人因幡の源左』（百華苑、一九六〇年刊）にまとめた（＊以下、本書の頁数を記す）。

ｉ源左が本山参詣の折、汽車の中で若い夫婦者が喧嘩をしているので、中に入り、男の方へかう云つた、「先方の両親があんたを信じて呉れられた嫁だで、そがあ想つて大事にして上げなはれ」。（四七頁）

ⅱ「源左さんは無学な人ではありましたけれど、お話を聞いていると、大学者のやうな感じがしました。よくはまつた結構なことを云はれました」。（一四二頁）

ⅲお爺さんは畑打ちに行つても、小用か鍬の土落とし以外には打づめで、一ぷくすることがありませんでした。田に這入つたまゝ一田圃全部草取りが済むまでは腰をのしませんでした。（一三九頁）

ⅳ「源左さんの歩くその一歩一歩が、ほんに南無阿弥陀仏でしたげなあ」。（一四二頁）

ｖ「源左さんというお方はなあ、何につけても悦び手でなあ」。（一四二頁）

源左には諍いごとを丸く収める不思議な力があった。双方の立場を生かしながら、双方が協力して和合できるよう導いたので、よく揉め事の仲裁を頼まれた。源左の言葉は、人の心に深く届き、良心を呼び覚ました。彼は周囲から「無我」の人と評され、仏の智慧から降りてくる言葉を語った。ｉの出来事にそれがよく現われている。ⅱでは、源左は無学で文盲であったが、人と世界の実相を見据える力があったので、すべてに説得力があった。ⅲでは、源左は皆が驚くほど休まずによく働いた。働くことは阿弥陀仏への報謝であり、喜びであった。ⅳでは、つねに阿弥陀仏の本願を信じ念じ、全てをまかせ委ねて暮らした源左には、我・我執が現れにくく、彼の存在そのものが、仏の慈悲の働きを感じさせた。ｖでは、源左が、本願力に包まれている実感があり、小さなことでも感謝し喜んでいたことを示している。

⑤石見の才市（浅原才市・一八五〇―一九三二）

才市は職人として下駄を作りながら、心奥から湧いて出る信心の味わいをかんな屑や木切れに書き留めた。それを近くの安楽寺の梅田謙敬住職に見せたところノートに書き写すように勧められ、多くの念仏詩を残すことになった（以下、鈴木大拙『妙好人浅原才市集』法蔵館、春秋社、一九六七年より）。

ｉわたしゃつみ（罪）でも　ろくじ（六字）のざんぎ（慚愧）
わたしゃつみ（罪）でも　ろくじ（六字）のくわんぎ（歓喜）
なむわ（南無は）ざんぎで　あみだわ（阿弥陀は）くわんぎ
ざんぎくわんぎのなむあみだぶつ　（一四五―一四六頁）

ⅱわたしゃしやわせ（仕合せ）みじん（微塵）ほと（程）よい（善い）こと
ない二ろくじ（六字）のぶたい（舞台）二のせられて（乗せられて）
しゃば（娑婆）が上をど（浄土）二なるぶたい　（四一五頁）

ｉは、念仏の働きにより、自身の罪業・煩悩に気付かされて慚愧し、その気づきが歓喜となっている。慚愧と歓喜の心情は、多くの妙好人に共通してみられ、仏智に出遇い、自己のありのままの姿が照らし出される体験を指す。ⅱでは、才市は念仏とともにある生活の中で、六字の称名によって娑婆が浄土へ転換される。親鸞が『御消息』第十一通に引いた善導の言葉「こころは浄土に居す[16]」や、『帖外和讃』の「心は浄土にあそぶなり」の表現と重なるが[17]、才市が親鸞の言葉に学んだというより、親鸞が到達した心境に才市が辿り着いていたとみるべきであろう。

以上のように妙好人の言行には、智慧の現われを見出すことができる。多くの妙好人は無学であったため、書物を通して教義を学ぶことができなかった。彼らは聴聞に励み、阿弥陀仏を信じ、念じ、称名し、まかせ、ゆだねる生活の中で仏智・本願力の促しによって語り、行動した。信心と念仏の智慧は、彼らに自らの煩悩性と罪業性の自覚をもたらした。そのこと自体が歓喜となり、報恩の思いから勤勉に働いたのである。働くことが喜びであった。仏智に照らされ、自ら煩悩具足、罪業深重であることを深く自覚する彼らの姿は、周囲の人々の目には、我執・貪欲・瞋恚の煩悩を離れた、慈愛に富んだ人格として映ったのである。このような彼らの精神性は、浄土真宗の枠を超えて、宗教の普遍的な本質に迫るものであったと評価される。そのような普遍的な境地に彼らを導いたのは、知性・理性を通した知識ではなく、感性・直観による体験であった。

おわりに――妙好人の精神性が示唆するもの――

現代人は、科学主義・物質主義、すなわち頭・言葉による知性・理性を基盤とした観念的、二元対立的認識方法を採り入れたことにより、自己中心の欲望追求、競争主義、結果主義の差別に満ちた世界を生み出し、その結果として孤独・不安・不自由・虚無、死への恐怖等の精神的苦悩に苛まれるようになった。現代社会は「対辞文化」の方向へ突き進んでいる。

柳が主張した「無対辞・不二の境地」は、仏教における「智慧」そのものであり、感性と直観を通した体験的認識方法の重要性を示唆するものである。我々も、仏教が示す道を歩むことによって、観念の世界を脱してありのままの世界の実相に触れていくことができるだろう。

妙好人の言行や精神性は、宗教・宗派を超えた普遍的真実性を有しており、現代人が求めるべき生き方や精神性の具体的なモデルとすることができる。現代を生きる我々も、観念的認識方法（対辞）の限界性を踏まえたうえで、妙好人のように、直観的認識方法（無対辞）で生きることができれば、現代社会が抱える多くの問題を、解決の方向へ導くことができるのではないか。智慧によって科学を用いるのである。そして人々が「無対辞の境地」に導かれるためには、先に示した「五項目の実践」あるいは「現在進行形の研鑽」について、より現代的なあり方を模索していく必要があろう。

註

（1）　柳宗悦「無対辞文化」（『柳宗悦全集著作篇　第一九巻』筑摩書房、一九八二年、七二一―七二九頁）。中見真理著『柳宗悦――時代と思想――』（東京大学出版会、二〇〇三年）。中見真理「柳の宗教観と妙好人」（寿岳文章編『柳宗悦妙好人論集』解説、岩波文庫、一九九一年）参照。また本稿の執筆に際しても、中見真理氏、菊藤明道氏より貴重なご教示を賜わった。記して謝意を表したい。

（2）　この点について、中見真理は次のように捉えている。柳は、一九一五年十二月に書いた「神に関する知識」の中で「神が論理的内容をこえるというのは不合理・無論理・非論理・反論理を意味するものではない、非論理的である事にもとより吾々の満足があるはずがない。余の明らかにしようと努めた事は論理性の限界であって、その排斥ではない」と語っている。柳は論理を踏まえ、しかもそれを超える知識を「知的直観」あるいは「絶論理的」と呼んで重視していた。科学の限界を認識していたが、迷信や非合理・非論理的な考えを受け入れていたわけではなかった。一九一七年には、「科学を否定する事によって宗教の樹立を図るのは妄念である」と述べている。このような観点が柳においてその後も堅持されていたのである。

（3）　柳宗悦『心偈』中の「道偈」の章に「四十二、今　見ヨ　イツ　見ルモ」、「四十三、見て　知りそ　知リテ　ナ見ソ」がある。前者では、向かい合う対象に対してつねに、今初めて見る気持ちで、全身で向き合い、直観的に捉えることの重要性を語っている。また後者について柳は「『見』というのは、直観の意味である。『知』というのは概念のことである。まず直観を働かせて得たものを、後から概念で整理せよというのである。だからこれを逆にして、概念から直観を得ようとしても、無駄だというのである」、「知識から信心は出てこぬ」と解説している（柳宗悦『南無阿弥陀仏　付心偈』、岩波文庫、一九八七年、三〇四―三〇五頁）。

（4）『心偈』は、柳宗悦が晩年に綴った短詩に解説を付けて一九五九年、病床から出版したものである。「仏偈」の章から何首かを紹介する。「五、指スヤ西ヲ　ドコトテ西ナル」、「六、開カレツルニ　叩クトハ」、「七、追フヤ仏ヲ追ハレツルニ」、「十二、嬉シ悲シノ　六字カナ」、「十四、六字トテ　無字ナルニ」、「十五、ドコトテ　御手ノ真中ナル」。ここには柳自身の到達した宗教的境地、阿弥陀仏の救済の働きへの絶対的な信頼感、さらに自ら称える念仏への深い受け止めが余すところなく表現されている（柳宗悦、前掲書、二七四―二八三頁）。

（5）増谷文雄は、カント『純粋理性批判』における感性と悟性の関係を「感性は直観であり、受動的に対象から素材を受けとる。悟性は思惟能力であり、感性によって与えられた素材を自己の形式（範疇）にしたがって整理する」（取意）と纏めている（増谷文雄『釈尊の覚り』講談社学術文庫、一九七九年）。

（6）『浄土真宗聖典全書』（以下、『聖典全書』と略す）二、四八五頁中段

（7）『聖典全書』二、四八六頁中段

（8）『末灯鈔』第二〇通（『聖典全書』二、八一一頁）

（9）『聖典全書』二、二八八頁。拙稿「浄土真宗における主体性（Ⅲ）――「御消息」に見る獲信の過程――」九州龍谷短期大学『仏文化』第一九号、二〇一〇年

（10）拙稿「浄土真宗における主体性（Ⅲ）――「御消息」に見る獲信の過程――」九州龍谷短期大学『仏文化』第一九号、二〇一〇年

（11）筆者は拙稿において、現在進行形の研鑽を「家族を単位とし寺院等を中心とした念仏サンガに身を置くことにより共に研鑽する仲間を得る中、合掌・称名・憶念の念仏と共にある日常生活を送り、朝・夕の読経と法語の拝読、さらに寺院等における聴聞に参加する等の努力」と定義した（拙稿「現代人の問いに答える真宗学の構築に向けて」、『龍谷大学論集』四七六号、二〇一〇年）。なお本稿では「読経」の語を「勤行」の語に改めた。

(12) 中村元他訳註『浄土三部経　上』岩波書店、一九七七年、三七三頁

(13) 寺本慧達『浅原才市翁を語る』今原　長円寺、一九五二年、一二三—一二五頁

(14) 以下、妙好人・①清九郎、②庄松、③お軽の言行については、志村有弘編『わが心の妙好人——市井に生きた善人たち——』勉誠出版、二〇一一年を参照した。

(15) 僧純編『妙好人伝』第三篇上（『大系真宗史料』伝記編8、妙好人伝、法藏館、二〇〇九年より）。

(16) 親鸞『末灯鈔』第三通に「光明寺の和尚の『般舟讃』（意）には、『信心のひとは、その心すでにつねに浄土に居す』と釈したまへり。『居す』といふは、浄土に、信心のひとのこゝろつねにゐたりといふこゝろなり。これは弥勒とおなじといふことをまふすなり。これは等正覚を弥勒とおなじとまふすによりて、信心のひとは如来とひとしとまふすこゝろなり」とある（『聖典全書』二、七八三—七八四頁）。

(17) 「超世の悲願きゝしより　われらは生死の凡夫かは　有漏の穢身はかはらねど　こゝろは浄土にあそぶなり」（親鸞『帖外和讃』、島地大等『聖典　浄土真宗』明治書院、一九二八年、一七七頁）。

世界に広がる妙好人
――ヨーロッパの念仏者たち――

佐々木　恵精

はじめに

本稿は平成二十四年（二〇一二）七月十日、龍谷大学で開催された龍谷大学人間・科学・宗教オープン・リサーチ・センター主催のワークショップ「世界に広がる妙好人」での報告「ヨーロッパにおける篤信の念仏者」（同センターの同年六月十一日発行『妙好人における死生観と超越』に収録）に加筆したものである。

はじめに、ヨーロッパにおいて「妙好人」と呼び得る人たちがいるのかどうかについて一言しておく。

二十世紀中葉まで、仏教、とりわけ日本仏教についてまったく知られていなかったと言っていいほど、日本仏教に縁遠い状況にあったヨーロッパの地で、現在では真摯に「道」を求め、聞法を通して親鸞の人格と仏教思想に出遇い、念仏の人生を歩むに至った人たちが少なからず生まれている、そうした人たちを「ヨーロッパの妙好人」と呼ぶのであり、現にヨーロッパの地においてもこの呼称を用いている。海外において、親鸞思想・親鸞教義を拠り所とする仏教のサンガ「浄土真宗教団」としては、アメリカ合衆国（本土およびハワイ）、カナダ、ブラジルなどで一〇〇年以上も前から日系人社会においてブディスト・チャーチ（Buddhist Churches）、ブディスト・テンプル（Jodo Shinshu Buddhist Temples）などと呼ばれる教団組織（開教区など）が形成され、今日に至っている。

今回は、それらとは異なる状況にあるヨーロッパにおける念仏者たちの姿を紹介する。それによって、これまでの求法・聞法のあり方を見直す機会になることを期待するものである。

一　「妙好人」について

初めに、「妙好人」という言葉や概念について、基本的な内容を確認しておく。

二十年ほど前、「禅」の勉強に来日していたアメリカ人の青年に英語の表現の教授を依頼して、英文論文を修正したことがあった。ある論文の中で、筆者が、「ヨーロッパの妙好人」という表現を用いていたのに対し、その青年は不思議そうな顔をして、「妙好人というのは学者のような人とは違うのではないか」と質問してきた。たしかに、ここに紹介するヨーロッパの篤信者たちは、相当な学識をもち、なかには「学者」と呼んでよいほどの専門的知識を身に付けている者も少なくない。縁あって親鸞思想に触れ、真宗の教えを学び、他力念仏の道に入った人たちである。

そのような意味では、日本における一般的な「妙好人」の姿と懸け離れているとも言えよう。鈴木大拙が、「浄土教信仰の中で育って無学無知とも見える人々の上に日本の霊性の閃き出るのを認める」（『宗教経験の事実』序）と言っているように、文字も知らない無学な人たちで、他力の信心に徹した篤信者を、一般的に「妙好人」と呼んできたからである。

以下に紹介する「ヨーロッパの妙好人」と呼ばれる人たちの多くは、大学で高度な学問的知識を身に付けた人たちであるが、そうした学問・知識を超えて真宗の教えに出遇い、念仏の生活を送っており、学識者であるという点で、日本で一般に言われるような「妙好人」とは趣を異にしているかも知れない。しかし、学問や知識の領域を超えて他力の信心に目覚め、信心の智慧を戴いているという点では、日本でいわれる「妙好人」となんら異なるものではないといえる。

二　ヨーロッパの念仏者たち

ヨーロッパで浄土真宗が知られるようになってからまだ六十年弱しか経っていない。その間に、篤信の念仏者が生まれているのである。その多くは、仏教・大乗仏教を学び、真宗の聖教の欧文翻訳が出版されるのと相俟って、親鸞の著述に出遇い、また篤信の人に出遇って他力回向の信心に安住されるに到っている。いわゆる学識者が、西欧の人間理性を中心とした自己中心の精神文化から大逆転して、他力回向の信心に徹していることが知られるのである。そこには、一九五〇年代後半からのことであるが、日本において、ヨーロッパで大乗仏教を求めている人々が生まれつつあることを知って支援の輪が広がり、とりわけ西本願寺の大谷光照門主の積極的かつ熱心な支援をはじめ、宮地廓慧（京都女子大学教授）、佐藤哲英、山崎昭見、稲垣久雄（以上、龍谷大学教授）や西本願寺国際センターの方がたの長年の熱意ある援助があった、ということを特記しておきたい。

以下に、いわゆる「ヨーロッパの妙好人」と呼ばれる幾人かを紹介しよう。

（1）ヨーロッパの浄土真宗信徒・第一号　ハリー・ピーパー〔欧州玄師・釈勝厳〕

最初にハリー・ピーパー（Karl Erdmann Harry Pieper：一九〇七―七八）について紹介したい。

ハリー・ピーパーは、ドイツのベルリンに生まれ、ベルリンで育ち、ベルリンで生涯を送った。第二次世界大戦中は、ナチス支配下のベルリンにおいて大変な苦労を体験している。ナチス・ドイツ軍の捕虜となり、当時のソ連領内に抑留され、半年ほどきびしい捕虜生活を送った。戦争が終わって解放されたが、その後は連合軍が統治するベルリンで、その統治を担当するアメリカ軍の通訳官として、多忙な日々を過ごすこととなった。当時のドイツ語圏において軍の通訳官を務めたということは、すぐれた語学力を持っていたからであろう。ちょうどこの前後に仏教と出遇っている。

実際、第二次世界大戦後、ヨーロッパでも仏教が学識者を中心に求められるようになっていた。最初は上座部仏教（テーラワーダ）やチベット仏教に関心が向けられ、いわゆるキリスト教社会とか科学的合理主義の世界にあって、仏教にイメージされる神秘的なものに惹かれた人が多かったのかも知れない。

こうした当時の仏教理解の状況のなかで、ハリー・ピーパーは、戦時中から上座部系の「仏教徒の家」に入り仏教を学び始めていたが、タイで仏教修行を終えて帰国してきたドイツ人アナガリーカ・ゴーヴィンダ（Anagarika Govinda）が組織するグループ「アーリヤ・マイトレーヤ・マンダラ（Ārya Maitreya Maṇḍala）」に入り、タイ仏教とは異なるチベット仏教を学ぶようになっていた。その後、しだいに上座部仏教、チベット仏教では満足できず、大乗仏教の勉強に方向転換するようになった。

そんな中、一九五三年十月、電磁気学の研究を進めていた名古屋大学の山田宰（後に岡山大学理学部教授）が、ベルリン工科大学に留学して来た。山田の両親は真宗の篤信者であり、山田自身も、当時名古屋市在住の花田正夫（一九〇四―八七）の化導《けどう》を受けていた。山田がドイツに留学する際、花田から、「ドイツは宗教改革のあったところだから、浄土真宗のみ教えも人々に伝わるに違いない。向こうへ行かれたら『歎異抄』を紹介するような勉強会を開いてください」と勧められた。その際、花田は山田への餞《はなむけ》に、「行けの声　来れの仰せ　かしこみて　今日発たんとす　万里の波濤」の一首を詠み、池山栄吉（大谷大学教授）のドイツ語訳『歎異抄』を山田に贈ったのであった。このようにして山田は、花田の篤い思いを胸にドイツへと旅立って行ったのである。

ベルリンに着いた山田は、しばらくのちの翌一九五四年五月にフローナウで開かれたウェーサーカ祭に出かけ、初めてハリー・ピーパーに出遇った。それ以来、ピーパーらが開いていた毎月二回の勉強会に参加するようになり、やがて『歎異抄』を読み解くことになったのである。ピーパーは、その勉強会の代表者であったが、おそらく最初は「浄土真宗」という言葉も知らなかったと思われる。しかし、ピーパーは、『歎異抄』を読んでいくうちに浄土真宗に惹かれて行った」と後に述懐している。

山田が帰国後に、当時を述懐して、「ピーパーさんは、『歎異抄』の第一三条を読んで、はじめて親鸞聖人の思想に惹かれたようです」と語っている。『歎異抄』第一三条には、親鸞と門弟の唯円房の対話が述べられている。――親鸞が唯円房に向って、「あなたは私のいうことを何でも信じるか」と語りかけると、唯円房は、「はい」と答える。すると親鸞は、「ならば人を千人殺したなら浄土往生は間違いない」と言われる。それに対して唯円房は、「いかに聖人の仰せであっても、私には人を一人も殺すような器量はございません」と、親鸞の指示を断る。すると親鸞は、「先ほど言ったことと話が違うではないか」と言いつつも、「これでわかるだろう。何事も心にまかせられるならば、人を殺せと言われれば人を殺せるはずだ。しかし私たちは、無数の縁が揃わなければひとりの人も殺すことはできないのである。自分の心が善いから人を殺さないのではない。逆に、人を殺そうと思っていなくても、殺してしまうことだってあるのだ。自分の心の善し悪しが、往生のために善い悪いになるのだと勝手に思い込んで、本願の不可思議のはたらきによって救われるということを知らないでいることを注意され、示された。――このように語られている。山田は、「ピーパーは、第一三条のこの部分に惹かれたようだ」と述懐したのである。

ヨーロッパの文化圏のただ中に育ったピーパーは、人間理性を中心とした合理主義の世界に生きた人であった。しかし彼は『歎異抄』を読んで、「人間の行為というものは、因縁によってどのようにでも変わるものであり、人間性などは到底中心になれるようなものではない」という親鸞の教えに出遇って、きびしい自己批判の眼が開いたのである。ヨーロッパの伝統的な人間中心の思想、つねに自我を中心とする考えを根底から崩されたのであった。

それ以後ピーパーの熱心な勉強が続いた。それから半年ほど経た十一月、西本願寺の門主であった大谷光照（一九一一―二〇〇二）がドイツを訪れ、阿弥陀如来の慈悲について法話した際、ピーパーは門主の姿を拝して、「浄土真宗を学ぼうと決心した。私もあのような人になりたいと思う心が湧いてきた」と語っている。「人格を通して教えは伝わって行く」と言われるが、ピーパーの場合も、『歎異抄』を通して親鸞のこころに触れてはいたが、大谷光照という人格に出遇って浄土真宗のみ教えを学んでいこうと決心したのであった。

これまで、「外国の人に浄土真宗のみ教えは理解できないだろう」と言われてきた。しかし、ピーパーに会うと、まことに深いものを身に得ておられると感嘆させられる。やがてピーパーは大谷光照門主から帰《き》敬式《きょうしき》を受け、法名・釈勝厳を戴き、ヨーロッパにおける浄土真宗信徒の第一号になったのである。その後ピーパーは、ベルリンに小さな集会所をレンタルして「浄土真宗サンガ」を設立し、勉強会を続けながら多くの法友を導いたのであった。

五十代半ばから、大戦時の苦しい生活の影響もあったのであろうか、神経痛などで体のあちこちが痛むようになった、それでも法友から質問が届くと手紙で丁寧に返答するという、相互のやり取りを行っていた。痛みで手が使えなくなると、カセットに声を録音して音声による返信を送ったという。

晩年、ピーパーが山田宰に送った手紙によって、その一端を紹介する。

私はあなたほど宗教経験を言葉に表現する能力に恵まれていません、しかし、これまで聞かさせていただいてきたことが真実だったと今はっきり分かりました。私の体はこのところ病状がひどく、体のあちこちが痛み、強い薬を服用しても治りません、しかし、私は精神的に片時も不幸でありません。……私には全く何もする必要がないのです。はたらいているのは生き生きした阿弥陀様の光明なのです。……今でも、私は毎日『歎異抄』を読んでいます。それは私の人生が終わるまで続くでしょう。それでも読み終えることは出来ないでしょう。なぜなら、私はその中にいつも新しいものを発見するからです。……肉体は辛くても、私は幸せです。それは、阿弥陀様のすべてを包み込むお慈悲のたまものであり、私は感謝するほかありません。ご恩報謝のために、このみ教えを人々に伝えたいと思っています。

この文面通りの生活を実践した人であった。日本で「ピーパーさん」の名が広まり、浄土真宗の学者方が「ピーパーさん」を訪ねて行かれる。そんな場合、学者方は自分が学んだことをピーパーの前で披瀝しようとする。阿弥陀仏はどうだ、本願はこうだ、と講釈を加えながら。そのような学者の姿をピーパーは嫌っていたとのことである。山田宰との会話の中で、「学者の方がたが語られるような説明は私に必要なのでしょうか。阿弥陀様のお慈悲の光明の中にある、それだけでいいのです……」と語っている。まさに「妙好人」の姿である。一九七八年に亡くなったが、往生の間際まで阿弥陀如来のお慈悲のうちに、お念仏とともに生きた人であった。

（2）敬虔なキリスト教司祭から転向　ジャン・ガブリエル・エラクル〔釈常安〕

二人目に紹介するのは、スイス・ジュネーブのジャン・エラクル（Jean Eracle：一九三〇—二〇〇五）である。ジャン・エラクルは、もともと熱心なキリスト教徒（カトリック）で、若い時から修道院で瞑想に励むことが多かったようである。二十五歳でキリスト教の司祭になっている。キリスト教では、他の諸宗教についても勉強するので、エラクル氏も司祭になった前後から、仏教の教義を学び、ある程度知識を有していたようである。

最初は、キリスト教とあまり変わらない教えと考えて東洋思想を捉えながら勉強していたといわれる。司祭のエラクルに会った人たちは、彼の考え方は仏教的だなと感じた者も多かったようである。

エラクルは、ある時、神智学協会に所属する人（スリランカ出身と見られる）から、ゴータマ・ブッダについて語りかけられたことがあった。その時、エラクルは、「生存年代もはっきりせず、実在したかも不明な神話的な人物のブッダを祖師とする仏教に興味はありません」と答えたという。すると、相手は、「仏教ではブッダが歴史上に実在してようがしていまいが、そのようなことはそれほど重要ではないのです。仏教で大事なことはダルマ（法）である。仏教の説くダルマの真実性に揺るぎはない。そのことが大事なのです」と応えたという。それを聞いたエラクルは、「なるほどと思い感激した」と後に語っている。このエラクルの態度に、すでに東洋の思考、ブッダのこころを受け入れる兆しが感じられる。やがて父親から貰った東洋思想関係の本を読み、その神秘的な思想に惹かれるようになり、次第に仏教的な思考に惹かれて行ったとのことである。

修道院時代にも熱心に修行（瞑想）することを好んでいたが、仏教の実践（瞑想、三昧）にも惹かれ、仏教を熱心に学び、チベット仏教も学ぶ、サンスクリットや漢文も学ぶ、というように、深く傾倒していくようになる。最初は上座部仏教を学び、やがて大乗仏教に進み、『般若経』、『法華経』さらに浄土教を学んでいる。そうした学びを続けたが、自分で「解脱」に到ることが出来ず、やがて先に紹介したハリー・ピーパーと文通をするようになり、「正信偈《しょうしんげ》」や『歎異抄』を読むようになる。ピーパーの影響を受けながら、「キリスト教を捨てたわけではありませんが、次第にキリスト教から仏教へと、衣を脱ぐように移って行きました」と語っている。

浄土真宗との出遇いについては次のように語っている。

清浄なる仏教の道を辿るうちに、心の平安が得られるようになり、ごく自然に、キリスト教が古着のように私から抜け落ちた。仏教に改宗したのでなく、気が付くとブッダの弟子となっていた。

四十歳頃になると、キリスト教から、いよいよ浄土真宗に改宗することになる。そして、生まれ育った地ジュネーブに「信楽寺」を創設するに至ったのである。はじめは郊外の一戸立てレンタルハウスに開設したが、やがて会員の出会いに便利なジュネーブ中心街のビルの一角に移転した。

エラクルは仏教、とりわけ親鸞の思想に触れはじめたころから、たびたび来日している。来日した時には西本願寺に参拝し、勤行にも出会って「正信偈」などを録音していたという。帰国後、朝夕のお勤めには録音した「正信偈」などを聞きながら、厳かにお勤めする。朝夕のお勤めについて、次のような感慨を語っている。

朝夕の「正信偈」の勤行では、「極重悪人唯称仏　我亦在彼摂取中　煩悩障眼雖不見　大悲無倦常照我」（極重の悪人はただ仏を称すべし。われまた彼の摂取のなかにあれども、煩悩、眼を障へて見たてまつらずといへども、大悲倦きことなくして、つねにわれを照らしたまふといへり）の所に来ると、感激のあまり胸が詰まり涙が出て来るのです。

なぜ源信和尚を讃えるこの偈文に感激したのか。エラクルは、「この偈文は、この私エラクルのためにお説き下さっている、ありがたいことだ」と、その感慨を語っている。「極めて罪の重い悪人はただ念仏すべきである、私も阿弥陀仏の光明の中に収め取られているけれど、煩悩が私の眼をさえぎって、阿弥陀仏の光明を見たてまつることができない、しかしながら、阿弥陀仏の大いなるお慈悲の光明は、そのような私を見捨てることなく、つねに照らしてくださっている」と、源信和尚が示されているこの言葉を、エラクルは、「この私のためにお説きくださっているのだ」と受け止めたのである。自身の上に深く受け止めながら「正信偈」を勤行したのであった。

エラクルは、たいへん優しい人柄であったといわれる。彼を慕って多くの友が、若き学徒が、浄土真宗の門へと導かれている。二〇〇五年、講演に向かう列車の中で発作を起こし亡くなったが、現在もジュネーブの信楽寺には五十人以上のメンバーが所属している。エラクルの没後は、真宗学の研鑽を積んでいるジェローム・デュコール（Jérôme Ducor）が住職を継いでいる。

（3）東洋思想に親しみ、親鸞に出遇う　アドリアン・ペル〔釈至徳〕

三人目は、ベルギー・アントワープのアドリアン・ペル（Adrian Peel：一九二七―二〇〇九）である。ペルは十代後半頃から東洋の思想を学んでいた。一九三〇年頃から一九四一年の第二次世界大戦勃発頃までのヨーロッパでは、東洋思想に惹かれる学徒が相当数いたであろうと思われる。そうした状況もあって、ペルも東洋思想を学ぶようになった。大学では道教を研究していたが、次第に仏教に惹かれて行ったという。はじめは上座部仏教のグループに所属して学びを深めていたが、しだいに大乗仏教へと転身していった。

ペルに関するエピソードとして、イギリスのジャック・オースチン（Jack Austin：一九一七―九三）との仏教談義を紹介しよう。

ジャック・オースチンは、いち早く刊行された稲垣最三（瑞劔）の英訳『歎異抄』を読んでその教えに惹かれていた。オースチンが手にした英訳『歎異抄』は、一九四〇年代後半に神戸の稲垣最三によって翻訳刊行されたものである。これを読んで、オースチンは素晴らしいと感動し、稲垣に手紙を出したのである。稲垣はその手紙を読んで本物だと思い、それ以後、毎日オースチン宛に手紙を出して、仏教の、そして浄土真宗の法義を語り掛け続けた。その手紙説法に感化されてオースチンはついに浄土真宗に転向した。そのような時にペルとの出会いが生まれたのであった。

ある時、ベルギー・アントワープのペルの所へ、ロンドンからオースチンが訪ねて来た。以前からお互いを知っていた二人は、夜を徹して大乗仏教と他力回向について語り合い、論議し合ったという。明け方まで続いた仏教談義で疲れて眠ってしまったオースチンの傍らで、興奮気味のペルは、ほのかな朝陽を受けながら、「阿弥陀仏の光明に包まれている」という不思議な感覚を覚えたという。「他力回向」の何たるかを体感したのであろう、それ以後ペルは真剣に浄土真宗の教えを学ぶようになったのである。

その後、ペルは来日して西本願寺で得度を受けた。得度習礼に入る前々日に、手紙のやり取りをしていた稲垣最三宅を訪ねた。その日は、ちょうど毎月開催の法座があり、ペルもその法座に参加した。ペルは法座に参加するや開口一番、「三心一心がよく分かりません、三心と一心の関係を教えてください」と質問した。「三心一心」という言葉が即座に出てくることからも、ペルがつね日ごろ真剣に浄土真宗の教えを学んでいたことが窺える。その時の法座は、「三心一心」をテーマに、英語と日本語で講義がなされ、ペルは大変満足して得度習礼に臨んだのであった。

さらに、ペルが得度習礼のために来日している間に、山村の、ある寺院を訪ねた時のことを紹介しよう。――ある山村の浄土真宗の寺院を訪ねた時のことである。村の年配の女性から、「浄土真宗の信徒になられたとのことですが、世界の平和についてどう思われますか」と質問された。するとペルはすぐさま次のように答えた。「世界の平和は仏教によってこそ可能です。すべての人々が、煩悩具足の凡夫であるというまなこを戴いたなら、そこに世界の平和が実現すると確信します」と。――ペルの仏教観を示す一齣といえるだろう。

また、ペルは、聞法・伝道活動の拠点として、アントワープのビルの一角に慈光寺を創建し、そこで毎月仏教セミナー・真宗セミナーを開いた。フランス北部からオランダまで自家用車を走らせて教化活動をし、さらに、英訳『教行信証』や英訳『歎異抄』をもとに、オランダ語の抄訳を刊行するなど積極的に伝道活動を進めた。

ペルは二〇〇九年十月八十二歳で往生を遂げたが、慈光寺は二〇〇八年八月に得度したフォンス・マルテンス（Fons Martens〔釈大乗〕）がその後を引き継ぎ、新たな活動を始めている。

（4）「ヨーロッパの妙好人」――その他の念仏者――

以上紹介したヨーロッパの念仏者たちは、はじめは思想・学問として仏教を学んでいたが、しだいに学問を超えた信仰へと進み、ついに阿弥陀如来の願力にゆだねる境地に到達したのであった。こうした人たちと法義について会話していると、まことに深いものを感じ、仏法を学ぶものとしてすっと通じ合う世界が開かれる。それは、そうした人々が、これまでの人間中心的、自己中心的な思想を超克して浄土真宗のみ教えを戴いているからであろう。その深いところにまで到達されているからこそ、言葉の壁を越えて、お互いに通じ合うものがあるのではなかろうか。

さらに、以上の三名のほかに次のような篤信者たちが真宗の法義を広めようと努めている。

オーストリアのザルツブルクには、フリードリッヒ・フェンツル（Friedrich Fenzl：1932-）がいる。ハリー・ピーパーに導かれて、仏教関係の諸種の季刊誌に浄土真宗を紹介した記事を数多く発表している（その後、二〇一四年十二月八十二歳で往生を遂げた）。

スイスのジュネーブには、前述のジェローム・デュコール（Jérôme Ducor：1954-）がいる。ローザンヌ大学・ジュネーブ大学に学び、「存覚の研究」で文学博士号を取得した。ジャン・エラクルとの出遇いによって浄土真宗に帰依し、現在エラクルの開いた信楽寺を引き継いでいる。

ハンガリーには、サンドール・コーサ＝キス（Sandór Kósa-Kiss）がいる。高校の英語教師だったが、オーストリア・ザルツブルクのフェンツルとの縁で浄土真宗に帰依した。文学的なエッセイで浄土真宗の味わいを発表している。二〇一一年に来日、西本願寺の親鸞聖人七百五十回大遠忌法要に会い京都会議にも出席したが、帰国直後に往生を遂げた。

ポーランドには、アグネス・イェンジェスカ（Agnes Jedrzejewska）がいる。精神科医であり、自らも持病に苦しみながら仏教を学び、ワルシャワを中心に真宗サンガを創設した。以来四十数年になり、現在七十歳代半ばの高齢であるが伝道活動を続けている。

この外にも、少なからず念仏者がヨーロッパに生れており、ヨーロッパ各地に浄土真宗が広がってきている。それぞれのグループは、国や地域によって独自性があり、全体で一つになるということは難しく、またヨーロッパ全体からすれば、念仏者の数はまだほんの一握りに過ぎない。しかし、その中で、法義の深いところにまで達している「妙好人」と呼ぶに相応しい人々が現れているのである。

三　結びにかえて――ヨーロッパの念仏者の特徴――

ヨーロッパの念仏者の特徴は、キリスト教などに満足できず、みずから人生を深く見つめ「道」を求めて歩み続け、とりわけ『歎異抄』に魅了されて、親鸞の宗教性、仏教観に惹かれて本願他力の教えに安住するに至ったという場合が多いように思われる。そこには『歎異抄』が自然に働き出ているという感慨を覚える。あるいは真実なる法義がおのずから働き出ていると思われるのである。そこに、西洋の伝統である合理主義、人間中心主義から、「他力回向」へ、阿弥陀如来の大智・大悲のはたらきへと転換していく姿が見られる。親鸞に出遇い、阿弥陀如来の光明に照らされ、生死の世界にあって人間としていかに生きるかの答えを得ているといえるだろう。

以上がヨーロッパにおける念仏者「妙好人」のすがたである。

ヨーロッパの妙好人と「無対辞」の思想

――ハリー・ピーパー師の事績を通して――[1]

那須　英勝

はじめに

柳宗悦（一八八九―一九六一）の思想的到達点とされる無対辞[2]の思想は、二元的に相対する対辞の世界を超克する東洋思想に特徴的な不二の思想に基づくものであり、そしてこの無対辞の境地の活きた例として、柳は真宗の妙好人を取り上げていることも知られている。[3]しかし柳は、中世フランスに生きたカルメル会のカトリック修道士であったブラザー・ローレンス（一六一一―九一）を、キリスト教圏内にこの無対辞の思想を体現して現れた「妙好人」と認める等、[4]無対辞の思想が日本や東洋にのみ認められるのではなく、西洋にも開かれた普遍性を持った思想であると考えていたようだ。[5]この無対辞の思想の持つ普遍性について、第二次世界大戦後のドイツ（ベルリン）で浄土真宗に帰依し、没後もヨーロッパの念仏者の間で妙好人として慕われるハリー・ピーパー師（Karl Erdmann Harry Pieper :1907-78）の事績を通して検討してみたい。[6]

一　ハリー・ピーパー師と浄土真宗の出会い

ハリー・ピーパー師は、第二次世界大戦後のドイツ（ベルリン）において浄土真宗に帰依し、ヨーロッパで初めて真宗協会を結成したヨーロッパにおける浄土真宗の先駆者であり、現在でもヨーロッパの念仏者の間で「妙好人」として慕われている。(7)

ピーパー師は、第二次世界大戦前からベルリンで、上座部仏教徒のグループで活動し、その代表者にもなっていたようである。このグループは一九四二年にはナチス当局によってドイツの仏教教団が解散させられた際に消滅するが、ピーパー師自身は、戦時中も仏教への信仰を失うことはなかった。ピーパー師は、二年間のソ連抑留後、ベルリンに帰還し、ベルリンに進駐していたアメリカ軍基地の通訳として仕事をしながら、再結成された仏教教団で在家仏教徒として活動を始める。この当時、ピーパー師は、思想的には、上座部仏教から次第に大乗仏教に関心を向けるようになっていったようで、一九五〇年代はじめには、チベット仏教系のグループで、一九三三年にアナガリーカ・ゴーヴィンダ師（Lama Anagarika Govinda: 1898-1985）によって創設されたアーリヤ・マイトレーヤ・マンダラ（Ārya Maitreya Maṇḍala）の書記長も務めている。(8)

このピーパー師が真宗の教えに最初に触れたのは、すでにロンドンで稲垣最三師（一八八五―一九八一）との文通によって真宗の手ほどきを受けていたジャック・オースチン師（Jack Austin: 1917-93）との出会いであったが、(9)本格的に親鸞の思想に関心を寄せるようになった直接のきっかけは、『歎異抄』の独訳でも知られる池山栄吉師（一八七三―一九三八）の門下である花田正夫師（一九〇四―八七）の感化を受けた山田宰氏（一九二三―八七）(10)がベルリン工科大学留学中の一九五四年五月に、ドイツ仏教協会において開講した親鸞思想の講義を通してであった。[11]また、ピーパー師が、日本の浄土真宗の教団（浄土真宗本願寺派）と関係を持つようになったのは、同年十一月にベルリンを訪問した大谷光照門主（一九一一―二〇〇二）との出会いであったとされる。[12]ピーパー師の事績を記した文献は全て、一九五四年の大谷光照門主との出会いが契機となって、二年後の一九五六年に、ピーパー師が友人のオスカー・ノイマン氏（Oskar Neumann: ?-1965）とともに、ヨーロッパで初めての浄土真宗の教えを中心とした仏教協会を設立することになる。そして、ピーパー師によって創設された、ドイツ真宗協会の組織を通しての活動が源流となり、日本からの援助、特に大谷光照門主と深い関係のある、京都に設立された国際仏教文化協会を通しての支援を受けながら、現在、浄土真宗のグループはヨーロッパ各地に展開しつつあるが、ピーパー師は、それらのグループのコアとなった第一世代の信徒たちの指導者であった。[13]

二　ピーパー師と独訳『歎異抄』の出会い

このようにピーパー師と浄土真宗本願寺派の教団との関係の由来は、同師に関する文献でもすでに明らかにされているように、大谷光照門主との個人的な出会いを通してであることはまぎれもない事実である。しかし、ピーパー師は、親鸞の思想のどのようなところに惹かれて真宗の信徒となったのだろうか。

ピーパー師がドイツ語を通して親鸞の思想に本格的に触れるきっかけを作ったのは、当時ベルリンに留学されていた物理学者の山田宰氏であった。ピーパー師との最初の出会いの様子を山田氏は次のように記している。

私が初めてピーパー師にお会いしたのは、一九五四年五月十六日、ベルリンのフローナウで開かれた仏教寺院のお祭りに参加したときでした。私は当時一九五三年より物理工学研究所とベルリン工科大学で磁気学を研究する目的でドイツに留学していたのです。私とピーパー師との最初の出会いはやがて師とそのメンバーとの親密な交わりへと進みました。私は師の自宅で毎月第二、第四土曜日に開かれる定期集会で話をする機会を与えられたのです。(14)

山田氏が訪れたというこの仏教寺院とピーパー師の関係がどのようなものであったかということについては、ジャック・オースチン師による次の記述が参考になる。

当時、アーリヤ・マイトレーヤ・マンダラはフローナウにある寺院を管理しており、私たちはそこで会合を開いていた。しかし、セイロンのテーラヴァーダ仏教徒がそれを買い上げ、彼らはしばらくするとテーラヴァーダ仏教徒の集会以外の使用を許可しないようになった。ただ、この寺院の管理者として派遣されてきた二人の比丘はドイツ語を話すことが出来なかったので、この管理はあまりうまくは行かなかった。ベルリンではもう一つの別の寺院が計画されており、またハリーも真宗の寺院（礼拝堂）設立に全力を注いでいた。(15)

山田氏が参加したこのお祭りというのは開催の時期を考えると、テーラヴァーダ仏教徒のウェーサカ祭であり、またその後はピーパー師の自宅での集会で講義をされるようになったということからも、当時、アーリヤ・マイトレーヤ・マンダラのメンバーでありつつも、ピーパー師が独立した活動を目指していた様子が知られる。当時、アーリヤ・マイトレーヤ・マンダラはチベット密教の伝統に組織のルーツを求めつつ、テーラヴァーダを含めて全ての仏教の伝統を受け入れるとしていたが、純粋な真宗の信仰を求めるピーパー師のグループの活動とは次第に相容れないものとなっていったようである。(16)

山田氏のベルリン留学の主たる目的はもちろん磁気学の研究であったが、先にも述べたように山田氏は花田正夫師の門下で求道されており、また留学にあたっては、花田師から繰り返し聞かされていた「ドイツ人には『歎異抄』がわかる」という池山師の言葉と「池山師のドイツ語訳『歎異抄』(17)を通じてドイツ人に真宗に親しんでもらいたい」という花田師の願いを少しでも実現することを望まれていたようである。したがってピーパー師の集会での講義はこの池山師の『歎異抄』独訳にもとづいたものであり、ピーパー師も『歎異抄』をドイツ語で読み解く中で親鸞思想を体解していかれたようである。(18)

山田氏がピーパー師の真宗入信について語る中で、大変興味深いのは、ピーパー師が山田氏の講義に初めて強い関心を示したのは、同氏が『歎異抄』第一三条の「またあるとき、唯円房はわがいふことをば信ずるかと、仰せの候ひしあひだ、……なにごとも　こころにまかせたることならば、往生のために千人ころせといはんに、すなはちころすべし」の一節であり、これは、師の戦争体験と重ね合わせてみるとよく理解できるであろう。(19)そして、山田氏が「ピーパー師の真宗の理解は、我々が『歎異抄』を一緒に読み進むうちに深まってゆきました(20)」と記されているように、ピーパー師の真宗入信にはこの独訳『歎異抄』との出会いが決定的役割を果したと考えてよいだろう。

池山氏の独訳『歎異抄』との出会いが、ピーパー師にとってその後の求道の支えとなったことは、ドイツ文学者の芦津丈夫氏（一九三〇—二〇〇一）のピーパー師についての回想録にも記されている。芦津氏は一九六〇年から六二年にかけてベルリン自由大学で研究留学中であり、その際に、ピーパー師と交流されているが、一九六一年(21)に、師の努力によって完成したヨーロッパ初の真宗独自の礼拝堂を訪れた際の想い出を次のように記している。

わたしは今でも、ブレンターノ街の礼拝堂の入口に故池山栄吉教授の『歎異抄』第一章の翻訳が記された一枚の紙が掛けられていたのをはっきりと覚えている。

弥陀の誓願不思議にたすけられまいらせて、往生をばとぐるなりと信じて念仏まふさんとおもひたつこころのおこるとき、すなはち摂取不捨の利益にあづけしめたまふなり。

これは親鸞聖人のあらゆる人間へのメッセージであり、同時にこれはピーパー師がドイツの同朋に寄せた、自己の信仰告白であるとも受け取られた。(22)

大変な努力でようやく設立にこぎ着けることが出来た礼拝堂の入口に、池山栄吉師の独訳『歎異抄』を記した紙を掲げていたことからも、ピーパー師がドイツ語で語られる親鸞の言葉を通して親鸞の教えに導かれ、その教えに生きようと決意されていたことがわかる。

三　ピーパー師の「無対辞」の宗教的生活の実践

ピーパー師の真宗入信に関して、大変興味深いところは、師の真宗入信のきっかけとなった山田宰氏のドイツ語による親鸞思想の講義では、池山栄吉師の独訳『歎異抄』だけでなく、山田氏自身が準備した、近角常観師（一八七〇―一九四一）の『信仰の余瀝』や福島政雄氏（一八八九―一九六〇）の『近代思想と信仰』などの独訳が用いられたことである[23]（『ヨーロッパの妙好人』三三―三四頁）。また一流の科学者である山田氏の親鸞思想の解説は、真宗に触れたことのない西洋の近代の知識人を聴衆に、個人の信仰として親鸞思想を紹介するというスタンスであっただろう。また山田氏の求道の師である花田正夫師は本願寺派との関係が深いが、花田師の師事した池山栄吉師は大谷大学の教授であった。しかし、池山師も花田師も、特定の教団とは一定の距離を置き、自立した求道者として親鸞思想の実践を目指した、近代的な日本の真宗思想家たちであり、その親鸞理解には浄土真宗の特定の教団との関わりはあまり感じられないのである。

それゆえに山田氏は、二人が出会って数ヶ月後のことであるが、ピーパー師がベルリン訪問中の西本願寺の門主と面会した際に、師が「ベルリンの西本願寺協会の代表になりたい」と言い出した際に、特定の宗派の代表という肩書きにこだわるかのようなピーパー師を見て、その信仰の純粋さについて疑問を抱き、その場では、率直にいってあまりよい感じを持たなかったことを、次のように記している。

一九五四年十一月十六日に大谷光照ご門主がベルリンに来られたときのことでした。ピーパー師はベルリンの西本願寺協会の代表になりたいこと、またベルリンの仏教協会を浄土真宗の方向に変えてゆきたいとの希望を表明しました。これを聞いたとき、実のところ私はあまりよい感じを持ちませんでした。というのも、私は組織よりも信仰の方がもっと重要なことであると信じていたからです。師が本当の意味で阿弥陀様に出会うことが大切であって肩書きなどなんの意味も持たないと思ったのです[24]。

しかし、山田氏がそこで感じた、ピーパー師に対する一抹の不信感は、後に師から受け取った次のような手紙の文面から杞憂であったことが分かったとされる。

過去数年来、たくさんの日本の教授方が私を訪問してくれました――なぜだか理由がさっぱりわかりませんでしたが。先生方は我々の理解を容易にするために学問的、哲学的な用語を使ってご本願の不思議な力を説明しようと随分骨を折っておられました。しかし私たちはなぜあの方たちがそんなことをしなければならないのか、いつも不思議に思ったものです。そんなことは全く必要なかったのです。……今でも私は『歎異抄』を毎日読んでおります。そして私の人生の終わるまでにこの小冊子を完全に読み終えることはできないものと信じています。なぜなら私はその中にいつも新しいものを発見するからです。(25)

この手紙から読み取れるように、ピーパー師は『歎異抄』を通して、日々、新たに親鸞に出会うという宗教体験を深めていかれたようだ。ピーパー師にとって『歎異抄』の言葉は、「日本からこられた先生方」が語る近代的な学問の言説や、哲学的に説明される「対立相克」の対辞する言葉ではなかった。そしてこの手紙に記されたピーパー師の言葉には、肩書きにこだわり、人を導く師になるというような気持ちはまったく感じられないのである。

ピーパー師が『歎異抄』から感じ取ったのは、柳宗悦が「無対辞文化」というエッセイで、東洋の宗教的言説の特色として取り上げている「対立相克の生活」から離脱した宗教的生活を表現する言葉、反面に相対する言辞のない「無対辞」の言葉であり、(26)それゆえ、ピーパー師にとっては『歎異抄』の言葉は毎日読んでも読み終えることが出来ないものでありつづけたのだろう。

ピーパー師は山田氏への手紙の中で続けて、晩年になって衰えてゆく自分を見つめつつ、自己の信仰の実践について、次のように語っている。

自然のなりゆきとはいえ、私も見るからに年を取ってまいりましたし、また病気のためにだんだん弱くなってきました。……しかし繰り返しますが、私はそれにも関わらず幸せです。そしてこれはひとえに阿弥陀様のすべてをもれなく包み込むお慈悲のたまものであり、わたしはただ感謝する以外にはないのでありますこのご恩報謝のために、もし希望する人があれば、私達に力と幸せを与えてくれるこの教えを他の人たちにお伝えしようと思っております。これが、私の命のつづく限りつとめたいと思っていることです。こうした経験はどんな巧みなお名号の説明よりも人を納得させるものです。そこで私はあなたに確信を持っていえるのですが、学問や知識ではこの光明の世界に私達を導くことはあり得ない、それはただ揺るぎない「信」のみによって可能なのです。(27)

このピーパー師の宗教体験は、柳が「無対辞文化」の中で述べている、「対辞に縛られる生活」から離脱した、「無対辞の心境に活き得た」人の宗教的実践であるといえよう。(28)

またピーパー師と親交が厚く、晩年にはドイツ真宗協会の支援者であった、小児科医のファレンティン・フォン・マルツァン博士は、このような師の宗教家としての資質について、追悼文の中で次のように述べている。

〔宗教家としての〕師の特別な資質とは「如何なる特別な資質をも持とうとしなかったこと」であった。これという特別な資質がなくても、仏道は誰にでも開かれている、と考えていたのである。バスに乗り合わせた隣の人が腹を立てていても、その人に好意的に耳を傾けること、たとえ人がすぐに来なくても、また予定しているとおりにこなくても辛抱強くその人を待つこと、如何なる偉大なる言葉もかたることなく、如何なる崇高な志ももたず、いまなさねばならないことを行い、わが身のもとにやって来るものをただ受け入れること、そして向こうからやって来るものを憧れて期待したり、心配して恐れおののいたりするのではなく、み仏を信じ、すべてを自分のうちに良き出来事として受け入れること、それがピーパー師のすがたであった[29]。

ピーパー師にこのような宗教的生活の実践をなさしめたのは『歎異抄』に込められた東洋思想の影響であることは言うまでもないことである、しかしここでもう一つ注目しておきたいのは、ピーパー師が読んだ『歎異抄』は池山氏の独訳であり、また同氏の親鸞思想の理解は、日本語という言語を通してではなかったという点である。

ピーパー師は健康上の理由もあったが、通常ヨーロッパで親鸞思想に関心を持つ他の仏教徒とは非常に異なり、日本から招聘されてもそれに応えることなく[30]、生涯一度も来日することはなかった。また日本語も深く理解したり、そうしようと努力した様子もみられない。ピーパー師は、当時、数少なかった英文の真宗関係の書物等をドイツ語に翻訳しつつ真宗を学び、欧州各地の信徒や日本の友人たちとはドイツ語や英語での文通等を通じて交流し、自分の言葉で親鸞思想を語り伝えたのであるが、その真宗理解には日本語や日本文化の影響というものはあまりみられないのである。にもかかわらず、ピーパー師が「妙好人」と慕われる念仏者であったのは、柳宗悦の言葉を借りて言うならば、ピーパー師が親鸞の思想に向き合う時に、日本語や日本文化という「対辞の根」が切られていたこと[31]によるものであったといえるのではないだろうか。

おわりに

ピーパー師において「妙好人」と呼ばれるような宗教的人格の形成が可能となったのは、柳の言う「無対辞」の宗教的生活が、特定の言語（辞）の壁を超えて体解出来る普遍性を持つものであることを示しているのではないだろうか。また日本語ではなく独訳の『歎異抄』との出会いによる入信という点から見ると『歎異抄』の言説自体が特定の言語（辞）の壁を超える「無対辞」の言葉からなっているということもできるのではないだろうか。最後にピーパー師が、どうして「妙好人」と言われるべき人であったのかについては、ピーパー師の影響を受けて真宗に入信した、彼のドイツの友人、フリードリッヒ・フェンツル氏（Friedrich Fenzl: 1932-2014）の追悼文に言い尽くされているであろう。

ピーパー師は、ドイツ、否ヨーロッパの仏教史上希有なる人であった。師は、多くの仏教注釈書を書くような学識深い仏教学者でもなく、人を感動させる弁舌家でも、また仏教の大教団を組織しようとする人でもなかった。師の純粋で率直な、荒々しいことを嫌う生き方、深い人間性と、生きとし生けるもの、悩める人に対する慈愛に満ちた精神の態度、そして阿弥陀仏の慈悲への不動の信心のうちに、深い仏教者の姿、つまり当時のドイツにはみられなかった「妙好人（*myōkōnin*）」が体現されていた。そのような妙好人として、師はドイツの仏教の歴史に足跡を残すだけでなく、友人や後を慕う同行の想い出の内に生き続けるであろう。南無阿弥陀仏[32]

註

（1）本稿は二〇一三年度、國學院大学において開催された日本宗教学会第七二回学術大会のパネル「妙好人における無対辞の思想」での発表「ヨーロッパの妙好人と「無対辞」の思想」の原稿（パネル発表の要旨は『宗教研究』八七巻別冊〈二〇一四年〉九五―九六頁に掲載）に加筆訂正を加えたものである。

（2）柳は「無対辞」を「〈対辞〉（Anti-thesis）とは、〈相対する言辞〉の意であるから、〈無対辞〉とは、反面に相対する言辞のないことを意味する」と定義している（柳宗悦「無対辞文化」『柳宗悦全集』一九、七一二頁）。柳の「無対辞」の思想が、その思想的到達点であるという評価については、中見真理氏（同『柳宗悦――時代と思想――』東京大学出版会、二〇〇三年、二七三―二七七頁）、関口千佳氏（同「無対辞の思想――『美の法門』〈柳宗悦著〉を読む――」『文学・芸術・文化：近畿大学文芸学部論集』一七―一〈二〇〇五〉、二一―三六頁）等の論考を参照されたい。

（3）柳宗悦「無対辞文化」七一二―七二九頁。このエッセイにおいて、柳は妙行人赤尾の道宗、因幡の源左、物種吉兵衛、三河のお園等を取り上げている。柳はそこで妙好人が体解していたという「無対辞」の暮らし（「安心の生活」）について『吉兵衛言行録』をひいて次のように述べている。

『吉兵衛言行録』に次のやうな話が載せられてある。嘗て彼がある人から侮蔑された時、少しも腹を立てないので、居合はせた友人が不思議に思つて、その故を尋ねると、彼が云ふには「いやいや、私も凡夫だから腹は立つのだが、根を切つてあるので、実らないのだ」と答へたといふ。どんな根を切つてあるのであらうか。私に云はせると、「対辞の根」が切られてゐるのである。かくして無対辞の心境にゐる故、立つ腹が立たなくなつてくるのである。……つまり「勝負」とか、「憎愛」とか、「黒白」とかいふ、もろもろの対辞が消え去る世界で暮らしてゐるのが、妙好人の「安心の生活」だといへる。（柳宗悦「無対辞文化」七二一頁）

（4）柳は「基督教内にも、妙好人に類する人は定めてあるであらう。私の知つてゐる範囲では、ブラザー・ローレンスの如き人は妙好人と云つてよいであらう」（柳宗悦「妙好人の存在」『柳宗悦全集』一九、四三七頁）と述べている。中見真理氏は、鈴木大拙の『百醜千拙』（大正十四年）の「家醜　二」の第五章にあたる「行者ローレンス」（『鈴木大拙全集』一七、二七七―二八七頁に収載）という文章を通して、柳はローレンスの存在を知ったと考えておられる（中見真理『柳宗悦――時代と思想――』第一一章の注24、三六二―三六三頁）。なお柳のこの文章は、全集の解題（『柳宗悦全集』一九、八九〇頁）にあるように、昭和二十七年に春秋社から『鈴木大拙選集』第六巻として刊行された、大拙の妙好人についての論考集の解説（二二三―二三一頁）として書かれたものである。ただし大拙は本書でローレンスについて直接に言及するところはないようだが、両者の浅からぬ関係がうかがわれて、大変興味深い。

（5）中見真理氏は、柳は「無対辞を東洋の思想の特徴として描き出していたが、それを日本や東洋だけに見られるものと見なしていたわけではない」とし、無対辞が西洋にも開かれているという事実を、ホイットマン、ブラザー・ローレンスや、無名の中世の一聖者の言葉等に見いだすことで、アンチテーゼ（対辞）の超克という現象（無対辞）の普遍性を言おうとしていると考えている（中見真理『柳宗悦――時代と思想――』二七三―二七七頁）。ただし、柳の考えるように、たとえ事実として存在していても、西洋の宗教的伝統の中では、マイスター・エックハルトが異端者とされたごとくに、それが受容されることがなかったという点から、柳は無対辞が東洋思想の特徴であると主張するのであろう。

（6）フリードリッヒ・フェンツェル「ある友の想い出」国際仏教文化協会編『ヨーロッパの妙好人――ハリー・ピーパー師――』永田文昌堂、一九八九年、六四―六九頁。

（7）残念ながらこのベルリンのグループ自体は、組織としては決して大きなものとはならなかったが、ピーパー師は、ドイツ国内だけでなく、イギリス（ジャック・オースチン師）、スイス（ジャン・エラクル師）、ベルギー（アドリアン・ペール師）などの人々とは、主として文通によって念仏者を育てられた。現在、ヨーロッパ各地で熱心な活動を続ける浄土真宗のグループにとって、このピーパー師の下に結成されたベルリンの浄土真宗協会は、その信仰のルーツであったといえよう。以下、本論におけるピーパー師の事績とヨーロッパにおける浄土真宗の展開の歴史については、国際仏教文化協会編『ヨーロッパの妙好人――ハリー・ピーパー師――』永田文昌堂、一九八九年：（本書はハリー・ピーパー師追悼号として発刊された *The Pure Land Journal.* vol. 2, no.1〈一九八〇年〉の和訳である）、国際仏教文化協会編『ヨーロッパに広がるお念仏――ヨーロッパ念仏伝播小史――』増補改訂第二版、永田文昌堂、二〇一〇年、および佐々木恵精「世界に広がる念仏者の姿――海外の念仏者を訪ねて2――」『季刊せいてん』九六（二〇一一年）、四八―五一頁を主として参照した。
（8）稲垣久雄「ハリー・ピーパー師―人とその生涯―」『ヨーロッパの妙好人』六―七頁、ジャック・オースチン「ハリー・ピーパー師―ヨーロッパにおける浄土真宗の先駆者―」『ヨーロッパの妙好人』二一―二五頁、国際仏教文化協会編『ヨーロッパに広がるお念仏』四〇―四一頁等参照。
（9）国際仏教文化協会編『ヨーロッパに広がるお念仏』四二頁、ジャック・オースチン「ハリー・ピーパー師」二一―二二頁参照。
（10）岡山大学理学部教授であった山田宰氏は、ドイツ留学当時は名古屋大学の所属で磁性物理学がご専門であった。山田氏は名古屋一道会で花田正夫師の感化を受けられている（国際仏教文化協会編『ヨーロッパに広がるお念仏』一八頁）。
（11）山田宰「ピーパー師と歎異抄」『ヨーロッパの妙好人』三二―三九頁。
（12）ピーパー師はこの出会いをきっかけに真宗に帰依することを表明し、アーリヤ・マイトレーヤ・マンダラを離れ、ヨーロッパではじめて「純粋な真宗のグループ」を発足させることになった。稲垣久雄「ハリー・ピーパー師」八頁、ジャック・オースチン「ハリー・ピーパー師」二三―二四頁、国際仏教文化協会編『ヨーロッパに広がるお念仏』二〇頁等参照。
（13）国際仏教文化協会編『ヨーロッパに広がるお念仏』四二―四五頁。
（14）傍線筆者、山田宰「ピーパー師と歎異抄」三三頁。
（15）ジャック・オースチン「ハリー・ピーパー師」二五頁。
（16）稲垣久雄「ハリー・ピーパー師」八頁、ジャック・オースチン「ハリー・ピーパー師」二三―二四頁。
（17）池山栄吉師の独訳『歎異抄』の諸版には左記のものがある。
初版：Eikitschi Ikeyama, *Tannischo: das Büchlein vom Bedauern des adweichenden Glaubens*, Kyoto: Bukkyo-Gakkai 1919.
再版（原文対訳付）：Eikitschi Ikeyama, *Tannischo: das Büchlein vom Bedauern des abweichenden Glaubens mit dem Japanischen Texte übersesst erläutert und eingeleitet von Eikitschi Ikeyama*, Kyoto: Hozokan, 1940.

再版：Eikichi Ikeyama, *Tannisho: das Büchlein vom Bedauern des abweichenden Glaubens*, Tokyo, Risosha, 1965.

(18) 山田宰「ピーパー師と歎異抄」三三—三四頁。

(19) 山田宰「ピーパー師と歎異抄」三四—三五頁。

(20) 山田宰「ピーパー師と歎異抄」三五頁。

(21) この年は親鸞聖人七百回大遠忌の年でもあるが、あの悪名高きベルリンの壁が作られた年でもある。

(22) 芦津丈夫「ベルリン礼拝堂の想い出」『ヨーロッパの妙好人』六三頁。

(23) 山田宰「ピーパー師と歎異抄」三三—三四頁。山田氏によると、福島政雄氏の『近代思想と信仰』は、Karl Alber 社から一九五六年に独訳タイトル *Die Freiheit und der Glaube* として出版されたが、近角常観師の『信仰の余瀝』（独訳タイトル *Perlen des Glaubens*）は未刊のままであるようだ。

(24) 山田宰「ピーパー師と歎異抄」三五頁。

(25) 傍線筆者、山田宰「ピーパー師と歎異抄」三五頁。

(26) 柳宗悦「無対辞文化」七一二—七一三頁。

(27) 傍線筆者、山田宰「ピーパー師と歎異抄」四三頁。

(28) 柳宗悦「無対辞文化」七二〇—七二三頁。

(29) ファレンティン・フォン・マルツァン「わが友・わが師——ハリー・ピーパー師——」『ヨーロッパの妙好人』一七—一八頁。

(30) ピーパー師は一九六一年の親鸞聖人七百回大遠忌にあわせて訪日するように招待されていたが、再三再四の説得にもかかわらず辞退していたことが芦津丈夫氏の回想録にも記されている。辞退の理由としてピーパー師は自身のアメリカ軍基地での通訳としての仕事と、自身の健康状態を理由にしているが、芦津氏はピーパー師が招待を辞退した第三の理由としてベルリンに真宗のグループのための礼拝堂を創ることが、当時のピーパー師にとって最優先のことであり「自分が特別な賓客として京都でもてなされるよりも、どれほど小さくてもベルリンに礼拝堂を創設することのほうがはるかに大切であるとかんがえていた」（芦津丈夫「ベルリン礼拝堂の想い出」五五頁）からだとされている。またこのピーパー師の希望は大遠忌と時を同じくしてかなうことになったのである（芦津丈夫「べルリン礼拝堂の想い出」五二―五五頁）。

（31）　柳宗悦「無対辞文化」七二一頁。

（32）　フリードリッヒ・フェンツル「ある友の想い出」『ヨーロッパの妙好人』六八―六九頁。なお「妙好人」ということばは、ドイツ語原文においても、またその英訳でも *myokonin* と記されている。Friedrich Fenzl, "Erinnerungen an Einin Freund" *Pure Land Journal*, vol. 2, no.1 (1980), p. 4（英訳："Memories of A Friend," p. 7）参照。

妙好人浅原才市の「そのまま」について

佐藤　平（顕明）

はじめに

鈴木大拙編著『妙好人浅原才市集』（春秋社）の刊行は、鈴木大拙先生没後約一年の昭和四十二年（一九六七）七月十五日のことであった。この詩集の完成を楽しみにしておられた大拙先生に、ご生存中にご覧いただけなかったことは、編集に携わったものとしてはいかんともし難い痛恨事であった。しかしながら、その時点では松ヶ岡文庫から紛失していた浅原才市（一八五〇―一九三二）自筆のノート二十一冊と大拙書写本一冊が、関係者の尽力により無事同文庫に回帰して、現存する才市自筆ノートのすべてを含む『浅原才市全集』（仮題）の出版計画が緒に就いたことを、ご遷化後半世紀に垂《なんな》んとする遅い時期とはいえ、お浄土の大拙先生にご報告できるのはこのうえない喜びである。

『妙好人浅原才市集』に収録されたのは、松ヶ岡文庫所蔵の才市自筆ノート二十七冊に加えて、筆者が石見地方に旅行して収録した才市の自筆ノート四冊、それに木切れや紙片に書かれた歌二十四首であった。膝下での修行をお願いに上がった時のことだが、大拙先生は、やたらに南无阿弥陀仏ばかりが書き連ねられている才市のノート（『妙好人浅原才市集』「ノート二十五」）を前述二十七冊の中から取り出してきて、「京都大学で宗教哲学を勉強したのなら、もう理屈はいいだろう。南无阿弥陀仏になってしまうだけだよ」と根源的真実への方向を示された。

筆者が松ヶ岡文庫に行った昭和三十九年（一九六四）の春、大拙先生はすでに九十三歳に達しておられたが、先生にはすでに『妙好人浅原才市集』出版の計画があって、小田寛子女史による才市自筆ノートの書写ができていた。

大拙先生のところに参上して数カ月後には、松ヶ岡文庫の仏間において、才市自筆ノートと書写本を比較検討する日々が始まった。はじめは、近隣の僧侶たちの説教する法文や口吻の繰り返しに過ぎないのではないかと疑ったが、毎日毎日読んでいるうちに、才市の詩の一字一句が自然な内面の発露であることが解ってきた。日々の信仰体験から湧き出てくる純粋無垢な言々句々である。だから、生涯に一万首以上の詩を作ったが、その時その時の独自な情念の流れがあって、同一のものはないといっていい。基本的に、一つ一つが独立した詩である。才市六十四歳時の大正二年（一九一三）から八十三歳で往生の昭和七年（一九三二）まで、およそ二十年もの間の純粋な宗教体験の記録というものは、世界の宗教史のなかでも前例を聞かない。

平仮名とわずかな漢字（漢数字を含む）を表音式に使って書いたこの宗教的自由詩を、才市や近隣の同行は「口あい」と称していた。「心に合った物言い」というくらいの意味であろうか。自分自身の体験に即して、そこから自然に出てくる表現である。才市の念仏詩の貴重さは、それが第三者の記録ではなく、信者本人による信仰体験の記述であるという点にある。そういう点では、江戸時代に刊行された『妙好人伝』や『続妙好人伝』のような複数の妙好人の伝記とも違うし、あるいは『庄松ありのまゝの記』や『妙好人因幡の源左』のような第三者による個々の妙好人の言行録とも違う。浅原才市という妙好人自身の手になる内なる宗教経験の膨大な記録である。

筆者は松ヶ岡文庫の一室で、才市三昧というか、その「口あい」の熟読を通して、才市の歌の内から流れ出てくる喜びと感謝の表現に感動、ぜひともそれを世に出すお手伝いをしたいと願うようになった。その思いを申し出ると、大拙先生は非常に喜んで受け容れて下さった。大拙先生は人に命令するタイプの人ではなかった。当人の発願を待ちながら見守って下さり、発願があればおおいに随喜勧励して下さった。

傍らにあっての管見によれば、大拙先生の浄土教への関心、とくに浅原才市の念仏詩への興味には大方の予想を超えるものがあった。筆者が師事させていただいた最晩年の日常生活では、ほとんど毎日といってよいほど才市のノートを取り出して、その念仏詩を愛読しておられた。来訪者に対しても、浄土教に関心があると見える人々であれば、才市の詩を持ち出してきて、それを示してともに楽しんでおられた。没年（昭和四十一年〈一九六六〉）の極月に出版された最晩年の随筆集『大拙つれづれ草』（読売新聞社、一九六六年）に才市の詩が頻出している事実からも、どれほど先生が浅原才市の詩を愛しておられたかは想像に難くないであろう。

底知れぬ浄信の泉から滾々《こんこん》と湧き出る喜びの表現に、大拙先生の共感は尽きるところを知らなかった。浅原才市という詩人の語彙は非常に限られたものでありながら、浄土真宗安心の「機の慚愧」と「法の歓喜」を綯交《ないま》ぜに、時の移行に応じて変幻自在に自由詩として表出される内奥の信仰体験、それは同質の宗教体験をもつ大拙先生にとって尽きせぬ共感の喜びを呼び起こす霊性的源泉であったに違いない。才市の詩を愛読し解説される先生は、本当に喜びに溢れていた。

そのように、才市の念仏詩に没頭された大拙先生のおこころには、傍らにお仕えする愚生を同質の世界に誘うためということもあったかもしれないと、おおよそ半世紀が過ぎた今になってはじめて気付く愚かなこの身、「凡聖逆謗斉廻入」の大慈悲心の摂取にただただ感謝のほかはない。

一

前述のごとく才市の使う語彙数は限られており、用いる言葉は常識の世界からは稚拙とも見えるだろう。しかしながら、いったん才市の心に消化され内面化の過程を経て表出される時、才市のすべての言葉は相互に生きた関連を持ち、一切が純粋な信仰経験の活き活きとした表出である。

本論で取り上げる才市の「そのまま」という表現も例外ではない。宗教体験の端的を表詮する類似の言葉としては、「このまま」とか「ありのまま」とかいう言い方もあるのではあるが、才市は「そのまま」を好み、他力信心の経験を言い当てるには、「そのまま」でなければならないという。

才市は学校教育を受けておらず、文字もわずかにしか知らなかった。しかし、教養がなかったわけではない。なぜなら、若い時分から仏法聴聞を重ねてきたからである。信心獲得に至るまでの仏法聴聞の過程は、聴聞者のこころを厳しく鍛錬する。そういう意味では、むしろ深い教養があったと言わねばならないだろう。

才市は仏法聴聞のためには恵まれた環境にあった。その当時の石見地方には、真宗僧侶が「手持ち弁当草鞋がけ」を原則として、持ち回りで説教をして歩く「宣教会」という組織があって、そこには服部範嶺、小笠原大成、菅原誓成といった教学の大家が居並んでいた。献身的な、すぐれた僧侶集団に囲まれて、才市は聴聞に事欠かなかった。

長年の聴聞の末、他力の信心に徹底して、才市が「口あい」という宗教詩を書き始めた頃のこと、才市が善知識と仰いでいた梅田謙敬師も、その「宣教会」のメンバーの一人であった。『龍樹の教義』の著者、梅田謙敬師は西本願寺の勧学であり、島地黙雷師や南条文雄師とは知己の仲、大拙先生の師であった釈宗演師とも交友があった。謙敬師は、島根県大田市温泉津町小浜の真宗寺院の住職で、大正二年（一九一三）に中国撫順本願寺の開教使を辞して郷里の小浜に帰り、才市の家の近くの自坊安楽寺にあってもっぱら門信徒の教化に当たっていた。才市の内面の歩みは、謙敬師の説く法に照らされつつ、深まっていったといえるだろう。

◎さいちざんぎ（慚愧）くわんぎ（歓喜）わ（は）
どを（どう）してしれた（知れた）そりやの
く二二（国に）ひとりかこをり仁（郡に）ひとりの
ぜんじしきさま（善知識様）のごけどを（御化導）の
おかげさま（御蔭様）でわかうた（解った）のよ
をまいら（御前ら）でもをてらい（御寺へ）まいて（参って）
ぜんじしきさま（善知識様）のごけど（御化導）を
ねん（念）をゑれて（入れて）きけば（聞けば）なむあみ
だぶ（南無阿弥陀仏）がわかるなむあみだぶがわかりや
ざんぎ（慚愧）もくわんぎ（歓喜）もみなわかる

（『妙好人浅原才市集』三四六頁、四六）

◎ちしき（知識）くち（口）からわたしのみみ二（私の耳に）
ついで（注いで）くださるあなたのじひ（慈悲）を

こころ二（心に）あまり（余り）み二（身に）あまり
でば（出場）がないこころのそこ（心の底）で
ぎりぎりまいこ（ぎりぎり舞いこ）くち二（口に）でた（出た）のが
なむあみだぶつ（南無阿弥陀仏）むね（胸）がすいた（空いた）よ
らくらく（楽々）と

（同書一一六—一一七頁、一〇）

善知識の教化を真正面から受け止めて念仏に成り切った実際が、ありのままに謳い上げられており、無限な如来の大悲が有限な個体才市を通して念仏の声となる道程がいかにも自然である。

梅田謙敬師のご息女であり、安楽寺を継いだ梅田尚子《ひさこ》さんの話によれば、才市は毎朝安楽寺の勤行にお参りし、ときには本堂で紙切れに書いたものを謙敬師に見せていたとのことである。謙敬師は、たとえ才市一人の時でも、それを縁に法話をしていたということである。藤秀璻師の『宗教詩人才市』（丁字屋書店、一九五七年。新版、法藏館、一九八二年。再刊、一九九七年）に引用されている一文、「毎朝の寺参りを欠きし事なく、事故ありて、朝の勤行時に参り得ざれば、朝食後に参詣、長々と五尊前に礼拝、仏と談話するが如く法悦に耽り、障子外に出て帰るを見れば、御慈悲の酒に酔ひツブレて帰るものの如きは、予が毎度実見せる処なりき」は、謙敬師の藤秀璻師宛の書簡の一節である。聴聞者の中に才市のような真実信心の人が出た感慨を、謙敬師は、「入り難き法の深山をふみわけてきゝえし君の誠をぞ思ふ」と一首の和歌に残している。一方、才市の方は、遇善知識の場である小浜に落在する喜びというか、善知識との出会いによって、宿業の地である小浜を仏法領に崇《あが》めてきた体験を、

◎　たから（宝）たから（宝）こばま（小浜）わたから
ちしき（善知識）ありやこそこばま（小浜）わたから（宝）
いまがちしき（善知識）のあいどき（会い時）よ
（『妙好人浅原才市集』一四頁、九四）

と歌い、また、

◎　このむら（村）仁（に）このままながらと
うたがい（疑い）はれた（晴れた）なんのぼんぶ（凡夫）仁
このままないよをや（親）のおじひ（御慈悲）を
そのままうけて（受けて）うけた（受けた）おじひ（御慈悲）のあ
とみればをや（親）のおじひ仁（御慈悲に）せんて（先手）を
とられわたしやごをん（御恩）をよろこぶ（喜ぶ）ばかり
（同書二一一頁、一一五）

とも喜ぶ。

右に引用した二つの歌のうち、最初のものは大正三年（一九一四）のものであるが、後の方の歌も才市の使用する表音文字の違いから比較的初期のものと推定される。記入年代が判明している「ノート」を、ni という音に対して「仁」という文字を用いているもの、「仁」と「二」が混在しているもの、「二」だけを使用しているものの三種類に分類することが可能であり、これによって年代不明のノートの年代を初期・中期（大正五年〈一九一六〉九月から七年〈一九一八〉の初めにかけて）・後期の三種に分けることができる。筆者が考案したこの分類法によれば、この歌は初期のものであることがわかる。

「この村仁このままながらと疑い晴れた」というこの歌は、救済体験の端的を「このまま」と表現した時代から、「そのまま」を積極的に用いた時代への移行期に作られたものと推定される。「この村仁このままながらと疑い晴れた」という冒頭の一句も才市の安心の実感だったには違いない。ありのままのすがたで大悲に摂取された実感を「このまま」というのである。初期のものと推定されるノートに、「このまま知らの（ぬ）邪見もの邪見ものとわ才市がことよ」というような歌があるところから見ても、才市の「このまま」という表現には、その頃のその歌のその文脈では、邪見を去った無心な心を指し示すものとして、積極的に用いられた場合もあったのである。しかしながら、「このまま」という言葉が出てくる時、必ずしもそういう純粋な宗教的経験そのものの内から発せられているとは限らない。才市の宗教経験の深さは、「このまま」という言葉の内包する欺瞞性をも見抜いた。前出の歌を書いた時には、少なくともそれに気付き始めていた。それで才市はただちに翻って、「なんの凡夫仁このままないよ」と断言する。

宗教的経験としての転換は、「私の心において起こる決定的変化」であるといえよう。転換はその場での運動である。どこかよそに行くのではない。「私の心において」という絶対受動的静の面を「……のまま」というのであるが、「このまま」という言葉では絶対的能動の面を尽くしえず、「凡夫の心のままで」ということになりかねない。それで才市は絶対受動の心に働く他力能動の面をも意味し得る「そのまま」という言葉を好むのである。経験そのものは一つなのであるから、動静ともに含み得る表現のほうが好ましいことは言うまでもない。それで前出の歌の「親の御慈悲をそのまま受けて」という潑剌とした表現になるのである。善導大師の『観経疏』の「二河譬」に見られるように、阿弥陀仏の大悲の究極は「そのまま来い」との呼びかけである。真宗の信心は、それに対してそのまま「はい」と応える帰命の一念に尽きるのである。

「このまま」と「そのまま」について才市はずいぶん深く考えたものらしい。これも初期のノートに発見されるものであるが、前記の歌からはかなり前進した境地の歌に次のものがある。

◎　わがこころこのままと
まかすこころ仁（に）だまされて
なむあみだぶのこころしらず仁（心知らずに）
まかせよのなむあみだぶ仁（に）
こころまかせよ

（『妙好人浅原才市集』三三二頁、五五）

さらに内省の進んだものに次の歌がある。これは後期に属する。

◎　ちがう（違う）ことわ（は）ゆうじやないこのままとわ（は）
ちがいますことば（言葉）わ（は）よいがむね二（胸に）じりき（自力）の
ね（根）がのこる（残る）はやく（早く）ごゑん二（御縁に）あいなさい

（同書四一八頁、五九）

如来様の「そのまま」という喚び声を、自分の心で「このまま」と翻訳して聞いていては「遠しとも遠し」ということになる。「言葉はよいが胸に自力の根が残って」まったく似て非なるものといわねばならない。
この部分を書きながら思い出すのは、『香樹院語録』（柏原祐義・禿義峯編）の第八十六条「仰せを持ちかえるな」である。

江州醒ヶ井みそすり屋にて、
師曰く、「婆々、そのままの御助けじゃぞや。」
婆々曰く、「有難う御ざります。いよいよ是のままの御助けで御座りますか。」
師曰く、「いやそうではない。そのままのお助けじゃ。仰せを持ちかえるなよ。」

香樹院徳龍師（一七七二―一八五八）と老婦人との問答は面白い。ここで香樹院師の言わんとするところと才市の言は、軌を一にしている。この香樹院師の「そのまま」問答を才市が聞いていたかどうかは解らないが、深い内省を通して「そのまま」の本質に迫る才市の甚深微妙な領解は、他に類例を知らない。

◎　そのままとよんで（喚んで）くださる
をやさまわ（親さまは）くをんじつ上（久遠実成）
あみだぶつ（阿弥陀仏）きほをいたい（機法一体）
なむあみだぶつ（南無阿弥陀仏）

（『妙好人浅原才市集』六〇頁、一〇四）

「そのままの救い」という浄土真宗の教えの肝要を尽くすこの簡潔な歌を、才市はどんな感慨をもって詠んだのだろうか。

◎　このままときいてをる（聞いておる）のわ（は）そりや
　　ちがう（違う）このままこそまいられの（参られぬ）
　　まいるゆわれわ（謂れは）なむ二（南無に）こそあり

（同書一五七頁、五八）

『香樹院語録』にも示されているように、「そのまま」という仏さまの呼びかけを「このまま」の御助けと聞いているのは間違いである。「このまま」の御助けと聞いておるのは、「そのまま」という仏さまの仰せを自分勝手に「持ち替えて」いるのである。才市は声を大にして宣言する、「このままと聞いておるのわそりやちがう　このままこそ参られの（ぬ）」と。そして「まいるゆわれは南無二（に）こそあり」と信心の肝要を付け加えることを忘れない。そのままの救いという法の呼びかけに対して、自己のすべてをお任せする一念帰命の信心、それが南無である。

◎　そのままとそのままのこころ
　　とうて（取って）どけて（除けて）ほか仁（他に）こころなし
　　そのままをまい（参）らするぞのをじひ（御慈悲）
　　うける（受ける）ほをわ（方は）うけるほをわ

じゃけんもの（邪見者）といただく（戴く）のよ
ほを（法）がし（知）らるるき（機）がし（知）らるるよ
これがしられりやのがりやせん
きほをいたい（機法一体）これのこと
きほをいたい（機法一体）わからの（解らぬ）ひとわ（人は）すゑわ（末は）わかれて（別れて）じごくいき（地獄行き）
なが（長）のくげん（苦患）をくるしむ（苦しむ）か
いま（今）がだいじ（大事）だがの
いまならすきに（好きなように）なるがの
なして（どうして）だいじ仁（大事に）きかん（聞かん）かいの
ざんねん（残念）なことだがの

（同書二四〇―二四一頁、一九六）

この歌の一行目は言葉足らずで意味が取りにくいが、法の側からのそのままという呼びかけと機の側のそれをそのまま受け取るこころという意味であろうか。二行目の「とうてどけてほか仁こころなし」も「とうて」という最初の一句が才市独特の音便表記法であることを知らないとわかりにくいだろう。「取って除けて他にこころなし」、つまり、それがすべてだというのである。次に、法への目覚めは、「そのままいらするぞの御慈悲」と言い換えられており、機の自覚については「うける方わ邪見者といただくのよ」とその肝要を説明する。法との出会いがなければ、機との出会いは出てこないし、機との出会いがなければ法との出会いもあり得ない。機法二種深信について、才市は「法が知らるる機がしらるるよ」という。機法一体南無阿弥陀仏においては、法の自覚と機の自覚がひとつである。後半は、誰か他の人に対する悲嘆にも聞こえるが、自分自身に対しての苦言と見ても面白い。

ここまでの考究によって、浅原才市という妙好人が、動静一如に現状する宗教経験の端的を表詮する言葉として、「このまま」よりも「そのまま」を好むようになったということは大方了解できたことと思う。それはいうまでもなく、才市の内面的体験が深まり純化する過程で自覚されてきたことであるが、学校教育を受けることもなく、ましてや学問的訓練を経験することもなかった才市が、この霊性的自覚の最奥のものを文字の上に表現し得ていたということは、じつに驚異の事実である。

二

「このまま」から「そのまま」へのこの移行が、才市の霊性的自覚の深まりの結果として生じたものであることを確認するために、今少し考察を進めることにしたい。

次に引用する「口あい」は、これまでの論述ですでにその一部を紹介した歌であるが、才市が「このまま」という言葉を肯定的に用いていた時があったことを示す好例である。これは、eiという音の表記法からして、才市のノートの中でも初期のものと推定されるノートの中の歌である。

◎　このままとくちでわ（口では）いゑど（言えど）
　このましらの（知らぬ）このましらの（知らぬ）

このままなしほ（法）をあらめ仁（粗めに）きく（聞く）
しとわ（人は）このままじらの（知らぬ）このまま
しらの（知らぬ）じやけんもの（邪見者）
じやけんもの（邪見者）とわ（は）さいち（才市）がことよ

（同書二八九頁、六一）

一目瞭然、この歌では「このまま」という言葉が、むしろ肯定的な意味で使われている。この事実から推定できるのは、これまでに紹介した他の歌に現れているような「このまま」と「そのまま」の甚深微妙な区別が、歌を記入し始めた当初から才市に自覚されていたのではないということである。

この「口あい」を読んでいると、これを書いたときの才市が感じていた心理中のもどかしさというか、苛立たしさというか、何かそういう気持ちが伝わってくる。「このまま」だと思っているのだけれども、「このまま」には成り切れないで、自分のおり場が定まらない、それも邪見者の才市が仏法を粗雑に聞いておるからだという率直な内省の歌である。

この歌において「このまま」という世界が何か高い境地として語られていることは、歴然たる事実である。ここで才市が「このまま」という言葉で言い当てようとしているのは、ありのままの自分がそのまま仏さまの懐に抱きとられてしまった、その純一なる宗教経験の事実である。

こういう塩梅に「このまま」という言葉が使われるには、それなりの理由がある。絶対者の大悲のはたらきを感得しつつある者の純心から、「このまま」という言葉が発せられるとき、それは確かに生きた言葉であるからである。絶対者のはたらきによって、あるがままの自分があるがままの相で救い取られている、そこを指して「このまま」というのである。この言葉は、宗教経験の事実のある一面をよく表現し得ている。

その宗教経験の事実の一面というのは、受動即能動という逆説的真理からいうならば、受動的側面であり、動静一如という逆説から言えば、静の面である。「このまま」という言葉は、「私が私であるままに」という絶対受動的静の事実という一面、いわば「転換の場」を表現することはできるのであるが、「私が私である」ところに、現に働きかけている絶対他力の能動、「転換力」を充全に表現できないうらみがある。「このまま」という言葉では、能動的側面が背後に隠れてしまうのである。「このまま」という言葉が自己を対象化して発せられる場合には、そこに生ずる自己存在の二分化の中で、他力の一人ばたらきというか、「そのまま」の救いという他力教の根幹が見えなくなってしまうのである。

別な言い方をするとすれば、「このまま」という言葉は、純一なる宗教経験の中にふたたび分別が出てくるとき、つまり自己を対象化した自意識の中で語られるとき、原体験のなかにはあった一如性を失い、たちまちにして虚ろな死語と化してしまう。なぜなら、この「このまま」という言葉は、もともと自己の発する言葉であり、自己が絶対者との一体感を喪失すれば、この言葉もまた宗教的生命を無くす。前掲の歌の中で、才市が「このまま」という言葉で取り戻そうとした世界は、この言葉をたとえ百万遍繰り返したとしても、帰っては来ないのである。むしろ、そういう努力を止める時にこそ、他力の一人ばたらき、「そのまま」の世界が現成する。

流れ行く無常なる人生のいかなる瞬間を取ってみても、業縁存在としての私がそのような私としてあるということは、たとえそれが自覚されていない場合でも、動かし難い厳然たる事実である。だから私が自意識の中で「このまま」と言い聞かせたり思ったりすることはいわば徒労であって、人生の流れには何らの変化も期待できないであろう。「このまま」というとき、それは私が私であるという事実を言い当てようとしているのであるが、自己意識の二分化の中では、この言葉を発する私が、すでにその事実の外にはみ出してしまっている。「このまま」をいくら繰り返してみても、私は業縁存在としての自己に落在することができず、全人的自覚も根源的変革も生じ得ないのである。

ありのままの私に成り切ることは、自力では到底不可能である。すでに引用した歌の中でも、才市は「ちがうことわゆうじやない　このままとわちがいます　ことばわよいが胸二じりきの根がのこる」（同書四一八頁）とこの点を指摘していた。

「このまま」という言葉に替わって、才市が「そのまま」という言葉を好んで用いるようになったのは、ni の音に「仁」を使っていた前半期のノート群の中でも比較的早い時期であったと思われる。「このまま」に積極的な意味を認めているのは、鈴木大拙編著『妙好人浅原才市集』の中では、前出の「このままと口でわいゐど」（同書二八九頁）で始まる歌だけである。最初の宗教的経験が、その後の念々新たなる更生の体験によって深められ純化されていく過程において、「このまま」より能動的な感じを持つ「そのまま」という語の方が、その潑剌たる体験を表現するのによりふさわしいということを知るに至ったのであろう。「そのまま」という呼びかけは、才市が実地に聞いた阿弥陀仏の声なのである。

◎　正がくだいをん（正覚大音）のこゑ（声）をあげ
　　こころ二（に）とずく（届く）なむあみだぶつ

（同書四三七頁、一九）

というじつに力動的な歌がある。「そのまま」という言葉こそないが、法蔵菩薩が正覚を取られた大音が、こころに届いたというのは、「そのままうけもつ」という仏様の声を聞いたということにほかならない。その仏様の声は、すなわち今私の称える南无阿弥陀仏である。

三

マルティン・ブーバー（Martin Buber 1878–1965）という哲学者が『我と汝』（*Ich und Du*）という好著を世に出して以来、我―汝関係ということが、宗教哲学者の間でやかましく言われている。そのブーバーの哲学は、対象物として見る我―それ関係を超えて、相手に親称で汝と呼びかける我―汝関係の生きた出会いが大切であると説くのであるが、他力の信仰体験においては、その、我―汝関係が一度完全に逆転してしまう。私が阿弥陀仏に対して汝と呼びかける前に、どうしようもない私に阿弥陀仏が汝と呼びかけて下さっている、その無縁の大悲へ目覚めることこそが焦眉の急、無上の大事であると説く。善導大師の「二河譬」に「我能く汝を護らん」という句がある。汝と呼びかけられているのは、私の方なのである。そしてその「そのままおまえをうけもつ」という阿弥陀仏の声を聞くことにおいて、はじめて一念帰命の信心を起こし、有縁の人々との生きた出会いを果たし、ありのままの自己に落在することを得るのである。

「そのまま」という一語の中には、私の全存在を照らし出し、かつ救い取る絶対のはたらきがこめられている。このはたらきを感得することにおいて、自力の執心は打ち砕かれ、私はありのままの私に生まれ変わるのである。子が親をたのむがごとく、「そのまま」という声を、そのまま聞信するこころを恵まれるのである。

◎　このままでさとり二（悟りに）いるじやない
　　このままでここがさとり二（悟りに）なる（成る）ままよ
　　　なむあみだぶつ
（同書二〇三頁、二七八）

これは才市が七十四歳の時の歌。「そのまま」という言葉は使わずに、「このまま」という言葉だけで「そのまま」の世界を表現しているところがえも言われず面白い。絶対他力の妙用に乗托し切った大安心の境地の見事な表詮、この歌は才市の「そのまま」がたんなる言語的分別を超えたものであることを示す好例であると言えるだろう。

救済の実感を「このまま」というとき、無意識ながらも、そこには自力の根が残っている。前述のごとく、これに才市は気付いていた。「このまま」という言葉を肯定的に用いる世界には、その純粋な絶対的経験を無意識のうちに対象化してしまうところがある。このような宗教的純粋経験の対象化は、いかなる宗教にも必然的に出てくる病気であり、「このままと口でわいゐど」で始まる前出の歌（同書二八九頁）に見られるごとく、才市のごとき純粋無垢な妙好人でも、一度は通らねばならぬ難関であった。

この宗教的領域特有の難治の病は、無縁の大悲のはたらきによって給わる純一な救済経験を対象化して、「このまま」と受動面だけを強調してそこに安住し、そういう体験の根源である他力能動面は忘れて、それを自己の体験としてのみ見るこころから生じている。この病根を才市は「自力の根」と呼ぶ。絶対的な他力のはたらきを自分化してしまうこの無意識の病根が打ち砕かれるところにこそ、無縁の大悲のはたらく「そのまま」の世界が開けてくるのである。しかしこの病根を超えることは自分の力ではできない。自己の深い病根を治療する光は、ふたたび絶対的な他力のはたらきそのものである。

意識的世界の根底に潜在する、無意識なる自力執心のその奥に、かかる自力の根までも照らし包む無縁の大悲のはたらきが感得されるとき、はじめて「このまま」と思う世界にとどまろうとする自力の業病が癒されるのである。念々新たに、自覚的にこの絶対的大悲のはたらきを経験する才市は、その妙用《みょうゆう》を「そのまま」という言葉によって表現した。というよりも、「そのまま」という言葉は、絶対的はたらきそのものとして聞き取られている。才市のいう「そのまま」の世界は、自力執心を去らぬ宗教経験の残滓が、無倦の大悲に照らされ純化されたところに、自然に湧出したものといえよう。

むすび

日本の石見は温泉津、小浜なる小村に、晩年は下駄職人として暮らした浅原才市という妙好人が、「そのまま」の救いという浄土真宗の奥義を体得し、それを数々の念仏詩に見事に表現し得ていたということは、まことにもって驚嘆すべき事実だといわねばならない。今回は、充分な時間が取れなかった関係で、参考資料は『妙好人浅原才市集』に限らざるを得なかったが、もし、『浅原才市全集』が上梓された暁には、「そのまま」という言葉に限らず、才市に特有なさまざまな言葉遣いについて、さらに包括的な考察と解明が容易になることであろう。

大拙先生と妙好人

楠　恭

生存中の浅原才市に近かった人々の話によると、才市は外見にはごく普通の人で、我々の身辺にいくらでも見かける、特別に人目をひくところなど全くない、まことに平々凡々たるお爺さんであったということである。（島根県）温泉津《ゆのつ》（現大田市）の町で下駄屋を開いてからは、足しげくお寺詣りをしたので、お寺詣りの好きな下駄屋の爺さんぐらいに人々に思われていた。才市は人との付き合いを好む方ではなかったようである。むしろ独りでいるのを好んだ。いわゆる親しい法友というものもなかったのではないか。従って才市という人間の内面に理解を持った人は身辺にはいなかったと思われる。浅原才市の内面生活の価値に目をつけ、それをいくらか理解出来た人は身近なところでは彼のよく行った安楽寺の住職の梅田謙敬師と若かりし頃の寺本慧達氏ぐらいのものではなかったかと思われる。とにかく彼の心の中に何が起こっていたか、その価値は何かということを理解出来た人、少なくとも感得出来た人は身辺にはほとんどいなかったのではないかと思われる。

昭和二十年（一九四五）前後から藤秀璻先生や鈴木大拙先生等の優れた宗教学者が、彼の真価、彼の内面を見る目の鋭さ、彼の信意識の多彩さと徹底ぶりなどに注目され、彼の歌が優れた解釈とともに紹介されるようになって初めて、彼の故郷でも、また一般にも有名になったが、彼の生存中はもちろんのこと、その死後もごく最近までは彼の真価は人の注目を浴びることはなかった。人間の内面生活というものは、その人の外観や、その人の日常生活の外面を見ただけではなかなかわからないものである。

鈴木大拙先生が七十歳前後から死去されるまでの約二十五年間、真宗の話をするとよく浅原才市のことを話された。先生は浅原才市の信の世界についての優れた解釈を『日本的霊性』や『妙好人』などの著作に示しておられる。先生の別の著作『浄土系思想論』に示された先生の浄土系思想の理解は在来の真宗教学とは視点を異にする立場からの、まことにユニークな優れたものであり、浄土系思想の理解に新風を吹き込むものだと思うのであるが、その先生の浄土系思想の理解をさらに一段と具体的なものとするきっかけを提供したのが浅原才市の宗教体験だと思うのである。

大拙先生に親しく接していたく印象に残ったことは、先生の宗教理解は抽象性を排して、いつも具体的なもの、思索と反省を繰り返し通った個人の宗教体験に立脚せんとしておられたことであった。すなわち知的な宗教理解を排して宗教体験という具体的事実から宗教を理解しようとしておられた一貫して変わらぬ態度であった。そのために先生は法然、親鸞、一遍などの祖師方の著作に親しみながら、もう一方では本物の妙好人の宗教体験を注視し、彼等の体験内容から浄土系宗教体験のいかなるものなるやを具体的に把握し、摑み出そうとしておられた。讃岐の庄松、田原のお園、因幡の源左、堺の物種吉兵衛および三田源七などに関する書物に注目され、その他博多の七里和上や伊勢の村田静照和上の言行録を初め在家の優れた真宗信者の安心談などをよく読んでおられたのはそのことの表れであった。そうしてそのような先生の前に現れたのが浅原才市であった。先生の才市との最初の出会いは藤秀璻先生の『大乗相応の地』という書物の中に紹介された彼の歌であった。大拙先生はこれらの歌に刺戟されてその著『日本的霊性』の中で日本的霊性発現の具体例として浅原才市の浄土系宗教体験を実に熱を入れて書かれた。その後自分が終戦二、三年後に浅原才市の知人であった寺本慧達先生の御尽力により入手した才市の実物のノートを大拙先生がごらんになって、彼の宗教体験の多彩さと徹底振りにさらに一段と興味を持たれたらしく、ここに一書をものされたのが先生の浄土系宗教体験理解の傑作といってよい『妙好人』であった。大拙先生は才市の真宗体験についてはまだまだ書きたいことがおありであったろうし、そのための資料も十分にお手許にあったのであるが、いろいろな仕事のためそれも出来ずに世を去ってしまわれた。

大拙先生は妙好人が好きだったといわれるが、妙好人と世間からいわれる人は全部好きだったわけではもちろんない。有難屋や道徳家に近い信者は昔から今までたくさんいるが、またそういう人達が例の江戸時代末に本願寺末寺の僧侶の仰誓・僧純・象王の三人によって編纂された『妙好人伝』の中に入っているが、そういう人達を先生は妙好人とは認めておられなかった。先生が真個の妙好人と認めておられたのは、外面に現れる善行美徳や時の権威者の眼鏡にかなった念仏者といわれる者ではなしに、内に確たる宗教体験を持っている人、信の中核とでもいうものを摑んでいる人、そういうものがその人の言行の中に十分にうかがい知ることの出来る人、つまり安心決定して内に不動の信心をいだいている人、そういう信者を妙好人として認めておられた。これを本物の妙好人といえば、先生は本物の妙好人——先に挙げた讃岐の庄松、田原のお園、因幡の源左、堺の物種吉兵衛、それから浅原才市などを高く評価しておられたことは事実である。本物の妙好人といえば例の『妙好人伝』の中にも本物と考えられる人はいることはいるが、なにせその人の信体験の内容を表す記述が少ないので、あのような一人一人の信者についての言行の記述の少ないものでは、真宗体験の内容を知る資料としては不適当であろう。一人の人間の精神の最も深い所で起こる転換が一頁や二頁の紙の中へ納められるはずがないのである。どうしても一人一人の信者について出来るだけ詳しい、多岐にわたる記録が必要なのである。一人一人の信者の宗教体験を詳しく窺い知るに足るだけの十分な記述がないと本物の妙好人か否かを適正に評価することは不可能であろうと思う。その意味では先の『妙好人伝』は編纂の意図が別にあったがために随分と夾雑物が多いが、右に記した要件からも程遠いものである。大拙先生が自分に右の意味での出来るだけ正確な詳しい妙好人体験集の編纂を勧められたのもこのようなお考えからであった。

それはとにかく、大拙先生は評価に値するだけの世間的夾雑物の少ない、純粋な体験内容を豊富に持った妙好人、いわゆる本物の妙好人には確かに注目しておられた。先生がそういう人達に注目された理由の基本的なものとして次のことがあげられる。

（一）妙好人は我々に比べてはるかに無学である。我々のように何事につけても知的解釈癖を身につけていない。彼等は我々に比べて、はるかに「物知らず」である、いわゆる「一文不知」である。

（二）そのために謙虚に素直に問題の核心へ迫って行く。またそのために知的な或いは知性の勝った問題への接近の仕方ではなしに、そういう片寄った問題への接近の仕方ではなしに、全人格的な、体当たり的な、全能力を挙げての問題への接近の態度が見られる。ひたすら単刀直入に自己の底を見極めんとする。そうしてこのような態度こそ信体験獲得のために最も必要なことである。

（三）また知的理解癖が稀薄なため、その人間理解が純一で夾雑物が少ない。そのため彼等の言動には嘘、偽り、誇大さ、ごまかしがない、少なくともそういうものは少ないと見てよい。従って彼等の言うこと、なすことは額面通りに受け取ってよい。

それに反して学問をした者、「物知り」は、外のことはとにかく、こと宗教体験については既に前以ていろいろな知識を得ているので、そのいうことのどこまでが自分から本当に出て来たもので、どこまでが借り物なのか区別がつかない。よい表現方法はいくらでも知っているので、知的に窺い知ったものをうまい表現でいうと、それが本当らしく自分にも他人にも聞こえる。それで自分を騙し他人をも騙す。そういう傾向が「物知り」には確かにある。これはいくらか学問をした者が謙虚に自分を反省してみれば思い当たることである。いわば自分に対しても他人に対してもごまかしがあるということである。それゆえ「物知り」の言葉は額面通りに受け取れぬ。「物知り」の言葉は信の世界、宗教体験に関する限り「物知らず」のそれよりも信用出来ないところがある。

(四)それからもう一つ、本物の妙好人達は浄土真宗の教えについて聴聞したことを、いつも自分というものに照らし返して考えている傾向が強い。学問のあるものはどうしても知らず知らずのうちに、得た知識にたよって考える傾向が出る。「物知り」はその知識に倚《よ》りかかる癖がどうしても、よほどの自省がない限り抜けない。いわば問題を真裸の素肌で受け止め感じ得るというよりも、身にまとっている薄手か厚手かの知識という着物を通して考える傾向が強い。それに反して「物知らず」の本物の妙好人達には初めから倚りかかるべき知識も、身につけている学問という着物もないので、持ち前の素肌で問題を受け止めざるを得ない。そうしてそのことがかえって彼等の信獲得へ迫る態度を夾雑物のない純一なものにし、また信体験の把握を直接的なもの、まじりけのないもの、正直で純一無雑なものにしている。倚りかかるべきものがないということは、いつも自分というものが中心になるということである。裸の自分が中心になるということである。つまり宗教的信へ向かって行くにも、それを受け止めるにも、そうする主体はいつも何等の着物も身につけない素肌のままの自分だということである。そういう意味の主体が宗教的真理とじかに向かい合っているということが、信獲得の過程でも、また信獲得後でも最も重要なことであるが、そういう要件が彼等本物の妙好人には最初から用意されているということである。

　思うに、浄土系思想の中核をなす弥陀の慈悲の廻向を受けるという宗教経験の本質をなすものは、素っ裸の素肌で受け止めるべきものであろうし、また他力、弥陀の慈悲はそのような素っ裸の我々を直射するものだと思うが、その点でも真個の妙好人達は、幸いにもその条件を「物知り」よりも余計に、あるいは十分に備えているといえるのではなかろうか。彼等は信獲得への出発からその到着まで常に素っ裸の自主性を失わず、いつも素っ裸の主体性の上に立って、自分の上に、自分の心の動きの中に、聴聞したことのすべてを検証して行く。そういう主体性を純粋に保っている傾向が彼等には強く認められるように思う。

　さらに（五）、本物の妙好人の中には人間と人生に対して深く考えをめぐらす、しかも長年月にわたって執拗に考えて行くという傾向が顕著である。教育も受けておらず、知識も浅いにかかわらず、人間と人生についてまわる不安というものを実に深く感じ取って行く。そうしてそれの解決に長年月にわたって力をつくす。学問知識のあるなしにかかわらず、すべて本物の宗教者を見ると、彼等の中には人間と人生についての深い不安と懐疑があり、そうしてそれに対する深く激しい哲学的思索（真実を自分で考え見つけようとする心構え）、自己に対する徹底した反省が等しく認められるのであるが、そういう素質が彼等本物の妙好人の中には、祖師方といわれるような学問ある一流の宗教者のそれと劣らぬくらいに認められる。彼等の宗教的渇望の激しさ、深さ、執拗な思索と反省は一流の宗教者のそれと何等変わらぬように思うのである。とにかく彼等の言動を見ると、その哲学的思索力と自己反省力、それから本質的なもの、根源的なものへ跳躍する直観力は実にすぐれているといわざるを得ないように思う。そうしてこのような資質が先に述べた純一な一文不知の素肌の主体性と結び付くと、そこに実に底の深い、一流の祖師方のそれと比肩し得るぐらいの、純粋にして確固たる信の世界が現出して来るのである。

大体以上のことが本物の妙好人の言動を信用しておられた大拙先生の心理の基にあったと思われる。これは学者である先生御自身への反省でもあったように思う。

先生の著作『妙好人』の中の先生自身の言葉を引用する。まず才市の歌を出して次のようにいっておられる。

ありがたいな、ごをん《（御恩）》、をもゑば《（思えば）》、みなごをん。

「これ、さいち、なにがごをんか。」

「へゑ。ごをんがありますよ。

このさいちも、ごをんで、できました。

きものも、ごをんで、できました。

たべものも、ごをんで、できました。

あしにはく、はきものも、ごをんで、できました。

そのほか、せかいにあるもの、みなごをんで、できました。

ちやわん、はしまでも、ごをんで、できました。

ひきば《（仕事場）》までも、ごをんで、できました。

ことごとくみな、なむあみだぶつで、ござります。

ごをん、うれしや、なむあみだぶつ。」

「あさましや、あさましや」が、これほどまでに「ごおん」につつまれてしまうということは、人間の一生において容易ならぬ転換を意味するものである。

これが自分らのように、いくらかの学問もしたり思索をしたものなら、前掲のごときは、何としてでも、作り出されないこともない。自分らは、理性とか、知性とかいうもので、外から自分を見ることを学んだ、それで、自分を欺き、他を欺くの術を知っている。心の内に何もないことを、まことしやかに、さも実際に感じたかのように、饒舌りもし、また書きもする。それが才市の場合になると、何事も体験そのものの中から涌いて出るのである。

こんな子が、でんなちうのに《（出るなというのに）》、またでた、
出どこがないので、口から出た、
なむあみだぶつと、くちからでた。

何か自分よりも大きなもの、強いもの、慈悲深いものに抱きとられて、自分の意志や知性で、何とも押えつけられぬものが、才市の心の底に動いていることに気づかざるを得ない。

また大拙先生は次のようにもいっておられる。

妙好人というのは、大体『学問』のない人々で、信仰に厚いのをいうのであるから、彼らの表白はいずれも自らの心の中に動くものが主となる。『学問』のあるといわれる人々の場合では、その学問の故に、自らを偽ることを知っている。それは何故かというに、その学問のお蔭で、他人の事でもわがことのように言いなすべを覚えているのである。彼らの論議なるものは、それ故に、自ら抽象的になる。自分の体験から割り出すことのかわりに、何か抽象的・一般的原理とかいうものを持ち出すのである。それが誠に結構でもあり、また甚だ然らずでもある。抽象的であるから、あてはまる点は広いが、徹底を欠くのが常である、従ってそれを聞くものの胸の奥に突き通るということはない。知性が主となっているところでは、もとより然るべきである。

妙好人の表白に至っては、それと大いにその趣を異にする。彼らの口に出し筆に写すところは、各自の胸襟そのものから流出するのであるから、その中には自ら人に迫るものが感じられる。錐でえぐるようなものがある、また綿で包まれるようなものがある、また水の澄んだようなものもある。彼らのいうところには、偽りがない、感情的圧力で向って来るのであるから、知性の上であれこれとそれをあげつらう余裕を与えてくれない。火で焼くようなもので、熱いも寒いもない、直ちに手を引かないと焼け爛れてしまう。禅者の言い草で「大火聚の如く近傍すべからず」ということがあるが、如何にもその通りである。才市の言葉には、実にこのようなものがある。直ちに人の肺腑をつくのである。

大拙先生の本物の妙好人評価は以上の如くである。浅原才市に関していうと、先生は浅原才市の歌を読まれてこういっておられた。

いくらか学問をした自分らは、このようなことをいえぬでもないと思うが、それが全く学問のない人の口から、しかも全くの日常語で、まことに何のてらいもなく、すらすらと出て来るのを見ると、その体験が夾雑物のない本物だと思わざるを得ない。彼等の言葉には一片の嘘偽りもないと思わざるを得ない。しかもその表現から窺える思索と体験が如何にも深く、宗教というものの源底を突いているのを見るのである。

才市の思索と体験の深さ、その純一素朴な態度には先生はいたく感嘆しておられた。それ故に先生の才市への肩入れは並々ならぬものがあった。多くの妙好人には深い信心があり安心があるが、それは割合いに単純で紆余曲折がなく、多彩な内容がない例が多いのであるが、才市の場合は二十余年にわたって豊かな自己の内面生活を丹念に記録し残したこと、それが借り物でない全く自分の言葉で書かれてあること、さらに彼の体験内容の記述がまことに多彩で委曲をつくしていること、このようなことが多くの本物の妙好人の中でも、特に才市が先生を引きつけた点ではないかと思われる。

もともと妙好人は文字のない人の中から多く輩出しているが、才市はわずかな字の知識にもかかわらず、それを駆使して長年月少しも衰えない表現力で信体験の記録を書き連ねて行った点から見て、彼は古今の妙好人の中でも稀有な人ではなかろうか。大拙先生は才市のような例は古今の東西の宗教体験史の中でも稀有なものだろうとまでいっておられた。

とにかく一真実の世界に対する長年にわたる集中力、その緻密な自己省察力は、学者も含めて一般信者の遠く及ばぬものを持っている。我が心の動きの隅々までも見逃さず、なおざりにせぬ自己反省を長年月にわたって持続して信の世界へ斬り込んで行く迫力は才市はもちろんのこと、讃岐の庄松、田原のお園、因幡の源左、堺の物種吉兵衛、三田源七などに代表される本物の妙好人には感ぜられる。

「妙好人伝」というものがあり、またその「妙好人伝」の研究というものはあるが、妙好人の宗教的経験の研究というものは、今まであまりなされていない。このような研究は是非必要である。それはこのような研究によって他力経験の何たるかを、教学という構築物を通してではなしに、生きた人間の苦闘の宗教的体験の事実を通して明らかにすることが出来ると思うからである。

妙好人の厳密な内容的定義は今はいわぬとして、一般に妙好人といわれるような信者は、その信心の深浅はあるにしても非常に多いのではないかと思う。日本の仏教諸宗の中でも、他力宗だけが妙好人といわれるような信者を一般庶民の中から数多く輩出している。これは他力宗の大きな特徴の一つであろう。ほかの宗には立派なお寺がたくさんあり、また偉いお坊さんもたくさん出ているが、妙好人のようなタイプの信者を庶民の中から数多く出してはいない。それに反して他力宗には立派な寺院や偉い坊さんの外に、市井の人の中から、特に無学な庶民の中から多くの優れた信者を出している。他力宗の生命は、大拙先生のいわれる如く、いかめしい学匠達や堂々たる寺院の中にあるのではなくて、実は市井の人、無学文盲ともいわれる人達の中にあるのかも知れぬ。

それはとにかくとして、無学といわれる人達の中に実に優れた他力の体験者がいること、しかも相当多数いることは事実である。そうであれば、学問のあるなしに拘泥せず、他力的宗教体験を調べるために、また人間の宗教的体験を調べるために、妙好人を取り上げることは当を得ているといわねばならない。今までこのことがあまりなされなかったにはいろいろな事情があろうが、何よりも頼りになる資料が少ないことである。またその資料がどのような基準観点から作られたかも問題であろう。『妙好人伝』を例にとってみると、この資料は江戸末期に本願寺末寺の僧三人によって編纂され百五十七名の念仏者が理想的念仏者の具体例として入れられている。これらの人々は江戸時代の本願寺教団の目する理想的念仏者の姿であろう。が、今日の我らから見ると、どうも全面的には受け入れられない点も多く見うけられる。内に信心はあるが、時の権力者の要求や封建社会の道徳に無批判に従順でありすぎ、主体性の稀薄な善行美徳家も入っていたりして、真に宗教的信の主体者としての影が薄いように思えるのである。恐らくこの書物は、江戸時代の封建社会の方々に散在していた念仏者をある意図の下に記録集大成したものであろう。そのため『妙好人伝』には、他力的宗教経験の研究資料としては夾雑物が多く、また先にもいった如く一人一人の信者の内面の記録が少ないのもこの本の大きな欠点である。妙好人というと、すぐ『妙好人伝』を思い出すので、勢い『妙好人伝』の中の念仏者像をもって妙好人を想像するが、今後妙好人の他力体験を云々する場合には、まずこの『妙好人伝』的妙好人観にあまりとらわれない心構えが必要だと思うのである。明治以後に生存した妙好人の中にも『妙好人伝』的残滓を持っている人達はいるにはいる。そうして信心というものの全貌を明らかにするには、それに対する批判も必要である。今後妙好人を云々する場合には、外に表れた善行美徳や奇瑞よりも、内にどれだけ徹底した深い信体験を得ていたかに注目したいのである。そのためには、どうしても一人一人の信者についての生活の多方面にわたる詳しい記述が必要である。それによってその信者の妙好人性の深浅が判明すると思うのである。その意味で、今後の妙好人の他力経験の研究は『妙好人伝』を主にせず、それを一応離れてなされることが必要ではないかと思う。『妙好人伝』的妙好人のみが必ずしも妙好人の理想像ではないと思うからである。また、どこまでも信そのものに立脚して、しかもその自覚者の主体性を失うことなく生活してゆく者を妙好人と見たいからである。

妙好人については述べたいことは多々あるが、また他日を期したい。

妙好人の存在

柳　宗悦

一

禅門をくぐるのと、浄土門をくぐるのとは、東と西とに分れるようにいわれているが、至り尽す所は同じなのではないか。自力他力、難行易行、聖道《しょうどう》浄土と、はっきり分けはするが、それは道筋の違いというまでで、いずれも頂きを目指《めざ》せば、一処に会うのだと思われてならぬ。それ故この二つの道は一直線を右と左とに別れて進むのではなく、円の上を一つは右に、一つは左にと歩いて行くに過ぎまい。ただ道筋が異るから、おのずから現れる風景も異る。ただ人々の性質や環境や、もろもろの縁に従って、そのいずれかを選ぶというに過ぎまい。いずれがよいとか、一方でなければならぬとかいう窮屈な考えを持つ要はあるまい。但しそのいずれかを進む要は大《おお》いにある。ただ途中で止まれば、いずれを選ぶとも意味は浅い。

概していうなら「禅」は知の門であり、「浄土」は情の門である。知の方は教養のない者はなかなか近づけぬ。浄土の道が大衆によく交り得るのは、知を表通りにしないからである。禅僧の問答など読むと、しばしば火花を散らすが如く、あるいは目前に鋒《ほこ》をつきつける如き観がある。そこにはいつも鋭さや気魄《きはく》が目だつ。だから問答は間髪を容《い》れぬ。一刀両断の閃《ひらめ》きが冴《さ》え、ただの一句で、もう事が決まってしまう。油断などしていられぬ。こちらに躊《ため》らいでもあれば遠く突き離されてしまう。なかなか人を近づかしめぬ。

これに比べると、浄土の信徒妙好人の会話は、大概はもの柔らかく温《あたたか》い。朴訥《ぼくとつ》で卒直である。だから人を断ち切るような趣きよりも、人と和して心に直《じ》かに訴えてくるものがある。情が表に出るためである。妙好人は多くは無学で田舎者だが、その体験の深さは、優に禅僧と肩を並べる。誠に妙好人の言葉や行いからは、計り知れぬものを貰《もら》う。彼らはとくに浄土門の信徒たちではあるが、むしろ彼らが現れるので、浄土門の教えの真実が保障されるといってよい。学問に依《よ》らぬだけに、法がまむきに、直かに、裸で現れる。考えると経文や説法の千言万語も、結局はこういう人たちに見られる安心《あんじん》の境地を、何とか描き出して、人々に知らせようとの親切によろう。

それでは妙好人は、どんな道を徹した人々なのか。ここでは道筋は禅者などと対蹠的《たいしょてき》なところがある。伝説では釈迦牟尼《しゃかむに》が降誕するや、右指は高く天をさし、左指は低く地を指し、「天上天下、唯我独尊」と唱えたといわれる。この言葉は禅僧によって好んで用いられ、ここに禅の極致がひそむことがしばしば説かれた。百千の禅語も要するにこの言葉の解明だといってもよい。またこれが最も端的に禅境地を示したもので、一切の問答は、詮《せん》ずるにこの言葉の意味を捕えるにある。

だが妙好人などに示される浄土門の極意は、いたく姿が違う。前の「唯我独尊」の言い方にあやかっていえば、妙好人は「天上天下、唯我独悪」を深く体験している人々だといってよい。「唯我独悪」というのは、この世に自分ほど悪い者はおらぬという自覚である。誰よりも自分が悪人だというのみならず、真実には悪人は自分一人なのだとまで気附かせて貰うことである。禅における「唯我独尊」の自覚とまさに対蹠的であるが、しかし実は同じ境地を見つめているのである。一方は表から一方は裏からといってもよい。なぜなら自分の無限小を感じるその刹那《せつな》こそは、自己を越えた無限大に触れ合うその瞬間である。自己の無限悪とは、自己の無限否定、即ち放棄を意味する。これが懺悔《さんげ》である。自己が残るなら懺悔とはいえぬ。この懺悔に身を棄《す》てきる刹那が、救いの手に支《ささ》えられているその時である。それ故これを他力の救いとは呼ぶのである。妙好人はこの経験を身を以て味《あじわ》う人々である。「慙愧《ざんき》が歓喜《かんぎ》」と歌われる所以《ゆえん》である。

それ故次のように短く説いてもよい。自力の一門は自己の大を覚《さと》る道、他力の一門は自己の小を省みる道である。自力に立つ者は、その知を徹して一切の二相を打ち破ろうとするのである。この「二相」が、知から情に移される時「罪」と呼ばれる。それ故、「罪」こそは、知に乏しい民衆にとって、最もまざまざとした問題である。この悩みに答えようとするのが浄土門の教えである。だから罪の悩みに徹した妙好人が、多くは浄土門の世界に現れるのは当然である。妙好人とは詮ずるに、誰よりも罪に泣く者を指すのである。だから彼らには「唯我独悪」の厳しい体験が伴わぬ時はない。

この体験が彼らを阿弥陀仏に真向《まむ》かしめる。阿弥陀仏は救世《ぐぜ》の仏である。わけても下品下生《げぼんげしょう》の者を救わんがために、大願を立てた仏である。わずか六字の名号《みょうごう》を口ずさむことで、浄土への往生がかなうと契《ちか》ったその仏である。この六字に一切を任せきったのが妙好人の安心《あんじん》である。偉くならないまたなれないままで、安心を得させてもらったこれらの人々を妙好人とはいうのである。彼らの功徳《くどく》によらず、一切が仏の功徳によるから、他力が彼らを歩かせてくれるのである。彼らが歩くのではなく、歩けないままに、歩かせてもらっているのである。六字の生活がこの不思議を現わしてくれる。「南無阿弥陀仏」と口ずさむが、南無は帰命《きみょう》である。命を投げだすことである。ここで新《あらた》な生活が始まる。何もかも六字あっての事である。自他も生死も、凡《すべ》ての二相が皆この中に吸い取られてしまう。凡て仏法は、宗派の如何《いかん》を問わず「不二《ふに》」を説くが、妙好人は六字で「不二の生活」に入ったその人々なのである。それ故たとえ無学でも田舎者でも、仏法の髄を身につけている信徒である。その行いや言葉に無量の値打ちがあるのはそのためである。学問のある者、主義のある者には、とかく知識の滓《かす》が残り、概念のために不自由にされる。妙好人にはこの汚れがなく、もっと端的で至純で、信心がまるまると現れている。ここがとても有難く、無量の教えを吾々《われわれ》に垂《た》れる所以である。

二

元来ならこれらの妙好人は、どの宗派にも現れてよいはずであるが、どうも浄土系の仏教に多いのは注意されてよい。それには色々の理由があろう。聖道門《しょうどうもん》の諸宗は、知に訴えるところが大きく、相当の学識がないとなかなか近づけぬ。最後には知識を超脱するとしても、それに迫るには知的内省が必須《ひっす》になる。それ故この道は一般の無学な民衆とは交《まじわ》りが薄くなる。これが他の宗門から妙好人を得難い一つの理由だといえよう。

しかるに浄土系の仏教は、何よりも民衆を相手にする。本尊と仰ぐ阿弥陀仏が、他のもろもろの仏と異る所以は、十方《じっぽう》の衆生《しゅじょう》を済度せんとする大願を発した点であり、就中《なかんづく》下品下生の者たちを救う契《ちか》いを立て、称名の易行《いぎょう》を準備したそのことにある。それ故弥陀の大願の焦点は、実に下輩《げはい》の済度に集注されているのである。このことを説いているのが『浄土三部経』であり、この教えを明かにしたのが善導大師であり、これを一宗に深めたのが法然上人であった。それ故浄土宗は何をおいても民衆を相手とする仏教であり、その精神は『一枚起請文』などによく示されてある。一文不知《いちもんふち》の輩《やから》こそは、弥陀の大悲を残りなく受け得る者たちなのである。これを事実として現わしているのが妙好人である。

しかるに今日まで、また今日もなお妙好人が数多く現れるのは浄土宗ではなくして真宗である。もとより真宗は浄土真宗と称する如く、浄土宗を離れた真宗ではなく、真実な浄土宗の意味であるから、浄土宗と全く別なものということは出来ぬ。真宗の祖である親鸞は、どこまでも法然を師とし、その崇仰の念には真に篤いものがあった。彼自身はおそらく、別に一宗を建てるが如き意向はなく、ただただ師法然の真の法脈を栄えしめたいとの希願があったであろう。しかし彼の体験にはただならぬものがあって、浄土宗を一段と深く民衆の宗教に熟さしめた。事実真宗が別に一門として栄えるに及んで、ますます民衆との接触を深めた。現状を見ると、真宗と民衆との交《まじわ》りは、浄土宗や時宗の場合とは甚《はなは》だしい差異が見える。その顕著な例は説教を重んずることである。真宗においては今もそれが旺盛《おうせい》であって、かかる場面は他宗門では容易に見られぬ。在家さえもまた、自宅に説教師を招く習慣が濃く、真に民衆の仏法として今も活躍しているのは、ひとりこの宗派だといってよい。それも切々と情に訴える説法である。今も民間に、妙好人の歴史を見るのは、真実の誇りとすべきところであって、このことは宗風が未だ衰えていない証拠である。これに比べるなら浄土宗、時宗は、民衆との接触において、遠く遅れてしまった観がある。これは教えそのものに不備があるというより、僧侶《そうりょ》の自覚の不足とその活動の微弱とに帰すべきものであろう。

しかし考えると、浄土の法門の存在理由は、在家に幾多の妙好人を出すことにあるのではないか。妙好人の存在こそは、浄土の法門を価値づけるものであって、もし彼らが現れなかったら、三部経も、祖師の説法も、学僧の教学も、何か架空なことを述べていることになろう。だがそれらの一切が真実だということの何よりの証文が、妙好人によって示されているのである。この意味で妙好人の輩出こそは、一切の浄土系仏法に、ゆるぎなき基礎を与えるものといえよう。こういう人たちを産むことが出来なくなったら、やがて宗風の衰えを語るものといってよい。

何しても信仰は、学説ではなく、活《い》きた人間の生活に体現されねばなるまい。法然、親鸞、一遍の如き上人たちの値打は、民衆に妙好人を打ち出す力を備えていたことにある。浄土宗も時宗も、もっと民衆との接触を密にしたら、妙好人史は更に数多くの輝かしい例を増すことであろう。

三

昔の妙好人の物語は、幾つかの『往生伝』に記録されているが、極めて断片的で、その信仰の生涯を審《つまびらか》にすることが出来ぬ。『妙好人伝』と題して上下四編の書物が編まれたのは、江戸時代も末で、天保安政の頃であるからそう古くはない。明治三十二年になって更に『新妙好人伝』二巻が追加された。これらのものは、妙好人を紹介したまとまった書物であり、貴重な記録ではあるが、惜しい哉《かな》、各々の記述は余りにも短く、かつ通俗を旨とした説教風な収録であるため、信仰の生涯の生《お》い立ちの跡などはよく分らぬ。

妙好人の生活がやや詳しく記録され広く流布され始めたのは『庄松ありのままの記』（明治二十二年活字版）で、次のは『清九郎実伝』（明治二十四年）、つづいて『貞信尼物語』（大正五年）、三田《さんだ》老人『信者めぐり』（大正十年）、『信者吉兵衛言行録』（大正十五年）などが刊行され、妙好人の深さをやや詳しく世に伝えた。いずれも多くの読者を得て版を重ねるに至った。

しかし、妙好人を宗教哲理の面から考察したおそらく最初のものは鈴木大拙博士の『日本的霊性』（昭和十九年刊）の中にある二章で、つづいて単行本『妙好人』（昭和二十三年）が刊行された。その日まで不思議なことであるが、宗門の教学者たちが、妙好人を主題として、宗教的真理を考察したものをほとんど見ない。おそらく妙好人たちが民間の無学な人々であるため、その言葉や行いにとり立てていうべき内容もないと考えられたのであろう。この事情は、丁度美学者や美術史家たちが、今日まで民衆的作品、即ち民藝品を何ら考察の対象としなかったのとよく類似する。しかし美が最も端的に自由にそれらの民藝品に表現されているのと同じく、仏法の深い真理が、具体的姿をとり、いとも卒直に濁りなく妙好人たちの言葉や行いに現れていることは、疑う余地がない。鈴木博士によって、これが鮮《あざや》かに取り上げられ、一書を成して世に出たことは、誠に記念すべきことといわねばならぬ。特に禅修行の人としての博士から、この一書を得たことに一段の意味があると思われてならぬ。

基督《キリスト》教内にも、妙好人に類する人は定めてあるであろう。私の知っている範囲では、ブラザー・ローレンスの如き人は妙好人といってよいであろう。彼は一介の料理人で一生を送った信者である。しかし妙好人の物語は特に日本仏教の特色ある一面を示すものであって、これが正当に海外に紹介せられたら、世界の人々の注意を集めるに違いない。それほど宗教的体験の人として驚嘆すべき性質を示している。将来日本は幾つかの文化財を通して、外国に寄与するところがなければならぬ。私はその文化財のうち最も大なるものを仏教に見るが、その仏教中、日本で特別の発達を見た浄土思想と、その具体化としての妙好人の存在とを高く評価しないわけにはゆかぬ。

妙好人「才市」

――才市覚帳を通して――

鈴木　大拙

最近「妙好人」の一著をまとめてみたが、真宗の生命といふものが全く世間で考へられるやうないかめしい学匠や堂々たる建築の中に存するのでなくして、実は市井の人、無学文盲とも言はれうる賤が伏屋に起臥する人達の中に在ることを知つた訳だが、此の書で扱つた浅原才市は実に他力的宗教経験の如何にも深いものがあることを知つたと共に、彼が実に非凡な宗教文学的天才であつたことにも心を打つたのである。以下才市覚帳を通じて他力宗全般の批評みたいなものをしてみたいと思ふ。

彼の覚帳を読んでゐると、時時にむら〳〵と涌き出る八万四千の煩悩の炎に包まれて地獄のどん底へ堕ちるかと思ふと、忽ちに一転して極楽浄土の涼しい蓮花台上の才市となつてしまふ。翻身の機誠に自由自在、端倪すべからざるものあるを覚える。

○わしのこころは、くるくるまわる、

　ご《（業）》をのくるまにまわされて
と云ふかと思へば、
○まわらばまわれ、りん十《（臨終）》まで、
　これからさきにくるまなし

である、さうして直ちに本来不生の「なむあみだぶつ」に還つてしまふ。「あさまし、あさまし」がそのままで「才市が喜び人知らぬ」になつて居る。まことに不思議な転換である。

○こころも邪慳、みもじやけん、
　角をはやすが、これがわたくし

と云ふときは、如何にも情ない才市老翁、此上もないみじめさの底に居るのであるが、

○わしのこころわ、せかいのたから、
　なむあみだぶになるたから

なのである。即ち、

○如来さん、あなた、わたしにみをまかせ、
わたしや、あなたに、こころとられて、
　なむあみだぶつ

と云ふことになる。

○わしがこころわ、ちいて《（散って）》、どもならん、
　ちらばちれ、なむあみだぶつ。

ちるこころ、みだにとられて、
なむあみだぶつ。

「心は万境に随って転ず、転処実に能く幽なり、流に随って性を認得すれば、喜もなければ、また憂もなし」と云ふことがあるが、才市はこの性を「なむあみだぶつ」にしてしまつて居るのである。他力宗と自力宗との相異は実にここにあると見るべきであらう。性は非人格的で大に抽象化されて居る。これに反して六字の名号は単なる名号に止まらぬ、また呪文でもない、活人を示唆する、活如来を現前させる。自力宗は往往にして非人間的にならんとする傾向を示す。他力宗はこれに反して余りにも人間的にならんとするものがある。

○さいちや、しやわせ、
あくしゆ《（悪趣）》をのが《（逸）》れさせて貰《もろを》たよ。
いかにさいちが、あくしゆでも、
をやのをじひ《（お慈悲）》にかなわんよ。
なむあみだぶにとりしめられて、
さいちや、しやわせものだよの。
ごをんうれしや、なむあみだぶつ。
みだの成仏、わしが成仏。
なむあみだぶつ、なむあみだぶつ。

ここに盛られてある思想及び感情は自力宗では見られぬところのものである。弥陀の成仏がわしの成仏であると云ふことは、浄土系思想の中心をなすものである。自力宗は寧ろこれを逆にしてわしの成仏は、一切万物——その中に弥陀を含めて——の成仏であると云ふ。それで自力宗徒の中には人間的温かみが感ぜられない。何となく冷《つめ》たい哲学的な出世間的な超絶性がにじみ出るので、却つて近付き難いものを覚える。ましてをやこの関係の如きものは自力宗のどこにもないと云つてよからう。従つて「ごをんうれしや」と云つて泣き崩れると云ふやうなことは想像も出来ぬ。自力宗の代表と見てもよい禅家にあつては、それ故に、

○うれしよろこび、むねの、むくむく、
　なむあみだぶつ

とか、又は、

○ありがたいな、
　わしや覚ゑず知らずにくらす、
　自然の浄土に、これがいぬのか。

と云ふやうな心持は出てこないのである。

実際を云ふと、自力他力がわけられるものか、わからぬ。自力と云つても自ら其中に他力があり、他力と云つても、絶対他力と云つても、自を容れないものはあり得ない。たゞ分別の上で自と他と何れの上に重点をおくかに由りて、自力とも云はれ、他力とも云はれる。併しこの分別上の重点のおきやうで、霊性的直覚の行為の上に出て行く模様に相異あることを忘れてはならぬ。例へば才市のおさとりは次のやうに叙せられて居る。

○「さいちわ一念慶喜わいつすんだ。」
「わたしが一念《(ね)》慶喜わ、とをにすみました。
わたしが知らのうちに、すみました。

わたしがしらの《(ね)》うちに、如来さんの、
さきにすめてをいてやんな《(すましておいて下さった)》さうだ。

わたくし、ゑゑ《(好い)》如来さんに会ひました。」

「さいちわ、こののちわ、どうして、日をくらす。」

「あさましいで、日を暮します。」


自力宗の人は決して「ゑいにようらいさん」には会はない。「巌頭はまだ生きてゐる」（白隠和尚）とか、「孔子さん、久しぶりで」（白川和尚）とかは云ふ。自主的立場を失はぬ、同等の位地で挨拶する。「おさとりは遠い〱大昔しに如来さんがやつておいて下さつた」などとは、禅者の夢にも言はないところだ。永明延寿は『宗鏡録』百巻の著者であり、浄土系思想にも了解ある人だが、おさとりの時には左の如く云つて居る。

撲落非《ズ》二他物《ニ》一縦横不《ズ》二是塵《ニ》一
山河并《ニ》大地、全《ク》露《ス》二法王身《一》

これは大衆普請のとき、薪の落ちたのを聞いて、豁然契悟ありと云ふので、撲落したのは他物でなかつたと言ふのである。大地乾坤一法王身だと云へば、才市の「十方微塵世界もわしがもの」に対応させて見られるが、才市は直ちにまた、

○これが世界のなむあみだぶつ
これが虚空のなむあみだぶつ、
わしの世界も虚空もひとつ、

をやのこころのかたまりでできた。

と云ふのである。「をやのこころのかたまり」は禅者の云はぬところである。他力者の生活にはいつも親と子と云ふ情愛の世界がほの見えるのである。

大梅は馬祖に「如何なるか是れ仏」と尋ねて、祖が「即心即仏」と云ふたので、それで悟つたと云ふが、無門和尚はこれを頌し曰てふ、

青天白日切《ニ》忌《イム》尋覓《スルコトヲ》。
更《ニ》問《ハバ》二如何《ト》一抱《テ》レ贓《ヲ》叫《ブ》レ屈《ト》。

如何にもすつきり、はつきりして居る。併しそれだけだ、そこにはをやもなければ、こもない、なむもなければあみだもない。

『碧巌集』を見ると、長沙一日遊山して帰ると云ふ話がある首座に「和尚さんどこへ行つていらしたか」と尋ねられて長沙云ふ、

始《ハ》随二芳草《ニ》一去、又逐二落花《ヲ》一回《ル》。

これは禅家の称揚して已まない一齣《しやく》である。雪竇《ちよう》はこれを頌して云ふ、

大地絶《ス》二繊埃《ヲ》一何人《カ》眼不《ル》レ開《ケ》。
始随二芳草《ヲ》一去、又逐二落花一回《ル》。
羸鶴翹《チ》二寒木《ニ》一狂猿嘯《ク》二古台《ニ》一。
長沙無《キ》レ限《リ》意咄。

長沙の限りなき意は如何にも悠揚として天地一閑人のやうに感ぜられ、禅者の心持もかくあらんかと想はれもし

ようが、雪竇の羸鶴と狂猿では、芳草と落花に対して、どこをどう云ふ風に狙つて居るのか一寸わかりにくいであらう。たゞかういふことは云へる、――芳草も落花も「大に春意に似たり」であるが、狂猿が古台にうそぶき、やせた鶴が寒木に爪だちて居るでは、何だか物淋しく少しぞつとするやうな気分も出る。にぎやかな、はでな春に対して、気もひきしまるやうな、人里遠き山の奥を、雪竇は写し出さんとするのか。春の心のうちにも、禅者は絶対無の境地を見るとの意か。何れにしても何だか浮世ばなれがして居る。これを才市に対して見る。

○やまいき、たばこは、よいたばこ、
　こしかけたばこで、らくらくと。
　さ、さ、かゑりませう、かゑりませう。
　我家へかゑる、あしのかるさよ、
　みだのをくににかゑると思へば。
　なむあみだぶつ、なむあみだぶつ。

長沙や雪竇にくらべると、如何にもなつかしみがあつて、近寄り易い気がするではないか。才市は如何にも人間だ、吾等仲間の一人だと云ふことになるではないか。禅者の亢高にして近傍すべからずと云ふのに較べてみると、大に逕庭ありではないか。

他力系の信者に最も著しい心理状態は「よろこび」である、それから「ごをんうれしや」である、「おじひをいただく」である、「をやとことが心行くばかり愛し合ふ」ことである。これ自力の仏者には見当らぬ。後者は寧ろ「超然として」「雲居の羅漢」然として居る。両者は対蹠的である。何れも機法一体の立場を離れないのであるが、一方は法を主とし他は機に偏するとでも云ふべきであらうか。併し自力者には自ら慈悲感が少なくなる傾向をもつ、それは、必ずしも分別智を主とするとと云ふではないが、何れかと云へば、知性的過程を踏んで進むと云ふ性格をもつて居る。「罪悪深重で地獄必定」だと云ふよりも、「生何れより来り、何れに去る」とか、「万法帰レ一、一帰ニ什麼処ニ」とか云ふところから出発するのが常である。究竟処は「智不到処《ノ》、切《ニ》忌《ム》道著《スルコトヲ》」と云つて、而かも其処を道破せんとする矛盾の解消が、自力者の出発点である。それで其到著点も亦自ら出発点を反映せずにはおかない。一捧一喝も亦それから出ざるを得ないのである。他力者はどうして地獄へ堕ちないですむかと云ふ、それで「阿弥陀仏を一心一向にたのみたてまつりて、たすけたまへとおもひて、余念なか」らんことを期する。堕ちるのが必定であると云ふことは、無始劫来の無明の所作で、人間としての存在では、どうあつても、その論理的必至性を克服できないのである。これはどうしても人間的存在以上のもののたすけ――おじひ――を借りないと不可能なのである。これは「五劫兆載永劫の苦労をかさねて、われらをすくひたすけることの願力を成就した他者」にすがるより外ないのである。

他力の世界では娑婆と極楽との対蹠、即ち矛盾があり、自力では分別と無分別との衝突矛盾がある。自力では分別即ち凡心を尽くすと云ふ、勝解は自ら其中から現はれて来る。他力では娑婆は本質上尽くせるものでないから彼土からの応援をまつより外ないと教へる。凡心を尽くすことは或は何かの方便があるかも知れぬが、彼土からの救ひ手を此土へ延ばして貰ふ方法は容易な事ではない。一旦貰うてしまへばこの「しやば世界から、ごくらくに生れる早道は外にない、矢張りこのしやば世界」だと云はれもしようが貰はぬうちは、手の著けどころがない。しやばで営む稼業がそのままで浄土の荘厳にかはることは、摩訶不思議である。これは凡夫の計ひの及ばぬところである。自力者もまたこのやうなヂレンマに堕ちて居るが、彼はあくまでこの計ひを尽くさんとする。これは容易な事でない。それで後代に至りて看話禅又は念仏禅なるものが発展して来た。他力にはこれがない、たゞ只管《ひたすら》に「聴聞せよ」と勧める。が、「なむあみだぶつにてらしとられる」機会は中々あるものでない。

○たすかるとわ、そりや無理よ、
たすけてあることの、
なむあみだぶつ。

「たすけてある」のだ、「たすかつて居るのだ」と云ふこと、これに気付いたものから云へば、一揑を消せずでもあらうが、然らざるものには、娑婆の荷物は千斤万斤峻坂を上るにも譬へてよい。

○世界に自力わなし、
我心こそ自力なり、
自力が、他力にして貰て、
今わあなたと申す念仏。

又は、

○「さいちよ、いへ、他力をきかせんかい。」
「へ、他力、自力はありません、
ただいただくばかり。」

自力者もその実は「いただく」のであり、本より「いただかせてある」のであるが、出発点が他力的でなかつたので「いただく」とは云はないで、「さとつた」と云ふ、又は「覰捕した」、又は「活捉した」などと云ふ。他力とちがつた風景を現ずるのである。

このやうなわけで、他力者には「ありがたい、ありがたい」がその意識の全面を占領する。自力では到底得られぬものが、何の代金をも払ふことなしに、おたすけをたゞもらひするのである。常没流転の凡愚として娑婆永劫の苦から出離できぬ吾等が、超世無上の願に摂せられたとすれば「ありがたい」の喜は、天にも地にも躍り上つても、まだ物足りないとなるのが人間の情であらう。「信は願より生ずれば、念仏成仏自然なり、自然はすなはち報土なり、証大涅槃うたがはず」と云ふやうな和讃から見れば、「もとよりしからしむる」ものであらう。が、人間としては、「うれし、よろこび、むねのむくむく」と云ふが、是亦自ら然らしむるところのものである。しかし妙好人はまたたゞ此喜びに耽溺すべきでないことも知つて居る。それで、

○これさいち、喜びわ、あてにわ、ならの《（ぬ）》
けゑて《（消えて）》にげるぞ。
にげぬをじひはをやのじひ

と云ふことを忘れぬ。

他力者の絶対受動性は「ごをんうれしや」で頗る人間らしいところがある、殊に東洋人——日本人として、親と子との関係を以て最も無垢な慈愛心の現れとするのは、自然の情性として然かあるべきことと信ずる。たゞ今までの他力者の行き方には、所謂還相廻向の面が欠けて居るのは遺憾である。才市覚帳の中で衆生済度の句にちよつ〳〵と出くはすことがあるが、それがどうも余りはつきりして居ないやうな気がする。他力宗では六字の名号が余りに際立つて出て来るので、此名号の働きそのものが表面化しないうらみがある。

○ぼんのわ《（煩悩は）》、なにを思わば思ゑ、
なむの錠が、をろしてあるよ。
あみだぶつて、なけらにや、あかの《（ぬ）》。

あけりや、ろくじの、なむあみだぶつ。

いつも「なむあみだぶつ」の錠を卸してあるので、煩悩も亦甚だ自由を得ぬ次第であるが、どうも余りに煩悩を閉ぢこめおきすぎる嫌はなからうか。錠のままに煩悩をして活魚発地たらしめるわけには行かぬのだらうか。「何を思はゞ思へ」で活動面も見えぬこともないが、「なむあみだぶつ」がそれを押へすぎて居るやうに感ぜられる。「大悲の親」は余りにいつまでもその子を繋ぐ紐をはなさないやうである。

○だいひ《（大悲）》のをやわ、よいをやよ、
　わしのこころと、ひとつになりて、
　よいもわるいも、あなたにもたれ。

子はあまりに「もたれ」すぎ、親はあまりに「をがまれ」すぎて居る。どうもここに他力者の弱点があるのではなからうか。

才市の覚帳八冊を読んで見て、如何にも其他力信心の深さ強さうるはしさに打たれる。これほどまでに徹底して、さうしてこれほどまでに表現の自由を得た市井の「一文不知の尼入道」に対して敬服の念を禁じ能はぬ。何とかして我も人もこのやうな境地に到らば天下泰平だと感歎するのである。が、どうも受動面から今一歩脱け出て、衆生済度の活動面を躍動させて欲しいものだと云ふ考を捨てられぬのである。これには、どうしても知性の涵養が必要である。霊性的直覚は直覚として、それ自身に大なる意味をもつ。これなくては知性も情性もその正当な立場を保持して行けないのである。が、直覚の世界だけでは、直覚の能動面、社会生活面と云ふものが閑却せられがちになる。他力の自力面と云ふものがあることを忘れてはならぬ。

妙好人なる人々は知性的素養においていくらか十全を欠いて居るところがあるのと、それをその性格の一として

居るので、其面において自ら遺憾のあるのも固よりであらう。但し一宗の指導者達にして、この点において一隻眼を具することがないと、危険の伴ふことがある。廻向に往還の二相あることは親鸞聖人において既に十分に説かれてある。蓮如上人に至りて或は此点に対しての留意不足がなかつたのではあるまいか。それには歴史的に環境的に制扼せられたものがあつたに相違ない。果して然りとすれば、吾等は今日の他力者に対して近代的反省を促がしたいのである。他力者は一旦娑婆の浄土に這入つて来たと云ふなら、そこに停頓すべきではあるまい。直ちに却歩一転して浄土の娑婆に突入して貰ひたいのである。

これは今日の仏教者全体に対しての批評でもあるが、殊に他力宗の人達に向つて獅子奮迅三昧を行ぜられんことを希ふのである。宗教は大体において保守性をもつものであるが、いつもさうあつてはならない。殊に今日の状態は決してそれを許さないのだ。日本がおかせられてある地位を考へ、又世界が進みつつある行手を見定めると、仏教が今後の世界における使命の如何に大なるかを認覚せざるを得ないものがある。

「大悲の親さま」を我一人の親さまにしないで、世界全人類の親さまにまで守り立てなくてはならぬ。これが我等仏教者の使命である。

初出一覧

第一部　『妙好人伝』の研究
『妙好人伝』とその作者たち
『仏教文学研究』第二集（仏教文学研究会、一九六四年二月）
初編『妙好人伝』の一考察
『仏教史学研究』第二〇巻・第二号（仏教史学会、一九七八年三月）
仰誓の立場と『親聞妙好人伝』
『仏教の歴史と文化』（仏教史学会三〇周年記念論集、同朋舎出版、一九八〇年一二月）
初期『妙好人伝』成立の背景
『真宗学』一一九・一二〇合併号（龍谷大学真宗学会、二〇〇九年三月）
幕末における『妙好人伝』編纂の意味
『印度学仏教学研究』第六巻・第一号（日本印度学仏教学会、一九五八年一月）
『妙好人伝』と『近世門徒伝』
『大系真宗史料』伝記編9・近世門徒伝（法藏館、二〇一二年十月）「解説」に加筆。
『妙好人伝』の地平と近代

小田淳一編『物語の発生学』第一号（東京外国語大学アジア・アフリカ言語文化研究所、一九九七年三月）
『妙好人伝』の出版とその問題（一）
『龍谷大学論集』第四五六号（二〇〇〇年七月）
『妙好人伝』と『続妙好人伝』の出版と流通
大取一馬編『典籍と史料』（龍谷大学仏教文化研究叢書、思文閣出版、二〇一一年一一月）
近世『妙好人伝』の内容と特色
『増補版　妙好人伝の研究』（法藏館、二〇一一年三月）第一章「江戸時代の『妙好人伝』と妙好人」に加筆。
近世『妙好人伝』研究の経緯
『大系真宗史料』伝記編8・妙好人伝（法藏館、二〇〇九年九月）「解説」に加筆。

第二部　妙好人の研究
妙好人の研究
『印度学仏教学研究』第二九巻第二号（日本印度学仏教学会、一九八一年三月）
妙好人の言動と真宗聖教
林智康・井上善幸編『妙好人における死生観と超越』（龍谷大学人間・科学・宗教オープン・リサーチ・センター、二〇一二年六月）

妙好人の心理学的研究
『人文研究』第八巻・第三号（大阪市立大学文学会、一九五七年三月）
教育における妙好人的心性の陶冶
『関西教育学会紀要』第二二号（関西教育学会、一九九八年六月）「教育はなぜ宗教を問題にしなければならないのか――人間は宗教的存在か否か――」に加筆。
大乗浄土教の精華――妙好人――
『日本仏教学会年報』第六七号（日本仏教学会、二〇〇二年五月）
妙好人と妙好人的人物像
志村有弘編『わが心の妙好人』（勉誠出版、二〇一一年七月）所収「妙好人の世界」に加筆。
妙好人と私
『ダンマの顕現』（大蔵出版、一九九五年五月）
妙好人の現代的意義
『龍谷教学』第二号（龍谷教学会議、一九六七年六月）
妙好人の回心経験をめぐって
『人文論叢』第三〇号（京都女子大学人文社会学会、一九八二年三月）
真宗における宗教的人格――妙好人の人間像を訪ねて――
『真宗研究』第三三輯（真宗連合学会、一九八九年一月）
妙好人の認識の在り方と世界観――無対辞による苦しみの超越――

『宗教研究』第八七巻別冊（日本宗教学会、二〇一四年三月）に加筆。
妙好人から学ぶもの――椋田与市同行の生活と念仏――
（『大法輪』第七十九巻第五号（大法輪閣、二〇一二年五月、所収）に加筆。
妙好人輩出の宗教的社会機能――真宗の法座について――
『真宗学』第一二三・一二四合併号（龍谷大学真宗学会、二〇一一年三月）
妙好人をとおして見た生命観
『大倉山文化会議研究年報』第一〇号（大倉山文化会議、一九九九年三月）
法の流れに入るもの
『真宗研究』（真宗連合学会研究紀要）第六〇輯（二〇一六年一月三〇日）に加筆。
妙好人六連島のお軽の歌――絶望と歓喜――
『妙好人おかるの歌』、*MYOKONIN O-KARU AND HER POEMS OF SHINJIN*〔和文・英文〕（国際仏教文化協会、永田文昌堂、一九九一年）に加筆。
石見の善太郎――妙好人と言葉――
『山陰文化研究紀要』第二四号（島根大学、一九八四年四月）
讃岐の妙好人庄松の言行にみる死生観と超越――「いのち」の地平の物語――
『東アジア思想における死生観と超越』（龍谷大学人間・科学・宗教オープン・リサーチ・センター研究叢書、方丈堂出版、二〇一三年一二月）

ようこそ・源左──因幡の源左における宗教的生──
『山口大学哲学研究』第一〇巻（山口大学哲学研究会、二〇〇一年一二月）
妙好人像の形成と現代における妙好人の意義
『大法輪』第八〇巻第一号・第二号（大法輪閣、二〇一三年一月・二月）、「妙好人考」（前編「大拙と宗悦の視点から」・後編「シュタイナーの視点から」）に加筆。
妙好人と智慧──柳宗悦「無対辞文化」が投げかけるもの──
『真宗学』第一二九・一三〇合併号（龍谷大学真宗学会、二〇一四年三月）に加筆。
世界に広がる妙好人──ヨーロッパの念仏者たち──
『東アジア思想における死生観と超越』（龍谷大学人間・科学・宗教オープン・リサーチ・センター研究叢書、方丈堂出版、二〇一三年一二月）に加筆。
ヨーロッパの妙好人と「無対辞」の思想──ハリー・ピーパー師の事績を通して──
『真宗学』第一三三号（龍谷大学真宗学会、二〇一六年三月）
妙好人浅原才市の「そのまま」について
『ごおん』第一九八号─第二〇〇号（正行寺、一九七〇年一〇月─一二月）に加筆。
大拙先生と妙好人
『定本　妙好人才市の歌・全』（法藏館、一九八八年）所収。
妙好人の存在
『鈴木大拙選集』第六巻「解説として」（春秋社、一九五二年）。

妙好人　浅原才市

寿岳文章編『柳宗悦　妙好人論集』（岩波文庫、一九九一年）再録。

『大法輪』第三二巻第五号（大法輪閣、一九六五年五月。鈴木大拙編著『妙好人　浅原才市集』春秋社、一九六七年）に転載。

執筆者紹介（掲載順）

林　智康（はやし　ともやす）
一九四五年生まれ。真宗教義学。龍谷大学名誉教授。主著に『蓮如教学の研究』（永田文昌堂、一九九八年）など。

佐藤　平（顕明）（さとう　たいら〈けんみょう〉）
一九三九年生まれ。宗教学。三輪精舎主管（ロンドン）。主著にGreat Living in the pure encounter between master and disciple. The American Buddhist Study Center Press,2010など。

第一部

佐々木　倫生（ささき　りんしょう）
一九二〇年―一九九六年。宗教学。元京都女子大学長。主訳に『宗教現象学入門』（ランツコフスキー著、高田信良との共訳、海青社、一九八三年）など。

朝枝　善照（あさえだ　ぜんしょう）
一九四四年―二〇〇七年。仏教史学。龍谷大学名誉教授。主著に『朝枝善照著作集』全五巻（永田文昌堂、二〇〇九年）など。

大桑　斉（おおくわ　ひとし）
一九三七年生まれ。日本中近世思想史。大谷大学名誉教授。主著に『民衆仏教思想史論』（ぺりかん社、二〇一三年）など。

島田　一道（しまだ　かずみち）
一九八一年生まれ。真宗学。社会福祉法人防府滋光会錦江保育園長。主論文に「初期妙好人伝の背景」（『真宗学』一一九・一二〇号、二〇〇九年）など。

柏原　祐泉（かしわはら　ゆうせん）
一九一六年―二〇〇二年。日本近世近代仏教史。大谷大学名誉教授。主著に『真宗史仏教史の研究』全三巻（平楽寺書店、一九九五―二〇〇〇年）など。

平田　徳（ひらた　はじめ）
一九七四年生まれ。近世日本仏教思想史。龍谷大学非常勤講師。主編著に『大系真宗史料　伝記編9　近世門徒伝』（法藏館、二〇一二年）など。

黒崎　浩行（くろさき　ひろゆき）
一九六七年生まれ。宗教学。國學院大學教授。共著に『震災復興と宗教』（明石書店、二〇一三年）など。

土井　順一（どい　じゅんいち）
一九四七年―二〇〇一年。近世文学。元龍谷大学教授。主著に『佛教と芸能――親鸞聖人伝・妙好人伝・文楽――』（永田文昌堂、二〇〇三年）など。

万波　寿子（まんなみ　ひさこ）
一九七七年生まれ。近世文学。日本学術振興会特別研究員（P

D)。主論文に「江戸時代の西本願寺と出版」（『アジア遊学』一五五、勉誠出版、二〇一二年）など。

菊藤　明道（きくふじ　あきみち）
→奥付に記載

児玉　識（こだま　しき）
一九三三年生まれ。近世仏教史。元龍谷大学教授。主著に『近世真宗と地域社会』（法藏館、二〇〇五年）など。

第二部

龍口　明生（たつぐち　みょうせい）
一九四〇年生まれ。仏教学。東方学院講師。主論文に「仰誓撰述『妙好人伝』の改変の意図——僧純刊初篇『妙好人伝』との比較を通して——」（『印度學佛教學研究』六二—一、二〇一三年）など。

岡　道固（おか　どうこ）
一八九七年—一九七六年。心理学。大阪市立大学名誉教授。主著に『信仰の心理学的解明』（百華苑、一九六六年）など。

川村　覚昭（かわむら　かくしょう）
一九四八年生まれ。教育人間学。佛教大学教授。主著に『島地黙雷の教育思想研究——明治維新と異文化理解——』（法藏館、二〇〇四年）など。

本多　靜芳（ほんだ　しずよし）
一九五七年生まれ。真宗学。浄土真宗本願寺派万行寺住職。主著に『改訂新版「歎異抄」を読む』（角川学芸出版、二〇〇七年）など。

志村　有弘（しむら　くにひろ）
一九四一年生まれ。伝承文学。相模女子大学名誉教授。主著に『説話文学の構想と伝承』（明治書院、一九八二年）など。

玉城　康四郎（たまき　こうしろう）
一九一五年—一九九九年。仏教学。東京大学名誉教授。主著に『仏教の思想　全五巻、別巻一』（法藏館、一九八五年）など。

五十嵐　明寶（いがらし　みょうほう）
一九三五年—二〇〇一年。仏教学。元大東文化大学教授。主著に『正定聚不退転の研究』（大東出版社、一九九九年）など。

寺川　幽芳（てらかわ　ゆうほう）
一九三六年生まれ。宗教学。龍谷大学名誉教授。主著に『親鸞の思想——宗教心理学の視点から——』（法藏館、二〇〇五年）など。

釋　徹宗（しゃく　てっしゅう）
一九六一年生まれ。宗教思想。相愛大学教授。主著に『親鸞の思想構造——比較宗教の立場から——』（法藏館、二〇〇二年）など。

中尾　将大（なかお　まさひろ）
一九七六年生まれ。行動科学。大阪大谷大学非常勤講師。共著に『宗教を心理学する――データから見えてくる日本人の宗教性――』（誠信書房、二〇一六年）など。

直林　不退（なおばやし　ふたい）
一九五八年生まれ。日本仏教史。相愛大学客員教授。主著に『日本三学受容史研究』（永田文昌堂、二〇一二年）など。

吾勝　常行（あかつ　つねゆき）
一九六〇年生まれ。真宗学。龍谷大学教授。共著に『仏教と心理学の接点――浄土心理学の提唱――』（法藏館、二〇一六年）など。

新保　哲（しんぼ　さとる）
一九四八年生まれ。日本思想史。元文化学園大学教授。主著に『仏教福祉のこころ――仏教の先達に学ぶ――』（法藏館、二〇〇五年）など。

井上　尚美（いのうえ　たかみ）
一九五九年生まれ。真宗学。大谷大学教授。主論文に「普遍宗教としての浄土真宗――無償の贈与を平等に分かち合う思想――」（『親鸞教学』一〇〇、二〇一二年）など。

石田　法雄（いしだ　ほうゆう）
一九四九年生まれ。宗教学。滋賀県立大学名誉教授。主著に Myokonin Okaru ande Her Poems of Shinjin.Internatinal Association of Buddhist Culture;Nagata Bunshodo, 1991など。

松塚　豊茂（まつづか　とよしげ）
一九三〇年生まれ。宗教哲学。島根大学名誉教授。主著に『ニヒリズム論攷』（永田文昌堂、二〇〇一年）など。

北岑　大至（きたみね　ひろし）
一九七七年生まれ。真宗学。真宗興正派教学教化研究所研究員。主論文に「三業惑乱関連書籍の翻刻と註釈――讃岐の法義騒動と大麟『真宗安心正偽論』――」（『佛教文化研究所紀要』五二、二〇一四年）など。

岡村　康夫（おかむら　やすお）
一九五一年生まれ。宗教哲学。山口大学教授。主著に『無底と戯れ――ヤーコプ・ベーメ研究――』（昭和堂、二〇一二年）など。

塚田　幸三（つかだ　こうぞう）
一九五二生まれ。ルドルフ・シュタイナー研究。翻訳家。主著に『妙好人とシュタイナー』（大法輪閣、二〇一四年）など。

藤　能成（ふじ　よしなり）
一九五七年生まれ。真宗学。龍谷大学特任教授。主著に『現代社会の無名を超える――親鸞浄土教の可能性――』（法藏館、二〇一三年）など。

佐々木　恵精（ささき　えしょう）
一九四二年生まれ。仏教学。公益財団法人国際仏教文化協会代表理事（理事長）。主論文に「『教行信証』と龍樹教学――『教行信証』における龍樹思想の受容――」（『教行信証の研究Ⅱ』浄土真宗本願寺派宗務所、二〇一二年）など。

那須　英勝（なす　えいしょう）
一九六一年生まれ。真宗学。龍谷大学教授。主論文に「現代アメリカ仏教徒の宗教観と真宗の伝道の課題――ピュー・フォーラム〈全米宗教実勢調査〉に学ぶ――」（『真宗学』一二二・一二三号、二〇一一年）など。

楠　恭（くすのき　きょう）
一九一五年―二〇〇〇年。宗教学・妙好人研究。元東京本願寺学院教授。主編著に『妙好人の世界』（金光寿郎と共著、法藏館、一九九一年）など。

柳　宗悦（やなぎ　むねよし）
一八八九年―一九六一年。宗教哲学・美学。元日本民藝館館長。主著に『柳宗悦全集　著作篇』全二二巻（筑摩書房、一九八一年―一九九二年）など。

鈴木　大拙（すずき　だいせつ）
一八七〇年―一九六六年。宗教哲学。大谷大学名誉教授。主著に『鈴木大拙全集』〔増補新版〕全四〇巻（岩波書店、一九九九年―二〇〇三年）など。

編集後記

本書は、これまでに発表された五百編を超える『妙好人伝』および「妙好人」に関する論文の中から、主要論文三十八編を選んで収録したものである。本年、妙好人の信心・宗教心を最初に思想化し体系化して世に、世界に紹介された鈴木大拙博士歿後五十年にあたり記念として上梓させていただいた。

以下、『妙好人伝』および「妙好人」について概要を記すとともに、編集にご協力いただいた方々に対し衷心より御礼申し上げたい。

「妙好人」とは、浄土三部経（『無量寿経』『観無量寿経』『阿弥陀経』）の一つである『観無量寿経』に記されている釈尊のお言葉、「念仏するものは、まさに知るべし、この人はこれ人中の分陀利華なり」に由来する語である。「分陀利華」とは、サンスクリット語のプンダリーカ（puṇḍarika）の音写であり、「白蓮華」の意である。煩悩具足の凡夫も、阿弥陀仏の本願を聞信して念仏する者は、泥池に咲きながら泥に染まらない白蓮華のごとき清らかな人であると釈尊が讃えられたのである。これを中国唐代の浄土教者・善導が、『観無量寿経』の注釈書『観経疏』の「散善義」に、五つの褒め言葉（五種の嘉誉）で、「もし念仏の者は、すなわちこれ人中の好人なり、人中の妙好人なり、人中の上上人なり、人中の希有人なり、人中の最勝人なり」と讃えた。親鸞はこの文を『教行信証』「信巻」の「真仏弟子釈」に引用し、如来回向の真実信心を獲得した念仏者を、「真の仏弟子」「釈迦諸仏の弟子」「金剛心の行人」「弥勒と同じ」「如来と等し」と讃えたのである。親鸞にとって「妙好人」とは、阿弥陀仏の回向によって浄信を獲得した念仏者であり、正しく往生即成仏に定まった人、この世で「正定聚の位」に就いた人であった。罪業深重の凡夫も、如来回向の真実信心をいただくと、次生での成仏が定まっている弥勒菩薩と同じ位に就き、必ず滅度（大涅槃）に至って仏となり、普く衆生を済度する身にしていただくと説いたのである。

このような妙好人を具体的な人物（篤信の念仏者）に見出し、彼らの言行を集めて編集したのが『妙好人伝』である。最初の『妙好人伝』は、江戸時代中期の浄土真宗本願寺派の学僧・仰誓が、伊賀上野の明覚寺の住職をしていた二十八歳の時に、大和（奈良県）吉野の篤信者・清九郎に出会って対談し、彼の浄信に感動、十人の篤信者の話を集めて編集した『親聞妙好人伝』（一巻）である。さらに仰誓は、四十三歳の時、西本願寺法如門主の命で石見の浄泉寺（島根県邑智郡邑南町市木）に移り、新たに篤信者の言行を集めて編集したのが『妙好人伝』（二巻）である。

その後、江戸時代後期に、本願寺派の僧純と大谷派の象王がそれぞれ『妙好人伝』（五篇）と『続妙好人伝』（一篇）を編集版行した。両伝は間もなく版行業者の手で合本され、全六篇（各篇上下、全十二冊）で版行され、幾度も版を重ねた。農民・商人・職人のほか様々な生業の人々、男女老少を問わず一五七人の篤信者の言行が収められている。これら近世の『妙好人伝』は、すべて『大系真宗史料』伝記編8・妙好人伝（法藏館、二〇〇九年）に翻刻収録されている。

明治・大正・昭和においても多くの『妙好人伝』が編集された。

若原観幢編『真宗明治妙好人伝』、濱口恵璋編『新妙好人伝』、藤永清徹編『大正新選新妙好人伝』、藤秀璻編『新撰妙好人列伝』などである。

昭和に入って『妙好人伝』が注目され、妙好人の信心や言行が研究されて妙好人に関する多くの論文が生まれ書物が出版されたが、最初に妙好人の宗教心・宗教意識を思想化し体系化して世に紹介したのは世界的な禅学者で宗教学者・仏教学者の鈴木大拙博士であった。妙好人の宗教心に霊性的自覚が顕現しているとして、『宗教経験の事実』『日本的霊性』『妙好人』など多くの「妙好人」に関する論書を上梓されている。

さらに、大拙先生の愛弟子で、日本民藝運動を創始した柳宗悦氏と、大谷大学の学部時代に宗教学を専攻し、指導教授の大拙先生の勧めで妙好人研究に尽瘁した楠恭氏も妙好人に関する多くの論書を出版している。この三名は、多くの妙好人の中でも、とくに讃岐の庄松、石見の浅原才市、因幡の源左の信心や言行に霊性的自覚を見出し、世に紹介した。とくに大拙先生の論書には、「衆生無辺誓願度」すなわち一切衆生の苦悩を救う菩薩の大悲心が見られ、親鸞の「世のなか安穏なれ、仏法ひろまれ」と同質の悲願がうかがえる。大拙先生の論書には、今日の深刻な民族や宗教、国家の対立・抗争・闘争の激化を予見するかのように、二元の対立を内に含む「精神」を超えて、その奥に潜在する「霊性的自覚」による和平への道が提示されている。

近代以降今日まで、妙好人に関する数多くの論文や書物が生まれた。論文の数だけでも五百編を超え、研究分野も仏教学、真宗学、哲学、倫理学、宗教学、教育学、国文学、歴史学、社会学、心理学、経済学など多岐にわたっている。

平成十六年（二〇〇四）、龍谷大学内に有志による「浄土心理学研究会」が発足し、今日まで地道な研究が積み重ねられた。平成二十四年（二〇一二）七月、龍谷大学深草学舎において同大学人間・科学・宗教オープン・リサーチセンター主催の「妙好人展」が開催された。公益財団法人・松ヶ岡文庫所蔵の大拙先生の「妙好人 浅原才市」に関する論文「A Study of Saichi the Myōkōnin」の直筆原稿をはじめ、大和の清九郎、讃岐の庄松、因幡の源左、石見の浅原才市、同・善太郎、同・小川仲造ら多くの妙好人関係の資料が展示された。同時に講演会や講座も開催された。その成果が『妙好人における死生観と超越』（龍谷大学人間・科学・宗教オープン・リサーチセンター、二〇一二年）および『東アジア思想における死生観と超越』（龍谷大学人間・科学・宗教オープン・リサーチセンター研究叢書、方丈堂出版、二〇一三年）に収録された。

『東アジア思想における死生観と超越』のⅣ「妙好人における死生観と超越」には次の論考が収められている。

一、神　英雄「石見の妙好人」
二、菊藤明道「妙好人の死生観と願い」
三、龍口明生「妙好人と聖教」
四、万波寿子「『妙好人伝』『続妙好人伝』の出版と流通」
五、佐々木惠精「世界に広がる妙好人――ヨーロッパの念仏者たち――」
六、菊藤明道「世界に広がる妙好人――妙好人の信心と言行に学ぶ――」
七、北岑大至「讃岐の妙好人庄松の言行にみる死生観と超越――いのちの地平の物語――」

数年前から「浄土心理学研究会」において様々な学問分野の研究者が集い、「現代社会と妙好人の無対辞思想」のテーマで共同研究を進めてきた。その成果を、平成二十五年（二〇一三）九月七日、國學院大學で開催された日本宗教学会第七十二回学術大会で五名の研究者（代表＝吾勝常行。発表＝林智康・藤能成・那須英勝・中尾将大・菊藤明道）が、それぞれ真宗教義学・比較宗教学・宗教文化史・行動心理学・応用倫理学の各専門分野から発表を行った。その要旨が『宗教研究』第八十七巻別冊（二〇一四年三月）に掲載されている。

こうした流れを受けて、これまで報告された五百数十編の『妙好人伝』および「妙好人」関係の論文の中から三十八編を選んで収録したのが本書である。

第一部に『妙好人伝』に関する論文十一編を、第二部に「妙好人」に関する論文二十七編を収めたが、それぞれに個性的で貴重な論文である。現在第一線で活躍されている研究者の論文が多いが、すでに故人となられた方の論文も数編収めた。編集に際し、論文の掲載を快諾いただいた方々に心より御礼申し上げたい、

序文をいただいた龍谷大学名誉教授・本願寺派勧学の林智康氏と、元ロンドン大学客員教授で現ロンドン三輪精舎主管・ロンドン仏教協会理事の佐藤平（顕明）氏に衷心より感謝の意を表したい。

林氏は龍谷大学大学院時代の五年間、共に真宗学を学び、その後、長年にわたって同大学の教壇に立たれた方である。三十数年前、龍谷大学の朝枝善照教授（仏教史学）、土井順一教授（国文学）、龍口明生教授（仏教学）らと「妙好人研究会」を立ち上げ、近世『妙好人伝』の基礎的研究を進めてこられた。論考「妙好人の研究」（『印度学仏教学研究』第二十九巻第二号、一九八一年三月）、「浄土真宗と妙好人――無対辞思想との関わり――」（『宗教研究』第八十七巻別冊、二〇一四年三月）などを発表されている。

朝枝善照氏（故人）は、『妙好人伝基礎研究』（永田文昌堂）、『続 妙好人伝基礎研究』（同）を、土井順一氏（故人）は、『妙好人伝の研究――新資料を中心として――』（百華苑）を上梓された。龍口明生氏は、「『妙好人伝』とその周縁」、「仰誓の妙好人観」、「妙好人の伝記採録の意図」、「仰誓撰述『妙好人伝』改変の意図」、「『妙好人伝』と『芸備孝義伝』」、「妙好人の言動と真宗聖教」など数多くの論文を『仏教史研究』『宗教研究』『日本印度学仏教学研究』などに発表されている。

佐藤氏は京都大学大学院で宗教学を専攻し、修了後北鎌倉の松ヶ岡文庫に大拙先生を訪ね、大拙先生最晩年の二年三ヶ月師事され、鈴木大拙編著『妙好人 浅原才市集』（春秋社、一九六七年）の編集に尽力された。昭和五十八

年（一九八三）には、大拙先生が昭和三十三年（一九五八）春、ニューヨークのアメリカン・ブディスト・アカデミーでされた英語での講義「親さま」の講義録*Shin Buddhism, Harper & Row, Publishers*（1970）を邦訳し、『鈴木大拙　真宗入門』（春秋社）を出版された。昭和六十二年（一九八七）には、『大乗仏典』第二十八巻・妙好人（中央公論社）を作家水上勉氏との共編で刊行されている。平成三年（一九九一）三月に大谷女子大学（現、大阪大谷大学）教授の職を辞し、福岡県筑紫野市正行寺での三年間の修行を経て渡英、以後、ロンドン三輪精舎を拠点にヨーロッパ各地への仏法弘通に精励されている。平成十九年（二〇〇七）三月には、「鈴木大拙のまこと――その一貫した戦争否認を通して――」（『松ヶ岡文庫研究年報』第二十一号）を発表、大拙先生の戦争協力を問う論文に反論された。平成二十二年（二〇一〇）には『歎異抄』を英訳、*GREAT LIVING, In the Pure Encounter between Master and Disciple*を上梓されている。不思議なご縁で十数年来親交を結ばせていただき、帰国された際、英訳『歎異抄』や「浅原才市年譜」を贈られ、大拙先生について懇切なご教示をいただいた。

そのほか、本書の編集にご協力いただいた方々に心より御礼申し上げたい。

末筆ながら、本書の出版にご尽力いただいた法藏館社長西村明高氏、編集長戸城三千代氏、編集部の秋月俊也氏に衷心より感謝の意を表したい。

平成二十八年七月十二日
五十回目の大拙忌に

菊藤　明道

菊藤　明道（きくふじ　あきみち）

1936年生まれ。真宗学。京都短期大学名誉教授、福知山公立大学非常勤講師。主著に『増補版　妙好人伝の研究』（2011年）、『妙好人の詩』（2005年）、共編に『大系真宗史料』〔伝記編８妙好人伝〕（いずれも法藏館、2009年）など。
現住所　京都府福知山市字呉服77　明覚寺

妙好人研究集成

二〇一六年一〇月一六日　初版第一刷発行

編　者　菊藤明道
発行者　西村明高
発行所　株式会社　法藏館
京都市下京区正面通烏丸東入
郵便番号　六〇〇-八一五三
電話　〇七五-三四三-〇〇三〇（編集）
　　　〇七五-三四三-五六五六（営業）

印刷　立生株式会社・製本　新日本製本株式会社

©A.Kikufuji 2016 *Printed in Japan*
ISBN 978-4-8318-2355-7 C3015
乱丁・落丁本の場合はお取替え致します

増補版　妙好人伝の研究	菊藤明道著	九、〇〇〇円
妙好人の詩	菊藤明道著	一、六〇〇円
妙好人のことば	梯　實圓著	一、五〇〇円
新撰　妙好人列伝	藤　秀璻著	三、二〇〇円
近世庶民仏教の研究	柏原祐泉著	一一、〇〇〇円
妙好人めぐりの旅	伊藤智誠著	一、八〇〇円
妙好人	鈴木大拙著	二、五〇〇円

価格は税別

法　藏　館